源自江恩培训核心教程的股市投资秘籍

W. D. Gann: A Legend in the Word of Stock and Commodity Trading

W. D. Gann

The W. D. Gann
Master Stock Market Course

Original Stock Market Trading Course

全球证券投资经典译丛

江恩股票投资圣经

[美] 威廉·D·江恩／著
武京丽／译

中国发展出版社
CHINA DEVELOPMENT PRESS

图书在版编目（CIP）数据

江恩股票投资圣经 /（美）江恩著，武京丽译．
北京：中国发展出版社，2014.12
书名原文：The W.D.Gann master stock market course
ISBN 978-7-5177-0268-9

Ⅰ.①江… Ⅱ.①江… ②武… Ⅲ.①股票投资－基本知识
Ⅳ.①F830.9

中国版本图书馆CIP数据核字（2014）第249291号

书　　名：江恩股票投资圣经
原 著 者：[美] 威廉 · D · 江恩
译　　者：武京丽
出版发行：中国发展出版社
（北京市西城区百万庄大街16号8层　100037）
标准书号：ISBN 978-7-5177-0268-9
经 销 者：各地新华书店
印 刷 者：北京领先印刷有限公司
开　　本：787mm × 1092mm　1/16
印　　张：33.5
字　　数：400千字
版　　次：2014年12月第1版
印　　次：2014年12月第1次印刷
定　　价：49.90元
联系电话：(010) 68990630　68990692
购书热线：(010) 68990682　68990686
网络订购：http://zgfzcbs.tmall.com//
网络电话：(010) 88333349　68990639
本社网址：http://www.develpress.com.cn
电子邮件：bianjibu16@vip.sohu.com

目 录

Contents

Chapter 1 投机是个能赚大钱的行当

Chapter 4 我的预测方法的基础——趋势线

Chapter 5 股票的季节性变化

Chapter 9 阻力位

Chapter 10 时间周期预测与市场交易

Chapter 11 牛市与熊市行情回顾

Chapter 12 成交量

Chapter 1

投机是个能赚大钱的行当

平时做足功课，机会到来的时候，你才不会与它擦肩而过。知识远比资金更为重要。无论你做什么行业，想要取得成功的话，你都必须要把准备工作做足，而对于在股市上投机或投资的这个行当来说，你事先一定要做的功课是，了解所要交易的股票在历史上出现过的最大幅度的上涨或下跌的情况，和它从高点到低点，或是从低点到高点所经历过的最长的时间周期。当股市交投活跃，行情处在快速波动的时候，你就能从中赚到最大块的盈利。例如，1924年到1929年之间的股市，1929年9月29日到11月15日以及1929年11月13日到1930年4月17日，都属于这样的行情。

快速上涨的行情

你会发现，从1949年6月到1950年6月，出现过几次快速上涨的行情，而从1950年6月13到1950年7月14日，也有过一波快速下跌的行情。

在1952年和1953年，以及1953年9月到1954年4月，都出现了快速上涨的行情。

运行迟缓的行情

当市场走势运行缓慢时，你应该离场观望，直到市场给出明确的趋势变化信号之后再说。从1946年11月到1949年11月，市场就呈现出了这样走势呆滞的格局，大多数股票的波动区间都非常窄，这是因为市场正在经历盘整期，或者说是吸筹的阶段，它也是在为接下来的大牛市行情做准备。

个股之间涨跌互现

你必须要知道的是，当一些股票正在上涨的时候，其他的股票有时却在下跌，这就是我们所谓个股之间的涨跌互见，你应该充分认识到这一点。例如，从1952年到

1954年，当钒钢（Vanadium Steel）、杜邦（DuPont）和航空板块的股票处于上涨的走势时，斯图贝克（Studebaker）、克莱斯勒（Chrysler）和塞拉尼斯（Celanese）等股票同期却处在下跌的状态。所以说，只有分别对每一只个股和不同的板块进行研究，你才有可能判断出，当一只股票展开上涨行情时，另外一只股票是否可能会出现下跌的走势。

如何在市场中挑选出那些领涨或领跌的板块

从1953年到1954年，航空板块的股票是市场中领涨的龙头股，涨幅很大。你可以根据它们的走势图和航空板块股票的平均股价创出了新高这两方面的情形，得出这样的结论。例如：当该板块股票的平均股价，或者说是平均价值都表现出强势时，道格拉斯飞机（Douglass Aircraft）、波音飞机（Boeing Aircraft）、联合飞机（United）和格伦 L·马丁（Glenn Martin and Lockheed）等股票的走势图也都显示，这些股票正处在上升的走势中，如果你不了解这些知识，你就不能够成为交易中的赢家。

令人失望的低价股

一项针对历史交易数据的研究表明，买入低价股经常会长时间套牢资金，而你只能被迫等待，如果你不想割肉出局，你就会在这样漫长的等待中逐渐失去耐心，往往在股票展开上涨行情之前，你的耐心就已经全部耗尽了，于是，你选择了黯然离场。市场中有很多低价股，在它们开始一波拉升或者下跌行情之前，经常会在5年、10年甚至是更长时间里，维持一种窄幅震荡的走势。它们中的一些股票，在长期窄幅盘整过后，还有可能会跌到一个新低的价位。这样看来，要想赚大钱，最好的办法就是交易股价比较高的股票，根据下文中会提到的交易法则，在它们的股价突破新高，并且交投活跃的情况下买进。

新产业板块中有成长性的股票

建议在新产业板块中选择股票，但也要仔细研究这些公司的前景，并绘制你打算交易的股票的走势图，如果你手头有该股所在板块的历史成交记录，你就应该去对这个板块进行整体研究，然后选择出有迹象会成为该板块领头羊的那只股票，予以买入。

未来会引领市场的股票

当你考虑在未来的市场中，应该买什么股票时，你必须要绘制以下备选股票的走势图，并把商业用途生产铀（Uranium）和开发原子能机械的公司作为研究对象。在这个板块中，主要包括巴威公司（Babcock & Wilcox Co.,）、邦迪克斯航空公司（Bendix Aviation Corp.,）、陶氏化学公司（Dow Chemical Co.,）、杜邦（DuPont）、通用动力公司（General Dynamics Corp.,）、通用电气（General Electric，它是该行业中规模最大的公司，不但握有来自美国政府的订单，还有为数不少的商务采购订单）、新港纽斯造船厂（Newport News Shipbuilding）、菲利普斯石油（Phillips Petroleum）、沙尔文电子产品公司（Sylvania Electric Products, Inc.,）、联合碳化物公司（Union Carbide and Carbon Corp.,）、美国钒钢公司（Vanadium Corp. of America）和西屋电气（Westinghouse Electric Corp.,）等公司。

在这些未来最被看好的股票中，我们目前关注的是钒钢公司、钼业公司（Molybedeum）和通用动力公司，该公司已经完成了与联合伏尔提公司（Consolidated Vultee）的合并。

在未来具有升值潜力的低价股当中，由于铀矿存储量的原因，在美国交易所上市的新园矿业（New Park Mining）值得关注。仙童发动机与飞机公司（Fairchilds Engine and Aircraft Corp.）也有可能成为未来市场中的领头羊。

当然，对于以上任何一只股票，你都必须要选在纽约证券交易所的全体股票总市值处于上升趋势的时候才能买入，而且你该买入的是这些股票中最好的股票。也就是说，当这些板块走出上升的趋势时，你要挑出板块里走势最强的股票去介入。

目前这个时候，因为纽交所中所有股票的总市值处在历史的最高水平，所以你不应该买进任何一只高价股，这是由于那些高价股从1932年以来一直都保持着上升的趋势，上一次的极低点出现在1942年4月，目前这波牛市行情是从1949年6月开始展开的。所以，我们预计，它们应该会在1954年的下半年出现一轮下跌的行情，那么你如果要做多买入它们，就必须非常谨慎才行。

如何让投机成为一个让你赚大钱的行当

如果你把投机，或者投资当成一个行业来做，它无疑是这个世界上最好的行当！但是，为了在这个行当中成为赢家，你必须要注重学习，做好各方面的准备，不要去凭着主观猜测进行交易，也不要轻信一些内部的小道消息、更不要让期望或是恐惧的情绪来左右你的操作，如果你那样做的话，必然会在市场中一败涂地。你的成功能够仰仗的是掌握正确的交易法则，并在实战中严格这些法则来操作。

基本的交易法则

你要把这些基本的法则都牢记于心。那些处在上升趋势，并且持续上涨的股票，它们一定会走出不断抬高的底部和顶部。而当股票的趋势为下行时，它的顶部和底部都会逐级下移，股价也就不断走低。但是，你也要记住，有些股票可能会在好几个星期、好几个月，甚至好几年内都一直维持着窄幅震荡的行情，既不创新高，也不创新低。而一旦在经过长时间的盘整后，股价创出了新低，就表明后市仍会继续下行。反过来，如果在长期整理之后，股价突破了前期的顶部或高点，说明它的走势已经转强，后市还可以看高一线。这就是为什么让你必须要保留这些股票长期以来的高低点图，以便能追溯到很早以前的行情变化，只有这样，你才能看出股价现在处于什么位置，判断出目前是处在历史极高点和极低点之间的哪个阶段。

需要保留哪些走势图

记住一句中国的古谚：一幅好画赛过千言万语。在交易一只股票之前，你应该绘制该股票的走势图，并对这些走势图进行研究。你应该有该股票的周高低点图、月高低点图和年高低点图。对于年高低点图，尽量找到很久以前的交易数据，年高低点图应该要追溯到5年、10年，或者是20年之前的行情。月高低点图至少也应该追溯到10年之前的行情，而周高低点图也至少要显示出2年或3年前的行情。当股票的走势非常活跃时，你还要绘制日高低点图。特别是当股价波动很剧烈之后，一定要开始绘制它的日高低点图，这个图只需要追溯到几个月以前的行情就可以了。

顺应主趋势进行操作

不论股票的主趋势是涨还是跌，只要你能顺应它的主趋势进行交易，就能一直从股市中赚到钱。你要记住，只要股票的大级别趋势是向上的，就永远不要因为嫌股价太高而不敢买，而当股票的大级别趋势呈下行状态时，也永远不要因为股价太低而不去做空它。永远不要只是因为股价高，或者是你认为它已经太高了，而去做空卖出这只股票；也永远不要只是因为股价高，就早早获利了结，清空多头仓位。买卖股票一定要按照明确的法则来操作，而不是单凭你对股市的期望、恐惧或是主观猜测来进行。永远不要只是因为股价很低，就去做多买入它。通常情况下，股价之所以低是有其充分理由的，而后市股价还有可能更低。

交易法则

在你开始运用任何一条交易法则之前，你要记住的第一件事就是必须坚持使用止损单来保护你的资金。当你进行交易时，你的预判很可能会出错，或者说市场的趋势也可能会发生改变，在这种情况下，止损单就可以来保护你，帮将你把亏损额限定在某个范围内。一次或者几次小的亏损，往往可以很容易通过一次大笔的盈利弥补回来，而如果出现一次又一次大的亏损，想要补上这些大窟窿可就非常困难了。

"要凡事察验，善美的要持守"

这是《圣经》里面的一句话，你特别应该把它记住。很多人都相信，在新高的价位买入股票，或是在新低的价位做空股票是错的，但其实这样的操作会带给你最丰厚的利润。你要证明给自己看，当你在股价创新高以后做多买入，或在创新低以后做空卖出时，你是在顺应市场的趋势来交易，你获利的机会比单凭猜测、期望和恐惧的情绪来交易的时候要大得多。

长期的上涨行情

当股票经过了一波长期的上涨行情，并迎来一轮快速的飙升之后，大多数情况下，股价随后会出现一轮急速的下跌，与当初上涨的行情相比，这轮下跌要不就是跌速比涨速快，要不就是下跌的周期比上涨的周期要短，这就是为什么说你要在上涨行情的末期必须绘制日高低点图的原因，同时你也要绘制它的周高低点图，这样你就可以预判出趋势中的第一次变化，并能够顺势进行操作。

短期内的急跌行情

一般来说，在经过一波快速上涨之后，股价会出现第一次的急跌行情，它会持续1个月到7周的时间，用来调整市场中的超买情况，这也是为迎来第二波的上涨行情做准备。

在市场活跃，而且行情快速变化的年份里，如果你能在任何一个大的时间周期的末端捕捉到极高点或是极低点，你就可以在这一年赚到盆满钵满。至于说你捕捉到的是极低点还是极高点，对结果都没有什么差别，关键是你要选对市场中的领头羊，这样你赚大钱的机会就非常之大了。

以小额风险去博取大笔盈利

只要你在操作的时候坚持使用止损单，运用我说讲述的所有这些交易法则，无论股票的趋势是在上涨，还是在下跌，都耐心等待明确的变盘信号出现之后，再入场交易，你就可以用小额风险为代价，来获得大笔的盈利。

固执的想法和瞎猜的价位

你永远都不要固执地认为，股价一定会涨到多高，或是肯定能跌到多低。你也永远不要用这样瞎猜出来的价位进行买入或卖出，因为这样的话，你就只是靠着某种期望或恐惧的情绪在交易，并没有顺应市场的趋势，而且也没有运用我们的法则，来判定趋势何时会发生改变。

如何保住你的账面盈利

当你的账面上累积了一定的盈利，用止损单来保护这些盈利就变得像保护你的本金一样重要了，因为一旦你在交易中获得了盈利，它们就是你的钱了，所以必须要用止损单来保住它们。你在交易中会碰到的风险最大的事，莫过于让原本的账面盈利变成了账面亏损，你的亏损会把盈利都吞掉。止损单可以帮你保住你的盈利，当你止损离场时，你的帐上还有钱。你要记住，当在你在场外的这段时间里，你唯一失去，或是错过的东西，只是机会而已。

我52年的交易经验已经让我受教，成千上万的交易者之所以会破产，就是因为他们在趋势已经改变之后，还一味地抱着那些已经亏钱的股票，不肯抛掉它们。在行情启动后，当你在账面上已经小有盈利，要避免太早离场。不过，这也有可能会铸成大错。只要你发现自己在交易中出现了错误的趋势判断，就应该迅速离场。如果你设置了止损单，它就会让你能够自动离场。

进场不要太早，离场不要太晚

不论是进场太早，还是离场太晚，都会让你亏钱，或是错失一些机会。这就是说，你没有等到明确的变盘信号出现，就先行操作了。另外一种情况是，当你看到明确的变盘信号之后，却没有及时做出相应的操作。这些都会招致亏损。你一定要等到很明确的变盘信号出现以后，再去进行买入或卖出。你在操作时，要遵循我的《江恩华尔街45年》一书中的所有法则。在《江恩华尔街45年》那本书中的很多法则，没有被收录到这本教程中，你要把这两本书中所有的法则结合在一起来使用，这样你就能在交易中取得更大的成功。

期望与恐惧的情绪

我之所以会反复提到交易者期望与恐惧的情绪，是因为我看到过太多的人，他们的破产就是因为他们的交易被自身期望与恐惧的情绪所左右。当你期望股价会上涨，就去做多买入，或者是当你期望股价会下跌时，就去做空卖出，这样的交易方式是不会让你赚到钱的。同样，受到恐惧情绪的影响而去进行买入或卖出时，你的交易也赚不到钱。这种期望的情绪会毁了你，因为它不过就是一些充满希望的想法，不能为你的操作提供任何可靠的依据。而恐惧的情绪或许能经常帮到你，比如当你发现自己判断失误的时候，它能让你迅速做出反应。“对市场的恐惧之心是开启智慧的起点”。你只有通过深入的研究，才能掌握相关的知识，并在它的帮助下成为交易中的赢家。你对股票的历史交易记录研究得越透彻，就能在判断未来的趋势走向方面越有把握。

让市场按照你的意愿走

你必须要认识到，你不可能让市场按照你的意愿走，而你必须要跟着市场走，顺势而为。很多成功的商人习惯了对别人发号施令，总是让别人按照他们的意愿行事，当他们进入股市的时候，特别是第一次进场交易时，经常会想让市场也听命于他们，或按照他们的意愿来走。他们一定要认识到，他们不可能让市场的趋势跟着他们的意愿走。他们必须要顺应市场的趋势来操作，根据已有的交易法则来确定股票的趋势，并通过设置止损单来保护他们的本金和账面盈利。在交易中犯一些错误，遭受一些小的亏损是没什么大碍的，因为这些小的亏损是你成为一名成功的投机者要交的学费。

永远也不要去摊薄每股的平均亏损额

如果你去摊薄每股的平均亏损额的话，肯定无疑会赔掉你所有的本钱，或者是大部分的资金。如果你在买入一只股票后，账面显示出亏损，而股票的趋势却在朝着不利于你的方向运行，这时你如果还要加仓买入，就是非常愚蠢的做法，因为这样做只会让你的亏损越来越大。只有在市场朝着有利于你的方向运行，你的账面有利润的时候，才是你加仓的时候。如果你想让投机成为一门赚大钱的行当，你就必须要学习所有的法则，并且运用它们来判断趋势的走向。像律师、医生、会计师和工程师这样的专业人士，都要用好多年来接受专业培训，花大笔的钱去学习如何在他们所选的行业中取得成功。所以，你也必须花费时间和金钱来学习如何投机，才能成为一名成功的投机者，或是投资者。

股票交易法则

法则1：当股价创出新高，或者突破了前期顶部价位时，可以买进。

法则2：当股价上涨，并突破了前期底部价位时，可以买进。

法则3：当股价下跌，并跌破了前期顶部或高点价位时，可以卖出。

法则4：当股价创出了新低时，可以卖出。一般来说，更安全的买入点位是要等股价上涨到前期高点的上方至少应该1～2个点的位置，更重要的是，要等到收盘价收在这些前期高点价位的上方，再考虑买入。反过来也一样，更安全的卖出点位是要等股价下跌到前期低点的下方至少1～2个点的位置，而且，也是要等收盘价收在前期低点价位的下方，才会更安全。

法则5：收盘价。当市场交易非常活跃，行情波动速度很快的时候，要等日高低点图或周高低点图上显示出，收盘价收在前期高点价位的上方之后，再进行买入，或是收盘价收在前期低点价位的下方之后，再进行卖出。所以，这个时候用日高低图点来及时关注收盘价是否突破了前期高点价位，或收盘价是否跌破了前期低点价位，都是非常重要的。股价在一天当中可能上涨得很迅速，但是在临近收盘时，股价可能会急跌几个点，收在上一个交易日收盘的下方。同样，股价在一天当中可能会急速下跌，并可能会跌破上一交易日的底部点位，但是到了收盘的时候，却收在了高位，所以，始终都要对日高低点图、周高低点图和月高低点图中的收盘价予以重点关注。不论目前是牛市还是熊市，当股价突破前期高点价位，或是跌破前期低点价位时，当天的日期与见到前期高点或低点价位的日期之间的相距得越远（看是以天、周、月来计，还是以年来计），该趋势变化的重要性就越大。还要记住下面这条法则：当股价上涨到新高价位之后，通常都会回调到前期高点价位，这里是一个安全的买入点位。而当股价跌破了前期低点价位之后，通常也会反弹到前期低点价位，这里是一个安全的卖出点位。当然，你始终都要用止损单对每一次交易进行保护。

法则6：交易时要设置止损单。你的资金和盈利必须要一直在止损单的保护之下，要在交易的同时设止损单，不得延迟。

法则7：交易所需的资金。在任何一次交易之前，你必须要确切地知道，赔多少钱是你能承受的，这一点非常重要，永远不要把你的本金都赔光。当你做一笔交易的时候，可能发生的亏损额永远不要超过全部本金的10%。如果你的交易已经出现了1次或2次的亏损记录，你就要开始降低交易的股票数量。

最佳买入点位

当股价下跌到历史最高价位的50%时，这里就是最佳的买入点位。下一个可靠性最强的买入点位是在股价的极低点与极高点之间的50%价位。

最佳卖出点位

股价在开始时，远远低于历史最高价的50%价位，然后上涨并第一次触及该价位时，这是一个卖出点位，可以做空该股，同时止损单的价位要设在这个50%价位的上方3个点的位置。当股价第一次到达该价位时，如果在它的日高低点图和周高低点图上，都显示该股在构筑顶部，你就应该卖出多头仓位，并开始做空该股。

重要性仅次于上述卖出点位的是在极低点与极高点之间的50%价位。

克莱斯勒汽车（关于50%价位的例子）

1946年2月，该股的高点是141½美元，将这个高点价位除以2，得到的就是最高价的50%价位，即70¾美元。克莱斯勒1947年拆股并派息之后，股价在1949年6月下跌到了44美元，随后，该股的趋势开始上行，这里是一个买入点位。

1953年1月，该股的高点是98½美元，我们总是把刚好在100美元下方的价位视为卖出价位，克莱斯勒在这个价位见顶，我们算出44美元到98½美元这个区间的50%价位是在71¼美元。

1953年6月，克莱斯勒的低点是70美元，刚好在上述区间的50%价位的下方。股价在8月反弹到了73美元，反弹的力度很弱，而且收盘价是在71美元，这表明后市股价会走低，这里应该做空。

克莱斯勒在1932年见到了极低点5美元，1946年的高点是141½美元，它们之间的50%价位是73¼美元，当克莱斯勒能够上涨到73¼美元的上方，并且收盘也能站在73¼美元的上方，就显示股价还有上升空间。

1954年2月，克莱斯勒下跌到57美元，并显示出反弹动能很弱。在我写这本书时，它的主趋势是向下的，当它的收盘价跌破了57美元时，就预示着股价还会继续走低。下一个要关注的股位是44美元，这是它在1949年6月见到的前期底部价位。

对于其他所有的股票，你都可以先找到它们的极高点和低点，然后用同样的方法算出买入点位和卖出点位，以及各个阻力位。

当你开始交易的时候，要确定你已经学会了所有这些法则，并且在交易时会按照这些法则来操作，还要保证，你会在每一次交易的同时设置止损单。

止损单的价位应设在哪里

在设定做多交易的止损单的点位时，不是说设在日高低点图中的底部下方就可以了，而是要设在具有转向性质的底部下方。对于做多交易，止损单的价位必须要设在周高低点图中的周线级别的底部下方，或是月高低点图中的月线级别的底部下方。而对于做空交易，止损单的价位必须要设在周高低点图中的周线级别的顶部上方，或是月高低点图中的月线级别的顶部上方。

对于做多交易，止损单的价位应该设在日高低点图、周高低点图，或是月高低点图中相应的收盘价的下方。因为你是在进行顺势交易，所以，把止损单的价位设在当日收盘价的下方，比起设在当日低点价位的下方会安全得多，止损单成交的可能性更小。对于做空交易，止损单的价位设定在当日收盘价的上方，比起设在当日的顶部价位的上方来说，止损单成交的次数也会少一些。

市场中趋势的转向价位，或是反转点位就是设定止损单的价位时的标杆，对于做多交易，止损单的价位要设在转向价位的下方，而对于做空交易，止损单的价位要设在转向价位的上方。知道哪里才是正确的设置止损单的价位的地方，是至关重要的。

对于股价在10美元左右的股票，做多交易的止损单的价位如果设在收盘价下方1个点的位置，一般都会是安全的。

对于股价在20～30美元之间的股票，做多交易的止损单的价位应该设在底部价位或收盘价的下方2个点的位置。

对于股价在90～150美元之间的股票，做多交易的止损单的价位应设定在底部价位或收盘价的下方3个点的位置，而做空交易的止损单的价位应设在顶部价位或收盘价的上方3个点的位置。

当股票的交易非常活跃，股价处在极高点的时候，你必须要关注日高低点图给出的预示趋势变化的第一个信号，这样的趋势变化，稍后会在周高低点图上得到确认。

当股价处在极高点附近时，要按照我在《江恩华尔街45年》这本书中提到的所有法则来操作。如果你已经上过我的高级预测课程，就可以在交易中同时运用大时间周期和小时间周期的法则。

要记住，书到用时方恨少。你要不断地钻研，学习更多的知识，它们在将来总会转化为你的盈利。

在交易一只股票之前，都需要做些什么

在交易一只股票之前，你要检看它在日高低点图、周高低点图、月高低点图和年高低点图上的所有的顶部和底部价位的情况，还要注意它在所有顶部与底部之间的时间周期。当股价接近几周或几年以来的顶部或是底部价位时，要予以关注。在你进行交易之前，要算好这次交易可能会出现的亏损额是多少，在交易之后，马上要设止损单，以便在你的预判发生错误时，对你的资金加以保护。

周高低点图

周高低点图是一个非常重要的趋势指标。当股价突破了一连串几个周线级别的高点或低点价位，或者跌破了一连串几个周线级别的低点价位时，其趋势的指向性就越发重要了，表示该股在趋势上会发生较大级别的变化，并可能会持续好几周。

月高低点图

当股价上涨时突破的前期顶部价位，或是下跌时跌破的前期底部价位，是该股在很多个月之前见到的顶部或底部，那么就意味着这次趋势变化的级别更大，行情可能会持续几个月。

年高低点图

当股价上涨时突破的前期顶部点位，或是下跌时跌破的前期底部点位，是该股在几年前见到的顶部或底部，这几乎确定无疑是一波大行情即将来临的信号，它将会持续很长时间，或者股价至少也会在短时间内有一波更大级别的上涨或下跌。当股价突破了这些前期顶部点位，或者跌破了这些前期底部点位之后，你就始终都要关注股价的回调或反弹；如果是突破了顶部价位后的回调，股价一般会回调到顶部价位附近，或比顶部价位略低的位置；如果是跌破了底部价位后的反弹，股价一般会反弹到底部价位附近，或比底部价位略低的位置。

研究个股的年高低点图，你就会发现类似的例证。请记住，当被突破的前期顶部或者前期底部的年头越久，后市的上涨或下跌行情的级别就会越大。

股票的交易法则

1.牛市中的回调与熊市中的反弹会持续的时间

在牛市行情展开后，股价的上涨速度很快，回调也有可能是又快又急的，但是，一般来说，这样的回调从来也不会超过3～4周，随后，该股就会重拾升势。所以，在牛市中，只要回调持续了1个月左右，你就可以考虑在此时买入了。在熊市行情中，主趋势已经确立了下行的方向，一般的反弹都在3～4周，很少出现超过1个月的反弹。但是也有例外，比如股价在短时间内出现了急速的暴跌，接下来的反弹就会持续2个月之久。同样，在牛市中，股价见到了极高点之后，也有可能出现2个月的回调。你要把这些法则都记牢，当你判断主趋势何时发生变化时，它们会有一定的指导作用。

2.如何在最短的时间里，赚到最大块的盈利

人们总想赚快钱，这就是他们为什么赔钱的原因，他们自己没有做好准备，或者说他们没有这方面的知识，不知道如何在最短的时间里，赚到最大块的盈利，也不知道何时才是这样的时机。我就要通过例子来证明给你看，而当你能够在最短的时间里，赚到最大块的盈利时，你也就可以证明给自己看了。不要想去引导市场的行情，或是自己掀起一波行情。你只要跟着那些手里有大笔资金的主力来操作，就能赚到大钱。当市场主力已经准备好要快速拉升一只股票时，你就跟着买入，这样就可以在短时间之内，赚到很多的钱。当市场主力已经派发完手中的筹码，准备要打压一只股票时，就是趋势转为下行的明确信号，你跟着做空就行了，这样也能在最短的时间里，赚到最大块的盈利。

市场要上涨，它是需要时间来准备的，股票要经过一定的时间才能被吸筹或被蓄势。但是，只要完成了股票从实力较弱的人的手里，转到了实力雄厚的人的手里的这个过程，接下来，股价就会快速上涨，因为市场上的浮筹比以前少了，那些主力只需让市场热络起来，出手去买一些浮筹，股价上涨起来就会很容易。

而如果股价已经在顶部点位了，让股票从实力雄厚的人的手里，转到实力较弱的人的手里，不论是卖出还是派发，也是需要很长时间的。当这个过程结束了，市场就准备好要下跌了，接下来，股价会出现快速下跌，如果你就在等做空的机会，那么就等到明确的趋势变化信号之后，再去操作，这样的话，你就真的可以在最短的时间内，赚到最大块的盈利。

下面我会举几个例子，来证明这些法则是行之有效的，从中你也可以看出，股价经过长期的上涨之后，在上涨行情的尾声涨得最快，而股价经过长期的下跌之后，也是在下跌的最后阶段跌得最快。

波音飞机

1949年6月，股价的低点是17¼美元，1950年5月的高点在31½美元，该股在11个月内，上涨了14个点。

1950年9月，当股价见到37美元的新高时，买入。1951年2月的高点是56美元，股价在5个月内，上涨了19个点。这个阶段就是股价用时最短，且涨幅最快的一段时间，也就是你能赚取最多利润的时候。

1954年2月，当股价创了57美元的新高时，再次买入，1954年4月，在83美元时，卖出该股，股价在2个月内，上涨了26个点。在股价创新高的时候买入，是要有胆量的，但这是那些主力会做的事，当你在新高价位买入时，你只是在跟着主力来操作，接下来，你就可以在最短的时间内，赚到最大块的盈利。

道格拉斯飞机

1951年6月，股价的低点是43½美元，1951年10月的高点在66½美元，该股在4个月内，上涨了23个点。

格伦·L·马丁

1949年6月，股价的低点是7美元，1951年的高点在22美元，1952年7月的低点是9美元。所以，1952年7月的低点9美元，这个底部价位较之前有所抬高，这里是一个支撑位，也是一个买入点位。该股的趋势在1953年2月见到高点18½美元之前，一直是向上的。你应注意到的是，1951年9月的前期高点是在19½美元，而这次的高点价位较之前有所下移，该股的趋势从这里开始转为下行。

1953年6～9月，股价的低点是12美元，这是该股1952年4～9月的前期顶部价位，股价在2个点的区间内，盘整了4个月，表明这里的支撑力度良好，是一个买入点位，所以，你应该做多买入。

1954年2月，股价突破了1953年2月的高点18½美元。在此，按照我们的法则，你应该在股价创出新高时买入。

1954年，该股在1954年4月3日为最后一个交易日的这一周在25½美元见顶，成交量为38.4万股。这样大的成交量表明公众在高位买入，并进行空头回补，预计后市会有一波回调。

你应注意到的是，1948年4月的高点在22½美元，1951年1月高点在22美元，而25½美元的顶部价位高出了这些前期顶部价位3½个点，预示股价将有可能继续走高。

接下来，股价在5月8日为最后一个交易日的这一周回调到了21¾美元，这是该股1948年到1951年的前期顶部价位，随后，从21¾美元这个价位出现了一波反弹。

联合飞机

1951年5月，股价的高点是41½美元，1951年7月的低点在26美元，1951年10月的高点是33美元，1951年12月的低点在28½美元，1952年2月的高点是33½美元，这与1951年10月高点价位相同，这里是一个卖出点位。

1952年5月，股价的低点是27½美元，这与1951年12月的底部价位差不多，比1951年7月的底部价位有所抬高。

1952年9月，股价突破了前期顶部33美元，当股价创了新高时，可以考虑买入。

1953年4月，股价的高点是40美元，刚好在1951年5月的高点41½美元的下方，这里就是一个卖出点位。

1953年4月和5月。股价的低点在32美元到31½美元，刚好在前期顶部33美元的下方，这里是一个买入点位，随后，股价重拾升势。

1953年10月，股价突破了1951年5月的高点41½美元。按照我们的法则，要在股价创出新高时买入，而且，现在的趋势也是上行的，股价继续上涨，其间只有几次幅度非常小的回调。

1954年4月，股价的高点是59½美元，这是该股自1930年9月以来的最高价，之前的最后一个顶部在65美元，另外还有两个早期顶部在64美元。所以，64～65美元就是下一个要关注的阻力位，这里可能会见顶。股价从1952年5月的低点算起，到现在的涨幅已经超过了100%，而一般来说，当股价的涨幅到达100%时，自然就经常会出现一次回调。

你可以用我们分析以上股票的方法，去分析航空板块的其他股票，事实上，这种方法可以用来分析其他任何板块中的任意个股。首先，你应该有一套纽约证券交易所统计局出版的该板块股票的总市值图，并对该板块中不同个股的周高低点、月高低点和年高低点进行持续关注，这样你手头的交易数据的时间跨度就会足够长，让你可以知道那些重要的顶部和底部点位在哪里，也了解趋势在何时发生改变，也就是什么时候突破了前期顶部点位，或是跌破了前期底部点位。当你要拿着你自己的钱，去冒着赔钱的风险投资股市时，掌握再多的信息和交易记录也不嫌多。你必须要做好充分的准备，这样才能在那些凭借科学的数学演算得来的机会到来时，好好地抓住每一次机会，而不是靠着单纯的期望、恐惧或是猜测来进行交易。

道格拉斯飞机

1953年10月，在股价创出74美元的新高时买入。1954年4月，在股价涨到133美元时卖出。该股在6个月内，上涨了59个点。这就是你在非常高的价位买入之后，在短时间内就赚了大钱的例子。为什么会这样呢？因为主力已经把低位的筹码都吃进了，市场上的浮筹很少，所以，当买方在高位杀入这个快速上涨的行情中，就可以在短时间内，迅速获得盈利。

洛克希德飞机

1943年11月，股价的低点是12½美元，1944年8月的高点在24美元，该股在9个月内，有11½个点的盈利。

1945年8月，股价的低点是25美元，1946年5月的高点在45½美元，该股在9个月内，上涨了20½个点。在这9个月里，你赚到的钱，几乎是之前那9个月的两倍。

1951年7月，股价的低点是17½美元，1953年3月的高点在26½美元，该股在20个月里，上涨了9个点。这次低点用时很长，盈利比较少。

1953年10月，当股价突破了前期顶部点位之后，在24美元买入。1954年的3月高点在37美元，在5个月里，盈利达到了13个点。这次的钱来得比较快，就是我们所说的在短时间内赚大钱。

格伦·L·马丁

1943年12月，股价的低点是14½美元，1944年12月的高点在24½美元，该股在12个月内，上涨了10个点。

1945年8月，在22美元买入，1945年12月在46½美元卖出，该股在4个月内，上涨了24½个点。这又是一次在最短的时间内。赚取最多的盈利的例子。

1952年6月，股价的低点是9美元，1953年3月涨到了18½美元，该股在8个月里，上涨了9½个点。

1953年6月到9月，股价的低点是12美元，这是一个买入点位。1953年10月，当股价突破了之前5个月的顶部价位之后，在15美元买入。1954年4月，在26美元卖出，6个月的盈利达到了9个点。

南方铁路

1951年7月，股价的低点是46½美元，9月的高点在56½美元，该股在2个月内，上涨了10个点。

1952年2月，股价的低点是48美元。1952年3月，当股价突破了前期顶部点位之后，在53美元买入。1953年5月，在99美元卖出，该股在12个月内，上涨了46个点。这也是短时间内，赚取最多利润的例子。

联合飞机

1951年7月，股价的低点是26美元，1953年3月的高点在40美元，该股在20个月内，上涨了14个点。1953年10月，当股价创出新高时，在40美元买入。1954年4月，在59美元卖出，在这6个月的获利为19个点。

钒　钢

1950年12月，股价的低点在28½美元，1952年8月的高点在45¾美元，该股在20个月内，上涨了17个点。

1953年9月，股价跌到了一连串前期底部的价位，在32美元买入。1954年4月，在59美元卖出，在7个月内，赚了27个点的盈利。

1954年3月，当股价创出新高时，在47美元买入。1954年4月的高点在59¾美元，该股在1个月内，上涨了12¾个点。当你在这个新高点位买入之后，就可以在最短的时间里，赚到最大块的盈利。为什么这波行情会运行这么快呢？因为在之前的很长一段时间当中，内幕人士或是知道内情的人已经买入了钒钢在市场上的所有浮筹，当吸筹过程完成，市场中就开始了对该股的竞价，股价自然就会上涨得非常快。这样一来，当你买入的时候，你是在顺势操作，是在跟着那些能够主导市场的大人物做同向交易。所以，你能够在最短的时间内，赚到最大块的盈利。

这7只股票并非特例。你去翻看所有上市股票的清单，从中可以挑选出数百只有着类似走势的股票。你始终都应该关注不同板块的平均指数，当这些板块的平均指数上涨或是下跌时，你要在板块中挑选出强势股或弱势股，并重点关注它们，当强势股创出新高时，就可以买入，而当弱势股创出新低时，就可以卖出。在牛市或熊市行情的第1阶段和最后1个阶段，你都可以在最短的时间内，赚到最大块的盈利。

如果你没有做好准备，就不可能从股市中赚到钱，为了达到要求，你就要花些钱去买股票的各种走势图和交易记录，也要购买相关的书和教程。只有这样，你才知道如何跟着那些在市场上呼风唤雨的主力去操作，才能够赚到大钱。

轻易操纵股市的日子已经过去

在证券交易所开始制约经纪人的行为并管控市场之前，市场行情经常是被操纵的，一些组织在一起的联合投资体会把业绩很差的低价股，拉升到极高的价位。这样的事情在现在的市场中不会发生了，所以，股票的买方大都是由投资者和长期投机者，在实际操作中不存在操纵股价的行为，这也就是为什么更要认真地研究市场、分析个股，并掌握那些可以预示股价上涨的明确信号，因为股价不会再像过去那些年似的，单凭着人为操纵就可以上涨。在目前的情况下，越来越多的交易者和投资者在买股票时，看重的是它红利的增长前景，关心的是自己的投资能否升值。你只要认真地学习本书中所有的交易法则，就能够实现这个目标。

新工业和成长股

在未来的市场中，与核能有关的股票肯定可以成为市场中的龙头股，就像所有的新发现和新发明那样，它们会证明自己是非常有价值的，许多相关的公司都会赚大钱。在后面的章节中，将会介绍一下有前景的核能概念股。当你在新工业中选择股票时，你应该仔细研究它的前景，并绘制好你打算交易的个股的走势图，如果该股身在某个板块中，你可以有一份该板块平均指数的波动记录，并对该板块的平均指数进行研究，当有迹象表明，这只股票是该板块的领涨股时，可以选择买入它。

与铀相关的概念股

铀是目前最有价值的贵金属之一。它比黄金的价值高得多，那些发现了铀矿和具有铀矿储备的股票将更有希望在未来的市场中成为领头羊，比如钒钢。我们将在下文中讲述其他与铀相关的概念股。

纽约证券交易所中全体上市公司股票的总市值

纽约证券交易所研究和统计部门为投资者做了一项最有价值的工作，他们应该得到人们的赞誉。在每个月底，他们会公布在纽约证券交易所上市的所有股票的总市值和均价，上市公司的总家数以及市场中股票的总股数和总市值，其中包括39个，或更多不同板块的市值和均价。对于任何一名投资者和交易者来说，研究这些数据，并用好它们都是有很大价值的。在下文中，我将演示如何运用这些股票的均价和总市值图。目前，纽约证券交易所的上市公司总共有1536家。市场中股票的总股数是29.36亿股，接近30亿股。截止到1954年3月底，纽约证券交易所全体股票的总市值将近1250亿美元，所有股票的均价在42.53美元，这是近年来的最高值。

1932年6月，所有股票的总市值略低于160亿美元。

1928年11月，市场中的统一均价是97.80美元，1929年3月，所有股票的均价是96.67美元。1929年8月31日，纽约证券交易所全体股票的总市值是696.68亿美元。

1932年7月1日，在纽约证券交易所上市的公司共有831家，总共发行了1233只股票，股票的总股数超过13亿股，目前全体股票的总股数将近30亿股。从中你会发现，当股票的市值提升时，股票的数量也在不断增加。

1941年6月，股市见到了最后一个极低点，当时股票的均价为40.74美元，股票总市值超过639亿美元。

1950年5月，全体股票的总市值超过856亿美元，股票的均价为38.48美元。当总市值突破了1946年5月的高点价位，就表明后市的上升空间已经打开，当然，你还要去学习如何在强势板块中挑选股票买入。

全体股票与各个板块的总市值及其对股价的趋势变化如何起到指示作用

美元趋势：在全体股票的总市值图上，你可以看到每个月底的全体股票的总市值。在航空板块股票的总市值曲线图上，你可以看到该板块以美元来计的总市值。在39只钢铁股的总市值曲线图上，你可以看到在每个月底钢铁板块的总市值情况。

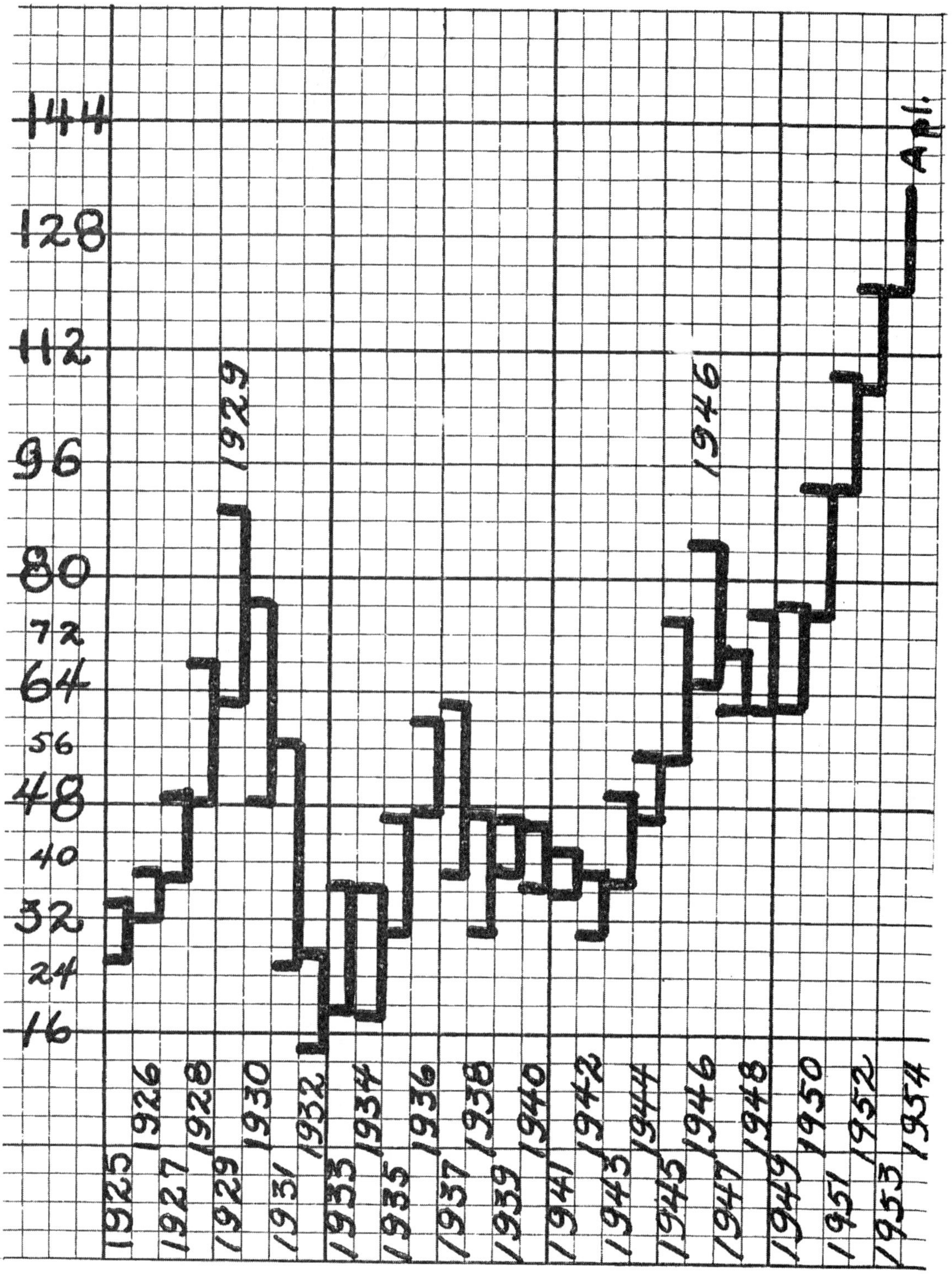

图1-1　纽约证券交易所全体股票总市值年高低点图（比例尺：1/8英寸相当于40亿美元）

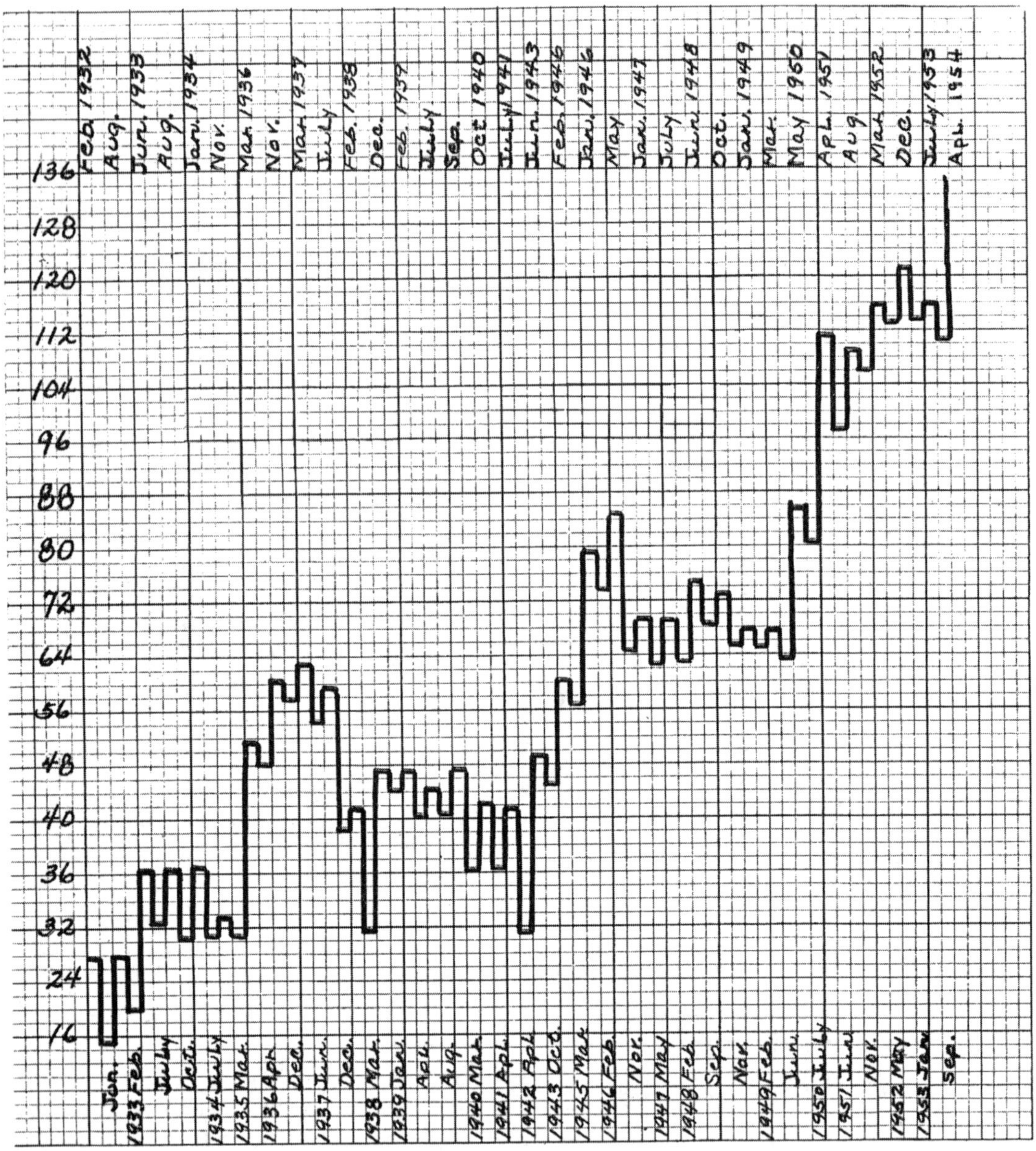

图1–2　组约证券交易所全体股票总市值月度趋势转向图（比例尺：1/8英寸相当于10亿美元）

如何将总市值图用作趋势变化的指标

(在图1-2中，纵轴上从16、24，一直到136，单位是10亿美元)

例如：1932年6月30日，总市值的低点在图中刚好在16的下方。这就是说，1932年所有股票总市值的极低点是在156.3363亿美元。下文中我们提到的260亿美元、360亿美元和400亿美元等，在图中分别标记为26、36和40等，也就是说，纵轴上的总市值的单位是10亿美元。

1932年2月，总市值的高点刚好在280亿美元的下方，6月的低点在160亿美元，8月的高点是280亿美元。1933年2月，总市值的低点在200亿美元，这是一波次级回调，底部点位比1932年6月的底部有所抬高。1933年4月，价值曲线突破了1932年2月和8月的高点，表明主趋势是向上的。1933年6月和8月，总市值的高点都刚好在360亿美元的上方，10月的低点，刚好在300亿美元的上方。

1934年1月，总市值的高点是370亿美元，2月、3月和4月，总市值都刚好在360亿美元的上方得到支撑，当总市值跌破360亿美元的时候，就预示着后市行情看跌。

1934年7月，总市值的低点刚好在310亿美元的下方，它也在1933年10月的底部点位上方。

1935年3月，总市值的低点略低于310亿美元。这样，在同一点位附近就形成了三个底部，这里是有一定支撑力度的，是一个买入点位。

1935年6月，价值曲线突破了1934年1月的高点370亿美元。这里我们要用到的法则是，在新高价位，可以买入。

总市值继续上涨。1936年2月和3月，总市值的高点刚好在520亿美元的下方。1936年4月，经过1个月的回调，在480亿美元见底，跌幅不到40亿美元。

随后重拾升势，1936年7月，总市值突破了1936年3月的高点520亿美元，后市可看高一线。这里我们再一次按照买在新高价位的法则来操作。

1937年2月和3月，总市值的高点在625亿美元。总市值有3个月都在10亿美元的区间来回波动，表明这里的阻力很大，遭遇的卖盘很重，因为这时的总成交量非常大。

1936年12月，总市值的低点是580亿美元。1937年4月，总市值跌破了580亿美元这个前期底部，后市看跌。这里我们可以按照在底部点位下移时卖出的法则来操作。

1937年6月，总市值的低点在550亿美元，随后，有一波反弹。7月，总市值在590亿美元见顶，这次的顶部点位有所下移，接下来，总市值就跌破了550亿美元，6月的低点显示出趋势已转为下行。你应该继续做空，并加大卖出的仓位，同时应该卖掉所有的多头仓位。主趋势继续向下走。

1937年12月，总市值的低点在390亿美元，1938年2月，经过一波小幅反弹，总市值在415亿美元见顶。1938年3月的低点，刚好在320亿美元的下方，它比1933年10月、1934年7月和1935年3月的底部点位要高一些。这波下跌的跌幅是1937年2月和3月的顶部点位的50%。所以，1938年3月的底部是个买入点位。

1938年6月，总市值突破了1938年2月的高点415亿美元，显示这里可以加大做多买入的仓位。

1938年10月和12月，总市值的高点在470亿～475亿美元，处在1936年4月的底部点位下方，当总市值跌破了450亿美元的时候，预示着后市还会继续走低。1939年3月和4月的低点，刚好在400亿美元的上方。6月和8月，总市值的底部点位较之前有所抬高，显示出这里有一定的支撑，买盘强劲。

1939年9月，希特勒发动了战争，总市值见顶的位置在470亿～480亿美元的下方，与1938年12月顶部一起形成了双顶，这里是一个卖出点位，或者说，是要关注趋势是否发生变化的点位。1940年5月，总市值跌到360亿美元的上方见底，随后出现了一波反弹，10月，总市值在420亿美元见顶。1941年7月的高点在410亿美元，比1940年10月的顶部点位有所下移。11月，总市值跌破了1941年4月的底部点位，接下来，又跌破了1940年5月的底部点位，表明后市还可继续看空。

何时要关注支撑位和买入点位

1942年3月，总市值的低点刚好在320亿美元的下方。1942年4月的低点是315亿美元。1942年3月和5月，总市值的高点都在325亿美元。随后，有一波上涨行情，表现出了很强的上行趋势。

1943年，总市值突破了1940年10月和1941年7月的顶部点位。这里可以按照在新高点位加仓买入的法则来操作。1943年6月，总市值刚好在490亿美元的下方见顶，这次比1938年12月和1939年9月的顶部点位要高一些，说明后市还有上升空间。

1943年9月，总市值的高点是490亿美元，这与1943年5月和6月的顶部点位相同，显示这里遭遇了沉重的卖盘。

1943年11月，总市值的低点在455亿美元，这次的跌幅不到50亿美元，随后，出现了一波修复性的反弹。1944年5月，总市值突破了1943年6月和9月的顶部点位。这里，我们要再一次按照在新高点位买入的法则来操作。1945年8月，当对日战争结束的时候，总市值突破了1937年2月的高点625亿美元，这是后市看多的明确信号。你应该买入强势板块中的个股。

1946年1月，总市值的高点是785亿美元，2月，总市值跌到740亿美元见底，下跌幅度与1943年11月的那次下跌差不多，但是，这还不足以表明，主趋势已经发生了变化。

1946年5月，总市值的高点是850亿美元，从1942年4月的低点算起，上涨了535亿美元，比1937年2月的顶部点位高出了225亿美元。这时就要关注趋势是否会发生变化。

1946年5月，总市值的高点在1929年8月31日的高点的下方50亿美元附近，而1929年8月31日的总市值刚好在900亿美元的下方。

1946年4月，总市值的高点是800亿美元，6月的高点也在800亿美元，7月的低点在790亿美元，表明后市将会走低。总市值的趋势持续下行，1946年11月，下跌到650亿美元见底。1947年1月，经过一波小幅反弹，总市值在682.5亿美元见顶。5月的低点在635亿美元。7月的高点是692.5亿美元，这与1947年1月的高点价位差不多。趋势又继续向下走。

1948年2月，总市值的低点在631.58亿美元，它比1947年5月的底部价位略低，但仍然站在了1937年2月的顶部价位的上方，这里就是一个买入点位。

1948年5月和6月，总市值的高点是745亿美元，在1946年2月的底部点位的上方。1948年7月的底部点位有所下移，表明后市看跌。9月的低点在655亿美元，10月的高点是722.5亿美元，随后，总市值又开始了一波下跌。1949年6月，总市值的低点刚好在640亿美元的下方，它在1947年5月和1948年2月的前期底部价位附近，这里是一个买入点位。1949年8月，总市值突破了1949年1月和3月的顶部价位，表明后市看涨，应该加大做多买入的仓位。1949年12月，总市值为760亿美元，站到了1948年5月和6月的顶部价位的上方。你要按照我们在新高点位买入的法则来操作。接下来，有一波快速的上涨行情。

1950年5月，总市值的高点是856.24亿美元，突破了1946年5月的顶部价位，预示着后市还会继续走高。

1950年8月，总市值突破了1950年5月的顶部价位，按照我们的法则，应该在新高的点位买入。1950年12月，总市值站到了1929年8月的顶部点位上方，同样，这里也是一个新高点位，按照我们的法则，应该买入。

1951年4月，总市值的高点是1030亿美元，6月的低点在970亿美元。这次下跌与1950年6月那次下跌的幅度差不多。

1951年7月，总市值的高点是1040亿美元，这里也可适用在新高点位买入的法则。1952年1月，总市值的高点是1120亿美元，2月的低点在1080亿美元，3月的新高点位是1130亿美元，4月的低点在1080亿美元，这次下跌的幅度为50亿美元。从以前的回调来看，这是一次正常的下跌。随后，总市值又重拾升势。

1952年7月，总市值的高点是1160亿美元。9月和10月的低点刚好在1130亿美元的下方，这次下跌的幅度比1952年4月那次下跌的幅度小。

1952年12月和1953年1月，总市值的高点是1205亿美元，在1929年顶部价位的基础上，上涨了33.33%。

1953年2月，总市值的低点刚好在1190亿美元的下方。总市值在3个月里没有出现向上的突破，就表明回调在即。从1949年6月以来，还没有出现过50亿美元以上的回调，这次的回调幅度应该会大一些，可能出现100亿美元左右的回调。

1953年8月和9月，总市值见到了回调的底部，这次回调的幅度比100亿美元略小，或者说，这是回调的幅度是上一次的回调的两倍。

1953年10月，总市值的高点是1160亿美元，比1953年7月的顶部点位要高，表明后市看涨。

1954年1月，总市值突破了1200亿美元，这是在1952年12月的顶部点位附近。我们要再一次按照在新高点位买入的法则来操作，选择买入那些趋势强势上攻的板块中的个股（请参照美国钢铁、钒钢和航空板块的总市值图）。你可以看一下波音飞机、道格拉斯飞机、格伦·L·马丁和钒钢的走势图，就会知道为什么我们选择买入这些股票，它们在1954年3月和4月的上涨速度很快。

1954年3月31日，纽约证券交易所的全体股票的总市值刚好在1290亿美元的上方。我们现在碰到的问题是，要来估算一下总市值在什么点位会遇到阻力，遭遇卖盘的打压。我们选用1929年的高点900亿美元为基准，在此基础上再加上它的50%，得到的是1350亿美元。

如果我们以1944年4月的高点价位为基准，该价位的325%同样也接近1350亿美元，我们就把这个价位作为卖出点位。

1954年4月30日与1942年4月30日的低点之间，相距了12年。从1932年6月30日的底部，到1954年4月30日之间，相距了262个月。1930年4月，道琼斯工业平均指数在297½美元见到了当时历史上的第二高点。当你回过头去看指数的历史走势，你会发现很多趋势变化都在4月和5月发生的，所以，到了这两个月份，你要关注股票和板块是否会发生趋势的变化，比如，航空板块和钢铁板块的股票就是1954年这波上涨中的龙头。

预计会有多大的跌幅

自1942年的低点以来，总市值最大的一次下跌是从1937年2月到1938年3月和4月，它的下跌幅度是311.68亿美元。从1946年5月到1948年2月和1949年6月的这一波下跌，跌幅为217.85亿美元。这个信息就提示你，接下来总市值的第一次下跌的幅度可能会有多大。

全体股票的总市值从1949年6月上涨到目前为止，涨幅已经超过了100%，这就表明下跌的时刻即将来临，至少也会出现一波实实在在的修复性下跌行情。但是，我们在结合全体股票的总市值的同时，还必须要对板块和个股进行具体的研究，来确定它们是处在强势还是弱势。

股票何时走势最强，何时走势最弱

当股价见到极高点之后，出现了下跌，接下来，在低位盘整了很长时间，最后终于突破了历史最高价的50%价位，或是极低点与极高点之间的50%价位时，它就处在非常强的走势之中，而且后市还可看高一线。

当股价下跌，并跌破了历史最高价的50%价位时，它就处在非常弱的走势中。一般情况下，当股价到达这个点位时，会有一次温和的反弹，有时，这里也会是最后一个底部，后市有一波大幅上涨行情就此展开。重要性仅次于历史最高价的50%价位的是极高点与极低点之间的50%价位，当股价在这个价位不能止跌企稳，并跌破了这个价位时，股票可能就处在最弱的走势里，后市的下跌空间已经打开。在很多情况下，当股价下跌到这些点位，或是反弹到这些重要点位时，会在这里横盘几周或几个月，既不突破这个50%价位，也不去跌破它。但是一旦这个价位被突破或是被跌破，你就要空翻多，或是多翻空了。如果你原先是做空的，当这个价位被突破之后，你就要回补原先的空头仓位，并做多买入。如果你原先是做多的，当这个价位被跌破之后，你就要卖出原先的多头仓位，并做空卖出。这样操作，你就会赚到钱，因为你是在顺势而为，在股票走势最强时，做多买入它，在股票走势最弱时，做空卖出它。你必须记住的是，如果在你卖出多头仓位的时候，该股处在弱势之中，它的趋势是向下的，那么这个时候同样也是很好的做空卖出的时机。当然，你还要按照我在本教程和《江恩华尔街45年》中给出的所有法则来操作。

你必须要给市场时间，来展示出它在趋势上的变化。假设人们在过去的两年中，在过高的价位买入了斯图贝克，也在高点买入了克莱斯勒或者塞拉尼斯，当他们看到这些股票的主趋势已经改变时，如果当时就卖出多头仓位，每股会亏5个点，或者甚至是10个点，如果他们认赔卖出，并反手做空的话，那么他们不但能弥补亏损，还能凭借单边做空赚上一笔。这就是如何顺应趋势去赚钱的做法。例如：1951年，塞拉尼斯的高点是58美元，它的50%价位是29美元，该价位出现在1953年4月。随后，塞拉尼斯跌破了29美元，此后直到1954年，该股在16美元见底之前，它的股价都没能站到29美元的上方2个点的位置。这个例子就证明，一旦股价跌破了高点的50%的价位，它的走势就会如此之弱！

1953年，斯图贝克的高点是43½美元，它的50%价位是21¾美元。1953年12月，当它的股价跌破了这个高点的50%价位，直到1954年4月下跌到15美元见底之前，它的股价再也没有站上过21¾美元的上方2个点的位置。这个例子又一次证明，当股价跌破了高点的50%价位时，你做空卖出就总是划算的，因为你这么做是在顺势交易。

为什么在新高做多买入，或在新低做空卖出都能盈利

当股价在前期高点价位的下方整理了几个月、几周，或者几年之后，开始走强，并创出了新高，这样的强势是来自于买盘的积极介入，有实力的人士对该股产生了强烈的兴趣，都来买入它。所以，你如果买入的话，是在跟着主趋势的方向操作，这是能赚到钱的正确方法。

永远不要逆势操作，自始至终都要顺势而为，这样你就能赚到钱。

当股票处在弱势的时候，会在下跌时创出新低，因为市场中是供大于求，也就是卖盘比买盘多。有了这样充分的理由，你卖出那些弱势的股票，90%的情况下，你都是对的，但始终要设置止损单，为资金保驾护航。

抓住趋势转向，赚取更多利润

对于任何一只交易活跃的个股，如果你回去看它5年、10年，或者20年以来的走势，并注意到所有10个点，或者10个点以上的波段行情，你将会发现，如果抓住这些发生了趋势转向的波段进行交易，比靠股息，或是长期持股，等着本金大增的操作方法，都要赚得更多。

1925年，克莱斯勒的股价从28美元起步，后来上涨到141美元见顶，其间经过了很多次大大小小的趋势转向，波段行情在从10个点，到50个点和75个点不等，最后，股价在1932年跌到了5美元见底。从1932～1954年，克莱斯勒的股价在5～141美元这个区间内波动，这个区间的波幅为136个点，如果交易100股的话，总盈利应该是13600美元。而在同一时期内，计算该股所有10个点和10个点以上的波段行情，总共的波幅达到了1458个点。假如你能抓住这些波段行情中50%，你能赚到的点数也有729个点，而整个区间只有136个点的赚头，这就证明，抓住那些发生了趋势转向的

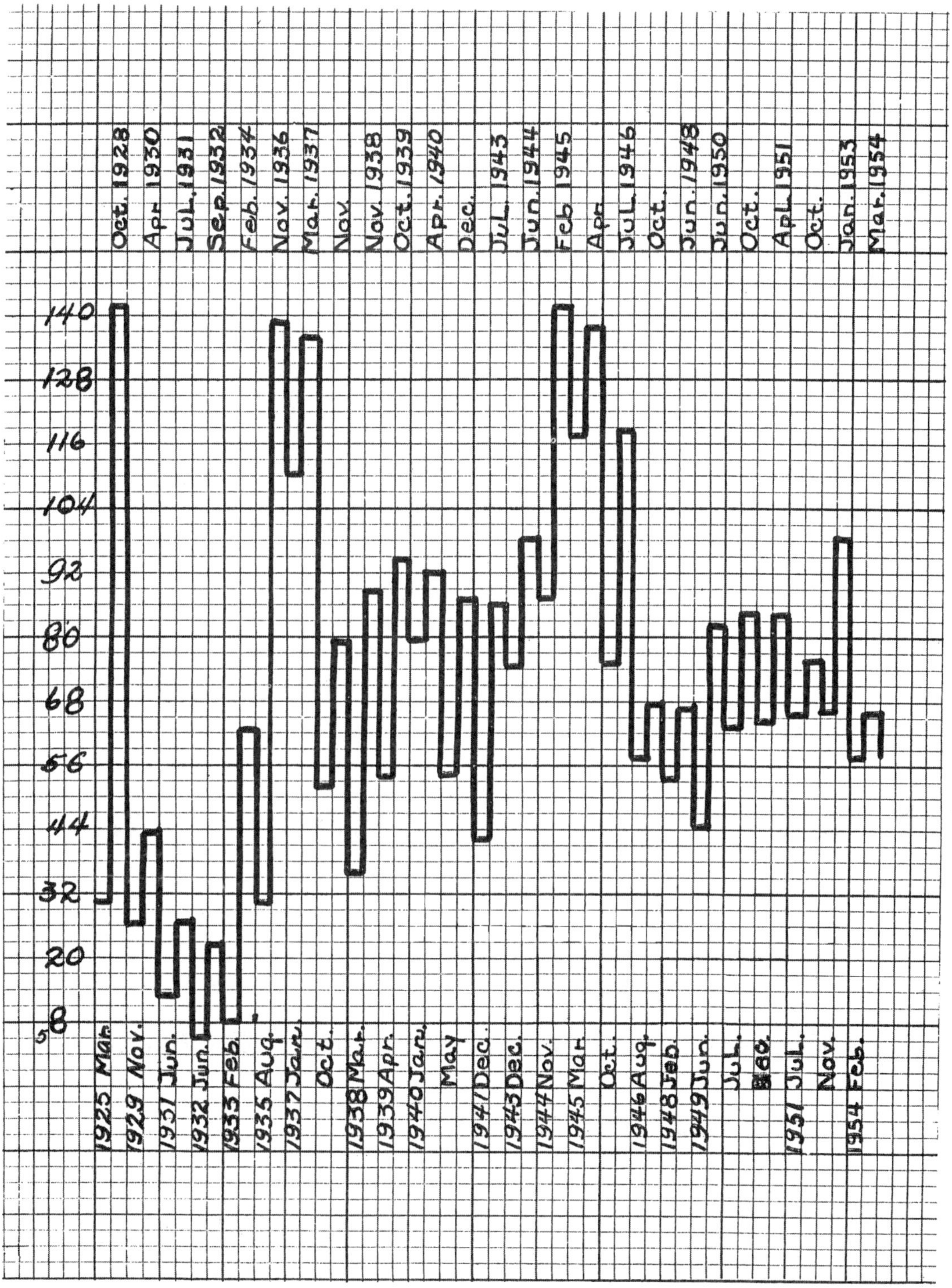

图1－3　克莱斯勒汽车趋势转向图

波段来进行交易是非常划算的。也就是说，当股价发出见顶信号时，就离场或做空卖出，当有明确的股价见底的信号时，再进场买入。在长达几年的行情中，不能一味抱着股票，任凭市场涨涨跌跌，否则到头来，除了股息，什么都拿不到，最后扣除你买入股票到卖出这期间的利息，你的本金能得到的回报很少。你可以去翻看任何一只交易活跃的股票，都可以得出同样的结论，来证明给你自己看。

跟着趋势走，趋势变，你也变

随着时间的推移，各种情况都会发生变化，在经过一段时间的运行后，趋势也会发生变化。你想要赚到钱的话，就必须要跟着趋势走，时过境迁，趋势变了，你也要变。不要太长时间持股，或者只是为了拿股息而持股。交易是要让你的资本升值，不要太过在乎那点股息。对于任何一条法则，它的价值就在于，它是否在实际的交易中能经得起时间的考验？在此，我为我所有的法则都拿出了例证，比如，有在新高点位买入和在新低点位卖出的实际操作记录，它们都能证明给你看，顺势交易的确是非常划算的，只要你在股价达到新高点位时买入，在股价跌到新低点位时卖出就可以了。你可以看一下教程中所附的各种股票走势图，包括塞拉尼斯、道格拉斯飞机、波音飞机、洛克希德、格伦·L·马丁、斯图贝克、联合飞机和钒钢等，这样你就能证明给自己看，这些法则是如何地行之有效！

做多买入一只股票的同时，做空卖出另外一只股票

为了证明这个法则很有用，我会拿出塞拉尼斯、道格拉斯飞机、斯图贝克和钒钢的走势图来给你看。

在同一时间，对不同板块的个股分别进行买入和卖出

1951年夏，当道格拉斯和塞拉尼斯的股价在同一价位附近时，7月，在48美元做多买入100股道格拉斯，而在8月，在52美元做空卖出100股塞拉尼斯。假设你把道格拉斯的止损单价位设在45美元，而将塞拉尼斯的止损单价位设在54美元，也就是8月的高点53美元上方1个点的位置，假设你按照我们的法则操作，就应该多次加仓买入道格拉斯，同样，也应该多次加大做空卖出塞拉尼斯的仓位，如果你这样做的话，就能在风险非常小的情况下，赚到更丰厚的盈利。

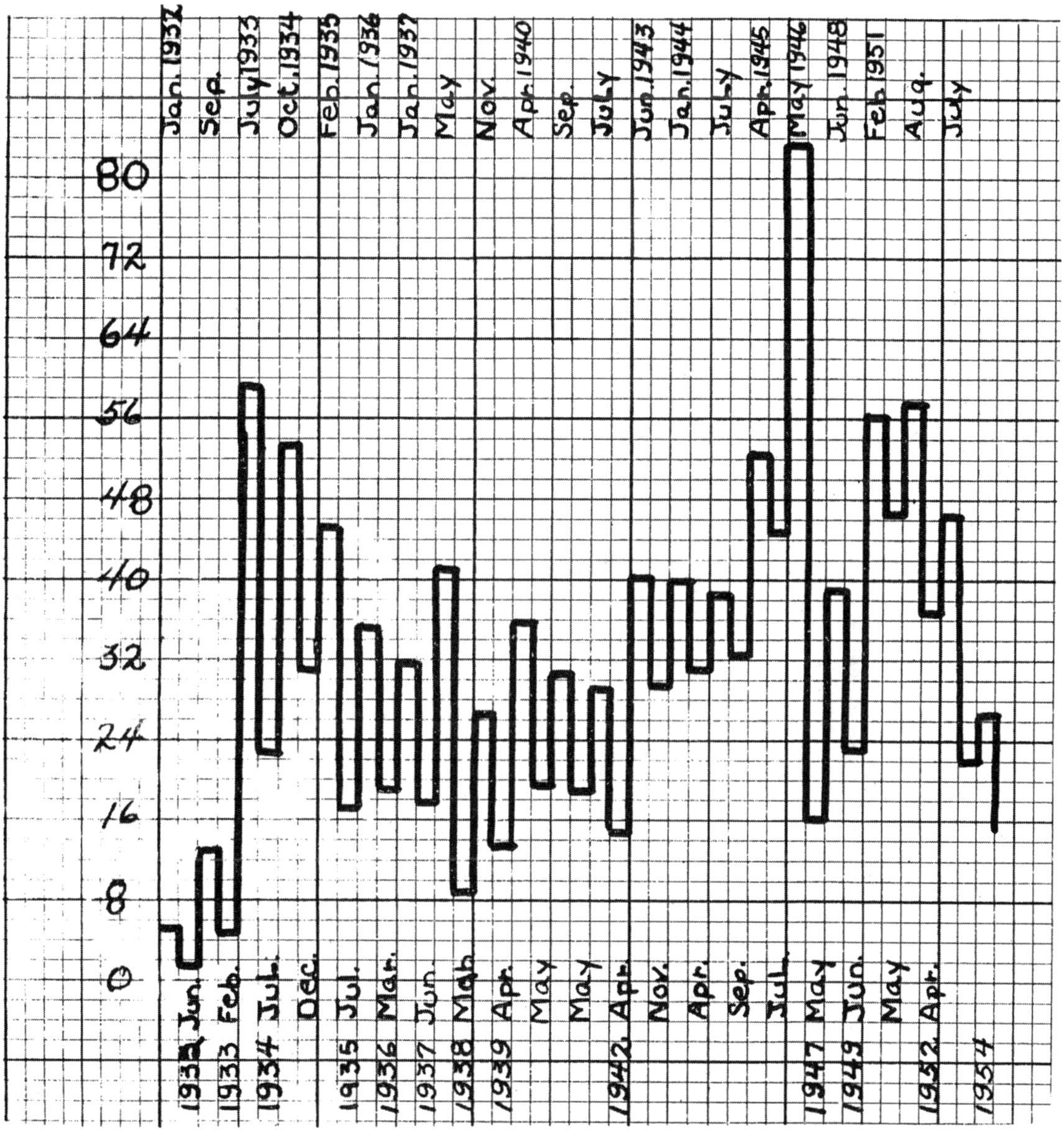

图1-4　塞拉尼斯趋势转向图

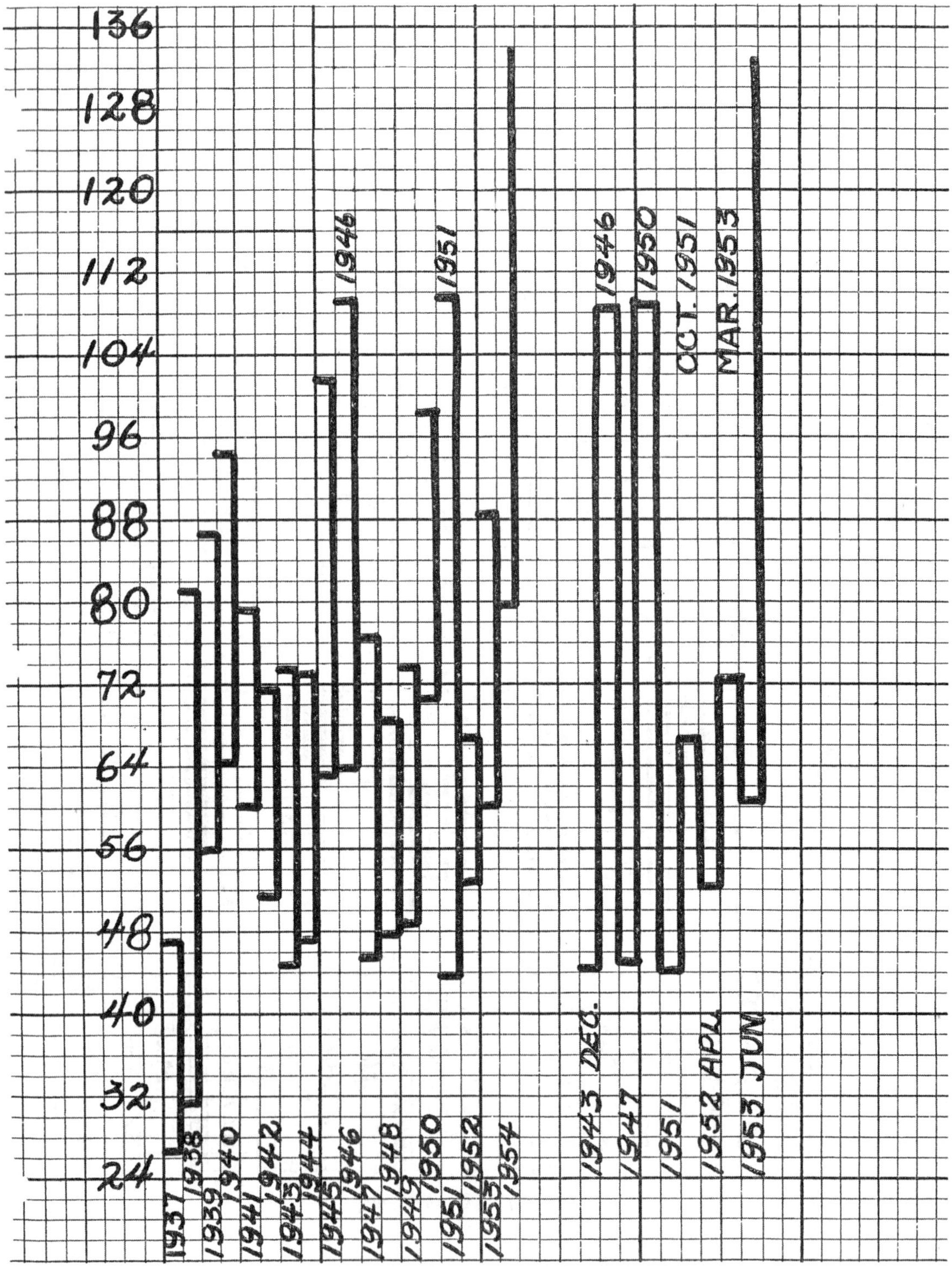

图1-5　道格拉斯飞机年高低点图和趋势转向图

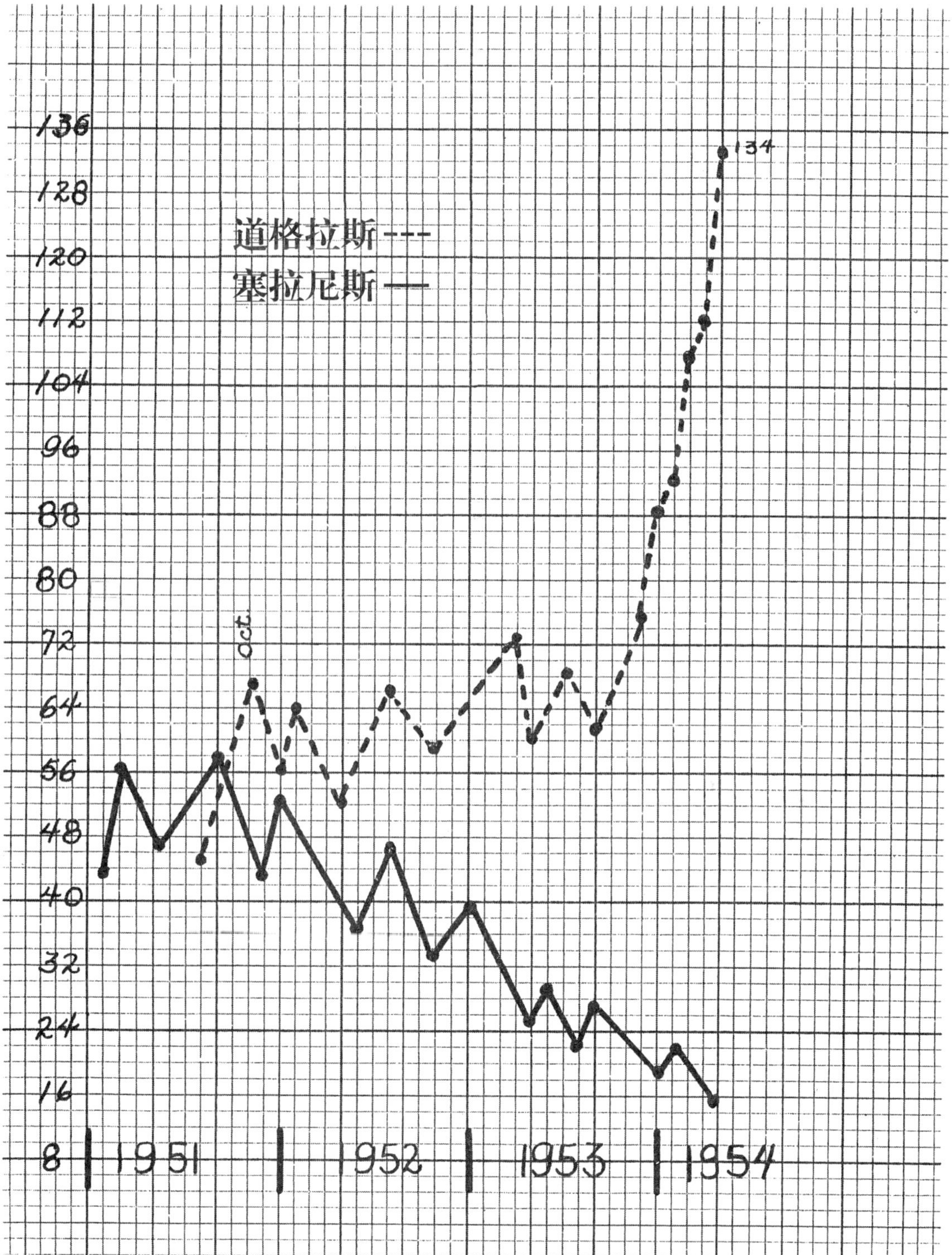

图1-6　道格拉斯与塞拉尼斯月线走势对照图

1954年4月，道格拉斯处在最后的迅猛上攻阶段，并突破了前期高点110美元，假设你最后在130美元卖出100股道格拉斯，那么扣除利息和佣金之后，你每股赚了72个点，也就是有7200美元的盈利。同一时间，你在16美元回补买入100股塞拉尼斯，扣掉利息和佣金，每股赚了34个点，也就是说，盈利达到了3400美元。这两笔交易，共赚了10600美元的盈利，而当初的本金是5200美元，在不到3年的时间，涨幅就超过了100%。对照斯图贝克和钒钢的走势图，你会看到，为什么我们做多买入钒钢，并做空卖出斯图贝克都会赚到大钱。

1951年3月，在34美元做空卖出100股斯图贝克，因为该股在36美元已经有过两个顶部，而第3个顶部价位在35美元，这个顶部价位有所下移，同时，将止损单的价位设定在37美元。

1951年8月，在26美元空头回补，买入100股斯图贝克。因为该股有3个低点都同一价位附近，所以要买入100股的多头仓位。

1951年3月，在32美元做多买入100股钒钢，因为，此时与上次见到31美元这个低点相距6个月。止损单的价位设在29美元。

1953年3月，在44½美元卖出100股钒钢，因为该股1952年8月和1952年3月分别在45美元和45½美元见顶，这两个前期高点已经构成了双顶。

1953年3月，在44½美元做空卖出100股钒钢，止损单的点位设在47美元。

1953年2月，斯图贝克在43½美元见顶，与钒钢几乎在同一价位上。

1953年3月，在38½美元做空卖出100股斯图贝克，同时在38½美元卖出100股斯图贝克的多头仓位。此时的斯图贝克跌破了2月的低点，也跌破了1952年5月的低点39美元，所以，要在38½美元做空卖出斯图贝克，并设置止损单。

1953年6月，斯图贝克跌破了1952年10月到11月的低点34美元，你应该在34美元加大做空卖出的仓位。

1953年6月，在34美元做空卖出200股斯图贝克，并设置止损单。斯图贝克的股价继续下跌，1953年9月，股价跌破了21¾美元，从它的高点43½美元算起，这是一次幅度为50%的下跌。随后，股价只反弹到了26美元，接下来，又跌破了21¾美元，表明后市的下跌空间已经打开。

1954年1月和2月，斯图贝克的高点是21¾美元，这次反弹的力度非常弱，继续持有200股的空头仓位，将止损单的价位设在22¾美元。

1954年4月30日，斯图贝克的低点在15美元，它的主趋势是向下的。如果你在这个价位回补所有的空头仓位，那么赚到的总点数为60个点，也就是有6000美元的盈利。

1951年3月，在32美元做多买入100股钒钢。1953年，在44½美元卖出100股多头仓位，并在44½美元做空卖出100股。

1953年，在31美元空头回补100股钒钢，因为它处于1951年4月和5月的低点价位。同时，我们在31美元做多买入100股钒钢，止损单的价位设在29美元。

1954年2月，在41美元买入100股钒钢，因为这是突破了1953年7月和8月的两个前期高点39½美元之后的新高，同时，它也突破了1953年12月和1954年1月的两个前期高点39½美元。

1954年3月，在47美元买入100股钒钢，因为它是突破了1952年8月、1952年12月和1953年3月的前期底部之后的新高，显示该股的主趋势为上行，而且这个价位是自1931年来，该股的最高价位，表明它的走势非常强劲。

1954年4月，钒钢在59½美元见顶。你应注意到的是，1953年9月，该股的低点是30½美元，如果上涨幅度为100%，股价就会到61美元，这里可能是一个顶部。此时的成交量也是多年以来的最大成交量，这表明股价可能已经见底，无论如何也会有一波回调。所以，我们在59½美元卖出300股的多头仓位，但是并不急于做空，因为它的主趋势还处在上行之中。那300股的多头仓位是之前分别在31美元、41美元和47美元买入的，扣掉利息和佣金，赚到的总点数为57个点，或者说有5700美元的盈利。加上在斯图贝克这只股票上的盈利6000美元，3年总共盈利为11500美元，本金大约为3500美元，盈利超过了本金的300%，或者说，每年都有100%的盈利率，我们靠的不是瞎猜，而是按照我们的交易法则来操作。

我选出来的这些股票并非特例，在各个不同的板块中，有更多类似的股票，它们的表现也一样好。

1953年，钒钢的低点是30½美元，此时，斯图贝克的股价为26美元，两者只相差了4个点。

1954年4月，钒钢的股价比斯图贝克的股价高出了大约45个点，在7月里，股价的差距就拉大到了45个点。这就证明，做多买入那些强势上涨的股票，与做空卖出那些弱势下跌的股票都是很划算的。

低价股为什么这次没有跟着大盘一起涨

低价股，或者是所谓低价值的股票，在1953年9月到1954年4月的这波牛市行情中没有跟着一起上涨的原因，是外部环境发生了变化。道琼斯指数在7个月里上涨了66个点，纽约证券交易所中的全体股票的总市值也上升了240亿美元，那为什么低价股没有一起涨上来呢，这其中必定是有原因的。

在过去的日子里，那些联合投资体的运作与操纵市场的行为和洗售都是允许做的，低价股在牛市的最后阶段几乎总是会上涨。但是现在情况变了，低价股中再也没

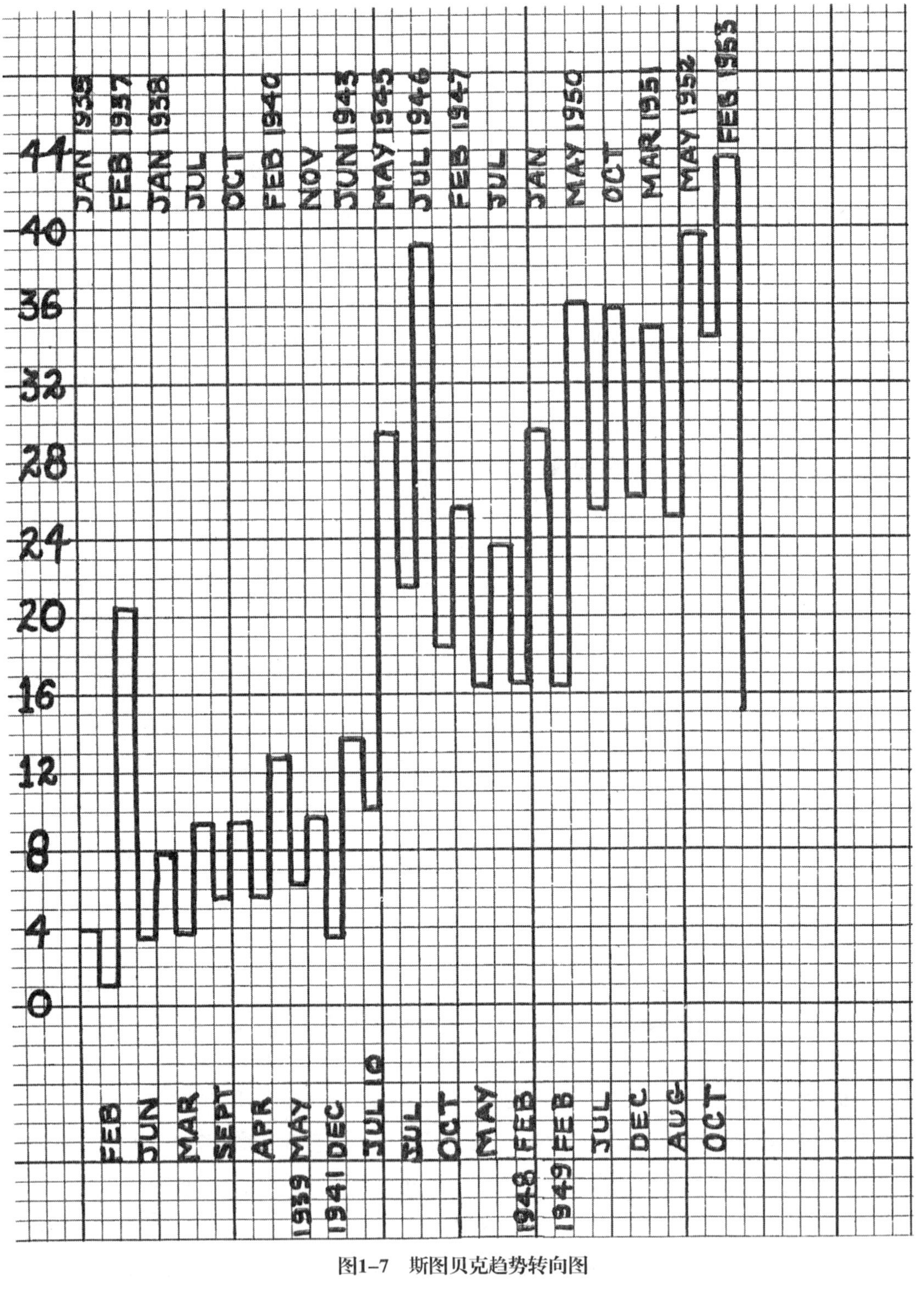

图1–7　斯图贝克趋势转向图

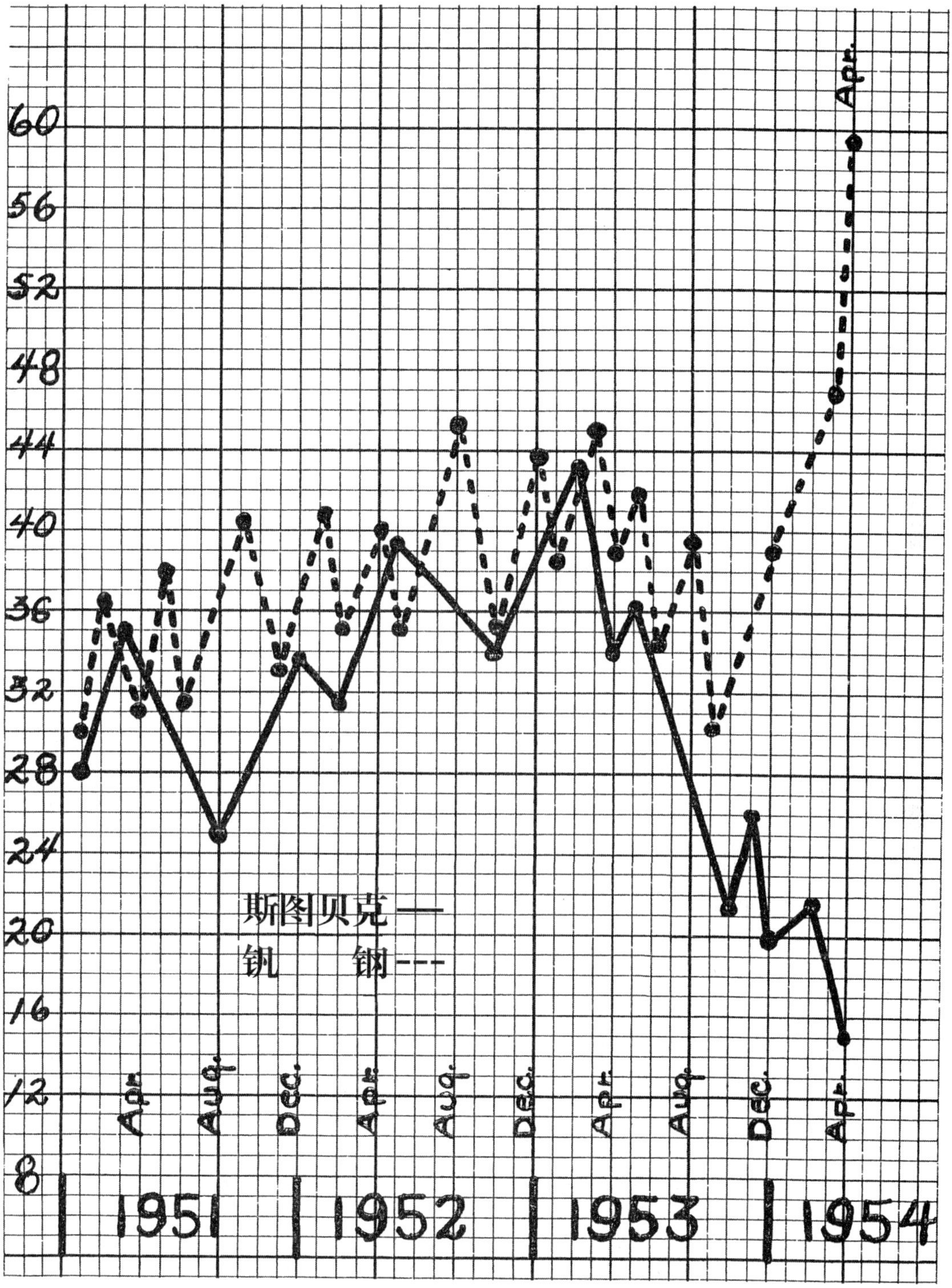

图1-8　斯图贝克与钒钢月线起势对照图

有联合投资体在运作了。投资信托公司和手中有大笔钱用来投资的人们，都会去买那些实力雄厚的大公司，看重的是良好的业绩表现和将来丰厚的股息收入。他们买入的这些好股票包括，通用汽车、新泽西标准、AT&T、杜邦、通用电气、西屋电气、道格拉斯、美国钢铁、伯利恒钢铁和钒钢等。

公众买入并持有低价股，盼着它们能跟着高价股一起向上涨，但是光凭着这些期盼，是不可能把低价股的股价拉上去的。因为市场中的主力不想要这些股票，结果就是，在下一波的熊市行情中，很多低价股都要比高价股跌得还快。当然，低价股也会有出头的日子，不过要等到大周期周期显示一轮大萧条即将来临以后，到那时，大小投资者都会对股市丧失信心，在很低的价位卖出那些蓝筹股。

纽约证券交易所中的航空板块股票

在每个月末，纽约证券交易所的研究部门都会公布在交易所上市的所有航空股票的总市值，这张总市值图是非常有价值的，它有助于你选出最好的航空股来进行交易。我们把这些按照不同板块的总市值来绘制的图，称为美元趋势，因为它并不是整个板块中股票的均价，而是整个板块中股票的市值（以美元计），相当于均价来说，这个板块的总市值对趋势变化的指示作用更加重要。而且，交易所的研究部门在每个月底不但公布所有航空股票的市值，也会公布其他板块的市值。

1951年9月，航空股的总市值为11.35亿美元。11月的低点在9.55亿美元。

1952年1月，这个版块的总市值为10.1亿美元。4月的低点在8.92亿美元，这是一个极低点。这个时候，你就可以去看一下各个航空股的月高低点图和周高低点图，来决定哪只股票处在最佳的买入点位。

贝尔飞机（BELL AIRCRAFT）

1952年4月，该股在一个区间内缓慢运行，之前它已经被拆股，这时还不是最佳的买入时机。

1953年9月，它的底部价位较之前有所抬高，这里是一个更好的买入点位。

波音飞机

1952年4月。该股在拆分之后，股价在6月见底，这里是个不错的买入点位，但更好的买入时机是在1953年9月，因为到那时，所有航空板块股票的均值创了历史新低，而且，9月的底部点位较前期底部有所抬高，表明大趋势已经反身向上。

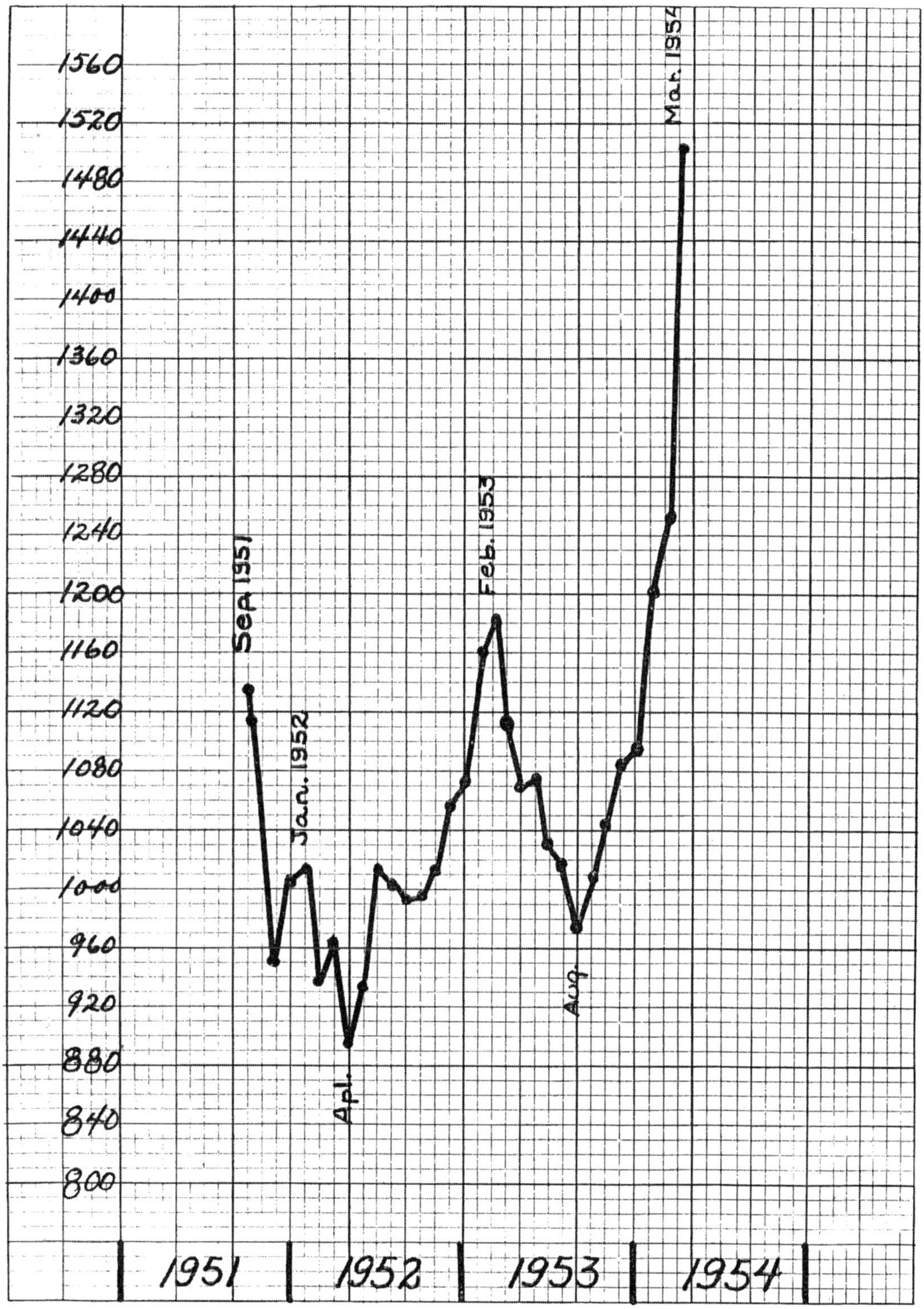

图1–9　航空板块股票每月最后一天的总市值曲线图（比例尺：1/8英寸相当于1000万美元）

1954年2月，此时是买入波音的好时机，因为股价突破了前期高点价位，这是一个让你可以在短时机内迅速盈利的机会。

道格拉斯飞机

1952年4月，在航空版块中，买入道格拉斯飞机才是最好的选择，因为它的股价已经从66½美元下跌到了52美元，而55美元又在66½美元到43½美元这个区间的50%位置，1952年4月，该股收盘在57美元，这里是一个很好的买入点位，同时，将止损单的价位设在51美元。

1953年9月，道格拉斯在62美元见底，该股从1952年4月起，底部价位就在不断抬高，所以，它就是最佳的应该买入的个股之一，同时，将止损单的价位设在60美元。1953年12月，股价突破了前期高点高点74美元，表明它后市的上涨速度会很快，买入它，就可以让你在短时间内，获得大笔的盈利，无疑是最好的买入选择之一。

洛克希德飞机

1952年4月，尽管它的底部价位较之前有所抬高，但是因为拆过股，所以，行情的运行速度慢。更好的买入时机是在1953年10月，因为股价突破了前期顶部价位。

格伦·L·马丁

1952年4月，这是该股一个不错的买入时间，因为它已经横盘了4个月，而且底部价位比1949的底部价位有所抬高。1953年9月，当股价突破了前期顶部点位时，可以说是一个更好的买入时机。

联合飞机

1953年4月，可以考虑买入该股，因为它的底部价位在不断抬高，但是，你如果想在短时间里，赚到丰厚的盈利，应该在1953年9月买入该股。

所有航空股的总市值

1953年2月，这个板块的总市值是11.8亿美元。

1954年1月，总市值创出了新高，1954年2月，顶部价位继续抬高，如果你在这个时候买入道格拉斯，或者几乎其他任何一只航空板块的个股，你都能在短时期，获取丰厚的盈利。

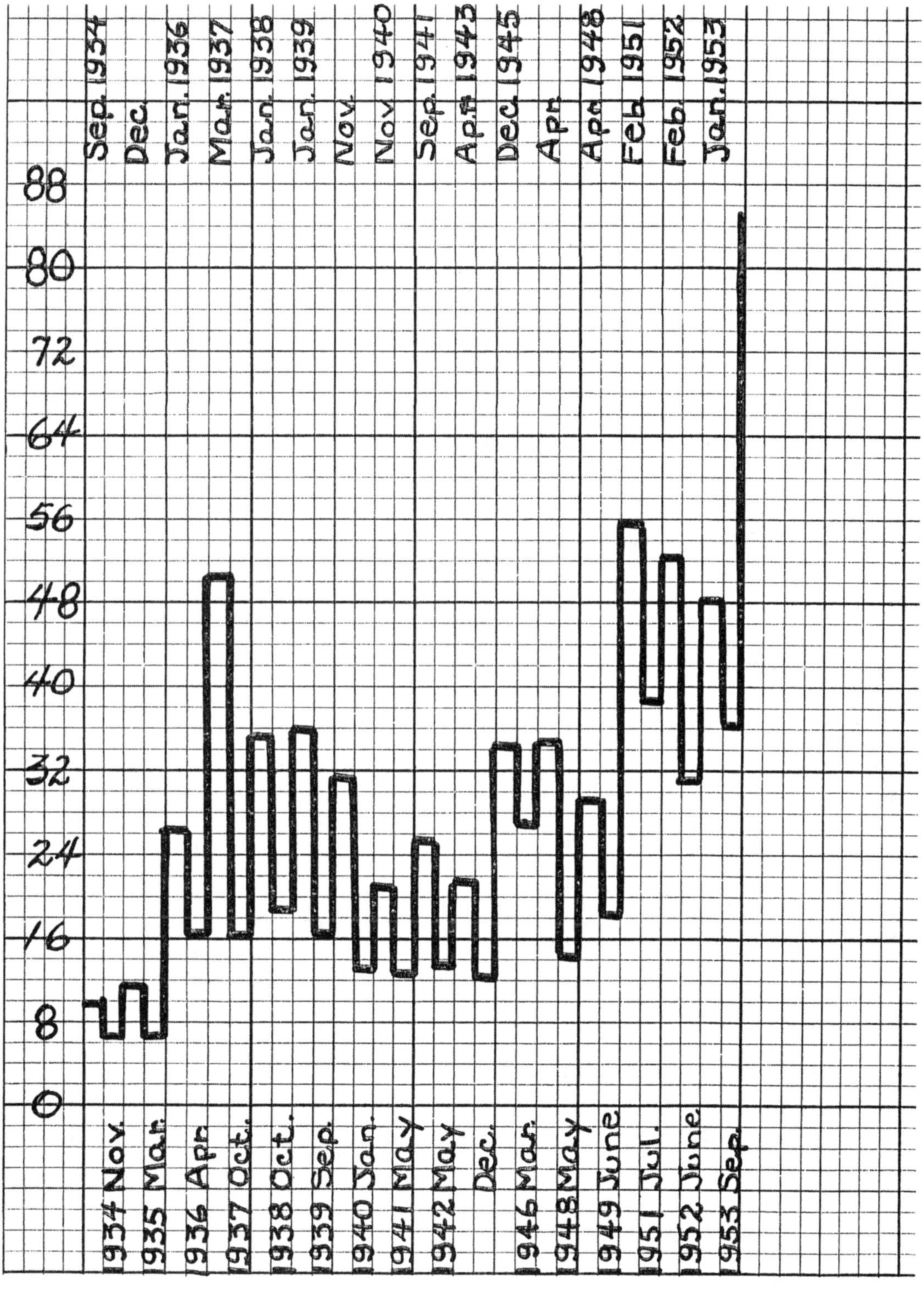

图1–10　波音飞机趋势转向图

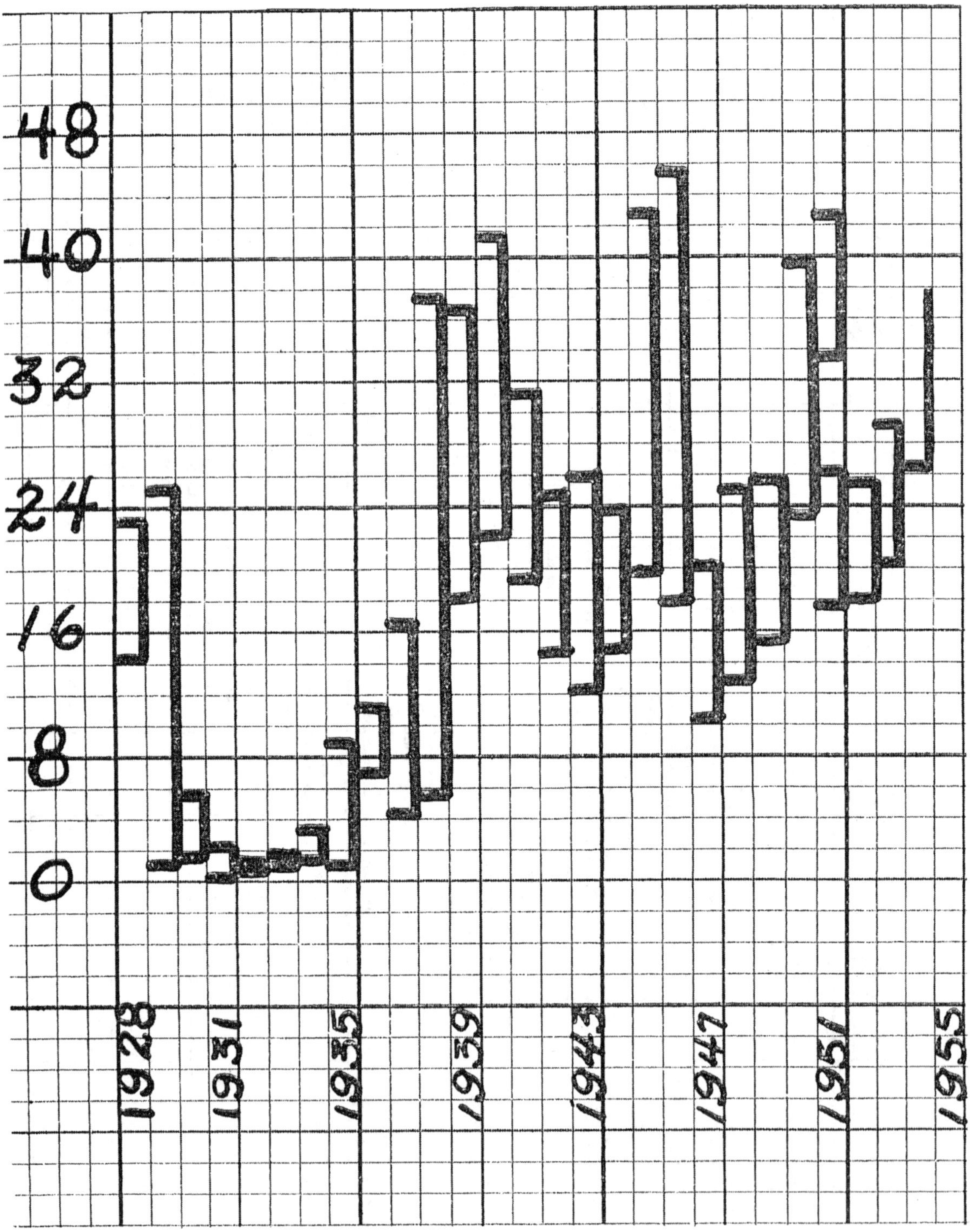

图1-11　洛克希德年高低点图

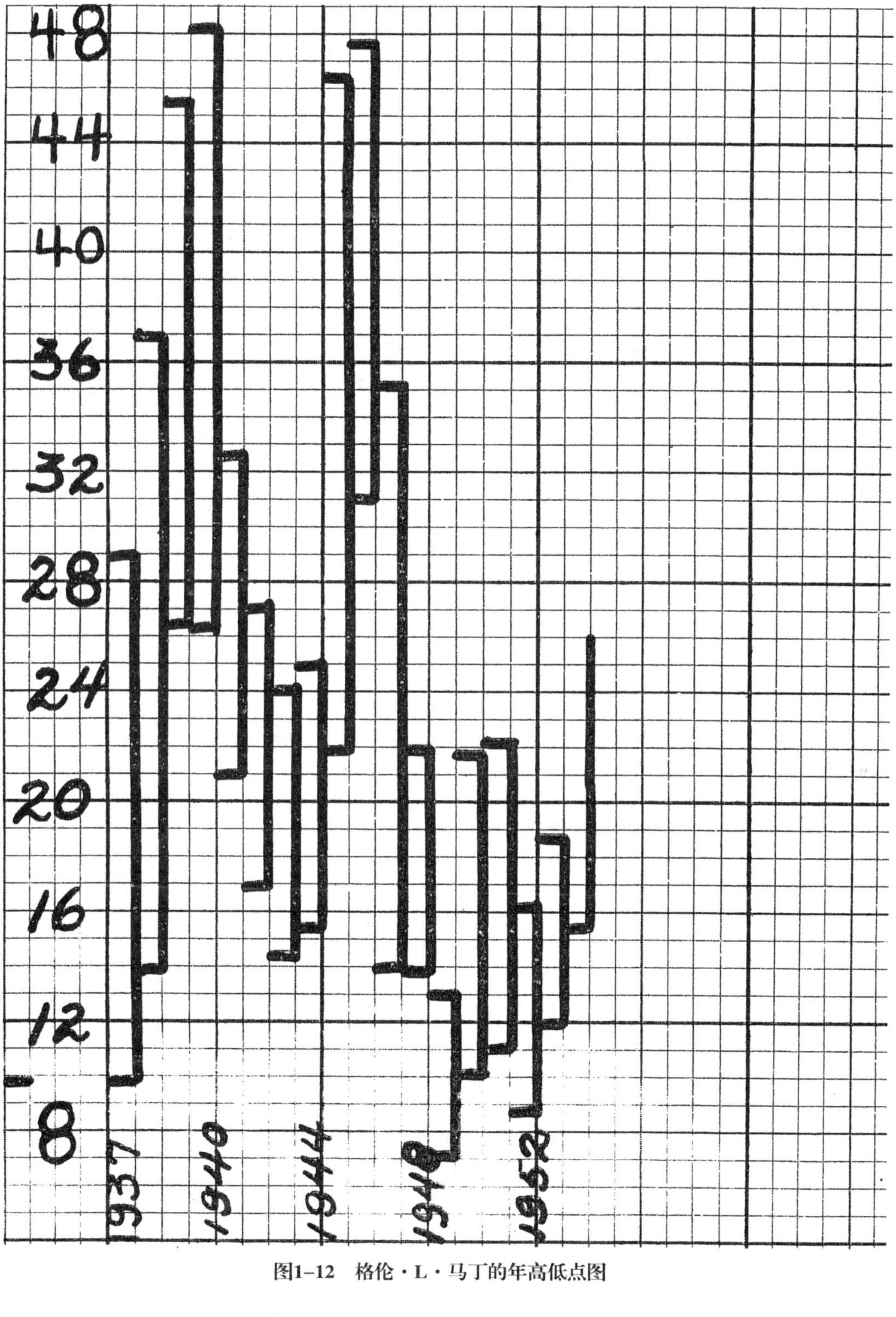

图1–12　格伦·L·马丁的年高低点图

1954年3月31日，所有航空股的总市值是15.04亿美元，这是多年以来的最高位。从1952年4月的极低点算起，到了1954年4月底，它的涨幅可能已经达到了100% (在我写这本书时，还没有拿到1954年4月底的有关数据)。

39只钢铁股的总市值

这些数据是以每个月最后一天，钢铁板块的总市值为准的。好好研究本书后面所附的39只钢铁股的总市值图，它将帮助你判断整个钢铁板块的趋势走向。当你想要选择出最好的钢铁股时，就要分别去看各个钢铁股的走势图。

1951年9月，这个板块总市值的高点是38.05亿美元。趋势从这个高位开始掉头向下，每个月的顶部和底部的点位较之前都有所下移，其间没有一个月总市值的涨幅超过1亿美元，这种状况一直持续到1952年4月，总市值在33.5亿美元见到低点为止。趋势从这个低点开始拐头向上，7月，总市值的高点是36.35亿美元。

1952年9月和10月，该板块总市值的低点是33.84亿美元，底部价位较之前有所抬高，这里是一个买入点位。这个时候，你要去看每只钢铁股的走势，从中选出最好的股票去买入。

伯利恒钢铁

1952年9月，该股的低点是47美元，突破了1952年5月的底部点位，这里是一个买入点位，止损单的价位设在45美元。但是，有一个比这个价位好得多的买入点位，出现在1953年9月，当时，所有钢铁股的总市值在31.05亿美元，而伯利恒钢铁的股价为44½美元，它没有跌到前期底部点位下方3个点的位置，这里是一个很好的买入点位，止损单的价位设在43美元。

钒钢

1952年4月，该股的低点在35½美元，这里是个不错的买入点位，因为它的底部点位在不断抬高，在这个时候买入，你能赚到相当好的盈利。

1952年9月，该股的低点是30½美元，它比1950年和1951年的底部点位都要高，这里是个很好的买入点位，止损单的价位设在29美元，另外，买入它还有一个很特别的原因，那就是该股拥有的铀矿，让人们对它的盈利增长有着很好的憧憬。

1954年2月，41美元是钒钢一个安全的买入点位，也是最好的买入点位，因为股价突破了前期高点价位。1954年3月，当股价突破了前期高点47美元时，你应该加大

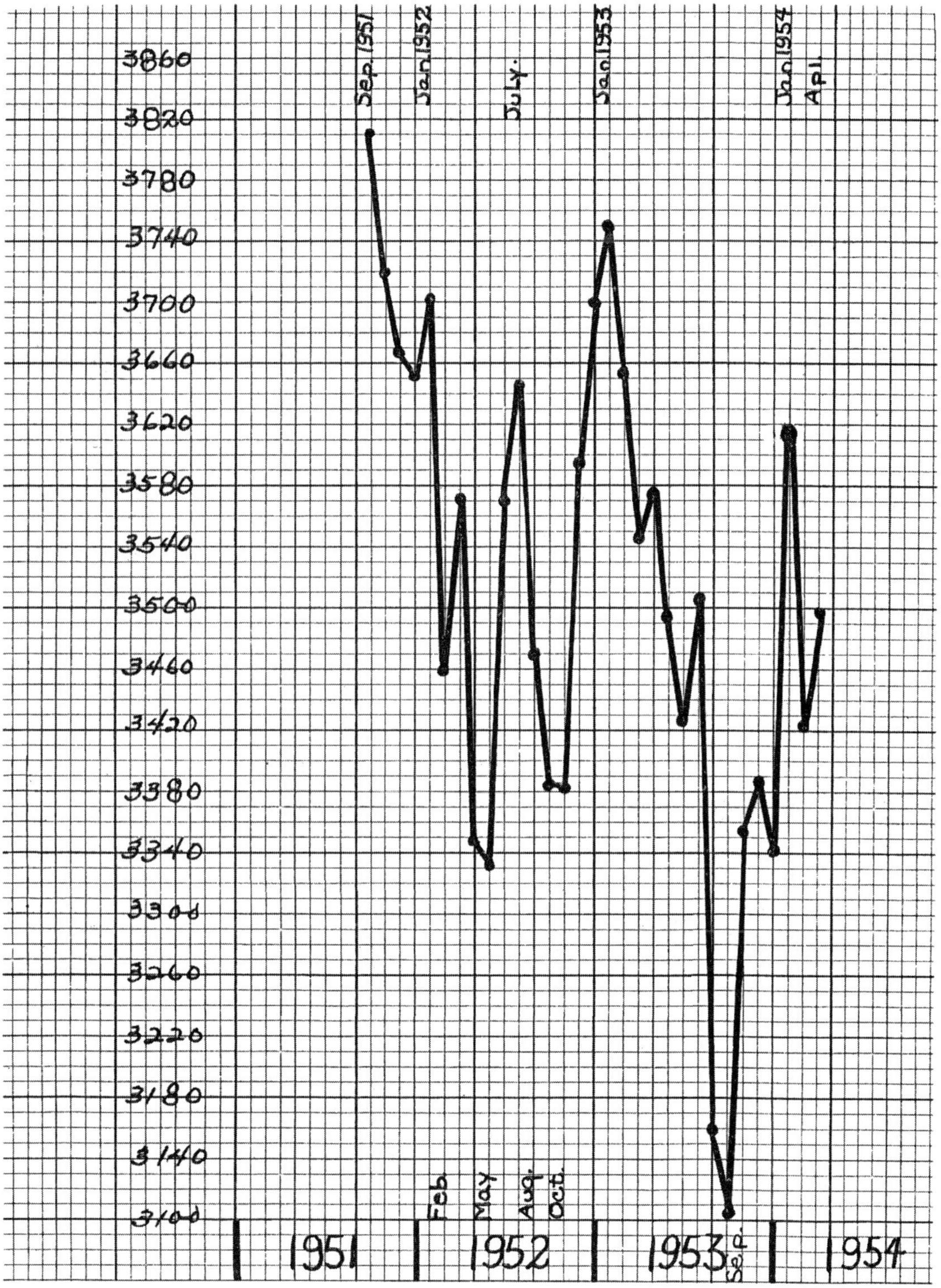

图1–13　39只钢铁股每月最后一天的总市值曲线图（比例尺：1/8英寸相当于2000万美元）

做多买入的仓位，此时，所有钢铁股的市值也在上涨之中。1954年4月，钒钢上涨到59½美元，这个时候的成交量非常大。如果你手头一直都有它的日高低点图和周高低点图的话，你在这时就应该卖出股票了。随后，它的股价回调到54美元见底，接下来，又上涨到了59美元。如果要发出后市看跌的信号，股价就要跌破54美元。如果它可以突破60美元，并且收盘价也站在这个点位的上方时，那么下一个要关注的阻力位是在67～68美元。当这个阻力位也被突破之后，接下来要关注的价位是在76½美元，这个点位曾是1931年3月的前期高点。

你不仅要保留一份纽约证券交易所的全体股票每个月的总市值数据，还要保留一份各个板块在每个月的市值和均价数据，这些都是非常有用的。在对美元趋势的指示作用上，这些不同板块的市值比道琼斯30种工业平均指数要准确得多，也更有价值，因为道指的样本股只占全体股票的一小部分。

请记住，你下的苦功越深，你掌握的知识就会越多，在交易中取得的盈利也就更加丰厚。所罗门王是有史以来最聪明的人，他展示出来的智慧和理解力胜过其他任何东西。如果你能向他学习，你就会做得很好。“寻见智慧的人有福阿！取得明哲的人真乐阿！”（箴言3:13）

我在本教程中写下的这些法则是很实用的。我自己就是按照这些法则来操作，并且赚到了大钱。你只要在交易中也能照着它们去做，就同样会赚到大钱。在我的生命中，最大的快乐莫过于帮助别人。

“如果我能在他人黑暗旅程之中，
投射一缕光线；
如果我能帮助一些灵魂，更明了生命与责任的意义，
以此，为我的弟兄祈祷；
如果我能为任何一个人擦去脸上的泪痕，
那么，我在今生就没有白过。”

我马上就要过76岁的生日了，我已经实现了幸福的生活和成功的事业。我觉得我的一生的确没有白过，因为成千上万的人已经从我的书和教程中获利颇丰，我相信他们也会从本章所阐述的法则中受益良多。

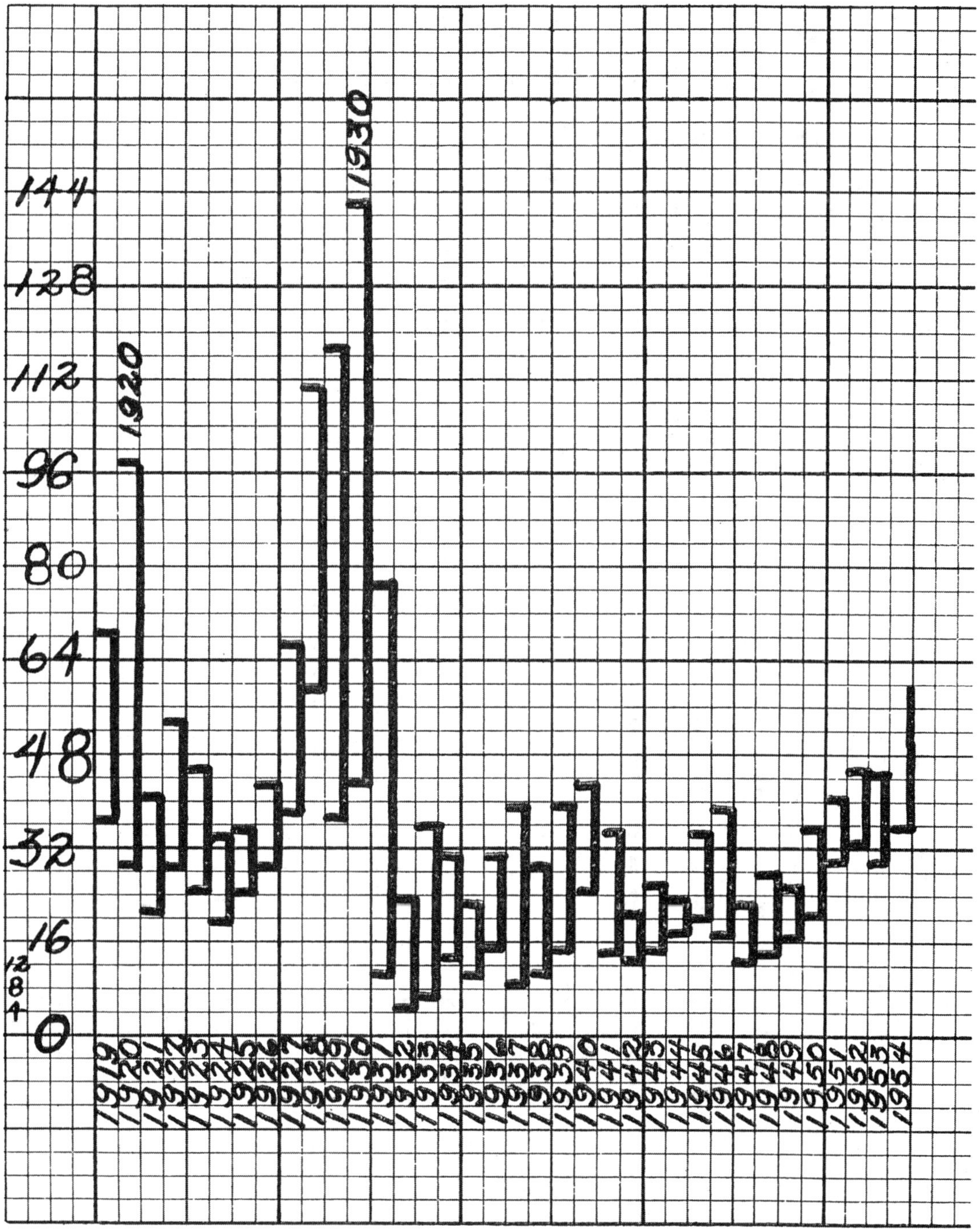

图1–14　钒钢年高低点图

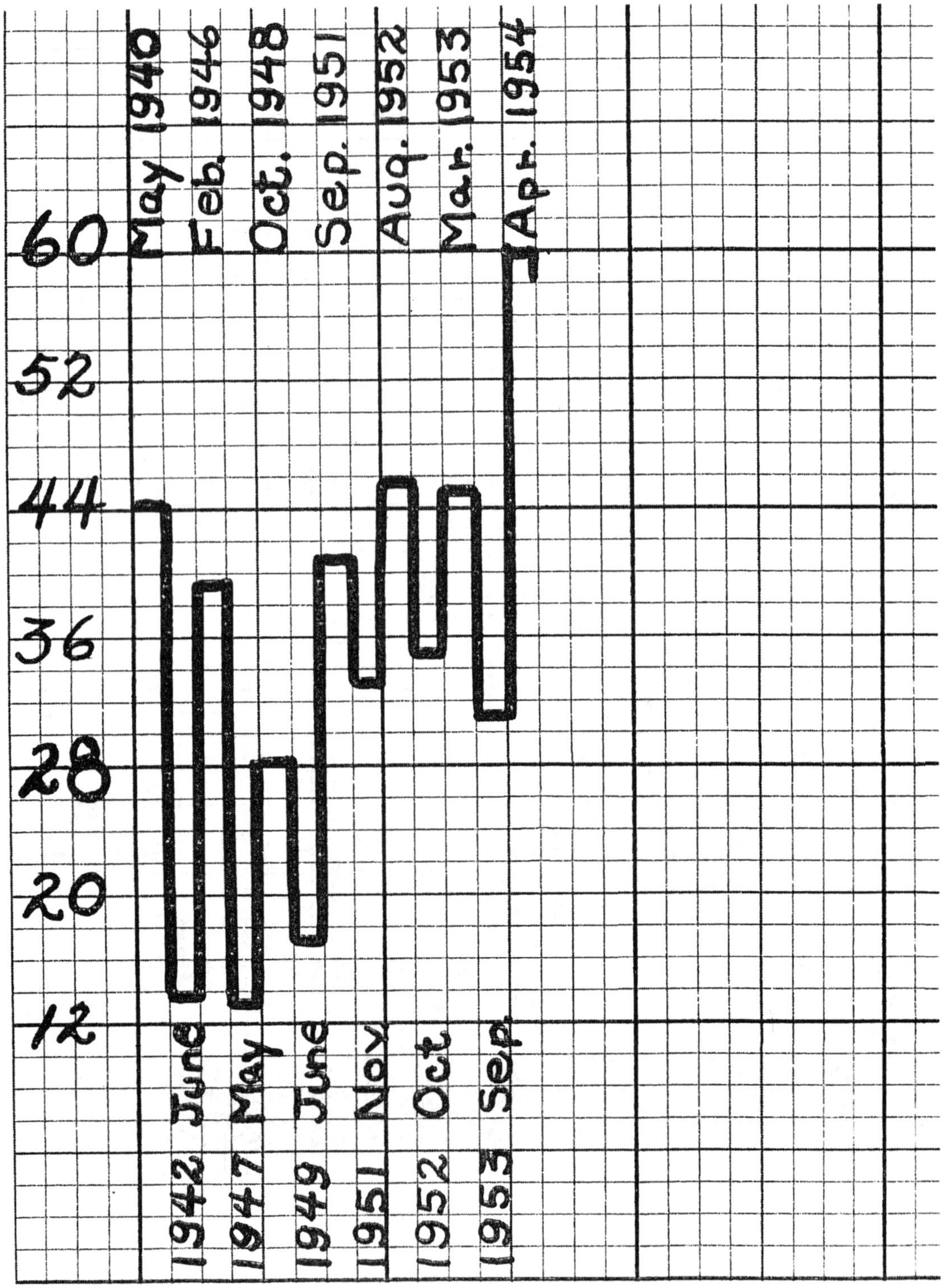

图1-15　钒钢趋势转向图

Chapter 2

股市预测的方法

你需要绘制哪些走势图

你应该坚持绘制股票的年高低点图、月高低点图、周高低点图和隔夜图。在周线图中，你会发现股票经常出现小级别的趋势反转，股价上涨2周或3周，但是在第3周就走不出比前两周更高的顶部价位了，或是更高的底部价位了；不过在其他一些时候，在前两周出现反弹之后，股价会横盘整理好几个星期，而并不去突破前两周的高点价位。在这样的情况下，做多买入的话，把止损单的价位设在前两周低点下方3个点的价位，如果是做空卖出的话，把止损单的价位设在前两周高点上方3个点的价位，就始终都会是比较保险的。如果走势转好的话，股价在第3周应该继续上扬，反过来，如果走势转弱，股价在第3周会继续下跌，这要看具体情况来定。这条交易法则在牛市和熊市中都是适用的。

在隔夜图上，只有在新的价位比上一个顶部高出3个点，或是新的价位比上一个底部低了3个点时，才会显示趋势发生了反转。在隔夜图中，主要参照的指标是低点的价位。只要底部价位在不断地抬高，趋势就会继续上行。而只要底部价位在不断走低，趋势就会继续下行。对于所有的行情波动，都是以底部价格作为衡量基准。也就是说，当市场行情上涨时，底部价位一定是处在上冲或是抬高之中的，而当市场行情下跌时，底部价位也肯定是在下移之中的。

如何预测

市场中每一次波动都是自然法则作用的结果，也是源于所谓的“因”，而那个“因”在所谓的“果”发生之前，已经存在了很长时间，所以说，市场行情是可以提前好几年就能预测出来的。未来之事无非是过去之事的重复，这一点，在《圣经》里面早就说得很清楚了：“已有的事，后必再有。已行的事，后必再行。日光之下，并无新事”。《传道书1:9》

所有事物都有主次之分，所以为了能准确地预测股市未来的行情，你一定要掌握它的主要时间周期。因为只有在股市出现最大幅度的波动时，你才能赚到最多的钱。

在股市中，49～50年是一个很重要的时间周期。在这样“50周年庆”的周期中，股票出现极高点或极低点的时长会持续5～7年，而且通常发生在50年的时间周期的尾声。

“7”是个让人有宿命感的数字，《圣经》里曾多次提到它，它是由土星来守护的，而土星在占星学中预示着财政紧缩、经济萧条和市场恐慌的出现。7乘以7等于49，因而这个周期中的第49年，就会被看作是命中注定的灾年，这一年会引发市场出现极大的波动，即出现极高点或极低点的波动。

20年或是240个月，是最重要的时间周期。相对于其他周期来说，大部分股票和指数的走势都更符合这个时间周期。5年是20年的1/4，10年是20年1/2，10年这个时间周期也非常重要，因为它有120个月。15年是20年的3/4，这个周期也很重要，因为它包含了180个月，同样道理，7½年这个时间周期之所以重要，就是因为它有90个月，而84是90的15/16。

30年的时间周期的重要性仅次于20年的时间周期，而它是土星作用的结果。因为土星环绕太阳转一圈的时间是30年。土星统御着地球上的事物，在每个30年的时间周期的尾声，都会导致物价达到极高点或极低点，也就造成了股价的见顶或见底。当然，最重要的时间周期还是20年的时间周期。

下一个重要的时间周期是10年的时间周期，每10年会产出出同样的性质的波动，并且股价会见到极高点或极低点。股票往往明显会在每个完整的10年的时间周期结束的时候，走完一轮行情。次要的时间周期是3年和6年的时间周期。最小的时间周期是1年的时间周期，股票经常在第10个月或第11个月发生趋势上的变化。

在快速波动的市场中，一波上涨或者下跌行情会持续6～7周，之后会在趋势上发生小级别的反转，但是一波上涨或者下跌的行情经常会持续几个月，其间只有2周的回调或反弹，随后，可能会休整2～3周，接下来就会回到原来的主趋势中去，经常在第3周就会出现上涨或下跌的走势。同样的法则也适用于日线级别的行情。在快速波动的行情中，与主趋势相反的行情只会运行2天，在第3天，股价就会回到原先的上涨或者下跌行情，与主趋势保持一致。

在判断所有行情的走势时，要运用各种角度的移动平均趋势线，也要计算大级别波动区间或小级别波动区间的1/3、2/3、1/4和3/4点位。1/2的点位是最重要的，因为它相当于是45度角的移动平均趋势线，对股价的支撑力度最强，对股价的走向也最有决定意义。下一个重要的阻力位是2/3点位，它相当于圆周的内接三角形与圆周的交点，或圆周上的120度。

所有法则都是建立在自然法则的基础上，它们同样适用于时间、空间和成交量图。

凭着猜测去交易，永远都是不划算的。始终要考虑到在大部分时间，市场主要的波动方向是什么，要关注周高低点图和隔夜图，看图上何时会出现趋势的反转，或是某个时间周期走完了。所有的行情都会运行3～4个阶段。上涨或者下跌的行情会在第3阶段或第4阶段见到大顶或大底。在时间周期走完之前，行情总会给出反转的信号，接下来，在预警信号给出之后，股价可能会走势2波或3波的上涨或者下跌的行情，而上涨的高点或者下跌低点都在同一区域内，上涨之后的顶部价位会出现抬高，或者下跌之后的底部价位会出现下移。当市场出现这样的走势时，行情或者是处在蓄势阶段，或者是处在派发阶段。

预测股市行情的时间周期法则

股市的运行在10年的时间周期的时候，它会走出两个5年的时间周期，也就是一个5年的上行周期和一个5年的下行周期。

法则1：无论是牛市还是熊市行情，市场不会出现在连续3～3½年的上涨或者下跌的走势中，其间连一次3～6个月或1年的反向行情都没有的情况。很多大行情会在第23个月见到大顶或大底，并没有走满完整的2年的时间周期。要关注周高低点图和月高低点图，判断股价是否会在第23个月或第24个月见到大顶或大底，或者是要等到第34～35个月、第41～42个月、第49～60个月、第67～72个月、或者第84～90个月才出现。

法则2：一轮牛市行情会运行5年，也就是上涨2年，下跌1年，随后再上涨2年，完成一个5年的时间周期。为期5年的牛市行情一般会在第59个月或者第60个月结束。你始终都要关注行情在第59个月是否会发生变盘。

法则3：一轮熊市的时间周期也会运行5年。先是下跌2年，接下来就是上涨1年和下跌2年，完成一个5年的下行周期。

法则4：以见到任何一个顶部的时间为起点，给它往后加上10年，你就知道了下一个10年的时间周期中见顶的时间，而股价的平均波动幅度，也会与上一个10年中大体相同。

法则5：以见到任何一个底部的时间为起点，给它往后加上10年，你就知道了下一个10年的时间周期中见底的时间，行情会在那一年重演10年前的走势，股价的平均波动幅度也会大体相同。

法则6：一轮熊市行情也会走出7年的时间周期，或者说从任何一个完整的底部算起，再运行3年和4年。从周期的任何一个完整的底部算起，首先加上3年，得到下一个底部见底的时间，接下来，再往后加上4年，就得到了7年的时间周期见底的时间。

法则7：从任何一个完整的顶部算起，加上3年就可以知道见到下一个顶部的时间，给它再加上3年，就得到见到第2个顶部的时间，以见到第2个顶部的时间为起点，往后再加上4年，就得到了第3个顶部，也就是10年的时间周期中最后一个顶部见顶的时间。

法则8：以见到任何一个顶部的时间为起点，加上5年，就可以知道在下一个5年的周期中，股价何时见到股价平均波幅与上一个周期大体相同的底部。为了知道在5年的时间周期中，股价见顶的时间，你以见到任何一个底部的时间为起点，加上5年，得到的就是见到股价平均波幅与上一个周期大体相同的顶部的时间。1917年是一波大熊市行情见底的时间，加上5年，就是1922年，它是见到一波小级别牛市的顶部的时间。为什么我会说它是个“小级别牛市行情的顶部”呢？因为1919年是行情见顶的时间，给它加上5年，得到的是1924年，这一年见到了一个5年的熊市周期的底部。按照法则2和法则3，牛市或熊市行情不会有在同一方向上运行超过2年的情况。

从1919年开始，一轮熊市行情下跌了2年，也就是在1920年和1921年，我们只是在1922年见到了一年的反弹，随后的行情在1923年和l924年又下跌了2年，完成了一个5年的熊市周期。现在回顾1913年和1914年的行情，你会看到，1923年和1924年肯定是熊市的行情，因为它要走完从1913年和1914年的底部开始算起的10年的时间周期。还应注意到的是，1917年见到了熊市行情的底部，给它加上7年，得到的是1924年，这里也见到了一个熊市周期的底部。

法则9：如何对任何一年的行情进行年度预测。选取10年前的行情为样本，未来年份的走势会与上一个10年周期中的走势非常接近。例如：1932年的走势就会与1902年、1912年和1922年的走势很像。

30年的大周期就是要走完3个10年的时间周期。从现在往回推算，10年的时间周期和20年的时间周期对未来行情的影响力最大。为了要体现出一个完整的30年的时间周期，在做年度预测的时候，最好要有过去30年的历史交易记录以备查阅。例如：为了要对1922年的行情进行预测，我查阅了1892年、1902年和1912年的行情，关注到它们在月线行情上较小的差异。但是，我知道1922年的行情与1912年的行情最接近。不过，还是有些股票的走势与1892年和1902年的走势更接近些。要记住的是，每只股票的周期是从它自己的基准点，或者自己的顶部和底部开始算起的，并不总是与平均指数的顶部和底部同步。所以，你需要对每只股票进行逐一判断，也就需要坚持绘制每只股票的周高低点图和月高低点图。

法则10：极端行情中的大周期。凡事皆有主次之分，有较小的，就有较大的，有正面的，就有负面的，这就是为什么股票在10年的时间周期内有三次重要的波动，前两个顶部之间相距3年，第二个顶部与下面一个顶部之间又相距了4年。这一点在5年的时间周期中也得到了验证，其间2年上涨，1年下跌，接下来又是2年上涨，也就是有两次主要波动和一个次要波动行情。最短的完整时间周期，或者市场中最短的可以走出来的周期是5年，10年当然也是一个完整的周期。10的5倍等于50，50年是最大的时间周期。在50年的大时间周期尾声，行情会见到极高点或极低点。回顾过去的纪录，你就可以验证这一点。

数字“7”是计时的基础，在股市中，每7年就会出现恐慌性的下跌行情和低迷的局面，每次这样的下跌都属于极端行情，比连跌3年的行情更惨烈。应注意的是1907年和1917年等以7收尾的年份的行情。7的7倍等于49，让49年带有了某种宿命，使得行情在第49～50年，往往会出现极端的波动行情。请记住，你在估算所有的时间周期时，无论是主要的还是次要的时间周期，都必须从底部或顶部开始算起。当你回顾30～50年前的历史走势时会发现，有些极端的波动行情也出现在30年的时间周期的尾声。

法则11：预测每月的行情，可以使用与预测每年的行情时同样的法则，也就是说，以见到底部的时间为起点，先加上3个月，再加上4个月，得到的是7个月的时间周期，这样就可以知道见到小级别行情底部的时间，和回调的大致点位。但要记住的是，在牛市行情中，回调可能只会运行2～3周，接下来，行情会重拾升势。在这样的情况下，股市可能会连续上涨12个月，其间后面一个月一直都不会跌破之前一个月的底部点位。在大幅上涨的行情中，回调持续的时间不会超过2个月，第3个月股价就会拐头向上运行，这与按年来计的时间周期法则是一样的，也就是下跌2年，第3年上涨。同样的法则也适用于熊市行情，也就是反弹持续的时间不会超过2个月。大多数行情会在6～7周走完。一周有7天，7的7倍就是49天，这里注定是一个拐点。始终要看你对这一年的趋势判断，要考虑这一年是以熊市行情为主，还是以牛市行情为主。在以牛市行情为主的年份中，也就是在月高低点图上的趋势是上行的，股票会出现很多次下面这样的走势，即回调2～3周，随后休整3～4周，接下来，再上涨6～7周，并进入到新高的区域中。在判断行情是否会发生反转之前，始终要考虑到的是大的时间周期是否走完了，也不要忘了去看那些从主要顶部和底部算起的时间周期给你发出的信号。

法则12：日高低点图：日线级别的行情在运行时，它的时间周期法则与以年来计和以月来计的时间周期的法则是一样的，当然，日线级别的行情只占它们中较小的一部分。重要的日线级别的趋势变化会每7到10天出现一次。在一个月里，趋势的自然性改变会出现在6～7日、9～10日、14～15日、19～20日、23～24日以及29～31日附近。这些小级别的行情会根据每只个股的顶部和底部来运行。要关注从上一个顶部或底部算起的第30天，看行情是否会发生趋势变化，这是非常重要的时点。接下来，要关注从顶部或底部算起的第60天、第90天和第120天，是否会出现变盘。180天，也就是6个月，也是非常重要的时间周期，有时标志着更大级别的趋势变化的出现。另外，从顶部或底部算起的第9个月和第11个月也要重点关注，看是否会有小级别的趋势变化，大级别的趋势变化也经常在这个时点发生。

日高低点图可以给出短期趋势变化的第一个信号，这样的短期行情会持续7天或10天，而周高低点图给出的是下一个重要的趋势变化的信号，月高低点图给出的趋势变化信号力度最强。请记住，在每年的时间周期内，在趋势发生反转之前，周线级别的行情会运行3～7周，月线级别的行情会运行2～3个月，或者更长的时间。

在每一年中，关注一只股票的底部价位是否在不断抬高，或不断下移，这是很重要的。例如，如果一只股票已经连续5年底部不断抬高，而这一年的底部价位却比上一年的低了，那么这就是一个反转信号，可能标志着要开启一个长期的下跌行情。这个法则同样也适用于那些在熊市中，多年顶部不断下移的股票。

你要研究我传授的所有教程和法则。一遍又一遍地反复阅读，每次读它们，都会让你对它们的理解更进一层。你还要研究这些走势图，在实战中演练这些法则，也要用过去的行情来验证这些法则，这样一来，你就会取得进步，并认识和体会到我的预测方法的价值所在。

股市行情预测指南

第一，要记住时间是所有因素中最重要的一个，在应有的时间周期没有走完的时候，就不会出现大幅上涨或下跌的行情。时间因素是优于空间和成交量这两个因素的。根据时间周期法则，当时间周期走完时，无论是向上还是向下的空间波动就会开始，成交量也随之放大。始终要考虑你对当年行情的预测是什么。

第二，要对每只个股逐一进行分析，根据从顶部或底部算起的时间长短，来确定它在时间周期中所处的位置，并据此判断它的趋势。每只股票都会从它的底部或顶部走出5年、10年、20年、30年、50年和60年的时间周期，它不会去顾及其他股票是如何运行的，即便它们处在同一板块，也是如此。

第三，月线级别的反转或趋势的改变经常会在2～3个月后出现。按照主要时间因素来说，变盘是在第3个月开始的。

第四，按周来计的时间周期的法则：股票会向下运行2～3周，有的时候是4周，但是一般来说，趋势的反转或改变会出现在第3周，与主趋势反向运行的行情只会持续3周。在牛市行情中，其间会有2周，也可能是3周的下跌，在第3周的中间几天，趋势会反身向上，而且第3周最后一个交易日的收盘价就会比上周的收盘价要高一些。在有些情况下，趋势的改变要等到第4周才出现。当反转出现后，第4周最后一个交易日的收盘就会比上一周的收盘价高一些。在熊市行情中，把所有这些法则反过来用就可以了。

第五，那些伴随着很大成交量的快速上涨或下跌行情，将会运行7周左右的时间，这样会见到行情中的大顶或大底。尽管有时底部或顶部会在第42～45天出现，一般来说，你要关注在时间周期的第49～52天，是否会见到底部或顶部，趋势是否将开始变化。

请记住，不论是月线、周线还是日线级别的行情，在任何一次大幅波动行情的尾声，一定要给它一些时间来蓄势或者派发。所以，你必须要考虑到这一点。关注移动平均趋势线和时间周期。在股价已经下跌了7周之后，它可能还需要2周，或不到3周的时间来调整，接下来，趋势会反身向上，这与我们说的行情在第3个月发生反转的法则是一致的。

关于按天来计的时间周期的法则，日高低点图会给出趋势变化的第一个信号，但要记住，趋势变化后的行情可能只会运行7～10天，接下来，行情还是会跟着主趋势的方向走。周高低点图将会给出下一个重要的趋势变化的信号，但也要记住，趋势变化后的行情不会持续3～4周以上，在极端情况下，行情的运行也不会超过6～7周，接下来，趋势会发生反转，行情又会跟着主趋势的方向走。

在月高低点图上，趋势发生改变后，会向下运行3～4个月，接下来趋势出现反转，行情重新跟着主趋势向上走。在熊市行情中，股价会向上运行3～4个月，接下来趋势出现反转，行情又重回主趋势，尽管一般来讲，股票在熊市行情的反弹都不会超过2个月，股价在第3个月就开始下跌，随后就跟着主趋势向下走。

在没有结合从顶部或底部发出的移动平均趋势线进行分析之前，在没有考虑到个股在时间周期中所处的位置之前，就一定不要做出主趋势已经改变方向的判断。当股票上涨见到了极高点，或者下跌见到了极低点之后，股价的反转幅度第一次出现超过上一个阶段波动幅度1/4～1/2的情况，此时就可以确定趋势已经发生了改变，至少也是暂时性的变化。

留意空间的运行显得很重要，因为当时间以这样或那样的方式耗尽时，空间运行以通过跌破最后运行时间周期的1/4、1/3或1/2来显示一个反转，这就表明主趋势已经改变。

关注股价的空间波动也很重要。当时间周期无论如何就快走完的时候，如果股价的跌幅比上一波行情中涨幅的1/4、1/3或1/2还要大，就显示行情发生了反转，表明它的主趋势已经改变，反之亦然。

如何使用从顶部或底部发出的移动平均趋势线

在底部发出的移动平均趋势线，要从图上标记为“0”点的位置出发，向上绘制。那些从顶部发出的移动平均趋势线，要从图上标记为“T”的位置出发，向下绘制。请记住，当你想要绘制一条从底部到顶部的趋势线时，首先就是要绘制45度角的移动平均趋势线，接下来，可以在45度角的趋势线的左右两边，各绘制一条2×1的移动平均趋势线。在很多情况下，你在相当长的时间内都不必用到其他的移动平均趋势线，你可以在需要它们的时候，再把它们绘制出来。当然，如果你的股票上涨速度非常快，那么，你就需要从底部绘制一条4×1的移动平均趋势线和8×1的移动平均趋势线。这个方法同样也适用那些出现急速下跌的股票，你就需要从顶部绘制8×1的移动平均趋势线和4×1的移动平均趋势线，正如样本图所示，我们用每个1/8英寸高的小方格来代表1个点。

股价想要一直保持在从底部发出的45度角的移动平均趋势线的上方，每个月就必须上涨1个点，也就是说，它的底部价位每个月都必须抬高1个点。股价想要一直保持在从底部发出的8×1的移动平均趋势线的上方，它的底部价位每个月都必须抬高8个点。股价想要一直保持在从底部发出的4×1的移动平均趋势线的上方，它的底部价位每个月都必须抬高4个点。股价想要一直保持在从底部发出的3×1的移动平均趋势线的上方，它的底部价位每个月都必须抬高3个点。股价想要一直保持在从底部发出的3×2的移动平均趋势线的上方，它的底部价位每个月都必须抬高1½个点，或者说股价每年要上涨18个点。在45度角的趋势线右侧的6×1的移动平均趋势线，股价每年只要上涨2个点，就能站到这条趋势线的上方了。如果股价连这种趋势线都站不上去，那么它就处在非常弱的走势中，当然就在正方图的熊市半场里。

在从底部发出的45度角趋势线右侧4 × 1的移动平均趋势线，是以每年上涨3个点的速度向上运行的，在这条45度角趋势线右侧3 × 1的移动平均趋势线，是以每年上涨4个点的速度向上运行的。在这条45度角的趋势线右侧的下一条2 × 1的移动平均趋势线，是以每年上涨6个点，或每个月上涨1/2个点的速度向上运行的。

股价跌破了这条45度角的趋势线，继续下行，就表明它处在非常弱的走势中，特别是当它距离基准位已经很远的时候，预示着后市的下跌空间已经打开。

在底部发出的45度角的趋势线的右侧的3 × 2的移动平均趋势线，是以每12个月上涨8个点，或者每个月上涨2/3个点速度向上运行的，股价要想保持在3 × 2的趋势线的上方，每个的涨幅就要在8个点以上。你想知道移动平均趋势线在久远的过去所对应的价位，你不必从很久之前的某个点位，真的去绘制一条移动平均趋势线。你可以通过运算来确定这条趋势线当时所对应的价位。例如：假设1900年1月，一只股票在15美元见底，我们想要算出在10年后，也就是1910年1月，从这个底部出发的45度角的移动平均趋势线所对应的价位。45度角的趋势线是按照每个月上涨1个点的速度运行的，那么10年就是120个月，也就是股价上涨了120个点，把涨幅再加上底部的15美元，就知道在1910年1月，该趋势线对应的股价在135美元。对于所有其他的移动平均趋势线，都可以用同样的方法来计算出它们在久远的过去所对应的价位。

我已经在样本图上标记好了这些移动平均趋势线的度数，你会看到，它们分别是3¾度、7½度、15度、18¾度、26½度、30度、33¾度、37½度、45度、52½度、56¼度、60度、63¾度、71¼度、75度、82½度、86¼度和90度。你无需去为测量这些趋势线的度数费心了。为了准确绘制出这些趋势线，你要做的就是数对这些方格子，并据此绘制趋势线。

你会注意到，在样本图上，每条从顶部和底部发出的移动平均趋势线是如何通过它们的交叉点位来证明它们自己的。例如：从“0”点发出的8 × 1的趋势线，与从“90”向下发出的8 × 1的趋势线在纵坐标为45，横坐标为5⅝的点形成交叉，也就是在45为起点的这条水平线上，从“0”开始向右数到5⅝。接下来，选取从“0”点发出的4 × 1的趋势线与从“90”向下发出的4 × 1的趋势线，你会注意到，它们的交叉点的纵坐标为45，横坐标为11¼。它与另外两条趋势线的交叉点是等距的，从横坐标上来看，第二个交叉点与“0”点的距离是第一个的2倍。

这些移动平均趋势线为什么可以通过这种方式来证明自己？这是因为45度角的趋势线、45点或者45度是90的1/2，所以，从“0”点向上发出的趋势线与从“90”向下发出的趋势线，一定会在以45为起点的这条水平线上，或者说是正方形重心的位置形成交叉。

从底部发出的移动平均趋势线的法则

从任何一个底部、基准点或起点可以绘制两条45度角的移动平均趋势线，一条向上的趋势线和一条向下的趋势线。你也可从任何顶部绘制45度角或者其他任何角度的趋势线。从顶部向下发出的45度角的趋势线，在不同的图中，可以分别表示每天、每周或者每个月下跌1个点，而从顶部向上发出的45度角的趋势线，可以表示每个月上涨1个点或者1度。

例如：我们取1929年11月13日美国钢铁的低点150美元，从150美元出发，向上绘制一条45度角的移动平均趋势线，它是以每个月上涨1点的速度上行的；接下来，从150美元出发，向下绘制一条45度角的移动平均趋势线，股价要想一直都在这条趋势线上，就必须每个月下跌1个点才行。

1930年11月与1929年11月之间相距12个月，美钢在1930年11月见到了138美元的低点，它落在从底部150美元发出的45度角的趋势线上。

1930年12月，美钢见到了极低点134美元，处在从150美元发出的45度角趋势线下方2个点的价位，但是它落在从1927年1月的低点111½美元发出的2×1的移动平均趋势线上。1930年12月，美钢的收盘价站到了从底部150美元发出的45度角的趋势线的上方。只要股价能够在这条趋势线的上方稳住，就表明它的走势已经转强，但是要想重新回到最强的走势中，股价就必须突破从150美元向上发出的45度角的移动平均趋势线，并一直保持在这条趋势线的上方。

请记住，不论是在日高低点图、周高低点图还是在月高低点图上，当任何一只股票跌破了45度角的移动平均趋势线，就表明它的走势非常弱，预示着股价将跌到下一条移动平均趋势线上去。不过，当股价重新站上这条45度角的趋势线的时候，就表明它的走势已经转强了。同样的法则也适用于从任何一个顶部向上发出的45度角的移动平均趋势线。不论是在日高低点图、周高低点图还是在月高低点图上，当股价突破了这条45度角的趋势线，并能一直保持在这条趋势线的上方的时候，就表明它的走势非常强。

在股价一旦跌破了任何一条重要的移动平均趋势线之后，股价的位置出现了逆转，它又重新站上了这条趋势线，或者说，它一旦突破了任何一条重要的移动平均趋势线之后，股价的位置出现了逆转，它又跌破了这条趋势线，这两种情况都说明趋势又发生了改变。

移动平均趋势线在月高低点图和周高低点图上的作用，当然比它在日高低点图上更重要，因为日高低点图上的趋势经常会改变，而在月高低点图和周高低点图上，只会根据移动平均趋势线显示出大级别的趋势变化。

当股票跌破或者突破了任何一条重要的移动平均趋势线的时候，始终都要考虑它与起点之间的距离。无论是股价突破了从顶部发出的移动平均趋势线，还是股价突破了从底部发出的移动平均趋势线，它与起点之间距离越远，这次趋势变化的重要性就越大。

每只股票都可以按照它的极高点和极低点形成它自己的正方图，或者是让时间与顶部价位达成正方。例如美国橡胶，它的高点是143美元，正方图的宽度也与之对应，沿着90度的垂直线向下移动143个格子，或者说要经过143个月，就达成了这个正方，我已经在月高低点图上对这个正方图进行了分割。你会看到，在正方图中的1/4、1/2、3/4、1/3和2/3等点位上，股价会有什么样的变化。它需要143个月，或者11年零11个月才能走完这个正方图，这个时间周期的结束时点是在1931年12月，这是一个重要的关注时点，看美国橡胶是否会发生趋势的变化。

为什么平面几何中的角对股价有影响力

为什么90度角是所有角中对股价的影响力最强的？因为它是与水平方向垂直的，90度的垂直线是直上直下的。

排在90度角之后的下一个影响力最强的角是多少度？它就是180度角，因为它与90度的垂直线之间呈直角，也就是从180度的水平线到90度的垂直线是90度。

180度角之后的下一个影响力最强的角是多少度？它是270度角。因为在圆周上，它在与最强的90度角相反的位置上，或者与90度的垂直线之间呈180度，也就是它们之间相距一个圆周的1/2。

270度角之后，下一个影响力最强的角是多少度？它是360度角。因为它是一个圆周结束的地方，正好回到了起点。同时它是在与180度角相反的位置上，而180度角所在的位置是一个中间位，一个圆周的1/2是180度。

排在90度角、180度角、270度角和360度角之后的影响力最强的角是多少度？它们是120度角和240度角。因为它们分别是在一个圆周的1/3和2/3点位。120度角相当于90度角加上30度角，而30度角是90度角的1/3。240度角相当于180度角加上60度角，而60度角是180度角的1/3。这就让这些角都对股价有很强的影响力，特别表现在测算时间周期方面。

还有哪些角的影响力仅次于上面提到这些角？45度角，因为它是90度角的1/2；

135度角，因为它与90度角之间呈45度；225度角，因为它与180度角之间呈45度；315度角，因为它与270度角之间呈45度。在圆周上，225度角与45度角之间呈180度，315度角与135度角之间呈180度。

90度线、180度线、270度线和360度线构成了第一个重要的十字交叉，被称为基本十字（Cardinal Cross）。45度线、135度线、225度线和315度线构成了下一个重要的十字，被称为固定十字（Fixed Cross）。这些角对于测算时间、空间和成交量来说，都是非常重要的。

为什么22½度角比11¼度角的影响力强呢？因为22½度角是11¼度角的2倍，同样道理，45度角比22½度角的影响力要强。另外，还有67½度角，因为它是45度角×1½倍，所以，当任何东西朝着90度角的方向运行时，这个角的影响力都很大。78¾度角比67½度角的影响力要大一些，这是因为它是90度角的7/8，所以就成了我们到达90度角之前，影响力最大的角之一，它对于时间、空间和成交量来说，都是重要的关注点位。很多股票在第78到第80周，第78到第80个月、或者第78到第80天附近，走出了重要的行情，见到了顶部或底部。

为什么把一个圆周8等分之后的等分位在测算时间与空间上是最重要的？因为我们把1美元进行2等分、4等分和8等分。我们使用25美分或1夸特，50美分或半美元，多年前，我们还用过12½美分的硬币。我们最重要的货币基本计算单位是4夸特，但是我们的确在所有计算中都使用1美元的1/8，或者12½美分。股价的波动也是在1/8、1/4、3/8、1/2、5/8、3/4、7/8和1这个整数的基础上进行的。所以，在任何测量时间和空间的时候，把它们转算为时间角的话，其结果会比1/3或2/3这样的等分位更贴近，一个简单的原因就是股价的波动就是按照8等分位来进行的，换算成时间角的话，肯定会与一个圆周8等分后得出的这些数字更接近。我们把100美元，或与其他等值的数字作为计算股价的基础，把股价换算成把一个圆周8等分之后得出的时间角，那么12½美元相当于45度角，25美元相当于90度角，37½美元相当于135度角，50美元相当于180度角，62½美元相当于225度角，75美元相当于270度角，82½美元相当于315度角，100美元相当于360度角。

例如：一只股票在第180天、第180周或第180个月时，股价是50美元，它就处在180度的时间角上。1915年2月1日，美国钢铁在38美元见到低点，它与37½美元的价格最接近，也就是100美元的3/8，相当于135度角。1915年2月25日，美钢上市有14年了，或者有168个月了，这时，它只达到了135度角，表明美钢在时间上是落后了。但是，38美元的股价让它可以保持在135度角，或者说37½美元的上方，显示它处在强势之中。接下来，当美钢的股价突破了200美元时，就相当于在一个360度角的圆周上转了两圈。当股价上涨到261¾美元时，它与第3个100美元中的62½美元最接近，或者说与225度角最靠近。225度角是股价突破了1/2点位，或者说180度角之后，对股价最有影响力的角。在第3个100美元中，美钢的1/2点位是250美元，而262½美元是就是下一个关注点，它是在5/8的点位，相当于225度角。

在主要时间角（Master Timing Angles）的教程中你会发现，从每个时间角所对应的时间，可以看出从美国钢铁这家公司成立开始算起，到股价见到极高点之间的间隔有多远。研究这些时间角，你会看到当这些时间角走到第24个月、第36个月、第48个月、第60个月、第72个月、第84个月、第90个月、第120个月、第135个月、第157½个月、第180个月、第210个月、第225个月、第240个月、第270个月、第300个月、第315个月、第330个月、第345个月和相当于360度角的第360个月的时候，行情会发生什么样的变化。关于主要时间角，我们将让你看到，当第5号、第6号、第7号、第8号和第9号时间角与其他时间角重合在一起，或者说回到它们在美国钢铁公司成立时所处的位置，会发生什么情况。当然，这些法则也同样适用于其他任何股票。你也能看到，让每个时间角都返回到同一个位置的时间，就是美国钢铁公司成立的时间，或者是股价见到任何一个极高点或极低点的时间。你就能掌握，这些时间角何时返回到同一个位置，或者是回到它们当初起步时的同一个角度。所以，你可以根据行情运行的动能，确切地知道时间周期走到了什么位置。主要时间角的教程会给出所有运行波动的原因，这些时间角都可以提前就算出来，最远可以知道2000年的情况。我们要用到的数据是由美国政府的天文学家做出来的，所以，它们绝对是准确的。你要仔细研究这些数据，把多只股票的走势放在一起进行对比，你就会对它们的价值表示信服。

如何运用平面几何中的角

我在股市中的操盘方法都是建立在数学点位或平面几何中角的基础上。所有1/8、1/4、1/2、3/4、1/3和2/3这些阻力位都可以看作是平面几何中的角，因为它们与圆周的1/8、1/4、1/2、3/4、1/3和2/3这些等分位是相互对应的，不论圆周大小如何，等分之后的角度都是一样的。

这里考虑三个重要的因素，也就是价格、时间和空间波动。例如：当股价达到45美元时，就会遇到阻力位，因为它相当于在45度角上，或者说是在45度角的移动平均趋势线上。接下来，不管股价是在45美元、67美元、90美元、135美元和180美元，或者其他任何价位上，当它跌破了45度角的移动平均趋势线的时候，就表明该股已经走弱了，这里就相当于一个阻力位，但是当股价于基准点相距很远时，它会显得更重要。当股价跌破了45度角的趋势线或其他任何一条趋势线的时候，当时的股价与基准点之间的距离是最重要的。例如：在一只股票上涨的初期，股价会有很多次都落在45度角的趋势线上，接下来，经过回调后，股价会再次落在45度角的趋势线上，在随后的长期上涨过程中，会重复出现回调又回落在45度角的趋势线上的走势，股价会上涨到更高的价位上，之后，当股价第4次跌破45度角的趋势线的时候，表明它处在极弱的走势中，因为此时股价距离基准点如此之远，从股价见到低点之后，也已经过去了这么长的时间。在熊市或者下跌行情中，把这个法则反过来用就可以了，但不要忘记，在移动平均趋势线被跌破时，月高低点图和周高低点图是最重要的走势图。在日高低点图上，股价当然也有跌破移动平均趋势线，随后又重新站上去的情况，除了在大牛市行情的尾声，股价最后大幅上攻的阶段之外，股价也有可能很长时间都保持在45度角的移动平均趋势线的上方。

假设一只股票的股价在135美元时，它跌破了45度角的趋势线，而此时是在它的时间周期的第135个月。从时间周期上来看，这里就是一个很强的阻力位，它跌破的这条趋势线也是支撑力度很强的趋势线。时间和空间在这个阻力位达到了平衡，预示着后市会出现大跌。在熊市行情的尾声，把这条法则反过来用就可以了。

在考虑完阻力位、时间和移动平均趋势线这三个重要因素之后，第四个很重要的因素是股票在顶部和底部的成交量。在股价接近顶部时，成交量会增加，在股价接近底部时，次级量会减少。也就是说，当熊市行情运行了很长时间之后，抛盘已经接近尾声了，成交量也就降下来了，这表明市场已经做好变盘的准备了。

钒钢的周高低点图和成交量图

这张周高低点图的起点是1928年9月29日。对于每个1/8英寸宽的小方格，我用的比例尺是每个格代表2.5万股。例如，在1928年9月29日为最后一个交易日的那一周，成交量为2.66万股，就用1个1/8英寸宽的小方格来代表，股价的高点是85美元，低点在76美元。下一周也是一样的情况，当成交量在2.5万股或不到2.5万股时，就用1个小方格来表示，该股票继续维持着窄幅整理的走势，直到10月27日为最后一个交易日的那一周，股价才逐步走高。那一周的成交量为11.14万股，股价上涨到了88¼美元，我用4个小方格来表示10万股。接下来，要注意的是11月10日，或11月10日为最后一个交易日的那一周，当时股价从88¼美元上涨到了108美元，成交量为23.89万股。在接下来的一周，成交量为11.64万股，股价只上涨了3个点。随后，股价跌破了45度角的移动平均趋势线，下跌到85美元。在12月8日为最后一个交易日的那一周和接下来的一周里，股价都在这个价位附近，并保持在从底部发出的4×1的移动平均趋势线的上方，股价一直都没有跌回到11月10日为最后一个交易日的那一周的低点。在下跌过程中，该股的成交量很小。在12月22日为最后一个交易日的那一周，成交量只有2.5万股。接下来，该股重又开始上涨。

在1929年1月19日为最后一个交易日的这一周，成交量为13.88万股。接下来一周的成交量为6.12万股，再下一周，价格只下跌了1/2个点，成交量也只有2.5万股。随后，在2月9日为最后一个交易日的那一周，有一波快速的反弹，成交量为17.5万股。股价在这里见顶。接下来出现了一波快速回调，成交量为7.42万股。再往后的一周，股价在与上一周相同的价见底，成交量为15.3万股。在3月2日为最后一个交易日的那一周，成交量为5.15万股。随后2周的成交量都很少，分别为3.35万股和3.22万股。股价在这里又一次跌破了从1928年9月29日发出的22¼度角的移动平均趋势线，或称2×1的移动平均趋势线，接下来，股价继续下跌。在6月1日为最后一个交易日的那一周，股价在68美元见底，成交量只有3.37万股。在随后的一周，成交量只有2.7万股，表明抛盘并不重，应该已经接近尾声了。在7月20日为最后一个交易日的那一周，股价反弹到97美元，而成交量只有4.87万股，表明当时的买盘不够强，不足以推动股价继续走高。接下来，股价出现了下跌，成交量还是很小。在8月10日为最后一个交易日的那一周，股价在77½美元见底。在以上几周，成交量在2.5万股或更少，在8月31日为最后一个交易日的那一周，成交量跌到了0.88万股，表明这时市场上已经没有什么浮筹可卖了，有买家就在吃进所有的浮筹。

在9月14为最后一个交易日的这一周，股价上涨到100美元，成交量也攀升到13.84万股。应注意的是，股价没能突破4月6日的顶部价位，而且在2月16日和23日的这两个顶部，成交量都很大，表明股价在104～115美元之间有人在进行大量派发，他们在之后的很长时间里都不打算再把股票买回来了，当股价接近100美元这个价位时，他们再一次大量抛售手中的股票。

在9月28日为最后一个交易日的那一周，股价有一波下跌，成交也出现了萎缩，但是因为45度角的移动趋势线被跌破了，股价继续走低。在10月26日为最后一个交易日的那一周，成交量增加到5.66万股。在接下来的一周，成交量为5.06万股，表明这时的抛量还比较重。随后，在11月9日为最后一个交易日的那一周和11月16日为最后一个交易日的那一周，成交量分别降到了1.72万股和2.9万股。11月13日，股价在37½美元见到了本轮行情的最后一个底部。接下来的反弹一直持续到12月14日为最后一个交易日的那一周，但是成交量还是低，只达到了3.1万股，在股价见顶的那一周，成交量为2.1万股。随后有一波回调，但成交量更低了，分别只有1.23万股，1.13万股和

1.38万股。在12月21日为最后一个交易日的那一周，股价见底，成交量为1.9万股，在接下来的两周，股价呈现窄幅震荡的走势，两周的总成交量不到2.5万股。这表明该股的抛盘已经完全枯竭了，它在为后市的上涨做准备。在1930年2月1日为最后一个交易日的那一周，股价突破了1929年12月14日的高点价位，成交量放大到9.2万股。随后，在2月8日为最后一个交易日的那一周，股价有一波小幅回调，但是成交量只有2.3万股。在接下来的一周，股价重拾升势，成交量达到了6.24万股。再下一周的成交量为4.83万股。随后，在3月1日为最后一个交易日的那一周，出现了一波小幅回调，但成交量只有3.65万股，表明买盘要比卖盘多，在这里还没有遭遇沉重的卖压。

股价重新开始上涨之后，成交量每周都在增加，这种情况一直延续到3月29日为最后一个交易日的那一周，当时股价在124½美元见顶，成交量为20.6万股。这是从1928年11月以来的最大单周成交量，接下来，股价回调了20个点，在4月5日为最后一个交易日的那一周，成交量只有8.36万股。随后的一周里，股价的底部价位有所抬高，表明这波行情还没有见顶。

在4月19日为最后一个交易日的那一周，成交量为18.46万股。在4月26日为最后一个交易日的那一周，成交量为25.81万股。股价从极低点已经上涨了105美元，成交量几乎等于该股流通股的总数，这是一个明显见顶信号，后市会有一波大幅回调。接下来，在5月3日为最后一个交易日的那一周，股价出现大幅下跌，成交量达到了30.4万股，股价在103½美元时，第一次跌破了从底部发出的45度角的移动平均趋势线，紧跟着，从37½美元发出的45度角的移动平均趋势线也被跌破了，在5月10日为最后一个交易日的那一周，股价跌到了87美元，成交量为31.04万股，打破了之前的所有交易纪录。股价跌到从低点37½美元发出的22½度角的移动平均趋势线，或者说2×1的移动平均趋势线和趋势线附近。在两周的大幅回调之中，股价跌去了57个点。选取低点37½美元到高点143¼美元的这个区间，得出它的中间价是在90⅜美元，此时的股价已经跌过了中间价3⅜个点，出现这种情况的原因在于成交量的巨大和下跌的动能。不过，股价经常会跌到中间价的下方3¾个点，随后股价再涨回中间价的上方去，特别是在之前有关大幅下跌的行情中，更是如此。股价下跌的点数就多，允许它在主要中心点或者中间价的上下波动的幅度也就越大，而且，钒钢这只股票的流通盘非常小，这就让它比大盘股的股价波动速度更快，波动幅度更大。

在5月10日为最后一个交易日的那一周，成交量为24.24万股。在接下来的一周，股价突破了上一周的顶部，上涨到118½美元。随后的一周，在成交量为24.86万股的情况下，股价涨到了120¼美元，这表明成交量在股价上涨的过程中逐步增加，但是股价提升的幅度却没有赶上成交量的增幅。

在5月31日为最后一个交易日的那一周，股价上涨到124美元，成交量为13.57万股，这是卖盘比买盘多的信号，表明股价已经接近开始派发的价位，再一次显示这里是一个绝佳的卖出价位。

在6月7日为最后一个交易日的那一周，价格上涨到了125美元。选取顶部143½美元到低点87美元的这个区间，得到它的2/3价位是在126¾美元。接着我们来算股价的顶部143¼美元的7/8价位，得出的价位是在125⅜美元。这样就让125美元成为一个非常强的阻力位，因为它处在顶部的7/8价位，而且还接近这波行情的波动空间的2/3价位。125美元是强阻力位的另一个的原因是，25是100的1/4。

在6月7日为最后一个交易日的那一周，钒钢的股价在成交放出大量的情况下，跌破了从低点87美元发出的45度角的移动平均趋势线，那一周的总成交量为23.71万股。价格跌到了100美元，并落在从37½美元发出的22½度角的移动平均趋势线，或2×1的移动平均趋势线上。6月9日，它的股价跌破了100美元，当然，也就处在了2×1的趋势线的下方，随后股价跌到89½美元，这次股价获得了支撑，因为这里是在37½美元到143¼美元的重心或中间价附近。不过，从成交量图来看，钒钢还是处在弱势之中，从没有成交量的周高低点图来看，它的股价与移动平均趋势线的相对位置表明，它也是在弱势中，从月高低点图上，只能看到一个后市会有反弹的信号。不过，如果它的股价在这里支撑住一段时间，而且不跌破5月10日的低点87美元，后市的反弹幅度就会更大，可能会达到是最近这次跌幅的1/3～1/2之间。

从1929年11月13日的低点，到1930年4月的高点，钒钢的总成交量为167.26万股，我们按照每个1/8英寸宽的小格表示2.5万股成交量来算的话，每周都要根据成交量向右移动相应的格子，这样总共就应该移动到第67格。我在成交量的图中已经对这个格子做了标记，你可以从成交量图中看到，成交量走过的格子为什么会超出这个数，是因为有些周的成交量还不到2.5万股。我们必须要在图中标记该股的顶部和底部，这样可以让它们显得更突出。在5月3日为最后一个交易日的那一周和5月10日为最后一个交易日的那一周，合计的成交量为61.4万股，这样就把这波行情的总成交量提高到228.2万股，在图上可以移动到第91格，在5月10日为最后一个交易日的那一周，成交量在图上实际向右多走过了6个格。应注意到的是，这两周的成交量是在从37½美元的143¾美元这波行情的总成交量的1/3左右，它几乎抹掉了之前一半的涨幅。所以，后市出现一波反弹是再自然不过的了，因为从时间上来看，这波下跌的速度太快了。在6月7日为最后一个交易日的那一周，总成交量已经提升到了317.08万股。这应该是移动到第126格，我们已经用红笔给这个格子做了标记，而在我们的成交量图上，实际向右多走了8个格。在6月7日为最后一个交易日的那一周，股价落在从37½美元发出的

2×1的移动平均趋势线上，从6月9日开始的那一周，在101美元到100¾美元之间的股价就会触及到这条趋势线。6月9日，钒钢的股价是101¾美元，随后，股价下跌到89½美元。在该股脱离开窄幅缩量震荡的波动之后，一定要保持你的成交量图的精确性，这样你的移动平均趋势线才会发挥出更好的作用。

道琼斯30种工业股平均指数的月成交量图
（1921年6月至1930年5月）

研究这张成交量图将会被证明是很有意思，也很有价值的事。你可以看到，1921年6月、7月和8月，每个月的成交量都降到了1000万股到1500万股。1928年3月，成交量在历史上第一次达到了每月8000万股。从那时开始，成交量就放大到非常高的水平，这个板块的股票价格也一路走高，从1928年6月回调的低点194美元，上涨到1929年9月的顶部381美元，其间的回调从来也没超过1个月，平均指数也没有出现过后面一个月跌破前一个月的底部价位10个点的情况。1928年10月，成交量巨幅攀升，在11和12月，成交继续保持着非常大的量，事实上，成交量的提升一直持续到1929年8月，单月的成交量再次超过了1亿股，9月的成交量也在1亿股以上。怎么来看在顶部点位附近出现的巨量成交，在接下来的10月，指数跌破了前一月的底部价位，这是从1929年5月以来的第一次，它表明趋势已经掉头向下了。10月的成交量为1.41亿股，打破了之前所有的单月成交量记录。11月，指数出现了最后一次回调，或者说是最后一波的抛售狂潮，成交量下滑到8000万股。随后，指数每个月都处在上涨的走势中，底部和顶部的点位都在不断抬高，成交量也保持在相当高的水平，这种情形一直延续到1930年3月，当月的成交量为9000万股。1930年4月，单月的成交总共达到了1.11亿股，但指数上的涨幅非常小。在5月上旬，指数跌破了4月的底部点位，这是从1929年11月见底之后第一次出现这样的情况，接下来，指数有一波急速的下跌。5月的成交量很重，达到了8000万股。6月的成交量仍然相当重，6月9日指数跌到了250点。从1929年11月到1930年4月，成交量的波动显示这里有一波熊市中的反弹行情。

要注意的是1929年2月到1929年5月的底部，还有1930年4月出现的反弹，它伴随着巨大的成交量，把指数带到了1929年派发阶段的点位。还要注意的是刻度，在这张图上，每个边长为1/8英寸的小方格代表的是2个点，而不是一个边长为1/8英寸的小方格代表1个点了，这是考虑到从1921年8月的低点和1923年11月的低点发出的移动平均趋势线，它们所对应的指数点位是原来的2倍，也就是2×1的趋势线，相当于45度角的趋势线，而4×1的趋势线相当于2×1或22½度角的趋势线。例如：从1928年6

月低点发出的2 × 1的移动平均趋势线，就相当于45度角的趋势线。请注意指数在1929年5月落在这条趋势线上时的点位，1929年10月，这个点位第一次被跌破，随后指数就出现了大跌。要注意从1921年8月发出的4 × 1的移动平均趋势线，它相当于22½度角或2 × 1的移动平均趋势线，1930年4月，指数涨上来之后，刚好是来到这条趋势线的下方。接下来要考虑的下一条趋势线，是从1923年11月发出的4 × 1的移动平均趋势线，它也相当于是22½度角的移动平均趋势线。我们注意到，指数在3月和4月的点位都略高于这条趋势线，但是在1930年5月，指数的开盘点位就跌到了这条趋势线的下方，接着，指数又跌破了从1929年11月发出的45度角的移动平均趋势线，而它其实是2 × 1的或22½度角的移动平均趋势线，因为这张图的刻度是按照1个小方格代表2个点来算的，那么从1929年11月发出的2 × 1的趋势线，就相当于45度角的趋势线。1930年6月，这条趋势线对应的点位是在248点，与从1919年10月顶部发出的2 × 1的移动平均趋势线，相当于45度角的趋势线对应的点位相同，它们在这里形成交叉，这让248点成为了一个非常重要的点位。我们也要注意到，1930年1月，指数的低点在246点，如果这条趋势线和1月的低点246点都被跌破了，就表明平均指数后市的下跌空间已经打开。

快速上涨和快速下跌

为什么在周高低点图和月高低点线图上，那些出现快速上涨的股票，会迅速发生反转，而在跌破67½度角的移动平均趋势线，或45度角的移动平均趋势线之前，会出现快速的急跌？

这是因为股价是在非常大的成交量的推动下才涨上去的，并会一直持续到股价在非常高的价位真正跌破45度角的移动趋势线为止，关于这一点，结合时间、空间和成交量图就可以看到。在成交量图上，显示这条趋势线被跌破了，而在时间图上，它的1个方格代表1个月或1周，并没有显示出这条趋势线被跌破。

例如，我们在美国钢铁从1929年5月31日到现在的周高低点图上，画上它的成交量图，你会看到，股价在1929年9月见顶之后，出现了如此急速的下跌，这是因为，早在周高低点图或月高低点图上的移动平均趋势线被跌破之前，成交量已经跌破了它的趋势线。

我们会把钒钢从1929年到现在的周高低点图寄给你，这张图上就带有成交量图。它会让你看到，当股票的成交量与时间和空间被画在了同一张图上，对你判断走势会有什么样的效果。

为什么股价在长期下跌之后，要花这么长的时间才能修复行情，要在低位停留那么久？

因为成交量在接近底部的时候，萎缩到了这样少的量，那么，它需要很长时间才能走出与跌幅达成的正方。当股价在2个月或3个月内下跌了100个点或更多个点，举个例子，我们就说跌幅刚好是100个点，那么要走完这个从低位开始的100个点的正方，它就需要100个月。股价在它的月高低点图、周高低点图和日高低点图上，就要走出这样的正方。股价突破45度角的移动平均趋势线的时候，它的价位越低，就表明它的走势越强。当股价跌破45度角的趋势线时，它的价位越高，与基准点或起点的距离越远，就表明它的走势越弱，事实上，对于其他任何角度的移动平均趋势线，都是如此。

为什么从月高低点图、周高低点图和日高低点图上看，股价经常在突破了45度角的移动平均趋势线之后，先是有一波短期上涨，接下来就出现回调，股价会落在45度角的趋势线上？

这是因为在股价第一次突破45度角的移动平均趋势线的时候，是在走完或走出应该与涨幅达成的正方之前，股价对趋势线的突破。所以，会出现次级回调，当股价回落到45度角的趋势线上的时候，就是时间与涨幅达成正方的时点，在此之后，会出现一波更大的上涨行情。在牛市的顶部，把这条法则反过来用就可以了。这就可以解释，为什么股价从顶部出现快速的直线下跌之后，会有一波上涨，顶部价位会略微有所抬高，或者顶部价位会略微有所下移，直到股价在相对高位走出了与跌幅达成的正方为止，这时股价会跌破45度角的趋势线，接下来又是一波快速下跌。

当股价的底部在不断抬高时，或者当股价的顶部在不断下移时，我们应该遵循什么法则呢？

当股价出现上涨，在月高低点图、周高低点图或者日高低点图上，出现底部不断抬高的走势时，你要从这些不断抬高的底部出发，绘制移动平均趋势线。在牛市行情的最后一个阶段，如果股价跌破了从最后一个底部发出的这些移动平均趋势线，你就知道，趋势已经掉头向下了。当股价下跌时，也可以用同样的法则。从每个不断下移的顶部出发，绘制移动平均趋势线，你要关注这些移动平均趋势线，直到股价再次突破从第2个、第3个或第4个不断下移的顶部发出的45度角的趋势线为止。第2个价位有所下移的顶部和第2个价位有所抬高的底部，不但始终是非常重要的移动平均趋势线的起点，它们对于测算时间周期也是很重要的。

当一只股票处在非常弱或者非常强的走势中时，始终能通过它与移动平均趋势线之间的相对位置和成交量图把信号传达出来，在绘制成交量图时，要考虑到股票的总股数，也要知道方格与成交量之间正确的比例关系。成交量图可以显示出，股票何时处在强势，何时又处在弱势之中。它也可以让你看出买方和卖方谁占优势，让你能判断出，是股票的供应量在增加，还是股票的需求量在减少。

对股价的走向抱有疑问时，该使用什么法则

当你对股价所处的位置心存疑问，不知道趋势接下来会如何发展时，此时就不应该进行交易。你应该等到股价跌破或突破了阻力位，或者是股价突破或跌破了一条重要的移动平均趋势线，再去判断股价之后会朝哪个方向走，特别是像我在《江恩华尔街选股术》这本书中所说的，股价在经历了很长时期的僵持局面，或者是窄幅震荡的行情之后，更应如此。一般来说，如果这次趋势变化很重要时，你就可以从成交量上看出来。股价从低位或者低迷的状态中开始上涨时，成交量通常会放大。同样道理，当股价在高位经历了长期的清淡行情之后，在下跌的过程中，交易活跃度加大了，成交量也会增加。当股价开始上涨，并处在很强的走势中时，它就会保持在从底部发出的有很强支撑力度的移动平均趋势线的上方。这条法则也可以用在下跌的行情中。如果股价的走势非常弱，下跌的速度很快，你也可以从股价与移动平均趋势线之间的相对位置看出这一点，也就是说，股价会跌破移动平均趋势线，并保持在这些趋势线的下方。在日高低点图、周高低点图和月高低点图上，股价不会在极低的价位突破那些重要的移动平均趋势线，要等它走完一定的时间周期之后才行。同样，股价在高位时，也要走完了足够长的时间周期之后，才会跌破那些重要的趋势线。所以，移动平均趋势线就变得非常重要，因为跌破它们通常就意味着时间周期已经走完了，不管你知道还是不知道，趋势都会发生变化。

主图之12×12的正方图

这张主图是12的正方图，或者称为12×12的正方图，第1个正方图在144结束，第2个12的正方图在288结束，第三个12的正方图在432结束，第4个正方图在576结束，这些已经涵盖了你想要的大部分数字，但你还可以按照你的需要，划出更多这样的正方图。

这张图可以用在任何一个方面，如时间、空间、价格或者成交量，它可以表示涨跌的点数，也可以表示时间周期中的天数、周数、月份数和年份数。

在第1个正方图中，数字是从1到144，我已经在上面画出了比较细的阻力线，让你可以看出大正方形的中心和每个小正方形中最强的阻力位。这些小正方形的中心，

会是阻力最强的小级别的顶部和底部价位，它们是14、17、20、23、50、53、56、59、86、89、92、95、122、125、128和131。

大正方形的主要中心点位也是阻力位最强的地方。这些数字是66、67、78和79。股价上涨或者下跌到这些点位时，将会遇到很大的阻力。下一个强阻力位在45度角的趋势线上，在这条线上的数字，阻力作用也是最强的，它们是14、27、40、53、66、79、92、105、118、131和144。另一条从12发出的，与它互为对角线45度角的趋势线，阻力也是一样的强，这条线上的数字有12、23、34、45、56、67、78、89、100、111、122和133。

把大正方形4等分后，每个小正方形中45度角的趋势线经过的数字，它们的强度仅次于上面那些重要的阻力位。这些数字是7、20、33、46、59、72、6150、39、28、17和6；在大正方形的右半边，在经过了中间点位之后，同样也可以得到这样一组数字，它们是73、86、99、112、125、138、139、128、117、106、95和84。

在正方图顶部和底部的数字，都是非常重要的顶部或底部价位，因为它们的位置相对，到中间点的距离相同。第1个正方图中，底部的数字是1、13、25、37、49、61、73、85、97、109、121和133。顶部的数字是12、24、36、48、60、72、84、96、108、120、132和144。它们对于测算时间周期的天数、周数、月份数和年份数都非常重要。

在大正方形的中心，有两条相对的从东到西的阻力线，它们的阻力也是很强的，因为它们是正方图的中间价位。任何一只股票的股价上涨或者下跌到这些价位时，都会遇到一些阻力，有可能会见到顶部或底部。这两条线上的数字是6、7、18、19、30、31、42、42、54、55、66、67、78、79、90、91、102、103、114、115、126、127、138和139。

请记住，当任何东西从起点开始，在正方图中走过了3列时，它就到达自身位置的平方，这里会是第一个强阻力位。而当它从起点开始，在正方图中走过了6列时，就到了与之相对的位置，或者相当于它自身位置的中间点位，这里它会遇到更强的阻力。如果它在正方图中做过了9列或者9个区段，它就到了这个正方图的3/4点位，这里是又一个位置的平方。第8列和第9列是阻力最强的，也就是最难通过的数字，因为这里是“死亡”带。下一个阻力更强的是第12列或第12区段，这一列是在144结束的。任何东西到达这个区段都会遇到最强大的阻力，但是一旦它走出这个正方图，进入到第2个正方图中超过3个点，即147的位置，就预示着它后面的上升空间已经打开。但是，在到达这个位置之后，它不应回落到第1个正方图里的141点，或者说在第1个正方图中回落3个点。

当股价进入到第2个12的正方图时，它的波动速度会加快，而当从任何一个高点或低点算起的时间周期，或者说是月份数运行到第2个正方图时，都是个行情要加速上涨或者加速下跌的信号。

同样的法则也可以用在第3个、第4个、第5个和第6个正方图上。在第3个和第4个12的正方图里，你会发现，如果按月来算时间周期的话，大多数牛市或熊市行情会在这些月份见到大顶或大底。所有其他关于空间波动、趋势线和时间周期的法则，都可以与12的正方图结合在一起使用。

9的正方图

在12的正方图中，我们已经解释过了，图中的数字可以代表时间周期中的天数、周数、月份数和年份数，你也知道了12的正方图，或者圆周的平方图不仅可以测算时间周期，还可以用于测算价格波动中的阻力位。

9的正方图非常重要，因为这9个数字用在给所有事情的再次确认中。如果我们不开始重复，并且用上0的话，我们就不能超越9这个数字。如果我们将360度的圆周9等分，每一份都是40度，它可以表示40个月、40天、40周或者40年，这表明为什么行情经常会在圆周的9等分位所对应的时间周期上出现顶部或底部。这也是为什么以色列的孩子曾在荒野上游荡了40年。

如果我们把20年的时间周期，或者说240个月的时间周期9等分，得到的是26⅔月，使得26⅔度成为一个重要的阻力位，它可以是26⅔个月，或者是26⅔天和26⅔周。9的9倍等于81，9的第1个正方图就在这里结束。要注意那些趋势线，看它们在主要中心点位如何运行。9的第2个正方图在162结束。要注意它是如何与主要中心点位处在相对位置上的。9的第三个正方图在243结束，它可以相当于243个月，或者20年的时间周期走完后，再加3个月，这就可以解释为什么有时在变盘发生前，时间周期就会走完了，这里就告诉我们时间周期会多出3个月，或更长时间。9的第4个正方图在324结束。应注意到45度的趋势线经过325，表明这里会发生时间周期上的改变。要走完360度，对于9的正方图来说，就要求完成4个9的正方图，再加上36。应注意到361是19的平方，这样就可以证明，9的正方图在验证那些重要的阻力位和它们之间的差异上，有着很大的价值。

奇数平方图是从中心1开始计数的，应注意的是7、21、43、73、111、157、211、273和343是如何落在45度角的线上的。还要注意，从另一个方向上来看，3、13、31、57、91、133、183、241和307也落在了45度角的线上。请记住，从中心出发，你有四种方式可以沿着45度的线、180度的线，或者90度的线走，在一个平面上，它们测算出的距离是一样的。应注意的是，8、23、46、77、116、163、218、281和352是在从主要中心发出的90度的线上。而4、15、34、61、96、139、190、249和316在从主要中心发出的另一条垂直线上，所有这些点位都是力度很大的阻力位，用来测算重要的时间周期和阻力位。

深入研究9的正方图，把它与12的正方图和360度的圆周图结合在一起使用。

6个9的正方图

我们会寄出6个固定不变的图，每个图中有81个数字。在第1个9的正方图中，数字是从1运行到81。每件东西都有一个底部、一个顶部和四边，这样构成一个正方体，或立方体。第1个运行到81的正方图就是那个底部、基点、地面或者起点。第2个、第3个、第4个和第5个正方图就是那四个边，每个正方图中也同样有81个数字。第6个9的正方图就是那个顶部，意味着它是再加倍，就像《圣经》中说，一个东西通过加倍的方式来复制它自己。9的9倍等于81，81的6倍等于486，我们也可以用81的9倍，它等于729。

5是最重要的个位数，因为它是平衡点或者主要中心。在它的两边各有4个数字。要注意，在9的正方图上，5作为平衡点或者中心数字，是如何展示它的作用的。

我们在奇数平方图上，从中心1开始，以正方的形式一圈圈向外走，直到我们见到360这个数字，相当于走完了一个圆周。应注意的是19的正方图是在361结束。因为361是19的平方，以1为起点的话，经过360达到终点。361是个过渡数字，它是下一个时间周期的开始。如果我们把第一个方格空出来，或者标记为“0”，那么这个周期就会在360结束。数学中的所有东西都必须要去证明。你可以从中心开始，并得出这个结果，或者你也可以从外圈开始，推导出中心的数字。从左边开始，向右边回到中心，或者向外圈或外围的正方走。

要注意19的正方图或者圆周的正方图，我们以1为起点，向上排列到19，接着继续下一列，直到排完19列，这就是19×19的正方图。要注意的是圆周上的位置是如何在这个图上得以证明的。圆周的一半是180度。注意的是在大正方形的中心，从东、西、南、北四个方向发出的45度角的线都在此汇集，在这个重心点位上，数字181出现了，表明经过这个点时，我们是在穿过赤道或重心，并开启了圆周的另一半。

我们有天文学和数学方面的论据，可以证明为什么这些平面几何上的角在应用时很有效。当你取得了进步，证明你是可教之人，我会把主要数字（Master Number）和主要语录（Master Word）的相关资料给你。

人的身体

从各个方面去研究人的身体，你会发现，它是个智者的杰作，一旦你认知了你自己，了解到你的身体构造，你就会明白这个法则，并理解了所有该知道的东西是什么。请记住，不管你想学什么，你都能找得到它，但是在你能力所及的范围内，你要明白所有该知道的东西是什么，但是你必须要努力，你就能发现它们。

人在头部有7个开口：两只眼睛、两只耳朵和两个鼻孔，在脸两侧平均分开，一边三个。从这里，我们得到了关于“3”的法则，知道了改变为什么都在经过了两个周期之后，在第3个周期发生的原因。在头部的第7个开口是嘴，任何东西都从这里向下走。我们去研究7年的时间周期，你就会看到，行情是如何在第7年开始下行，并在第7年见到顶部和底部的。

女人比男人更完美，因为她们能创造生命。她们的身体上有12处开口。男性的身体上只有11处开口。12在占星学中代表的是黄道的12个星座。男性的身体上只有11处开口的事实证明，为什么是一个男人背叛了耶稣，而不是一个女人背叛了耶稣。应注意到11¼度这个阻力位。在你的每张走势图中，都要注意11这个数字。在永固图中，要研究49，也就是7的7倍所在的位置。那么你就会明白，为什么以色列的儿童要围绕着耶利哥城墙走7圈，为什么羊角号要吹7次，还有为什么城墙会在第7天倒塌。这个法则也有占星学的证据来支持它，但不管是任何事物，除非它能被数字和几何学证明是对的，否则即便有任何一种方法或是一门学科可以证明它，都不表明它就是对的。

时间周期和每个阻力位都可以从人的身体上找到与之对应的数字。你的每只手都有5个手指，它们在腰围线或者腹部以上，可以代表10年时间周期，或者两个5年时间周期，而它们分别是20年时间周期的1/2和1/4。你有10个脚趾，但要注意的是，一只脚上5个，另一只脚上也5个，这代表着在基准线下方的10年的时间周期，一定会与在基准线上方的10年的时间周期反向运行，但是10年和20年的时间周期中的顶部和底部会按照从基准点或起点算起的精确的时间周期来走。研究一下你四肢的不同部分吧。注意看你手指的三个指节，第3个指节，或者说末段的指节比其他两个短，大拇指只有两个指节，而其他的手指都是三个指节。懂得了这其中的奥秘，你就明白为什么大拇指是这样重要了。研究各个主图，把它们用在查找空间和时间的阻力位上，你会发现顶部和底部形成的原因，并知道如何去判定阻力位。多翻看过去的任何一类的走势图，研究股价在什么位置遇到的阻力最大。关注股价的位置，并算出时间周期的周数、月份数或天数，这样你就能学会去理解股价未来的波动。在12的正方图和9的正方图中查看股价和时间周期的位置，看从西到东的趋势线在时间周期上对应的时点，然后思考从不同的基准点和起点发出的趋势线，这样，你就能判别出股价所处的位置。

9的正方图、12的正方图和平面几何的角，得出的都是数学上的点位，它们彼此不矛盾，很相容，还能就不同的数学点位提出证明。

Chapter 3

隔夜图交易法——机械式股票交易法

隔夜图与其操作方法都是纯机械式的交易法。你不用自己去对市场做出判断，只需简单地在隔夜图发出变盘的信号时，按照相关法则来进行多翻空，或者空翻多的操作就可以了。如果能够按照它的法则来操作，同时在交易时设置止损单，隔夜图交易法会让你在长时间这样的操作之后，获利丰厚。

隔夜图是以日高低点图的数据为基础，绘制法则如下。

只要一只股票每天的底部价位都在不断抬高，你就可以把隔夜图中相应的竖线向上延伸，但是如果第一次出现了跌到前一天低点下方1/4个点或更多时，你就需要让刚才那根竖线掉头向下了，先在线的顶端向右横着划一个短的连接线（占一个方格），然后以连接线的另一头为起点，向下划一条竖线，达到新的低点价位即可。但是在之前那根竖线掉头向下之前，一定要记录下它所达到的最高的顶部的价位。只要股价的底部在不断下移，你就继续向下延伸第二条竖线。如果股价在同一天出现了底部价位抬高和顶部价位下移的情况，你就应该让第二条竖线掉头，先划连接线，再向上划一条竖线，达到这一天的高点价位即可，这是因为隔夜图是以底部价格为基础来设计的。当股价出现了宽幅的波动，在早盘的时候上涨，顶部价位比前一天的顶部要高，在午盘时又出现了下跌，底部价位比前一天的底部要低，那么你就先要把图中相应的这根竖线向上延伸到这一天的高点，或者说是最高点的价位，然后让这根竖线掉头，还是先划连接线，再向下划一条竖线，达到这一天的最低位即可。再移动到这个顶部或当日的最高点，随后再将其下移到当天的最低位。假设在第二天，股价的底部价位比前一天有所抬高，你就要再让竖线掉一次头，新的竖线向上达到第二天的顶部价位即可。

你可以把阻力位与隔夜图结合在一起使用，在接下来的美国钢铁的交易记录中，我只用到了阻力位之中的1/2点位，或者说选取上一波行情中的极低点和极高点，把它们相加之后除以2，就得到重心或中间价位。当股价触及到这个点位的时候，就可以进行买入或卖出了，同时把止损单的价位设在与交易价相距1个点的位置。其他的交易信号就按照隔夜图给出的来操作。

当一只股票进入到新高点位，而这里并无前期高点和前期低点之间的阻力位的时候，你就只需要按照有关法则，看隔夜图发出的信号来进行多翻空，或者空翻多的操作就行了。

你要关注在日高低点图中，那些固定阻力位附近的高点和低点，它们对于你在隔夜图上判断大小级别的趋势变化会有帮助。

法则1：在出现双底或者三重底时买入，同时把止损单的价位设在底部下方1个点的位置；在出现双顶或者三重顶时卖出，同时把止损单的价位设在顶部上方1个点的位置。这是我在交易中经常用到的法则。不过，很多时候，如果你采用的是距交易价3个点设置止损单的价位，而不是让止损单的价位与交易价只相距1个点，你就会赚到更多的钱，因为这样的止损单的价位不会经常被触及到，而当止损单成交的时候，也是你要改变多空立场的时候了。涨幅最大的行情往往是从三重底开始的，而跌幅最大的行情往往是从三重顶开始，但要记住的是，不管是三重底还是三重顶，它们之间必须要相隔好几周或好几个月，只有这样对后面的行情才会有重大意义。如果三重顶或者三重底之间只是相隔几天，就不会像那些相隔好几周或好几个月的三重顶或者三重底那样，意味着后面会有大行情出现。

法则2：当一只股票第4次在同一价位见到顶部或者底部，特别是这些顶部或底部之间相隔好几周或者好几个月的时候，股价几乎总是会形成向上或者向下的突破。所以，你要在股价出现第4个底部的时候买入，止损单的点位必须始终设在底部下方1个点的位置；你要在股价出现第4个顶部的时候卖出，止损单的点位必须始终设在顶部上方1个点的位置。

法则3：在隔夜图中，如果股价见顶或者见底的位置是在1/2、2/3和3/4这样的阻力位上，那么你在买入或者卖出的时候，止损单的点位应该就设在与这些精确的阻力价位相距1个点或2个点的位置上。一般来说，止损单的点位与这些阻力价位应该相距1个点。

法则4：当你的止损单成交了，从隔夜图上看，趋势就已经转向了，所以，你应改变多空立场，每次止损单成交的时候，你就要空翻多，或者多翻空了。用这样的交易方式，你就会赚取更多的利润，在接下来我会用美国钢铁的交易记录让你看到实例。当我进行交易操作时，在止损单成交，或者趋势改变之后，我不改变多空立场，并不去空翻多，或者多翻空的情况只有一种，那就是我没有看到一个对我来说足够近的第二个顶部或底部，让我可以设置止损单的价位。一般来说，我会把止损单的价位设在前期顶部上方1个点，或者前期底部下方1个点的位置。

法则5：金字塔交易法则指的是，股价每隔3～5个点，按照你之前交易量的一半买入或者卖出，具体的股价间隔可以根据股票的交易活跃程度来定，也要看上一次被跌穿的阻力位在什么位置。在金字塔交易法中，第3次的交易量应该是第2次交易量的一半，第4次的交易量是第3次的一半，以此类推。这样一来，你在第1次交易时，冒的风险是最大的，随后当你进行第2次、第3次和第4次交易时，你在不断减少每次的交易量。所以，当止损单成交时，要是有亏损的话，你采取金字塔交易法所做的最后一笔交易的亏损会很小，而亏损的大头都出在你最先买入或者卖出的那部分。假设在一只股票已经下跌或者上涨了20个点或者30个点的时候，你采用金字塔交易法卖出或买入这只股票，接下来，原本是下跌的股价出现了一波快速的上涨，或者原本上涨的股票出现了一波快速下跌，而在隔夜图上，却并没有看出任何线形的转向。在几乎每一次趋势发生变化之前，隔夜图上的线形都会发生转向，让你可以把止损单的价位设在与底部或顶部至少相距3～5个点的位置，但是当你已经获得了非常丰厚的账面利润，这时股价朝着不利于你的方向出现了一波急涨或急跌，而你早已采用金字塔交易法在操作了，你想尽量在力所能及的范围内，保住更多的利润。在这种情况下，我通常会把止损单的价位下调到每天低点价位下方5个点的位置，如果股价是由跌转升的话，我会把止损单的价位上调到高点价位上方5个点的位置。接下来，当股价第一次出现5个点的反向波动时，我之前所有采用金字塔交易法买入或卖出的仓位，就在止损单成交的时候都平掉了。

法则6：对于交易非常活跃、波动很快的股票，特别是当它的股价处在高位的时候，你应该要等到隔夜图上出现趋势的变化之后，再改变多空立场。这里说的隔夜图上的趋势变化指的是要多翻空的话，应该等到股价跌破前期低点价位之后再说，或者要空翻多的话，要等到股价突破前期高点价位之后再付诸行动。

法则7：在股价出现任何一次大幅上涨或者下跌之后，隔夜图上显示出趋势发生了改变，你就可以空翻多，或者多翻空，顺势来进行操作了。顺势交易，就可以赚到大钱。这就是为什么每当趋势发生改变，或者止损单成交的时候，我们都随之改变多空立场。如果趋势由涨转跌了，那就到了卖出多头仓位的时候，同时也是该开始做空卖出了，反之亦然。

例如，在行情快速波动的市场中，出现像1929年10月和11月那样的恐慌性下跌，你用金字塔交易法来操作那些交投活跃的股票，就会赚到一大笔钱，如果你的账面上已经获利颇丰的时候，你应该跟着趋势走，把止损单的价位设在与高点或低点价位相距10个点的位置。接下来，在股价出现一波剧烈下跌之后，把止损单的价位调整到低点价位上方5个点的位置，因为当股价波动的速度如此之快时，你不必等到股价突破了前期高点，隔夜图上显示出趋势发生变化之后，再去改变多空立场。在股价快速波动的情况下，你也要关注行情的涨跌是否会在一些重要的中间点位附近停住脚步。例如，美国钢铁的股价达到150美元时，就到了从低点38美元到高点261¾美元之间的1/2点位，所以，当美国钢铁的股价到了这个价位，你就不用等到隔夜图显示出趋势变化之后再出手，而是当时就可以回补空头仓位，并做多买入，同时把止损单的价位设在149美元，或者是选用3个点的止损法则，把止损单的价位设在147美元。假设美国钢铁跌破了150美元这个价位，不管你的止损单的价位是设在149美元还是147美元，反正都成交了，这时你就应该做空卖出。

法则8：关注股价每天、每周和每个月的收盘价。当股票的交易很活跃，而且有3天、3周或者3个月的收盘价都在同一价位附近，接下来，它的趋势发生了改变，那么这样的行情通常可以沿着变盘后的方向走很远。当然，这条法则完全没有必要与隔夜图结合在一起才能用，我只是希望这条法则可以帮到那些研究日高低点图、周高低点图和月高低点图的人。

法则9：当股票的走势非常弱，或者非常强的时候，要关注股价第一次出现从任何一个低点价位上涨了完整的3个点的情况。关于完整的3个点，我的意思是，例如从低点100美元反弹到103美元，就是涨了完整的3个点。假设低点在99½美元，在股价没有反弹到103美元之前，我们不认为它涨了完整的3个点。

在上涨行情中，我们把这条法则反过来用就可以了。假设股价已经上涨到150美元，已经有一段时间没有出现过完整的3个点的回调，接下来，如果股价下跌到147美元，我认为它就是出现了完整的3个点的回调，表明小级别的趋势已经发生反转了。在这个例子中，假设股价只下跌到147½美元，或者甚至是跌到47¼美元，我们都不认为它回调了完整的3个点，因为完整的点数变化是按照整数来算的。

当你开始按照我的这个方法开始交易的时候，不管股价处在什么价位，你都必须要遵循相关法则，而且在任何一次交易中，绝对不要冒亏损超过3个点的风险，在使用隔夜图的过程中，止损单的点位要设在与顶部或底部价位相距1个点的位置，这是我在下文中举出的美国钢铁的交易样板中始终采取的做法。接下来，当止损单成交之后，你应该空翻多，或者多翻空，也就是买双份，即回补买入原先的空头仓位，再顺势做多买入同样数目的多头仓位；或者卖双份，即卖出原先的多头仓位，再顺势做空卖出同样数目的空头仓位。

在我的交易中，没有用到一些我知道会在此刻对交易有帮助的其他法则。在做很多笔交易时，当我知道可能会有亏损，但我要展示的是，你只要每一次都坚持空翻多或者多翻空，并且使用止损单，同时按照我们的资金法则来操作，比如每次交易100股时，可以投入3000美元的资金，不过度交易，这样长期使用机械式的隔夜图交易法，你就会看到它的效果，就能让你赚到钱。如果你的起始资金为300美元，那么每笔就交易10股，在最初每一次交易的时候，绝对不要冒亏损超过3个点或者亏损30美元的风险。在你的资金有所增加之前，不要在最初的交易中增加每次的交易量，这样即使亏了钱，你的亏损也只占你资金的10%。

采用金字塔交易法，情况会有所不同。当你在进行第2次或者第3次交易时，你的账上已经有利润了，你是在冒着亏损掉一部分利润的风险，但是你始终要根据隔夜图来设置止损单，把风险限制在一定的范围里，这样的话，如果你在采用金字塔交易法的操作过程中，止损单成交了，你的所有亏损也不会超出你资金的10%。如果你能够长期遵循这条法则来操作，就不但能保住自己的本金，还能赚到一大笔钱。这一点可以从交易任何一只交投活跃的股票上看得出来。在交易中尽可能少用人为的判断，你就会取得更多次的成功。机械交易法能够打败人为的猜测，是因为它会在趋势反转的时候，也改变多空立场，让你买双份或者卖双份，跟着顺势走，而在这个时候，那些还在猜测或使用人为的判断的人，只会等待。为了成功，你必须像机器那样去交易股票，不管你自己的想法或者期望如何，你都必须按照相关法则去买入或卖出。这就是在我交易美国钢铁的过程中，始终坚持做的事情。

按照隔夜图来交易美国钢铁
（1915~1930年）

实施这个交易计划需要有3000美元的启动资金，每次交易100股。按照我的法则，在任何一次交易中，赔钱的风险永远不要超过3个点，或者是不能让亏损超过300美元。我用止损单来为每一次的交易保驾护航。

在交易中，要遵循阻力位的法则和隔夜图的法则。当我采用金字塔交易法，或者是进行第二次的买入或卖出时，我同样也会把风险限定在本金的10%以内。换句话说，当我第二次买入或卖出时，我也会设置止损单，这样一来，即使出现亏损，亏损额也不会超过300美元。

下列操作是按照隔夜图给出的提示，运用阻力位的法则来判定买卖点的基础上，最终完成的。

1915年

2月1日，美国钢铁的低点是38美元，2月3日，它的高点是41½美元，这3个点的反弹表明这里是一个买入点位，可以按当时的市场价买入，或是在回调的时候买入。

我们在41美元做多买入100股。2月5日，股价下跌到38¾美元，随后又突破了2月3日的顶部41½美元，使得美钢隔夜图中的趋势显示出反身向上的形态。现在应该把止损单的价位设在39½美元下方3个点的价位，即36½美元。在隔夜图中，该股的趋势一直保持向上，直到2月13日在45美元见顶，随后，该股出现下跌。2月24日，它在40¼美元见到低点，这个点位比2月5日的底部点位要高。在两个底部点位很接近的情况下，可以把止损单调高到第二个底部下方2个点的价位，即38½美元。

3月8日，美钢在46美元见到高点，它的三个低点分别在3月5日、13日和18日出现，底部价位在43½～44¼美元之间。这样就可以将止损单的价位上调到42½美元，也就是在底部价位下方1个点的价位。接下来，当股价上涨到47元时，它比上一个顶部46美元高出了1个点，我们可以加大做多买入的仓位。在隔夜图中，该股的趋势依然向上，3月29日，它在49¾美元见到高点。接下来，该股在47¾～48¼美元之间又见到了三个低点，这样的话，就将止损单的价位上调到46¾美元。随后，我们在51美元继续加大做多买入的仓位，并将三次交易的止损单都提高到了48美元。美钢一路上涨到4月10日，在58美元见顶，4月13日，该股回调到了55¼美元，我们将止损单的价位提升到该底部下方3个点的价位，即52¼美元。

4月19日，该股在60¾美元见到高点，4月24日，回调之后在56¾美元见底。我们把止损单的价位上调到55¼美元，这是美钢的上一个底部的价位。4月26日的高点是59¼美元，4月27日，它在57美元见到低点，这是第三个价位不断抬高的底部。此时，将所有仓位的止损单价位提升到56美元。4月29日的高点在60⅝美元，它只比4月19日的高点60¾美元低了1/8个点，4月30日，美钢在58½美元见到低点。我们将止损单的价位都提升到57½美元。

5月3日，股价上涨到60¾美元，这是在同一价位附近出现的第三个顶部，在这里，我们应该清空多头仓位，开始转手做空，并将止损单的价位设在63¾美元，或者也可以按兵不动，将全部多头仓位的止损单保持在57½美元不变。随后，止损单在57½美元成交之后，我们在57½美元全仓卖出了手中的股票。交易账户的盈利情况如下：

第1次	在41美元做多买入100股	在57½美元卖出	利润16½个点
第2次	在47美元做多买入100股	在57½美元卖出	利润10½个点
第3次	在51美元做多买入100股	在57½美元卖出	利润6½个点
			总共盈利33½点
			毛利润3350美元
			扣除佣金、税金和利息100美元
			净利润3250美元[①]

① 这三笔交易的资金总共需要14000美元，如果交易者只有3000美元本金的话，当时保证金的比率应该是在20%左右。——译者注

随后，我们将每次的交易量提高到200股，但是可能出现的亏损必须限制在600美元之内，或者说每100股的亏损点数不超过3个点。接下来，我们在57½美元做空卖出200股，并把止损单设在60½美元。

随后，股价出现下跌，相继跌破了4月24日、27日和30日形成的三个底部的价位。我们在54¼美元又加仓卖出了200股。股价一直跌到了48¼美元，这个价位是在3月26日、31日和4月1日形成的底部附近。根据我们的法则，当股票在同一价位第4次见底时，应该做多买入，并且止损单的价位要与底部价位相距1个点。我们在48½美元回补买入了400股，并且在48½美元做多买入了200股，止损单的价位设在46¾美元，这是在3月26日和4月1日的底部下方1个点的价位。交易账户的盈利情况如下：

在57½美元做空卖出200股	在48½美元回补买入	利润1800美元
在54¼美元做空卖出200股	在48½美元回补买入	利润1150美元
		合计2950美元
		扣除佣金和税金116美元
		净利润2834美元
		上次的本金加净利6250美元
		本期期末资金9084美元

接下来，我们可以把每次的交易量提高到300股，而每次交易的亏损额限定在900美元以内。目前，账上有在48½美元做多买入的200股，那么接下来，我们还可以再买入100股。

5月12日，股价上涨到55¼美元。如果我们关注到了54½美元这个阻力位，它是高点60¾美元和低点48¼美元之间的1/2点位，我们就会预计到，股价在这里可能会见顶，并出现回调，此时应该卖出多头仓位，并在54½美元做空卖出，同时将止损单的价位设在57½美元，但是我们没有这么做，我们还在等待隔夜图给出趋势变化的信号。

5月14日的低点是49¾美元。我们在50½美元又做多买入了100股，并将这300股多头仓位的止损单的价位设在了48美元。美钢重拾升势后，5月17日在53½美元见到高点，随后，股价回调到了51¾美元，接下来，它的趋势再次反身向上。于是我们将止损单的价位上调到上一个底部的点位，即49¾美元。

5月24日，该股在56¼美元见顶，突破了高点60¾美元和低点48¼美元之间的1/2价位54½美元，对这个价位的第二次突破意味着后市股价还可看高一线。

5月26日和6月1日，股价都回调到了53¼美元，形成了双底的形态。将止损单的价位上调到50½美元，或者说是前期底部下方1个点的价位。当股价突破了上一个顶部56¼美元时，在56½美元加仓买入200股，并将所有仓位的止损单的价位上调到上一个双底下方1个点的价位，即52¼美元。6月4日，股价上涨到64⅛美元。6月9日，它下跌到56¾美元，能够在56¼美元上方止跌企稳，也就是站在了上一个低点48¼美元到高点64⅛美元直接的1/2价位上方，表明股价在这里获得了有力的支撑，因为股价已经到了4月19日、29日和5月3日形成的三个顶部上方3个点的价位，显示该股的主趋势还是向上的。

该股有一波反弹从6月9日持续到6月12日，并在61¼美元见到高点。我们把止损单的价位上调到6月9日的低点下方1个点的价位，即55¾美元。

6月14日，股价下跌到59美元，随后把所有仓位的止损单的价位上调到58美元，这个止损点位就再也没有触及到过。6月22日，该股上涨到61¾美元，在连续走出了好几个不断下移的顶部和底部价位后，7月7日，股价跌到58¼美元见底，随后，7月9日，该股反弹到了59¼美元，而就在同一天内，它又跌到了58¼美元，形成了双底的形态。反弹就此重新展开，7月17日，股价上涨到65⅛美元，7月20日，回调到62½美元，7月26日，股价又反弹到65⅛美元，就在同一天，它还是跌到了62¾美元，这样就再次形成了双底。接下来，股价突破了94⅞美元和38美元之间的1/2点位66⅜美元，进入到一个新高的区域。我们在67美元加仓买入，并将所有仓位的止损单的价位上调到上一个低点（7月26日的低点）下方1个点的价位，即61½美元。在72¾美元加仓买入200股。

8月10日，股价的高点是76¾美元；11日，下跌到73⅝美元见底；12日，股价上涨到75½美元见顶；14日，下跌到73⅝美元见底；18日，股价上涨到77⅝美元见顶。

我们现在把所有仓位的止损单点位都调高到72⅜美元，或者说是上一个底部73⅜美元下方1个点的价位。止损单在72⅜美元成交之后，我们就在72⅜美元做空卖出400股。

交易账户的资金盈亏情况如下：

在48½美元做多买入200股	在72⅜美元卖出	利润4775美元
在50½美元做多买入100股	在72⅜美元卖出	利润2187美元
在56½美元做多买入200股	在72⅜美元卖出	利润3175美元
在67美元做多买入200股	在72⅜美元卖出	利润1075美元
		合计11212美元
在72¾美元做多买入200股	在72⅜美元卖出	
		扣除亏损计75美元
		扣除佣金225美元
		共计300美元
		净利润10912美元
		上次的本金加利润9084美元
		本期期末资金19996美元

这样我们就把交易量的限额定在700股。目前账上有在72⅜美元做空卖出的400股。我们在69⅜美元加仓卖出300股。始终都要算出上一波行情中的1/2点位。

7月9日的上一个低点58⅛美元与8月18日的高点77⅝美元之间的1/2点位是67⅞美元。8月23日，股价下跌到67¾美元，在这里我们进行回补，并在68½美元做多买入700股，止损单的价位设在64⅞美元。如果止损单的价位设在66⅞美元，刚好在前面说的那个1/2点位下方1个点，这里也应该有支撑，因为股价再也没有回到过67¾美元的低点。

交易账户的资金盈利情况如下：

在72⅜美元做空卖出400股	在68½美元回补买入	利润1550美元
在69⅜美元做空卖出300股	在68½美元回补买入	利润262美元
		合计1812美元
		扣除佣金和税金175美元
		净利润1637美元
		上次资金结余19996美元
		本期期末资金21634美元

我们将700股作为每次交易量。目前，账上有在68½美元做多买入的700股，止损单的价位设在64⅞美元。在72美元加仓买入300股。

8月27日，股价上涨到77美元，9月1日，下跌到73¾美元，9月2日，它又反弹到76¾美元。

在这里，我们将止损单的价位都提高点到72¾美元，刚好是在9月1日的低点下方1个点的价位。

9月10日，该股上涨到76¼美元，9月11日，下跌到73¾美元，9月14日，它又反弹到76美元，9月17日，又下跌到74¼美元。这样一来，在74¼～73¾美元附近形成了5个底部，这是一个明确的信号，告诉我们止损单应该设在72¾美元。

9月27日，美钢上涨到79¾美元，站到了从8月17日以来的所有顶部价位的上方。我们在78½美元加仓买入300股，把止损单的价位设在75½美元。

10月1日，股价的高点在81¾美元，10月6日，股价的低点是76¾美元，随后该股重拾升势，10月19日，该股在87¼美元见顶。10月20日，它的低点在85½美元。10月21日，它的高点87⅝美元，止损单的价位调高到84½美元。10月26日，它的低点在85¼美元，当天的高点是87¼美元，这是该股在同一价位形成的第3个顶部。

应该在这里卖出多头仓位，但是假定止损单在84½美元时已经成交，我们要在84½美元做空卖出700股。

交易账户的资金盈利情况如下：

在68½美元做多买入700股	在84½美元卖出	利润11200美元
在72美元做多买入300股	在84½美元卖出	利润3750美元
在78½美元做多买入300股	在84½美元卖出	利润1800美元
		毛利润16750美元
		扣除佣金和税金325美元
		净利润16425美元
		上次资金结余21634美元
		本期期末资金38059美元

现在我们把每次的交易量提高到1000股。目前账上有在84½美元做空卖出的700股。上一个低点是10月6日的76¾美元，10月21日，股价的高点在87⅝美元，它们之间的1/2点位是82⅛美元。10月29日，股价下跌到82¼美元。要注意的是，10月16日的低点在82¼美元。在这里我们应回补空头仓位，并进行做多买入，同时将止损单的价位设在81¼美元。交易账户的盈亏状况如下：

在84½美元做空卖出700股	在82½美元回补买入	利润1400美元
		扣除佣金175美元
		净利润1225美元
		上次资金结余38059美元
		本期期末资金39284美元

目前，账上有我们在82½美元已经做多买入的1000股。

11月1日，股价上涨到88⅜美元，11月3日，股价在86美元见底，11月4日，股价在88美元见顶。

我们把止损单的价位上调到11月3日低点下方1个点的价位，即85美元。止损单在85美元成交之后，我们在85美元做空卖出1000股。交易账户的盈亏状况如下：

在82½美元做多买入1000股	在85美元卖出	利润2500美元
		扣除佣金和税金250美元
		净利润2250美元
		上次资金结余39284美元
		本期期末资金41534美元

目前，账上在85美元做空卖出的1000股，止损单价位设在88⅜美元。11月9日，股价下跌到83⅝美元。随后，11月12日，股价反弹到88⅜美元。11月16日和20日，该股都跌到了86¼美元的低点。11月26日的高点在88¼美元，12月2日的低点是84½美元。12月7日，股价在88¼美元见顶，这是它第5次到达这个价位。止损单的价位应该设在89¼美元。12月13日、17日和21日，该股分别在85¼～84⅞美元之间的价位见到低点，这个价位比前期底部的价位要高，止损单的价位应该下调到12月20日高点上方1个点

的价位，即87¼美元。止损单在87¼美元成交之后，我们的多空仓位发生了转换，在87¼美元做多买入1000股。交易账户的盈亏状况如下：

在85美元做空卖出1000股	在87¼美元回补买入	亏损2250美元
		扣除佣金250美元
		亏损总计 2500美元
		上次资金结余41534美元
		2500美元
		本期期末资金39034美元

目前，账上有在87¼美元做多买入的1000股。12月27日，股价上涨到89½美元。12月29日的低点是86¾美元，12月31日的高点在89½美元，这就形成了双顶的形态，我们把止损单的价位上调到85¾美元。因为这个双顶所在的价位接近90美元，所以这是一个很强的阻力位，在这里应该卖出多头仓位，开始做空，但是我们还在等待，想看一看隔夜图上的趋势是否也掉头向下。当止损单在85¾美元成交之后，我们在85¾美元做空卖出1000股。交易账户的盈亏状况如下：

在87¼美元做多买入1000股	在85¾美元卖出	亏损1500美元
		扣除佣金250美元
		亏损总计1750美元

从上次资金结余的39034美元，在本期期末我们还有37284美元的资金。目前，账上有在85¾美元做空卖出的1000股。

1916年

1月24日，股价下跌到82¼美元，这个点位与1915年10月16日和29日的低点价位相同。我们在82½美元进行回补，并在82½美元做多买入1000股。交易账户的盈利状况如下：

在85¾美元做空卖出1000股	在82½美元回补买入	利润3250美元
		扣除佣金250美元
		净利润3000美元
		上次资金结余37284美元
		本期期末资金40284美元

目前，账上有在82½美元做多买入的1000股，止损单的价位设在81½美元。1月26日的高点在86美元，1月27日的低点是82¾美元，1月28日的高点在84¼美元。

我们把止损单的价位上调到1月27日低点下方1个点的价位，即81¾美元。随后，止损单在81¾美元成交之后，我们在81¾美元做空卖出1000股，交易账户盈亏状况如下：

在82½美元做多买入1000股，在81¾美元卖出，亏损750美元，再加上250美元的佣金，总共要扣除1000美元，本期资金结余39284美元。目前，账上有在81¾美元做空卖出的1000股，止损单的价位设在85⅝美元。

1月31日，股价的低点在79⅞美元，2月4日，高点是84¾美元，2月5日，低点在82¼美元，2月10日，高点是85⅝美元。这样，止损单在85⅝美元成交之后，我们在85⅝美元做多买入1000股。交易账户盈亏状况如下：

在81¾美元做空卖出1000股，在85⅝美元回补买入，亏损3875美元。还要扣除250美元的佣金。

账户上的资金从39284美元缩水到了35159美元。目前，账上在85⅝美元做多买入的1000股，止损单的价位设在81¼美元。

2月17日和24日，该股分别在82½美元和82⅜美元见到了低点。我们把止损单的价位调高到81½美元。止损单在81½美元成交之后，我们在81½美元做空卖出1000股。交易账户盈亏情况如下：

在85⅝美元做多买入1000股	在81½美元卖出	亏损4125美元
		扣除佣金250美元
		亏损总计4375美元
		上次资金结余35159美元
		本期期末资金30784美元

目前，账上有在81½美元做空卖出的1000股。

3月1日，股价下跌到79¾美元，这与1月31日的低点在同一价位。此时进行回补，并在80¼美元做多买入1000股。交易账户盈利情况如下：

在81½美元做空卖出1000股	在80¼美元回补买入	利润1250美元
		扣除佣金250美元
		净利润1000美元
		上次资金结余30784美元
		本期期末资金 31784美元

目前，账上在80¼美元做多买入的1000股，止损单价位设在79¼美元。3月17日，股价的高点是87¼美元，3月22日的低点在84美元。我们将止损单的价位调高到83美元。4月4日，高点是86美元。4月8日和3月31日，该股都在83¾美元见到低点。4月10日的高点在85¼美元，随后股价出现了下跌。止损单在83美元成交之后，我们在83美元做空卖出1000股。交易账户盈利情况如下：

在80¼美元做多买入1000股	在83美元卖出	利润2750美元
		扣除佣金250美元
		净利润2500美元
		上次资金结余31784美元
		本期期末资金34284美元

目前，账上有在83美元做空卖出的1000股。

4月22日，股价下跌到80美元，因为这与1月31日和3月1日的底部价位相同，构成了三重底的形态，所以在80¼美元进行回补，这笔交易的利润为2750美元，扣除250美元的佣金后，期末资金为36784美元。我们在80¼美元做多买入1000股，止损单点位设在79¼美元。

4月25日，股价的高点在84美元，4月26日低点是80⅜美元，这次的底部价位有所抬高。5月1日的高点在84¼美元，5月5日的低点是80½美元，这比前期的底部也略微抬高。从1915年12月31日的高点89½美元，到1916年3月1日低点79¾美元，它们之间的1/2点位是84⅝美元，当股价见到85⅝美元时，就表明后市还会继续走高。

5月25日，股价高点在86⅝美元，而上一个低点是在5月17日见到的84美元，所以将止损单的价位调高到83美元。6月2日，该股下跌到83⅝美元。6月12日，股价又上涨到87¼美元。6月12日，它的低点是86美元，6月14日的高点在87美元。我们把止损单的价位上调到85美元，止损单在这个点位成交之后，我们在85美元做空卖出1000股。交易账户盈利情况如下：

在80¼美元做多买入1000股	在85美元卖出	利润4750美元
		扣除佣金250美元
		净利润4500美元
		上次资金结余36784美元
		本期期末资金41284美元

目前，账上有在85美元做空卖出的1000股，止损单价位设在88美元。

6月27日，股价下跌到82¾美元，6月26日，当股价在84½美元见到高点时，我们把止损单的价位下调到85¼美元，止损单在这个价位成交后，我们在85¼美元做多买入1000股。交易账户的盈亏情况如下：

在85美元做空卖出1000股	在85¼美元回补	亏损1/4个点，或者250美元
		扣除佣金250美元
		亏损总计500美元
		上次资金结余41284美元
		本期期末资金40784美元

目前，账上有在85¼美元做多买入的1000股，止损单价位设在81¾美元。

7月6日，股价的高点在87¼美元，7月14日的低点是83¼美元，我们把止损单价位上调到82¼美元。6月24日，它的高点在87¼美元，7月25日股价在85¼美元见底，我们将止损单的价位上调到84¼美元。7月27日、8月2日和8月5日，股价在85¾美元和86美元见到低点，于是将止损单价位上调到84¾美元。随后，该股有一波大幅上涨的行情，我们在90½美元加仓买入300股，因为这是股价在89½美元和79¾美元之间来回震荡9个月之后的突破，它已经在新高区域中运行了1个点。

8月17日，股价的高点在92⅝美元，8月18日，低点是91美元。我们把止损单的价位都上调到90美元，并在94美元加仓买入300股。8月23日，该股在99½美元见顶，这是它当时的历史最高价。8月24日，它的低点96¾美元。我们将止损单的价位又调高到95¾美元。8月25日的高点在99¼美元。8月28日的低点是95¾美元。止损单在这个价位成交后，我们在95¾美元做空卖出1000股。交易账户的盈利状况如下：

在85¼美元做多买入1000股	在95¾美元卖出	利润10500美元
在90½美元做多买入300股	在95¾美元卖出	利润1575美元
在94美元做多买入300股	在95¾美元卖出	利润525美元
		合计12600美元
		扣除佣金400美元
		净利润12200美元
		上次资金结余40784美元
		本期期末资金52984美元

目前，账上有在95¾美元做空的1000股。我们现在把每次的交易量增加到1200股。8月30日，股价的低点是95¼美元。29日，高点在97美元，所以我们将止损单价位设在97美元。8月31日，止损单在这个价位成交后，在97美元做多买入1200股。账户的盈亏情况如下：

在95¾美元做多买入1000股	在97美元卖出	亏损1500美元
		上次资金结余52984美元
		本期期末资金51484美元

目前，账上有在97美元做多买入的1200股。

8月31，股价上涨到99⅜美元，这是该股第三次达到这个点位，但是没能突破100美元，所以我们在99美元卖出多头仓位，并在99美元做空卖出1200股。账户的盈利情况如下：

在97美元做多买入1200股	在99美元卖出	纯利2100美元
		上次资金结余51484美元
		本期期末资金53584美元

目前，账上有在99美元做空卖出的1200股。

9月1日，股价下跌到95美元，这比8月30日的底部价位只低了1/4美元。我们把止损单的价位下调到98美元，止损单在这个价位成交后，我们并没有马上做多买入，而是等股价创新高，突破了100美元之后才买进，因为100美元是一个非常重要的阻力位。目前账户的盈利情况如下：

在99美元做空卖出1200股	在98美元回补买入	纯利900美元
		上次资金结余53584美元
		本期期末资金54484美元

股价继续上涨，我们在100½美元做多买入1200股，并把止损单的价位设在97½美元，我们在105½美元加仓买入600股，又在110½美元加仓买入了600股。9月19日和20日，股价的低点是107美元，所以，我们将所有仓位的止损单价位上调到106美元。我们在115½美元加仓买入300股。9月25日，股价的高点在120美元，这是一个阻力位。9月26日，低点是113¾美元。我们把所有仓位的止损单价位上调到112¾美元。9月29日的高点在120½美元。9月30日的低点是116¼美元。我们把止损单的价位上调到115¼美元。10月的2日、4日和5日，该股在118⅝和118¾美元之间见顶，10月4日，股价的低点是117美元，所以我们把止损单的价位上调到116美元，止损单在这个价位成交后，在116美元做空卖出1200股。账户的盈利情况如下：

在100½美元做多买入1200股	在116美元卖出	利润18600美元
在105½美元做多买入600股	在116美元卖出	利润6300美元
在110½美元做多买入600股	在116美元卖出	利润3300美元
在115½美元做多买入300股	在116美元卖出	利润150美元
		合计28350美元
		扣除佣金675美元
		净利润27675美元
		上次资金结余54484美元
		本期期末资金82159美元

目前，账上有116美元做空卖出的1200股，止损单价位设在119美元。现在我们把每次的交易量提升到1500股。

随后，股价有一波下跌，我们在111美元加仓卖出600股，10月9日，股价的低点在108美元。10月10日，高点是113美元，我们把止损单的价位下调到113美元。10月14日，该股在108美元见底，这与10月9日的低点一起构成了双底形态。我们取从9月1日的最后一个低点95美元到9月29日的高点120½美元的这个区间，发现它的1/2点位是107¾美元，所以我们在108½美元进行回补，并在108½美元做多买入1500股，止损单价位设在106¾美元。账户的盈利情况如下：

在116美元做空卖出1200股	在108½美元回补买入	利润9000美元
在111美元做空卖出600股	在108½美元回补买入	利润1500美元
		合计10500美元
		扣除佣金450美元
		净利润10050美元
		上次资金结余82159美元
		本期期末资金92209美元

目前，账上有在108½美元做多买入的1500股。我们在114美元加仓买入700股。10月23日，股价的高点在121¾美元。我们在121½美元加仓买入400股，因为它是一个新高价位。10月26日，股价在117¼美元见底。这样我们就把所有仓位的止损单的价位上调到116¼美元。11月2日的高点在122¼美元，11月4日的低点是119¾美元，我们把止损单的价位就上调到了118¾美元。11月8日的高点在126美元，11月9日的低点是122½美元，止损单的价位也就上调到了121½美元。止损单在这个价位上成交之后，我们在121½美元做空卖出1500股。账户的盈利情况如下：

在108½美元做多买入1500股	在121½美元卖出	利润19500美元
在114美元做多买入700股	在121½美元卖出	利润 5250美元
在121½美元做多买入400股	在121½美元卖出	利润0美元
		合计24750美元
		扣除佣金650美元
		净利润24100美元
		上次资金结余92209美元
		本期期末资金116309美元

目前，账上有在121½美元做空的1500股。现在的操作还是非常谨慎的，我们可以把每次的交易量增加到2000股，如果连续10次交易都出现3个点的亏损，我们的资金还能剩下一半，不过，出现连续亏损10次的可能性很小。

11月14日，股价下跌到120¼美元，但是没有跌破11月4日低点119¾美元。我们将止损单的价位下调到123¼美元，止损单在这个价位成交之后，我们在123¼美元做多买入2000股，同时将止损单点位设在120美元。11月27日，股价的高点在129¾美元，11月28日，它的低点是125¾美元。这样，止损单的价位就上调到了124¾美元。止损单在这个价位成交后，在124¾美元做空卖出2000股。账户的盈亏情况如下：

在121½美元做空卖出1500股	在123¼美元回补	亏损2625美元
在123¼美元做多买入2000股	在124¼美元卖出	利润3000美元
		毛利375美元
		扣除佣金875美元
		净亏损500美元
		上次资金结余116309美元
		本期期末资金115809美元

目前，账上有在124¾美元做空卖出的2000股。12月4日，股价的高点在120½美元，将止损单的价位设在127½美元。随后，股价出现了下跌。我们在119¾美元加仓卖出1000股。12月13日的高点在120½美元。我们把所有仓位的止损单的价位下调到121½美元。我们在115½美元加仓卖出500股。12月15日的低点是109¼美元。12月16日的高点在114⅝美元。我们把止损单的价位又下调到115⅝美元，止损单在这个价位成交之后，我们在115⅝美元做多买入2000股。账户的盈亏情况如下：

在124¾美元做空卖出2000股	在115⅝美元回补	利润18250美元
在119¾美元做空卖出1000股	在115⅝美元回补	利润4125美元
在115½美元做空卖出500股	在115⅝美元回补	亏损62美元
		扣除佣金875美元
		净利润21437美元
		上次资金结余115809美元
		本期期末资金137246美元

目前，账上有在115⅝美元做多买入的2000股。12月19日，股价的高点在116¼美元。而在12月18日，股价的低点是112½美元，这样我们就把止损单的价位上调到111½美元，止损单在这个价位成交之后，我们在111½美元做空卖出2000股。账户的盈亏情况如下：

在115⅝美元做多买入2000股	在111½美元卖出	亏损8250美元
		扣除佣金500美元
		合计8750美元
		上次资金结余137246美元
		本期期末资金128496美元

目前，账上有在111½美元做空的2000股。股价继续下跌，在106½美元加仓卖出1000股。12月21日，该股有一波恐慌性的下跌。股价跌到了100美元，这里是一个阻力位，我们应该回补买入，我们把止损单的价位下调到了105美元，止损单在这个价位成交之后，在105美元做多买入2000股。账户的盈利情况如下：

在111½美元做空卖出2000股	在105美元回补	利润13000美元
在106½美元做空卖出1000股	在105美元回补	利润1500美元
		毛利润14500美元
		扣除佣金750美元
		净利润13750美元
		上次资金结余128496美元
		本期期末资金142246美元

目前，账上有在105美元做多买入的2000股。我们在110美元加仓买入1000股。

1917年

1月4日，股价的高点在115¾美元。我们取从高点129¾美元到低点110美元这个区间，得到的1/2点位是114⅞美元。回顾1916年12月19日的行情，可以看到上一个高点是在116¼美元。所以，我们在114½美元卖出多头仓位，并在114½美元做空卖出2000股，同时将止损单点位设在117½美元。交易账户的盈利状况如下：

在105美元做多买入2000股	在114½美元卖出	利润19000美元
在110美元做多买入1000股	在114½美元卖出	利润4500美元
		毛利润23500美元
		扣除佣金750美元
		净利润22750美元
		上次资金结余142246美元
		本期期末资金164996美元

目前，账上有在114½美元做空卖出的2000股。1月5日，股价下跌到109¼美元。随后出现了反弹，1月9日，股价在113⅞美元见顶，1月11日，股价在109¼美元见底，这与1月5日的低点价位相同。因为108美元是100美元到115⅞美元的1/2点位，于是在110美元进行了回补买入，并在110美元做多买入2000股。交易账户的盈利状况如下：

在114½美元做空卖出2000股	在110美元回补	利润9000美元
		扣除佣金500美元
		净利润8500美元
		上次资金结余164996美元
		本期期末资金173496美元

目前，账上有在110美元做多买入的2000股，止损单的价位设在107美元。1月19日和26日，股价都在115½美元见顶。我们在114½美元卖出多头仓位，并在114½美元做空卖出2000股，止损单的价位设在116½美元，因为这里是一个1/2点位，也就是一个很强的阻力位。交易账户的盈利状况如下：

在110美元做多买入2000股	在114½美元卖出	利润9000美元
		扣除佣金500美元
		净利润8500美元
		上次资金结余173496美元
		本期期末资金181996美元

目前，账上有在114½美元做空卖出的2000股。我们在109½美元加仓卖出1000

股。2月1日，刚好是美钢在1915年2月1日见到低点38美元2周年，股价下跌到99美元。我们在100美元回补了空头仓位，并在100美元做多买入2000股，因为100美元是1916年12月21日该股的低点。把止损单的价位设在99美元，止损单在这个价位成交之后，我们在99美元做空卖出2000股。交易账户的盈亏状况如下：

在114½美元做空卖出2000股	在100美元回补	利润29000美元
在109½美元做空卖出1000股	在100美元回补	利润9500美元
		合计38500美元
在100美元做多买入的2000股有1个点的亏损，再扣除5000股的佣金		佣金3250美元
		净利润35250美元
		上次资金结余181996美元
		本期期末资金217246美元

目前，账上有在99美元做空卖出的2000股。2月2日，股价的高点是104⅛美元。我们把止损单的价位设在105⅛美元。2月3日，股价在99¼美元见底，这个价位比2月1日的底部价位要高，考虑到1916年12月21日的底部，该股在同一价位附近形成了三重底。我们把止损单的价位下调到102¼美元，止损单在这个价位成交之后，我们开始空翻多，在102¼美元做多买入2000股。交易账户的盈亏状况如下：

在99美元做空卖出2000股	在102¼美元回补	亏损6500美元
		扣除佣金500美元
		亏损总计7000美元
		上次资金结余217246美元
		本期期末资金210246美元

目前，账上有在102¼美元做多买入的2000股。股价出现了上涨，2月20日和25日在109½美元形成双顶之前，它的底部价位一直在抬高。2月23日，股价在106¼美元见底，这样我们就把止损单的价位上调到105¼美元。止损单在这个价位上成交，我们在105¼美元做空卖出2000股。交易账户的盈利状况如下：

在102¼美元做多买入2000股	在105¼美元卖出	利润6000美元
		扣除佣金500美元
		净利润5500美元
		上次资金结余210246美元
		本期期末资金215746美元

目前，账上有在105¼美元做空卖出的2000股。3月1日，股价的低点在103½美元，它与3月9日的低点价位相同，我们取从低点99美元到高点109½美元的区间，得出的1/2点位是104¼美元，这个1/2点位附近就是买入价位。我们在104½美元回补，并做多买入2000股。交易账户的盈利状况如下：

在105¼美元做空卖出2000股	在104½美元回补	利润1500美元
		扣除佣金500美元
		净利润1000美元
		上次资金结余215746.50美元
		本期期末资金216746.50美元

目前，账上有104½美元做多买入的2000股，止损单的价位设在102½美元。股价继续上涨，当它突破了上两个顶部的点位时，我们在110½美元加仓买入1000股。3月6日，股价的高点在111½美元，3月7日，该股在109½美元见底。这样我们就把所有仓位的止损单的价位上调到108½美元。接下来，在114½美元加仓买入500股。3月21日的高点在118美元，3月22日，股价在115¼美元见底。我们就把止损单的价位都上调到了114¼美元，止损单在这个价位成交之后，我们在114¼美元做空卖出2000股。交易账户的盈亏状况如下：

在104½美元做多买入2000股	在114¼美元卖出	利润19500美元
在110½美元做多买入1000股	在114¼美元卖出	利润3750美元
		毛利润23250美元
		在114½美元做多买入的500股1/4个点的亏损与佣金1000美元
		净利润22250美元
		上次资金结余216746.50美元
		本期期末资金238996.50美元

目前，账上有114¼美元做空卖出的2000股。3月31日，股价下跌到113¾美元，之前的两个顶部是在3月28日和30日见到的，价位都在116美元。我们就把止损单的价位设在117美元，止损单在这个价位上成交之后，在117美元做多买入2000股。交易账户的盈亏状况如下：

在114¼美元做空卖出2000股	在117美元回补	亏损5500美元
		扣除佣金500美元
		亏损总计6000美元
		上次资金结余238996.50美元
		本期期末资金232996.50美元

目前，账上有117美元做多买入的2000股。4月3日，股价上涨到118¾美元见顶。止损单价位上调到116¾美元，止损单在这个价位成交之后，我们在116¾美元做空2000股。交易账户的盈亏状况如下：

在117美元做多买入2000股	在116¾美元卖出	亏损500美元
		扣除佣金500美元
		亏损总计1000美元
		上次资金结余232996.50美元
		本期期末资金231996.50美元

目前，账上有116¾美元做空卖出的2000股。随后股价出现了下跌，我们在112¾美元加仓卖出1000股，因为这个股价处在上一个3重底的下方。3月10日，股价的低点在108¾美元。从低点99美元到高点118¾美元之间的1/2点位是108⅞美元。我们在109¼美元进行回补，并在109¼美元做多买入2000股，同时将止损单的点位设在107⅞美元。交易账户的盈利状况如下：

在116¾美元做空卖出2000股	在109¼美元回补	利润15000美元
在112¾美元做空卖出1000股	在109¼美元回补	利润3500美元
		合计18500美元
		扣除佣金750美元
		净利润17750美元
		上次资金结余 231996.50美元
		本期期末资金249746.50美元

目前，账上有109¼美元做多买入的2000股。4月20日，股价在110½美元见到最后一个底部，所以我们把止损单的价位上调到109½美元。在113½美元加仓买入1000股。4月26日和5月1日，股价都在117¾美元见到高点。5月28日，股价在115¼美元见到低点。我们把所有仓位的止损单价位上调到114¼美元，止损单在这个价位上成交之后，在114¼美元做空卖出2000股。交易账户的盈利状况如下：

在109¼美元做多买入2000股	在114¼美元卖出	利润10000美元
在113½美元做多买入1000股	在114¼美元卖出	利润750美元
		合计10750美元
		扣除佣金750美元
		净利润10000美元
		上次资金结余249746.50美元
		本期期末资金259746.50美元

目前，账上有114¼美元做空卖出的2000股，止损在117¼美元。5月9日，股价的低点是112½美元。上一个高点是在5月8日见到的116¼美元。5月11日，股价在116¾美元见顶，而也是在5月11日，它的低点是114¾美元。止损单在117¼美元成交之后，我们在117¼美元做多买入2000股。交易账户的盈亏状况如下：

在114¼美元做空卖出2000股	在117¼美元回补，	亏损6000美元
		扣除佣金500美元
		亏损总计6500美元
		上次资金结余259746.50美元
		本次期末资金253246.50美元

目前，账上有117¼美元做多买入的2000股。股价还在持续上涨，因为119¾美元是在4月3日高点上方1个点的价位，所以我们在这里加仓买入1000股。我们在124¾美

元加仓买入500股，在129¾美元加仓买入300股。5月31日，股价的高点在136⅝美元。上一个低点是在5月28日见到的131¼美元。我们将所有仓位止损单的价位上调到128¾美元。止损单在这个价位成交之后，我们在128¾美元做空卖出2000股。交易账户的盈亏状况如下：

在117¼美元做多买入2000股	在128¾美元卖出	利润23000美元
在119¾美元做多买入1000股	在128¾美元卖出	利润9000美元
在124¾美元做多买入500股	在128¾美元卖出	利润2000美元
		合计34000美元
在129¾美元做多买入300股	在128¾美元卖出	亏损300美元
		毛利33700美元
		扣除佣金950美元
		净利润32750美元
		上次资金结余253246.50美元
		本期期末资金285996.50美元

目前，账上有128¾美元做空卖出的2000股。6月1日，股价的低点在126¾美元。6月2日，它的高点是131¼美元。这样我们就把止损单的价位设在132¼美元。止损单在这个价位成交之后，我们在132¼美元做多买入2000股。交易账户的盈亏状况如下：

在128¾美元做空卖出2000股	在132¼美元回补	亏损7000美元
		扣除佣金500美元
		亏损总计7500美元
		上次资金结余285996.50美元
		本期期末资金278496.50美元

目前，账上有132¼美元做多买入2000股。6月14日，股价的高点是134⅝美元。6月15日，它的低点在130¼美元。这样我们就把止损单的价位设在129¼美元。止损单在这个价位上成交之后，我们在129¼美元做空卖出2000股。交易账户的盈亏状况如下：

在132¼美元做多买入的2000股	在129¼美元卖出	亏损6000美元
		扣除佣金500美元
		亏损总计6500美元
		上次资金结余278496.50美元
		本期期末资金271996.50美元

目前，账上有129¼美元做空卖出的2000股。6月20日，股价的低点在125½美元。我们把止损单的价位下调到129½美元，止损单在这个价位上成交之后，我们在129½美元做多买入2000股。交易账户的盈亏状况如下：

在129½美元做空卖出2000股	在129¼美元回补	亏损500美元
		扣除佣金500美元
		亏损总计1000美元
		上次资金结余271996.50美元
		本期期末资金270996.50美元

目前，账上有129½美元做多买入的2000股。6月27日，股价的高点是132¾美元。上一个低点128¾美元是在6月26日见到的。我们把止损单的价位上调到127¾美元，止损单在这个价位成交之后，我们在127¾美元做空卖出2000股。交易账户的盈亏状况如下：

在129½美元做多买入2000股	在127¾美元卖出	亏损3500美元
		扣除佣金500美元
		亏损总计4000美元
		上次资金结余270996.50美元
		本期期末资金266996.50美元

目前，账上有127¾美元做空的2000股。我们在123¾美元加仓卖出1000股。7月19日，股价的低点在118¾美元。上一个高点122¼美元是在7月18日见到的。我们把止损单的价位下调到123¼美元，止损单在这个价位成交之后，我们在123¼美元做多买入2000股。交易账户的盈利状况如下：

在127¾美元做空卖出2000股	在123¼美元回补买入	利润9000美元
在123¾美元做空卖出1000股	在123¼美元回补买入	利润500美元
		合计9500美元
		扣除佣金750美元
		净利润8750美元
		上次资金结余266996.50美元
		本期期末资金275746.50美元

目前，账上有在123¼美元做多买入的2000股。随后，股价有一波上涨，我们取从高点136⅝美元到低点118¾美元这个区间，得出的1/2点位是127⅝美元。8月7日，股价上涨到127⅞美元，我们在127½美元卖出多头仓位，并在127½美元做空卖出2000股。交易账户的盈利状况如下：

在123¼美元做多买入2000股	在127½美元卖出	利润8500美元
		扣除佣金500美元
		净利润8000美元
		上次资金结余275746.50美元
		本期期末资金283746.50美元

目前，账上有127½美元做空卖出的2000股。我们在122美元加仓卖出1000股，因

为这个价位已经跌破了前期3个底部的价位。当股价又跌破了其他4个底部价位之后，我们在117½美元加仓卖出500股。9月4日，股价的低点在104½美元。9月6日，高点是109½美元。我们把所有仓位的止损单价位下调到110½美元。9月17日的低点在103¾美元，上一个高点108¾美元是在9月14日见到。我们把止损单的价位下调到109¾美元。止损单在这个价位成交之后，我们在109¾美元做多买入2000股。交易账户的盈利状况如下：

在12½美元做空卖出2000股	在109¾美元回补	利润35500美元
在122美元做空卖出1000股	在109¾美元回补	利润12250美元
在117½美元做空卖出500股	在109¾美元回补	利润3875美元
		合计51625美元
		扣除佣金875美元
		净利润50750美元
		上次资金结余283746.50美元
		本期期末资金334496.50美元

目前，账上有109¾美元做多买入的2000股。9月25日，股价的高点是113⅞美元。上一个低点109½美元是在9月24日见到的。我们把止损单的价位上调到108½美元。止损单在这个价位上成交之后，我们在108½美元做空卖出2000股。交易账户盈亏状况如下：

在109¾美元做多买入2000股	在108½美元卖出	亏损2500美元
		扣除佣金500美元
		亏损总计3000美元
		上次资金结余334496.50美元
		本期期末资金331496.50美元

目前，账上有在108½做空卖出的2000股。在103½加仓卖出1000股。10月15日，股价下跌到99美元，我们把止损单的价位下调到104美元，止损单在这个价位成交之后，我们在104美元做多买入2000股。交易账户盈亏状况如下：

在108½美元做空卖出2000股	在104美元回补买入	利润9000美元
在103½美元做空卖出1000股	在104美元回补买入	亏损500美元
		毛利润8500美元
		扣除佣金750美元
		净利润7750美元
		上次资金结余331496.50美元
		本期期末资金339246.50美元

目前，账上有104美元做多买入的2000股。10月22日，股价的高点是107⅜美元。10月26日，它的低点在103⅞美元。我们把止损单的价位上调到102⅞美元。止损单在这个价位上成交之后，我们在102⅞美元做空卖出2000股。交易账户的盈亏状况如下：

在104美元做多买入2000股	在102⅞美元卖出	亏损2250美元
		扣除佣金500美元
		亏损总计2750美元
		上次资金结余339246.50美元
		本期期末资金336496.50美元

目前，账上有在101⅞美元做空卖出的2000股。我们在98美元加仓卖出1000股，在93美元加仓卖出500股。11月8日，股价的低点在88¾美元。11月12日，它的高点是94¾美元。我们把止损单的价位下调到95¾美元。11月14日，股价在89¼美元见底。我们把止损单的价位又调低到94¾美元。止损单在这个价位上成交之后，在94¾美元做多买入2000股。交易账户的盈亏状况如下：

在101⅞美元做空卖出2000股	在94¾美元回补	利润14250美元
在98美元做空卖出1000股	在94¾美元回补	利润3250美元
		合计17500美元
在93美元做空卖出500股	在94¾美元回补	亏损875美元
		毛利润16625美元
		扣除佣金875美元
		净利润15750美元
		上次资金结余336496.50美元
		本期期末资金352246.50美元

目前，账上有在94¾美元做多买入的2000股。11月的高点是在99¼美元。上一个低点96美元是在11月22日见到的。我们把止损单的价位上调到95美元，止损单在这个价位上成交之后，我们在95美元做空卖出2000股。交易账户的盈亏状况如下：

在94¾美元做多买入2000股，在95美元卖出，所得1/4个点的利润刚好与佣金冲抵。本期期末资金仍为352246.50美元。

目前，账上有在95美元做空卖出的2000股。我们在90美元加仓卖出1000股，在85美元加仓卖出500股。12月13日，股价的低点在79⅞美元。12月14日，它的高点是84¼美元。12月17日的低点在80½美元。12月18日的高点是83¾美元。12月20日，股价在79½美元见底。因为79¾美元是股价在1916年3月1日见到过的当时行情中的最后一个低点，所以，我们在80美元进行回补，并在80美元做多买入2000股，止损单设在79美元。交易账户盈利状况如下：

在95美元做空卖出2000股	在80美元回补	利润30000美元
在90美元做空卖出1000股	在80美元回补	利润10000美元
在85美元做空卖出500股	在80美元回补	利润2500美元
		合计42500美元
		扣除佣金875美元
		净利润41625美元
		上次资金结余352264.50美元
		本期期末资金393871.50美元

目前，账上有在80美元做多买入的2000股，止损单的价位设在79美元。我们在85美元加仓买入1000股，同时将止损单的价位上调到82美元。我们在90美元加仓买入500股，在95美元加仓买入300股。

1918年

1918年1月3日，股价的高点是98美元，1月5日，它的低点在82¼美元。我们把所有仓位的止损单上调到91¼美元。1月8日的高点是97¼美元，1月9日，股价在93½美元见到低点，我们把止损单的价位调高到92½美元。止损单成交之后，我们在92½美元做空卖出2000股。交易账户盈亏状况如下：

在80美元做多买入2000股	在92½美元卖出	利润25000美元
在85美元做多买入1000股	在92½美元卖出	利润7500美元
在90美元做多买入500股	在92½美元卖出	利润1250美元
		合计33750美元
在95美元做多买入300股	在92½美元卖出	亏损750美元
		毛利33000美元
		扣除佣金950美元
		净利32050美元
		上次资金结余393871.50美元
		本期期末资金425921.50美元

目前，账上有92½美元做空的2000股。1月15日，股价低点在88½美元。1月16日，它的高点是91¼美元。我们把止损单的价位下调到92¼美元。我们选取上一次在1917年12月20日的低点79½美元到1918年1月3日的高点98美元这个区间，发现它的1/2点位是88⅝美元。1月18日的低点在88¾美元。我们在89美元进行了空头回补，并在89美元做多买入2000股，把止损单的价位设在87⅝美元。2月1日、19日和27日，股价的高点在98½～98美元之间，没能成功突破1月3日的顶部价位。我们在98美元卖出多头仓位，并在98美元做空卖出2000股，止损单价位设在99美元。

随后，股价有一波下跌。我们在93¾美元加仓卖出1000股，因为它处在2月21日低点下方1个点的价位。3月的低点在89½美元。3月6日，股价的高点是91⅞美元。这样我们就把止损单的价位下调到92⅞美元。3月25日的低点在86½美元。4月1日的高点是90⅝美元。于是将止损单又下调至91⅝美元。止损单在这个价位成交之后，我们在91⅝美元做多买入2000股。4月2日和5日，股价的低点都出现在89¾美元。我们把止损单的价位上调到88¾美元。止损单在这个价位成交之后，在88¾美元做空卖出2000股。股价在4月5日见到的上一个顶部是在91⅝美元。把止损单设在92⅝美元，止损单成交之后，我们在92⅝美元做多买入2000股。4月22日的高点是96¼美元。4月23日、26日、27日和30日，该股的低点都出现在93¾美元，我们把止损单上调到93¾美元。5月5日，在99美元加仓买入1000股，因为这个价位已经突破了年初以来的所有顶部价位。我们把止损单上调到96⅜美元。我们在104美元加仓买入500股，并把止损单的价位调高到5月9日的低点下方1个点的价位，即101美元。

我们在109美元加仓买入200股。5月13日，股价的高点是113¾美元。5月14日，它的低点在109⅜美元。我们把止损单的价位上调到108⅜美元。止损单成交后，同时在108⅜美元做空卖出2000股。5月22日的高点是110½美元，我们把止损单的价位设在111½美元。我们在105½美元加仓卖出1000股。6月1日的低点在96¼美元。选取从低点79½美元到高点113¾美元这个区间，算出其1/2点位是96⅝美元。我们在97美元进行空头回补，并在97美元做多买入2000股，同时将止损单的价位设在95⅝美元。6月10日之后，把止损单的价位上调到96½美元。我们在104½美元加仓买入1000股。6月27日的高点是110½美元。上一个低点107¼美元是在6月25日见到，所以，我们把止损单的价位上调到106¼美元。止损单成交后，在106¼美元做空卖出2000股。7月15日的低点在101½美元。上一个高点是在7月12日见到的104¾美元。我们把止损单的价位设在105¾美元。止损单在这个价位成交后，在105¾美元做多买入2000股。随后又在110¾美元加仓买入1000股。8月28日的高点是116½美元。上一个低点110¾美元是在8月22日见到的。我们就把止损单的价位设在109¾美元。止损单在这个价位成交后，我们在109¾美元做空卖出2000股。

9月13日，股价的低点在107美元。9月14日，高点是109¾美元。我们把止损单的价位下调到110¾美元。止损单成交后，我们在110¾美元做多买入2000股。9月27日的高点是113½美元。上一个低点是在9月25日见到的109¾美元，我们把止损单的价位上调到108¾美元。止损单在这个价位上成交之后，我们在108¾美元做空卖出2000股。

我们选取6月1日的低点96¼美元到8月28日的高点116½美元这个区间，算出它的1/2点位是在106⅜美元。我们就在106½美元进行空头回补，并在106½美元做多买入2000股，同时将止损单的价位设在105⅜美元。止损单成交后，在105⅜美元做空卖出2000股。

10月9日，股价的低点在104⅝美元。上一个低点是在10月8日见到的108½美元。止损单的价位设在109⅛美元，止损单成交后，我们在109⅛美元做多买入2000股。10月19日的高点是114½美元。我们把止损单的价位上调到111½美元。止损单成交后，在111½美元做空卖出2000股，随后在107½美元加仓卖出1000股，在102½美元加仓卖出500股。11月7日的高点是104¼美元，我们把所有仓位的止损单价位都下调到105⅛美元。11月29日，股价的低点在94美元，同一天，其高点是96¼美元。我们把止损单的价位下调到97¼美元。止损单成交后，我们在97¼美元做多买入2000股。12月11日的高点是99¾美元。上一个低点是在12月6日见到的95¼美元。我们把止损单的价位上调到94¼美元。止损单在这个价位上成交之后，在94¼美元做空卖出2000股。

12月26日，股价的低点在92½美元。12月30日，它的高点是95¼美元。我们把止损单的价位设在96¼美元。止损单在这个价位成交后，我们在96¼美元做多买入2000股。上一个低点是在12月31日见到的93¾美元。我们把止损单的价位设在92¾美元。止损单在这个价位上成交之后，我们在92¾美元做空卖出2000股。

1919年

1919年1月9日，股价的高点是94⅜美元。我们把止损单的价位设在95⅜美元。1月21日，它的低点在88¾美元。1月22日的高点是90⅝美元。1月25日的高点是94美元。1月27日的低点在90¾美元。把止损单的价位下调到89¾美元。止损单在这个价位成交后，在89¾美元做空卖出2000股。2月10日的低点在88¼美元。2月4日的高点是91美元。我们把止损单的价位设在92美元。止损单在这个价位成交后，我们在92美元做多买入2000股。

以下是从1918年1月10日到1919年2月10日的交易账户的盈亏情况：

				借　方	贷　方
1918年1月10日					425921.50
在92½美元	做空卖出2000股	在89美元	回补		7000
在89美元	做多买入2000股	在98美元	卖出		18000
在98美元	做空卖出2000股	在91⅝美元	回补		12760
在93¾美元	做空卖出1000股	在91⅝美元	回补		2120
在91⅝美元	做多买入2000股	在88¾美元	卖出	5760	
在88¾美元	做空卖出2000股	在92⅝美元	回补	7760	
在92⅝美元	做多买入2000股	在108⅜美元	卖出		31500
在99美元	做多买入1000股	在108⅜美元	卖出		9380
在104美元	做多买入500股	在108⅜美元	卖出		2190
在109美元	做多买入200股	在108⅜美元	卖出	124	
在108⅜美元	做空卖出2000股	在97美元	回补		22760
在105½美元	做空卖出1000股	在97美元	回补		8500
在97美元	做多买入2000股	在106¼美元	卖出		18500
在104½美元	做多买入1000股	在106¼美元	卖出		1750
在106¼美元	做空卖出2000股	在105¾美元	回补		1000
在105¾美元	做多买入2000股	在109¾美元	卖出		8000

				借　方	贷　方
在110¾美元	做多买入1000股	在109¾美元	卖出	1000	
在109¾美元	做空卖出2000股	在110¾美元	回补	2000	
在110¾美元	做多买入2000股	在108¾美元	卖出	4000	
在108¾美元	做空卖出2000股	在106½美元	回补		4500
在106½美元	做多买入2000股	在105⅝美元	卖出	2240	
在105⅝美元	做空卖出2000股	在109⅛美元	回补	7500	
在109⅛美元	做多买入2000股	在111½美元	卖出		4740
在111½美元	做空卖出2000股	在97¼美元	回补		28500
在107½美元	做空卖出1000股	在97¼美元	回补		10250
在102½美元	做空卖出500股	在97¼美元	回补		2625
在97¼美元	做多买入2000股	在94¼美元	卖出	6000	
在94¼美元	做空卖出2000股	在96¼美元	回补	4000	
在96¼美元	做多买入2000股	在92½美元	卖出	7000	
在92¾美元	做空卖出2000股	在89¾美元	回补		6000
在89¾美元	做空卖出2000股	在92美元	回补	4500	
				51884	625996.5
			佣金	12800	64684
			期末资金合计		561312.5

1919年2月10日，在92美元做多买入2000股。2月27日，股价的高点是95¾美元。2月25日，低点在93½美元。我们把止损单的价位上调到92½美元，止损单成交之后，在92½美元做空卖出2000股。3月5日，股价在91⅝美元见底，这与3月1日的低点价位相同。上一个低点是在3月3日见到的94⅝美元。我们把止损单的价位设在95⅝美元。止损单成交之后，我们在95⅝美元做多买入2000股。3月11日的低点在95½美元，我们把止损单的价位设在94½美元。止损单在这个价位上成交之后，我们在94½美元做空卖出2000股。3月19日的低点在94¼美元，我们把止损单的价位设在98美元。止损单成交后，在98美元做多买入2000股。

该股走出了一波窄幅震荡的行情，4月23日，股价在103美元见顶。4月25日，它的低点在99¾美元。我们把止损单的价位设在98¾美元。止损单在这个价位上成交之后，我们在98¾美元做空卖出2000股。5月1日的低点在96½美元。5月3日的高点是99¾美元。我们把止损单的价位设在100¾美元。止损单在这个价位成交后，在100¾美元做多买入2000股，随后在104美元加仓买入1000股。

6月6日，股价的高点是111¾美元。6月11日，低点在106¾美元。我们把止损单的价位上调到105¾美元。止损单在这个价位上成交之后，在105¾美元做空卖出2000股。6月16日的低点在103¼美元。我们选取上一次在5月1日见到的低点96½美元，到6月6日的高点111¾美元的这个区间，算出它的1/2点位是104⅛美元。我们在104¼美元进行了空头回补，并在104¼美元做多买入2000股，同时将止损单的价位设在103⅛美元。随后，在109¼美元加仓买入1000股。

7月7日，股价的高点是115⅛美元。7月11日，低点在111⅝美元。我们把止损单的价位上调到110⅝美元。止损单在这个价位成交后。我们在110⅝美元做空卖出2000股。7月24日的高点是113⅜美元。我们把止损单的价位设在114⅜美元。随后在105美元加仓卖出1000股，因为它处在96½～115½美元之间的1/2点位下方1个点的价位。

8月21日，股价的低点在98½美元。8月25日，它的高点是101⅝美元。我们把止损单的价位下调到102⅝美元。止损单在这个价位成交后，我们在102⅝美元做多买入2000股，同时将止损单的价位设在99½美元。

9月4日，股价的高点是107½美元。9月5日，它的低点在103¼美元。我们把止损单的价位设在102¼美元。止损单在这个价位成交后，我们在102¼美元做空卖出2000股。9月20日的低点在100½美元。我们把止损单的价位设在103½美元。止损单在这个价位上成交之后，我们在103½美元做多买入2000股。

10月10日，股价的高点是112½美元。10月23日，它的低点在108美元。我们把止损单的点位设在107美元。止损单在这个价位成交后，在107美元做空卖出2000股，同时将止损单的价位设在110美元。止损单在这个价位成交后，在110美元做多买入2000股。11月5日，股价在112½美元见顶，这个价位与10月10日的高点相同。我们在112美元卖出多头仓位，并在112美元做空卖出2000股，同时将止损单的价位设在113½美元。我们在107美元加仓卖出1000股。12月1日的低点在101美元。12月3日的高点是103¼美元。我们把止损单的价位设在104¼美元。止损单在这个价位上成交之后，在104¼美元做多买入2000股，同时将止损单的价位设在100美元。12月12日，股价在100½美元见底。

1920年

1920年1月5日，股价的高点是109美元。1月8日，它的低点在105¾美元。我们把止损单的价位设在104¾美元。止损单在这个价位上成交之后，在104¾美元做空卖出2000股。1月19日的低点在104½美元。1月20日的高点是106美元。我们把止损单的价位设在107美元。止损单在这个价位上成交之后，在107美元做多买入2000股，同时将止损单的价位设在104美元。止损单在这个价位上成交之后，我们在104美元做空卖出2000股。随后在99美元加仓卖出1000股。2月27日，股价在92½美元见底。我们把止损单的价位下调到95½美元。止损单在这个价位成交后，我们在95½美元做多买入2000股。

3月20日，股价的低点在102¼美元。将止损单价位上调到101¼美元。止损单成交后，在101¼美元做空卖出2000股。3月25日的低点在101¼美元，止损单的价位设在103¼美元。止损单成交后，我们在103¼美元做多买入2000股。4月7日的高点是107½美元。4月12日的低点在104美元，我们把止损单的价位设在103美元。止损单在这个价位成交后，我们在103美元做空卖出2000股。随后在99美元加仓卖出1000股。

5月24日，股价的低点在89½美元。上一个高点是在6月22日见到的92½美元。将止损单的价位设在93½美元。止损单在这个价位上成交之后，我们在93½美元做多买入2000股。6月14日的低点在92¾美元，我们把止损单的价位上调到91¾美元。止损单在这个价位成交后，我们在91¾美元做空卖出2000股。6月23日的低点在91½美元。6月26日的高点是93美元。我们把止损单的价位设在94美元。止损单成交后，在94美元做多买入2000股。7月8日的高点是95½美元，我们把止损单的价位设在92½美元。止损单成交后，在92½美元做空卖出2000股，随后，在87½美元加仓卖出1000股。

8月9日，股价的低点在84美元。8月7日，高点是96½美元。止损单的点位设在87美元。止损单在这个价位上成交之后，我们在87美元做多买入2000股。9月8日的高点是91½美元。8月23日，股价在88⅛美元见底。我们把止损单的价位设在87¼美元。止损单在这个价位上成交之后，我们在87¼美元做空卖出2000股。随后，股价有一波下跌，我们在85¼美元加仓卖出1000股。

12月21日，股价的低点在76¼美元。12月24日，它的高点是97⅞美元。我们把止损单的价位设在80⅞美元。止损单在这个价位上成交之后，我们在80⅞美元做多买入2000股。2月16日的高点是85美元。2月21日的低点在82¾美元。我们把止损单的价位设在81¾美元。止损单成交后，在81¾美元做空卖出2000股。3月12日的低点在77¾美元。止损单的价位设在80¾美元，止损单在这个价位上成交之后，我们在80¾美元做多买入2000股。

以下是从1919年2月10日到1921年3月15日的交易账户的盈亏情况：

				借 方	贷 方
1919年2月10日					561312.5
在92美元	做多买入2000股	在92½美元	卖出		1000
在92½美元	做空卖出2000股	在95⅝美元	回补	6250	
在95⅝美元	做多买入2000股	在94½美元	卖出	2250	
在94½美元	做空卖出2000股	在98美元	回补	7000	
在98美元	做多买入2000股	在98¾美元	卖出		1500
在98¾美元	做空卖出2000股	在100¾美元	回补	4000	
在100¾美元	做多买入2000股	在105¾美元	卖出		10000
在104美元	做多买入1000股	在105¾美元	卖出		1750

				借方	贷方
在105¾美元	做空卖出2000股	在104¼美元	回补		3000
在104¼美元	做多买入2000股	在110⅝美元	卖出		12750
在109¼美元	做多买入1000股	在110⅝美元	卖出		1375
在110⅝美元	做空卖出2000股	在102⅝美元	回补		16000
在105美元	做空卖出1000股	在102⅝美元	回补		2375
在102⅝美元	做多买入2000股	在102¼美元	卖出	750	
在102¼美元	做空卖出2000股	在103½美元	回补	2500	
在103½美元	做多买入2000股	在107美元	卖出		7000
在107美元	做空卖出2000股	在110美元	回补	7000	
在110美元	做多买入2000股	在112美元	卖出		4000
在112美元	做空卖出2000股	在104¼美元	回补		15500
在107美元	做空卖出1000股	在104¼美元	回补		2750
在104¼美元	做多买入2000股	在104¾美元	卖出		1000
在104¾美元	做空卖出2000股	在107美元	回补	4500	
在107美元	做多买入2000股	在104美元	卖出	6000	
在104美元	做空卖出2000股	在95½美元	回补		17000
在99美元	做空卖出1000股	在95½美元	回补		3500
在95½美元	做多买入2000股	在101¼美元	卖出		11500
在101¼美元	做空卖出2000股	在103¼美元	回补	4000	
在103¼美元	做多买入2000股	在103美元	卖出	500	
在103美元	做空卖出2000股	在93½美元	回补		19000
在99美元	做空卖出1000股	在93½美元	回补		5500
在93½美元	做多买入2000股	在91¾美元	卖出	3500	
在91½美元	做空卖出2000股	在94美元	回补	4500	
在94美元	做多买入2000股	在92½美元	卖出	3000	
在92½美元	做空卖出2000股	在87美元	回补		11000
在87½美元	做空卖出1000股	在87美元	回补		500
在87美元	做多买入2000股	在87¼美元	卖出		500
在87¼美元	做空卖出2000股	在80⅞美元	回补		12750
在85¼美元	做空卖出1000股	在80⅞美元	回补		4375
在80⅞美元	做多买入2000股	在81¾美元	卖出		1750
在81¾美元	做空卖出2000股	在80¾美元	回补		2000
				55750	730687.50
			佣金	18000	73750
			期末资金合计		656937.50

1921年3月15日，在80¾美元做多买入2000股。3月22日，股价的低点在80¾美元，止损单的价位设在79¾美元。4月14日，止损单成交，我们在79¾美元做空卖出2000股，止损单的价位设在82¾美元。止损单成交后，我们在82¾美元做多买入2000股。5月6日的高点是86½美元，止损单的价位设在83½美元。止损单在这个价位上成

交之后，我们在83½美元做空卖出2000股。随后，股价继续下跌，我们在78½美元加仓卖出1000股。6月23日的低点在70½美元。将止损单的价位下调到73½美元。止损单在这个价位上成交之后，我们在73½美元做多买入2000股。6月30日的低点在73⅝美元。我们把止损单的价位设在72⅝美元。止损单成交后，我们在72⅝美元做空卖出2000股。7月16日的低点在71½美元。7月20日的高点是73½美元。止损单的价位设在74½美元。止损单在这个价位上成交之后，我们在74½美元做多买入2000股。

9月19日、26日和30日，股价都在80½美元见顶。我们在80美元卖出多头仓位，并在80美元做空卖出2000股，同时将止损单的价位设在81½美元。10月17日的低点在77¼美元，10月20日的高点是78⅝美元，将止损单的价位下调到79⅝美元。止损单在这个价位上成交之后，我们在79⅝美元做多买入2000股。12月15日的低点在83¾美元。我们把止损单的价位上调到82¾美元。止损单在这个价位上成交之后，我们在82¾美元做空卖出2000股。

1922年

1月6日，股价的低点在82美元。1月9日，高点是83½美元。止损单的价位设在84½美元，止损单成交后，我们在84½美元做多买入2000股。随后在89½美元加仓买入1000股，在94½美元加仓买入500股。在99½美元加仓买入300股。

4月20日，股价的高点是100¼美元。上一个低点是在4月18日见到的97美元。我们把止损单的价位上调到96美元。6月6日的高点是103½美元，6月5日的低点在102⅝美元。我们把止损单的价位上调到101⅝美元。止损单在这个价位上成交之后，我们在101⅝美元做空卖出2000股。

以下是从1921年3月15日到1922年6月的交易账户的盈亏情况：

				借 方	贷 方
1921年3月15日					656937.50
在80¾美元	做多买入2000股	在79¾美元	卖出	2000	
在79¾美元	做空卖出2000股	在82¾美元	回补	6000	
在82¾美元	做多买入2000股	在83½美元	卖出		1500
在83½美元	做空卖出2000股	在73½美元	回补		20000
在78½美元	做空卖出1000股	在73½美元	回补		5000
在73½美元	做多买入2000股	在72⅝美元	卖出	1750	
在72⅝美元	做空卖出2000股	在74½美元	回补	3750	
在74½美元	做多买入2000股	在80美元	卖出		11000
在80美元	做空卖出2000股	在79⅝美元	回补		750

				借方	贷方
在79⅝美元	做多买入2000股	在82¾美元	卖出		6250
在82¾美元	做空卖出2000股	在84½美元	回补	3500	
在84½美元	做多买入2000股	在101⅝美元	卖出		34250
在89½美元	做多买入1000股	在101⅝美元	卖出		12125
在94½美元	做多买入500股	在101⅝美元	卖出		3562.50
在99½美元	做多买入300股	在101⅝美元	卖出		637.50
				17000	752012.50
			佣金	6200	23200.00
			期末资金合计		728812.50

1922年6月，在101⅝美元做空卖出2000股。6月12日和16日，股价的低点都在96¾美元。我们把止损单的价位设在99¾美元。止损单成交后，我们在99¾美元做多买入2000股。随后在104美元加仓买入1000股。9月11日的高点是106½美元。9月14日的低点在104½美元。止损单的价位设在103½美元。止损单在这个价位上成交之后，我们在103½美元做空卖出2000股。9月27日和29日，股价都在100¾美元见底。9月的高点是102½美元，我们把止损单的价位设在103½美元。止损单在这个价位上成交之后，我们在103½美元做多买入2000股。随后在107美元加仓买入1000股。10月16日的高点是111½美元。我们把止损单的价位设在108½美元。止损单在这个价位上成交之后，我们在108½美元做空卖出2000股。11月1日的低点在103¼美元。我们把止损单的价位设在106¼美元。止损单在这个价位上成交之后，我们在106¼美元做多买入2000股。

11月9日，股价的高点是110¾美元。我们把止损单的价位设在107¾美元。止损单在这个价位上成交之后，我们在107¾美元做空卖出2000股。11月28日的低点在99¾美元。12月2日的高点是103½美元。我们把止损单的价位设在104½美元，止损单在这个价位上成交之后，我们在104½美元做多买入2000股。12月26日的低点在106¼美元。我们把止损单的价位设在105¼美元。止损单在这个价位上成交之后，我们在105¼美元做空卖出2000股。

1923年

1月31日，股价的低点在104美元，止损单设在107美元，成交之后，我们在107美元又做多买入2000股。3月21日的高点是109½美元。3月17日的低点在107½美元。我们把止损单的价位设在106½美元。止损单在这个价位上成交之后，我们在106½美元做空卖出2000股。

以下是从1922年6月到1923年3月的交易账户的盈亏情况：

				借 方	贷 方
1922年6月					728812.50
在101⅝美元	做空卖出2000股	在99¾美元	回补		3750
在99¾美元	做多买入2000股	在103½美元	卖出		7500
在104美元	做多买入1000股	在103½美元	卖出	500	
在103½美元	做空卖出2000股	在103½美元	回补	---	---
在103½美元	做多买入2000股	在108½美元	卖出		10000
在107美元	做多买入1000股	在108½美元	卖出		1500
在108½美元	做空卖出2000股	在108¼美元	回补		4500
在108¼美元	做多买入2000股	在107¾美元	卖出		3000
在107¾美元	做空卖出2000股	在104½美元	回补		6500
在104½美元	做多买入2000股	在105¼美元	卖出		1500
在105¼美元	做空卖出2000股	在107美元	回补	3500	
在107美元	做多买入2000股	在106½美元	卖出	1000	
				5000	767062.50
			佣金	5500	10500
			期末资金合计		756562.50

我们在106½美元做空卖出2000股。随后，在103美元加仓卖出1000股，在98美元加仓卖出500股，在93美元加仓卖出300股。

6月30日、7月5日、7月11日和7月17日，股价的低点都在89½～89¼美元之间。7月14日，高点是91½美元。我们把所有仓位的止损单的价位设在92½美元。止损单成交之后，我们在92½美元做多买入2000股。7月23日的高点是92¾美元。7月21日的低点在91½美元，止损单设在90½美元。止损单在这个价位上成交之后，我们在90½美元做空卖出2000股。7月31日的低点在85⅜美元。8月2日的高点是88½美元。我们把止损单的价位设在89½美元。止损单在这个价位上成交之后，我们在89½美元做多买入2000股。8月30日的高点是94美元。8月8日的低点在92美元。我们把止损单的价位设在91美元。止损单在这个价位上成交之后，我们在91美元做空卖出2000股。9月25日的低点在85⅝美元，这个价位与7月31日的低点相同。我们在86½美元进行空头回补，并在86½美元做多买入2000股，同时将止损单的价位设在84½美元。随后我们在90美元加仓买入1000股。11月9日的低点在94美元。我们把止损单的价位设在93美元。止损单在这个价位上成交之后，我们在93美元做空卖出2000股。11月17日的低点在91⅞美元。止损单的价位设在94⅞美元，止损单在这个价位上成交之后，我们在94⅞美元做多买入2000股。随后，在98美元加仓买入1000股，在103美元加仓买入500股。

1924年

2月7日，股价的高点是109美元。2月8日，它的低点在106½美元。我们把止损单的价位设在105½美元。止损单在这个价位上成交之后，我们在105½美元做空卖出2000股。随后在101½美元加仓卖出1000股。3月29日的低点在97美元。选取从低点85⅜美元到高点109美元这个区间，算出它的1/2点位是97美元。在97½美元进行回补，并在97½美元做多买入2000股，同时将止损单的价位设在96美元。止损单在这个价位上成交后，我们在96美元做空卖出2000股。

以下是从1923年3月到1924年4月的交易账户的盈亏情况：

				借方	贷方
1923年3月					756562.50
在106½美元	做空卖出2000股	在92½美元	回补		28000
在103美元	做空卖出1000股	在92½美元	回补		10500
在98美元	做空卖出500股	在92½美元	回补		2750
在93美元	做空卖出300股	在92½美元	回补		150
在92½美元	做多买入2000股	在90½美元	卖出	4000	
在90½美元	做空卖出2000股	在89½美元	回补		2000
在89½美元	做多买入2000股	在91美元	卖出		3000
在91美元	做空卖出2000股	在86½美元	回补		9000
在86½美元	做多买入2000股	在93美元	卖出		13000
在90美元	做多买入1000股	在93美元	卖出		3000
在93美元	做空卖出2000股	在94⅞美元	回补	3750	
在94⅞美元	做多买入2000股	在105½美元	卖出		21250
在98美元	做多买入1000股	在105½美元	卖出		7500
在103美元	做多买入500股	在105½美元	卖出		1250
在105½美元	做空卖出2000股	在97½美元	回补		16000
在101½美元	做空卖出1000股	在97½美元	回补		4000
在97½美元	做多买入2000股	在96美元	卖出	3000	
				10750	877962.50
			佣金	6325	17075
			期末资金合计		860887.50

我们在96美元做空卖出2000股。4月10日、15日和22日，股价的低点都在95½美元。把止损单的价位设在98½美元，止损单在这个价位上成交之后，我们在98½美元做多买入2000股。4月26日的高点是101美元。我们把止损单的价位上调到98美元。止损单在这个价位上成交之后，我们在98美元做空卖出2000股。6月6日的低点在94⅛美元。我们把止损单的价位设在97⅛美元。止损单在这个价位上成交之后，在97⅛美元做

多买入2000股。随后，在102美元加仓买入1000股，107美元加仓买入500股。8月20日的高点是111¾美元。我们把止损单的价位上调到108¾美元。止损单在这个价位上成交之后，我们在108¾美元做空卖出2000股。9月8日的低点在105¼美元。我们把止损单的价位设在108¼美元。止损单成交之后，在108¼美元做多买入2000股。9月25日的低点在108¼美元。我们把止损单的价位上调到107¼美元。止损单在这个价位上成交之后，在107¼美元做空卖出2000股。10月14日的低点在104¾美元。10月18日的高点是107¼美元。我们把止损单的价位设在108¼美元，止损单成交之后，在108¼美元做多买入2000股。随后，在112美元加仓买入1000股。11月26日的高点是119¼美元。12月2日的低点在116美元。我们把止损单的价位上调到115美元，随后，在117美元加仓买入500股。在122美元加仓买入300股。

1925年

1月23日，股价的高点是129½美元。1月28日，低点在125¾美元。把止损单的价位设在124¾美元。止损单在这个价位上成交之后，在124¾美元做空卖出2000股。2月19日的低点在122美元。我们在121美元加仓卖出1000股，在116美元加仓卖出500股。3月30日的低点在112¼美元。4月8日的高点是115½美元。我们把止损单的价位设在116¼美元，随后，止损单在这个价位上成交。

以下是从1924年4月到1925年4月的交易账户的盈亏情况：

				借 方	贷 方
1924年4月					860887.50
在96美元	做空卖出2000股	在98½美元	回补	5000	
在98½美元	做多买入2000股	在98美元	卖出	1000	
在98美元	做空卖出2000股	在97⅛美元	回补		1750
在97⅛美元	做多买入2000股	在108¾美元	卖出		23250
在102美元	做多买入1000股	在108¾美元	卖出		6750
在107美元	做多买入500股	在108¾美元	卖出		875
在108¾美元	做空卖出2000股	在108¼美元	回补		1000
在108½美元	做多买入2000股	在107¼美元	卖出	2000	
在107¼美元	做空卖出2000股	在108¼美元	回补	2000	
在108¼美元	做多买入2000股	在124¾美元	卖出		33000
在112美元	做多买入1000股	在124¾美元	卖出		12750
在117美元	做多买入500股	在124¾美元	卖出		3875
在122美元	做多买入300股	在124¾美元	卖出		825
在124¾美元	做空卖出2000股	在116¼美元	回补		17000

				借 方	贷 方
在121美元	做空卖出1000股	在116¼美元	回补		4750
在116美元	做空卖出500股	在116¼美元	回补	125	
				10125	966712.50
			佣金	5700	15825
			期末资金合计		950887.50

在116¼美元做多买入2000股。4月18日，股价的高点是118¼美元，止损单的价位上调到115¼美元。止损单成交之后，在115¼美元做空卖出2000股。4月30日，低点在112¾美元，止损单的价位设在115¾美元。止损单在这个价位上成交之后，在115¾美元做多买入2000股。4月21日的高点是120¼美元，我们把止损单的价位上调到117¼美元。止损单在这个价位上成交之后，我们在117¼美元做空卖出2000股。6月5日的低点在113½美元。6月8日的高点是114½美元。我们把止损单的价位设在115½美元。止损单在这个价位上成交之后，在115½美元做多买入2000股。6月15日的高点是117¼美元。6月18日的低点在115¾美元，我们把止损单的价位设在114¾美元。止损单在这个价位上成交之后，在114¾美元做空卖出2000股。6月29日的低点在113¼美元。把止损单的价位设在116¼美元。止损单在这个价位上成交之后，我们在116¼美元做多买入2000股。随后在121美元加仓买入1000股。8月26日的高点是125⅞美元。把止损单的价位上调到122⅞美元。止损单在这个价位上成交之后，我们在122⅞美元做空卖出2000股。9月3日的低点在118¼美元，止损单设在121¼美元。止损单在这个价位上成交之后，在121¼美元做多买入2000股。9月15日的高点是125⅞美元。止损单设在122⅝美元。止损单在这个价位上成交之后，在122⅝美元做空卖出2000股。9月28日的低点在118½美元。选取从3月30日的低点112¼美元到8月26日的高点125⅞美元这个区间，算出1/2点位是在119美元，所以，我们在这里进行了空头回补，在119¼美元做多买入2000股，同时将止损单设在118美元。随后，在124¼美元加仓买入1000股，127美元加仓买入500股，132美元加仓买入300股，137美元加仓买入200股。

11月7日，股价的高点是139⅜美元，止损单上调到136⅜美元。成交之后，我们在136⅜美元做空卖出2000股。随后，在131⅜美元加仓卖出1000股。11月10日，低点在128美元，止损单设在131美元。止损单在这个价位上成交之后，我们在131美元做多买入2000股。11月14日的高点是138½美元。我们把止损单的价位设在135½美元。止损单在这个价位上成交之后，在135½美元做空卖出2000股。11月24日的低点在126⅝美元。止损单设在129⅝美元。止损单在这个价位上成交之后，在129⅝美元做多买入2000股。12月8日的高点是137¼美元，止损单设在134¼美元。止损单在这个价位上成交之后，我们在134¼美元做空卖出2000股。12月22日的低点在131¾美元。我们把止损单的价位设在134¾美元。止损单在这个价位上成交之后，在134¾美元做多买入2000股。

1926年

1月4日，股价的高点是138½美元，止损单的价位设在135½美元。止损单在这个价位上成交之后，在135½美元做空卖出2000股。随后，在131美元加仓卖出1000股，并在127美元加仓卖出500股。3月2日，它的低点在120美元。我们将止损单的价位设在123美元。随后，止损单在这个价位上成交。

以下是从1925年4月到1926年3月5日的交易账户的盈亏情况：

				借　方	贷　方
1925年4月					950887.50
在116¼美元	做多买入2000股	在115¼美元	卖出	2000	
在115¼美元	做空卖出2000股	在115½美元	回补	1000	
在115¾美元	做多买入2000股	在117¼美元	卖出		3000
在117¼美元	做空卖出2000股	在115½美元	回补		3500
在115½美元	做多买入2000股	在114¾美元	卖出	1500	
在114¾美元	做空卖出2000股	在116¼美元	回补	3000	
在116¼美元	做多买入2000股	在122⅞美元	卖出		13250
在121美元	做多买入1000股	在122⅞美元	卖出		2875
在122⅞美元	做空卖出2000股	在121¼美元	回补		3250
在121¼美元	做多买入2000股	在122⅝美元	卖出		2750
在122⅝美元	做空卖出2000股	在119¼美元	回补		6750
在119¼美元	做多买入2000股	在136⅜美元	卖出		34250
在124¼美元	做多买入1000股	在136⅜美元	卖出		12125
在127美元	做多买入500股	在136⅜美元	卖出		4687.50
在132美元	做多买入300股	在136⅜美元	卖出		1312.50
在137美元	做多买入200股	在136⅜美元	卖出	125	
在136⅜美元	做空卖出2000股	在131美元	回补		10750
在131美元	做多买入2000股	在135½美元	卖出		9000
在135½美元	做空卖出2000股	在129⅝美元	回补		11750
在129⅝美元	做多买入2000股	在134¼美元	卖出		9250
在134¼美元	做空卖出1000股	在134¾美元	回补	500	
在134¾美元	做多买入2000股	在135½美元	卖出		1500
在135½美元	做空卖出2000股	在123美元	回补		25000
在131美元	做空卖出1000股	在123美元	回补		8000
在127美元	做空卖出500股	在123美元	回补		2000
				8125	1115887.50
			佣金	9875	18000
			期末资金合计		1097887.50

在123美元做多买入2000股。3月16日，股价的高点是128⅛美元。把止损单的价位设在125⅛美元。止损单在这个价位上成交之后，我们在125⅛美元做空卖出2000股。3月30日，低点在117⅝美元，止损单设在120⅝美元。止损单在这个价位上成交之后，我们在120⅝美元做多买入2000股。4月6日的高点是123½美元，止损单设在120½美元。止损单在这个价位上成交之后，我们在120½美元做空卖出2000股。4月15日的低点在117美元。我们把止损单的价位设在120美元。止损单成交之后，在120美元做多买入2000股。4月29日的高点是124⅝美元。止损单设在121⅝美元。止损单在这个价位上成交之后，我们在121⅝美元做空卖出2000股。5月17日的低点在118⅛美元。我们把止损单的价位设在121⅛美元。止损单成交之后，我们在121⅛美元做多买入2000股。随后，在126⅛美元加仓买入1000股，并在131美元加仓买入500股，又在136美元加仓买入300股，141美元加仓买入200股。7月11日的高点是144⅞美元。这样我们就把所有仓位的止损单的价位都设在141⅞美元。止损单成交之后，在141⅞美元做空卖出2000股。7月24日的低点在137¼美元。7月23日的高点是140½美元。止损单在141½美元这个价位成交之后，在141½美元做多买入2000股。随后，在145½美元加仓买入1000股，150美元加仓买入500股。8月9日的高点是155¼美元。我们把止损单上调到152¼美元。止损单在这个价位上成交之后，在152¼美元做空卖出2000股。8月12日的低点在147½美元。我们把止损单的价位设在150½美元。止损单在这个价位上成交之后，我们150½美元做多买入2000股。随后，我们在155美元加仓买入1000股。8月17日的高点是159½美元。我们把止损单的价位上调到156½美元。止损单成交之后，我们在156½美元做空卖出2000股。8月20日的低点在148½美元。我们把止损单的价位设在151½美元。止损单成交之后，在151½美元做多买入2000股。

8月24日，股价的高点是153美元。把止损单的价位设在150美元。止损单在这个价位上成交之后，我们在150美元做空卖出2000股。8月25日，它的低点在147⅝美元。把止损单的价位设在150⅝美元。止损单在这个价位上成交之后，在150⅝美元做多买入2000股。9月8日的高点是152¾美元。我们把止损单的价位设在149¾美元。止损单在这个价位上成交之后，在149¾美元做空卖出2000股。9月20日的低点在142¼美元。把止损单的价位设在145¼美元。止损单在这个价位上成交之后，在145¼美元做多买入2000股。随后，在150美元加仓买入1000股。

10月2日，股价的高点是154¾美元。我们把止损单的价位上调到151¾美元。止损单在这个价位上成交之后，在151¾美元做空卖出2000股。随后，在147美元加仓卖出1000股，又在142美元加仓卖出500股，在140美元加仓卖出300股。10月20日，低点在

133¾美元。我们把止损单的价位设在136¾美元。止损单在这个价位上成交之后，在136¾美元做多买入2000股。随后，在141¾美元加仓买入1000股，又在146¾美元加仓买入500股。11月16日的高点是153½美元。我们把止损单的价位设在150½美元。止损单在这个价位上成交之后，我们在150½美元做空卖出2000股。

11月19日，股价的低点在143½美元，止损单设在146½美元。止损单在这个价位上成交之后，我们在146½美元做多买入2000股。随后，在151½美元加仓买入1000股，又在156½美元加仓买入500股。12月17日和27日，股价的高点都是在160½美元。我们在160美元卖出多头仓位，并在160美元做空卖出2000股，因为159½美元曾是8月17日的高点价位。我们把止损单设在162½美元。

1927年

1月4日和7日，股价的低点都出现在154美元。1月5日，高点是156½美元。我们把止损单的价位设在157½美元。止损单在这个价位上成交之后，在157½美元做多买入2000股。1月13日的高点是159¼美元。把止损单的价位设在156¼美元。止损单成交之后，在156¼美元做空卖出2000股。1月27日的低点在153½美元。我们把止损单的价位设在156½美元。止损单在这个价位上成交之后，在156½美元做多买入2000股。2月24日的高点是162½美元。我们把止损单的价位设在159½美元。止损单在这个价位上成交之后，我们在159½美元做空卖出2000股。3月5日和8日，股价的低点都是在156½美元。3月7日的高点是157¾美元。我们把止损单的价位设在158¾美元。止损单在这个价位上成交了。

以下是从1926年3月5日到1927年3月10日的交易账户的盈亏情况：

				借　方	贷　方
1926年3月5日的账户余额					1097887.50
在123美元	做多买入2000股	在125⅛美元	卖出		4250
在125⅛美元	做空卖出2000股	在120⅝美元	回补		9000
在120⅝美元	做多买入1000股	在120½美元	卖出	125	
在120½美元	做空卖出2000股	在120美元	回补		1000
在120美元	做多买入2000股	在121⅝美元	卖出		3250
在121⅝美元	做空卖出2000股	在121⅛美元	回补		1000
在121⅛美元	做多买入2000股	在141⅞美元	卖出		41500
在126⅛美元	做多买入1000股	在141⅞美元	卖出		15750
在131美元	做多买入500股	在141⅞美元	卖出		5437.50
在136美元	做多买入300股	在141⅞美元	卖出		1762.50

				借方	贷方
在141美元	做多买入200股	在141⅞美元	卖出		175
在141⅞美元	做空卖出2000股	在141½美元	回补		750
在141½美元	做多买入2000股	在152¼美元	卖出		21500
在145½美元	做多买入1000股	在152¼美元	卖出		6750
在150美元	做多买入500股	在152¼美元	卖出		1125
在152¼美元	做空卖出2000股	在150½美元	回补		3500
在150½美元	做多买入2000股	在150美元	卖出	1000	
在150美元	做空卖出2000股	在150⅝美元	回补	1250	
在150⅝美元	做多买入2000股	在149¾美元	卖出	1750	
在149¾美元	做空卖出2000股	在145¼美元	回补		9000
在145¼美元	做多买入2000股	在151¾美元	卖出		13000
在150美元	做多买入1000股	在151¾美元	卖出		1750
在151¾美元	做空卖出2000股	在136¾美元	回补		30000
在147美元	做空卖出1000股	在136¾美元	回补		10250
在142美元	做空卖出500股	在136¾美元	回补		2625
在140美元	做空卖出300股	在136¾美元	回补		975
在136¾美元	做多买入2000股	在150½美元	卖出		27500
在141¾美元	做多买入1000股	在150½美元	卖出		8750
在146美元	做多买入500股	在150½美元	卖出		1875
在150½美元	做空卖出2000股	在146½美元	回补		8000
在146½美元	做多买入2000股	在160美元	卖出		27000
在151½美元	做多买入1000股	在160美元	卖出		8500
在156½美元	做多买入500股	在160美元	卖出		1750
在160美元	做空卖出2000股	在157½美元	回补		5000
在157½美元	做多买入2000股	在156¼美元	卖出	2500	
在156¼美元	做空卖出2000股	在156½美元	回补	500	
在156½美元	做多买入2000股	在159½美元	卖出		6000
在159½美元	做空卖出2000股	在158¾美元	回补		1500
				7125	1378112.50
			佣金	14075	21200
			期末资金合计		1356912.50

在158¾美元做多买入2000股。随后，在163美元加仓买入1000股，又在168美元加仓买入500股。4月11日和16日，股价的高点都是在172¾美元。把止损单设在169¾美元。止损单成交之后，在169¾美元做空卖出2000股。5月2日，低点在164½美元。我们把止损单的价位设在167½美元。止损单在这个价位上成交之后，我们没有再继续交易美钢的旧股。

5月9日，我们在121½美元做多买入2000股美钢的新股。6月1日，股价的高点是125¾美元。6月4日，低点在123美元。我们把止损单的价位设在122美元。止损单成交之后，在122美元做空卖出2000股。6月30日的低点在118⅞美元。上一个高点是在6月25日见到的121½美元。我们把止损单的价位设在122½美元。止损单成交之后，在122½美元做多买入2000股。随后，在127美元加仓买入1000股，132美元再次加仓买入500股。8月2日的高点是138⅜美元。8月1日的低点在134⅝美元。我们把止损单的价位上调到133⅝美元。止损单在这个价位上成交之后，在133⅝美元做空卖出2000股。8月12日的低点在129¼美元，止损单设在132¼美元。止损单在这个价位上成交之后，我们在132¼美元做多买入2000股，随后，分别在136美元加仓买入1000股，141美元加仓买入500股，145美元加仓买入300股，150美元加仓买入200股，又在155美元加仓买入100股。

9月16日，股价的高点是160½美元。我们把所有仓位的止损单的价位设在157½美元。止损单成交之后，在157½美元做空卖出2000股。随后，在152½美元加仓卖出1000股，又在147½美元加仓卖出500股。9月29日，低点在145½美元。我们把止损单的价位设在148½美元。止损单在这个价位上成交之后，我们在148½美元做多买入2000股。10月4日的高点是154⅝美元。把止损单的价位设在151⅝美元。止损单在这个价位上成交之后，我们在151⅝美元做空卖出2000股，随后，在146⅝美元加仓卖出1000股，141⅝美元加仓卖出500股，136⅝美元加仓卖出300股，又在131⅝美元加仓卖出200股。10月29日的低点在128⅝美元，我们把所有仓位的止损单都设在131⅝美元，止损单在这个价位成交。

我们在131⅝美元做多买入2000股，随后，在136⅝美元加仓买入1000股，又在141⅝美元加仓买入500股。11月29日，股价的高点是147⅝美元，同一天，它的低点在144⅝美元。我们把止损单的价位设在143⅝美元。止损单成交之后，我们在143⅝美元做空卖出2000股。12月9日的低点在138美元。我们把止损单的价位设在141美元。止损单在这个价位上成交之后，在141美元做多买入2000股，随后，在145美元加仓买入1000股，又在150美元加仓买入500股。12月24日的高点是155美元。止损单设在152美元。止损单在这个价位上成交之后，我们在152美元做空卖出2000股。随后，在147美元加仓卖出500股，又在142美元加仓卖出300股。因为1928年3月2日的低点137½美元，刚好在12月9日的低点下方1/2的价位，我们应该在138美元进行空头回补，并反手做多买入，同时将止损单的价位设在137美元，这个价位上的止损单是不会成交的，但我们的做法是把止损单下调到140½美元，这是因为前三个顶部价位都是在140¼美元。随后，止损单在这个价位上成交。

以下是从1927年3月10日到1928年3月的交易账户的盈亏情况：

				借方	贷方
1927年3月10日的账户余额					1356912.50
在158¾美元	做多买入2000股	在169¾美元	卖出		22000
在163美元	做多买入1000股	在169¾美元	卖出		6750
在168美元	做多买入500股	在169¾美元	卖出		875
在169¾美元	做空卖出2000股	在167½美元	回补		4500
以下是美钢的新股					
在121½美元	做多买入2000股	在122美元	卖出		1000
在122美元	做空卖出2000股	在122½美元	回补	1000	
在122½美元	做多买入2000股	在133⅝美元	卖出		22250
在127美元	做多买入1000股	在133⅝美元	卖出		6625
在132美元	做多买入500股	在133⅝美元	卖出		812.5
在133⅝美元	做空卖出2000股	在132¼美元	回补		2750
在132¼美元	做多买入2000股	在157½美元	卖出		50500
在136美元	做多买入1000股	在157½美元	卖出		21500
在141美元	做多买入500股	在157½美元	卖出		8250
在145美元	做多买入300股	在157½美元	卖出		3750
在150美元	做多买入200股	在157½美元	卖出		1500
在155美元	做多买入100股	在157½美元	卖出		250
在157½美元	做空卖出2000股	在148½美元	回补		18000
在152½美元	做空卖出1000股	在148½美元	回补		4000
在147½美元	做空卖出500股	在148½美元	回补	500	
在148½美元	做多买入2000股	在151⅝美元	卖出		6250
在151⅝美元	做空卖出2000股	在131⅝美元	回补		40000
在146⅝美元	做空卖出1000股	在131⅝美元	回补		15000
在141⅝美元	做空卖出500股	在131⅝美元	回补		5000
在136⅝美元	做空卖出300股	在131⅝美元	回补		1500
在131⅝美元	做空卖出200股	在131⅝美元	回补	---	---
在131⅝美元	做多买入2000股	在143⅝美元	卖出		24000
在136⅝美元	做多买入1000股	在143⅝美元	卖出		7000
在141⅝美元	做多买入500股	在143⅝美元	卖出		1000
在143⅝美元	做空卖出2000股	在141美元	回补		5250
在141美元	做多买入2000股	在152美元	卖出		22000
在145美元	做多买入1000股	在152美元	卖出		7000
在150美元	做多买入500股	在152美元	卖出		1000
在152美元	做空卖出2000股	在140½美元	回补		23000
在147美元	做空卖出500股	在140½美元	回补		3250
在142美元	做空卖出300股	在140½美元	回补		450
				1500	1693925
			佣金	10100	11600
			期末资金合计		1682325

1928年

我们在140½美元做多买入2000股，随后，在144½美元加仓买入1000股，又在149½美元加仓买入了500股。3月22日和26日，股价的高点都是在152美元，我们把止损单的价位上调到149美元。止损单在这个价位上成交之后，我们在149美元做空卖出2000股，4月2日和11日，股价的低点都出现在145美元，这与3月14日和20日的低点价位相同。尽管可以在出现双底的时候进行空头回补，但我们还是选择把止损单的价位下调到148美元。止损单在这个价位上成交之后，在148美元做多买入2000股。4月12日的高点是154美元。我们把止损单的价位上调到151美元，止损单成交后，在151美元做空卖出2000股。4月24日的低点在143¾美元。4月27日的高点是147美元。我们把止损单的价位设在148美元。止损单在这个价位上成交之后，在148美元做多买入2000股。5月11日的高点是150¾美元。我们把止损单的价位设在147¾美元。止损单在这个价位上成交之后，我们在147¾美元做空卖出2000股，随后，在142¾美元加仓卖出1000股，又在137¾美元加仓卖出500股。6月11日的低点在132⅝美元。上一个低点是在6月21日见到的136¼美元，把止损单的价位设在137¼美元。止损单在这个价位上成交之后，在137¼美元做多买入2000股。7月9日的高点是142美元。我们把止损单的价位设在139美元。止损单在这个价位上成交之后，在139美元做空卖出2000股。7月17日的低点在134美元。我们把止损单的价位设在137美元，随后，止损单在这个价位上成交。

我们在137美元做多买入2000股。随后，在142美元加仓买入1000股，又在147美元加仓买入500股，在152美元加仓买入300股。9月17日，股价的高点是160⅜美元。我们把止损单的价位设在157⅜美元。止损单在这个价位上成交之后，我们在157⅜美元做空卖出2000股。9月21日，低点在155美元，我们把止损单的价位设在158美元。止损单在这个价位上成交之后，我们在158美元做多买入2000股。随后，在162美元加仓买入1000股。10月15日的高点是166美元。我们把止损单的价位设在163美元。止损单在这个价位上成交之后，我们在163美元做空卖出2000股。10月26日的低点在159⅛美元。我们把止损单的价位设在162⅛美元。止损单在这个价位上成交之后，我们在162⅛美元做多买入2000股，随后在167美元加仓买入1000股。11月16日的高点是172½美元。我们把止损单的价位设在169½美元。止损单在这个价位上成交之后，我们在169½美元做空卖出2000股。随后，在164½美元加仓卖出1000股，在159½美元加仓卖出500股，又在154½美元加仓卖出300股。12月17日的低点在149¾美元，12月8日的低点在150¼美元。应该注意到的是，8月23日和28日的低点分别出现在149¼美元和150½美元。这些底部价位给我们发出的信号是，应该在150美元附近进行回补，并做多买入。除此之外，要是选取上一次在6月25日见到低点132⅜美元，到11月16日的高点172½美元这个区间，算出它的1/2点位是在152½美元，止损单的价位与之相距3个点，就都没有成交过。12月17日，股价在149¾美元见底之后，我们把止损单的价位设在152¾美元。止损单在这个价位上成交之后，我们在152¾美元做多买入2000股。随后，在157¾美元加仓买入1000股，在162¾美元加仓买入500股，在167¾美元加仓买入了300股，在172¾美元加仓买入200股，又在177¾美元加仓买入了100股。

1929年

1929年1月22日，股价的高点是190¼美元，我们把止损单的价位设在187¼美元。止损单在这个价位上成交之后，我们在187¼美元做空卖出2000股。1月24日，它的低点在183½美元，我们把止损单的价位设在187½美元。止损单在这个价位上成交之后，我们在187½美元做多买入2000股。1月25日的高点是192¾美元，我们把止损单的价位设在189¾美元。止损单在这个价位上成交之后，我们在189¾美元做空卖出2000股。1月30日的低点在179½美元，我们把止损单的价位设在182½美元。止损单在这个价位上成交之后，我们在182½美元做多买入2000股。2月2日的高点是188美元，我们把止损单的价位设在185美元。止损单在这个价位上成交之后，我们在185美元做空卖出2000股。随后，在180美元加仓卖出1000股。2月8日的低点在171⅛美元，我们把止损单的价位设在174⅛美元。止损单在这个价位上成交之后，我们在174⅛美元做多买入2000股。2月13日的高点是180美元，我们把止损单的价位设在177美元。止损单成交后，我们在177美元做空卖出2000股，随后在172美元加仓卖出1000股。2月16日的低点在168¼美元，我们把止损单的价位设在171¼美元。止损单在这个价位上成交之后，我们在171¼美元做多买入2000股。随后，我们在176¼美元加仓买入1000股，181¼美元加仓买入500股，186¼美元加仓买入了300股，又在190¼美元加仓买入200股。3月1日的高点是193¾美元，我们把止损单的价位设在190¾美元，随后，止损单在这个价位上成交了。

我们在190½美元做空卖出2000股。随后，在185¾美元加仓卖出1000股。3月6日，股价的低点在180½美元，我们把止损单的价位设在183½美元。止损单在这个价位上成交之后，我们在183½美元做多买入2000股。3月8日，它的高点是187¼美元，我们把止损单的价位设在184¼美元。止损单在这个价位上成交之后，我们在184¼美元做空卖出2000股。3月11日的低点在180½美元，这个价位与3月6日的低点相同。我们把止损单的价位设在183½美元。止损单在这个价位上成交之后，我们在183½美元做多买入2000股。3月28日的高点是183¾美元。我们把止损单的价位设在180¾美元，随后，止损单在这个价位上成交了。

我们在180¾美元做空卖出2000股。4月1日，股价的低点在176¼美元，我们把止损单的价位设在179¼美元。止损单在这个价位上成交之后，我们在179¼美元做多买入2000股，随后，在184¼美元加仓买入1000股。4月5日，它的高点是189美元。我们把止损单的价位设在186美元。止损单在这个价位上成交之后，我们在186美元做空卖出2000股。4月9日和17日的低点都出现在183¾美元，我们把止损单的价位设在186¾美元。止损单在这个价位上成交之后，我们在186¾美元做多买入2000股。4月30日的高点是190½美元，我们把止损单的价位设在187½美元。止损单在这个价位上成交之后，我们在187½美元做空卖出2000股。随后，在182½美元加仓卖出1000股，在177½美元加仓卖出500股，在172½美元加仓卖出了300股，又在167½美元加仓卖出了200股。5月31日的低点在162½美元。我们把止损单的价位设在165½美元。止损单在这个价位上成交之后，我们在165½美元做多买入2000股。随后，在170½美元加仓买入1000股，在175½美元加仓买入500股，在180½美元加仓买入300股，在185½美元加仓买入200股，又在190½美元加仓买入100股。

7月上旬，美钢的股价突破了历史最高价194美元，在隔夜图上，从在162½美元见底之后，就再没有跌破过前一日的底部价位，显示出了很强的涨升趋势。因为第一笔在165½美元做多买入的仓位已经有了30个点的利润，接下来，我们又开始了新一轮的金字塔交易，在195½美元加仓买入2000股，在200½美元加仓买入1000股。7月11日，股价的低点在197½美元。我们把所有仓位止损单的价位上调到196½美元。股价还在继续上涨，我们在205½美元加仓买入1000股。7月20日和24日，股价的高点分别是209½美元和210美元。7月22日、24日和29日，股价的低点都出现在204½美元。我们把所有仓位的止损单的价位上调到203½美元。止损单在这个价位上并没有成交。我们在210½美元加仓买入500股，在215½美元加仓买入300股，在220½美元加仓买入了200股，又在225½美元加仓买入了100股。上一个低点是在8月9日见到的213½美元，我们把所有仓位的止损单的价位上调到212½美元。从隔夜图上来看，该股的上升趋势并没有改变。8月14日的高点是245美元。8月15日的低点在235⅝美元。我们把所有仓位的止损单价位上调到234⅝美元。8月19日的低点在237⅝美元。我们又把所有仓位的止损单价位调高到236⅝美元。

当你在双重金字塔交易中获利丰厚时，你要遵循的法则就是千万不要去猜测，而是要按照隔夜图来设止损单的价位，等待止损单的成交，止损单的价位可以设在前一日低点下方1个点，或者设在每天的高点下方10个点的价位，不要过早离场。这条法则只适用于交易活跃、股价波动迅速的行情。例如，从8月14日的高点到8月15日的低点，股价出现了9⅜个点的下跌，那么，如果股价从下一个极高点算起，跌幅达到了10个点，就表明趋势开始准备掉头向下了。

8月24日，股价的高点是260½美元。8月29日，它的低点在251½美元，刚好是9个点的下跌，那么与高点相距10个点的止损单的价位就不会被触及到。我们把所有仓位的止损单的价位提升到250½美元。9月3日的高点是261½美元，与之相距的10个点的止损单的价位应该是251¾美元。随后，我们在251¾美元卖出了所有的多头仓位。

以下是从1928年3月到1929年9月5日的交易账户的盈亏情况：

				借方	贷方
1928年3月的余额					1682325
在140½美元	做多买入2000股	在149美元	卖出		17000
在144½美元	做多买入1000股	在149美元	卖出		4500
在149½美元	做多买入500股	在149美元	卖出	250	
在149美元	做空卖出2000股	在148美元	回补		2000
在148美元	做多买入2000股	在151美元	卖出		6000
在151美元	做空卖出2000股	在148美元	回补		6000
在148美元	做多买入2000股	在147¾美元	卖出	500	
在147¾美元	做空卖出2000股	在137¼美元	回补		21000
在142¾美元	做空卖出1000股	在137¼美元	回补		5500
在137¾美元	做空卖出500股	在137¼美元	回补		250
在137¾美元	做多买入2000股	在139美元	卖出		3500
在139美元	做空卖出2000股	在137美元	回补		4000
在137美元	做多买入2000股	在157⅜美元	卖出		40750
在142美元	做多买入1000股	在157⅜美元	卖出		15375
在147美元	做多买入500股	在157⅜美元	卖出		5187.50
在152美元	做多买入300股	在157⅜美元	卖出		1612.50
在157⅜美元	做空卖出2000股	在158美元	回补	1250	
在158美元	做多买入2000股	在163美元	卖出		10000
在162美元	做多买入1000股	在163美元	卖出		1000
在163美元	做空卖出2000股	在162⅛美元	回补		1750
在162⅛美元	做多买入2000股	在169½美元	卖出		14750
在167美元	做多买入1000股	在169½美元	卖出		2500
在169½美元	做空卖出2000股	在152½美元	回补		33500
在164½美元	做空卖出1000股	在152½美元	回补		11750
在159½美元	做多买入500股	在152¾美元	卖出		3375
在154½美元	做空卖出300股	在152¾美元	回补		525
在152¾美元	做多买入2000股	在187美元	卖出		69000

				借 方	贷 方
在157¾美元	做多买入1000股	在187¼美元	卖出		29500
在162¾美元	做多买入500股	在187¼美元	卖出		12250
在167¾美元	做多买入300股	在187¼美元	卖出		5850
在172¾美元	做多买入200股	在187¼美元	卖出		2900
在177¾美元	做多买入100股	在187¼美元	卖出		950
在187¼美元	做空卖出2000股	在187½美元	回补	500	
在187½美元	做多买入2000股	在189¾美元	卖出		4500
在189¾美元	做空卖出2000股	在182½美元	回补		24500
在182½美元	做多买入2000股	在185美元	卖出		5000
在185美元	做空卖出2000股	在174¼美元	回补		21500
在180美元	做空卖出1000股	在174¼美元	回补		5750
在174⅛美元	做多买入2000股	在177美元	卖出		5750
在177美元	做空卖出2000股	在171¼美元	回补		11500
在172美元	做空卖出1000股	在171¼美元	回补		750
在171¼美元	做多买入2000股	在190¾美元	卖出		39000
在176¼美元	做多买入1000股	在190¾美元	卖出		14500
在181¼美元	做多买入500股	在190¾美元	卖出		4750
在186¼美元	做多买入300股	在190¾美元	卖出		1350
在191¼美元	做多买入200股	在190¾美元	卖出	100	
在190¾美元	做空卖出2000股	在183½美元	回补		14500
在185¾美元	做空卖出1000股	在183½美元	回补		2250
在183½美元	做多买入2000股	在184¼美元	卖出		1500
在184¼美元	做空卖出2000股	在183½美元	回补		1500
在183½美元	做多买入2000股	在180¾美元	卖出	5500	
在180¾美元	做空卖出2000股	在179¼美元	回补		3000
在179¼美元	做多买入2000股	在186美元	卖出		13500
在184¼美元	做多买入1000股	在186美元	卖出		1750
在186美元	做空卖出2000股	在186¾美元	回补	1500	
在186¾美元	做多买入2000股	在187½美元	卖出		1500
在187½美元	做空卖出2000股	在165½美元	回补		44000
在182½美元	做空卖出1000股	在165½美元	回补		17000
在177½美元	做空卖出500股	在165½美元	回补		6000
在172½美元	做空卖出300股	在165½美元	回补		2100
在167½美元	做空卖出200股	在165½美元	回补		400
在165½美元	做多买入2000股	在251¾美元	卖出		172500
在170½美元	做多买入1000股	在251¾美元	卖出		81250
在175½美元	做多买入500股	在251¾美元	卖出		38125
在180½美元	做多买入300股	在251¾美元	卖出		21375
在185½美元	做多买入200股	在251¾美元	卖出		13250
在190½美元	做多买入100股	在251¾美元	卖出		6125
在195½美元	做多买入2000股	在251¾美元	卖出		112500

				借 方	贷 方
在200½美元	做多买入1000股	在251¾美元	卖出		51250
在205½美元	做多买入1000股	在251¾美元	卖出		46250
在210½美元	做多买入500股	在251¾美元	卖出		20625
在215½美元	做多买入300股	在251¾美元	卖出		10875
在220½美元	做多买入200股	在251¾美元	卖出		6250
在225½美元	做多买入100股	在251¾美元	卖出		2625
				9650	2835825
			佣金	22975	32625
			期末资金合计		2803200

现在我们账上总共已经有了2803200美元的资金，你在操作时要特别谨慎才是。每次的交易量可以增加到5000股。我们在251½美元做空卖出5000股。9月5日，股价的低点在245¾美元，把止损单的点位设在248¾美元。止损单在这个价位上成交之后，我们在248¾美元做多买入5000股。8月7日，它的高点是252½美元。我们把止损单的价位设在249½美元。止损单在这个价位上成交之后，在249½美元做空卖出5000股。随后，我们在244½美元加仓卖出3000股，在239½美元加仓卖出2000股。9月10日的低点在238美元。9月11日的高点是243¼美元。把所有仓位的止损单的价位设在244¼美元。9月13日和15日，低点都出现在230½美元。我们把止损单的价位下调到233½美元。止损单在这个价位上成交之后，在233½美元做多买入5000股，同时将止损单的价位设在了229½美元。随后，在238½美元加仓买入3000股，在243½美元加仓买入2000股。9月19日的高点是247½美元。我们把所有仓位的止损单的价位上调到244½美元。止损单在这个价位上成交之后，我们在244½美元做空卖出5000股。随后，在239½美元加仓卖出3000股。9月21日的低点在232美元。我们把止损单的价位设在235美元，随后，止损单在这个价位上成交了。

我们在235美元做多买入5000股。随后，在240美元加仓买入3000股。9月24日，股价的高点是241¾美元，我们把止损单的价位设在238¾美元。止损单在这个价位上成交之后，我们在238¾美元做空卖出5000股，随后，在233¾美元加仓卖出3000股，在228¾美元加仓卖出2000股，在223¾美元加仓卖出1000股，在218¾美元加仓卖出500股，在213¾美元加仓卖出300股，在208¾美元加仓卖出200股。10月4日的低点在206½美元。我们选取从1928年12月的低点149¾美元到高点261¾美元这个区间，算出的1/2点位是205¾美元，但是我们处在恐慌的情绪当中，一路追随股价下行，止损单设在低点上方3个点的价位，也就是209½美元。止损单在这个价位上成交之后，我们在209½美元做多买入5000股。随后，在214½美元加仓买入3000股，在219½美元加仓买入2000股，在224½美元做多买入1000股，又在229½美元做多买入500股。10月10日的高点是234美元，这与9月26日的高点价位相同。我们选取从高点261¾美元到低点206½美元的这个区间，算出的1/2点位是在234⅛美元。我们在233美元卖出多头仓位，并在233美元做空卖出5000股，同时将止损单的点位设在235⅛美元。随后，在230⅛美元加仓卖出3000股，在225⅛美元加仓卖出2000股，在220⅛美元加仓卖出1000股，在215⅛美元加仓卖出500股，在210⅛美元加仓卖出300股。12月21日的低点在205美元，刚好在上文所说的1/2点位下方。还应注意的是，7月22日、24日和29日的低点都出现在204½美元，显示这里是一个强阻力位，我们应该在这里进行空头回补，但是我们选择把止损单的价位下调到208美元。止损单在这个价位上成交之后，我们在208美元做多买入5000股。随后，在213美元加仓买入3000股，在218美元加仓买入2000股。10月22日的高点是218½美元。把所有仓位止损单的价位上调到215½美元，随后，止损单在这个价位上成交。

我们在215½美元做空卖出5000股。随后，在210½美元加仓卖出3000股，又在204美元加仓卖出2000股。当上文中的1/2点位和好几个前期底部都被跌破时，我们在199美元加仓卖出1000股，在194美元加仓卖出500股。10月24日，股价的低点在193½美元。因为这一天出现了恐慌性下跌，把止损单的价位下调到与低点相距5个点的价位，这样就在198½美元进行了空头回补，我们在198½美元做多买入5000股。10月25日的高点是207美元。上文中说到的一个1/2点位是在205¾美元，所以在205美元卖出多头仓位，并在205美元做空卖出5000股，同时将止损单的价位设在208美元。随后，我们在200美元加仓卖出3000股，在195美元加仓卖出2000股，在190美元加仓卖出1000股，在185美元加仓元卖出500股，在180美元加仓卖出300股，在175美元加仓卖出200股，又在170美元加仓卖出100股。10月29日，市场出现了极大恐慌性下跌，美钢的股价跌到了166½美元，我们必须要进行空头回补，或者说顺势将止损单设在与低点相距5个点的价位，所以止损单就在171½美元成交了，我们在171½美元做多买入5000股。随后，在176½美元加仓买入3000股，并在181½美元加仓买入2000股。10月31日的高点是193½美元。把止损单的价位上调到188½美元。止损单在这个价位上成交之后，在188½美元做空卖出5000股。随后，在183½美元加仓卖出3000股，在178½美元加仓卖出2000股，在173½美元加仓卖出1000股，又在168½美元加仓卖出500股。11月7日的低点在161½美元，把止损单的价位下调到166½美元。止损单在这个价位上成交之后，在166½美元做多买入5000股。随后，在171½美元加仓买入3000股。11月8日的高点是175½美元。我们把所有仓位止损单的价位设在170½美元。止损单在这个价位上成交之后，我们在170½美元做空卖出5000股。随后，在165½美元加仓卖出3000股，在160½美元加仓卖出2000股，又在155½美元加仓卖出1000股。

在这里，选取从1915年2月1日的低点38美元到261¾美元高点这个区间，算出它的1/2点位是在149⅞美元，我们也知道，这波行情是从1928年12月17日的149¾美元开始启动，所以150美元是最强的支撑位。11月13日，美钢的股价是150美元，但是我们并不需要等那最后1/8个点的赚头。我们在151美元卖出所有的空头仓位，并在151美元做多买入5000股，同时将止损单的价位设在148¾美元。随后，在156美元加仓买入3000股，在161美元加仓买入2000股。11月15日的高点是167½美元，我们把止损单的价位设在164½美元。止损单在这个价位上成交之后，我们在164½美元做空卖出5000股。11月18日的低点在159⅝美元，我们把止损单的价位设在162⅝美元。止损单成交后，我们在162⅝美元做多买入5000股。随后，在167⅝美元加仓卖出3000股。11月21日的高点是171⅞美元，把止损单的价位设在168⅞美元。止损单在这个价位上成交之后，我们在168⅞美元做空卖出5000股。随后，在163⅞美元加仓卖出3000股。12月2日的低点在159¼美元，比11月18日的底部价位只低了3/8个点，我们把止损单的价位设在162¼美元。止损单在这个价位上成交之后，我们在162¼美元做多买入5000股。随后，在167¼美元加仓买入3000股。12月5日的低点在164½美元。我们把所有仓位的止损单的价位设在163½美元。随后，我们在172¼美元加仓买入2000股，在177¼美元加仓买入1000股，在182¼美元加仓买入500股，又在187¼美元加仓买入300股。12月9日的高点是189美元，我们把止损单的价位设在186美元。止损单在这个价位上成交之后，我们在186美元做空卖出5000股，随后，在181美元加仓卖出3000股，在176美元加仓卖出2000股，在171美元加仓卖出1000股，又在166美元加仓卖出500股。12月13日的低点在164¼美元，这与12月5日的低点价位相同。把止损单的价位设在167¼美元，止损单成交后，我们在167¼美元做多买入5000股。随后，在172¼美元加仓买入3000股。12月14日的高点是174¾美元，我们把止损单的价位设在171¾美元，随后，止损单在这个价位上成交了。

我们在171¾美元做空卖出5000股。随后，在166¾美元加仓卖出3000股。12月17日，股价的低点在166¼美元。我们把止损单的价位设在169¼美元。止损单在这个价位上成交之后，我们在169¼美元做多买入5000股。12月18日的高点是173½美元。我们把止损单的价位设在170½美元。止损单在这个价位上成交之后，我们在170½美元做空卖出5000股。随后，在165½美元加仓卖出3000股，又在160½美元做空卖出2000股。12月23日的低点在156¾美元。我们把止损单的价位设在159¾美元。止损单在这个价位上成交之后，我们在159¾美元做多买入5000股。随后，我们在163¾美元加仓买入3000股。12月29日的低点在163⅝美元。我们把所有仓位的止损单的价位设在162⅝美元，随后在169¾美元加仓买入2000股。

1930年

1月2日，股价的高点是173⅝美元，同一天的低点在166美元。我们把所有仓位的止损单的价位设在165美元。选取从1921年6月23日的低点70½美元到极高点261¾美元这个区间，166⅛美元是它的1/2点位。所以这里是个强支撑位，也就是一个买入点位。1月13日的低点在168⅝美元。我们把所有仓位的止损单的价位设在167⅝美元，因为从1月2日以来，隔夜图上的顶部价位都在不断走低。1月18日的低点在167¼美元。止损单在167⅝美元成交之后，在167⅝美元做空卖出5000股，同时将止损单的价位设在170⅝美元。止损单在这个价位上成交之后，在170⅝美元做多买入5000股。随后，在175⅝美元加仓买入3000股，在180⅝美元加仓买入2000股，又在185⅝美元加仓买入1000股。2月14日的高点是189美元，这与去年12月9日的高点价位相同。2月17日的低点在184½美元。我们把所有仓位的止损单的价位设在183½美元。2月18日的高点是189½美元，我们把止损单的价位上调到186½美元。止损单在这个价位上成交之后，我们在186½美元做空卖出5000股，同时将止损单的价位设在190美元。随后，我们在181½美元加仓卖出3000股。2月25日的低点在177美元。我们把所有仓位的止损单的价位设在180美元。止损单在这个价位上成交之后，我们在180美元做多买入5000股。3月1日和7日，股价的高点都是在184美元，我们把止损单的价位设在181美元，随后，止损单在这个价位上成交。

以下是从1929年9月到1930年3月的交易账户的盈亏情况：

				借 方	贷 方
1929年9月					2803200
在251¾美元	做空卖出5000股	在248¾美元	回补		15000
在248¾美元	做多买入5000股	在249½美元	卖出		3750
在249½美元	做空卖出5000股	在233½美元	回补		80000
在244½美元	做空卖出3000股	在233½美元	回补		33000
在239½美元	做空卖出2000股	在233½美元	回补		12000
在233½美元	做多买入5000股	在244½美元	卖出		55000
在238½美元	做多买入3000股	在244½美元	卖出		18000
在243½美元	做多买入2000股	在244½美元	卖出		2000
在244½美元	做空卖出5000股	在235美元	回补		47500
在239½美元	做空卖出3000股	在235美元	回补		13500
在235美元	做多买入5000股	在238¾美元	卖出		18750
在240美元	做多买入3000股	在238¾美元	卖出	3750	
在238¾美元	做空卖出5000股	在209½美元	回补		146250

				借 方	贷 方
在233¾美元	做空卖出3000股	在209½美元	回补		72750
在228¾美元	做空卖出2000股	在209½美元	回补		38500
在223¾美元	做空卖出1000股	在209½美元	回补		14250
在218¾美元	做空卖出500股	在209½美元	回补		4625
在213¾美元	做空卖出300股	在209½美元	回补		1275
在208¾美元	做空卖出200股	在209½美元	回补	150	
在209½美元	做多买入5000股	在233美元	卖出		117500
在214½美元	做多买入3000股	在233美元	卖出		55500
在219½美元	做多买入2000股	在233美元	卖出		27000
在224½美元	做多买入1000股	在233美元	卖出		8500
在229½美元	做多买入500股	在233美元	卖出		1750
在233美元	做空卖出5000股	在208美元	回补		125000
在230⅛美元	做空卖出3000股	在208美元	回补		66375
在225⅛美元	做空卖出2000股	在208美元	回补		34250
在220⅛美元	做空卖出1000股	在208美元	回补		12125
在215⅛美元	做空卖出500股	在208美元	回补		3562.50
在210⅛美元	做空卖出300股	在208美元	回补		637.5
在208美元	做多买入5000股	在215½美元	卖出		37500
在213美元	做多买入3000股	在215½美元	卖出		7500
在218美元	做多买入2000股	在215½美元	卖出	5000	
在215½美元	做空卖出5000股	在198½美元	回补		85000
在210½美元	做空卖出3000股	在198½美元	回补		36000
在204美元	做空卖出2000股	在198½美元	回补		11000
在199美元	做空卖出1000股	在198½美元	回补		500
在194美元	做空卖出500股	在198½美元	回补	2250	
在198½美元	做多买入5000股	在205美元	卖出		32500
在205美元	做空卖出5000股	在171½美元	回补		167500
在200美元	做空卖出3000股	在171½美元	回补		85500
在195美元	做空卖出2000股	在171½美元	回补		47000
在190美元	做空卖出1000股	在171½美元	回补		18500
在185美元	做空卖出500股	在171½美元	回补		6750
在180美元	做空卖出300股	在171½美元	回补		2550
在175美元	做空卖出200股	在171½美元	回补		700
在170美元	做空卖出100股	在171½美元	回补	150	
在171½美元	做多买入5000股	在188½美元	卖出		85000
在176½美元	做多买入3000股	在188½美元	卖出		36000
在181½美元	做多买入2000股	在188½美元	卖出		14000
在188½美元	做空卖出5000股	在166½美元	回补		110000
在183½美元	做空卖出3000股	在166½美元	回补		51000
在178½美元	做空卖出2000股	在166½美元	回补		24000
在173½美元	做空卖出1000股	在166½美元	回补		7000

				借 方	贷 方
在168½美元	做空卖出500股	在166½美元	回补		1000
在166½美元	做多买入5000股	在170½美元	卖出		20000
在171½美元	做多买入3000股	在170½美元	卖出	3000	
在170½美元	做空卖出5000股	在151美元	回补		97500
在165½美元	做空卖出3000股	在151美元	回补		43500
在160½美元	做空卖出2000股	在151美元	回补		19000
在155½美元	做空卖出1000股	在151美元	回补		4500
在151美元	做多买入5000股	在164½美元	卖出		67500
在156美元	做多买入3000股	在164½美元	卖出		25500
在161美元	做多买入2000股	在164½美元	卖出		7000
在164½美元	做空卖出5000股	在162⅝美元	回补		9375
在162⅝美元	做多买入5000股	在168⅞美元	卖出		31250
在167⅝美元	做多买入3000股	在168⅞美元	卖出		3750
在168⅞美元	做空卖出5000股	在162¼美元	回补		33125
在163⅞美元	做空卖出3000股	在162¼美元	回补		4875
在162¼美元	做多买入5000股	在186美元	卖出		118750
在167¼美元	做多买入3000股	在186美元	卖出		56250
在172¼美元	做多买入2000股	在186美元	卖出		27500
在177¼美元	做多买入1000股	在186美元	卖出		8750
在182¼美元	做多买入500股	在186美元	卖出		1875
在187¼美元	做多买入300股	在186美元	卖出	375	
在186美元	做空卖出5000股	在167¼美元	回补		93750
在181美元	做空卖出3000股	在167¼美元	回补		41250
在176美元	做空卖出2000股	在167¼美元	回补		17500
在171美元	做空卖出1000股	在167¼美元	回补		3750
在166美元	做空卖出500股	在167¼美元	回补	625	
在167¼美元	做多买入5000股	在171¾美元	卖出		22500
在172¼美元	做多买入3000股	在171¾美元	卖出	1500	
在171¾美元	做空卖出5000股	在169¼美元	回补		12500
在166¾美元	做空卖出3000股	在169¼美元	回补	7500	
在169¼美元	做多买入5000股	在170½美元	卖出		6250
在170½美元	做空卖出5000股	在159¾美元	回补		53750
在165½美元	做空卖出3000股	在159¾美元	回补		17250
在160½美元	做空卖出2000股	在159¾美元	回补		1500
在159¾美元	做多买入5000股	在167⅝美元	卖出		39375
在164¾美元	做多买入3000股	在167⅝美元	卖出		8625
在169¾美元	做多买入2000股	在167⅝美元	卖出	4250	
在167⅝美元	做空卖出5000股	在170⅝美元	回补	15000	
在170⅝美元	做多买入5000股	在186½美元	卖出		79375
在175⅝美元	做多买入3000股	在186½美元	卖出		32625
在180⅝美元	做多买入2000股	在186½美元	卖出		11750

				借　方	贷　方
在185⅝美元	做多买入1000股	在186½美元	卖出		875
在186½美元	做空卖出5000股	在180美元	回补		32500
在181½美元	做空卖出3000股	在180美元	回补		4500
在180美元	做多买入5000股	在181美元	卖出		5000
				43550	5762675
			佣金	71175	114725
			期末资金合计		5647950

我们在181美元做空卖出5000股。3月13日，股价的低点在177¾美元。3月11日和14日，股价的高点都是在182½美元。把止损单设在183½美元。止损单在这个价位上成交之后，我们在183½美元做多买入5000股。随后，在188½美元加仓买入3000股，在193½美元加仓买入2000股。4月1日、7日、10日和16日，该股的高点在198¾到197美元，198¾美元是极高值。上一个低点是在4月3日见到的192¾美元。我们把止损单的价位设在191¾美元。止损单在这个价位上成交之后，我们在191¾美元做空卖出5000股。随后，在186¾美元加仓卖出3000股，在181¾美元加仓卖出2000股，在176¾美元加仓卖出1000股，又在171¾美元加仓卖出500股。

5月5日，股价的低点在166¼美元。我们在167美元进行空头回补，并在167美元做多买入5000股，这是因为166⅛美元是1921年的低点到1929年的高点之间的1/2点位，也是因为1930年1月2日的低点就在166美元。我们把止损单的价位设在165美元。随后，在172美元加仓买入3000股。5月6日的高点是175美元。我们算出150～198¾美元之间的1/2点位是174⅜美元，所以在174美元卖出多头仓位，在174美元做空卖出5000股，同时将止损单设在176美元，随后，在169美元加仓卖出3000股。5月8日的低点在165¾美元。我们在166½美元进行空头回补，并在166½美元做多买入5000股，同时将止损单设在165美元。随后，我们在171½美元加仓买入3000股。5月14日的高点是175⅜美元。我们在174美元再次卖出多头仓位，并在174美元做空卖出5000股，同时将止损单设在176美元。随后，我们在169美元加仓卖出3000股。5月20日的低点在166¼美元。我们又一次在166½美元进行空头回补，并在166½美元做多买入5000股，同时将止损单的价位设在165美元。随后，在171½美元加仓买入3000股。5月28日的高点是175美元。我们又在174美元卖出多头仓位，并在174美元做空卖出5000股，同时将止损单的价位设在176美元。随后，在169美元加仓卖出3000股。

6月7日，美钢的股价跌到了166美元。我们在166½美元进行空头回补，并在166½美元做多买入5000股，同时将止损单设在165美元。买入的当天，止损单就在这个价位上成交了，我们随即在165美元做空卖出5000股。6月7日，股价跌到164美元见底。

现在我们可以把止损单的价位设在167美元，或者等待隔夜图上的趋势出现反转，接下来，止损单的点位可以设在隔夜图上出现下跌迹象的顶部上方1个点的价位，或是顺势将止损单设在每天低点上方3个点的价位。

以下是从1930年3月到1930年6月7日的交易账户的盈亏情况：

				借　方	贷　方
上次结余					5647950
在181美元	做空卖出5000股	在183½美元	回补	12500	
在183½美元	做多买入5000股	在191¾美元	卖出		41250
在188½美元	做多买入3000股	在191¾美元	卖出		9750
在193½美元	做多买入2000股	在191¾美元	卖出	3500	
在191¾美元	做空卖出5000股	在167美元	回补		123750
在186¾美元	做空卖出3000股	在167美元	回补		59250
在181¾美元	做空卖出2000股	在167美元	回补		29500
在176¾美元	做空卖出1000股	在167美元	回补		9750
在171¾美元	做空卖出500股	在167美元	回补		2375
在167美元	做多买入5000股	在174美元	卖出		35000
在172美元	做多买入3000股	在174美元	卖出		6000
在174美元	做空卖出5000股	在166½美元	回补		37500
在169美元	做空卖出3000股	在166½美元	回补		7500
在166½美元	做多买入5000股	在174美元	卖出		37500
在171½美元	做多买入3000股	在174美元	卖出		7500
在174美元	做空卖出5000股	在166½美元	回补		37500
在169美元	做空卖出3000股	在166½美美元	回补		7500
在166½美元	做多买入5000股	在174美元	卖出		37500
在171½美元	做多买入3000股	在174美元	卖出		7500
在174美元	做空卖出5000股	在166½美元	回补		37500
在169美元	做空卖出3000股	在166½美元	回补		7500
在166½美元	做多买入5000股	在165美元	卖出	7500	
				23500	6189575
			佣金	19875	43375
			期末资金合计		6146200

勘误：

1927年3月10日至1930年6月7日的两笔未计入费用：

1. 509600股的佣金原来按每100股25美元来计，应改为每100股的交易，佣金按50美元来计，共127403美元。

2. 有869700股的交易未计入每100股4美元的税金，共34788美元，合计162191美元。

期末资金合计修正值应为：5984009美元

1930年6月7日，账上有在165美元做空卖出的5000股。

6月11日，股价的低点在160½美元。6月13日，高点是166美元。我们把止损单的价位设在167美元。6月16日，在161美元加仓卖出3000股。6月18日的低点在155美元。我们把所有仓位止损单的价位设在158美元。止损单成交后，在158美元做多买入5000股。6月20日的高点是162¼美元，我们把止损单的价位设在159¼美元。止损单成交后，在159¼美元做空卖出5000股。6月25日的低点在151⅝美元。我们把止损单的价位下调到154⅝美元，止损单成交后，在154⅝美元做多买入5000股。我们其实也可以在152美元做多买入，同时将止损单的价位设在149美元，因为150美元是1914年的低点到1929年的高点之间的1/2点位。

6月27日，股价的低点在153½美元，我们把止损单的价位设在153美元。6月30日，美钢的股价突破了6月24日和26日的顶部157½美元，这是它从6月28日开始，第一次在隔夜图上显示其顶部价位在抬高。为此，我们在157½美元加仓买入3000股，并把所有仓位的止损单的价位设在154美元。

以下是在1930年6月30日之前的交易账户的盈亏情况：

在165美元做空卖出5000股	在158美元回补	利润35000美元
在161美元做空卖出3000股	在158美元回补	利润9000美元
在158美元做多买入5000股	在159¼美元卖出	利润6250美元
在159¼美元做空卖出5000股	在154⅝美元回补	利润23125美元
		合计73375美元
		扣除佣金4500美元
		净利润68875美元
		上次资金结余　5984009美元
		本期期末资金　6052884美元

目前，账上有在154⅝美元做多买入的5000股，在157½美元加仓买入的3000股，所有仓位的止损单的价位设在154美元。

7月1日，股价的高点是161⅜美元。因为上一个高点是在6月20见到的162¼美元，股价没能跌破这个价位，预示股价将会走低，所以我们把止损单的价位上调到158⅜美元。止损单在这个价位上成交之后，我们在158⅜美元做空卖出5000股。

7月8日，股价的低点在153¼美元。应该注意的是，6月27日的低点在153½美元，从这里开始，趋势在隔夜图上显示出从5月28日在175美元见顶之后的第一次反身向上。我们在153½美元进行空头回补，并在153½美元做多买入5000股，同时将止损单的价位设在152½美元，因为这个点位与6月27日的同一底部价位一起形成了双底。

7月9日的高点是158¼美元，7月10日的低点在155¾美元。我们把止损单的价位上调到154¾美元。

7月10日，股价反弹到158½美元，我们在158½美元加仓买入3000股，同时将所有仓位的止损单的价位设在155½美元。

7月14日，股价的高点是163¾美元，我们把止损单的价位上调到160¾美元，或者说是与高点相距3个点的价位。这时，我们可以采用跟涨的策略，把止损单的价位设在每天的低点下方1个点的价位，或者说等待隔夜图上出现趋势反转的迹象，把止损单的价位设在前一日底部下方1个点的价位。

7月19日，股价的高点是168¾美元。我们在168美元卖出多头仓位，并在168美元做空卖出5000股，这是因为169美元是198¾～151⅝美元之间的3/8点位。我们把止损单的价位设在170美元。7月21日的低点在162⅝美元。考虑到在隔夜图上，趋势仍然向上，我们要关注在7月16日见到的上一个低点164¼美元。选取从7月10日的低点155¾美元到高点168¾美元这个区间，算出的1/2点位是在162¼美元，所以我们在163美元进行空头回补，并在这个价位做多买入5000股，同时将止损单的价位设在161美元。

7月23日，股价的高点是168½美元。我们在168美元卖出多头仓位，并做空卖出。7月25日的低点在164¼美元。我们在此进行空头回补，并做多买入，同时将止损单的价位设在162美元，或者说是7月21日低点下方1个点的价位。7月28日的高点是170美元。在这里我们卖出多头仓位，并做空卖出。7月31日的低点在163美元。我们在163½美元进行空头回补，并开始做多买入，同时将止损单的价位设在162美元，这是因为163美元是个阻力位。

8月5日，股价的高点是170¼美元，与7月28日的高点一起形成了双顶。我们在170美元卖出多头仓位，并做空卖出，同时将止损单的价位设在171美元。随后，在165美元加仓卖出，又在160美元加仓卖出，因为这个价位已经跌破了7月21日和7月31日的底部。

上一个阻力位是7月10日的155¾美元。8月13日，股价下跌到155½美元。我们在156美元卖出多头仓位，并做空卖出，同时将止损单的价位设在154¾美元。随后在161美元加仓买入，这里是隔夜图中趋势反身向上的拐点。8月16日，美钢的股价上涨到166¾美元。8月18日，回调到162¾美元，随后又重拾升势。我们把止损单的价位上调到161¾美元。8月20日的高点是168½美元。8月21日的低点在165¾美元。我们把止损单的价位设在164¾美元。8月27日和9月2日，股价的高点都是在172¼美元。9月4日的低点在167¼美元，仍然处在重要的1/2点位166¼美元上方。我们把止损单的价位设在165美元。9月8日的高点是173½美元。应注意到的是，5月6日、14日和28日的三个顶部价位都在175美元，而上文中有一个1/2点位就在174⅜美元。9月8日，我们在173美元卖出多头仓位，并做空卖出，同时将止损单价位设在176美元。如果股价能够突破在5月时的3个顶部价位，我们会开始做多买入。

9月16日，股价在下跌中跌破了9月4日的低点，我们在167美元加仓卖出，随后又在164美元加仓卖出，因为股价又一次跌破了重要的1/2点位，即166¼美元。9月27日，我们在159美元加仓卖出。9月30日，该股又跌破了155美元，这已经到了7月10日和8月13日的底部价位的下方。随后股价出现反弹，10月1日和3日的两个顶部价位都是在160½美元。我们把止损单的价位设在161½美元。随后，在155美元加仓卖出，又在149美元加仓卖出，因为股价已经跌破了1929年11月13日的低点，而这个点位是一个很重要的1/2点位。

10月10日和14日，股价的低点都出现在144½美元。我们回补所有空头仓位，并开始做多买入，同时将止损单设在142美元。10月11日和15日，股价的高点分别是151½美元和152½美元。我们在第2个顶部的价位卖出多头仓位，并开始做空。10月18日，我们在145美元进行空头回补，并在这个价位做多买入，同时将止损单的价位设在143美元。随后，在150美元加仓买入。10月28日的高点是154美元，比之前的两个顶部价位要高一些。我们把止损单的价位设在151美元。止损单在这个价位上成交之后，我们开始做空卖出，随后，在146美元加仓卖出。接下来，当股价跌破之前的4个底部价位时，我们在143美元加仓卖出。

11月8日、10日和12日，股价都见到了低点。我们在这里进行空头回补，在做多买入的同时将止损单的价位设在143美元。随后，我们在147美元加仓买入。下一个要关注的点位是150美元，也是一个1/2点位，11月15日、20日、21日和25日，股价分别见到了4个顶部。我们应该要卖出多头仓位，并做空卖出，同时将止损单的价位设在151美元。随后，在145美元加仓卖出，又在140美元加仓卖出。我们在135美元卖出所有的空头仓位，并开始做多买入，因为135美元是8⅜美元和261¾美元之间1/2点位，也就是股价整个波动区间的1/2点位，这是继150美元之后最强的阻力位。

股价在12月18日和20日形成了双顶。我们在140美元卖出多头仓位，并开始做空。12月29日，股价下跌到135¾美元，因为135美元是一个1/2点位，我们在这个价位进行空头回补，并做多买入。随后，我们在141美元第二次做多买入，当股价在1月2日出现回调时，我们把止损单的价位上调到137美元。1月7日和9日，股价出现了双顶的形态，我们把止损单的价位上调到142美元，在这里我们再次卖出多头仓位，并开始做空。1月16日和19日，股价的低点都在138½美元，形成了双底，这个价位也是134⅜～145美元之间的1/2点位，所以，我们在139美元进行空头回补，并在这个价位做多买入，同时将止损单的价位设在137美元。股价在1月24日和27日形成了双顶，但是价位比1月9日的顶部价位要低一些。我们在143美元卖出多头仓位，又开始做空。2月5日，我们在138美元进行空头回补，并在这个价位做多买入，因为这个价位与1月2日和19日的底部价位相同。随后，我们在143美元加仓买入。2月16日，在148美元卖出多头仓位，并开始做空，因为这里不但形成了双顶，这个点位还处在一个重要的1/2点位的下方，而且刚好是在11月15～25日的顶部价位下方。

2月17日，股价在这里完成了双底的形态，这次的底部价位刚好比上一次的底部高出了1/2个点。我们在145美元进行空头回补，并在这个价位做多买入。2月26日，股价上涨到152¼美元，没有能够超出那个重要的1/2点位3个点。我们把止损单的价位上调到149美元。止损单在这个价位上成交之后，我们就卖出多头仓位，并开始做空。

3月4日，股价下跌到143½美元，它是134⅜～152¼美元之间的1/2点位。我们在144美元进行回补，并在这个价位做多买入，同时将止损单的价位设在142美元。如果股价能够突破152美元，特别是当它达到153美元时，就表明该股的走势非常强，后市的上升空间已经打开。

Chapter 4

我的预测方法的基础——趋势线

数学是唯一一门讲求精确性的科学。天地之间的所有力量都赋予了掌握这门简单科学的人。爱默生说过，“上帝确实在用几何学”。另一个智者（法拉第）也曾说：“宇宙之中，除了（力场的）数学点位以外，皆不值一提”。毕达哥拉斯是有史以来最伟大的数学家之一，他通过对数字的体察，找到了如何验证所有自然法则的方法，他宣称：在上帝出现之前，只有数字。他相信数字的波动创造了上帝和诸神。常言道：“数字不会说谎。”大家都相信，数字能告诉我们真相，而且，数字还能解决所有的问题。如果没有了数学这门科学，那么化学家、工程师和天文学家恐怕都要迷失方向了！

用数字来解决问题，并得到正确的答案和结果是件太简单，也是太容易的事，而为什么只有这么少的人依靠数字来预估行业前景，预测股市和期货市场的未来走势，就似乎让人感到很奇怪。那些基本原理都很容易学，也很容易懂的。无论你用的是几何学、三角学或者其他的演算方法，你都会用到简单的算术法则。这样说来，你其实只做了两件事：让数字变大或是让它们变小。

数字可以分为奇数和偶数。我们把数字加在一起，就是让数字变大。而我们如果做乘法的话，就会更快地使数字变大。我们用数字做减法，就是让数字变小了，同样，我们给数字做除法，也是让数字变小的一种方式。当我们运用更高一级的数学知识时，我们就能找到更快捷，也更容易的办法来做本来的加、减、乘、除的运算，当你认识到这些时，也会觉得那些方法其实很简单。

自然界中的万物都有雌雄之分，它们的颜色有白，就有黑，它们的关系或者和谐，或者不和谐，从个体上讲，又可分为左和右两部分。市场也只有两个波动方向：向上和向下。我们知道如何从长、宽和高这三方面去论证几何体。从几何学上讲，我们采用的是圆形、正方形和三角形这三种图形。我们会在圆周上选取与圆的内接正方形和三角形的交点，来判断将来在时间、价位和空间上的阻力位；我们也用360度的圆周来测算时间和股价。

三种平面几何中的角分别是垂直线的角、水平线的角和两线之间的夹角，这三种角是用来测算时间和股价的波动情况。我们采用奇数正方图和偶数正方图，不但能验证市场运行的情况符合预期，而且还能找到市场运行的原因。

如何绘制各种走势图

股票的走势图记录了行情的历史波动情况，而未来不外乎是过去走势的重复，并没有什么新东西。正如《圣经》中所言："已有的事，后必再有。"历史在不断地重演。通过这些走势图和相关法则，我们就能判断出，过去的行情什么时候会再现，又将以何种方式来重演。所以，如何正确绘制走势图就成为你首要，也是最重要的学习内容。因为，如果你在绘制走势图时出了差错，那么当你接下来运用有关法则进行交易决策时，肯定也会跟着犯错。

年高低点图

你应该绘制股票的年高低点图，也就是说，要在一根小垂线上记录下每个日历年中出现的极高价和极低价。在我们所用的方格纸上，根据股票交易的活跃程度和股价波动幅度，每个边长为1/8英寸的小方格可以代表1个点、2个点，或者更多个点。

月高低点图

你必须要坚持绘制月高低点图，因为它是你在判断大趋势时要用到的最重要的一张图。在这个图中，一根小垂线代表的是一个月，在它上面，要记录在每个日历月中出现的极高价和极低价。在我们所用的方格纸上，每个边长为1/8英寸小方格，代表的可以是指数上的1个点，或者股价上的1美元。

周高低点图

周高低点图也是一个非常重要的图。当股价在50美元以下时，在我们所用的方格纸上，通常会以每个1/8英寸高的小方格来代表1/2点，也就是用2个方格来代表1个点，或者说4个点占的格子高度为1英寸。当股票的交易进入到很活跃的阶段，特别是当它的股价超过100美元之后，你可以在绘制周高低点图时，改用1个方格，或称为1/8英寸的高度，来代表指数上的1个点，或者股价上的1美元。

半周图或3日图

3日图的重要性仅次于周高低点图。在3日图中，第一根垂线会记录下从周一早上开盘到周三晚上收盘期间的极高价和极低价，并以周三的收盘价作为该线的结束端的点位。而在右边一列中的第二根垂线，记录的是从周四开盘到周六收盘之间的极高价和极低点，并以周六的收盘价作为结束端的点位。这张图中每条垂线所截取的时间段就是一周的一半。这张图也是很重要的，具体情况将在今后的教程予以说明。在作图的空间比例尺方面，可以与周高低点图相同。

周移动平均点或中间点连线图

要得到一周的移动平均值，我们会取这一周的极低点和极高点价位，把它们相加之后除以2，这样就得到了这一周的中点价位，或称为中间点。中点价位可以标记在周高低点图上，也可以单独制作一张图，每个周的中间价位可以用一个点来表示，在周高低点图中，每根垂线代表一个星期。有关周中间点连线图的重要性，将在下文中详解。

日高低点图

虽然对于研判大级别趋势来说，有周高低点图和月高低点图就已经够用了，但是当你交易的股票处于交投活跃的状态，你就应该坚持绘制它的日高低点图。与其他走势图相比，日高低点图展示的是小级别的趋势，所以，比起其他的图来说，日高低点图上的小级别趋势上的变化也要常见得多，但是这样的趋势转向信号的指示作用不会持续很长时间，也就是说，日线级别的变盘行情不会走太远。在绘制日高低点图时，一般情况下应该与其他走势图使用一样的比例尺。但是，当股价在50美元以下，或者交投不活跃的时候，在我们所用的方格纸上，会以每个1/8英寸高的小方格来代表1/2点，也就是用2个方格来代表指数上的1个点，或者股价上的1美元。当股票的交投活跃，股价上涨速度非常快，而且每天都处在宽幅震荡的行情时，你就用与绘制周高低点图或月高低点图时相同的比例尺，即以每个1/8英寸高的小方格来代表1个点。当股价的波动幅度加大时，这样的比例尺可以让图收窄，使图形保持在一个可以让你很方便就能一下看清楚的范围内。

在日高低点图上，没有为那些不交易的节日和星期日留出空格，这样一来，在图上表示出的时间周期是实际交易日的时间周期，而不是按日历日来算的时间周期。不过，你应该至少每两周就随手统计一下日历日的天数。因为，在接下来要讲到的与趋势变化有关的时间周期法则中，你会发现，知道一只股票何时到了从某个顶部或底部算起的第30天、第60天、第80天、第120天和第135天附近，还是很有必要的。因为这些天数都是按照日历日来算的，这样的做法可以精确知道日高低点图中的日期所对应的天数。在日高低图上，如果实际的波动行情触及到了某条移动平均趋势线，而在同一时间，我们根据时间周期法则，算出它在日历日上走完了某个精确的时间周期，这样一来，对于趋势变化来说，这个时点的重要性就会加倍。

移动平均趋势线

经过了多年的实践检验之后，我已经发现，这些平面几何中的角，或称移动平均趋势线能够精确地测算出空间、时间、成交量和价格。

正如我在上文所说的，数学是唯一一门讲求精确性的科学。在这个地球上，每个国家的人，不管他们讲什么语言，都会同意2加2等于4。至今为止，人们对于所有其他的科学，都不会像对数学这样达成一致的意见。我们发现，不同科学领域中的人，会在很多问题上都出现分歧，但是对于数学计算的结果，他们都不会有异议。

一个圆周，不论它的大小如何，都是360度的。某些特定的圆周上的度数与移动平均趋势线的角度都是非常重要的，它们不断可以标记出重要的阻力位，还可以告诉我们股价的重要的顶部和底部在何时出现。一旦你完全掌握了移动平均趋势线，你就能够解决任何问题，并能判断出任何一只股票的趋势。

经过35年的研究、试验和实盘操作，我已经让这个方法趋于完善，并且证明了哪些是可以判定股市趋势的最重要的移动平均趋势线。所以，你一定要集中精力来学习它们，直至完全吃透它们为止。你要研究和验证我给你的每一条法则，这样，你才会取得成功。

只要你能够按照有关法则，准确地从顶部和底部，或者极高点和极低点划出不同角度的移动平均趋势线，那么，我们使用移动平均趋势线去测算空间和时间周期，就是比加法或乘法计算更省力和更快捷的办法。你在做加法或者乘法的时候，可能会犯错，但是准确绘制出来的移动平均趋势线会帮你纠正这个错误。例如，你要在图的底部向右数出120个格子，它可以代表120天、120周或120个月，你可以从“0”点开始，竖直向上数出120个格子，接下来，从120这个顶部点位出发，向下划一条45度角的移动平均趋势线，那么这条线会与右侧的纵坐标在“0”点交叉，而从横轴上来看，这个交叉点是从“0”点算起的120点。如果你数错了格子，这种方法可以帮你纠正错误。

在图中划上了移动平均趋势线，就会让你对股价所在的位置和趋势总是一目了然。尽管你以前可能也标记过时间上的阻力位，不过可能标错了地方，或者把它都忘了，但是图中的这些移动平均趋势线却总是会在你的眼前。

正确绘制出这些平面几何中的角，或者移动平均趋势线，能够让你在判断趋势时避免犯错或者误判。你要做的就是等待，并遵循相关的法则，当趋势发生变化的时候，这些移动平均趋势线会让你在图上看得到。

通常所用的普通移动平均值，取的是日历日、日历周或日历月的极高点和极低点，相加之后除以2，就得到了这一天、这一周或这个月的中间价或平均价。在每个时间段结束的时候，都会继续这样做。这样的移动平均值在空间或点位上的波动就是不法则的，这是因为当时间段固定的时候，比如按周来计，有时每周可能上涨2个点，在其他时候，每周可能上涨5个点。所以，我们所用的移动平均趋势线，才是真正的移动平均线，从日高低点图、周高低点图或月高低点图上，它们从任何一个顶部或底部出发，按照一定的速率向上或向下延伸。

如何绘制移动平均趋势线

我们可以用数学或几何的方法，来证明下面这三个图形上的重要点位：圆周、正方形和三角形。我在画完了一个正方形之后，可以在正方形中用相同的直径画出一个圆周，以此类推，还能不断画出三角形、正方形和圆周。

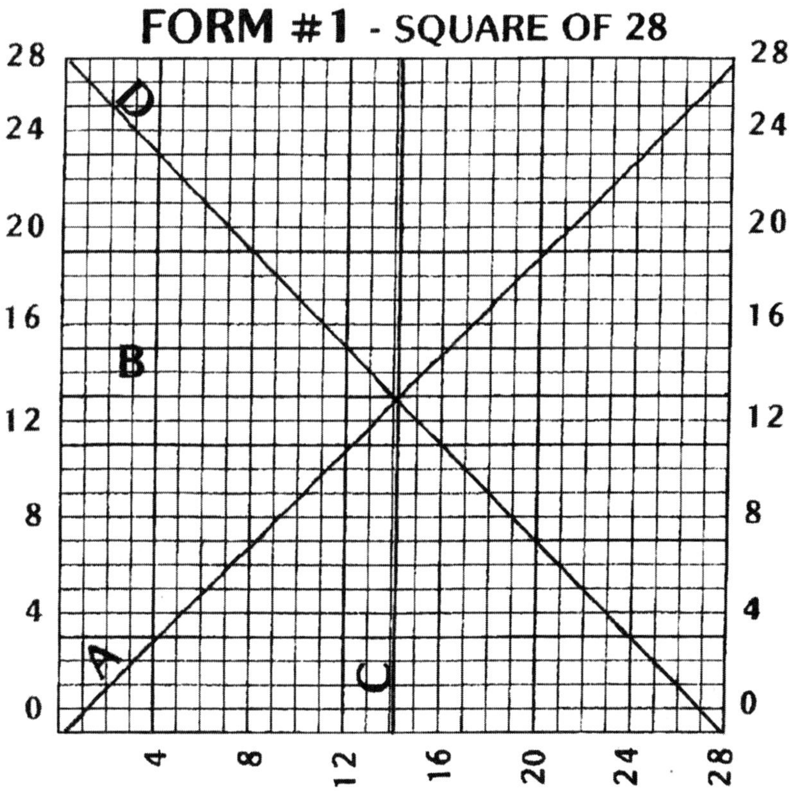

图4–1

移动平均趋势线可以测算时间和价格，并把它们按一定的比例分成几个部分。在图4-1中，我先画了一个28×28的正方形。你应注意到的是，这个正方形高度有28个小方格，宽度也有28个小方格，换句话说，竖直向上是28，横向也是28。它与正方形的房间是一样的，有底部或称地板，有顶部或称天花板，也有墙体。每个物体都有长、宽和高。

为了得到这个正方形中最强也是最重要的点位，我要用水平线和垂直线把这个正方形分成两个相等的部分。请注意标有“A”的移动平均趋势线，它是从“0”到“28”之间45度角的对角线，它把每个小的正方形都分成了两个相等的部分，也把这个大的正方形分成了两个相等的部分。接下来，请注意标有“B”的那条水平线，它从“14”出发，横着向右横穿这个正方形，把这个正方形分成了两个相等的部分。下面请注意标有“C”这条垂直线，它从“14”出发，也就是从“28”的1/2点位开始，竖直向上，与其他的移动平均趋势线在中间价14形成交叉，这条线也把这个大的正方形分成了两个相等的部分。接下来，还应注意标有“D”的移动平均趋势线，它是另外一条45度角的对角线，从西北角一直划到东南角，精确地与标有“A”的移动平均趋势线在14这个中间点位形成了交叉。通过这样的划线，你会看到，当我们划出第一条从正方形的中心通过的线的时候，我们把这个大的正方形分成了两个相等的部分。接下来，当我们从另一个方向划出通过正方形的中心的线的时候，我们把正方形分成了四等份。而当我们划出正方形的两条对角线的时候，我们把正方形分成了八等份，也就出现了8个三角形。

当你在看这个正方形时，你很容易一眼就能发现，哪里是最强的支撑位或阻力位——它就是在水平线、垂直线和这些移动平均趋势线互相交叉的地方，也就是正方形的中心点上。四条线在这里形成交叉，它自然是要比只有一条线经过的点位更具有支撑力。对于大的正方形中分割出的小的正方形，我也可以用相同的方法把它们分成四等份或八等份。在下文中，我将会出有关的法则和例子，我会解释如何与股价的区间形成正方。股价区间指的是极低点到极高点之间的股价波动区间，这个区间也可以是任何一个低点与任何一个高点之间的股价波动区间。我也会解释如何与底部价格形成正方。例如，如果股票在顶部的股价是28美元，那么28×28的正方形就代表时间与股价形成了正方，因为如果股价上涨了28个点，我们就在时间上就要走完28个小方格，我们就称之为时间与股价达成了正方。所以，当股票运行了28天、28周或28个月的时候，在时间上就与28的股价区间达成了正方。

移动平均趋势线的样本图

那些对于判断股价的位置很重要的移动平均趋势线，在这个90 × 90的正方图，或称样本图中，都可以找得到。这些移动平均趋势线的度数包括：3¾度、7½度、15度、18¾度、26¼度、30度、33¾度、37½度、45度、52½度、56¼度、60度、63¾度、71¼度、75度、82½度、86¾度和90度。

我们不需要用量角器来测量每条移动平均趋势线的度数，想要在方格纸上划出正确的移动平均趋势线，你需要做的就是在方格纸上的空间数格子，8 × 8个方格对应的是1平方英寸，你只要按比例去划移动平均趋势线就可以了。

在90 × 90的正方图上，你会收到的提示，并不包括这些从顶部和从底部分别发出的相同度数的移动平均趋势线，如何通过它们的交叉点来证明它们自己。例如：

从"0"点发出的8 × 1的移动平均趋势线与从"90"发出的向下的8 × 1的移动平均趋势线，它们交叉点的纵坐标在45，横坐标是5⅝，也就是在45为起点的这条水平线上，从"0"开始向右数到5⅝。接下来，我们看从"0"发出的4 × 1移动平均趋势线与从"90"发出的向下4 × 1移动平均趋势线，它们的交叉点也在以45为起点的这条水平线上，交叉点的横坐标为11¼，这与另外的移动平均趋势线之间的交叉点是等距的，从两个交叉点的横坐标来看，第二个的时间长度相当于第一个的两倍。这些移动平均趋势线出现这种情况的原因在于，以45为起点的这条水平线、或45点或45度角是90的一半。所以，从"0"点发出的向上的移动平均趋势线与从"90"发出的向下的相似角度的移动平均趋势线，一定会在以45为起点的这条水平线上，或者是正方形的重心位置形成交叉。

如何从股价的低点绘制移动平均趋势线

图4-2所示的这些移动平均趋势线，是在股价不断走高的上涨过程中，会用到的最重要的移动平均趋势线。

最重要的是45度角或称1 × 1的移动平均趋势线

我们首先要划的就是45度角的移动平均趋势线，它始终都是最重要的一条移动平均趋势线，是按照每天上涨1个点、每周上涨1个点或每个月上涨1个点的速率来绘制的。这是一条45度角的移动平均趋势线，因为它把股价空间和时间周期都分成了两等

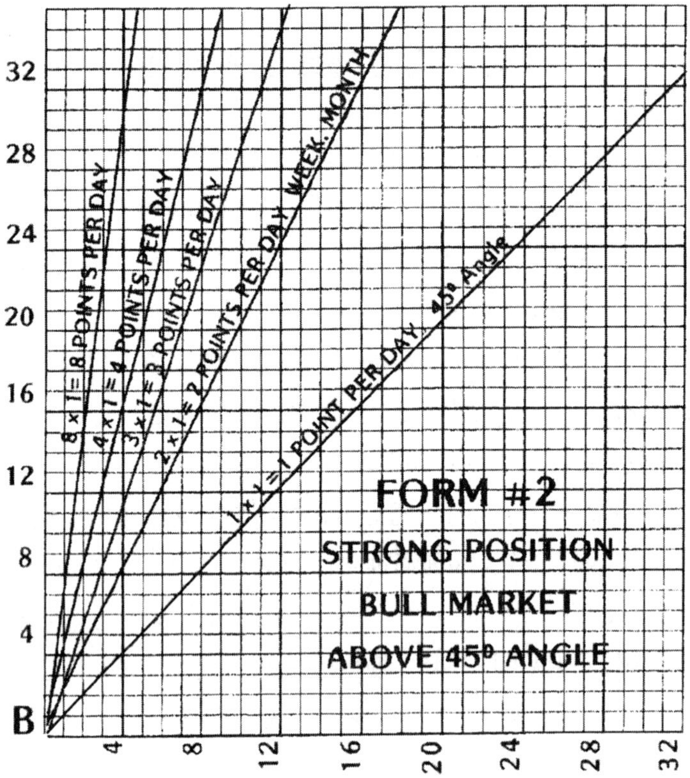

图4–2

份。只要指数或股价能站在这条45度角的移动平均趋势线上方，就表明它处于强势当中，后市还有上升空间。你可以在股价每次回落到45度角的移动平均趋势线上的时候买入，同时将止损单的点位设在45度角的移动平均趋势线所对应的价位下方1个点、2个点或3个点的价位，但是要记住的交易法则是，除非股价处在接近底部价位的地方，或者说牛市行情刚启动，又或者股价处在非常低的价位上，永远不要让止损单的价位与交易价之间超过3个点。我总是把止损点的价位设在45度角的移动平均趋势线所对应的价位下方1个点的价位上。如果这条趋势线被跌破了1个点，你通常会发现趋势已经发生了变化，至少也是暂时性的变化，股价就此会逐步走低。

精确计算如何绘制45度角的移动平均趋势线的简易方法如下。

例如，如果在时间上是从底部算起的时间是第28天、第28周或第28个月，那么45度角的移动平均趋势线另一端的纵坐标也要向上移动28个点，一定会达到28这个涨幅。这是最简单的一种移动平均趋势线，也是最容易学的一种移动平均趋势线。我们的法则是，在上涨行情中，等到股价回落到45度角的移动平均趋势线上时买入，或者在下跌行情中，等股价反弹到45度角的移动平均趋势线上时卖出。如果你能坚持遵守这条法则，那么你单凭借着45度角的移动平均趋势线上时交易，就能战胜这个市场。

重要性排第二的是2×1的移动平均趋势线

重要性排第二的是2×1的移动平均趋势线或移动平均线，它是按照每天上涨2个点、每周上涨2个点或每个月上涨2个点的速率来绘制的。它把45度角的移动平均趋势线与垂直线之间的空间分成了两个相等的部分，这条线的度数是63¾度角。这就是为什么它是重要性排第二的移动平均趋势线的原因所在。只要股价能站在这条移动平均趋势线的上方，那么就比它处在45度角的移动平均趋势线上时的走势更强，因为63¾度角比45度角更陡。当股价跌破了2×1的移动平均趋势线，或者说达不到在每个时间段内上涨2个点，就表明股价将会走低，并到达45度角的移动平均趋势线。请记住，对于所有移动平均趋势线都适用的一条法则是：无论股价跌破了哪一条移动平均趋势线，都预示着股价要跌到它下方的另一条移动平均趋势线上去。

重要性排第三的是4×1移动平均趋势线

股价能够站在这条移动平均趋势线的上方，表明它的走势更强，它是按照每天上涨4个点、每周上涨4个点或每个月上涨4个点的速率来运行的。这条4×1的移动平均趋势线，4个空间上的点对应着1个时间段。这条线的度数是75度角，它把2×1的移动平均趋势线与90度角的垂直线之间的空间分成了两个相等的部分。任何股票能保持每天、每周或每个月上涨4个点的话，就能站在这条移动平均趋势线的上方，只要是能站在这条线上方，就表明走势非常强。但是，当这条线被跌破的时候，就表明股价将跌到它下方的移动平均趋势线上去，或者说是按照该股在时间周期中所处的位置，跌到下一个支撑位。

重要性排第四的8×1移动平均趋势线

8×1的移动平均趋势线是按照每天上涨8个点、每周上涨8个点或每个月上涨8个点的速度向上运行的，这条线的度数是82½度角。在日高低点图、周高低点图或月高低点图上，只要是股价能保持在这条移动平均趋势线的上方，就表明它可能是处在最强的走势之中了。但是，当股价趋势发生了反转，股价跌破了这条移动平均趋势线的时候，就表明股价将跌到它下方的移动平均趋势线上去。

16×1的移动平均趋势线

你可能也会用到16×1的移动平均趋势线，它是16个空间上的点对应着1个时间段，这条线的度数是86¼度角。但是这条移动平均趋势线只适用于就像1929年那样快速上涨的行情，也就是股价以每周16个点或每个月16个点的速度波动的时候，而这样行情出现的次数很少。

你应注意到的是，有了前四条重要的移动平均趋势线，就能很好地表现出市场的强势或牛市行情。任何时候你用移动平均趋势线去分割空间的时候，都会得到时间和价格的1/2点位或者重心。

3×1的移动平均趋势线

你要注意标记着“3×1”的绿色移动平均趋势线，它是以每天上涨3个点、每周上涨3个点或每月上涨3个点的速度向上运行，这条线的度数是71¼度角。当股价经过了长期的上涨，与底部有很大距离的时候，这个移动平均趋势线的作用就很重要了。它是周高低点和月高低点图中的重要的移动平均趋势线。

以上这些移动平均趋势线，就是当股价持续上涨，每天、每周、每个月都能上涨1个点以上，或者说股价可以站在45度角的移动平均趋势线的上方时，你需要用到的所有的移动平均趋势线。

一个圆周有360度，而在其中可以划出任何度数的移动平均趋势线，所有重要的移动平均趋势线都是在0度和90度角之间。90度角是直上直下的，它也是股价上涨中能达到最陡的角度。例如，45度角的线把0度到90度之间的空间分成了两半，而135度角的线其实就是另一条45度角的线，它把下一个90度到180度的1/4圆周一分为二，而225度角的线和315度角的线也可以看作是45度角的线。所以，对于判断股票趋势很有价值的移动平均趋势线的角度都能在0和90度角之间找到。当我们把90度角八等分，就能得到那些最重要的移动平均趋势线的度数；如果把90度角三等分的话，就能得到30度角和60度角，它们对于判断时间和股价的阻力位来说，也是很重要的。

从哪几种底部可以绘制移动平均趋势线

日高低点图

如果股价已经下跌了一段时间，随后从底部开始反弹（从底部的反弹必须是每天的底部价位都在抬高，顶部价位也在抬高），从日高低点图上看，股价反弹了3天之后，你可以开始从底部或低点价位绘制45度角和2×1的移动平均趋势线。一般来说，开始的时候，只需要先画这两条移动平均趋势线。如果股价能在这个底部之上站稳，不跌破它，你就可以从这个底部开始绘制其他的移动平均趋势线。

周高低点图

如果股票在下跌过程中，其间反弹了1周多的时间，随后继续下跌，比方说，下跌了3周或更长时间，接下来又开始反弹，上涨了2周或更长时间。你可以从在下跌的低点开始绘制移动平均趋势线，在股价再次跌破45度角的移动平均趋势线之前，你只需要用在45度角的移动平均趋势线的上方的那些趋势线。股价跌下来后，你会到用那些在45度角的移动平均趋势的下方的那些趋势线，它们处在正方形中的下半边，或者说是熊市的半场。

当从底部发出的45度角的移动平均趋势线被跌破后，该怎么办

当股价见顶之后，可能是暂时的，也可能是中长期的，会跌破45度角的移动平均趋势线，开始下行，那么你要做的第一件事，就是从底部或者低点价位出发，绘制45度角的移动平均趋势线下方的那些趋势线。要注意在图4-3中的例子。

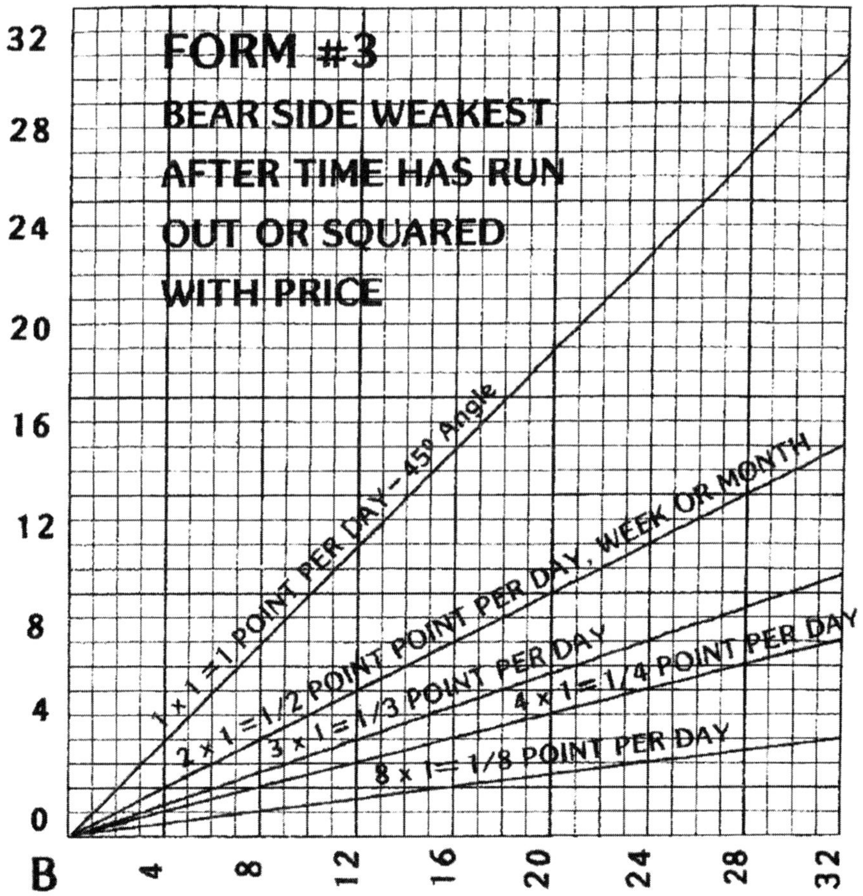

图4–3

正方图中熊市半场的第一条移动平均趋势线：2×1的移动平均趋势线

你要在正方图的熊市半场绘制的第一条移动平均趋势线是2×1的移动平均趋势线，即横向的2个点对应着纵向的1个点，它以每天上涨1/2个点、每周上涨1/2个点或每个月上涨1/2个点的速率来运行的，这条线的度数是26¼度角。当股价跌破了45度角的移动平均趋势线之后，这条线是股价遇到的第一个支撑。一般来说，股价到了这条移动平均趋势线上，会获得支撑，并出现反弹。有时，股价会长期维持在这条趋势线上，走出逐渐抬高的底部。但是当2×1的移动平均趋势线被跌破了，也就是股价达不到每天、每周或者每个月上涨1/2个点的时候，你就必须要绘制下一条4×1的移动平均趋势线。

4×1的移动平均趋势线

在正方图的熊市半场中，下一条重要的移动平均趋势线是4×1的移动平均趋势线，也就是以每天1/4个点的速率向上运行的，这条线的度数是15度角。它将是股价下一个有力的支撑位，股价在这里可以获得支撑，并开始反弹。

8×1的移动平均趋势线

当4×1的移动平均趋势线被跌破后，你在图上需要绘制的下一条重要的移动平均趋势线是8×1的移动平均趋势线，它以每天上涨1/8个点、每周上涨1/8个点或每个月上涨1/8个点的速率运行，这条线的度数是7½度角。这条线的支持力度经常是个非常强的。当股价经过一波大跌之后，常会出现好几次回落到这条趋势线上的情况，或者是在这条线上见到最后一个底部，随后从这里起步，开始上涨，并突破其他的移动平均趋势线，重新回到强势中去。所以，当股价经历了长期的下跌之后，在月高低点图或周高低点图上使用这条移动平均趋势线是很重要的。

16×1的移动平均趋势线

当股价从一个重要的底部已经走出很长时间的时候，可以把16×1的移动平均趋势线用在月高低点图上。它是以每个月1/16个点的速度向上运行的，这条线的度数是3¾度角。

3×1的移动平均趋势线

3×1的移动平均趋势线是用红笔画的，它是非常重要的趋势线，这条线的度数是18¾度角。我强烈建议，要一直都在月高低点图使用这条移动平均趋势线，要从任何一个重要的底部开始绘制这条趋势线。它有时也可以用在周高低点图上，也能显示出它的优势，不过它在日高低点图上的价值就不大。它是以每天、每周或每个月1/3个点的速度向上运行的。通过多年在月高低点图上绘制3×1的移动平均趋势线，你很快就会对它的价值信服不已，它的价值也可以在周高低点图上得到验证，你会发现它是很有价值的。

以上就把你无论在什么时候需要用得到的所有从任何一个底部发出的移动平均趋势线都介绍全了。

如何从走势图的顶部绘制移动平均趋势线

绘制从顶部发出的45度角的移动平均趋势线下方的趋势线

当股价见顶之后，会下跌一定的时间，比如，3天、3周或3个月，并跌破前期的一些底部价位，那么，你就可以开始从顶部出发，向下绘制这些45度角的移动平均趋势线下方的趋势线。请注意图4-4中的例子，这是从顶部发出45度角的移动平均趋势线下方的趋势线的样本图。

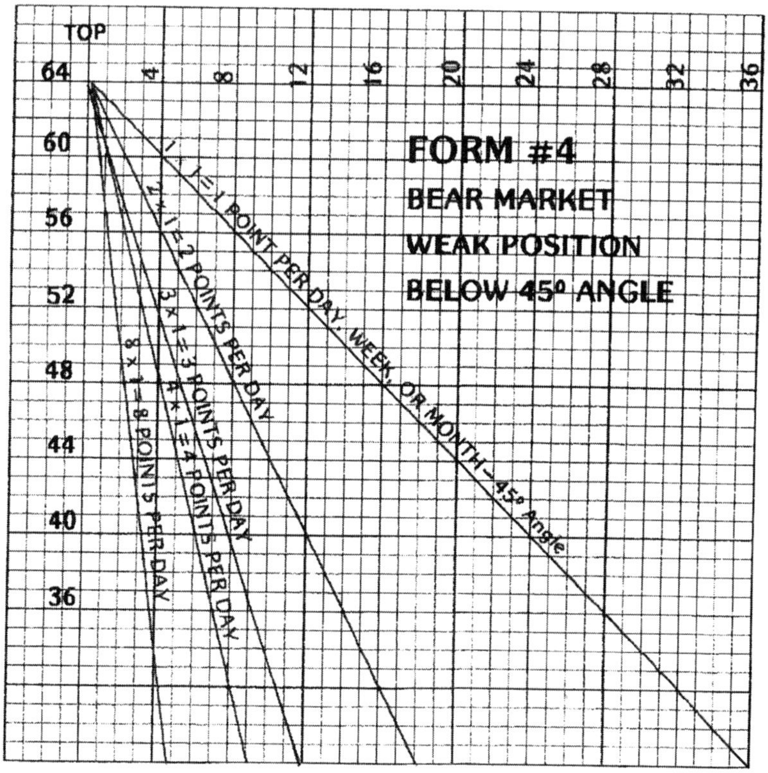

图4-4

从顶部发出的45度角的移动平均趋势线

你画的第一条移动平均趋势线应该是45度角的移动平均趋势线，它是按每天下跌1个点、每周下跌1个点或每个月下跌1个点的速率运行。只要股价跌破了这条趋势线，就表明股价的走势处在最弱的状态，已经进入到了熊市行情。

其他移动平均趋势线

在很多情况下，股价开始下跌后，会按照平均每天、每周或每个月下跌8个点，或每天、每周或每个月下跌4个点，或每天、每周或每个月下跌2个点的速度来运行。所以，你需要把从顶部发出的所有移动平均趋势线都划出来，这些移动平均趋势线下行的速度比45度角的移动平均趋势线更快。

最弱的走势

当股价下跌之后，一直被压制在8×1的移动平均趋势线下方时，它可能就是处在走势最弱的状态。当股价以每天、每周或每个月下跌4个多点来运行的时候，或者说是处在4×1的移动平均趋势线的下方时，这里的弱势程度仅次于8×1的移动平均趋势线的下方。当股价跌到2×1的移动平均趋势线下方时，这里的弱势程度仅次于4×1的移动平均趋势线的下方。

最强的走势

当股价突破2×1的移动平均趋势线时，就表明走势在逐步转强，预示着会出现幅度更大的反弹。不过，这还要看它从顶部跌下来了多少点，也要看移动平均趋势线之间的距离来定，有关法则将在下文中给出具体说明。

趋势的改变

只要股价按每天下跌1个点、每周下跌1个点或每个月下跌1个点的来运行，或者说股价跌破了45度角的移动平均趋势线，或者是处在这条趋势线的下方，就表明股价还在熊市行情之中，走势还是非常弱。在经过长期的下跌后，当股价出现了反弹，向上突破了45度角的移动平均趋势线，那么你就要准备在45度角的趋势线的另一侧划上其他的移动平均趋势线了，这也表明股价在熊市中走势转强，该股可能要准备变盘，进入到牛市的行情中去。

从顶部发出的45度角移动平均趋势线上方的趋势线

请参见图4-5，这是从顶部发出的45度角的移动平均趋势线上方的趋势线的样本图。

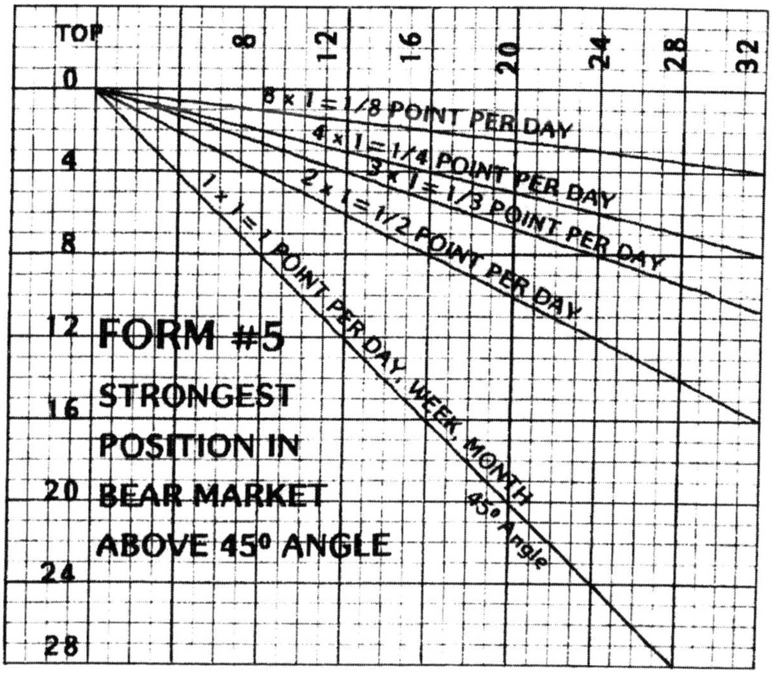

图4–5

从顶部发出的2×1的移动平均趋势线

2×1的移动平均趋势线是当股价突破了45度角的移动平均趋势线之后，也就是有迹象表明至少股价已经出现短期的底部之后，你要绘制的第一条移动平均趋势线。横向的2个点对应着向下的1个点，或者说是每个时间单位对应着下跌1/2个点，这就是说它是一每天、每周或每个月下跌1/2个点的速度运行的。

4×1的移动平均趋势线

下一条移动平均趋势线是4×1移动平均趋势线，它以每天、每周或每个月下跌1/4个点的速度运行。

8×1的移动平均趋势线

下一条趋势线就是8×1的移动平均趋势线，它以每8天、每8周或每8个月下跌1个点，或者说是每个时间周期下跌1/8个点的速度运行。

强势

当股价突破了45度角的移动平均趋势线，并反弹到2×1的移动平均趋势线的时候，股价会遇到阻力，股价会回调到某条从上一波行情的底部发出的向上的移动平均趋势线上。但是如果股价可以保持在2×1的移动平均趋势线上方，就表明它的走势比原先要更强一些。当股价突破了4×1的移动平均趋势线的时候，就表明它处在下一个最强的走势之中了。当股价突破了8×1的移动平均趋势线，就表明它从顶部跌下来之后，又一次回到了非常强的走势之中。不过，这条8×1的移动平均趋势线在重要性上不如前面几条趋势线。对于一波从底部出现的上涨行情，你始终都必须考虑到股价它与移动平均趋势线之间的相对，并以此来判断它走势的强弱。考虑股价从底部上涨了多少点，或者从顶部下跌了多少点，也是非常重要的。

3×1的移动平均趋势线

在图4-5中，3×1的移动平均趋势线以每3天、每3周或者每3个月下跌1个点，或者是每天、每周或每个月下跌1/3个点的速度运行。当股价经过长期下跌之后，使用这条移动平均趋势线是很有用的。

以上就把你无论在什么时候需要用得到的从顶部或者底部发出的所有移动平均趋势线都介绍完了。你要不断练习从顶部和底部出发去绘制这些移动平均趋势线，直到你能透彻地理解绘制的方法，做到绝对准确地画出它们，接下来，你就要开始学习按照股价与移动平均趋势线的相对位置来判定趋势变化的法则。

双顶（底）和三重顶（底）

移动平均趋势线彼此之间相互交叉

当股价出现了相隔几天、几周或几个月的双重底时，此时你需要从这些处在同一价位附近的底部分别绘制多条移动平均趋势线。例如，从第1个底部出发，绘制一条45度角的移动平均趋势线，再从第2个底部出发，绘制一条2×1的移动平均趋势线，接下来，这两条移动平均趋势线会彼此出现交叉，它们的交点就是重要的变盘点。

请注意在图4-6中，我从第1个底部“1B”绘制了一条45度角的移动平均趋势线和一条2×1的移动平均趋势线，这条2×1的趋势线在45度角的趋势线右侧。接下来，我从第2个底部“2B”绘制了一条45度角的移动平均趋势线和一条2×1的移动平均趋势线，这条2×1的趋势线在45度角的趋势线的左侧，也就是在牛市的半场，以

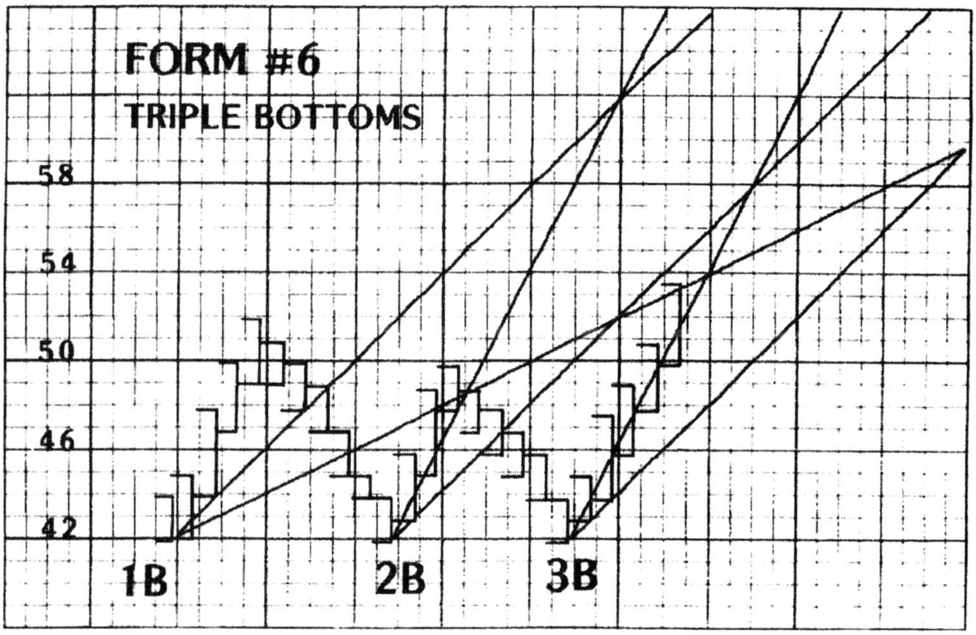

图4-6

每天、每周或每个月上涨2个点速度运行。你应该注意到的是，从第2个底部发出的2×1的移动平均趋势线与从第1个底部发出的处在熊市半场的2×1移动平均趋势线，在48形成交叉，当股价跌破了这些移动平均趋势线，就会发生趋势的变化，后市会继续走低。

要注意的是，从第3个底部“3B”发出的2×1的移动平均趋势线与从第1个底部发出的处在熊市半场的2×1的移动平均趋势线，在53½形成交叉。这条从第3个底部发出的2×1的趋势线又与从第2个底部发出的45度角的移动平均趋势线，在58形成交叉。你要关注这个点位，看是否会发生趋势的变化。我已经把这些从不同底部发出的移动平均趋势线彼此相交的位置划上了一个圆圈。

这个法则同样也可以用在双顶或三重顶上。那些顶部或底部的股价非要完全一样，只要接近同一价位就可以了。还要记住，始终都要从所有重要的顶部或底部绘制一条45度角的移动平均趋势线。

平行的移动平均趋势线

你可以从重要的顶部和底部绘制出互相平行的移动平均趋势线。正如上文中讲过的，45度角的移动平均趋势线是最重要的，从每个重要的顶部和底部都应该绘制一条45度的趋势线。如果一只股票开始上涨，我们就从它的底部出发，绘制一条45度角的移动平均趋势线。接下来，如果股价见顶，开始下跌，随后出现了底部价位逐渐抬高的情况，股价在上涨的过程中，顶部价位也出现了抬高的情况，那么，我们就从第1个顶部出发，绘制一条45度角向上的移动平均趋势线。这样一来，在从底部发出的45度角的趋势线与从第1个顶部发出的向上的45度角趋势线之间，就形成了一个平行向上的震荡区间或震荡带。股价经常会上涨到从第1个顶部发出的45度角移动平均趋势线，但是却没能突破这条趋势线，随后就下跌到从第1个顶部发出的45度角的移动平均趋势线上，接下来又开始上涨，在这两条平行的移动平均趋势线之间，股价不断走高，走出很长时间的牛市行情。

当这两条移动平均趋势线之间相距非常远的时候，你可以在它们之间的中间位置再划一条45度角的移动平均趋势线，这条趋势线就经常会起到很强的支撑作用，股价在这里会出现反弹，但是当股价跌破这条位于中间的趋势线时，行情接下来就会跌到这个平行区间最下面的那条趋势线上。

平行区间也可以出现在2×1的移动平均趋势线之间，或者4×1的移动平均趋势线之间，它与45度角的移动平均趋势线之间的平行区间的形成是一样的，不过，它们常会出现在运行缓慢的行情中。

从“0”点发出的移动平均趋势线

当股价见底之后，开始上涨，你已经知道应该精确地从这个低点价位出发，绘制移动平均趋势线，来展现时间周期中的支撑位。但是，这里还有其他我们要讲到的移动平均趋势线，它们与从股价底部发出的移动平均趋势线同样重要，有时甚至更重要，这就是从“0”点发出的移动平均趋势线，它们与从底部价位发出的移动平均趋势线向上运行的速率是一样的。这些趋势线的起点从横轴上说必须与见到底部的时间在同一条垂直线上，纵轴上是股价的“0”点。每次股价见底的时候，都应该从“0”点出发，绘制移动平均趋势线，特别是在周高低点图或月高低点图上更应如此。对于重要的行情，在日高低点图上也要从“0”点出发，绘制这样的移动平均趋势线。详见图4-7。

如图所示，如果股价的低点在20美元，我们从“0”点出发，绘制一条45度角的向上的移动平均趋势线，那么这条移动平均趋势线所对应的股价，什么时候能达到20美元呢？答案是，它将会在从底部，或起点算起的第20天、第20周或第20个月达到20美元。换句话说，它会在股价见底的那一天之后的20天、20周或20个月里，把股价从0上涨到20美元，而20美元是股价之前的底部点位。接下来，这条45度角的移动平

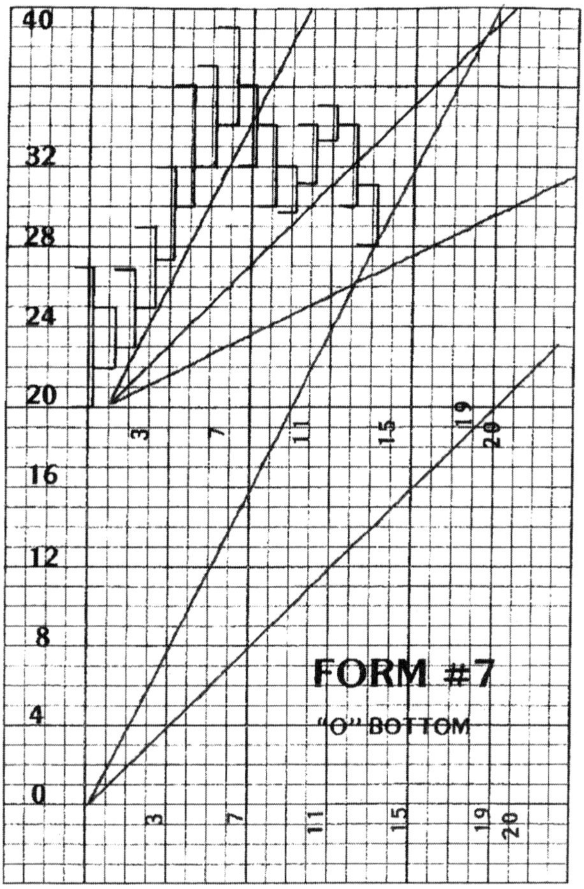

图4-7

均趋势线将会以同样的速度继续向上延伸。而后，当股价跌破了从实际的底部价位20美元发出的45度角的趋势线和其他从实际的底部价位20美元发出的移动平均趋势线的时候，下一个重要的支撑位就在从“0”点发出的这条45度角的趋势线。当这条移动平均趋势线也被跌破的时候，就表明股价有可能是处在最弱的走势当中，后市的下跌空间已经打开。但是，这也要看股价在什么价位和它跌破了从“0”点发出的45度角的趋势线的时候，股价已经下跌了多少来判断。这些从“0”点发出的移动平均趋势线，特别是45度角的趋势线，可以证明股价与时间在什么时候达到平衡，或股价在什么时候与底部价位形成正方。

当股价见顶时，从“0”点发出的移动平均趋势线

在日高低点图、周高低点图或月高低点图上，当股价见到极高点之后，趋势开始掉头向下，这时，你应该从“0”点绘制一条向上的45度角移动平均趋势线，它在时

间上的起点与见顶的时间相同，在运行的空间上与见顶的点位相同。它将证明股价与时间周期何时达成正方。当股价达到这条45度角的移动平均趋势线的时候，就预示着趋势会发生变化，应该重点关注。这条趋势线是股价的最后一道强支撑位，当它被跌破时，就表明股价的下跌空间打开了。

我已经教过你，在任何时候，都要首先从顶部或底部绘制一条45度角的移动平均趋势线，从见底或见顶时的“0”点，也要先画一条45度角的趋势线。但是，这并不意味着你不可以用其他的移动平均趋势线，从见底或见顶时的“0”点出发，其他所有的移动平均趋势线都是能用的，但是45度角的趋势线是首要的移动平均趋势线。当45度角的移动平均趋势线被跌破后，你可以使用其他的移动平均趋势线，但是你要在需要它们的时候，才把它们绘制出来，不需要一下子就把所有的移动平均趋势线都画出来。在月高低点图上，经过多年后，当股价开始接近某个价位，将来有可能跌破这个价位，或者在这个价位上止跌，获得支撑时，就应该把与该价位对应的其他那些移动平均趋势线画出来了。

45度角的移动平均趋势线从“0”到达顶部和底部价位

当从“0”点发出的向上的45度角的移动平均趋势线，达到了当初的底部价位，这是非常重要的关注时点，而对于见顶时，从“0”点发出的向上的45度角的移动平均趋势线，当它达到极高点的价位时，这个时点也是很重要的变盘点。

对于股价中所有重要的第一个、第二个和第三个价位有所抬高的底部，特别是这些底部之间相隔的时间非常久的时候，都应该从当时的“0”点向上绘制45度角和其他的移动平均趋势线。对于股价中第一个、第二个和第三个价位有所下移的顶部，特别是当这些顶部之间的相距比较久远的时候，都应该从当时的“0”点向上绘制的45度角的移动平均趋势线。这些移动平均趋势线是周高低点图和月高低点图上最重要的趋势线。

永远也不要忽略去坚持绘制这些从“0”点发出的移动平均趋势线，因为它们能够告诉你，什么时候股价走出了时间与顶部价位和底部价位达成的正方，当从底部发出的45度角的移动平均趋势线被跌破的时候，它也可以告诉你股价在熊市半场的哪个点位上可以获得支撑，除了从“0”发出的移动平均趋势线，没有任何其他的办法可以让你找到这个支撑点位。

你应该回顾一下过去的走势图，并在图上绘制出这些移动平均趋势线，找到时间与不同顶部和底部达成正方的点位，这样你就可以信服，使用这些移动平均趋势线，的确会给你带来巨大的价值。

从顶部发出的移动平均趋势线到达“0”，再反身向上

在月高低点图或周高低点图上，从任何一个重要顶部发出的45度角的移动平均趋势线，都应该一直延伸到股价为“0”的水平线，随后再从交点出发，以同样的速率反身向上继续运行。经过很多年之后，在重要的顶部和底部之间，有这样一条来回上上下下的移动平均趋势线是很重要的。45度角的移动平均趋势线也可以从任何一个重要底部出发，向下延伸到股价为“0”的水平线，再从交点出发，重新向上运行。这样一来，移动平均趋势线就可以让你看出，无论是从顶部或还是底部算起，时间与价格何时达成正方。

在任何一个重要的时间周期快走完的时候，也可以从当时的“0”点出发，绘制移动平均趋势线。例如，美国钢铁在1904年见到过极低点。1924年5月，应该是将20年，或120个月的时间周期的尾声。1924年5月，股价在109美元见顶，向上触及到了从1915年2月的“0”点发出的45度角的移动平均趋势线，1915年2月是股价在38美元见底的时间。考虑到1924年5月的这个顶部的重要性，而且20年的时间周期就要在这里走完了，所以，我们从1924年5月的“0”点出发，绘制45度角的移动平均趋势线，如果需要的话，还可以绘制其他的移动平均趋势线。

从1924年算起，1931年5月应该是走完7年，或者说是84个月时间周期的月份。从1924年5月“0”点发出的45度角移动平均趋势线，在1931年5月对应的股价是84美元。应该注意到，美钢在1931年6月见到了83⅛美元的低点。1924年6月，美钢的股价在94¼美元见到最后一个低点，这也显示出20年时间周期的尾声的重要性。从1924年6月“0”点发出的45度角移动平均趋势线，在1931年6月对应的股价是84美元，美钢在此后出现了下跌，股价回落到了这条移动平均趋势线上。

从同一个底部发出的两条45度角的移动平均趋势线

正如我们之前讲过的，45度角的移动平均趋势线可以按照每个月上涨1个点的速度向上运行，也可以按照每个月下跌1个点的速度向下运行。请参见图4-8中的例子。

在这张图中，你会注意到，股价的低点在52美元，随后上涨到63美元见顶。从底部52美元开始，向上绘制一条的45度角的移动平均趋势线。股价见顶之后开始下跌，

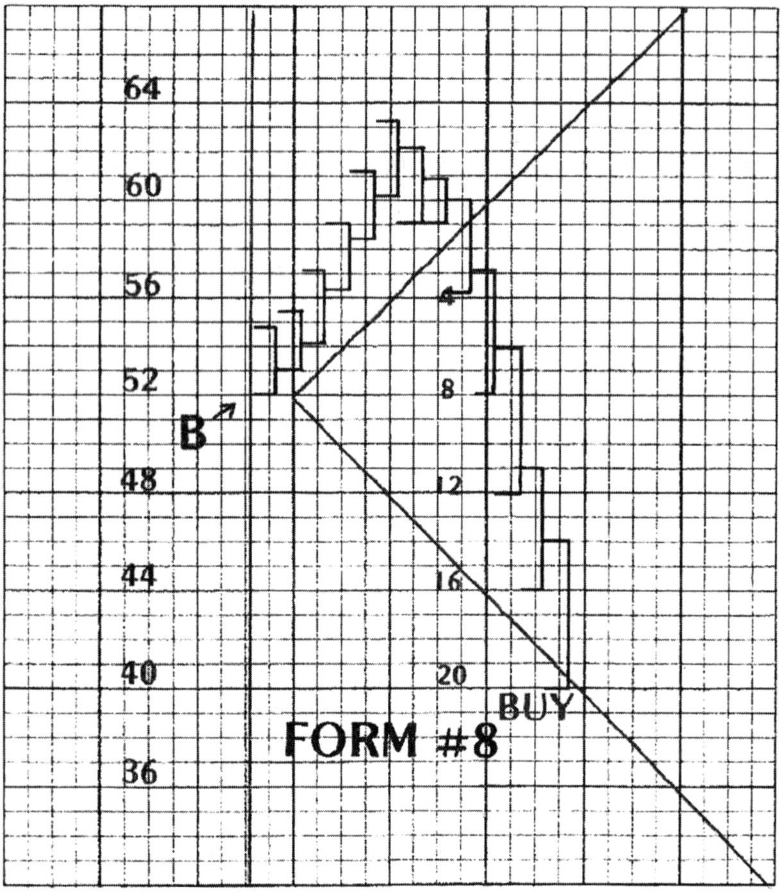

图4-8

跌破了这条向上的45度角的移动平均趋势线，这时的股价是在59美元，处在45度角的移动平均趋势线的下方。你还会注意到，我从底部52美元开始，向下绘制了另一条45度角的移动平均趋势线。在股价跌破了从52美元发出的向上45度角的移动平均趋势线的时点，这两条45度角的移动平均趋势线之间，股价的价差是16个点。所以，如果股价是直线下跌，那么在它到达从底部发出的向下的45度角移动平均趋势线之前，股价的跌幅就有16个点了，因为这两条移动平均趋势线之间的间距已经变宽。

你要注意到，我在图上向你展示出，股价继续下跌，一直到40美元才止跌，股价落在了从底部52美元向下发出的45度角的移动平均趋势线上。这就表明这里是最强的支撑位，特别是当股价从顶部已经下跌了23个点的时候，至少也会有一次暂时性的反弹。在下文关于“阻力位”的章节中，你会发现，从22½到24之间是一个很强的支撑位。

美国钢铁

我们选取美国钢铁在1927年1月见到的极低点111¼美元为起点，在月高低点图上绘制一条45度角的向上的移动平均趋势线，它按照每个月上涨1个点的速度运行。接下来，我们从这个低点出发，向下绘制一条45度角的移动平均趋势线，运行速度与上一条相同。这样就可以看到移动平均趋势线延伸之后的情况，当美钢的股价跌破了从底部发出的向上45度角移动平均趋势线，并且在出现了像1931年和1932年那样极端恐慌的行情时，股价会跌到什么点位。

从1927年1月的底部发出的向上45度角移动平均趋势线，在1930年10月对应的股价是156美元。1930年12月，美钢的股价跌破了这条趋势线，跌到了134⅜美元，刚好落在从1927年1月的底部发出的2×1移动平均趋势线上。随后有一波反弹，一直持续到1931年2月。当股价跌破从低点111¼美元发出的向上的45度角的趋势线时，正是从底部算起的第45个月，这也是股价会出现急速暴跌的另一个信号。在这里，我们来看一下从低点111¼美元发出的向下45度角移动平均趋势线，发现它比从111¼美元发出的向上45度角的趋势线在此时所对应的股价，低了90个点。也就是说，在距离底部45个月的时点上，它们的股价相差了90个点，或者说它们以每个月2个点的速度在拉开距离，所以股价要下跌90个点，才能探到从底部向下发出的45度角的趋势线。因为这两条移动平均趋势线的间距是如此之宽，这也表明该股会出现宽幅的破位下跌。这一幕发生在1931年12月，美钢跌破了从111¼美元向下发出的45度角的移动平均趋势线，进入到了非常疲弱的走势之中。事实上，在股价重新回到这条45度角的趋势线的上方之前，它可能是处在走势最弱的阶段。1932年6月，美钢的股价跌到了21¼美元，跌破了从1925年3月的最后一个底部113⅜美元发出的向下的45度角的移动平均趋势线，在该股重返这些45度角的趋势线的上方之前，该股有2个月的收盘价都在从1925年3月发出的这条趋势线的下方。

这就表明，在股价跌破了从底部发出的向上的移动平均趋势线之后，它会在跌破从底部发出的向下的移动平均趋势线时，进入到非常弱的走势当中，股价有可能会跌到非常低的价位。这种极端波动和下跌的行情过去发生过，将来也会重现，这也证明了在下跌过程中股价要与时间形成正方，或者说股价和时间要达成平衡。

这里还有一个股价与时间达成平衡的例子：1907年10月，美钢的股价在21⅞美元见底，从见底时点的“0”点向上发出的45度角的移动平均趋势线，1929年9月对应的股价为262美元，美钢的股价上涨到了261¾美元。这就表示，美钢在从1907年的底部开始算起的262个月里，差不多每个月上涨了1个点。股价触及到了45度角的趋势线，但是没能突破这条线，表明这个时间周期已经走完了，股价将会掉头向下，展开一波漫长的熊市行情。

从一个顶部到下一个顶部之间的移动平均趋势线

从图4-9中的例子你可以看到，股价在月高低点图中，从底部60美元起步，上涨了6个月，在74美元见顶，我们把顶部标记为“T”，随后回调了3个月，股价下跌到64美元，跌破了45度角的移动平均趋势线，但是股价落在了从底部发出的2×1的移动平均趋势线上。接下来，股价又开始上涨，最后又一次突破了从60美元发出的45度角的移动平均趋势线，股价重新站上了45度角的趋势线，就表明走势更强了。因为股价已经进入了新高区域，为了判断它在哪里可能遇到阻力，我们从顶部74美元向上绘制一条45度角的移动平均趋势线。在从底部算起的第22个月，股价上涨到90美元，打到了从顶点74美元发出的45度角的趋势线。从第1个顶部算起，这个月是第16个月，而从涨幅来看，它比第1个顶部价位高出了16个点，也就是说，时间周期的月份数与上涨的点数是相等的。从74美元发出的45度角的趋势线所对应的股价，比从底部60美元发出的45度角的趋势线所对应的股价要高出1到3个点。接下来，股价出现了下跌，在第三个月又一次跌破从底部60美元发出的45度角的趋势线，这时股价还

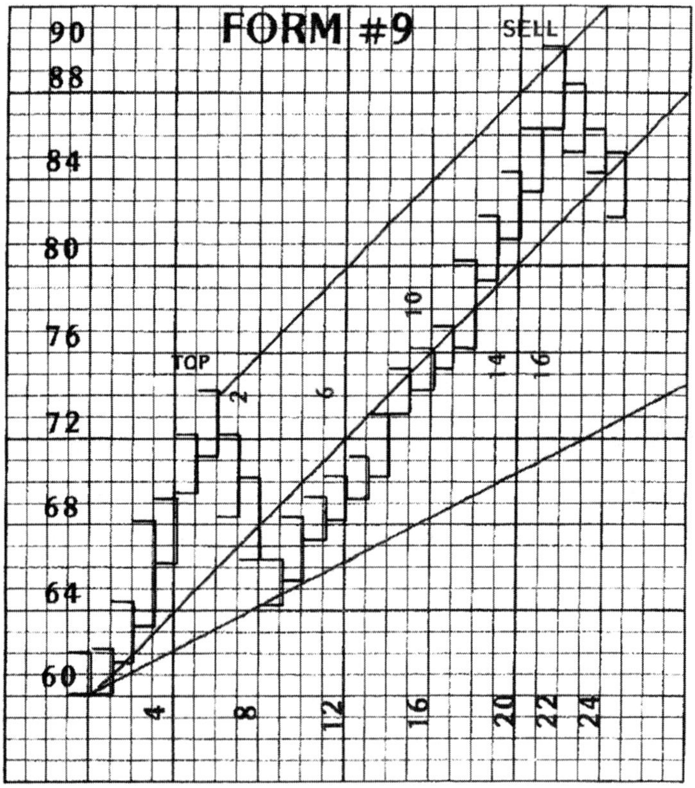

图4-9

是处在非常高的价位。换句话说，股价从底部涨上来了24个点，现在的走势要弱得多了，因为股价距离支撑的基准位如此之远，也就预示着股价会再次跌回到2×1的移动平均趋势线。

请不要忽视下面这条法则：在股价上涨到新高区域之后，接下来，它会下跌到前期顶部，比如这个例子中的顶部74美元，除非股价跌到这个顶部下方3个点的价位，否则，这里可能是一个支撑位。如果股价真的跌到了前期顶部下方3个点的价位，并且跌破了2×1的移动平均趋势线，就表明它的走势已经越来越弱了，而下一个要关注的支撑位就在前期底部价位，也就是这个例子中的64美元，看股价在这里是否会出现一波反弹。

从第一次急速下跌的底部发出的移动平均趋势线

当股价已经上涨了一段时间，在见顶之后，在高位横盘了几天、几周或几个月，接下来，趋势开始掉头向下，出现了一波急速的猛烈下跌。在第一次下跌之后，总会有一次反弹。通常情况下，股价在次级反弹中，见到的顶部价位会较之前有所下移，随后，股价会再一次开始继续走低。第一次大跌的底部是非常重要的移动平均趋势线的起点，始终很重要，特别是要从这个点位绘制一条向下的45度角的移动平均趋势线，就如我在图4-10中所画的那样，它的标记为“1st B”。

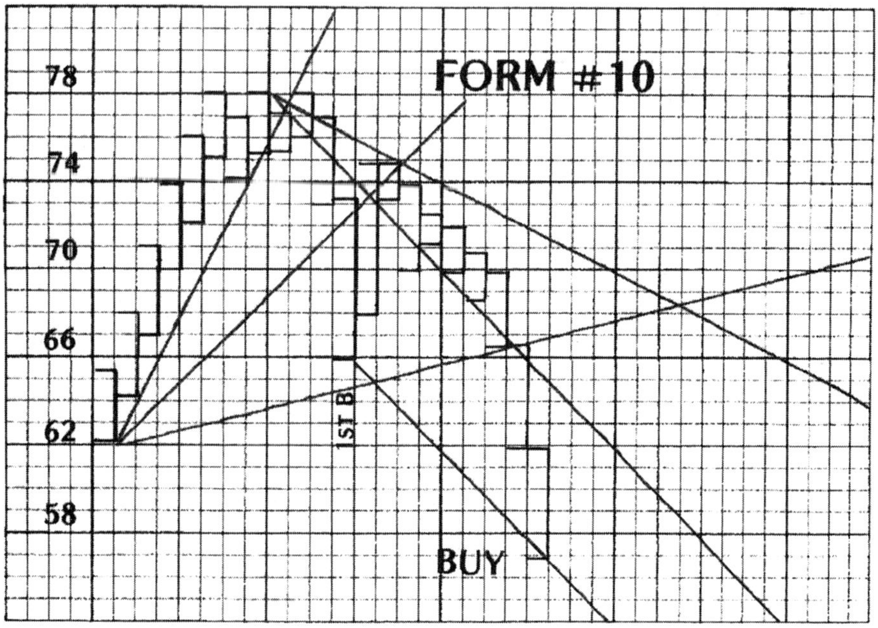

图4-10

从图中可以看出，股价反弹到了75美元附近，这里是从上一个底部发出的45度角的移动平均趋势线与从顶部向下发出的2×1的趋势线形成交叉的点位。接下来，股价又开始下跌，当股价跌到66美元时，它已经跌破了从顶部发出的45度角的趋势线，表明它的走势非常弱。后来，股价跌到了从第一次急速大跌的底部向下发出的45度角的移动平均趋势线上，这里看是与见底后的时间上达成了正方，应该是一个买入点位，它的标记是“BUY”（买入），后市会有一波反弹。股价在下跌中，经常会跌破从这个底部向下发出的45度角的趋势线，处在该趋势线的下方几个点的价位，接下来，如果股价能够在趋势线的下方，或者是趋势线上止跌，并维持几天、几周或几个月的时间，那么这里就是一个买入点位，后市反弹可期。

在月高低点图上，始终要从第一次大跌急速的底部，向下绘制一条45度角的移动平均趋势线，因为在接下来的行情中，它经常会变得非常重要。

当股价已经上涨了一段时间之后，出现了2～3天、2～3周或者2～3个月的急速下跌，接下来有一波反弹，随后又出现了下跌，并跌破了第一次急速下跌的底部价位，这就表明主趋势已经拐头向下，股价将会继续走低。

当股价下跌了很长时间之后，出现了2～3天、2～3周或2～3个月的急速上涨，接下来有一波回调，随后又出现了上涨，并突破第一次反弹的高点价位，这时就可以运用同样的法则，判断后市股价将会继续走高。

牛市或熊市行情中的最后一波涨跌

在一轮牛市行情中，股价会从本轮行情的最后一个底部开始，走出最后一波上涨，从最后一波上涨的起点绘制移动平均趋势线非常重要。请参见图4-11。

在这个例子中，要注意标记有“Last Bottom（最后一个底部）”的点位。在牛市行情的最后一个阶段，股价快速上涨到84美元。我们已经从这个底部绘制了一条2×1的移动平均趋势线（每天、每周或每个月上涨2个点）和一条45度角的移动平均趋势线。当2×1的趋势线被跌破时，就表明趋势已经掉头向下了。随后，股价继续下跌，跌到45度角的趋势线上企稳，接下来，有一波反弹，股价第二次见顶的价位比较之前有所下移，随后，股价跌破了从底部发出的45度角趋势线，股价出现了急速下跌，落在从顶部84美元发出的45度角的移动平均趋势线上，这表明股价与时间形成了正方，或者说它们在数值上是相等的。这里应该是一个买入价位，止损单的点位设在这条趋势线此时所对应的股价下方2～3个点的价位，预计后市会有反弹。如图所示，股价随后反弹到了从顶部发出的2×1移动平均趋势线之上。

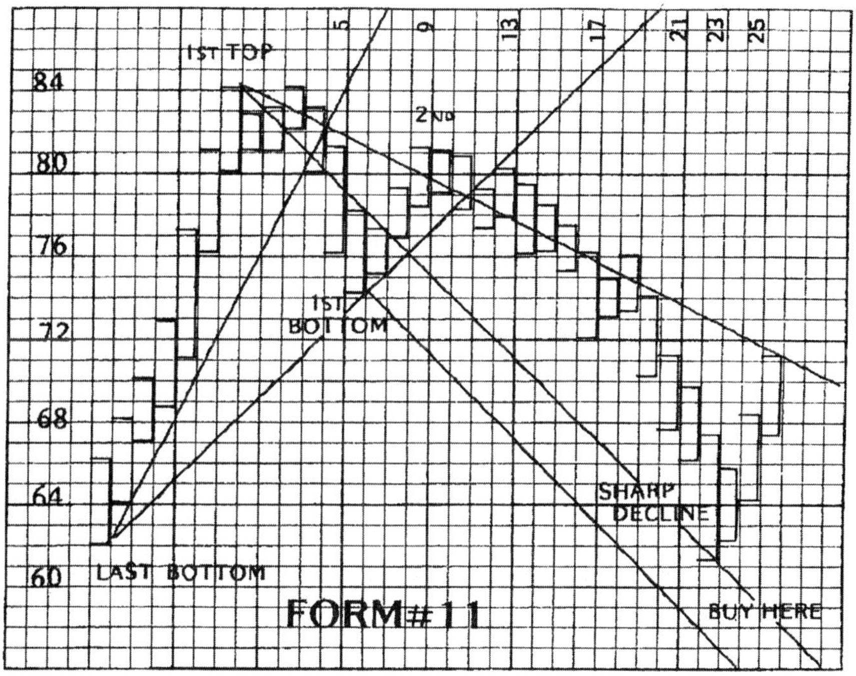

图4–11

在交易非常活跃、股价快速运行的市场中，股价可能会保持在从“最后一个底部”发出的4×1或8×1的移动平均趋势线上方。但在日高低点图或周高低点图上，当第一条度数为锐角的移动平均趋势线被跌破后，就表明趋势已经掉头向下了。

始终要牢记的是，股价在经过了长期的上涨之后，当主趋势已经掉头向下，那么等待反弹见顶后做空卖出，要比逆势买入更安全。

在熊市行情的尾声或急速下跌快要结束的时候，把上述所有这些法则反过来用就可以了。当股价从最后的一个顶部或最后一次反弹的高点开始下跌，走出最后一波下跌行情，注意这个过程是很重要的。从最后一个顶部绘制移动平均趋势线，关注股价在何时触及到了这些重要的趋势线，又在何时突破了这些趋势线。

1932年3月9日，道琼斯30种工业平均指数在90点见到最后的一个顶部，随后有一波下跌，其间只出现过幅度非常小的反弹，7月8日，指数在41点见底。要注意的是，在周高低点图上，在1932年7月30日为最后一个交易日的那一周，指数在50点时突破了从顶部90点发出的2×1的移动平均趋势线。当指数突破了这个价位之后，就再也没有跌回到50点，9月，股价上涨到81点。指数突破了这条趋势线，就是主趋势已经反身向上的第一个明确信号。

回顾从1931年11月9日开始的最后一次大跌，也是很重要的，当时指数在119½点见顶之后，一路下跌，1932年7月，指数在40½点见底。这是本轮熊市的最后一次大跌，指数跌去了79个点。这波行情的1/2点位是80点。1932年9月，指数反弹到81点，随后又回调到50点。在接下来的上涨中，指数站到了这个1/2点位的上方，突破了81点就表明指数无论如何也会上涨到119点。当指数第二次突破了这个中间点位，也突破了81点之后，一直到1935年11月指数在149½点见顶之前，股价就再也没有低于过这个点位。

一只股票经过很长时间的上涨之后，在最后一波上涨中，依然会有较强冲劲，可能会突破从前期顶部或底部发出的移动平均趋势线，接下来，当股价跌破这些趋势线时，这就是弱势的信号。当一只股票出现了急速的下跌，进入筑底过程时，它会跌破一些重要的移动平均趋势线，随后，如果可以很快地收复失地，重新站到这些趋势线的上方，这就表明走势已经转强，趋势正在发生改变。

从不断抬高的底部和不断下移的顶部绘制移动平均趋势线

当股价的底部在不断抬高或者股价的顶部在不断下移时，我们应该遵循什么法则呢？

当股价出现上涨，在月高低点图、周高低点图或者日高低点图上，出现底部不断抬高的走势时，你要从这些不断抬高的底部出发，绘制移动平均趋势线。在牛市行情的最后一个阶段，如果股价跌破了从最后一个底部发出的移动平均趋势线，你就知道，趋势已经掉头向下了。

当股价下跌时，也可以用同样的法则。从每个不断下移的顶部出发，绘制移动平均趋势线，你要关注这些移动平均趋势线，直到股价再次突破从第2个、第3个或第4个不断下移的顶部发出的45度角的趋势线为止。第2个价位有所下移的顶部和第2个价位有所抬高的底部，不但始终是非常重要的移动平均趋势线的起点，它们对于测算时间周期也是很重要的。

例如，道琼斯工业平均指数——

1929年9月3日，见到极高点；

1929年11月13日，见到第一次急速下跌的底部；

1930年4月17日，熊市中有一波大幅反弹，第二次出现了顶部价位下移的走势；

1932年7月8日，见到极低点，这也是这波行情中最后一个底部；

1932年9月8日，在熊市结束之后，见到第一次急速上涨的顶部；

1933年2月和3月，第二次出现了底部价位抬高的走势，牛市行情就此重新展开。

这些都是最重要的顶部和底部，你要以它们为起点，绘制移动平均趋势线。

市场行情的各个阶段

所有市场行情，无论上涨还是下跌，都可以分成3～4个阶段。当市场开始上涨之后，这波上涨行情会运行几周或几个月，接下来，上涨会停顿几周或几个月的时间，股价会在10～20个点的区间内来回波动，具体的幅度要根据股价的价位高低来定。之后，该股会重启上涨的行情，股价会突破第1阶段的高点，不断走高，接下来还会再出现停顿，股价会回调一段时间。之后，股价在上涨的过程中会突破第2阶段的高点，又会上涨一段时间，接下来，会第3次出现停顿期，因为行情经常在第3阶段的尾声见到大顶，随后，会出现更大幅度的下跌，所以，这个阶段是应该重点关注的。

大多数行情在重要的第3阶段就走完了。但是，在股票经过休整和回调之后，如果股价在上涨中突破了第3个顶部的价位，那么它就会继续上行，见到第4阶段的顶部。第4次上涨的时间可能比前面几个阶段都要短一些，而在有些情况下，特别是股票交易非常活跃、股价很高的时候，这个阶段的上涨可能会持续更长的时间。第4阶段的顶部是非常重要的，它通常标志着一个大顶，预示着趋势会发生反转，后市将有更大幅度的下跌。

例如，1935年3月12日，克莱斯勒汽车的股价下跌到31美元见底。

第1阶段：这波上涨把股价带到了5月16日的49¾美元，随后，股价下跌到41¼美元。

第2阶段：股价从6月27日开始上涨，并达到了新高的价位。8月10日，股价在62¾美元见顶，这是第2阶段的顶部。接下来，股价回调到57½美元，进入了休整期。

第3阶段：股价从8月28日又开始了另一波的上涨行情，股价突破了第2阶段的顶部。9月11日，股价在74美元见顶，这是第3阶段的顶部。随后，有一波下跌，9月21日，股价在68美元见底。

第4阶段：股价在10月突破了第3阶段的顶部价位。11月18日，股价在90美元见顶，这是第4阶段的顶部。股价在高位附近横盘了5周，波动幅度为6个点，这是股票的派发阶段。对于股价是否见到了最后一个顶部，趋势是否会变化，在这里是最重要的关注点。之后，趋势掉头向下。

在熊市行情中，把这个法则反过来用就可以了。当行情出现第3次和第4次下跌时，要关注股价的走势。但是你要记住，在熊市中，当反弹来临时，上涨可能只会在一个阶段中持续，在极端的情况下，也只会持续到下一个阶段。之后，行情会发生反转，股价还会伴随着主趋势继续下行。

你会发现，研究和观察行情运行的各个阶段是非常有帮助的，通过运用从顶部和底部发出的移动平均趋势线，你就能判定出趋势中第一次出现的小级别变化和之后的大级别变化。

通过与移动平均趋势线的相对位置来看走势的强弱

移动平均趋势线在月高低点图和周高低点图上的作用，比它在日高低点图上更重要，因为日高低点图上的趋势经常会改变，而在月高低点图和周高低点图上，只会根据移动平均趋势线显示出大级别的趋势变化。

当股票跌破或者突破了任何一条重要的移动平均趋势线的时候，始终都要考虑它与起点之间的距离。无论是股价突破了从顶部发出的移动平均趋势线，还是股价突破了从底部发出的移动平均趋势线，它与起点之间距离越远，这次趋势变化的重要性就越大。

何时处在最弱的走势中

在周高低点图或月高低点图上，当股票已经完成了派发过程，并跌破了从重要底部发出的45度角移动平均趋势线时，它就处在最弱的走势中。当股价跌破了任何一个重要的顶部与底部之间1/2点位时，也表明它处在最弱的走势中。该股之前经历的时间周期越长，股票的价位越高，那么它现在的走势就越弱。例如：

如果股价上涨到了150美元，随后只下跌了25个点，在周高低点图或月高低点图上，就跌破了从极低点发出的45度角的移动平均趋势线，那么，它就处在非常弱的走势当中，因为现在的股价还远高于其股价波动区间的1/2点位，而股价已经走出了与时间周期的正方。

当股价跌破了它的波动区间的3/4、2/3和1/2等点位时，它的弱势就会加剧，但是对于从底部发出的移动平均趋势线，它的起点在时间周期中所处的位置，会告诉你更多有关弱势的具体情况。当股价跌破的第一条重要的移动平均趋势线，是从在牛市行情的最后一波上涨之前的最后一个底部发出的趋势线的时候，这就是该股走弱的第一个信号。

何时处在最强的走势中

在日高低点图、周高低点图或月高低点图上，特别是在月高低点图和周高低点图上，当股价所站上的移动平均趋势线的角度非常陡的时候，就表明它总是处在从底部涨上来之后的最强的走势中。

在日高低点图上，只要股价能保持站在2×1的移动平均趋势线（每天增加2个点）的上方，它就是从底部上来后，处在了非常强的走势。实际上，在日高低点图上，只要股价能保持在45度角的移动平均趋势线的上方，它就始终处在强势之中。同样的法则也适用于周高低点图和月高低点图，在这两个图上，显示出的是最重要的趋势指标。

我发现，那些在月高低点图上总能站在2×1的移动平均趋势线的上方，或者长期都可以保持每个月上涨2个点的股票，它们出现的涨幅是最大的。我看到过有些股票的股价曾回落到2×1的趋势线的次数在10次或15次，但直到上涨了100个点或更多个点之前，从来都没有跌破过这条趋势线。股价可以用这个方式走在时间的前头，而股价的位置远高于45度角的移动平均趋势线，这样就仍留在与时间的正方之内，所以，股价就走得非常强。但是当时间周期结束时，时间也必须要跟上来，主趋势要开始由牛转熊。接下来，当股价跌破从最后一个底部发出的移动平均趋势线时，就表明趋势发生了变化。

判断股价是否处在强势的另一个信号，是要看股价在上涨的过程中能否站到上一波行情中股价波幅的1/2点位的上方并可以保持住，也就是说，在股价回调的时候，也并没有跌破这个点位。这与股价落在45度角的移动平均趋势线上，就表明股价处在非常的走势中是一样的道理。

最强的买入点位和卖出点位

当股价落在45度角的移动平均趋势线上时，就是一个很有把握的买入点位，止损单的价位设在买入价的下方。

另一个买入点位就在股价波幅的1/2点位上，止损单点位设在这个1/2点位下方。

当主趋势上行时，在周高低点图或月高低点图上，在股价回调到2×1的移动平均趋势线上（每个时间周期上涨2个点）时，就是一个安全的买入点位。

重新站上或突破移动平均趋势线

请记住，对于任何一只股票来说，当它在日高低点图、周高低点图或月高低点图上跌破了从极低点发出的45度角的移动平均趋势线的时候，就表明它接下来会处在非常弱的走势中，也预示着股价会跌到下一条移动平均趋势线上去。不过，当股价能够重新站上45度角的趋势线时，就表明它的走势已经转强。

同样的法则也适用于从顶部发出的45度角的移动平均趋势线。当股价在日高低点图、周高低点图或月高低点图上突破了这条趋势线，站在了这条45度角的趋势线上方，或者站上了这条45度角的趋势线左侧的任何一条移动平均趋势线，就表明股价的走势非常强。

在股价一旦跌破了任何一条重要的移动平均趋势线之后，股价的位置出现了逆转，它又重新站上了这条趋势线；或者说，它一旦突破了任何一条重要的移动平均趋势线之后，股价的位置出现了逆转，它又跌破了这条趋势线，这两种情况都说明趋势又发生了改变。

当股票从底部来看算强势，从顶部来看算弱势的时候

当股价能够一直站在从底部发出的45度角的移动平均趋势线或者2×1的移动平均趋势线的上方时，从底部来看，它是处在强势之中，但与此同时，如果股价在上涨中打到了从顶部发出的向下的45度角的移动平均趋势线或2×1的移动平均趋势线，那么在股价突破这些移动平均趋势线或者前期顶部价位之前，都可以算作是处在弱势，可以在这里做空卖出该股。当股价跌破了从底部发出的移动平均趋势线的时候，就表明它处在弱势之中，后市股价会继续走低。

股票从顶部来看，处在强势之中的同时，从底部来看可能就处在弱势之中，也就是说，经过很长一段时间，股价可能会突破几条从顶部发出的移动平均趋势线，但同时它可能会跌破从底部发出的2×1的移动平均趋势线，或者45度角的移动平均趋势线，这表明股价处于弱势之中，并且准备要继续深跌了。

从极高点发出的移动平均趋势线被突破的时候

从极高点发出的45度角的移动平均趋势线是一只股票最重要的移动平均趋势线，那么这条趋势线被突破的时候，预计会出现一波大级别的行情。例如：

在道琼斯工业平均指数的周高低点图上，要注意的是从1929年9月3日高点386点向下发出45度角的移动平均趋势线。从1929年的顶部算起，到1935年1月12日为最后一个交易日的这一周是第279周。从386点中减去279，我们得到107点，而107点可以突破45度角的趋势线的点位。在1935年1月12日为最后一个交易日的这一周，平均指数上涨到了106½点，在2月9日为最后一个交易日的这一周，指数回调到100点。这是平均指数在见顶之后第一次与45度角的移动平均趋势线之间的距离保持的1/2个点之内。在1935年2月23日为最后一个交易日的这一周，股价上涨到108点，打到了从1934年9月的低点85½点发出的45度角的移动平均趋势线，也打到了从1932年7月8日低点向上发出的2×1的移动平均趋势线。因为这里是一个很强的阻力位，所以，平均指数出现了回调，在1935年3月18日为最后一个交易日的这一周，回调到了96点，这个点位

落在了从1929年的顶部发出的45度角的移动平均趋势线上，和从1929年9月的“0”点向上发出3 × 1的移动平均趋势线（每周上涨1/3个点）上，这两条趋势线在这里形成交叉，这是一个强支撑位，预计趋势会发生变化。随后，平均指数开始上涨，并走出了新高的点位。这证明了这些移动平均趋势线的重要性，特别是从任何一个极高点发出的45度角的移动平均趋势线，和其他移动平均趋势线与这条45度角的移动平均趋势线交叉点，尤为重要。

关注从1929年顶部发出的45度角的移动平均趋势线，何时达到股价为“0”的水平线，那应该是在从顶部算起的第386周。这应该是在1937年1月的下旬，要注意看股价到那时会发生什么变化。

半周图上的移动平均趋势线

在极端上涨或极端下跌行情的尾声，半周线图会给你很大的帮助。

在半周图上，绘制从顶部与底部发出的移动平均趋势线，并运用所有的有关法则，它经常会比周高低点图提前两到三天，向你发出趋势变化的信号。

半周图上的趋势变化，比日高低点图上的趋势变化更重要一些。当市场处在窄幅震荡的行情时，凭借半周图来交易，比凭借日高低点图来交易要好得多。

新上市股票的自然阻力线

经过多年耗资巨大的实践和研究，我已经开发出了一套能够解释所有市场行情的方法，也制定出了一系列能判断从任何一个顶部或底部之后趋势走向的法则。

知道如何判定在任何一家交易所新上市的股票的趋势走向，是很重要的。对于以前没有任何股价波动记录的新股，也就没有顶部或底部可以起点，让我们来绘制移动平均趋势线。所以，为了判定新股的趋势，我们要用的是90 × 90的正方图，只要像样本图那样，在正方图中按照自然阻力位的角度绘制出自然阻力线就可以了。正如我们之前讲过的，之所以90 × 90的正方图非常重要，是因为360度圆周的1/4是90度，而90度也是垂直线的角度，它是我们可以用到的最大的角，其他所有移动平均趋势线的角度都在0 ~ 90度之间。

如果新股的开盘价在18美元，或者在任何低于22½美元的价位，你可以做出一个22½ × 22½的正方图，用来判断该股价与自然阻力线之间的相对位置。如果新股的开盘价在36美元，或者在22½ ~ 45美元之间的任何价位，你可以做出一个45 × 45的正方图。如果它的开盘价在50美元，或者在45～67美元之间的任何价位，你可以做出一个67½×67½的正方图。只要开盘价低于90美元，不管它的具体价位是多少，你都可以把90×90的正方图套用在它身上，得到股价与自然阻力位线之间正确的相对位置，从而判断出它走势的强弱。如果新股的开盘价在100美元，或者在90～135美元之间，你可以做出一个135×135的正方图，或者做出另一个90×90的正方图，坐标从90设到180。

在90×90的正方图上，你可以把股票的开盘价或交易开始时的价格作为起点，绘制月高低点图，详见美国钢铁的有关走势图（参照对美国钢铁的具体分析）。当股价跌破了任何一条从“0”点发出的自然阻力线时，它的指示作用与跌破从底部发出的移动平均趋势线是一样的。当股价突破了任何一条从“90”向下发出的自然阻力线时，它的指示作用与突破从顶部发出的移动平均趋势线也是一样的，这一点你可以在美国钢铁或者任何其他股票身上得到验证。但你始终都要考虑到股价的阻力位在哪里，股价从底部开始上涨了多少，或者从顶部下跌了多少。当行情不断展开之后，你就可以在三日图或称半周图、日高低点图或者周高低点图上，从任何一个股价抬高或股价下移的底部，绘制出重要的移动平均趋势线，并可以据此判断趋势的第一次变化出现在哪里。

速算移动平均趋势线对应的价位

想知道移动平均趋势线在久远的过去所对应的价位，你不必从很久之前的某个点位真的去绘制一条移动平均趋势线，可以通过运算来确定这条趋势线当时对应的价位。例如，假设1900年1月，一只股票在15美元见底，我们想要算出在10年后，也就是1910年1月，从这个底部出发的45度角的移动平均趋势线所对应的价位。45度角的趋势线是按照每个月上涨1个点的速度运行，那么10年就是120个月，也就是股价上涨了120个点，把涨幅再加上底部的15美元，就知道在1910年1月该趋势线对应的股价在135美元。对于所有其他的移动平均趋势线，都可以用同样的方法来计算出它们在久远的过去所对应的价位。

不常用的移动平均趋势线——3×2的移动平均趋势线

3×2的移动平均趋势线是在从底部发出的45度角的移动平均趋势线的右侧，它以每12个月8个点的速度向上运行。一只股票的股价要想保持站在3×2的趋势线上方，每个月就必须上涨2/3个点。当从底部发出的其他重要移动平均趋势线之间的距离渐行渐远的时候，这条趋势线就可以派上用场了，因为它可以显示股价相对它来说所在的位置，也可以作为其他趋势线之间的阻力位或支撑位来用。

纬度和经度

在所有走势图，比如日高低点图、周高低点图和月高低点图中，股价在垂直线上进行向上或向下的运行，所以我们说，这样的运行方式就与纬度线是一样的。你应该从任何一个日高低点图、周高低点图或月高低点图上的“0”点开始，绘制重要的移动平均趋势线和量度纬度用的价格阻力线。

接下来，你应该按照天数、周数或月份数来计数时间周期，在纵轴每个重要的自然阻力位划一条水平线，比如11¼、22½、33¾、45、56¼、67½、78¾、90、101¼、112½和120等，这样一来，当股价运行到这些重要的自然阻力线时，你就知道它们会遇到阻力。

经度线可用来测度贯穿图中横轴的时间，它每天、每周或每个月都在向右运行。所以，你必须从每个重要的顶部或者底部开始，在图上标记时间周期，这样就可以按照这些重要的自然阻力位来得出时间周期。这些从每个底部或者顶部开始算起的阻力位的角度有，如11¼度角、22½度角、33¾度角、45度角、56¼度角、67½度角、78¾度角和90度角等，它们会让你看到价格和时间上的最强的阻力位在哪里。这些自然阻力位会证明平行的移动平均趋势线和趋势线的交叉点的作用。研究过去的成交记录，查看在月高低点图上，当股价到达这些重要的阻力位或是走完这样的时间周期之后，趋势会发生什么变化。

例如，当股价从“0”上涨到90美元，我们以90美元为起点，在图上横着向右画一条水平线，接下来，在横轴的第90天、第90周或者第90个月的位置，向上画一条垂直线，这条垂直线会与水平线形成交叉，这个点的纵坐标也为90美元，这样就证明是一个正方形。在这个正方图上，绘制出所有的移动平均趋势线，努力去读懂它们，你就知道，那些重要的时间周期在什么时候会走完。

如果一只股票在它的时间周期的第60天、第60周或者第60个月达到了60美元，那么它将遇到强大的阻力位，因为时间与股价在这里已经达成正方了。此时，它处在相同的纬度或者股价，和相同的经度或者时间周期上。不管是在日高低点图、周高低点图还是月高低点图上，你始终可以在上面画出一个90 × 90的正方形，也可以绘制自然阻力线，但是我建议你只把它用在周高低点图和月高低点图上。你应该从任何底部或者顶部开始，向上画出一个90 × 90的正方形，或者从任何一个自然阻力位，如90点、135点和180点开始画一个90 × 90的正方形。一定不要忘了，要绘制一个极高点和极低点的正方，还要绘制第2个或者第3个股价有所下移的顶部的正方和第2个或者第3个股价有所抬高的底部的正方。

在走势图上坚持标记时间周期的法则

在所有的走势图上，坚持标记时间周期是非常重要的。对于每一轮重要的行情，要把股价从底部上涨到顶部这个过程，标记上时间周期，这样，一来便于查看，二来也可以知道那些移动平均趋势线是否处在正确的点位，三你还可以关注主要和次要的时间周期节点，看是否会发生趋势变化。

从底部开始计起的时间周期

一只股票在某个月见到底部，在接下来的一个月，底部和顶部价位较上一个月都有所抬高，或者是，在见到之后，底部价位有所抬高，股价反弹了1个月，或者更长时间，时间周期可以从那个底部开始计起。见到底部的那个月属于上一轮下跌的行情，是其中最后的一次股价下行的走势。你也可以把第一个上涨的月份记为“1”，接下来，在1/2英寸宽的方格上依次作上标记，每次加上4，就这样在图中的底部向右标下去。

例如，一只股票在见底之后，上涨到50点，你查看这张月高低点图的底部，看到该股处在时间周期中的第25个月，那么每个月上涨2个点的2 × 1的移动平均趋势线，这时会在50点，而45度角的移动平均趋势，每个月上涨1个点的线，这时会在25点。如果股价在下一个月跌到50点的下方，那么它就会处在2 × 1的趋势线的下方，表明股价还会继续下跌。如果你将从底部开始计起的时间周期出错了，那么移动平均趋势线就不能正确地划出来。

从顶部开始计起的时间周期

一只股票已经出现过上涨，见到了极高点，并回调了好几天、好几周或好几个月后，你可以从顶部出发，向下绘制移动平均趋势线，此时，你必须从这个顶部开始计数时间周期的天数、周数或月份数。在顶部价位用到的同样的法则是：股价见到极高点，结束了上一轮的上涨行情，股价见顶这一天、这一周或这个月不算在时间周期之内。你可以把见顶的这个月（周或者天）记为“0”，把下一个月（周或者天）作为

“1”，每次加上4，在图中的底部向右标下去，这样就可以知道股价处在时间周期中的正确位置。如果在每张走势图的底部都正确标记上了它的时间周期，那么你就可以无论什么时候，想查就查，如果向下的移动平均趋势线划错了，你也能看得出来。

例如，一只股票下跌了75个点，不管是在周高低点图还是在月高低点图上，除了75个点所占的方格数是不一样，两张图上的移动平均趋势线都是向下运行的。假设每个1/8英寸高的小方格代表1个点，当股价向下运行75个点之后，要从顶部价位出发，向下绘制出所有的移动平均趋势线，在2×1的移动平均趋势线上，可能会出错，可能是因为你的尺子打滑了，也可能是尺子从顶部下移了一段距离之后，你没有把它放在准确的位置上。现在，为了证明2×1的移动平均趋势线究竟应该是在哪个位置上，你要先知道时间间期有多长。如果股价下跌75个点需要用40天、40周或者40个月，而2×1的移动平均趋势线是以每个时间单位下跌2个点向下运行的，那么2×1的趋势线一定会经过顶部下方80个点的价位。如果你发现，这条趋势线没有经过顶部下方80个点的价位，那么你就会知道，在画线时出错了，应该予以纠正。

有了这个简单的方法，就可以始终知道，移动平均趋势线是不是画对了，而你只需简单地给底部价位加上股价的波动幅度，或者从顶部价位里减去股价的波动幅度。假设在上面的例子里，股价原本是150美元，当它下跌了75个点的时候，从150美元中减去80，那么你就知道，此时的移动平均趋势线应该经过70美元的价位，而这时的股价应该是75美元，所以，它是处在从顶部发出的2×1的移动平均趋势线的上方，如果时间周期上给出信号的话，这里后市会有反弹。

计数时间周期的起点

在月高低点图上，计数时间周期最重要的起点是一只股票见到历史极低点价位的日期和公司成立的日期，或者是在纽约证券交易所挂牌开始交易的日期。从见到极低点开始，就要在图上标记时间周期了，与绘制重要的移动平均趋势线一样，标记时间周期也要把接下来好几年里的时间周期都连续地标出来。

下一个重要的起点是第2个或第3个价位较之前有所抬高的底部，但是你要等股价在该底部价位的上方企稳，已经上涨了3～4个月之后，才能确认这个底部已经构筑完成。接下来，如果这个底部看上去还蛮重要的，你就可以从这个底部开始计数时间周期了。例如：

美国钢铁：该公司成立于1901年2月25日。从这里开始按月来数它的时间周期，你会注意到，1931年2月是从公司成立之日开始算起的第360个月，或者说时间周期满

30年了。接下来，我们就要开启一个新的时间周期，还是从“0”开始计数，这就将会是第2个时间周期，或者第2个360度的圆周。

下一个重要的点位是在1904年5月14日见到的极低点8⅜美元。在月高低点图上，从这个底部开始计数时间周期，因为它是最低的底部价位，所以就是最重要的时间周期的起点。要注意的是，这个30年，或者说360个月的时间周期在1934年5月结束。

下一个重要的起点是在1907年10月见到的低点21⅞美元，它也是移动平均趋势线的重要起点，这是该股当时第1个价位较之前有所抬高的底部。接下来，下一个重要的起点是在1915年2 月见到的第3个价位较之前有所抬高的底部。始终都要从任何一个其他重要的启动行情的底部绘制移动平均趋势线，并开始计数时间周期。

同样的法则也适用于股价的顶部。在股价见顶后，趋势也开始掉头向下，这时从顶部开始标记时间周期，但是当作为时间周期起点的任何一个顶部被突破，或者底部被跌破之后，就不要把它们作为时间周期的重要起点，除非是要判定另外一个3年后、5年后、7年后、10年后或20年后的时间周期。那些股价停留了很长时间，都没能突破的顶部价位，始终都是计数时间周期的最重要的起点。极高点价位在没被突破之前，始终都是最重要的起点。接下来，下一个最重要的时间周期起点就是次级反弹的顶部，这个顶部的价位总是较之前有所下移的。

例如，在美钢月高低点图上，首先要从1901年4月的高点开始计数时间周期，接下来，从1909年10月的极高点开始计数，下一个是从1917年5月的高点开始计数，之后从1929年9月的最后一个高点开始计数，这是时间周期最重要的起点，最后，还要从1930年4月的顶部开始计数时间周期。

工业平均指数：道琼斯30种工业股平均指数在1929年9月3日见到了极高点，随后，指数在市场一片恐慌中出现了一波急速下跌，并在1929年11月见底，接下来，指数从这个低点开始展开了一波反弹，一直持续到1930年4月，指数在这里见到了最后一个高点，它是非常重要的计数时间周期的起点，因为它是一波次级反弹的顶部，而这波反弹也是牛市中的最后一次反弹。1932年7月8日，指数见到了熊市中的最后一个低点，随后有一波急速的反弹，并在1932年9月见顶，接下来，指数出现了缓慢的下跌行情，1933年2月下旬指数见底，之后在3月指数的底部价位较之前有所抬高，从这个底部开始，指数上涨到了新高点位。1932年的底部是计数时间周期中最重要的起点，而重要性仅次于它的是在1933年3月出现的底部。

同样的法则也适用于周高低点图或者日高低点图上的底部和顶部。当任何一个小级别的顶部被突破或者底部被跌破时，就不再继续计数它的时间周期了，而是只从重要的顶部或者底部计数时间周期，只要保持底部不被跌破，计数的工作就可以继续。

始终要注意极高点与极低点之间相距多少个月，还要注意那些顶部和底部价位是出现在哪条移动平均趋势线上。

时间和价格区间达成正方

时间和价格幅度达成正方是这么多年我最重要且最有价值的发现之一，如果你可以严格地执行这个法则，始终关注股票在什么时候，时间与价格可以达成正方，或者说关注时间和价格什么时候可以走到一起，你就能更精确地预测出重要的趋势变化。

价格与时间达成正方，指的是价格上涨或者下跌的点数与时间周期的天数、周数或者是月份数达到平衡。例如，如果股价在24天里上涨了24个点，45度角的移动平均趋势线就以每天1个点的速度向上绘制，时间线或者时间周期就和股价格处在同一数值上，股价就落在45度角的移动平均趋势线上，在这个时候你应该关注趋势是否会发生重要的变化。如果趋势会继续上行并保持强势，那么股价就必须继续上涨，并保持在45度角的趋势线的上方。如果股价跌破了45度角的趋势线，它就到了45度角的趋势线的熊市半场，跑到股价与时间的正方的外面去了，表明它的走势已经转弱。在日高低点图上，当价格跑到与时间达成的正方外时，你就要查看周高低点图和月高低点图，看股价是否还处于强势之中，时间周期是否还没有走完，因为只要周高低点图和月高低点图上的趋势还是向上的，那么在日高低点图上，股价就一定会出现回调，重新回到强势的位置，时间与价格也会多次达成正方。行情的反弹或者回调只是价格与次要的时间周期达成的正方，而之后的大幅下跌或上涨，是价格与主要的时间周期达成的正方。

时间与价格区间达成正方

请参见图4-12，股价从低点48美元到高点60美元，它的股价波动区间为12个点。现在，我们假设一只股票在这个波动区间来回震荡了几周或几个月，其间从底部算起，涨幅从未超过12点幅度，也从来没有跌破过底部价位，那么我们从底部48美元开始绘制一条45度角的移动平均趋势线，这条线一直划到顶部60美元为止。接下来，当我们看到股价继续维持在这个区间内，并没有走高的时候，我们就从顶部60美元一线，向下延伸这条45度角的移动平均趋势线，让它又返回到底部价位一线。之后，这条45度角的趋势线反身向上，再次回到这个区间的顶部价位一线，这条45度角的趋势线就这样来回在这个区间内上上下下，直至股价下跌到新低价位或是上涨到达新高价

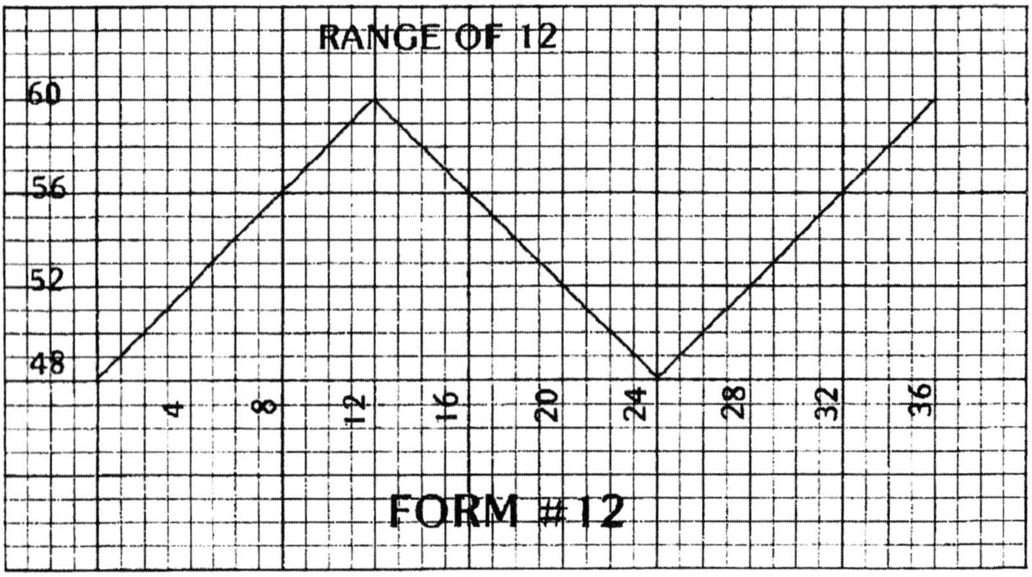

图4-12

位为止。你会发现，每次这条45度角的趋势线到达这个区间的顶部价位一线，或者底部价位一线的时候，股价的趋势就会发生一些重要的变化。

你也可以使用45度角的移动平均趋势线左右两侧的2×1的移动平均趋势线，因为它们再次把时间周期分成了两等份，所以它们还是有一定价值的趋势线。

如果股价最后是向上突破了这个价格区间，那么就应该从新出现的价位有所抬高的底部出发，向上绘制移动平均趋势线，而不是从股价进入新高的价位开始绘制；或者也可从这个区间里的任何一个重要的底部开始绘制移动平均趋势线，特别是股价在这个区间中见到的最后一个底部，那是最重要的移动平均趋势线的起点，你应该从这个底部出发，再向上绘制一条移动平均趋势线。你要关注这条移动平均趋势线何时被跌破，或者说时间什么时候再次跑到与价格达成的正方的外面去了，到时将会出现另一次重要的趋势变化，或许是大级别的，或许是小级别的。

时间与价格达成正方的三种方式

时间可以与价格区间达成正方，价格区间指的是从极低点到极高点价位之间的点数；时间也可以与极高点价位达成正方，还可以与极低点价位达成正方。当股价跑到这些正方的外面去了，跌破了重要的移动平均趋势线的时候，趋势就会发生改变，或反身向上，或掉头向下。

1. 一只股票在极高点与极低点价位之间形成的价格区间，只要股价能保持在这个区间内波动，时间就可以与这个区间达成正方。如果这个区间是25个点，那么就需要

25天、25周或者25个月的时间周期来与它达成正方。只要股价还处在同样的区间内，这些时间周期就会继续有效。

2. 时间与底部价位或者极低点价位达成正方：

下一个重要的与时间达成正方的价格是最低点价位，或者任何一次重要的下跌行情的底部价位。例如，如果一只股票的底部价位是25美元，那么在25天、25周或25个月结束的时候，时间与价格在数值上就相等了。接下来，你要关注，该股从底部或者最低价出发的趋势是否发生变化。只要股价能保持在底部价位上方，并出现上涨，你就可以一直用这个时间周期来量度时间，该股会继续按照这个时间周期来走，你要注意每次走完一个正方的时点。特别是在股价与时间走完第3个正方、第4个正方，还有第7个正方和第9个正方的时候，要加以关注。这些正方只会频繁地出现在日高低点图或周高低点图上，因为对于月高低点图来说，在大多数情况下，时间与底部价位达成正方的次数多达7次或9次之前，股价已经向上或向下突破了这个区域。不过，当股价多年处在窄幅震荡的行情时，这种情况有时在月高低点图上也会发生。

3. 时间与顶部价位或者极高点价位达成正方：

与时间达成正方的另一个重要点位就是股票的极高点价位。在日高低点图、周高低点图或月高低点图上，时间周期都必须要从见到高点的日期开始算起，要在时间与顶部达成正方的日期上做标记，关注这里是否会发生趋势的变化。如果一只股票的顶部价位是50美元，那么当它运行了50天、50周或者50个月的时候，时间与股价就达到了正方，表明趋势要发生重要的变化。这可以通过股价与从顶部和底部发出的移动平均趋势线之间的相对位置进行判断。

例如，1929年9月3日，道琼斯工业平均指数在386点见顶，这就需要386个日历日才能让时间与价格达到平衡，这次达成正方的时间是在1930年9月23日。你去查阅它的日高低点图，要注意趋势在那个日期附近是如何改变的。接下来，在1931年10月14日，它再次走完了这个386天的时间周期。再往后看，1932年11月4日、1933年11月25日、1934年12月16日和1936年1月6日，都是该时间周期结束的时点。在日高低点图上你会看到，当386天的时间周期与386点的价格达到平衡时，也就是在这些日期附近，指数就会发生重要的变化趋势。

在所有时间周期时点上形成的大大小小的顶部和底部，都必须加以关注，因为它们一直以来就在不断与时间周期达成正方。月高低点图上的极高价位是所有顶部和底部中最重要的。这个价位可能会非常高，需要走出很长的时间周期才能与这个顶部达成正方，在这种情况下，你就要把价格8等分，得到与之相应的时间周期，关注1/4、1/3、1/2和3/4这样的重要点位，但所有点位中最重要的，还是时间与价格达成平衡的时候。

当一只股票已经在时间上达成了与底部或顶部价位的正方，你在关注股价所处的位置时，始终要查看时间周期和从顶部或底部发出的移动平均趋势线。如果股价正在接近一个低位，而此时该股从时间上又与某个顶部价位达成了正方，就要看它与这个底部的关系如何，可能从这个底部算起，该股已经走过了第2个或第3个与底部价位达成的正方，也就是走完了2个或3个时间周期，这会成为趋势变化的双重信号。

与按周来计的时间周期达成正方

一年里有52周，这个时间周期与价格达成的正方就是52×52的正方形，所以你可以绘制一个宽和高都为52的正方形，并从0点绘制出所有的移动平均趋势线，接下来在这个正方图中绘制周高低点图。例如，如果一只股票的低点在50美元，那么，这个以周来计的时间周期的正方的顶部价位就是50加上52，得到102美元为这个正方的顶部价位。只要股价保持在50美元上方，并向上运行，那么这个52×52的正方形对它来说就是有用的。另一方面，如果股价在见顶之后出现下跌，你就以顶点52美元为52×52的正方形的顶部价位，在它的下方绘制一个52×52的正方形，得到52周之后时间周期的节点。

你可以取任何一只股票过去的走势，放在这个52×52的正方形里，研究股价的运行情况，在时点上，要注意的是第13周，它是52周的1/4；第26周，它是52周的1/2；第39周，它是52周的3/4。要关注该股到达这些重要的时间和价格上的阻力位时，趋势会发生什么变化。你也要关注这些时间周期的节点附近，趋势是否会有改变。

与按月来计的时间周期达成正方

当股价跌破45度角的移动平均趋势线的时候，如果它的股价在135美元，从时间周期上看，它是处在第135个月的话，那么可以说，它跌破了双重强阻力位，一个是支撑力度很强的移动平均趋势线，另一个是自然阻力位。这里原本是时间与空间在阻力位或者移动平均趋势线上达到平衡的位置，打破这个平衡就预示着后市将会有一波大跌行情。在熊市行情中，把这条法则反过来用就可以了。

在月高低点图上，走过12个月就是走完了一年，所以，12×12的正方形对于测算以月来计的时间周期是非常重要的。12的平方是144，股价从一个底部或顶部开始，走完一个或几个完整的12个月的时间周期时，就经常会发生重要的趋势变化。如果你注意到这些12个月的整数倍的时间周期，并把自然阻力位用在24、36、48、60、72、84、96和108等时间周期上，就会有助于你判断股价上的阻力位。当股价到达这些重要的自然阻力位的时候，要关注股价与移动平均趋势线的相对位置是否发生变化。

价格走在了时间的前面

为什么从月高低点图、周高低点图和日高低点图上看，股价经常在突破了45度角的移动平均趋势线之后，先是有一波短期上涨，接下来就出现回调，股价会落在45度角的趋势线上？这是因为在股价第一次突破45度角的移动平均趋势线的时候，它还没有走完或走出应该与涨幅达成的正方。所以，股价会出现次级回调，当股价回落到45度角的趋势线上的时候，就是时间与涨幅达成正方的时点，在此之后，会出现一波更大的上涨行情。

在牛市的顶部，把这条法则反过来用就可以了。当股价跌破了45度角的移动平均趋势线，与基准点或底部的距离很远的时候，它是非常重要的。在上涨的初期，股价会多次落在45度角的移动平均趋势线上，接下来就出现回调，之后股价又再次落在这条趋势线上，经过长时间的上涨之后，反复出现回调，之后又落在45度角的趋势线上的走势，接下来，股价又上了一个新台阶。随后，当股价再次跌破45度角的趋势线的时候，就表明它的走势非常之弱了，因为这时的股价与基准点相距如此之远，从股价见低到现在，已经过了那么长的时间。不要忘记，当月高低点图和周高低点图上的移动平均趋势线被跌破时，那才是最重要的。

这就可以解释，为什么股价从顶部出现快速的直线下跌之后，会有一波上涨，顶部价位会略微有所抬高，或者顶部价位会略微有所下移，直到股价在相对高位走出了与跌幅达成的正方为止，这时股价会跌破45度角的趋势线，接下来又是一波快速下跌。

测算时间和价格中最强的角

90度角：为什么90度角是最强的？因为它与水平方向垂直，90度的垂直线是直上直下的。

180度角：排在90度角之后的下一个最强的角是多少度？它就是180度角，因为它与90度的垂直线之间呈直角，也就是从180度的水平线到90度的垂直线是90度。

270度角：180度角之后的下一个最强的角是多少度？它是270度角。因为在圆周上，它与最强的90度角相反的位置上，或者与90度的垂直线之间呈180度，也就是它们之间相距一个圆周的1/2。270个月等于22½年，而22½是45的一半。

360度角：270度角之后，下一个最强的角是多少度？它是360度角。因为它是一个圆周结束的地方，正好回到了起点。同时它是在与180度角相反的位置上，而180度角所在的位置是一个中间位，一个圆周的1/2是180度。

120度角和240度角：排在90度角、180度角、270度角和360度角之后的最强的角是多少度？它们是120度角和240度角。因为它们分别在一个圆周的1/3和2/3点位。120度角相当于90度角加上30度角，而30度角是90度角的1/3。240度角相当于180度角加上60度角，而60度角是180度角的1/3。这就让这些角变得很重要，特别表现在测算时间周期方面时。

45度角、135度角、225度角和315度角：还有哪些角的重要性仅次于上面提到这些角？45度角，因为它是90度角的1/2；135度角，因为它相当于是90度角加上45度；225度角，因为它相当于180度角加上45度；315度角，因为它与270度角之间呈45度。在圆周上，225度角与45度角之间呈180度，315度角与135度角之间呈180度。

基本十字和固定十字：90度线、180度线、270度线和360度线构成了第一个重要的十字交叉，被称为基本十字（Cardinal Cross）。45度线、135度线、225度线和315度线构成了下一个重要的十字，被称为固定十字（Fixed Cross）。这些角对于测算时间、空间和成交量来说，都非常重要。

22½度角、67½度角和78¾度角：为什么22½度角比11¼度角的作用要强呢？因为22½度角是11¼度角的2倍，同样道理，45度角比22½度角的作用力要强。另外，还有67½度角，因为它是45度角×1½倍，所以当任何东西朝着90度角的方向运行时，这个角的作用力都很大。78¾度角比67½度角的作用力要大一些，这是因为它是90度角的7/8，所以就成了在到达90度角之前，作用力最大的角之一，它对于时间、空间和成交量来说，都是重要的关注点位。很多股票在第78天到第80天、第78周到第80周或者第78个月到第80个月附近，走出了重要的行情，见到了顶部或底部。但是也不要忽视84个月，或者说7年，这是一个作用力很强的时间周期。

1美元的等分与1/8点位：为什么把一个圆周8等分之后的等分位在测算时间与空间上是最重要的？因为我们把1美元进行2等分、4等分和8等分。我们使用25美分或1夸特，50美分或半美元，多年前，我们还用过12½美分的硬币。我们最重要的货币基本计算单位是4夸特，但是我们的确在所有计算中都使用1美元的1/8，或者12½美分。股价的波动也是在1/8、1/4、3/8、1/2、5/8、3/4、7/8和1这个整数的基础上进行的。所以，在任何测量时间和空间的时候，把它们转算为时间角的话，其结果会比1/3或2/3这样的等分位更贴近，一个简单的原因是股价的波动就是按照8等分位来进行的，换算成时间角的话，肯定会与一个圆周8等分后得出的这些数字更接近。

我们把100美元或其他等值的数字，作为计算股价的基础，把股价换算成将一个圆周8等分之后得出的时间角，那么，12½美元相当于45度角，25美元相当于90度角，37½美元相当于135度角，50美元相当于180度角，62½美元相当于225度角，75美元相当于270度角，82½美元相当于315度角，100美元相当于360度角。

例如：一只股票在第180天、第180周，或第180个月的时候，股价是50美元，它就处在180度的时间角上。

1915年2月1日，美国钢铁在38美元见到低点，它与37½美元的价格最接近，也就是100美元的3/8，相当于135度角。1915年2月25日，美钢上市有14年了，或者有168个月了，这时，它只达到了135度角，表明美钢在时间上是落后了。但是，38美元的股价让它可以保持在135度角，或者说37½美元的上方，显示它处在强势之中。

当美钢的股价达到200美元时，就相当于在一个360度角的圆周上转了两圈。当股价上涨到261¾美元时，它与第3个100美元中的62½美元最接近，或者说与处在5/8点位的225度角最靠近，225度角是股价突破了1/2点位，或者说180度角之后最强的角。

Chapter 5

股票的季节性变化

平均指数和大多数个股都会根据季节的变化，走出重要的底部和顶部，具体情况如下：

冬季是从12月22日开始的，再过15天就是第二年的1月5日和6日，在每年的年初，这两个日子都是很重要的，要对它们予以关注，因为股票经常在这两天的前后见到极高点或极低点，并发生趋势的变化。当股票12月见底，而且刚好是在12月22日之前，或是之后的日子的话，随后的1月，通常会有上涨的行情出现。因为股票是在1月的第一天来派发红利的，人们会为了拿红利而提前买入股票，这样会带来一波反弹行情，常常会在1月3～7日之间见顶。不过，在有些年份，1月的上涨行情会一直持续到1月20～21日附近。

2月5日，与上一年的12月22日相距45天，在这个日子附近，通常会发生小级别的趋势变化，有时也不排除会出现非常重要的顶部或底部。

3月21日，与上一年的12月22日相距90天。在这一天，太阳穿越赤道，春天正式开启。股市中的所谓春季反弹经常会从这一天前后的日子展开，如果股价在此之前已经有了一定的涨幅，那么春季反弹也有可能在这一天的前后见顶。

5月6日，与同年的3月21日相距46天，也可以说，它与上一年的12月22日相距135天，相当于这两个日期在圆盘图中呈135度角。你要密切关注在这个日子前后，市场会否出现重要的趋势变化。

6月22日，与同年的3月21日相距93天，相当于这两个日期在圆盘图中呈90度角，当然，6月22日与上一年的12月22日在圆盘图上呈180度对称角，它也标志着一个重要的季节性变化，因为这一天是夏天的开始。

7月7日，与6月22日相距15天，与1月7日相距6个月，或者说是180天。7月也是发放红利的月份，在这个日子前后，无论上涨还是下跌的行情，股市经常会有见顶或见底的走势出现，也常发生重要的趋势变化。它是继6月22日之后，下一个需要关注的重要日子。

8月8日，与6月22日相距47天，但是太阳只转过了45度角的轨迹，相当于这两个日期在圆盘图中呈45度角。这也是一个非常重要的变盘日期，你要关注股票在这一天前后是否会见到顶部或底部。

9月23日，与6月22日相距93天，但是地球或者太阳只转过了90度角的轨迹。在这个时候，太阳再次穿越赤道，这个日子与太阳上次穿越赤道的3月21日，在圆盘图中处在180度的相对位置上。秋天从这一天开启，股市在这一天也会发生重要的趋势变化。

11月8日，与9月23日相距46天，相当于这两个日期在圆盘图中呈45度角。当你仔细查看历史的行情记录时，就会发现在这个日子前后，股市曾经出现过很多次重要的顶部或底部，当然也就多次重要的趋势变化在此时发生。

12月22日，与9月23日相距91天，而与6月22日相距180天，或者说6个月。这是标志冬季到来的一天，你要重点关注，看在这个日子前后是否会有重大的趋势变化。

月线级别的趋势变化

股票从任何一个重要顶部或底部开始，每30天，或者说每次在圆周上转过30度、每60天或每转60度、每120天或每转120度、每150天或每转150度、每210天或每转210度、每240天或每转240度、每300天或每转300度、每330天或每转330度，以及每360天或每转360度，都会发生重要的趋势变化。这样的季节性趋势变化，或者说是月线级别的趋势变化，是以每个季节交替的开始为起点来算的，你应该重点关注这些日子，因为股票很可能会有见顶或见底的行情出现。

1月21日，与上一年12月22日相距30天，或者说，它们在圆盘图中呈30度角，太阳在这一天会改变它的宫位（即改变它所落的星座）。

2月19日，与上一年12月22日相距60天，或者说，它们在圆盘图中呈60度角，而且太阳或地球在宫位上又一次发生了改变。

4月20日，与上一年12月22日相距120天，或者说，它们在圆盘图中呈120度角。

5月22日，与上一年12月22日相距150天，或者说，它们在圆盘图中呈150度角，它与同年3月21日在圆盘图中呈60度角。

7月23日，与上一年12月22日在圆盘图中呈210度角，它与同年3月21日在圆盘图中呈120度角。

8月23日，与上一年12月22日在圆盘图中呈240度角。

10月23日，与上一年12月22日在圆盘图中呈300度角。

11月22日，与上一年12月22日在圆盘图中呈330度角。

无论是对于大级别的趋势变化，还是小级别的趋势变化，上面所有这些日期都非常重要，你应该多加关注。

重要性仅次于30天的趋势变化周期的是7天、10天、14天、20天和21天的周期。你会发现一些周期在天数上会出现一些变动，这是因为太阳每30天就会改变一次宫位，而月亮每28天会转回到它原来的位置，也就是说，从上一次新月算起，大概经过29天就会又出现一次新月。有时，趋势的变化会发生在上次见到顶部或者底部之后的第28天，另外一些时候，它会发生在上次见顶或见底后的第33天或第34天，究其原因，就是月亮的新月周期的变化，或者是地球或太阳改变宫位的时间有变化。

根据公司的成立日期和股票在纽约证券交易所，或者其他交易所首次上市的日期，也能让股价实际见顶或见底的日期，与季节性的变化中所指的变盘时间略有不同。

例如：美国钢铁公司（United States Steel）成立于1901年2月25日，它从1901年3月28日开始在纽约证券交易所上市交易。这就是为什么美国钢铁会在2月和3月出现了这么多次重大的趋势变化。美国钢铁的季节性变盘日期，是以公司的成立日期开始算起，具体日期如下：

4月12日，与2月25日在圆盘图中呈45度角。

4月27日，与2月25日相距60天，或者说，它们在圆盘图中呈60度角。

5月28日，与2月25日在圆盘图中呈90度角。

6月12日，与2月25日在圆盘图中呈135度角。

6月28日，与2月25日在圆盘图中呈120度角。

7月30日，与2月25日在圆盘图中呈150度角。

8月30日，与2月25日在圆盘图中呈180度角。

10月30日，与2月25日在圆盘图中呈240度角。

10月14日，与2月25日在圆盘图中呈225度角。

11月29日，与2月25日在圆盘图中呈270度角。

12月28日，与2月25日在圆盘图中呈300度角。

第二年1月11日，与上一年2月25日在圆盘图中呈315度角。

第二年1月27日，与上一年2月25日在圆盘图中呈330度角。

第二年2月25日，与上一年2月25日相距365天，在圆盘图上刚好是转了360度一圈。

通过翻看美国钢铁大级别的顶部或底部和小级别的顶部或底部出现的日期，不难发现，它们有很多次都与那些季节性的变盘日期非常接近。

美国钢铁的季节走势图

美国钢铁的季节走势图中所说的季节变化，就是我们通常意义上的四季变化，而不是按照美国钢铁带有个股特色的季节性变化时间来绘制的，图中每根代表一个季节的线的起点日期和终点日期，就是每个季节开始和结束的日子。而这根线底部的日期指的是在这个季节见到极低点的日期，这根线顶部的日期是在这个季节见到极高点的日期。

下文中所列的该股大级别和小级别的趋势转向情况，有关数据是美国钢铁从1901年到现在的隔夜图中得来，其中可以看到每个月里大多数小级别趋势转向。通过研究这些顶部和底部出现的日期，你就会确信，季节性变盘是很有价值的东西，并会让你看到，这些顶部和底部是如何每30天、每60天，或者每90天就出现一次的，你也会发现，7天、10天、14天、15天、20天和21天这些时间周期也很好用，因为它们的规律性都很强。

1901年

3月28日：美国钢铁开始上市交易，先是展开了一波涨升行情。

4月30日：股价见到一波反弹的顶部，它是这个季节的极高点。随后，在5月6日见到第二个高点。

5月9日：这一天，北太平洋（Northern Pacific）这只股票的抛售给市场带来了恐慌。美钢见到这个季节的极低点。

6月3日和5日：美钢在52⅜美元见到最后一个顶部。6月24日，股价见到了这个季节的极高点，其后的行情就没突破过这个大顶，它的趋势开始掉头向下。

7月15日：见到这个季节的极低点。7月22日，一波回调见底。

7月27日：一波反弹见顶。

8月6日：见到回调的低点。

9月3日：见到反弹的高点，不过这个高点比7月27日的顶部略低。

9月13日：见到另一波回调的底部。9月26日，在这波回调中，出现了第二个低点。随后，股价反弹到9月28日，接下来呈现的是窄幅振荡的行情。

10月28日和11月1～5日：分别见到了回调的低点。

11月19日：见到一波急速反弹的顶部，也是这个季节的极高点。

11月21日和27日：分别见到回调的低点。

12月7日：一波急速反弹见顶。

12月12日：见到一波回调的低点，也是这个季节的极低点。

12月24日：见到这波回调中的最后一个低点，也是这个季节的低点。随后，股价开始反弹。

1902年

1月6日：美钢见到年度高点，它也是这个季节的高点。

1月21～26日：回调之后的底部区域。

2月26日：见到一波反弹的高点。

3月12日和21日：该股呈窄幅波动行情，其间见到了回调过程中的几个底部。

4月4日：见到从1月见顶后这波回调的大底。

4月25日：见到反弹的顶部，同时也是这个季节的高点。

6月19日：见到回调的极低点，同时也是这个季节的低点。

6月24日：回调过程中出现了第二个低点。

7月2日：见到这个季节的极低点。

8月7日：回调见底。

9月5日：见到反弹的高点，同时也是这个季节的极高点。

9月24日和29日：分别见到了回调中的低点。

10月20日：见到反弹的高点，同时也是这个季节的高点。

11月7日：出现了一波急速下跌。

12月12日和15日：见到了年度低点，同时也是这个季节极低点。这一年是熊市行情，高点出现在1月，低点是在12月。

1903年

1月5日和7日：美钢的反弹见顶，它也是这个季节的高点。市场运行缓慢。

2月5日和9日：见到反弹的顶部，这次比1月7日的顶部高出了3/4个点。

3月9日：见到这个季节的极低点。

3月21日：一波小幅反弹见顶，该股的趋势掉头向下。

3月22日：见到刚刚到来的这个季节的高点。

4月24日：见到回调的低点。

5月5日：见到一波小幅反弹的顶部，随后，该股有一波下跌行情。

6月19日：回调见底，它也是这个季节的低点。随后的小幅反弹行情一直延续到7月1日。

7月1日：见到这个季节的高点。

8月6日：回调见底。8月18日：见到反弹的高点。

9月8日：展开一波快速下跌的行情。9月21日：见到这个季节的低点。9月29日：股价见底后，有一波小幅反弹行情。

10月13日：见到回调的低点，随后是一波反弹。10月28日：见到反弹的顶部，同时也是这个季节的高点。

11月10日：见到了年度的低点。

12月11日和22日：见到了这个季节的极低点。这个低点与11月10日的低点价位相同。又是一个熊市年，高点出现在1月，低点是在12月。

12月30日：见到这个季节的高点。

1904年

1月6日：美钢见到回调的低点，同时也是这个季节的极低点。

1月22日：一波小幅反弹见顶。

3月16日：见到一波小幅反弹的高点。行情非常低迷，呈现出窄幅振荡的走势。

3月28日：见到这个季节的高点。

5月14日：在8⅜美元见底，这也是该股的历史低点。

6月24日：在9½美元见到回调中的最后一个低点，它也是这个季节的低点。随后，该股的趋势反身向上。

8月3日和8日：在市场低迷，运行缓慢的市场中，见到反弹的高点。

8月22日：见到回调中最后一个低点。

9月17日：见到反弹的高点，它也是这个季节的高点。

9月23日：在16美元见到回调中最后一个底部，随后，该股的趋势反身向上，展开一波大涨。

9月24日：见到刚刚来临的这个季节的低点。

11月1日：股价继续上扬，交投更加活跃。

11月30日：见到了年度的极高点，同时也是这个季节的高点。

12月8日：见到一波急速回调的低点。

12月13日：见到第二波回调后的低点，这也是年度的最后一个低点，熊市行情就此结束。

1905年

1月7日：美钢见到回调后的低点。1月25日：再次见到相同价位的低点，也是这个季节的低点。

3月13日：见到反弹的顶部，也是这个季节的极高点。

3月23日：回调见底。

4月6日和18日：见到春季反弹的高点，也是这个季节的极高点。

5月22日：出现了回调的极低点，也是这个季节的低点。

6月2日和6日：见到与5月22日差不多同一价位的低点。

6月19日：该股的趋势开始反身向上。

6月23日：见到这个季节的底部。

8月3日：见到一波小幅回调后的低点。

8月29日：见到与4月18日相同价位的高点。

9月7日和11日：分别见到了回调过后的低点。

9月18日：见到这个季节的高点。

10月3日和23日：见到反弹后的高点。

11月10日和13日：见到回调的低点，也是这个季节的低点。

12月12日：见到反弹的顶部，也是这个季节的高点。

12月18日：回调见底。

12月26日：见到年度的极高点。

1906年

1月5日：美钢见到一波小幅回调后的低点。

1月25日：见到反弹的顶部，也是这个季节的高点。

1月30日：见到与1月5日相同价位的低点。

2月2日：见到反弹的顶部。

2月7日和9日：见到了一波小幅反弹的高点，随后，有一波大幅下跌行情，跌破了1月5日和1月30日的低点。

3月21日：见到回调之后的极低点，也是这个季节的低点。

4月16日：见到了反弹后的极高点，也是这个季节的极高点。

4月21日和25日：呈现高点逐渐下移的走势。

5月2日：见到一波急速下跌的低点，也是这个季节的低点。

6月5日：见到反弹的高点，不过这只是一波从5月22～23日启动的小幅反弹，随后股价就开始走低。

7月3日和13日：见到了年度的极低点，也是这个季节的极低点。随后，该股的趋势反身向上。

8月4日和9日：分别见到了小幅回调的低点。

9月6日：见到了反弹的顶部，也是这个季节的高点。

9月28日：见到了下跌之后的极低点，同时也是这个季节的低点。

10月12日：见到了年度的极高点，也是这个季节的极高点。

11月12日：回调见底。

12月12日和15日：分别见到了反弹过程中的顶部。

12月19日和24日：分别见到了回调过程中的低点。

1907年

1月7日：美钢见到了年度的极高点，也是这个季节的极高点。

1月31日：一波急速下跌见底。

2月8日和15日：分别见到了反弹过程中的顶部。

3月14日：见到了所谓无声的恐慌（Silent Panic）产生的底部，也是这个季节的低点。

3月26日：见到了这个季节的极低点，比3月14日的底部价位还低1½个点。

4月10日：见到反弹的高点，也是这个季节的高点。

5月3日：一波小幅反弹见顶，随后，股价开始下跌。

5月27日：见到了下跌之后的极低点。

6月17日和22日：分别见到了下跌过程中的低点，但比5月27日的低点要高出3/4个点。

7月8日：见到了反弹的顶部，也是这个季节的高点。

8月12日和17日：分别见到了回调过程中的底部。

9月7日：反弹见顶。9月16日：见到了这个季节的低点。

9月21日：见到了一波小幅反弹的高点。随后，该股的趋势依然向下。

9月23日：见到了刚刚来临的这个季节的高点。

10月23日：股价在21⅞美元见底，这不但是年度的极低点，也是这个季节的极低点。

11月6日和12日：分别见到了反弹过程中的顶部。

11月19日和26日：分别见到了回调过程中的底部。

12月6日：反弹见顶。

12月16日和26日：分别见到了回调过程中的低点，其中就有这个季节的低点。一年的熊市行情落幕，年底的收盘价比该年的极低点只高出了4个点。

1908年

1月2日：美钢见到了年度的极低点。1月20日：反弹见顶。

2月10日：回调见底。随后，展开了一波上涨行情。

3月16日：见到了这个季节的高点。3月24日：反弹见顶。

4月4日：见到回调的低点，它也是这个季节的低点。

4月28日：一波小幅回调见底。

5月3日：见到了回调后的低点。5月18日：见到了反弹的高点，它也是这个季节的高点。

5月27日：回调见底。

6月2日：见到一波小幅反弹的高点。

6月24日：见到了回调的低点，它也是这个季节的低点，它比5月27日的底部价位稍高一些。

8月10日：见到反弹的顶部，它也是这个季节的高点。

8月15日：回调见底。

9月8日：见到与8月10日相同价位的高点。9月22日：一波急速回调见底。9月24日：见到刚刚来临的这个季节的低点。

11月14日：在58⅞美元见到年度的极高点，它也是这个季节的极高点。

12月21日：见到回调的低点，随后，股价出现了一波急速反弹，直到12月29日见顶。

1909年

1月6日：美钢的回调见底，接下来，股价反弹到了1月8日。

1月14日：见到回调的低点。

1月22日：见到该月的高点，同时也是这个季节的高点。随后，股价出现下跌。

2月23日：见到年度极低点，它也是这个季节的低点，接下来，该股走出了一波大牛市。

3月1日：反弹见顶。

3月20日：下跌见底。3月22日：见到了刚刚来临的这个季节的低点。

5月3日：见到回调的低点，这也是5月的低点。

5月8日：反弹见顶，随后，有一波回调行情，在5月14日见底。接下来，该股重拾升势。

6月14日：见到反弹的顶部，它也是这个季节的高点。

6月22日：见到了回调的低点。6月23日：见到了刚刚来临的这个季节的低点。

8月12日和16日：分别见到了反弹过程中的顶部。

8月24日：一波快速下跌见底。

8月27日：股价又见低点，这次比8月24日的底部价位略高。

9月3日：反弹见顶，随后，有一波下跌行情，在9日见底；接下来，股价就一路走高。

9月22日：见到这个季节的高点。

10月4日：在94⅞美元见到年度高点，它也是这个季节的高点。

10月13日：回调见底。10月15日：一波快速反弹的行情见顶。

10月23日和27日：分别见到了回调过程中的低点，它们比10月13日的底部价位略高。

11月5日：反弹见顶，这次与10月15日的顶部价位相同。

11月30日：见到回调的低点，它也是这个季节的低点，这次与10月13日的底部价位相同。

12月18日：反弹见顶。12月27日：回调见底，随后有一波反弹，股价在12月30日见顶，它也是这个季节的高点。

1910年

1月7日：美钢见到回调后的第一个低点，股价在8日反弹了3个点，随后，又跌破了7日的低点。1月19日：回调见底。

1月22日：见到一波快速反弹的顶部，它比1月8日的顶部价位只低了1/4个点。

1月25日：见到回调之后的底部。1月29日：反弹见顶。

2月8日：见到年初的极低点，同时也是这个季节的极低点。

3月9日：见到反弹之后的大顶，在这一年内，股价再也没能突破这个顶部的价位。

3月16日：回调见底。3月22日：该股的趋势掉头向下。

3月31日：见到回调的低点。

4月14日：反弹见顶，也是这个季节的高点。

5月3日：回调见底。5月21日：见到反弹的顶部。

6月6日：见到回调的低点，也是这个季节的低点。

6月22日：见到反弹的顶部，也是这个季节的高点。

7月6日：回调见底。7月11日和15日：分别见到小幅反弹过程中的顶部。

7月26日：见到了年度的极低点，也是这个季节的极低点。7月29日：见到一波急速反弹的顶部。

8月2日：回调见底，它也是8月的低点。8月17日：反弹见顶，这也是8月的高点。8月25日：见到回调的低点，随后，该股迎来了一波反弹。

9月14日：见到反弹的高点。9月20日：见到回调的极低点。

9月24日：见到刚刚来临的这个季节的低点。

11月4日：反弹见顶，也是这个季节的高点。随后，有一波快速回调，在10日见底。

11月19日：见到反弹的高点，比11月4日的顶部价位略低。

12月8日：回调见底。12月10日、15日和19日：分别见到了反弹的高点。

12月28日：见到回调的低点，也是这个季节的极低点，但是比12月8日的底部价位要高一些；接下来的反弹行情一直持续到12月31日见顶。

1911年

1月3日：美钢的回调见底，这个底部直到8月下旬才被跌破。

2月6日和10日：见到反弹过程中的顶部，也是这个季节的高点。

3月4日：回调见底。3月21日：反弹见顶。

4月24日：见到回调的低点，也是这个季节的低点。

5月1日：反弹见顶。5月6日：回调见底。

5月18日和22日：见到反弹之后的顶部，也是这个季节的高点。

6月1日：回调见底。6月15日：反弹见顶。

6月22日：见到回调的低点。

7月22日：见到反弹后的顶部，也是这个季节的高点，接下来，该股出现了一波大跌行情。

8月5日：下跌见底，随后，有一波小幅的反弹，在8月7日见到高点。8月26日：见到8月的低点。

9月6日：反弹见顶。9月22日：见到下跌过程中的第一个低点，也是这个季节的低点。9月25日：见到9月的极低点。

10月2日：见到反弹的高点。10月7日：回调见底，随后的一波反弹在14日见顶。

10月19日：见到回调的低点，与10月7日的底部价位相同。10月20日和24日：股价大幅破位下跌前，最后的反弹顶部。10月27日：股价在50美元见底，这不但是年度的极低点，也是这个季节的极低点。

11月6日：反弹见顶。11月8日：见到回调的低点，不过该月的极低点出现在11月3日。11月27日：反弹见顶。

12月8日：回调见底。12月20日：见到反弹的顶部，也是这个季节的高点。

12月29日：回调见底。

1912年

1月2日：美钢见到反弹的顶部，也是这个季节的高点。

2月1日和13日：见到回调的低点，也是这个季节的低点。

3月25日：反弹见顶；接下来的下跌行情在28日见底，随后，股价出现上行。

4月8日和30日：两次在同一价位见到高点，也是这个季节的最高点。从4月30日开始，该股出现了一波急速的下跌。

5月7日：见到下跌之后的低点，也是这个季节后期的低点。5月20日：反弹见顶。

6月1日：回调见底。

7月2日：反弹见顶。7月11日：见到回调的低点，它也是这个季节的低点。

8月2日：反弹见顶，随后，股价有一波小幅回调。8月7日：回调见底。

8月21日和28日：分别见到了8月的高点。

9月12日：回调见底。9月23日：见到了这个季节的高点。

10月4日：见到了反弹的顶部，这不但是年度高点，也是这个季节的高点。

10月30日：回调见底。

11月4日：见到从10月31日开始的一波回调行情的低点。11月7日：一波快速反弹见顶，这也是11月的高点。11月12日和16日：两次在同一价位上见到回调的低点。11月21日：见到这波上涨行情的最后一个顶部，接下来，股价出现了大幅下跌。

12月11日和16日：分别见到了下跌过程中的低点，也是这个季节的低点。

12月21日和28日：分别见到了反弹过程中的高点。12月30日：回调见底。

1913年

1月2日：美钢见到1月的高点，同时也是年度高点和这个季节的高点。1月17日和20日：回调见底，随后出现反弹行情。1月31日：反弹见顶。

2月4日：见到反弹的顶部，这也是2月的高点。

2月25日：回调见底。

3月3日：反弹见顶。3月10日：见到回调的第一个低点，也是这个季节的低点。

3月19日：见到了回调过程的第二个低点，随后出现了反弹行情。

4月4日：见到了反弹的顶部，也是这个季节的高点。

4月29日：回调见底。

5月5日和8日：分别见到了反弹的高点。5月12日和14日：分别见到了小幅回调的低点。5月26日：反弹见顶，随后该股展开一波大幅下跌的行情。

6月11日：见到回调过程中的第一个低点，也是这个季节的低点。

6月21日：见到了回调中的第二个低点，比6月11日的低点价位略高。

7月9日：见到这个季节的低点。

8月13日：见到了反弹的顶部，也是这个季节的高点。8月16日和22日：分别见到了回调过程中的低点。8月29日：反弹见顶。

9月4日：回调见底。9月13日：反弹见顶，比8月13日的顶部价位略低。9月22日：见到最后一波反弹的高点。随后，股价大幅下挫。9月23日：见到了刚刚来临的这个季节的高点。

10月17日：下跌见底。10月27日：反弹见顶。

11月10日：在与10月17日底部相同的价位上见底，也是这个季节的低点。

12月8日：反弹见顶。12月15日：回调见底。

12月24日：见到这个季节的低点。12月26日：反弹见顶。

1914年

1月3日：美钢的回调见底。1月31日：见到了年度高点，也是这个季节的高点。

2月4日和14日：分别见到了小幅反弹中的高点。

3月7日：回调见底。3月21日和24日：分别见到了反弹的顶部。

3月25日：见到了这个季节的低点。

4月25日：回调见底。

5月1日：见到小幅回调的低点。5月28日：见到反弹的顶部，也是这个季节的高点。

6月25日：回调见底。

7月8日：见到反弹的顶部，也是这个季节的高点。7月16日：回调见底。7月22日：反弹见顶。7月30日：该股在50美元见到低点，也是这个季节的极低点。由于战争原因，交易所关闭至12月15日才开业。

12月15日：股价在55美元见顶，也是这个季节的高点，随后就是一波下跌。12月22日：见到这个季节的低点。12月26日：股价在48美元见底，接下来，有一波小幅反弹行情。

1915年

1月4日：美钢的回调见底。1月21日：在53¼美元见到反弹的顶部，它也是这个季节的高点；随后，股价大幅破位下跌。

2月1日：美钢派息。股价在38美元见底，这是2月的低点，同时也是年度极低点，和这个季节的极低点。

2月13日：反弹见顶。2月24日：回调见底。

3月8日：反弹见顶。3月18日：见到回调的最后一个低点。

3月24日：见到刚刚来临的这个季节的低点。

4月19日：反弹见顶。4月24日：回调见底。

5月3日：见到反弹的高点，接下来，股价出现了快速的大幅下跌。5月10日：回调见底。5月14日：见到了有所抬高的底部。

6月4日：见到了反弹的顶部，也是这个季节的高点。6月9日：回调见底。6月22日：反弹见顶。

7月7日和9日：分别见到回调中的低点，也是这个季节的低点，但比6月9日的底部价位要高。

8月10日：一波急速上涨的行情见顶。8月14日：回调见底。

8月18日：见到8月的高点，它也是这个季节的高点，随后，股价快速破位下跌了10个点。8月27日：反弹见顶。

9月11日和17日：分别见到了回调过程中的低点。9月24日：见到了这个季节的低点。

10月1日：反弹见顶。10月6日：回调过后，在与9月24日底部相同的价位见到低点。10月21日：见到反弹的顶部，这也是10月的高点。10月29日：回调见底。

11月1日和4日：分别见到了反弹中的顶部。11月9日：回调见底。11月12日和26日：分别见到了反弹的顶部，其中也有这个季节的高点。

12月2日：回调见底。12月7日：反弹见顶。12月17日和21日：分别见到了回调中的低点。12月27日和31日：分别见到了反弹过程中的顶部，这其中也有这个季节的高点。

1916年

1月7日：美钢的回调见底，随后出现反弹的行情，在8日见顶。接下来，股价开始走低。

1月31日：见到1月的低点，也是这个季节的低点。

2月10日：反弹见顶。

3月1日：回调见底。3月17日：反弹见顶。3月27日：回调见底。

4月4日：反弹见顶。4月22日：见到回调的低点，也是这个季节的低点。

5月1日：反弹见顶。5月5日：回调见底。

6月12日：见到反弹的顶部，也是这个季节的高点。

6月23日和27日：分别见到回调的低点，其中也有这个季节的低点。

7月6日：反弹见顶。7月14日：回调见底。7月24日和26日：分别见到反弹的高点。

8月5日：见到回调的底部，该股趋势反身向上，并开始走强。8月23日：反弹见顶。

9月1日：回调见底。9月22日：见到即将结束的这个季节的高点。9月25日和29日：分别见到了反弹的顶部。

10月9日和14日：两次在同一价位见底，随后股价出现大幅上涨。

11月8日：反弹见顶。11月14日：回调见底。11月27日：见到年度高点，也是这个季节的高点。

12月21日：见到一波大幅破位下跌的低点，也是这个季节的低点。

1917年

1月4日：美钢见到反弹的顶部，也是这个季节的高点。1月5日和11日：分别见到回调中的低点。1月26日：反弹见顶，但是没有突破1月4日的高点价位。

2月1日：见到大幅破位下跌后的低点，也是这个季节的低点。

2月3日：又见下跌底部，但比上一个底部价位略高。

3月21日：反弹见顶。3月27日：回调见底。

4月3日：反弹见顶。4月10日：见到了回调的低点，也是这个季节的低点。接下来，在17日和20日见到的底部，都比上一个底部有所抬高。4月26日：反弹见顶。

5月9日：回调见底。5月31日：见到5月的低点，同时也是年度高点和这个季节的高点。

6月1日和4日：分别见到了回调过程中的低点。6月14日：反弹见顶。

6月20日：回调见底。6月27日：见到了反弹的顶部，也是这个季节的高点。

7月19日：回调见底。

8月7日：反弹见顶。

9月17日：见到回调的低点，也是这个季节的低点。

9月25日：见到反弹的顶部，也是这个季节的高点。

10月15日：回调见底。10月22日和27日：分别见到了反弹中的高点。

11月8日：回调见底。11月26日：反弹见顶。

12月20日：见到了下跌之后的极低点，也是这个季节的低点。 随后出现了急速的上攻行情。

1918年

1月3日：美钢的反弹见顶。1月15日、18日和23日：分别见到了回调过程中的低点。

2月1日：反弹见顶。2月19日和27日：分别见到了这个季节的高点，但与上一个顶部相比，略微有所下移。

3月25日：见到回调的低点，它也是这个季节的低点。

4月22日：反弹见顶，随后是一波小幅回调的行情。4月25日、27日和30日：分别见到了回调过程中的低点。

5月16日：反弹见顶，也是这个季节的高点。随后，股价出现了急跌。

6月1日：回调见底。6月27日：反弹见顶。

7月15日：见到回调的低点，也是这个季节的低点。

8月10日：反弹见顶，随后有一波回调。8月15日、17日和22日：分别见到了回调过程中的低点。

8月28日和9月3日：见到了这波上涨的最后两个顶部，它们也是这个季节的高点。接下来，股价有一波大幅下跌的行情。

9月13日：回调见底。9月27日：反弹见顶。

10月9日：回调见底。10月19日：见到反弹的顶部，它也是这个季节的高点。

11月2日：回调见底，随后出现一波小幅反弹的行情。11月7日：反弹见顶。11月13日：回调见底。11月21日：反弹见顶。11月29日：见到下跌的低点，它也是这个季节的低点。

12月11日：反弹见顶。12月26日：见到12月的低点。

1919年

1月3日：美钢的反弹见顶。

2月10日：见到下跌的极低点，它也是这个季节的低点。

3月12日：反弹见顶。3月19日：回调见底。3月22日：见到反弹的顶部，也是这个季节的高点。3月26日：见到这个季节的低点，这个底部比3月19日的底部价位要高一些。

4月23日：反弹见顶。

5月1日：回调见底。5月5日：又见底部，比上一个底部有所抬高。

6月6日：见到反弹的顶部，也是这个季节的高点。6月16日：回调见底。

7月7日：见到反弹的顶部，也是这个季节的高点。7月11日：回调见底。

7月14日：反弹见顶，不过，比7月7日的顶部价位只高出了1/4个点。

7月20日：回调见底。7月22日：反弹见顶。

8月8日：回调见底，随后出现一波小幅反弹行情。8月11日和13日：分别见到了反弹过程中的高点。

8月21日：见到了回调的低点，它也是这个季节的极低点。接下来，有一波大幅反弹的行情。

9月4日：反弹见顶。9月20日：回调见底。

10月10日：见到反弹的顶部，也是这个季节的高点。10月25日：回调见底。

11月5日：再次见到与10月10日高点相同价位的顶部。

12月12日：见到回调的低点，也是这个季节的低点。12月27日：反弹见顶，随后有一波小幅回调的行情。12月29日：回调见底。

1920年

1月5日：美钢见到反弹的顶部，也是这个季节的高点。1月6日：回调见底。1月10日：见到一波小幅反弹的高点，但没能达到1月5日的顶部价位。1月19日：回调见底。1月27日：反弹见顶。

2月13日：回调见底。2月18日：反弹见顶。

2月27日：见到下跌后的底部，它也是这个季节的低点。随后，股价出现了大幅的反弹。

3月11日：反弹见顶。3月17日：回调见底。3月22日：反弹见顶。3月25日：见到了这波回调中的最后一个低点。

4月8日：见到了反弹的极高点，它也是这个季节的高点。4月12日：一波小幅回调见底。4月14日：一波小幅反弹见顶。4月23日：见到一波急速下跌的低点。4月27日：见到一波小幅反弹的高点。

5月3日：下跌见底。5月8日和10日：分别见到了反弹中的顶部。

5月13日：下跌见底，不过，这次比5月3日的底部价位略低。5月15日：反弹见顶。5月19日：见到下跌的极低点。5月28日和29日：分别见到了反弹中的高点。

6月1日：一波小幅回调见底。6月5日：反弹见顶。

6月8日：回调见底。6月12日：反弹见顶。6月20日：见到这个季节的低点。

6月23日：回调见底。6月24日：见到刚刚来临的这个季节的第一个低点。

6月26日：一波小幅反弹见顶。6月28日：一波小幅回调见底，但比23日的底部有所抬高。

7月8日：见到反弹的顶部，它也是这个季节的最高点。7月16日：回调见底。7月23日：反弹见顶。

8月9日：见到回调的低点，它也是这个季节的极低点。8月27日：反弹见顶。

9月13日：回调见底。9月18日：反弹见顶。

10月1日：回调见底。10月5日：反弹见顶。10月13日：回调见底。10月25日：见到反弹后的顶部，它也是这个季节的高点。10月28日：回调见底。

11月1日：反弹见顶。11月19日：回调见底。11月23日：反弹见顶。

12月1日：回调见底，这次比11月19日的底部价位略低。12月2日和6日：分别见到了反弹过程中的高点。随后，股价出现了大跌。12月21日和22日：分别见到了12月的极低点，同时也是年度极低点和这个季节的极低点。

1921年

1月4日：美钢的反弹见顶。1月5日：股价出现了小幅的回调。1月11日：反弹见顶。1月14日：回调见底。1月19日：反弹见顶，但是比11日的顶部价位要低。1月22日：再次见到与1月5日的底部价位相同的低点。1月28日：反弹见顶。

2月4日：再次见到与1月5日和22日底部价位相同的低点。2月17日：见到反弹的顶部，它也是这个季节的高点，这次比1月11日的顶部价位高出了1/4个点。

3月14日：回调见底。3月23日：反弹见顶。

4月14日：回调见底。4月26日：反弹见顶。4月28日：一波小幅下跌行情见底。

5月6日：见到这波上涨行情的最后一个低点，也是这个季节的高点。随后，股价出现了大幅下跌。5月16日：回调见底。5月23日：反弹见顶。

6月21日：见到了即将结束的这个季节的低点。6月23日：在70½美元见到这个月的极低点，同时也是年度极低点和这个季节的低点。

7月7日：反弹见顶。7月16日：下跌见底。

8月2日：反弹见顶。8月24日：回调见底。

9月19日：见到了这个季节的高点。9月26日：反弹见顶。

10月17日：见到回调的低点，也是这个季节的低点。10月29日：反弹见顶。

11月2日和7日：分别见到了这波下跌行情的最后两个底部，随后股价出现了大幅上涨的行情。11月28日：反弹见顶。11月30日：回调见底。

12月15日：见到反弹的顶部，也是这个季节的高点。12月23日：回调见底。12月28日和31日：分别见到了反弹过程中的高点。

1922年

1月6日：美钢见到1月的低点，它也是这个季节的低点。1月20日：反弹见顶。

1月31日：回调见底。

2月7日：反弹见顶。2月9日：一波小幅回调见底。2月23日：见到了一波急速上涨行情的顶部，它也是这个季节的高点。

3月6日：回调见底。3月18日：反弹见顶。3月24日：见到这波下跌中最后一个低点，同时也是这个季节的低点，随后，股价有一波上涨。

4月10日和20日：分别见到了反弹中的顶部，接下来，股价出现了小幅的回调。

5月11日：回调见底。

6月6日：见到反弹的顶部，它也是这个季节的高点。6月12日和16日：分别见到了回调的低点。6月20日：反弹见顶。6月27日：见到了回调中的最后一个低点，也是这个季节的低点。

7月20日：反弹见顶。7月26日：回调见底。7月31日：见到了反弹的顶部，也是这个季节的高点。

8月10日和15日：分别见到了回调中的低点。

9月11日：反弹见顶。9月29日：见到回调的低点，也是这个季节的低点。

10月16日：见到反弹之后的顶部，也是这个季节的高点。

11月1日：回调见底。11月9日：反弹见顶。11月28日：回调见底。

12月18日：反弹见顶。12月21日和28日：见到回调的低点，也是这个季节的低点。

1923年

1月4日：美钢见到反弹的顶部，也是这个季节的高点。1月17日：回调见底。1月26日：反弹见顶。1月31日：见到回调的低点，也是这个季节的低点。

2月26日和3月3日：分别见到了反弹中的顶部。

3月12日：回调见底。3月21日：见到反弹的顶部，也是这个季节的最高点。3月26日：回调见底。

4月2日：反弹见顶。市场运行缓慢，呈现出窄幅震荡行情，该股在4月18日见到本波行情的最后一个顶部，从4月25日就展开了一波下跌。

5月5日：一波小幅反弹见顶。5月22日：回调见底。5月28日：反弹见顶。

6月2日：回调见底。6月7日：反弹见顶。6月21日：见到了回调后的低点，它也是这个季节的极低点，随后股价出现了小幅反弹的行情，并在23日见顶。6月30日：见到了这个月的低点。

7月3日：反弹见顶。7月5日、11日和17日：三次都在89½美元附近见底。7月23日：一波小幅反弹见顶。7月31日：见到了回调的低点，也是这个季节的低点。

8月30日：见到了反弹的顶部，也是这个季节的高点。

9月4日：一波小幅回调见底。9月6日和11日：分别见到了反弹中的高点，但是比8月30日的顶部价位要低。9月23日：回调见底，这次与7月31日的底部价位相同。9月25日：见到刚刚来临的这个季节的低点。

10月4日：一波小幅反弹见顶。10月17日：回调见底。

10月24日：一波小幅反弹见顶。10月29日：见到这波行情的最后一个低点，接下来，该股迎来了一波大涨的行情。

11月12日：反弹见顶。11月17日：回调见底。

11月27日：见到反弹的顶部，也是这个季节的高点。

12月19日：回调见底。12月23日：见到了这个季节的低点。

12月31日：反弹见顶。

1924年

1月4日：美钢见到了回调的低点，也是这个月的低点。

2月7日：见到了反弹的顶部，也是这个季节的高点。2月27日：回调见底。2月29日：反弹见顶。

3月29日：回调见底。

4月5日：反弹见顶。4月10日、15日和22日：三次在同一价位附近见底。4月26日：见到反弹的顶部，也是这个季节的高点。4月30日：回调见底。

5月2日：一波小幅反弹见顶。5月20日：回调见底。5月26日：反弹见顶。5月29日：回调见底。

6月4日：反弹见顶。6月6日：见到回调的低点，也是这个季节的低点。6月23日：见到刚刚来临的这个季节的低点。

7月10日：反弹见顶。7月17日：回调见底。

8月4日：反弹见顶。8月12日：回调见底。8月20日：见到反弹的顶部，它也是这个季节的高点。

9月8日：回调见底。9月25日：反弹见顶。

10月2日：见到与9月25日顶部价位相同的高点。10月14日：见到这波行情的最后一个低点，它也是这个季节的低点，随后该股有一波大幅上涨行情。

11月26日：一波小幅回调见底。

12月11日：回调见底。12月19日：见到了这个季节的高点。12月24日：见到刚刚来临的这个季节的低点。12月29日：反弹见顶。12月31日：一波小幅回调见底。

1925年

1月3日和5日：美钢的反弹见顶。1月6日：一波小幅回调见底。

1月23日：见到反弹的顶部，它也是这个季节的高点。

2月3日：回调见底。2月5日：反弹见顶。2月17日：回调见底。

3月6日和7日：分别见到反弹中的顶部。3月30日：见到3月的极低点，它也是这个季节的极低点。

4月18日：反弹见顶。4月30日：回调见底，这次比3月30日的底部价位略高。

5月21日：见到反弹的顶部，也是这个季节的高点。

6月9日：回调见底。6月15日和19日：分别见到了反弹中的高点。

6月29日：见到这个季节的最后一个低点，比4月30日和3月30日的底部价位都要高，构成了三重底的形态，随后股价就启动了一波大涨。

7月29日：见到7月的高点。7月31日：回调见底。

8月26日：见到8月的高点，它也是这个季节的高点。

9月3日：回调见底。9月15日：反弹见顶，这次比8月26日的高点价位略低。9月28日：见到回调的低点，也是这个季节的低点，这次比9月3日的底部价位略高。

10月1日：见到10月的低点。10月24日和26日：分别见到了10月的高点。

10月29日：一波小幅回调见底。

11月7日：见到了年度高点，它也是这个季节的高点。11月10日：一波短期下跌见底。11月14日：一波快速反弹见顶，但没能达到11月7日顶部的价位。11月24日：见到11月的低点。

12月8日：反弹见顶。12月22日：回调见底。12月28日：反弹见顶。12月31日：回调见底。

1926年

1月4日：美钢见到反弹的顶部，它也是这个季节的高点。1月6日：一波小幅回调见底。1月7日：反弹见顶，不过没有达到1月4日顶部的价位。1月22日：见到1月的低点。1月25日：反弹见顶。

2月1日：一波小幅回调见底。2月4日：一波小幅反弹见顶。2月26日：见到2月的极低点。

3月1日：一波小幅反弹见顶。3月2日：见到一波小幅回调的低点，它也是这个季节的低点。3月16日：见到3月的顶部。3月30日：见到3月的极低点。

4月6日：反弹见顶。4月15日：见到回调的低点，它也是这个季节的低点。4月29日：见到了4月的高点。

5月3日：回调见底。5月6日：一波小幅反弹见顶。5月17日：见到5月的低点，随后该股迎来了一波大涨。

6月17日：见到反弹的顶部，也是这个季节的高点。6月18日：股价快速下跌了5个点。6月26日：见到刚刚来临的这个季节的低点。

7月2日：反弹见顶。7月9日：回调见底。7月16日：反弹见顶。7月24日：回调见底。

8月17日：见到8月的极高点，也是年度极高点和这个季节的极高点。8月25日：回调见底。

9月8日：反弹见顶。9月20日：回调见底。

10月2日：一波急速反弹见顶。10月20日：见到一波短期下跌的底部，也是这个季节的低点。10月28日：反弹见顶。

11月3日：回调见底。11月16日：见到11月的高点。11月19日：一波急速下跌见底。11月27日：反弹见顶。

12月6日：回调见底。12月17日：见到了这个季节的高点。12月27日：见到12月的高点，比同年8月17日的顶部价位高出1个点。

1927年

1月4日和7日：美钢见到了回调中的底部。1月11日：反弹见顶。

1月28日：分拆后的新股见到了1月的极低点，同时也是年度极低点和这个季节的极低点。

2月24日：见到2月的高点。2月25日：一波小幅回调见底。

3月1日：反弹见顶。3月8日：见到3月的低点，随后股价展开一波大涨。3月17日：见到这个季节的高点。3月22日：见到刚刚来临的这个季节的低点。

4月11日和16日：分别见到反弹中的高点。

5月2日：回调见底；随后，在这个月接下来的日子里，股价都出现上涨。

6月1日：见到反弹的顶部，也是这个季节的高点。6月30日：见到了这波行情的最后一个低点，它是6月的低点，同时也是这个季节的低点。随后，该股出现了一波大幅上涨的行情。

7月29日：见到7月的高点。

8月1日：回调见底。8月2日：反弹见顶。8月12日：回调见底。

9月9日：反弹见顶。9月12日：回调见底。

9月16日：见到反弹的顶部，它也是这个季节的高点。这个顶部比9月9日的顶部价位略高。9月29日：见到了9月的低点。

10月4日：反弹见顶。10月29日：见到了这波行情的最后一个低点，它是10月的低点，也是这个季节的低点。随后，该股拉开了一幕大涨行情。

11月29日：见到了11月的高点。

12月9日：回调见底。12月22日：见到了这个季节的高点。12月24日：见到反弹的顶部，也是刚刚到来的这个季节的高点。

1928年

1月5日：美钢的回调见底。1月7日：反弹见顶。随后，股价出现下跌，并跌破了1月5日的低点。1月17日：回调见底。1月24日：反弹见顶。1月25日：见到与17日底部价位相同的低点。1月27日：见到反弹的高点，这次比24日的顶部价位略低。

2月4日：回调见底。2月9日：反弹见顶。2月27日：见到2月的低点。

3月1日：一波小幅反弹见顶。3月2日：见到回调的低点，它也是这个季节的低点；比2月27日的底部价位低了1个点。3月22日：反弹见顶。3月23日：一波快速回调见底。3月26日：反弹见顶，这次比3月22日的顶部价位略低。

4月2日：回调见底。4月12日：反弹见顶，它也是这个季节的高点，这个顶部比1月7日的顶部价位高出了1¼个点，4月24日：回调见底。

5月7日：反弹见顶。5月9日：回调见底。5月11日：反弹见顶。5月22日和29日：分别见到了5月的低点。

6月1日：反弹见顶。6月11日：见到了这个季节的低点。6月25日：见到了6月的低点，它也是年度低点和这个季节的低点，随后，股价出现了大涨。

7月9日：反弹见顶。7月17日：回调见底。7月28日：反弹见顶。

8月3日和9日：分别见到了回调中的底部。

9月17日：见到反弹的顶部，它也是这个季节的高点。9月21日：回调见底。9月27日：反弹见顶，它也是9月的高点。

10月3日：见到回调的低点，它也是这个季节的第一个低点。10月4日：见到与9月27日的顶部价位相同的高点。10月9日：回调见底。10月24日：见到10月的高点。10月26日和31日：分别见到回调中的低点。

11月2日：一波小幅反弹见顶。11月3日和8日：分别见到回调中的低点。11月16日：见到11月的顶部，它也是这个季节的高点。11月21日：回调见底。11月23日和26日：分别见到反弹中的高点，随后股价出现大幅破位下跌。

12月17日：在149¾美元见到了这轮行情的最后一个低点，它也是这个季节的极低点。接下来，该股展开一波大涨行情。12月24日：反弹见顶。

12月27日：见到回调的低点，它也是这个季节的低点。

1929年

1月3日：美钢的反弹见顶。1月8日：该股在157¼美元见到低点，随后股价开始拉升，并突破了1月3日的高点。1月25日：见到1月的高点。1月30日：回调见底。

2月2日：反弹见顶。2月16日：见到2月的低点。

3月1日：见到反弹的顶部，它也是这个季节的高点。3月6日和11日：分别见到回调中的低点。3月15日：反弹见顶。3月26日：一波急速下跌见底。

4月12日：见到反弹的顶部，也是这个季节的高点。4月17日：回调见底。4月30日：反弹见顶。

5月2日：股价跌破了4月9日和17日的低点，趋势掉头向下。5月3日：一波小幅反弹见顶。5月31日：见到这波行情的最后一个低点，它是5月的低点，也是这个季节的低点。随后，股价出现大涨。

6月17日：上涨行情见顶，随后有一波小幅回调。6月20日：回调见底。6月25日：见到刚刚来临的这个季节的低点。

7月20日：反弹见顶。7月22日：回调见底。7月24日：见到7月的低点。7月29日：回调见底。

8月2日：反弹见顶，随后股价有一波回调。8月6日：回调见底。接下来，股价突破了8月2日的高点价位。8月24日：见到8月的高点。8月29日：回调见底。

9月3日：在261¾美元见到本轮行情的最后一个高点，它也是这个季节的高点。从5月31日股价见到最后一个底部算起，这次总共上涨了95天。9月13日：一波急速下跌见底。9月19日：见到一波快速反弹的最后一个高点。9月24日：见到刚刚来临的这个季节的高点。

10月4日：一波急速下跌见底。10月10日：一波快速反弹见顶。10月29日：见到10月的低点。10月31日：见到为期两天的快速反弹的高点。

11月7日：回调见底。11月8日：一波快速反弹见顶。11月13日：在150美元见到11月的极低点，它也是这个季节的极低点，股价在71天内跌去了111¾个点。11月21日：反弹见顶。

12月2日：回调见底。12月9日：一波快速反弹见顶。12月23日：见到了这波行情最后一个低点，这是12月的低点，也是这个季节的低点。随后，该股迎来了一轮大涨。

1930年

1月2日：美钢的反弹见顶。不过在同一天内，股价从173¾美元下跌到了166美元，这也是1月的低点。1月10日：反弹见顶，这次比1月2日的顶部价位略低。1月18日：回调见底。

2月18日：见到2月的高点，它也是这个季节的高点。2月25日：回调见底。

3月1日和7日：分别见到了反弹中的顶部。3月13日：回调见底，股价在3月17日再次见底，但比之前的底部有所抬高。

4月7日：见到了反弹的极高点，它是4月的高点，也是这个季节的高点。4月8日：回调见底。4月10日：反弹见顶。4月15日：回调见底。4月16日：一波快速反弹见顶，随后股价出现大幅破位下跌。

5月5日：见到了回调后的第一个低点。5月6日：一波快速反弹见顶。5月8日：见到回调的低点，这也是5月的极低点。5月14日：反弹见顶。5月20日：回调见底，这次比5月8日的底部价位略高一些。5月28日：反弹见顶，这次与5月6日的顶部价位相同，比5月14日的顶部价位低了1½个点。随后，股价开始走低，并跌破了支撑位。

6月25日：见到下跌的底部，它也是这个季节的低点。

8月5日：反弹见顶。8月13日：一波急速回调见底。接下来，股价开始缓慢攀升。

9月8日：见到这个季节的高点，它也是年度高点，与5月6日、14日和28日这三天的顶部价位相同。随后，该股的趋势拐头向下，股价不断走低。9月24日：见到这波行情中最后一次反弹的高点，它也是这个季节的高点。

10月：股价在下跌过程中连破支撑位，不断创出新低。

12月17日：见到了下跌的底部，它也是这个季节的低点，随后，股价出现反弹。

1931年

2月26日：美钢见到上涨后的顶部，也是这个季节的高点。

3月25日：见到这个季节的高点。接下来，股价有一波快速下跌。

4月：该股跌破了1930年12月17日的底部价位，走势非常疲弱，表明后市还有很大下跌空间。

6月2日：见到了下跌的低点，也是这个季节的低点。随后，该股出现了反弹。

7月3日：见到了反弹的顶部，也是这个季节的高点。

9月21日：见到这个季节的低点。9月23日：见到了小级别反弹的高点，也是这个季节的高点。该股的趋势仍继续向下。

12月18日：见到下跌后第一个低点，随后该股反弹到了19日。

1932年

1月4日：美钢在1931年12月18日的底部价位附近见到低点，也是这个季节的低点。接下来，股价有一波反弹。

2月19日：见到反弹的高点，它也是这个季节的高点。接下来，该股出现一波下跌。

3月22日：见到这个季节的高点。

4月：股价迭创新低。

6月10日：见到了这个季节的低点，并创下了1907年以来所有季节中的最低收盘价。6月28日：在21¼美元见到下跌的极低点，它也是这个季节的低点。我们注意到，该股在1907年10月的低点是在21⅞美元，这就形成了双底的结构，对股价有一定支撑作用。随后，该股出现了一波上涨行情。

9月6日：上涨行情见顶，没能突破同年2月19日的顶部价位。也是这个季节的高点。接下来，股价有一波下跌。9月20日：回调见底。9月26日：见到这波行情的最后一个高点，它也是这个季节的高点。随后，股价有一波下跌。

10月：次级下跌行情仍在继续。

12月22日：见到这个季节的低点。12月28日：见到一个暂时的底部。

1933年

1月11日：美钢见到了反弹的高点，也是这个季节的高点。

3月2日：见到这个季节的低点，在这个季节里，股价的波动幅度只有8½个点，这是该股几年来出现的季度内最小波幅，在此期间，成交量也非常小。这个底部比1932年6月28日底部有所抬高，显示出该点位对股价有很好的支撑。随后，该股的趋势反身向上。3月31日：见到次级回调的低点。

6月13日：见到了这个季节的高点。接下来，该股的趋势继续上行。

7月18日：见到了上涨行情的顶部，也是这个季节的高点。随后，股价出现下跌。

9月22日：见到这个季节（夏季）的低点。9月23日：见到下一个季节（秋季）的高点。

10月21日：见到下跌之后的低点，也是这个季节的低点。接下来，该股的趋势再次反身向上。

1934年

1933年12月27日和1934年1月5日：美钢有两次在相同的价位见底，也是这个季节的低点。

2月19日：见到上涨后的顶部，它也是这个季节（冬季）的高点，随后该股的趋势掉头向下。

3月26日：见到了下一个季节（春季）的高点。

6月2日：见到下跌的低点，它也是这个季节的低点。

7月11日：见到了下一个季节（夏季）的高点。

9月17日：见到下跌之后的低点，它同时也是这个季节的低点。

10月30日：股价再次见底，它也是这个季节的低点。

12月6日：见到了反弹后的高点，它也是这个季节的高点。

1935年

1月8日：美钢见到反弹的顶部，也是这个季节的高点。

3月18日：见到该股趋势开始上行之前的最后一个低点，也是这个季节（冬季）的低点，比起1933年3月31日底部，这次的底部还是有所抬高。

4月3日：见到下一个季节（春季）的低点，接下来，该股的趋势反身向上。

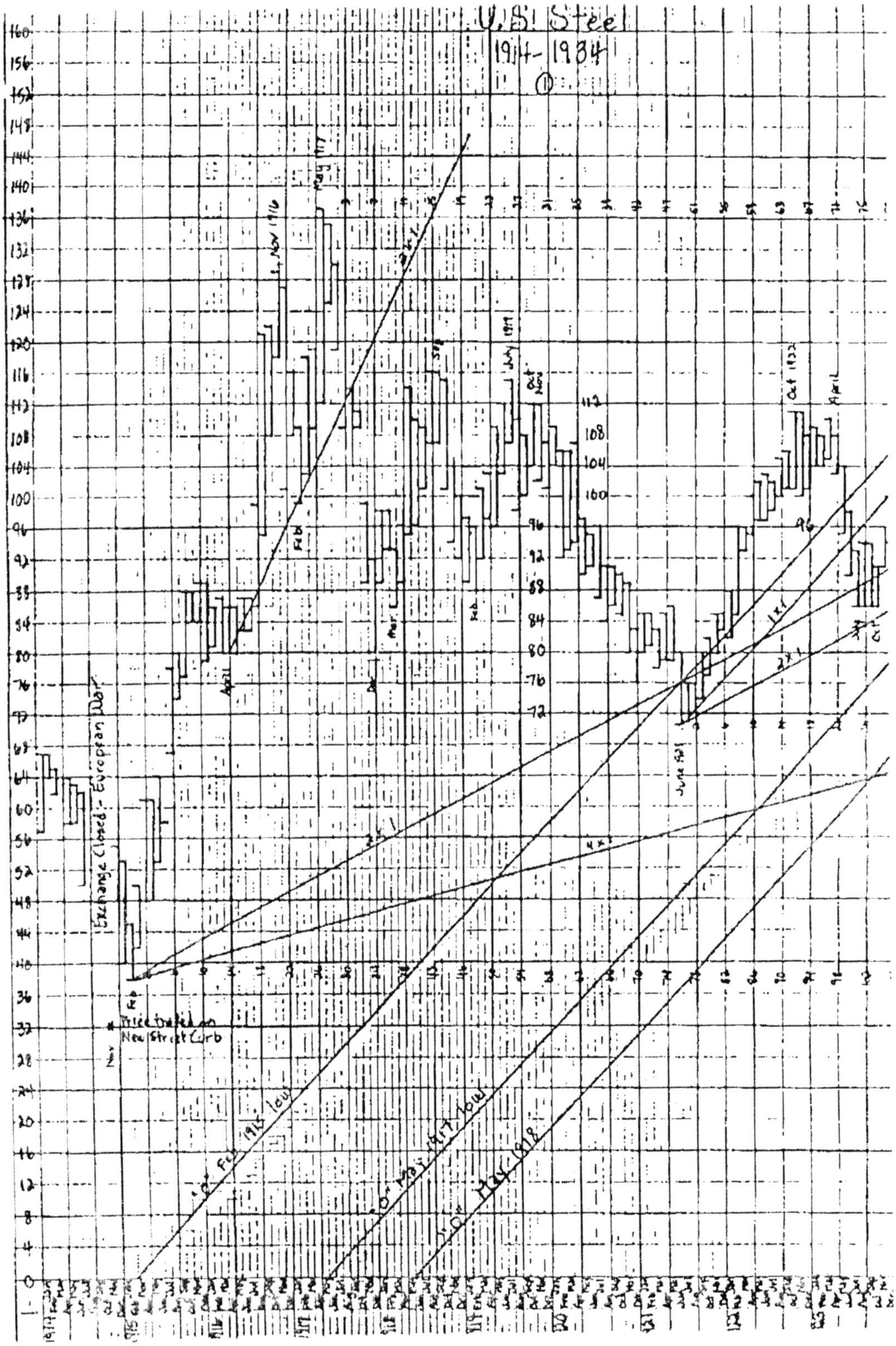

图5-1 美国钢铁1914～1934年趋势转向图

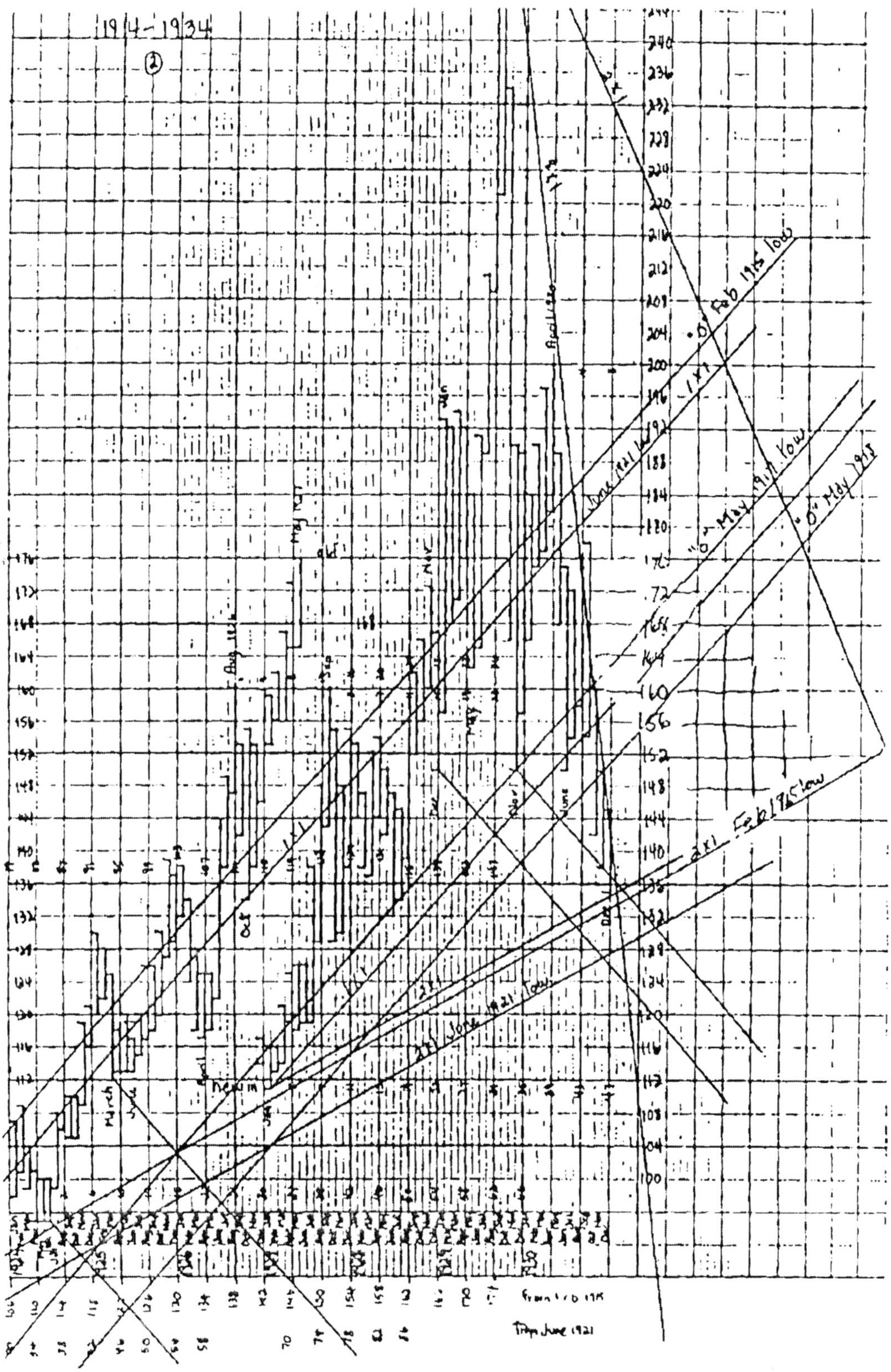

图5-2　美国钢铁1914～1934年趋势转向图

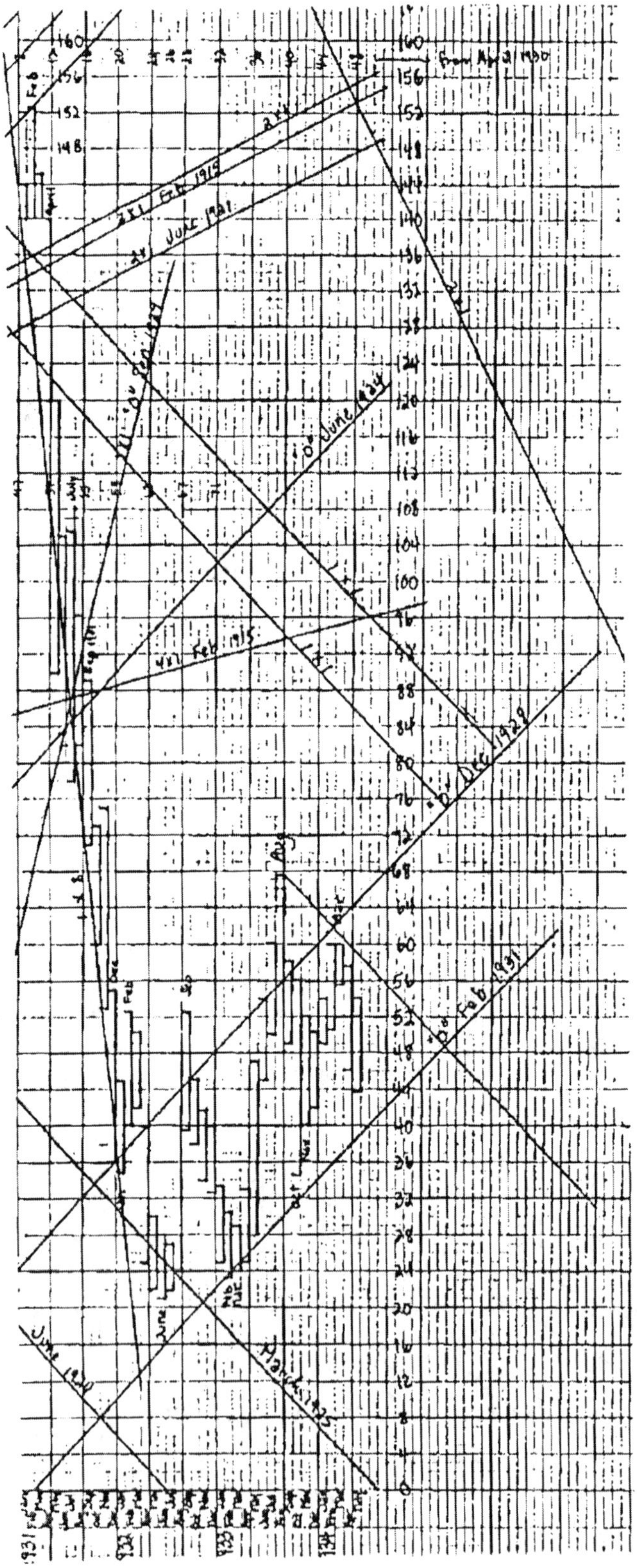

图5-3 美国钢铁1914～1934年趋势转向图

Chapter 6

自然阻力位与时间周期中的关键时点

以下给出的这些自然阻力位都是以自然法则为基础，它们可以用来测算股票在时间和空间上的阻力位。在这些点位附近，股价的上涨或下跌会受到阻力，或者是从一个顶部运行到一个底部时，波动的幅度与以前的波幅相同。大级别和小级别行情的顶部和底部一般都是在这些阻力位附近产生。

当人最开始学着数数时，很可能用的就是手指，用一只手数到5，用另一只手再数到5。接下来，就开始用脚趾来数数，先用一只脚上的5个脚趾数，再用另一只脚上的5个脚趾数，这样也得出了10，把两个10加在一起，就得到了20。然后就再与5和10进行一系列的加法和乘法的运算。从这种基础的计算方法就产生了后来的十进制，我们也据此演算出了5年、10年、20年和30年和其他一些以年来计的时间周期，以及其他的阻力位。人们在股市中，一般以100为点位的计量单位，以1美元作为股价的计量单位，所以股价波动区间的1/4、1/8和1/16这些等分位，都有可能成为股价的顶部或底部，也就会是重要的买入和卖出点位。

当你以100点作为计数单位，那么25点、50点和75点就成为了最重要的点位，它们分别对应着100点的1/4、1/2和3/4这些等分位。接下来，重要性仅次于以上三个点位的是33⅓点和66⅔点，它们分别对应着100点的1/3和2/3这两个等分位。再往下，重要性又低一级的位置是1/8的等分位，它所对应的点位有12½点、37½点、62½点和87½点。重要性排再低一些的是1/16的等分位，它所对应的点位包括6¼点、18¾点、31¼点、43¾点、56¼点、68¾点、81¼点和93¾点。

因为9在个位数中是最大的，所以在判定时间和空间的阻力位时，9是非常重要的数字。以9为基数，我们得出了下面这些最重要的阻力位：9、12、27、36、45、54、63、72、81、90、99、108、117、126、135和144。你会注意到，这里有很多阻力位与主12正方图中给出的重要阻力位是相呼应的，原因很简单，就是因为12不过是9加上9的1/3之后得出的数字。

由9的1/2等分位推导出的阻力位，在重要性上，仅次于上述那些阻力位。这些阻力位分别是4½、22½、31½、40½、49½、58½、67½、76½、85½、94½和103½等。

你只要在9的任意倍数基础上（包括0），再加上9的1/2，即4½，就可以得出这些阻力位了。

接下来的阻力位是由12和它的倍数推导出的，它们也是很重要的。之所以重要，是因为一年有12个月。而这些阻力位与前面提到的以100和9为基数推导出的很多重要阻力位，也是非常接近的，同时，它还跟360度圆周上的等分位很接近。以12为基数而产生的重要阻力位包括：12、18、24、30、36、42、48、54、60、66、72、78、84、90、96、102、108、114、120、126、132、138和144等，这些重要的点位，你可以在主12方图，即12×12的正方图中看到。在下文关于主12方图的章节中，还会对其他重要点位作进一步解释与说明。大部分股票的顶部和底部，都会在以12为基数的这些阻力位非常接近的点位产生。

将一个360度圆周进行不同比例的等分，就可以证明所有那些阻力位是从哪里推导来的，也可以非常精确地判定出股票在时间、量能和空间上的阻力位。把一个圆周进行2等分、3等分、4等分、5等分、6等分、8等分、9等分和12等分，得出的都是很重要的等分位，它们也是非常重要的阻力位。

我们首先将一个圆周2等分，等分位在圆周180度的位置，那么这个等分位就是最强的阻力位。因为它是圆周的重心，或者说是1/2的点位。在时间上，它可以相当于180个月，或者说15年，而15年是20年时间周期的3/4，也可看作是30年时间周期的1/2，所以这个阻力位是很重要的。

接下来，我们将一个圆周进行4等分，4个等分位分别是圆周上90度、180度、270度和360度的位置，这些数字也是非常重要的，因为如果在一个圆周代表的是30年时间周期，前面这三个点位就相当于7½年、15年和22½年，而22½年在图中是在270度的位置，也就是走过了一个圆周的3/4。这些数字用在以天、以周或以月来计算的时间周期时，往往标志着一个周期的起点或是终点，同样，这些数字也可以作为股价的重要阻力位，特别是在时间周期也走完时效果更明显。

下一个重要的阻力位是把一个圆周进行3等分之后得到的，在圆周上120度的位置，对应的是1/3等分位，而在圆周的240度的位置，对应的是2/3等分位，如果一个圆周代表的是30年的时间周期，那么前两个点位就分别相当于10年和20年的时间周期。当然，第3个点位，也就是圆周转一圈后的360度的位置，相当于走完了30年的时间周期。

在把一个圆周12等分之后，我们会在圆周上得到以下这些重要的阻力位：30度、60度、90度、120度、150度、180度、210度、240度、270度、300度、330度和360度，这些阻力位之间也是相呼应的，150和210都是非常重要的阻力位，因为150度就在180度顺时针往回转30度的位置，或者是，它是在120度与180度之间的1/2点位上，而210度也是在180度和240度之间的1/2点位上。

在12等分之后，我们要对一个圆周进行24等分，这样得出的阻力位也很重要，因为一天有24小时，地球每小时转15度，或者说，24小时会转过360度。对于圆周的24等分，我们会在圆周上得到以下的阻力位：15度、30度、45度、60度、75度、90度、105度、120度、135度、150度、165度、180度、195度、210度、225度、240度、255度、270度、285度、300度、315度、330度、345度和360度。我们用15除以2，会得到7½，如果把7½加到上面任何一个阻力位上，我们就可以得到另一个很重要的阻力位，而这个阻力位又会与我们用其他等分法得到的阻力位相呼应。例如，15加上7½，得到22½，它是圆周的1/16等分位。150是重要的阻力位，给它加上15的话，我们就得到165，165度是150度到180度之间1/2等分位，而180度本身也是最强的阻力位之一。你只要把7½或是15加在某个阻力位上，同样也能得到其他一些重要的阻力位。

把一个圆周8等分，我们也能得到一些很重要的阻力位，它们分别是45度、90度、135度、180度、225度、270度和315度。因为圆周上225度的位置相当于从45度开始，又转过了180度，所以这个阻力位很重要。圆周上的315度也是非常重要的位置，因为它正对着135度的阻力位，而135度可以看作从45度开始，又转过了90度。

接下来，这些重要的点位是把一个圆周16等分之后得到：22½度、45度、67½度、90度、112½度、135度、157½度、202½度、225度、247½度、292½度、315度和337½度，它们也是用来测算时间上的阻力位的。

对一个圆周进行32等分，得出的阻力位也很重要，因为用它们测算出的以月计的时间周期时，与用主12方图的预测结果比较接近。32等分之后的阻力位包括11¼度、33¾度、56¼度、78¾度、101¼度和123¾度等，它们之间只要把11¼加在任何一个阻力位上，就能得出下一个阻力位。

在所有这些重要比例的等分中，把一个圆周1/64等分之后，得出每段圆弧的度数，是所有等份中最小的一个，只有5⅝度，是11¼的1/2。这些阻力位，虽然在重要性方面不如上面所说的那些阻力位，但是股价也经常在这些阻力位附近见到顶部或底部，特别当接近一个重要的时间周期尾声的时候。这些阻力位包括：5⅝度、16⅞度、28⅛度、39⅜度、50⅝度、61⅞度、73⅛度、84⅜度、95⅝度、106⅞度、118⅛度和129⅜度。所有这些阻力位都在其他重要阻力位的1/2点位上。22½是45的1/2，11¼是22½的1/2，5⅝是11¼的1/2。

对一个圆周进行9等分也很重要，因为9是最大的个位数。9等分之后，我们会得到下面这些阻力位：40度、80度、120度、160度、200度、240度、280度、320度和360度。所有这些阻力位都非常重要，它们与很多用其他比例的等分位得出的结果一致。

如果取这些阻力位之间的1/2点位，我们就会得到：20度、40度、60度、80度、100度、120度、140度、160度、180度、200度、220度、240度、260度、280度、300度、320度、340度和360度。按月来算时间周期的话，有很多股票会在运行到这些阻力位附近时见顶或见底。在测算时间周期时，我会把这些阻力位与主12方图上的阻力位，以及通过对一个圆周进行2等分、4等分和8等分所得到的阻力位都视作最重要的阻力位。

如果你愿意花时间去回顾任何一只股票10～30年以来的走势图，查看它所有重要的顶部和底部，你会发现，这些阻力位在该股的时间和空间的运行中起到了多大的作用。如果你看的是周高低点图，你会看出，这些阻力位与周高低点图上高点和低点的吻合次数，要比月高低点图上多，这是因为有些周线级别波动产生的顶部和底部，在月高低点图上显示不出来。接下来，如果你看日高低点图的话就会发现，在这些阻力位上，有些小级别的波动会见到顶部或底部，但这些同样也不能在周高低点图上一一显示出来。

在判断月线级别的行情时，把1年按照季节变化分成4等份是很重要的，这也就是春夏秋冬四个季度。在360度圆周中，每走完一个季度，就相当于转过一个90度的圆弧，在时间上是90天，而季节发生变化的时点都是很强的阻力位。要关注每过3个月、6个月、9个月和12个月那些季节转换的日子，股价是否会出现变盘。在12个月的时间周期即将结束时，大多数股票会有重大的趋势变化。接下来，还有一件重要的事要做，就是把一年进行3等分，这样每过4个月、8个月和12个月，你就要重点关注趋势是否发生变化。你还可以把1年，即52周进行4等分，那么每过13周、26周和39周，就是要关注趋势是否变化的重要时点。你也可以对52周进行3等分，就能得到1/3等分位，在这样的等分之后，第17周到第18周与第35周到第36周就成为需要重点关注的变盘时点。

当任何一个重要的时间周期快要走完时，你要注意看股票的日高低点图和周高低点图，观察是否出现了见顶或见底的信号。密切关注该股的移动平均趋势线，因为它能帮你判断趋势何时会发生改变。对于那些持续了很长时间的行情，它在波动空间上达到过50个点，或者更多个点，有一个很好的法则可以用来判断它的趋势是否出现了变化，那就是先取它在上涨或下跌中的最大涨幅，或是最大跌幅，如果股价在上涨行情中的回调中，波动幅度超过了这个最大跌幅，或者在下跌行情的反弹中，波动幅度超过了这个最大涨幅，表示趋势正在发生变化。还有一个方法，就是先取这波行情总涨幅或总跌幅的1/12。假如股价上涨了144个点，那么它的1/12就是12个点，根据这个方法，当股价上涨了这么多个点之后，回调了12个点，就预示着这波行情已经接近尾声了，特别是截止到此时，回调的幅度越来越窄的情况下，更有可能会出现变盘。有些股票在上涨过程中，从来不会出现超过总涨幅1/4的回调，另外一些股票有的会回调到总涨幅1/3的价位，有的则会回调到总涨幅1/2的价位。在测算一波行情的阻力位时，要从行情启动前最后一个底部或顶部开始算起，要关注从最后一个底部或顶部算起的1/2、1/4和1/3等阻力位，这与你测算从大级别的底部或顶部启动的行情阻力位用的是一样的方法。

下面这个例子会让你看到，我们是如何按照时间和空间的波动法则来预测出美国钢铁这只股票的走势的。

美国钢铁公司

这家公司成立于1901年2月25日，从1901年3月28日起，该公司的普通股在纽约证券交易所上市，上市当天的开盘价是42¾美元。作为一只新股，它以前没在交易所上过市，我们也就没有可以参照的历史交易中的高点和低点，所以，我们要用到的第一条操作法则是，如果股价第一次出现下跌3个点的情况，就表明它还会继续走低。而如果股价上涨了3个点的情况，就预示着股价会进一步攀升。接下来，我们在月高低点图上添加一个90 × 90的正方图，你会看到，我以1901年3月作为时间上的起点，从纵轴的“0”点向上绘制移动平均趋势线，同时也以1901年3月作为时间上的起点，从纵轴上的“90”美元向下绘制移动平均趋势线。在股价波动一小段时间之后，这些移动平均趋势线将显示出该股是处在强势，还是处在弱势。

我们采用3个点的波动法则，当股价从43美元上涨到46美元，上涨了3个点，这就表明股价会继续走高，特别是在突破了45美元时。应注意的是，股价还处在从“90”美元发出的8 × 1的移动平均趋势线下方，显示该股还在弱势当中，而同时股价又处在从底部发出的8 × 1的移动平均趋势线上方，这表明它尚有一些动力，会出现一定的反弹。股价到了55美元。这时，你要注意它的阻力位会在哪里。56¼美元会是一个阻力位，因为45加上11¼等于56¼。而54是9方图和主12方图中的阻力位。55美元是人们心理上的一个买入价位，因为当股价突破50美元之后，人们认为股价在后市的上涨空间已经打开。当股价上涨到55美元之后，我们取43美元到55美元之间的1/2点位，即49美元，当股价跌破了49美元这个中间价位，就表明趋势已转为下行。股价跌破了这个价位之后，又跌破了前期低点43美元。

接下来，我们要取的是55美元的1/2价位，也就是27½美元。在1901年5月9日的恐慌性下跌中，美钢跌到了24美元。24正好是主12方图上的阻力位，而22½度也是一个支撑位。我们取27½与22½之间的1/2点位，得到的刚好是25美元，表明25美元附近是一个很强的支撑位，这里可以买入，去抢反弹。

下面，我们要取的是顶部55美元与底部24美元之间的1/2价位，也就是39½美元。如果股价突破了39½美元，那么，下一个阻力位就是这个区间的3/4价位，即47美元。1901年7月，股价上涨到48美元，并在这个价位附近横盘了好几个月，其间并没有跌破39½美元，但是股价没能站到从“90”和55美元发出的45度角移动平均趋势线的上方。1902年10月，股价跌破了39½美元，并跌到了从底部24美元发出的45度角的动平均趋势线的方，表明走势转弱。你应注意到的是，1903年7月，从“0”点发出的45度角移动平均趋势线与从“90”美元发出的45度角移动平均趋势线在28美元形成交叉，而27½是55的1/2点位。股价第一次跌到了从“0”点发出的45度角移动平均趋势线下方，随后1904年5月，股价径直下跌到了8⅜美元，接下来，股价落在从基准点或起点“0”发出的4×1的移动平均趋势线上。从1901年3月算起，股价在第39个月见底，而从1901年5月的底部开始算的话，到这里用了36个月，刚好走出了一个完整的周期。从顶部下跌了46点，表明这里是一个强支撑位，因为45个点的跌幅可以相当于在圆周上走过了45度角，显示这里有很强的支撑力度。9是55的1/6，这个点位对股价是有支撑的，任何股票下跌到9美元附近，都会获得良好的支撑，9是股价很有可能在此见底的一个数字。

1904年8月，股价第一次站到了从90美元发出的2×1的移动平均趋势线的上方。9月，交易逐渐活跃起来，股价站到了从55美元发出的45度角移动平均趋势线上方，显示出了上升的趋势。20是55到8⅜之间的1/4点位，当股价突破了这个价位，就表明后市还会继续走高。下一个关注的价位是这个区间的1/3点位，即23⅝美元，这个价位也被突破了。接下来要关注的价位是在这个区间的1/2点位附近，即32⅞美元。1904年12月，股价上涨至33美元，触及到了从55美元发出的2×1的移动平均趋势线，随后出现了回调，接着，股价突破了33美元。1905年4月，股价涨到了38美元，38是8⅜到55之间的5/8点位。应注意的是，39美元是该股1903年2月最后一个顶部的价位。5月，股价下跌到25美元，落在从1901年3月“0”点发出的2×1的移动平均趋势线上，同时也落在从1904年5月“0”点发出的2×1的移动平均趋势线上，而这条线在45度角移动平均趋势线的左侧，表明这里的支撑力度还很强，另外，还因为23⅛是8⅜到38之间的1/2点位。这些移动平均趋势线将股价撑在了这个1/2点位的上方。

1905年2月，股价在46美元见顶。股价到了45美元，我们自然就会认为这里是一个阻力位。除此之外，43¼是8⅜到55之间的3/4点位，从时间周期上看，行情走了60

个月，或者是5年的时间周期的尾声，应该会出现一波回调。1906年7月，股价下跌到43美元。25～46之间的1/2点位在35½，而33¾也是一个很强的支撑位。此外还要再提一次的是，32⅞是55到8⅜之间的1/2点位。股价仍然处在从1901年3月的“0”点发出的2×1移动平均趋势线的上方，同时也在1904年5月的低点发出的45度角移动平均趋势线下方只有2个点的价位，这里有很强的支撑力度，是个买入点位。1906年10月，股价在50美元见到了下一个顶部。1907年1月，股价又一次在同一价位见顶。在过去的4个月中，股价在45美元的上方派发，波动的区间为5个点。1907年1月，这是股价见顶的最后一个月，从1901年4月的顶部算起，时间周期为69个月，从1901年2月美钢公司成立算起，时间周期为71个月，而从1904年5月的低点算起，也有32个月了。当行情运行到第7年的时候，往往预示着后市会走低。在第7年，股价总会出现恐慌性的下跌，因为美钢的股价没有达到1901年7月的顶部价位上方3个点的价位，表明该股还处在弱势当中。50是一个阻力位，因为50是100的1/2，而45加上5⅝，等于50⅝。

1907年1月，美钢跌破了从33美元发出的2×1移动平均趋势线。1907年3月，它又跌破了从1904年5月的底部发出的45度角的移动平均趋势线和从1904年5月的“0”点发出的45度角的移动平均趋势线，走势已经到了非常弱的状态。股价下跌到32美元，这里是1906年7月的支撑位，也是55～8⅜之间的1/2点位，而29¾是50～8⅜之间的1/2点位。股价在32美元附近见底，并在此整理了3个月之久。1907年7月，股价反弹到39美元。你应注意到的是，从1901年3月的“0”点发出的2×1的移动平均趋势线与从1904年5月的“0”点发出的45度角的移动平均趋势线在38美元形成交叉，使得这里成了一个很难被突破的强阻力位。1907年8月，美钢跌破了32美元，这是股价第4次来到这个价位，根据我的一条法则：当股价第4次到达同一价位时，它几乎总会要冲破这个价位，后市或者会走出逐渐抬高的顶部，或者会走出逐步下移的底部。

1907年11月1日，美钢的股价跌到了21⅞美元。阻力位是在22½美元，8⅜到55之间的3/4点位是20，另外，正如主12方图中所示，24是一个强支撑位。股价并没有跌到从1901年3月“0”点发出的4×1的移动平均趋势线和从1904年5月“0”点发出的2×1的移动平均趋势线的位置，显示这里的支撑力度很强。从1901年4月的顶部算起，这个底部是在第78个月见到的。你应注意到的是，78¾是一个强阻力位，因为它是90的7/8。从1901年3月算起，该股已经走过了80个月。还应注意到，1904年6月是从1901年3月算起的第40个月，也就是说40个月之后，股价再次见底，这在时间上也达到了平衡。40个月这个阻力位之所以很强，是因为它是360个月的1/9，也是120个月的1/3，而120个月就是一个10年的时间周期。

1908年1月，美钢突破了从1907年1月发出的2×1的移动平均趋势线。3月，股价突破了从1901年5月发出的2×1的移动平均趋势线和从1904年的“0”点发出的3×2的移动平均趋势线，该股的走势由弱转强。随后，股价突破了36美元，这是50到21⅞之间的中点价位，表明股价会继续走高。到了1908年8月，从1901年3月算起，该股已经走过了90个月，从1901年3月的“0”点发出2×1的移动平均趋势线和从“90”美元发出的2×1的移动平均趋势线在45美元形成交叉，从21⅞的2×1移动平均趋势线也与交叉在45美元。8月，股价上涨到48美元，9月又回调到42美元。该股到这里已经超出了90个月，也就走出了第1个90×90的正方图，目前走势还是很强的。我有一条法则是这样说的，在一个10年的时间周期中，股价在第8年和第9年里总是会走高。

1908年11月，股价突破了50美元，并上涨到了58¾美元，从1901年4月算起，这时已经是第90个月了，表明这里是一个强阻力位，股价会在此见顶。但是我们也看到，股价已站到了55美元上方3个点的价位，而55美元是该股1901年的高点价位，这就预示着在晚些时候该股还会继续走高，特别是在它已经走出了第1个90×90的正方图时，更有理由看好后市。从1904年的低点算起，股价已经上涨了50个点，如果回调幅度为这个区间的1/3的话，股价会回到42美元，这是该股在1908年9月见到的最后一个低点。1909年2月，美钢下跌到41⅛美元。笔者早就预测出，1908年11月，股价在58¾美元见顶，1909年2月，股价在42美元见底。

1909年4月，美钢突破了58¾美元与41⅛美元之间的1/2价位，重新回到了从1901年3月的“0”点发出的2×1的移动平均趋势线的上方。5月，股价突破了前期顶部58¾美元，站到了从1904年的“0”点发出的45度角的移动平均趋势线的上方，该股处在了一个非常强的走势当中。现在，我们的问题来了，在经过了这么多年之后，当股价步入了一个新高的领域，那么如何来计算，它在新高的区域中会走多远？我们首先找到上一个重要的顶部，也就是1906年和1907年的前期高点50美元，给它加上45，就得到了95。1909年10月，该股的股价为94⅞美元。你要记住，我有一条法则说的是，顶部和低部价位会变成中间价位。它从底部21⅞美元，到顶部58⅞美元，涨幅为37个点，给58¾美元加上这37个点，就得到95¾美元。而股价在94⅞美元见顶，就让58½美元成了1907～1909年之间的中间价位。笔者在94⅞美元做空卖出美钢，并预言它的股价不会涨到95美元，以上交易记录刊登在1909年12月的《股票行情收录》杂志上。当股价上涨到94⅞美元时，稍稍站在了从1906年1月顶部50美元发出的45度角的移动平均趋势线上方。从1907年的低点算起，涨幅刚好为73个点，从1904年5月的低点算起，涨幅为86½个点。在任何时候，当股价从底部或基准点上涨了84到90个点，这就进入了一个卖出区域，而94⅞美元是在90美元上方4⅞美个点的价位，从基准点算起，涨幅只有86½个点，所以要想走出以1904年5月的极低点为起点的90×90的正方图，股价就必须突破99美元。这是按照股价波动法则推算出来的。股价从1909年2月的低点算起，已经上涨了53¾个点，这里也是强阻力位之一。该股价在第102个月见顶，阻力位是101¼美元。如果从1907年11月算起的话，正好走过24个月，是一个很完整的时间周期。如果从1904年5月算起的话，周期是65个月，当股价到达67½美元，或者说67½度这个阻力位之后，它就开始了下跌。从1901年算起，这里是第104个月。而第105个月，或者说8¾年的时间周期，是一个重要的阻力位。

为了判别阻力位，我们首先要算出该股股价波动区间1/8、1/4、3/8、1/2、5/8、3/4、7/8、1/3和2/3点位分别在什么价位上。76⅝美元是21⅞～94⅞美元之间的1/4价位。1910年2月，美钢下跌到75美元，在这个1/4价位附近得到了有力支撑。1910年3月，股价上涨到89美元，在75～94⅞美元之间的3/4点位见顶，刚好在从94⅞美元发出的45度角移动平均趋势线下方。1910年7月，股价下跌到61⅛美元，但是并没有跌到1907～1909年之间的中间价位58½美元，表明股价在这里得到了很强的支撑。63¼美元是在94⅞美元的2/3点位，表明这里也是一个支撑位。随后股价开始上涨，1911年2月，股价涨到了82美元，刚好在94⅞～61⅛美元之间的2/3点位下方，并触及到了从1904年“0”点发出的45度角的移动平均趋势线，接下来，股价出现了一波下跌。

1911年4月，美钢走完了从1901年顶部开始算起的10年的时间周期。1911年8月，股价跌到了从61⅛美元发出的45度角移动平均趋势线下方。1911年9月，股价又跌到了从1907年11月发出的45度角移动平均趋势线下方。1911年10月，股价下探到50美元。应该注意的是，这个月是从1904年5月的低点开始算起的第89个月，该股即将走完7½年的时间周期，意味着即将达到圆周上90度的阻力位。这次的底部是在50美元，从前期顶部算起，股价下跌了44⅞个点，这里形成了一个很强的阻力位，就是因为跌幅差不多是45个点，相当于在圆周上走过了45度。50⅝美元是一个阻力位，显示这里可以再次买入，而且51⅝美元是8⅜～94⅞美元之间的1/2点位，47⅜美元是在前期高点94⅞美元的1/2点位，所有这些都表明，这里是一个力度非常强的支撑位。股价刚好是在从1904年5月发出的2×1的移动平均趋势线下方，随后不久，股价就重新回到了这条2×1的移动平均趋势线的上方。从前期顶部算起，股价已经下跌了2年，正好24个月，而从1907年11月的底部算起，该股已经走过了48个月，说明在时间上也达到了平衡，预示着又一波上涨行情即将展开。从1901年3月算起，这个月是第128个月，而在六边形的图中，128表示刚好走完了六圈，请参见有关的六边形图。

1912年9月和10月，美钢在80美元见顶，这是94⅞～50美元之间的3/4点位，但是股价没能突破1911年5月的顶部价位。现在要引起注意的是，回到10年前，看一下该股在1902年9月见顶之后的走势，你会发现当时股价紧跟着就是一波下跌。1912年10

月，下跌开始了。12月，股价跌破了从50美元发出的2×1的移动平均趋势线，随后该股越走越弱，相继跌破了从1901年到1904年发出的所有向上的移动平均趋势线，以及1907～1909年的所有底部点位。1913年6月，股价再一次跌回到50美元，这是与1911年10月相同的阻力位。从1909年的顶部算起，该股下跌了44个月，从1909年2月的底部算起，时间周期是52个月，从1907年的低点算起，时间周期是68个月，而从1904年的低点算起，走过了109个月。从1906年的底部算起，时间周期为7年，即84个月。从空间波动或阻力位来看，你会发现它的走势还算是强势，但是从它处在移动平均趋势线的下方来看，应该是在弱势当中，它的股价下行，是要走完从1907年开始的7年的时间周期。

1914年2月，美钢反弹到67美元，刚好在94⅞～50美元之间的1/3点位上方2个点。应注意的是，股价在67美元横盘了2个月，向上触到了从1904年5月发出的2×1移动平均趋势线，但没有达到从1909年10月发出的2×1移动平均趋势线当时所在的价位。从1904年的低点算起，该股走完了一个10年的时间周期，股价应该在1914年5月和6月见到底部，另外，从1907年11月的低点算起，应该在1914年11月走完一个7年的时间周期。1914年7月底，交易所因战争关门停业。1914年11月，美钢在新街场外交易市场（NEWSTREET CURB）的股价为32美元左右。所以，从时间上来看，美钢在1914年11月见底，这个月份应该考虑进来。不过，这个价位比它在纽交所恢复交易之后的股价还低，所以我们在计算时，一定要考虑到美钢见到极低点的确切日期。1915年2月，股价在38美元见底，从1901年3月算起，这个月刚好是第168个月，或者说该股走过了14年，从1909年的顶部算起，这个月是第64个月，从1909年2月的底部算起，是第72个月，而从1907年的底部算起，这个月是第88个月，所有这些重要的时间周期都把股价见底的时间指向了这个月。股价开始是在从1904年5月发出的4×1的移动平均趋势线的下方，但很快就收复了失地，重新站到了这条移动平均趋势线上方。38美元这个底部价位，刚好在94⅞～8⅜美元之间2/3点位上方，而21⅞～94⅞美元之间的3/4点位在40美元。1909年2月，股价的低点是41⅞美元。37½是一个自然阻力位，它等于30加上7½，或者说，也等于22½加上15，而45的7/8是39⅜，这些都是空间波动中的强阻力位。

从这个底部点位开始，如何根据时间周期来预测后市呢？翻看10年前的交易记录我们看到，美钢在1905年和1906年，以及1907年1月都是上涨的，那么该股在1915年、1916年、1917年的趋势也应该是向上的。我们给1909年见顶的10月往后加上7年，得到的是1916年10月。美钢在1916年11月上旬见到顶部，高点价位是129美元，随后出现了一波急速下跌，1916年12月，股价跌到了101美元，但是最后的底部99美元直到1917年2月才见到。从1907年3月的那次恐慌性下跌算起，这时也基本上走完了一个10年的时间周期，而从1910年2月的顶部算起，该股又走过了7年。从1914年2月的底部算起，美钢在129美元见顶的那个月是第21个月。随后，该股在第22个月出现了下跌，在第23个月有一波小幅反弹，股价在从1914年2月的低点算起的第24个月见底。应该注意到的是在移动平均趋势线上，99美元这个价位的阻力很大，它是基准点8⅜美元上方90个点的位置，或者说走完了一个以8⅜美元为起点的90 × 90正方图的价格区间，这个价位刚好落在从1916年4月底部80美元发出的2 × 1的移动平均趋势线上方。

一个180个月，或者说15年的时间周期在1916年2月结束，股价保持在从1904年5月的低点发出的2 × 1的移动平均趋势线上方，但还是没到90美元。1916年8月，股价突破了1909年的顶部价位94⅞美元，预示着股价后市还可看高一线。我们现在想要知道，美钢预计能上涨到多少钱，那么，我们先要回顾它以往的走势，在1909年、1910年、1911年和1912年，它的顶部都出现在80美元。1916年，该股有3个月的底部都在80美元。作为最后一个低点，肯定会成为一个重要的中心或中间价位。我们取1909年的顶部价位94⅞美元，减去1915年的底部价位38美元，得到56⅞美元。把56⅞美元再加上80，得到了136⅞美元。1917年5月31日，该股刚好在136⅞美元见顶，从1914年的底部点位算起，股价上涨了98⅝个点，从1904年的底部点位算起，上涨的幅度为128个点。回顾一只股票5年、7年、10年、15年和20年以来的顶部和底部点位，总是很重要的。我们取1907年的底部点位21⅞美元，和1917年的顶部点位136⅞美元，会发现它们的中间价位在79¼美元，这也就解释了为什么80美元这个起点会成为一个10年的时间周期的重心，或是中间价位的问题。

从1909年10月的顶部算起，1917年股价见顶的那个月是第91个月，相当于刚好在圆周上走过了90度，只多出了1个月而已。从1901年的顶部算起，时间周期为193个月，大约为16年。你应注意到的是，从1901年4月的顶部到1908年11月的顶部，时间周期为90个月。而16年是一个20年的时间周期的4/5。股价在一个周期中的第8年到第9年，往往会出现最大幅度的上涨。1917年5月与1901年3月之间相距16年零3个月，这里就出现了一个32年零6个月的时间周期。美钢走完了这个周期的1/2，并见到了顶部。考虑到1917年5月是从1909年10月的顶部算起的第91个月，刚好与股价波动空间中的阻力位相符，表明股价已经见顶，后市会有一波下跌。对于1917年的这个顶部，无论是从价位的推算和还是91个月的时间周期上来看，都显示这里是一个顶部，可以在这个价位做空它。另外，见顶时伴随着非常大的成交量，也表现出派发的迹象。

我们都知道，1907年，股市出现过恐慌下跌，股市在1907年10月和11月见到底部，那么在1917年历史应该会重演。1910年，也是出现熊市行情的一年，7年之后，即1917年，市场也会出现下跌的行情。1917年6月，趋势反身向下。在1917年12月的恐慌性下跌中，美钢跌到了80美元，这是它在1907年的顶部价位的1/2，刚好在从1907年发出的2×1的移动平均趋势线下方，并在从1904年5月“0”点发出的2×1的移动平均趋势线的下方1个点的价位上得到支撑。1917年12月，是从1910年7月算起的第90个月，从1914年2月算起的第30个月，正好与圆周上的33¾度相对应。对于股价会在此见底并反弹，这里还有一条线索。我们知道，美钢在1908年和1909年都是上涨的行情，所以在10年后的1918年和1919年，我们预计这两年的走势会是1908年和1909年走势的翻版。美钢在1918年走出了上涨的行情，股价在1919年10月和11月见到了这波行情的最后一个顶部，从1909年的顶部算起，刚好是走过了10年。在1920年和1921年，美钢的走势与它在1901年、1910年和1911年的走势如出一辙。它的股价在1921年6月见底，从1914年7月的底部算起，时间周期为7年，从1907年的底部算起，时间周期接近14年，从1915年的底部算起，也有76个月了，从1917年的顶部算起，时间周期为49个月，而从1901年4月的顶部算起，该股已经走过了242个月，也就是说，它已经走出了最重要的20年的时间周期。

我们取美钢的顶部136⅝美元为总值，会发现它的1/2价位是在68¼美元。该股在这个中间价位的上方获得了支撑，表明这里是一个不错的买入点位。当股价从顶部下跌了66¼个点时，会遇到另一个阻力位。8⅜～136⅝美元之间的1/2点位是在72½美元。因为股价站在了顶部1/2点位上方，表明这里的支撑力度很强，后市将可以看高一线。下一个要关注的点位是87¼美元，它是38～136⅝美元之间的1/2点位。1918年2月和1919年2月，股价都是在这个价位见底。1920年，美钢跌破了87美元，一直到1921年6月跌到70½美元之前，股价再也没反弹回91美元。1922年，美钢突破了88美元，也就是突破了38～136⅝美元之间的1/2点位，随后，股价上涨到111美元，接下来，又回调到86美元。在接下来的4个月，美钢的底部总是维持在这个底部附近，并没有跌到1915年的低点到1917年高点之间的1/2点位，即87¼美元下方2个点的价位。这足以证明了股价在这个主要的中间价位得到了有力的支撑，这里是一个很好的买入价位，后市股价的上升空间很大。1924年5月和6月，美钢在95美元见底，从1904年5月算起，这时刚好走完了一个20年的时间周期，接下来，股价在261¾美元见顶之前，再也没有回到过这个价位，该股每年的顶部和底部价位都在不断抬高之中。

1928年11月，美钢的股价见顶，这时从1908年11月的顶部算起，该股已经走过了20年的时间周期。1929年1～3月，它的顶部一直都在192～193美元附近。随后，股价出现了下跌，1929年5月，美钢在162½美元见到了本轮行情的最后一个低点，比1929年2月和3月的底部价位要低一些。

1929年9月3日，美钢达到了261¾美元的历史最高价。我们注意到，该股曾在

1919年7月和1909年10月见到顶部。这次见顶的月份比1909年的顶部提前了1个月，而比1919年的顶部晚到了1个月。从1901年3月算起，这个月是第343个月，343是一个非常重要的数字，标志着极高或极低点位的到来，是股价见顶或见底的信号，因为它是49的7倍，而49就是7的平方。从1921年的低点算起，这个月是第98个月，也就是说已经走过了8年零2个月的时间，或者说在这个周期的第9年年初见到了顶部。你应注意到的是，股票在拆股之前，股价曾在1927年5月见到顶部，从1917年5月的顶部算起，时间周期为10年。从1915年的低点算起，这个月是第174个月，因为它接近180个月，预示着股价将会出现一波大跌。从1917年的顶部算起，这个月是第147个月。从1924年的低点算起，这个月是第62个月。从1923年的低点算起，1929年9月是第72个月。从1926年8月的顶部算起，这个月是第56个月。从1927年9月的顶部算起，1929年9月是第24个月。从1917年5月算起，这个月是第147个月。147是一个重要的数字，因为135加上11¼等于146¼，这在主12正方图上是一个重要的阻力位。

从1904年9月该股的趋势反身向上算起，到1929年9月，美钢走过了300个月，这个时间周期很重要，预示着行情进入尾声。在这里，我们还要来算一算空间波动的幅度。从1915年的低点38美元，到1929年的高点261¾美元，算出它的涨幅为223¾美元。我们知道，225是非常强的阻力位之一。接下来，再算一下股价从1907年的低点21⅞美元，到1929年的顶部261¾美元之间的涨幅，我们发现这个波动空间是240个点，它也是一个非常强的阻力位，因为一个360度圆周的2/3是240度。从1904年5月的极低点算起，美钢上涨了253⅜个点。而255是240和270之间的中点，所以这里也是一个很强的阻力位。

从1921年的低点70½美元，到1929年的顶部261¾美元，空间波动区间为191¼点。刚好等于180加上11¼，这又是一个强阻力位。在美钢的最后一波行情中，美钢从1929年5月的162½美元，上涨到261¾美元的顶部，涨幅将近100个点。按照我的法则，当股价已经急速上涨了90到100个点之后，就到了要关注股价是否见顶，趋势是否要发生变化的时候了。

根据我多年的经验，我发现一只股票在经过了一个好几年的长周期后，股价将很难再继续保持每个月上涨超过1个点的走势了，或者说，没有比股价能保持在45度角的移动平均趋势线上更好的走势了。如果股票在一个周期开始的几年中，上涨的速度太快，以致股价走在了时间的前头，那么，当股价与时间成正方时，或者说根据时间周期来进行股价的自我调整时，这只股票就一定会出现急速的回调。我有一条法则说的就是，当时间和空间达成平衡时，股价就会见顶或见底。这是所有指向美钢将在261¾美元见顶的信号中最重要的一条。

1907年10月，美钢见到的底部是在1904年5月见到极低点之后下一个重要的底部点位。从1907年10月到1929年9月，股价上涨了262个点。准确来说，时间点在1929年8月23日时就到了。而股价在261¾美元见顶的时间是在1929年9月3日，这在从1907年10月“0”点发出的45度角的移动平均趋势线上方1/4个点的价位上，表明股价已经重新回到了45度角的移动平均趋势线附近，显示时间和空间达到了平衡。假设股价已经突破了这条移动平均趋势线，只要它还处在这条移动平均趋势线的上方，就预示着股价将会继续走高，但是只要股价跌到了这条移动平均趋势线的下方，就是后市股价会走低的信号。对于其他股票，你也可以用同样的法则去分析。要想让股价能追随着45度角的移动平均趋势线来运行的话，股价每个月就应该上涨1个点，1929年5月，股价落在了时间的后头。这就是为什么美钢会出现100个点的快速上涨，只有这样，才能把股价带起来，并触及到45度角的移动平均趋势线，使得该股在时间与空间达到平衡的时候，见到最后一个顶部。

我之前就说过，一些重要的顶部和底部价位会变成中间点或重心。现在我们要说明的是，为什么说美钢在1929年11月见到150美元这个低点非常重要。我们先回顾一下它在1928年12月的走势，美钢从172½美元顶部跌下来，在149¾美元见到最后一个低点。该股有3周的底部都在这个价位附近。股价在上涨到192美元和193美元之后，又下跌到162½美元，随后该股上涨到了261¾美元。从149¾美元的低点起步，美钢上涨到了它当时的历史新高点位，所以149¾美元或者150美元，一定会变成重要的中心或中间点。美钢最后一个重要的底部点位是1915年的38美元。我们用149¾减去38，得到的是111¾美元。接下来，给149¾加上111¾，就得到了261½。该股在261¾美元见顶，就让149⅞美元成了股价在1915年至1929年之间的中间点。1929年11月，股价下跌到150美元，这里是一个支撑力很强的买入点位，止损单的价位可以设在147美元。

我们取美钢的总值261¾美元，通过计算发现，它的3/4点位在196¼美元，所以这里是一个强阻力位。接下来，我们取1921年6月的最后一个低点70½美元，到极高点261¾美元这个区间，算出这个区间的2/3点位是在198美元。1930年4月，笔者曾经建议做空美钢，同时把止损单的价位设在199美元。1930年4月7日，美钢的股价是198¾美元，这个价位处在从顶部261¾美元发出的8 × 1移动平均趋势线的下方，从这条顶部发出的移动平均趋势线与股价的相对位置来看，该股已经走弱，但同时，我们还始终要考虑到的是，从底部发出的移动平均趋势线与股价的相对位置。此时，美钢的股价处在从1914年和1921年的低点发出的45度角的移动平均趋势线的上方。

在判断阻力位时，考虑股票运行到了时间周期中的什么位置也很重要。从1930

年4月倒退10年，该股在1920年4月见到过高点。要是倒退20年的话，可以发现，该股在1910年3月和4月见顶。如果倒退7年，我们发现，1923年的顶部也是在4月出现。从1930年4月倒退90个月，我们看到美钢在1922年10月见顶，随后，股价在11月有一波急跌。所有的这些时间周期都指向美钢会在4月见顶，当股价遇到强阻力位时，日高低点图和周高低点图都显示出趋势在向下走，这是一个确定无疑的做空信号，在股价下跌的过程中，应该采用金字塔交易法进行操作。

让历史见证未来

当你知道美国钢铁公司是在1901年2月25日成立的，那么你就要回过头去看一下，它在5年、10年、15年、20年和30年时间周期的尾声，都出现了什么样的走势？

你会发现，美钢在1901年、1902年、1903年和1904年，都处在熊市行情中，股价在不断走低。所以，你预计该股在30年的时间周期进入尾声时，股价将会有更大的下跌空间，特别是当股价在1929年见到了极高点，而且这个高点还是牛市行情中的第3个高点。为了起到参照作用，你还要回顾美钢20年前，也就是1911年的走势，以及10年前，也就是1921年的走势。这些时间周期都提示，1931年应该会出现熊市行情。因为美钢已处在从1929年的顶部发出的向下的移动平均趋势线下方，表明它的走势很弱，这时你就要去看它的股价与一些从底部的发出的移动平均趋势线的相对位置。

1930年5月，美钢跌破了前3个月的底部价位，跌到了178美元的下方，也跌破了以1915年的底部为“0”点发出的45度角的移动平均趋势线。当股价跌到174美元下方时，它跌破了从1921年的低点发出的45度角移动平均趋势线，表明它的走势非常之弱，后市股价将会继续走低。

1930年12月，股价跌到了135美元，这个价位是在从1927年1月的低点111¼美元发出的2×1的移动平均趋势线上。这个该股当时最大的股价波动区间的中间点，是一个强支撑位。

1931年

1931年2月，美钢反弹到152⅜美元。从美钢公司成立的那天算起，该股到这里走完了360个月，也就是它的第一个30年时间周期的尾声。美钢的趋势变化几乎总是会发生在2月。在这个月，当该股进入一个新的时间周期时，趋势随之拐头向下。在最后这波152⅜美元见顶的反弹中，股价没有触及到从111¼美元发出的45度角移动平均趋势线。在接下来的下跌中，股价跌破了从1918年5月的“0”点发出的45度角的移动平均趋势线。

1931年4月，它的股价跌破了前期底部135美元，并跌破了从111¼美元发出的2×1移动平均趋势线和从1915年的低点38美元发出的2×1移动平均趋势线，随后又跌破了从1921年的低点发出的2×1的移动平均趋势线，显示它的走势非常疲弱。美钢的股价跌到了从1929年11月的低点150美元发出的向下的45度角的移动平均趋势线的下方，也跌到了从1928年12月的150美元发出的45度角的移动平均趋势线的下方，它的股价滞后于这些45度角的移动平均线所在的价位，表明这里的反弹力度会很小。

1931年6月，该股在83¼美元见底，这个底部点位处在从1924年5月的低点95美元发出的向上的45度角移动平均趋势线上。应注意的是，从1904年发出的4×1的移动平均趋势线和从1915年发出的4×1的移动平均趋势线就在这个价位附近形成了交叉，并与从1929年9月的“0”点发出的向上的4×1的移动平均趋势线在84美元形成交叉，使得这个点位变成一个强支撑位，后市股价至少会有一波反弹。

1931年7月，美钢反弹到105½美元，根据它与从顶部和从底部发出的移动平均趋势线的相对位置来看，还是处在弱势之中。

1931年9月，美钢的股价跌破了83美元，这个点位处在从1924年5月的“0”点发出的2×1移动平均趋势线的下方，也处在从1927年1月111¼美元发出的向下的2×1移动平均趋势线的下方，它的股价还滞后于从1929年的顶部发出的向下的8×1的移动平均趋势线所在的价位。因为它的股价处在大部分从底部发出的支撑力度很强的移动平均趋势线的下方，表明其走势非常弱。

1931年12月，股价跌到了36美元，这个点位处在从1928年12月的“0”点发出45度角的移动平均趋势线上，当时美钢在150美元见底。36美元是在从1925年6月最后一个低点114美元发出的向下的45度角的移动平均趋势线上。它是在1915年的低点38美元下方2个点的价位，从1911年的低点算起，这个月是第242个月，从1927年1月的低点算起，这个月是第60个月。股价在这里止跌企稳，并出现了短暂的反弹，1932年2月，股价在52½美元见顶。

1932年

这是新一轮的30年的时间周期中的第12个月。应该注意的是，倒退到30年前，1902年该股在1月见顶，而在20年前，也就是1912年，它的股价在1月见顶。

股价持续下跌，1932年6月，美钢在21¼美元见底，这与1907年10月的底部点位相同。从1929年的顶部算起，这个月是第34个月。当股价见底的时候，这个点位处在从1925年3月的低点发出的45度角的移动平均趋势线的下方。应注意到的是，从1924年5月发出的向下45度角的移动平均趋势线在1932年6月到了“0”点位，这是股价见底的信号，表明趋势会发生改变。考虑到美钢是在1904年5月见到的极低点，所以我们要关注在5月和6月，或者说当一个时间周期走完时，该股的趋势是否会有变化。从1904年5月算起，1932年6月是第336个月，从1930年4月的顶部算起，这个月是第26个月。还应注意的是，该股在1912年5月和6月见到过低点，随后就有一波回调。

1932年9月，美钢出现了一波急速反弹，股价在52½美元见顶，这个价位与1932年2月的顶部价位相同，不过这次没能突破这个价位。根据股价与从顶部出发的移动平均趋势线的相对位置，这里仍然是弱势，随后股价就开始下跌。

1933年

1933年2月，美钢的股价在23¼美元见底。这是一个次级低点，略高于1932年的底部点位，表明这个点位有很好的支撑力度。从1929年9月算起，这个月是第42个月，也就是7年时间周期的一半。从1930年4月的顶部算起，这个月是第34个月，也是新一轮30年时间周期中的第24个月。该股在1913年2月见底，随后有一波小幅反弹，而在1903年2月股价见顶，接下来出现的是下跌行情。美钢几乎总是在2月出现趋势的变化。回顾7年前的1926年你会发现，该股在那一年的3月和4月见底的。

要注意从1931年2月的“0”点发出的45度角移动平均趋势线，因为1931年2月是第一个30年时间周期结束的月份，这条线在1933年2月的价位落在了24美元。这条移动平均趋势线的支撑力度很强，所以当股价回落在这条移动平均趋势线上时，也就意味着止跌企稳了。

1933年7月，美钢在67½美元见顶。应注意的是，该股1923年的底部出现在7月和8月，1913年的顶部出现在8月，而1903年是在7月创出了新低。

1933年10月，股价下跌到34½美元。从1929年9月的顶部算起，这个月是第49个月。从1930年4月的顶部算起，这个月是第42个月。从1923年10月的低点算起，这个月是120个月，或者说是完成了一个10年的时间周期。美钢在1913年在10月见底，1903年的底部也在11月。倒退到7年前，也就是1926年10月，我们看到的是股价的一个低点。从5年的时间周期来看，我们回到1928年10月，找到的也是一个低点。退回到15年前，或者说180个月之前，我们发现股价在1918年9月见顶。因此诸多信号表明1933年10月，该股的趋势会发生变化，股价将在此时见底。

1934年

股价开始出现上涨，1934年2月，美钢在59¾美元见顶。这里，我们再次发现该股在2月发生了趋势的变化，出现拐头向下的走势。股价这次没能达到1933年7月的顶部点位，这是一个熊市的提示信号，表明股价后市还会走低。这个59¾美元的顶部价位，处在从1933年7月的顶部发出的45度角的移动平均趋势线的下方。回顾美钢以往的行情，我们发现，在1904年5月见到过极低点，所以我们预计，股价会一直跌到1934年5月才会企稳。从1904年5月的底部算起，1934年5月标志着一个30年的时间周期的结束。另外，我们也可以看一看该股在1914年和1924年的走势，这也会提示我们，美钢在1934年应该会如何运行。

1934年9月，美钢的低点是29½美元，从1929年的顶部算起，这个月是第60个月，或者说是走过了5年的时间周期，表明这里会出现趋势的变化。应注意到的是，该股在1924年10月见到过底部，它在1914年11月也见到了低点，当时因纽交所闭市，交易是在新街场外交易市场进行的。倒退到7年前，也就是1927年，我们发现该股也是在10月见底的。

1935年

1月，美钢在40½美元见顶，这是一次比较弱的反弹，股价仍然处在从1932年和1933年的底部发出的45度角的移动平均趋势线的下方，不过，股价已经突破了从1934年2月的顶部发出的向下的2×1的移动平均趋势线，但是收盘价没能保持在这条移动平均趋势线的上方，显示这里还是比较弱的。2月，该股的趋势再次拐头向下，跌破了从1932年和1933年的底部发出的2×1的移动平均趋势线。

3月，该股的低点在27½美元，略高于1932年和1933年的底部价位，表明股价在这里获得了支撑，预示接下来会有一波反弹。

该价位处在从低点21¼美元发出的4×1的移动平均趋势线的下方，但是站在了从1933年2月的“0”点发出的45度角的移动平均趋势线的上方，另外，它还落在了从1933年7月的顶部发出的2×1的移动平均趋势线上。应注意的是，1925年，美钢在3月见底，1915年，在2月见底，1905年，该股在4月见顶。另外还应注意到，从1933年的低点算起，这个月是第25个月，从1932年的底部算起，这个月是第33个月，它也是在第2个30年的时间周期中的第49个月。回到7年前，我们发现该股在1928年3月也见到过一个底部。现在，我们翻看一下它在1905年、1915年和1925年的走势，发现美钢在那几年都是处在上涨的趋势中。

1935年4月，美钢开始了一波上涨行情，并突破了从1934年2月的顶部发出的2×1的移动平均趋势线，这是股价第一次在这条移动平均趋势线的上方站稳。1935年7月，股价在44美元见顶，触及到了从1933年7月的顶部发出的45度角的移动平均趋势线。8月，股价突破了从1933年的顶部发出的这条45度角移动平均趋势线，而且重新站到了从1932年6月的“0”点发出的45度角的移动平均趋势线上方，表明该股的走势已经越来越强了。要注意从1934年2月的“0”点发出的2×1的移动平均趋势线，股价在当时见到了高点。1935年5月和6月，该股的股价落在了这条移动平均趋势线上，也落在从1932年6月的低点发出的45度角的移动平均趋势线上。1935年10月，股价在回调之后，落在从1935年3月的低点发出的2×1的移动平均趋势线上，此时，从1933年7月发出的向下的45度角的移动平均趋势线与从1935年3月的低点发出的2×1的移动平均趋势线形成了交叉。该股当时（1935年10月）的低点是在42美元。这表明股价在这些移动平均趋势线上获得了有力的支撑。

1935年11月，股价上涨到50美元。应注意到的是，从1931年7月最后一个顶部105½美元发出的向下45度移动平均趋势线，将在这个月与股价在53½美元形成交叉。回顾该股过去的时间周期，我们发现，1905年的年度高点出现在12月，1915年的年度高点也在12月，1925年，股价是在11月见顶，而1928年的低点又是在12月。回到5年前，我们去看1930年的行情，尽管那年是熊市行情，无论如何，股价还是12月见到的低点。美钢在1935年的走势就是亦步亦趋地对1905年、1915年和1925年的牛市行情的时间周期的重演。

对未来行情的预测：1936年

想要预测美钢在1936年的行情，需要回顾它在1906年、1916年、1926年、1921年、1922年和1929年的走势。应注意的是，1906年和1916年，该股的高点都是在1月出现，随后趋势拐头向下，但是在这些年中，股价在7～12月的趋势都是强势向上。1926年，股价在1月见到高点，在5月见到低点，8月里又见到一个高点，股价在10月见底之后，有过一波急速的反弹，并在12月见到了年度高点。

在预测未来的趋势时，你可以把这些法则同样用在任何其他股票的身上。你要关注从顶部和底部发出的各种重要角度的移动平均趋势线，查看各个阻力位，研究成交量，观察股价在周高低点图和月度高低点图中的位置。你要把所有的法则都用上，也要考虑到所有的信号，这样你就能更加精确地预测将来的行情变化。

按照数字的平方来定时间和价格的阻力位

一只股票的股价在上涨或下跌的过程中，每一次停下来、止步不前时的价位，都是可以用某些数学方法推导出来的重要点位，它们是可以根据一个360度圆周的等分位、12正方图或20正方图，或是一些数字的平方，或者是中间点判断出来。

还没有哪一个顶部或底部价位是用数学方法推算不出来的。每一次市场波动都是某种原因导致的结果，一旦你确定了它的原因所在，那能够知道结果为什么会是那样，就是顺理成章的事了。

股价每次在底部与顶部之间的运行，或是在其他一些重要的阻力位之间的运行，都会到达它们之间的重心，或称为中间点。例如，我们将一个圆周2等分，得到的半圆是180度，将一个圆周4等分之后，得到的每段圆弧都是90度。接下来，再将90度的圆弧2等分，得到的每段圆弧为45度。继续将45度的圆弧2等分，得到的每段圆弧为22½度。再将22½度的圆弧2等分，得到的每段圆弧为11¼度。接着将11¼度的圆弧2等分，得到的每段圆弧是5⅝度。最后将5⅝度的圆弧2等分，得到的每段圆弧是213/16度，这是能用在时间周期上对圆周的最小等分位。这些点位都是圆周上其他重要等分位的中间点。

从时间周期上来说，股价的顶部和底部价位总会出现在各个数字的平方，圆中各个内接三角形在圆周上的交点，前期的底部和顶部的平方，或者是不同数字的平方之间的中间点上。所以，这些数字对于研究阻力位来说非常重要，数字的平方总结如下：

数字的平方

每个数字的平方、这个数字和下一数字平方之间的中点，都非常重要。例如：

2的平方是4，3的平方是9。4和9之间的中点是6½。

4的平方是16，3的平方和4的平方之间的中点是12½。

5的平方是25，16和25之间的中点是20½。

6的平方是36，25和36之间的中点是30½。

7的平方是49，36和49之间的中点是42½。

8的平方是64，49和64之间的中点是56½。

9的平方是81，64和81之间的中点是72½。

10的平方是100，81和100之间的中点是90½。

11的平方是121，100和121之间的中点是110½。

12的平方是144，121和144之间的中点是132½。

按照同样的方法，你也可以算出13和14等数字的平方，以及相邻两个数字的平方之间的中点。

这里有个要点一定要记住，那就是当股票的低点是奇数时，它会按照奇数平方图来运行。也就是说，当股票在3美元、5美元、7美元、9美元或11美元见到低点时，股价运行中的阻力位要按照奇数平方图来定；而当股票在2美元、4美元、6美元、8美元或10美元见到低点时，股价运行中的阻力位要按照偶数平方图来定。

当股价在低位运行时，总会在2美元、4美元、6½美元、9美元、12½美元和16美元等价位上见顶或是见底，也就是会遇到阻力位。所有这些点位的数字，在时间周期上也是很重要的，特别是在月高低点图上很有用，在周高低点图上也要关注它们。当股票的交易非常活跃，股价已经到了高位，并且从时间周期上看，与前期顶部或底部已经相距了很长的时间，那么就要在日高低点上关注这些本身是数字的平方的点位。

那些会形成阻力位的重要数字（12~100）

11到12：从时间和股价上看，这里都是一个重要的阻力位，因为12相当于12个月，而一个圆周的1/32是11¼度，也就是22½度的1/2。

15和16：下一个重要的阻力位是16，它是4的平方。15之所以重要，是因为它相当于15个月，即1¼年。

18：它在时间和股价上都是重要的会形成阻力位的数字，因为18是9的2倍，又是12的1½倍，一个圆周的1/20是18度。

20½：它是16和25之间的中点，所以在时间上是很重要的阻力位。

22½和24：一个圆周的1/16是22½度，它也是45的1/2。股价经常在第23个月见顶或见底的原因就在于，此时从圆周上看，已经走出了22½度。

24和25：它们都很重要，因为24是12的2倍，25是5的平方，也是100的1/4。

26：考虑到4的平方是16，6的平方是36，16和36之间的中点就是26，所以它有时会成为时间和股价上的重要阻力位。

27和28：股价经常会在一个周期的第27至第28个月见到重要的顶部或底部，不管是一些大级别还是小级别的行情，都会在这时进入尾声。这是因为7的4倍是28，28也相当于是28个月，即2⅓年。9的3倍是27，在任何时间或价位出现3的倍数都是非常重要，因为3是第一个有意义的进行平方运算的奇数，而1的平方还是1。

30：任何中点或重心也同样重要。30可以相当于是30个月，即2½年，对于趋势变化来说，这是一个重要的时间周期。因为30½是5的平方25与6的平方36之间的中点，这也使得这个时间周期变得很重要。

34到36：33¾是45的3/4。你可以回想一下，在1932年7月结束的那波熊市行情，从1929年的顶部算起，时间周期是34个月。所以，在一个周期的第34个月至第36个月附近，始终要重点关注趋势是否会发生改变。36是6的平方，这就让它成了一个强阻力位。另外，36是12的3倍，也可以相当于36个月，就是走完了3年的时间周期，这些也是36成为强阻力位的原因。

39和40：40在《圣经》中被提到过很多次。以色列的孩子在荒野中流浪了40年。食物维持了40天。40相当于40个月，即3⅓年。45的7/8是39⅜。一个圆周的1/9是40度。所有这些使得这两个数字在时间周期和股价的阻力位上都变得很重要。

42：另一个在时间和股价的阻力位上都较重要的数字是42。它可以相当于42个月，即3½年，也就是一个7年时间周期的1/2。而且，42½是6的平方与7的平方之间的中点。

45：所有数字中最重要的数字，这是因为它包含了从1～9的所有数字。45度角是90度角的1/2，这使得它成了一个重要的重心。它是360的1/8，也是9的5倍。股价的快速上涨或下跌经常会在一个周期的第45个月发生。在任何一类走势图上，当你添加正方图时，你会发现在45度角的移动平均趋势线上看到45的身影，会在圆周上的90度角，或者与其他与之相当的角度上发现与45有关的周期和阻力位。你应注意到45在9方图、20方图和主12方图中是如何发挥其作用的，所有这些都证明了45是一个最主要的数字。无论在测算股价和时间的阻力位，还是成交量时，都要尽可能来用45这个数字。

48和49：对于趋势的变化来说，这两个数字也会成为很强的阻力位，它们都是很重要的数字。49是7的7倍，或者说是7的平方。48是12的4倍，可以相当于48个月，或者说是4年时间周期的结束。当股价下跌到49～50美元时，经常会遇到阻力，后市会从这里开始一波有力度的反弹。同样，股价在上涨到49～50美元时，也会在这附近遇到阻力，总是要回调到45美元。

50：它之所以重要，是因为50是100的1/2。我们给45加上5⅝，就得到50⅝。

52：这个数字的重要性在于1年有52周，同时，一个360度圆周的1/7是51⅞度。52

也可以相当于52个月，即4⅓年。另外，52½是45和60之间的中点，这些都让它成为需要重点关注的阻力位。

56与57：它们之所以重要，是因为56¼等于45加上11¼，它也是45和67½之间的中点，而56½是49和64之间的中点。

60：对于阻力位来说，60是非常重要的关注点之一。它能够成为一个重要的时间周期，是因为它可以相当于60个月，即5年，或者说是一个10年时间周期的1/2，也可以是一个20年时间周期的1/4。它是在45到49之后，最重要的时间周期之一。一个圆周的1/6是60度。这里我们又会用到与数字3有关的法则，那就是用3乘以20，我们得到了60。60是180的1/3，又是45和75之间的中点。无论股价是上涨到60美元，还是下跌到60美元附近时，你都要加以关注。如果股价在这个价位附近犹豫不前，震荡好几天、好几个星期，或者好几个月，就可以知道股价在这里受到了阻力，一波反转行情即将发生。

63到64：62½是100的5/8。63是9的7倍。64是8的平方，也可以相当于64个月，即5⅓年，所以它们是在60之后要关注的下一个重要点位。

66和67：66是5½的12倍，也可以相当于66个月，即5½年。67½等于45加上22½，而一个圆周的3/16也是67½度。

70到72：70也在《圣经》中被提到了很多次。它包含了3个20年，再加上1个10年，如同注定了的人的一生的时长。70是10的7倍，可以相当于70年，那就是20年时间周期的3½倍。它也可以相当于是72个月，也就是6年，而72½是8的平方与9的平方之间的1/2。72是360的1/5，在主12方图中，它是重要的阻力位，从时间周期上来说也很重要。

78到80：因为78¾是90的7/8，而80是20的4倍，或者说是40的2倍，所以它们都是重要的阻力位。一个360度圆周的2/9是80度，80也是100的4/5。81是9的平方。股价在这些价位附近会遇到很大的阻力，正如你在月高低点图上所看到的，时间周期的终点和起点总是落在第78到80个月附近。

84到85：它们能成为强阻力位的原因是，84⅜是90的15/16，84是12的7倍，可以相当于84个月，即7年的时间周期。当股票的运行周期还没到第90个月之前，或者股价还没有上涨到90美元之前，会分别在第84个月和84美元的价位上遇到最大的阻力。而当股价跌破了90美元之后，84美元也是90美元下方的第一个重要阻力位。

89和90：与90这个数字有关的阻力位，是力度最强的阻力位之一，因为90可以看作是一个直角，一个圆周的1/4也是90度。90½是9的平方81和10的平方100之间的中点。在交易活跃的市场中，往往会在一个周期的第90个月、第90个星期或者第90天，出现那种直上直下的股价波动。第90个月是最重要的关注时点，而第90个星期也是很重要的关注时点。

每当股票走到一个周期的第89个月时，需要格外关注在这个月股价是否会见顶或见底，趋势是否会发生重大的变化。很多重要的大级别行情都是从第89个月开始，或在第89个月结束，有些行情会延续到第91个月。看一下美钢1915～1916年的月高低点图，就会发现在第89个月至第90个月附近都有过什么样的趋势变化。

在日高低点图上，趋势的变化经常会在一个时间周期的第92至93天出现，但是行情往往要运行到第98天附近以后趋势才会发生重大的变化。所以在日高低点图上，要重点关注这些时点。

95到96：96是12的8倍。95⅝等于90加上5⅝，这在股价和时间上来说都是相当强的阻力位。当一个重要的时间周期在第96个月到98个月走完时，你经常会发现趋势上出现了重要的改变，这就是因为96是12的8倍，走过了8年，接下来进入第9年。在时间周期中，第9年一直以来都很重要，它经常标志着一波重要行情的结束，股价往往在第9年见到极高点或极低点。

股价经常会上涨到95～97美元时见顶，怎么也涨不到100美元。在下跌中，股价也常会跌到97～95美元就获得了强有力的支撑，随后出现反弹，并再一次突破100美元。

99到100：它们之所以重要是因为100是10的平方，99是9的11倍。对于公众来说，100是个在他们心理上的买入和卖出价位，或者说是他们盼着股价能达到的价位。股价经常只上涨到99美元，怎么也到不了100美元。在下跌时，也常会跌到99美元，随后股价又重拾升势。

要认真研究所有这些重要数字的平方，它们的重心或是中点价位，还有12以上的数字的平方，这些在360度圆周图中都能找到。所有这些用数学推算出来的点位，都能帮助你判断趋势是否会发生变化，股价是否遇到了阻力位。

Chapter 7

主要时间因素与数学预测法则

市场中的每一次波动都是自然法则作用的结果，在所谓“果”显现之前，所谓“因”已经存在了很长时间，所以我们可以提前几年对市场的波动进行预测。

“已有的事，后必再有。已行的事，后必再行。日光之下，并无新事。”《传道书（1:9）》

万物都是按照时间周期来进行的波动，这是作用力与反作用力自然法则的结果。通过对过去的股市行情进行研究，我已经发现，什么样的时间周期会在未来的行情中重复出现。

主要的时间周期

凡事总有主要和次要之分，一个更重要，一个比较次要，一个起积极作用，另外一个起消极作用，时间周期也不例外。为了准确预测未来的市场，你就必须知道哪些是主要的时间周期。当主要的时间周期快走完时，市场的波动速度加快，股价会出现幅度极大的波动，这就到你最赚钱的时候了。

对于这些主要周期和次要周期，我已经对过去的市场行情进行了各种验证和比较，为的就是要确定它们的起始位置，从而判断出在未来的哪一年，哪些时间周期将会再次出现。经过多年的研究和实战检验之后，我已经发现，下列时间周期在实际应用中是最可靠的。

60年的大周期——主要时间周期

这是所有时间周期中最长也是最重要的时间周期，以60年为一循环，或者说，市场的走势在第3个20年的时间周期的尾声会重演一次。你可以参考下面的行情，从1861～1869年是属于战争期间，在1869年之后有一波恐慌性行情随之而来，而在60年后，从1921～1929年，这个阶段出现了历史上的最大的牛市行情，而历史上最大的恐慌性行情也是接踵而至，从中你就知道，这个时间周期有多重要。这个例子向你证明了，这个最长的时间周期的准确性和价值。

50年为一个时间周期

这个主要的时间周期是每49年到50年完成一个循环。这样仿佛为“五十周年庆”而见到的极高点或极低点，会在50年这个周期的尾声结束时出现，持续的时间可能为5～7年。“7”是《圣经》里多次提到的数字，这个数字会给人一种宿命感，它会带来经济紧缩、市场萧条和恐慌情绪。7乘以7等于49，而第49年会被看作是命中注定的不好的年份，并会引发市场的极度波动。

30年为一个时间周期

30年的时间周期也是很重要的，因为它是60年的时间周期，或者说是大周期的二分之一，其中包含了3个10年的时间周期。在对一只股票进行年度预测时，你就始终应该把它30年前的走势拿出来，与现在的行情进行比对。

20年为一个时间周期

20年的时间周期，或者说是240个月的时间周期，是最重要的时间周期之一。相对于其他周期来说，大多数股票和平均指数的走势会与这个循环周期更为贴近。具体内容，你可以看下文有关“20年行情预测图”的分析。

15年为一个时间周期

15年是20年的时间周期的3/4，它之所以最重要，原因在于它有180个月，可以说是圆周上180度的位置，可以相当于是圆周的一半。

10年为一个时间周期

下一个重要的时间周期是10年的时间周期，它是20年的时间周期的1/2，也是60年的时间周期的1/6。它之所以非常重要，也是因为10年就等于120个月，可以说是圆周上120度的位置，相当于是圆周的1/3。每10年，市场就会发生同一性质的波动，产生出极高点或极低点。股票很明显会在接近整10年的时候走出重大的行情。

7年为一个时间周期

这个周期中有84个月。从任何一个重要顶部和底部开始算起，你应该关注在7年后的时点。42个月，或者说是这个周期的1/2，也是非常重要的。在一个重要的顶部或底部出现后的第42个月左右，你会找到很多顶部或底部扎堆出现的现象。21个月，或者说是这个周期的1/4，也很重要。有些股票见底或见顶的时间与前一个顶部或底部相距10～11个月。其原因就在于，这样的时段正是7年这个时间周期的1/8。

其实，还有一个84年的时间周期，它是7年这个周期的12倍，也应该留心关注。这个循环中的1/2是42年，1/4是21年，1/8是10½年。这就是为什么1921年8月的底部与1932年7月的底部，会相距接近11年的原因之一。这样的各种小变化经常发生在大周期，或称为60年的时间时期的尾声。底部和顶部经常会出在135度角的趋势线上，或者是任何一个重要的顶部或底部发生后的第135个月附近，也就是要走出11¼年的时间周期。

5年为一个时间周期

这个时间周期也是很重要的，因为它是10年的时间周期的一半，同时也是20年周期的1/4。5年的时间周期是市场可以走出的完整的时间周期中最短的一个。

次要的时间周期

次要的时间周期为3年和2年的时间周期。最短的时间周期为1年，市场经常在走到该周期的第10个月或第11个月时发生趋势的变化。

判定未来市场的时间周期的法则

当股市的波动处在10年这一时间周期时，它会走出两个5年的时间周期，一个为5年的上行周期，另一个为5年的下行周期。我们在计数所有的时间周期时，不论是主要的还是次要的时间周期，你都要以股价或指数的极高点或极低点为起点。

法则1：一轮牛市行情通常会运行5年：2年上涨，1年下跌，随后再上行2年，这样就完成了一个5年的循环。为期5年的牛市行情会在这个周期的第59个月或第60个月结束。你始终都要关注在第59个月是否会发生变盘。

法则2：一轮熊市的时间周期经常也会走5年：前2年下跌，接下来1年为上行，随后又是2年下行，这样就走完了为期5年震荡向下的周期。

法则3：无论牛市，还是在熊市中，市场很少会一波上涨或下跌的行情能保持3年到3年半以上，而其间连一次3～6个月，或者1年的反向行情都没有的情况，除非市场正处在主要时间周期的尾声，就像1869年和1929年那样。很多行情是在一轮时间周期走到第23个月时见顶或见底，往往都没有走满两年就结束了。你要注意看股票的周高低点图和月高低点图，判断这波行情是否会在走到第23个月、第24个月、第27个月，或第30个月时见顶或见底，而对于极端的行情，有可能会等到第34个月到第35个月，或是第41个月到第42个月才见到极高点或极低点。

法则4：以见到任何一个顶部的时间为起点，往后再加上10年的话，你就会得出下一个10年的时间周期中，市场在何时见顶，而且在股价的平均振幅上，与上一个10年的周期也会大体相同。

法则5：以见到任何一个底部的时间为起点，往后再加上10年的话，你就会得出下一个10年的时间周期中，市场在何时见底，行情会重演之前见底的那一年的走势，而且在股价的平均振幅上，与上一个10年的周期也会大体相同。

法则6：一波熊市行情经常会走出7年的时间周期，或者说从见到任何一个完整周期的底部的时间为起点，先运行3年，然后再运行4年，才能走完这个周期。从任何一个完整的周期见底的时间为起点，先加上3年的话，就得出下一个底部出现的时间，接下来，再加上4年，可以得出这个7年的时间周期的底部在何时出现。例如，从1914年见到底部的时间为起点，加上3年就得出了1917年的某个时点，这是一轮恐慌性下跌的底部；接下来，再加上4年，就指向了1921年，这一年见到的是另一波经济萧条期的底部。

法则7：以任何一个主要周期或者次要周期中，见到最后一个顶部的时间为起点，加上3年就得出下一个顶部出现的时间，再加上3年，你就会推算出第三个顶部何时出现。如果以第三个顶部出现的时间为起点，又加上4年的话，你就会得到这个10年的时间周期中，最后一个顶部出现的时间。有时，在一个常见的时间周期快要走完的时候，见到的任何一个顶部都可能会是趋势的拐点，所以，你应该在行情走到第17个月、第34个月和第42个月的时候，就开始关注趋势是否会出现反转。

法则8：以见到任何一个顶部的时间为起点，加上5年的话，你就可以得出在下一个5年的时间周期中，何时见到下一个底部。为了得出在接下来的5年时间周期中，见到顶部的时间，你以见到任何一个底部的时间为起点，加上5年就可以了。例如：1917年见到了一波大熊市行情的底部，加上5年的话就是1922年，这一年见到的会是小级别牛市行情的顶部。为什么我会说它是“小级别牛市行情的顶部”呢？因为大级别的牛市行情要到1929年才结束。

1919年指数出现过顶部，以这个顶部的时间为起点，加上5年就得出了1924年，一个5年的熊市时间周期在这一年见底。参照法则一和法则二你就知道，一轮牛市或熊市的行情维持同一个方向的走势很少能超过2～3年。从1919年开始的熊市行情，先是在1920年和1921年下行了2年；所以，我们就可以预期市场在1922年会有1年的反弹行情；接下来，指数在1923年和1924年又有2年下跌的行情，这样就走完了一个5年的熊市周期。

当我们回顾1913年和1914年的行情时，你就会看出1923年和1924年一定会是熊市的行情，因为指数从1913～1914年的底部开始，要走完一个10年的时间周期。接下来要注意的是，熊市行情在1917年见到了底部，以这个见底的时间为起点，加上7年就指向了1924年，这一年会见到一个7年的熊市周期的底部。如果继续往后推算，以1924年见底的时间为起点，再加上5年，就得到了1929年，这一年会见到一个时间周期的顶部。

预测月线级别的行情走势

预测每月的行情走势，与预测每年的行情走势时使用的法则一样：

以见到一个重要的底部时间为起点，先加上3个月，再加上4个月，这样就是一个7个月的周期，你可以得出将来见到小级别行情底部的时间，也可大致判断出回调的幅度是多少点。

在一轮股价或指数大幅拉升的行情中，回调的时间一般都不会超过2个月，股价或指数第3个月就会重又上涨，这与按年来计的时间周期法则相同，即先下行2年，第3年为上行。

在极端的市场中，回调有时只会维持2周或3周的时间，接下来就会重拾升势。在这种情况下，股市可能会连续上涨12个月，其间在月高低点图上，后面一个月一直都不会跌破前一个月的底部点位。

在牛市行情中，也可能会发生一些小级别上的趋势反转，指数会下跌3～4个月；接下来，市场还是会拐头向上，重新按照主趋势的方向走。

在熊市中，小级别的趋势反转也会让市场走出3～4个月的上涨行情，接下来，市场还是会掉头向下，继续按照主趋势的走向运行。不过，一般来说，指数在熊市的反弹从来也不会超过2个月，在第3个月就会跌破前期低点，返回到下行的主趋势中去。

预测周线级别的行情走势

周线级别的行情可以给出的也是一个重要的小级别的趋势变化，当然也有可能会演变为大级别的趋势变化。

在牛市行情中，股价经常将会向下运行2～3周，有时可能是4周，随后趋势发生反转，重新回到主趋势中去。一般来说，趋势会在第3周的中间几天反身向上，而且在第3周的最后一个交易日，收盘会收在更高的价位，股票只与主趋势反向运行3周。在有些情况下，趋势会等到第4周才会发生变化，在趋势反转之后，股价会在第

4周的最后一个交易日，收盘会收在更高的价位。在熊市中，把这条法则反过来用就可以了。

在运行快速并伴有巨大成交量的市场中，一波行情经常会持续运行6～7周才会出现小级别的趋势反转。在有些年份，比如1929年，这些快速运行的波段会长达13～15周或者说要占一年中1/4的时间。这就是指数在向大底或大顶冲刺的阶段。

因为一周有7天，7乘以7倍等于49天，或者说是7周，走完这个周期就经常会成为一个重要的拐点。所以，你应该关注在第49天至第52天附近，股价是否会见顶或见底，虽然，有时趋势的变化会在第42天至第45天之间就开始了，因为45天相当于是一年的1/8。同样，你也要关注在第90天至第98天，股价是否会见到顶部或底部。

市场下跌了7周之后，它可能会再有2周或3周的下跌，随后，指数才会反身向上，这也符合我们在预测月线级别行情时用到的，指数在第3个月发生反转的法则。

始终要关注股票的年度趋势，要考虑到它这一年是处在牛市还是熊市行情之中。如果这一年是牛市行情，在月高低点图上就会出一直向上的走势，股票会有很多次都回调2～3周，随后休整3周或4周，接下来，就会向新高区域进发，上涨的行情会持续6～7周，或者更长时间。

当股票见顶，并出现了2～3周的回调后，它可能会反弹2～3周，但是却没有突破第一个顶部的价位，接下来，就会进行几周的区间整理行情，既不突破这个区间的最高价位，也不跌破这个区间的最低价位。在这种情况下，你可以在股价接近该区间的低点价位时买入，也可以在股价接近该区间的高点价位时卖出，同时，止损单的价位要设在与交易价相距1～3个点的位置上。不过，更好的交易计划应该是等到该股发出了明确的趋势信号之后，再去买入或卖出，也就是说，当股价突破了该区间的最高点位时买入，当股价跌破了该区间的最低点位时卖出。

预测日线级别的行情走势

日线级别的行情可以给出小级别趋势变化的第一个信号，尽管以日来计的周期在以周和月来计的周期中，只占比较小的一部分，但是它们适用的法则是一样的。

在快速波动的市场中，一般只会出现2天与主趋势反向的行情，在第3天，原先的上涨或者下跌行情就会重现，与大趋势的方向保持一致。

有时行情也可能发生日线级别的反转，但只会运行7～10天，随后，就会返回到原来的主趋势中去。

一个月之中，趋势的自然变化会发生在下列日期附近：

6～7日	14～15日	23～24日
9～10日	19～20日	29～31日

这些小级别的行情变盘日期与个股的见到顶部和底部的时间也是相关的。

从上一个顶部或底部算起的第30天，是非常重要的可能发生趋势变化的日子，你要特别关注。接下来，从顶部或底部算起的第60天，第90天和第120天，也要加以关注。而从重要的顶部或底部算起的第180天，也就是6个月的时间周期结束点也很重要，有时会出现更大级别的行情的波动。另外从重要顶部或底部算起的第270天和第330天附近，你也该去关注，这里可能会发生重大的小级别趋势变化，也常会出现大级别的趋势变化。

1月2～7日以及15～21日

每年都要关注这些时段，并记录下这些时段中的高点和低点的价位，当这些高点价位被突破时，就可认定趋势为上行，当这些低点价位被跌破时，就可认定趋势为下行。

有很多次，股票在1月初见到的低点价位，直到7月或8月都不会被跌破，有时，在接下来的一整年都不会被跌破。同样的法则也适用于熊市行情，或者是主趋势向下的行情。股票在1月初见到的高点，经常会成为一整年的高点价位，或者是到了7月或8月才被突破。

例如，1930年1月2日，美国钢铁在166美元见到低点，这是1921年的低点到1929年的高点之间的中间价位，1930年1月7日，美钢再次跌到167¼美元。当这个价位被跌破时，就表明它后市还有一定的下跌空间。

7月3～7日以及20～27日

7月与1月一样，都是大部分股票派发股息的月份，投资者经常会在这个月初买入股票。你要关注7月的这些时间段，看股票是否会在这些时段内见顶或见底，并发生趋势的变化。你往回去看一下过去那些年，股票在7月的走势图，就会发现很多的趋势变化都是发生在7月，而从1月的顶部或底部算起，到了7月差不多是第180天附近。

例如：1932年7月8日，道指见到低点；1933年7月17日，指数见到高点；1934年7月26日，指数见到低点。

如何在一年中划分出不同的时间段

将一年2等分，得到的是6个月，在圆周上呈180度的相对位置，或者说等同于圆周上的180度，也相当于26周。

把一年4等分，可以得到3个月的时间段，也就是90天，或者说在圆周上每段都是90度，相当于一年的1/4，或者是13周。

将一年3等分，得到的是4个月的时间段，或者说等同于圆周上的120度，也相当于一年的1/3，或者是17周。

把一年8等分，得出的时间段是1½个月，也就是45天，或者说等同于圆周上的45度，也相当于6½周，这就是为什么第7周总是显得那么重要。

将一年16等分，得出的时间段是22½天，大约为3周，这就解释了为什么市场的行情一般会上涨或下跌3周，随后发生反转。当任何一只股票连续4周的收盘价不断抬高时，就预示着后市它会继续走高，这可以作为一条法则来用。对于趋势变化和快速上涨或下跌的行情来说，第5周也是非常重要的。在主要的时间周期就要走完的时候，第5天、第5周、第5个月，或者是第5年都是上升期，它总是标志着快速上涨或下跌行情的出现。

从公历年的尾数看这一年是牛市还是熊市

当你研究年高低点图，往回去看很长时间以前的市场走势，你就会发现，牛市行情都在哪些年份见顶部，熊市行情是从哪些年开始，又到哪些年结束的。

每10年，或者说为期10年的时间周期，它是100年的1/10，所以它标志着重要的牛市或熊市行情的更迭。数字1到9都很重要。你要学的就是如何掰着手指头，就能确定这一年的市场是牛市还是熊市行情。

数字1：以1为尾数的年份，可以看作是一个新的为期10年的时间周期中的第1年，表示这是熊市结束，牛市起步的一年。请查看1901年、1911年和1921年的行情。

数字2：以2为尾数的年份，或许会有一波小级别的牛市行情，或许会在熊市行情中启动一波反弹。请查看1902年、1912年、1922年和1932年的行情。

数字3：这一年会启动熊市行情，但是从以2为尾数的上一年开始的一波反弹，可能要运行到这一年的3月或4月才见顶，而如果是从上一年开始的下跌行情，可能也会继续运行到2月或3月才见底，就像1933年的行情那样。请查看1903年、1913和1923年的行情。

数字4：以4为尾数的年份，或称第4年，会以熊市行情为主，但是会终结熊市行情的周期，并为接下来的牛市打好基础。请对照1904年和1914年的行情。

数字5：以5为尾数的年份，会是股市处在上升期的一年，牛市行情的走势会很强，请查看1905年、1915年、1925年和1935年的行情。

数字6：以6为尾数的年份，或称第6年，会以牛市行情为主，从第4年开始的牛市行情，会在第6年的秋天结束，随后会出现一波快速下跌的行情。请查看1896年、1906年、1916年和1926年的行情。

数字7：7这个数字，总是与熊市联系在一起，第7年会以熊市行情为主，原因在于84个月，相当于84度，它是90的7/8，请查看1897年、1907年和1917年的行情，但应该注意的是，1927年是一个60年的时间周期的尾声，在那一年股市没有出现太大的下跌。

数字8：以8为尾数的年份，或称第8年，会以牛市行情为主。股票从第7年开始上涨，并在第8年走到10年时间周期中的第90个月。这个数字很强大，通常会带来一波大幅的上涨行情。请查看1898年、1908年、1918年和1928年的行情。

数字9：9是最大的个位数，而第9年的牛市行情也是所有牛市行情中最强的。在经过了极度的上涨之后，指数会在这一年见到最后一波牛市行情的大顶，随后市场会开始下跌。熊市行情通常从第9年后期的9月到11月起步，在这几个月，指数会出现急速的下跌。请查看1869年、1879年、1889年、1899年、1909年、1919年和1929年的行情，其中在1929年，指数的涨幅最大，指数在秋季见到大顶，接下来就是一波急跌的行情。

数字10：以0为尾数的年份，会以熊市行情为主，反弹行情经常会运行到3月和4月，随后，就会有一波急剧的下跌行情，一直持续到11月和12月才会见底，接下来，新一轮的时间周期又开启了，另一波反弹行情就此展开。请查看1910年、1920和1930年的行情。

我们这里提到的数字和年份，都是按公历年来说的。为了更好地理解它们的周期，就要好好研究1891～1900年、1901～1910年、1911～1920年、1921～1930年，以及1931～1939年的走势。

10年的时间周期在一次又一次地不断重演，但是最大幅度的上涨和下跌一般会出现在20年和30年的时间周期的尾声，再有就是在50年和60年的时间周期的尾声，指数在这些年份的走势会比其他年份更强一些。

在预测时应该牢记的要点

时间是所有因素中最重要的一个，行情在没有走完足够长的时间周期之前，是不会出现任何大幅度的上涨或下跌行情。时间因素要比空间与成交量这两个因素都重要。不论是上涨还是下跌的行情，当时间周期走完了，空间波动才会开始，成交量也才会放大。在任何一次大幅度上涨或下跌行情的尾声，无论它是月线级别、周线级别还是日线级别的行情，都必须要给它充足的时间来进行吸筹或派发。

对于每只股票，都要考虑到它从顶部或底部算起，走过了多长的时间，要按照它在时间周期中所处的位置来判定它的趋势。每只股票从它的基准位，或者底部和顶部，会走出1年、2年、3年、5年、7年、10年、15年、20年、30年、50年和60年的时间周期。它不会顾及其他股票的行情，即便是与它在同一板块的股票，也是如此。所以，你要对每只个股做出单独的判断，并坚持绘制它们的周高低点图和月高低点图。

在没有结合从顶部或底部发出的移动平均趋势线进行分析之前，在没有考虑到市场所处的位置和个股的时间周期之前，就一定不要做出大级别趋势已经改变方向的论断。

在判断是否会出现反转行情之前，一定要考虑对这一年的年度预测，要看它主要的时间周期的时限否已经走完。对于从主要顶部和底部的发出的时间周期方面的信号，成交量和股价与移动平均趋势线之间的相对位置，也一定都不能忽视。

日高低点图会给出第一个短期的趋势变化信号，这样的行情可能运行7～10天。接下来，周高低点图会显示出重要的趋势变化信号，而月高低点图给出的趋势变化信号最强。请记住，按照一年中的时间周期来说，在行情发生反转之前，周线级别的行情会运行3～7周，月线级别的行情会运行2～3个月，或者更长时间。

了解一只股票在每一年的顶部价位是否在不断抬高或者底部价位是否在不断下移，这是很重要的。例如，如果一只股票在过去的5年当中，每一年的底部价位都在不断抬高，接下来，如果这一年的底部价位比上一年的底部价位有所下移，这就是行情要发生反转的信号，它可能标志着开启了一波很长的下跌周期。在熊市行情中，如果股票之前好几年都出现底部价位下移的情况，这一年情况改变了，也可以用同样的法则来判断行情的反转。

当股票上涨见到了极高点或者下跌见到了极低点之后，市场第一次的反转幅度超过了之前波动幅度的1/4～1/2的情况下，你可以认为趋势已经发生了改变，至少也是暂时性的变化。

关注股价的空间波动也是很重要的。当时间周期在一个方向或另一个方向上，就快走完的时候，如果股价的波动区间比上一波行情中极低点与极高点之间波幅的1/4、1/3或1/2还要大，就显示行情发生了反转，表明它的主趋势已经改变。

研究我传授给你的所有教程和法则，一定要反复地仔细阅读，因为每读一遍，你都会对它们有更清晰的认识。研究这些走势图，在实战中演练这些法则，也可以用过去的行情来验证这些法则。这样的话，你就将取得进步，也会发现和体会到我的预测方法的价值所在。

如何进行年度预测

我在前面说过，未来之事只是过去之事的重复而已，所以要想对未来的市场进行预测，你必须要参考市场之前出现过的时间周期。

之前出现过的为期10年和20年的时间周期对未来的影响最大，但是为了让预测更完备，最好也要有之前出现过的为期30年的时间周期的有关记录，因为一些重要的趋势变化就发生在30年的时间周期的尾声。当我要对1935年的整体市场进行预测时，我翻看过1905年、1915年和1925年的走势。在对1929年的市场进行预测时，我对比了10年前的1919年、20年前的1909年、30年前的1899年和60年前的1869年的行情，而60年是我们所称的大时间周期。

你还应该关注为期5年、7年、15年和50年的时间周期，看市场的走势是否在更接近地重演这些时间周期中的一个。

20年预测主图
（1831~1935）

为了要做出年度预测，你必须要参照我的20年预测主图。在图中，你能够看到时间周期是如何走出来，又是如何在过去不断重演的。

我之前说过，在对未来的市场走势进行预测时，20年的时间周期是最重要的时间周期，它是60年的时间周期的1/3，当3个20年的时间周期走完的时候，重要的牛市和熊市行情就会落幕。

为了让你看到这些时间周期是如何重演的，并对它们进行研究，我绘制了一张以1831年为起点的20年的时间周期图。为了展示出从1831年到现在的所有时间周期，从1831～1855年，我们选用的是铁路股和运河股的月高低点，从1856年开始，我们选用的是江恩铁路股平均指数，一直到1896年初才开始用道琼斯平均指数，也就是说，从那以后我们用的是道琼斯工业平均指数。

在1860年，走完了一个20年的时间周期之后，下一个20年的时间周期从1861年开始，一直运行到1880年；下一个20年的时间周期从1881年开始，一直运行到1900年；

下一个20年的时间周期从1901年开始，一直运行到1920年；下一个20年的时间周期从1921年开始，一直运行到1940年。

把每个20年的时间周期月高低点图都叠放在一起，就可以很容易地看到时间周期是如何重演的。在每个周期里，年份是从“1”标到“20”。研究这张周期图时，要注意的是，在每个周期中的第8年和第9年都发生了什么，极高点总是出现在这些年份。例如：

对1929年的年度预测

根据我发现的60年时间周期，我早就估算出，1929年会重演1869年、1909年和1919年的走势。回到20年前，我们发现指数在1909年8月见顶，而在60年前指数在1869年7月见顶。如果你读过我对1929年的年度预测你会看到，我早就算出，见顶的时间一定不会迟于8月底，我还说过，“黑色星期五”将会出现在9月。如果严格按照1869年的见顶时间来走，1929年的顶部应该会在7月出现，而有些股票的确就是在那时见顶的。如果按照1909年见顶的时间走，我们预计1929年的顶部会出现在8月，平均指数和很多个股在1929年9月3日到达实际高点。当我们回顾1919年的行情，我们发现平均指数在7月见到了第一个顶部，随后有一波大幅下跌，但极高点是在11月初见到的。

从1869年、1909年和1919年所有这些年的顶部开始，指数在这些年的秋天都出现了大幅的下跌，这与1929年的行情没什么两样。所以，你就看到，追随着这波巨大的上涨行情，并确定它何时会见顶是件多么容易的事。除了使用20年和60年的时间周期之外，没有别的办法能我们预测出1929年的这个大牛市行情，并且把见顶的时间都预测得如此接近。

1869~1873 VS. 1929~1933

指数在1869年见顶之后，股市继续下跌，并在1873年11月见到低点。你可以看出，在其他时间周期中，有多少个底部也是在这个时间附近见到的。在1929年的大幅下跌行情之后，你要注意到的是，道琼斯平均指数在1933年10月见到最后一个低点，接下来，就上涨到了新高的点位，并突破了1933年7月的顶部点位。

对1935年的年度预测

要做出对1935年的行情预测，我们查看20年的时间周期图，找到的参照年份是1855年、1875年、1895年和1915年。所以我们要留心去看指数在这些年份的走势。我们发现，1895年的高点是在9月见到的，1915年的高点是在12月见到的。

接下来，我们回顾1865年、1885年、1905年和1925年的行情，这些年份都在第5区，或者说在10年的时间周期之内。我们发现，1865年的高点是在10月到达的，1905年的高点是在10月见到的，而1925年的高点是在11月见到的。

这样一来，当我们对1935年进行预测时，就有了一个很好的行情指南，我们就会知道要关注哪几个月，看指数是否会见到顶部，趋势是否会发生改变。我对1935年的年度预测是在1934年10月做出的，当时预测1935年的顶部会在10月28日见到，而次级顶部会出现在11月15到16日。

这个时间周期图还有其他不错的用法。你可以比较在同一区内，处在以往的时间周期中各个年份的行情，这也是判定趋势的方法之一。例如，道琼斯30种工业股平均指数在1935年5月突破了108点之后，它超过了第15区内所有之前年份的指数的高点，所以就预示着指数还会继续走高，表明市场将会出现一波牛市行情。

对1936年的年度预测

如要我们想要对1936年的行情做出预测，就要比较第16区内各个年份的行情，也就是1856年、1876年、1896年和1916年。因为60年是一个非常重要的时间周期，所以我们首先要看的就是指数在1876年的走势，接下来是1896年和1916年的走势。

1876年：我们发现，平均指数在这一年先是处在上涨的行情中，并在3月见到高点，随后指数一路下跌到年底。

1896年：接下来，我们看的是指数在1896年的走势，这是在40年前，或者说是两个20年的时间周期之前，正如1936年将要面临的那样，1896年也是个非常重要的总统选举年。我们发现，当年有一波温和的反弹行情在2月见顶，随后有一波下跌，指数在3月见底，接下来，出现了一波小幅反弹，指数在5月见顶，紧跟着就是一波恐慌性的下跌行情，指数在1896年8月8日见到最后一个低点，这个价位在当时也是几年来的最低点位。指数就此展开了一波牛市行情，一路走高，并在12月见顶。

1916年：下一个重要的时间周期，也就是20年后，即1916年。我们发现，在1月有一波下跌，2月出现了一次温和的反弹，随后指数急速下跌到4月才见底，接下来的反弹在6月见顶，紧跟着又是一波下跌，指数在7月见底，并就此展开了一波战争期间的大牛市行情，指数在11月见顶。11月下旬，市场出现了一波恐慌性下跌，一直跌到12月。

这样我们就完成了从1936年往回推算的60年、40年和20年的时间周期之间的对比。下面，我们要看的时间周期在这张图的另一边，也就是20年的时间周期的第6年，它们是在第6区，或者说在10年的时间周期之内，这些年份包括1866年、1886年、1906年和1926年。

1866年：我们发现，指数在1866年先是有一波急速的下跌，随后在2月见底，接下来就出现了一波上涨行情，指数在10月见到了这个年度的高点。

1886年：我们看到，指数在1月的急速下跌行情在当月见底，随后有一波温和反弹，在3月见顶，接下来的急速下跌中，指数在5月创出了新低，而后又是一波急速上涨的行情在11月见到高点，指数在12月又出现了一波急速下跌行情。

1906年：下一个要考虑的重要时间周期节点落在了1906年。在那一年，从1896年开始的麦金利（McKinley）大繁荣时代达到了顶峰。铁路股平均指数创下了当时的历史最高价。从1月的高点开始，指数出现了一波急速下跌，并在5月见底。这次抛售很大程度上是由旧金山大地震造成。接下来，指数有一波反弹，并在6月见顶，随后的急速下跌在7月见到了低点，这次的底部价位比5月的底部价位略高。指数就此展开了一波上涨，并在9月见顶，但是这个顶部价位比1月的顶部价位要低一些，紧跟着指数又出现了下跌，并在12月见底，而接下来的1907年，指数出现了恐慌性的下跌行情。

1926年：接下来考虑的重要的时间周期为10年，也就是要看1926年的走势，当时正值柯立芝（Coolidge）大牛市期间，股市从1925年12月的低点，反弹到1926年2月见顶，随后有一波急速下跌，在3月见底，有些股票跌去了100个点之多。指数从这个底部起步，展开了一波急速的上涨行情，并创出了新高，指数在8月见顶。接下来又是一波下跌，指数在10月见底，紧跟着就是一波反弹，指数在12月见顶，但时有些股票没能够重新回到当年8月时的高点价位。

当我现在开始准备对1936年做出预测时，会考虑到所有时间周期。我也会回顾一下7年的时间周期、14年的时间周期和15年的时间周期，15年的时间周期也就是30年时间周期的一半。但在我写这本教程期间，以我对将来会出现的时间周期的知识和经验来说，我预计1936年的行情是40年前1896年走势的重演。

1936年很有可能是一个不确定性很强的选举年，这一点刚好与1896年的情况差不多，当时布莱恩（Bryan）白银恐慌也造成市场出现了一波恐慌性的下跌行情，指数在8月见底。这次可能会出现两位民主党和一位共和党总统候选人之间三方争斗的局面。在1936年，投资者和投机者肯定会在某个时候变得很恐慌，他们会抛售手中的股票，从而引发市场出现急跌。

在写这个教程时，我的观点是，1936年1月会出现第一次下跌行情，并将以一波急跌来收尾。2月，市场会转化为窄幅震荡的行情，其间会有一些反弹，但是指数在3月还会有一波下跌，就像1926年的行情那样。我相信在5月或6月，指数会出现另一次突破，特别是在5月下旬，因为到那个时候，正好是从1932年的低点算起，指数走过了4年，而从1930年4月的高点算起，刚好是过了6年，所有这些信号都意味着趋势将会发生重大的变化。

我们知道总统提名是安排在7月，所以这个月就要关注是否会有一些不确定性的事件，看市场是否会出现下跌，除非在这个月之前，指数已经出现过了急速的下跌。从1896年开启的时间周期会在8月结束，这个月也是很重要的，不管股价处在多高或者多低的点位上，都有可能在8月底之前出现急速下跌的走势。还有，在9月的下半个月，也会出现一些无法确定的情况，市场可能会有一波急速下跌。这可能会是本轮行情的最后一个低点，如果执政的党发生变化，也就是会选出一位共和党的总统的话，在选举后可能启动一波反弹行情，在此，我相信，这样的事情是会发生的。

9月、10月和11月，这3个月都很重要，因为它们分别是从1929年9月的顶部开始算起的第7年和从1929年10月和11月的恐慌性下跌开始算起的第7年。我预计，在11月大选过后，市场将会有一波反弹，无论如何也会持续到12月上旬。如果各方面的情况有好转的迹象，如果大家对选上来的总统表示满意的话，上涨的行情可能会在12月继续展开，高点会在年底见到。

以上只不过是一个大体上的纲要，我并没有列出运算的全过程和在进行年度预测时的细节。

个股各不同

我以前讲过，你不能依靠平均指数来预测个股的趋势。道指会给出一个大致的趋势，尽管很多股票会跟着道指的趋势走，但你还是应该对每一只股票进行单独研判，当这只股票可能要见顶或见底时，你要看它的与移动平均趋势线的相对位置，要看它处在时间周期的什么位置，以此判断它在这一年的各个月份的走势如何。

可以取任何一只股票，做出像主预测图那样的正方图，时间跨度可以是10年或者20年，看它是如何走出底部和顶部的。我已经绘制了一张美国钢铁的10年的时间周期图，也绘制了一张美国钢铁的20年的时间周期图，我总是很愿意把这些图提供给那些来学习我的预测教程的学生，这样他们就可以对个股进行研究，并确信这个理论用在个股上的效果，甚至比用在平均指数上还要好。

学过20年主测图和周期理论的人，无不确信时间周期真的会每隔固定的时间就重复出现一次，无不认为预测未来市场的行情波动是完全可能的。你要把阻力位、移动平均趋势线、成交量与时间周期结合在一起研究，这样一来，当趋势在行情的尾声发生改变时，你就能做出判断。

快速波动行情与大顶或大底之间重要的时间周期

查看工业指数、铁路指数或任何一只个股的月高低点图是很重要的，你要找出那些出现过快速上涨和下跌行情的月份，接下来，要从任何一个重要的顶部和底部开始算起，看这两者之间经历了多少个月的时间周期。

要关注顶部和底部是如何在那些重要角度的移动平均趋势线，或者360度圆周上相应的点位附近走出来的，具体的角度为：

11¼、	56¼、	*90、	123¾、	168¾、	213¾、	247½、	292½、	326¼
22½、	*60、	101¼、	*135、	*180、	*225、	258¾、	*300、	337½、
33¾、	67½、	112½、	146¼、	191¼、	236¼、	*270、	303¾、	348¾、
*45、	78¾、	*120、	157½、	202½、	*240、	281¼、	*315、	*360

（*表示该角度非常重要）

这些角度可以转化为计量时间周期的月份数。你自始至终都要关注，从任何一个重要的顶部或底部开始算起的第45个月、第60个月、第90个月、第120个月、第135个月、第180个月、第225个月、第240个月、第270个月、第300个月、第315个月和第360个月附近，是否会发生趋势变化，因为所有这些角度就如同45度角一样，作用力都很强，它们都是很重要的，因为在它们附近有强阻力位，预示着指数会见到顶部或底部。

回顾1896年以来的道琼斯工业指数运行情况

我们回到1896年，道指在8月见到了极低点。

1897年：道指在1897年4月见到的是次级低点。我们发现，在从1896年8月见到低点算起的第11个月至第13个月，指数出现了一波快速上涨。

1898年：道指在8月有一波快速上涨，这是从1897年底部算起的第16个月，也是从1896年底部算起的第24个月。指数在9月出现了一波快速下跌，这是从1897年的底部算起的第17个月，也是从1896年底部算起的第25个月。

1899年：这一年是牛市行情。在从1896年底部算起的第29个月至第32个月，或者说在从1897年底部算起的第21个月至24个月，道指有一波快速上涨。而在从1896年底部算起的第40个月，也就是从1897年底部算起的第32个月，指数出现了一波快速下跌。

1900年：在从1897年的底部算起的第42个月至44个月，也就是从1896年底部算起的第50个月至52个月，道指有一波快速上涨。

1901年：在从1897年底部算起的第49个月，也就是从1896年底部算起的第57个月，道指出现了一波快速下跌。指数在6月见到高点。

1903年：这一年是熊市行情。在从1901年顶部算起的第22个月至第28个月，道指有一波快速下跌，这也是从1897年的底部算起的第72个月至第78个月，或者说是从1896年的底部算起的第80个月至第86个月。1903年10月和11月，指数见到低点。

1904年：在从1903年的底部算起的第12个月至第14个月，道指出现了一波快速上涨。

1905年：在从1903年的底部算起的第16个月至第18个月，道指有一波快速上涨，在从1903年的底部算起的第19个月，指数出现了一波快速下跌，而在从1903年的底部算起的第25至27个月，指数又有一波快速上涨。

1906年：这波行情在1月见顶。在从1903年底部算起的第30个月，道指出现了一波快速下跌。

1907年：在从1906年的顶部算起的第14个月和第19至22个月，道指分别有一波快速下跌。指数在1907年11月见到极低点，这是从1896年的底部算起的第135个月，从1897年的底部算起的第127个月，也是从1906年的顶部算起的第22个月。

1909年：道指在10月见到顶部，这是从1906年的顶部算起的第45个月，从1907年的底部算起的第23个月，也是从1896年的底部算起的第158个月。

1914年：7月，道指出现了一波快速下跌，这是从1909年的顶部算起的第57个月，从1912年的顶部算起的第21个月。指数在12月见到了这波行情的极低点，这是从1906年的顶部算起的第107个月，从1912年的顶部算起的第26个月，从1896年的底部算起的第220个月，从1907年的底部算起来也有84个月或7年了，它还是从1903年的底部算起的第134个月。

1915年：这一年里在打第一次世界大战。3月和4月，道指有一波快速上涨，这是从1914年的底部算起的第3和第4个月。5月，指数出现了一波猛烈的急速下跌，这是从1907年11月的底部算起的第90个月，也是从1896年的底部算起的第225个月。

1916年：4月，道指出现了一波急剧下跌，这是从1914年的底部算起的第16个月，从1906年的顶部算起的第123个月，也是从1896年的底部算起的第236个月。9月，指数有一波快速上涨，这是从1914年的底部算起的第21个月，也是从1896年的底部算起的第240个月，标志着20年的时间周期的结束，预示着趋势会发生重大的变化。11月，指数见到了一波快速上涨的顶部，它是道指截至当时的历史最高点位，从时间周期上看，这是从1914年的底部算起的第23个月，也是从1896年的底部算起的第243个月。12月，指数出现了一波急速下跌，这是从1914年的底部算起的第24个月。

1917年：8～12月，道指出现了一波快速下跌，这是从1916年11月的顶部算起的第9个月至第13个月，从1914年的底部算起的第32个月至第36个月，从1907年的底部算起的第117至121个月，也是从1896年的底部算起的第252个月至第256个月。

1919年：2月，道指开始了一波快速上涨，这波行情一直持续到了7月，这个时段是从1916年顶部算起的第27～32个月，从1914年底部算起的第50～55个月。1919年2月是从1907年底部算起的第135个月，也是从1896年底部算起的第270个月。而第135个月和第270个月，可以说是圆周上135度和270度的位置，就相当于是一个圆的3/8和3/4，这些都是需要重点关注的位置，在它们附近很可能会发生趋势的改变，并另起一波行情。10月和11月初，指数见到了最后一个顶部，这是从1916年的顶部算起的第36个月。11月，指数出现了一波恐慌性下跌，这是从1917年的底部算起的第23个月，从1914底部算起的第59个月（为期5年时间周期的尾声），也是从1896年底部算起的第279个月。

1920年：11月和12月，道指有一波快速下跌，这是从1919年顶部算起的第12～13个月，从1917年底部算起的第35～36个月，从1914年底部算起的第72个月，从1907年的底部算起的第157个月，也是从1896年底部算起的第291～292个月。

1921年：8月，道指见到了这波熊市行情的底部，这是从1919年的顶部算起的第21个月，从1914年底部算起的第80个月，从1907年底部算起的第165个月，也是从1896年底部算起的第300个月。

1924年：5月，道指见到了本轮行情的最后一个底部，这是从1919年的顶部算起的第54个月，从1921年的底部算起的第33个月，从1914年的底部算起的第113个月，从1896年底部算起的第333个月。随后，指数开始快速上涨，拉开了历史上最大的一波牛市行情，一直到1929年才结束。

1926年：3月，道指出现了一波大幅下跌，有些股票下跌了100个点。这是从1924年5月的底部算起的第23个月，从1923年的底部算起的第29个月，从1921年的底部算起的第55个月，从1914年的底部算起的第135个月，从1896年的底部算起的第355个月。8月，股市涨到了有史以来的最高点位，道指上涨到了166点。这是从1924年5月的底部算起的第27个月，从1923年10月的底部算起的第34个月，从1921年的底部算起的第60个月，从1907年的底部算起的第225个月，从1896年的底部算起的第360个月，或者说是有30年了。接下来，指数有一波在20个点的下跌，在10月见底，这与1896年的底部开始算起的第2个30年的时间周期中的第2个月。

1928年和1929年：这两年都是道指历史上运行速度最快的年份之一。

1929年：5～9月，这期间也是道指运行速度最快的时段之一，涨幅接近100个点。9月，指数见到了最后的顶部，这是：

从1919年的顶部算起的第118个月，　　从1921年的底部算起的第97个月，
从1909年的顶部算起的第240个月，　　从1914年的底部算起的第177个月，
从1926年3月的底部算起的第42个月，　从1907年的底部算起的第262个月，
从1924年5月的底部算起的第64个月，　从1896年的低点算起的第2个30年时
从1923年10月的底部算起的第71个月，　周期中的第37个月。

应注意的是，在月高低点图中，32、40、67½、75、120和180这些有着很强阻力位性质的月份数，从时间周期上看，刚好在1929年10月和11月走完。

1930年：4月，道指见到了一波大幅下跌之前的最后一个顶部。这是从1926年3月的底部算起的第49个月，从1924年的底部算起的第71个月，也是从1923年的底部算起的第78个月。5月，指数出现了一波猛烈的急跌。这是从1907年的底部算起的第270个月，也是从1896年的底部算起的第2个30年的时间周期中的第45个月。随后，指数有一波快速下跌，直到1931年才见底。

1931年：9月，道指出现了一波幅度为46个点的下跌。这是从1929年的顶部算起的第24个月，从1923年的底部算起的第95个月，从1924年的底部算起的第86个月，从1921年的底部算起的第121个月，或者第2个10年的时间周期的起点，从1914年的底部算起的第201个月，从1896年的底部算起的第2个30年时间周期中的第61个月。

1932年：7月8日，道指见到了这波熊市行情的极低点。这是从1896年的底部算起的第2个30年时间周期的第71个月，从1921年底部算起的第131个月，从1923年底部算起的第105个月，从1924年底部算起的第96个月，从1930年4月顶部算起的第27个月，也是从1929年的顶部算起的第34个月。8月和9月，指数有一波快速上涨。这是从1929年的顶部算起的第35～36个月，从1930年4月的顶部算起的第28～29个月，从1896年的底部算起的第2个30年的时间周期中的第72～73个月，从1921年底部算起的第132至133个月。

1933年：4～7月，道指出现了一波快速上涨。这是从1929年顶部算起的第43～46个月。你始终都要关注，在第45个月和45的倍数的月份附近是否会变盘。这也是从1930年的顶部算起的第36～39个月，从1932年底部算起的第9～12个月，从1896年的底部算起的第2个30年时间周期中的第80～83个月，或者说在第2个30年的时间周期里，已运行了7年。10月，指数见到了回调的低点，这是从1930年4月的顶部算起的第42个月，从1929年的顶部算起的第49个月，也是从1932年的底部算起的第15个月。

1934年：2月，道指见到了高点。这是从1930年的高点算起的第46个月，从1929年高点算起的第53个月，从1933年的底部算起的第12个月，从1932年底部算起的第19个月，而在所有这些时间周期之中，最重要的是，这是从1926年8月开启的新一轮30

年的时间周期中的第90个月。指数从这个顶部开始，有一波急速下跌。7月，指数见到了又一波大牛市行情之前的最后一个低点。这是从1929年的顶部算起的第58个月，从1930年的顶部算起的第51个月，也是从1932年的底部算起的第24个月。正如前面解释过的，这时指数进入了从1926年8月开启的新一轮30年时间周期中的第9年，这就预示着在接下来的1935年，将会有一波大牛市行情。

当你考察个股时，也可以用同样的方法来推导出它们的时间周期。你要查看那些出现了极高点和极低点的月份，也要关注那些从每一个底部上来，开始出现快速上涨的月份，和那些从每一个顶部下来，开始出现快速下跌的月份。通过坚持记录这些从重要顶部和底部开始的时间周期，你就会知道，这些重要周期在什么时间会走完，趋势何时可能会发生改变。另外，你也要关注，在3～4月、9～10月和11～12月附近，趋势是否会发生季节性的变化。

所有这些都能帮你挑选即将出现最大幅度的上涨，或者最大幅度下跌的个股。在学习和研究上下得功夫越多，你以后获得的盈利就会越多。

纽约股票交易所的永固正方图

这个图也就是20的正方图，在20×20的正方图中，总共有400个方格，它可以用来计数日、周、月或者年，并可以根据图中各个年份与重要的移动平均趋势线之间的相对位置，来判断出市场何时见到顶部或底部。

纽约证券交易所（NYSE）成立于1792年5月17日，所以我们以1792年5月17日为“0”点，当交易所运营满1年时，1793年就落在了“1”上。1812年会出现在20上，1832年就落在40上，而1852年就会是在60上，1872年是在80上，1892年是在100上，1912年是在120上，1932年是在140上。你应注意的是，1932年所在的140这个格子，140是20的7倍，相当于90度角，它是在第7区的顶端，或者说第7列格子走到头，才到140，表明1932年是熊市行情和大周期的尾声，同时会开启一波牛市行情。我们应该关注行情是否会在1932年5月至7月之间见底，因为这个大周期会在1932年5月17日结束。

你会注意到，在正方图中间水平方向，有一排数字把正方图分成了两等份，它们是10、30、50、70、90和110等，1802年落在了10上，1822年是在30上，1842年是在50上，1862年是在70上。应注意到的是，1861年是内战爆发的年份，它落在了69这个格子里，处在45度角的移动平均趋势线上。接下来，要注意的是1882年，内战在5月结束，1882年落在90上，相当于是90度角，它也在正方图的1/2等分位上。

另外，1902年落在110上，也是在正方图的1/2等分位上，而1903年和1904年正好在45度角移动平均趋势线上。还应注意的是1920年和1921年，1921年落在129上，刚好在45度角的移动平均趋势线上。而1922年是牛市行情的第一年，落在130上，这也是正方图的1/2等分位。

你应注意到，1929年落在第137个格子里，相当于第137个月，刚好是45度角的移动平均趋势线上，1930年在138上，它处在第4个小正方形的1/2位置，这是个很强的阻力位，表明会出现一波急速而剧烈的下跌行情。

1933年落在第8列开头的141上，它处在20×20的正方图4等份后的第2个小正方形的中心，或称中间点，表明市场会表现很活跃，出现快速上涨或下跌的行情。

1934年和1935年，分别落在了142和143上，时间上都是以5月为结束点。而1935年则落在了45度角的移动平均趋势线上，这里可以算是第8列的大中心区，它也是在第2小正方形的中间点上，即将达到整个正方图的1/2位置，表明这里行情的活跃度会很高。

你也可把哥伦布发现美洲的日子，1492年10月12日作为这个正方图的起点，那么1892年就是400年的时间周期结束的年份，或者说走完了20×20的正方图。而1932年就是新的20×20的正方图中的第40年。

你可以将20×20的正方图用在测算个股的时间周期和价格阻力位上。

如果你不只研究按年来算的时间周期，也研究按周和按月来算的时间周期，并将它们应用在重要的阻力位和移动平均趋势线上，你会看到，在过去的行情中，它们是如何来判定那些重要的顶部和底部的。

如何交易

在你完全掌握了这些教程的内容之后，就可以确信你在每次交易之前对未来趋势的判断都是正确的。永远都不要去瞎猜。你只能根据数字信号是否出现来交易。

在开始交易前必须知道的东西

你必须确切地知道如何去运用所有的法则，知道如何划出从顶部和底部发出的移动平均趋势线，知道如何让时间和股价之间成正方，知道如何划出重要的45度角的移动平均趋势线。你还必须知道在什么价位上设止损单，还必须知道如何看出这一年处在哪个时间周期中，也就是说，要根据预测主图来判断出这一年应该是以牛市行情还是熊市行情为主，大趋势应该是向上还是向下。

在交易之前，无论要买入还是要卖出股票，你都要考虑每只个股在月高低点图中的走势，其次考虑的是它在周高低点图中的走势，接下来也要考虑它在日高低点图中的走势。如果所有这些图都确认趋势是向上，那么这里无疑就是一个买入点位，当然前提是你已经找好了设止损单的价位。从另一个方向的走势来说，如果有时间周期显示出这一年应为熊市行情，而且从月高低点图、周高低点图和日高低点图，都可以看出趋势是向下的，这就是一个做空的时机，但你还必须找到那个最重要的点位，也就是止损单的价位，止损点位与交易价之间不要超过3个点，如果可能的话，还可以再近点。

在进行交易前要查看的东西

在买卖股票之前，以下这几点都是你必须考虑的最重要的因素：

1. 要看年度预测来判断这一年在时间周期中的位置，是以牛市行情还是熊市行情位置，市场的主趋势是向上还是向下。

2. 要查看个股所处的时间周期，看在这一年是应该上涨，还是下跌。

3. 在月高低点图中，看股价与从顶部和底部发出的移动平均趋势线的相对位置，和该股在各个时间周期中所处的位置。

4. 在周高低点图中，要看该股从前期顶部和底部算起，处在各个时间周期的什么位置，还要看股价与从顶部和底部发出的移动平均趋势线的相对位置。要注意看，该股从顶部或底部是否走完了时间上的正方。

5. 在日高低点图中，看股价与从重要的顶部和底部发出的移动平均趋势线的相对位置，和该股在各个时间周期中所处的位置。要注意看，从最近的顶部或底部算起，该股是否接近走出了时间与股价的正方。

6. 也要关注阻力位，看股价是否已经接近某个高点或某个区间的1/2价位，或者任何其他的支撑位或阻力位。

7. 如果一只股票已经在同一价位附近横盘了几天、几周或几个月，你就要予以关注，看它是否准备要突破或者要跌破从顶部或底部发出的重要的移动平均趋势线。

8. 你还要查看它的成交量。看该股在过去的几天或几周里，成交量是否已经出现放大，还是已经在萎缩。

9. 运用空间波动法则，查看该股从前期的顶部或底部的波动幅度有多大，找出在过去的几周或几个月里，股价出现的最大涨幅或者跌幅有多少点。例如：如果你看到一只股票有过好几次回调5个点的记录，那么，当你发现股价从上一次的顶部跌下来3个点，而在它的月高低点图、周高低点图和日高低点图上，该股均为上升的趋势，股价已经接近具有支撑作用的移动平均趋势线，这时你就应该买入，并把止损单的价位设在成交价下方2～3个点的位置。接下来，如果这次股价的跌幅超过了5个点，因为那是它之前的回调的最大幅度，就说明该股的趋势会发生变化，你就应该卖掉它了。

10. 请记住，在判断股价的位置时，可以依靠的最重要的指标就是移动平均趋势线，一定要是从近期出现的顶部和底部的“0”点绘制移动平均趋势线。

11. 你必须在看到明确的信号之后，才可以进行交易，这是你永远都不要忽略的事。

12. 始终都要把止损单的点位定好，以便对风险加以控制，这是重中之重的事。

先在纸上谈兵

当你确信自己已经掌握了所有法则，并确切地知道如何去判断股票的趋势，知道何时可以开始交易的时候，接下来，为了能让你自己有双重的把握，并建立起自信心，你应该先在纸上进行实际交易的演练，直到你彻底明白这些法则应该怎么用，应该何时去用为止。如果你在纸上交易时出了错，那么你在实际交易时也同样会犯错，这就说明你还没有做好开始实际交易的准备。当你感觉你已经能够运用好所有的法则，而且只会根据明确的信号来进行操作时，你应该是有能力开始交易了。当你不能确认股票的趋势，或者不能确定买入和卖出的价格，或者不知道止损单的价位应该设在哪里，你就要等到明确的信号出现后再出手。只要耐心等待机会，你就能总是赚到钱。那种靠半蒙半猜入场交易，后来割肉离场的做法是徒劳无功的。

何时进行平仓

当你开始实际交易之后，只要是进了场，就要按照法则来操作，等见到明确信号之后，再去平仓，或者获利了结，运用这些法则，你会知道什么时候应该卖出或买入，或者是应该持仓不动，同时将止损单的价位随着股价的上涨而向上调整，就这样一直等到止损单成交为止。这个成功之道就是始终跟随趋势，顺势而为，直到趋势改变方向之后，才出局或平仓。

何时在场外等待而不去操作

与知道何时进场一样重要的，就是要知道什么时候不要进场。当你发现一只股票的股价窄幅震荡了一段时间，比如说，总是在5个点或3个点的区间内震荡，它既不跌破之前的底部价位，也不突破之前的顶部价位，这时就不是交易它的时候。这只股票可能会窄幅整理几周、几个月甚至几年，直到它的股价突破了前期的顶部价位，或者跌破了前期的底部价位，才会预示着会出现大幅的波动行情，或者说趋势会发生改变。如果股票处在这种不活跃的状态，开始交易它的时机就还没到。

另一种不要进行交易的情况是，当股价处在窄幅下跌的走势，同时股价又在两条很重要的移动平均趋势线之间，它既没有跌破下面的一条移动平均趋势线，也没有突破另一条移动平均趋势线。你要等到股价确实走出了这个阻力带，看到明确的信号之后再开始交易。

在经过长时间下跌后，几乎总是有一段窄幅向下的走势，它会在一个价格区间内进行一段时间的横盘整理。接下来，你就要等着看股价是否会跌破从底部发出的移动平均趋势线，或者是否突破从顶部发出的移动平均趋势线，并且在股价突破了前期的顶部价位之后才开始操作。换句话说，你要进行每次交易时，都要先看到明确而又清晰的信号以后再行动。

交易所需的资金

在进行任何交易之前，你都必须知道要想交易成功的话，需要多少资金，也要知道在任何一次交易时，不得不冒着赔掉的风险资金到底是多少，这样是为了可以保证你的手头总会有余下来的资金用于日后的交易。

你可以从交易10股、100股、1000股或任何其他数量的股票起步，但关键问题是，你要正确地将资金分成几块，以便平均分摊风险，达到保护资金安全的目的。

无论你投入交易中的资金有多少，你都要遵循下面这个法则：将你的资金平均分成10等份，永远不要在任何一次交易中，冒着赔掉10%以上资金的风险。如果你连续三次交易都亏了钱，就要减少你每次的交易量，只拿出剩余资金的10%去冒险。如果你遵循了这个法则，你的成功就是十拿九稳的了。

通常来说，我总是建议最少投入3000美元的资金，每次交易100股，把风险限定在3个点或更小的范围内。用这样的方式，你可以用这笔钱进行10次交易，市场必须要连续10次打败你，才能把你的资金全吃掉，而这是不可能的。你应该试图找到的交易价格，是只需将止损单的价位设在与之相距1～2个点的价位上，这样能减少风险。

如果你想从每次很小的交易量开始入手，你可以用300美元，每次交易10股，在首次交易时，所冒的赔钱的风险也不能超过3个点。如果可能的话，在进行第一次交易时，可以把止损单的价位设在与交易价之间不超过1～2个点的价位上。

你始终都要遵守的法则是：在开始交易之前，就要决定好这个重要的点位，即止损单的点位。 如果你觉得自己不能严格地执行这条法则，就不要开始交易。在交易时，永远不要掺杂猜测或任何人为的因素。要严格遵守你的资金使用法则，在任何情况下，都不要在任何一次交易中拿十分之一以上的资金去冒险。只要遵循这些数学法则，你就会成为股市赢家。

金字塔交易法

只有在活跃的市场，或者说在成交量大于通常情况的市场中，才可以采用金字塔交易法，或者说提高你的交易量。股价与移动平均趋势线的相对位置和呈现出活跃状态的交易量，都会告诉你，何时可以采用金字塔交易法。你一定要等到股价进入到与移动平均趋势线相对来说，比较强势的位置，或者跌到了与移动平均趋势线相对来说，比较弱势的位置，或者等它从一个价格区间突围出来，也就是突破了前期顶部价位，或者跌破了前期底部价位之后，才能够开始采用金字塔交易法。

如何运用金字塔交易法

如果你每次交易100股，在进行第一次交易时，风险要控制在3个点以内，或者说你资金的10%以内，接下来，你要等到市场朝着有利于你的方向波动了至少5个点以后，才能采用金字塔交易法，或者说才可以进行第二次的买入或卖出；而在你第二次买入或卖出时，要在与成交价相距3个点之内的点位上，给这两次交易设止损单。

例如：我们假设在你第二次买入之后，趋势发生了反转，那么这两次交易的止损单就都会在与第二次交易价相距3个点的价位上成交。这就会让你的第二次交易有3个点的亏损，而你的第一次交易有2个点的盈利，或者说，你的净亏只有1个点。换言之，如果行情继续向有利于你的方向发展，在第二次买入之后，你的盈利会加倍。

当市场又朝着有利于你的方向波动了5个点时，你可以进行第三次买入，并抬高第一次和第二次交易的止损单的点位，将全部三次交易的止损单都定在与第三次交易价相距3个点以内的价位上，如果可能的话，还可以更近些。

只要市场能继续朝着有利于你的方向波动5个点，你也就可以继续采用金字塔交易法来操作，如果是买入的话，同时也要将止损单的点位一路抬高。当一只股票的股价在5～75元时，如果它已经朝着有利于你的方向波动了15～25个点，你就要开始关注，它的趋势是否会发生改变，一定要在下一次的买入或卖出时非常小心，因为弄不好，下一次交易就可能会让你赔钱。

适合采用金字塔交易法的行情

适合用金字塔交易法来挣大钱的波段，应该是在吸筹阶段和派发阶段之间，也就是说，是在股价走出了蓄势区间之后。如果股价突破了双顶或三重顶，也就摆脱了吸筹区域，这时应该开始采用金字塔交易法来操作了。在接下来的波段里，你可以在股价每上升5个点以后，就买入一次，止损单要设在与最后一次买入价相距3个点以内的价位。

在股价下跌的走势中，就把这个法则反过来用：在股价跌破双底或三重底的时候，它也就走出了派发区，当股价每下跌5个点的时候，就可以卖出一次，止损单设在最后一次卖出价上方3个点以内的价位上。

快速波动的市场和宽幅震荡行情

当市场交易非常活跃，股价波动速度很快，而且股价在100美元以上的时候，你会发现最好的交易方法是每隔7～10个点进行一次交易。移动平均趋势线、阻力点位，还有以前的顶部和底部价位，都将决定在哪个价位设止损单是安全的。

在快速波动的市场中，就像1929年10月和11月那样的恐慌性下跌行情，当你采用金字塔交易法来操作交易活跃的股票时，你的盈利会非常丰厚，你应该在股价下跌的过程中一路做空，并把止损单的设在距离低点大约10个点的价位上。接下来，在经过一次急剧的下跌后，你要缩短止损价位与低点价位之间的价差，可以把止损单设在低点价位的上方大约5个点的价位上。当市场的波动速度如此之快时，你不必等着股价进入到与移动平均趋势线的相对强势位置之后再操作。而在股价上涨的过程中，反过来使用这个法则就可以了。

最安全的金字塔交易法则

最安全的法则之一就是当股票处在极高价或者极低价的时候，你要从100股来开始进行交易，当股价朝着有利于你的方向波动5个点之后，你就再买卖50股，接下来，当股价又朝着有利于你的方向波动了5个点，你这次就可以买卖30股，而当股价再一次朝着有利于你的方向波动5个点时，你这回可以买卖20股，只要市场继续向上或向下运行，你就可以跟随趋势，按照这样的交易量来操作，直到该股的主趋势发生改变为止。

何时不要采用金字塔交易法

资金安全是你开始采用金字塔交易法，或继续采用金字塔交易时要考虑的头等大事。第二次买入或卖出的时候，与吸筹或派发的点位太过接近，就会造成操作失误。

在股价经过了大幅上涨或者下跌行情之后，你必须要等到确定的趋势变化信号出现以后，才可以采用金字塔交易法来操作。

永远也不要在股价接近双顶的时候，采用金字塔交易法进行第二次的买入，也不要在股价接近双底的时候，采用金字塔交易法进行第二次的卖出。

股票经常在10～12个点的区间内横盘几天或几周，呈现出上下震荡的走势，但是它既不突破那个最高的顶部价位，也不跌破上一个底部的价位。只要它还继续在这个区间内来回波动，你就不应该采用金字塔交易法。当它走出了这个区间，也就是突破了那个最高的顶部价位，或者那个最低的底部价位，表明接下来股价会出现更大级别的行情，你就应该开始采用金字塔交易法来操作了。

你要对各种走势图反复查看，遵循每一条法则，研究预测所需的各个主要的和次要的时间周期，关注从顶部或底部发出的各条移动平均趋势线和顶部与底部之间的各个阻力位。如果你忽视了其中一个要点，就有可能造成你判断的错误。请记住，整体永远不能超越所有的组成部分之和，而所有的组成部分构成了一个整体。如果你遗漏了整体中的一个组成部分，或者说是这些法则中的一条，你就无法拥有一套完整的趋势信号。

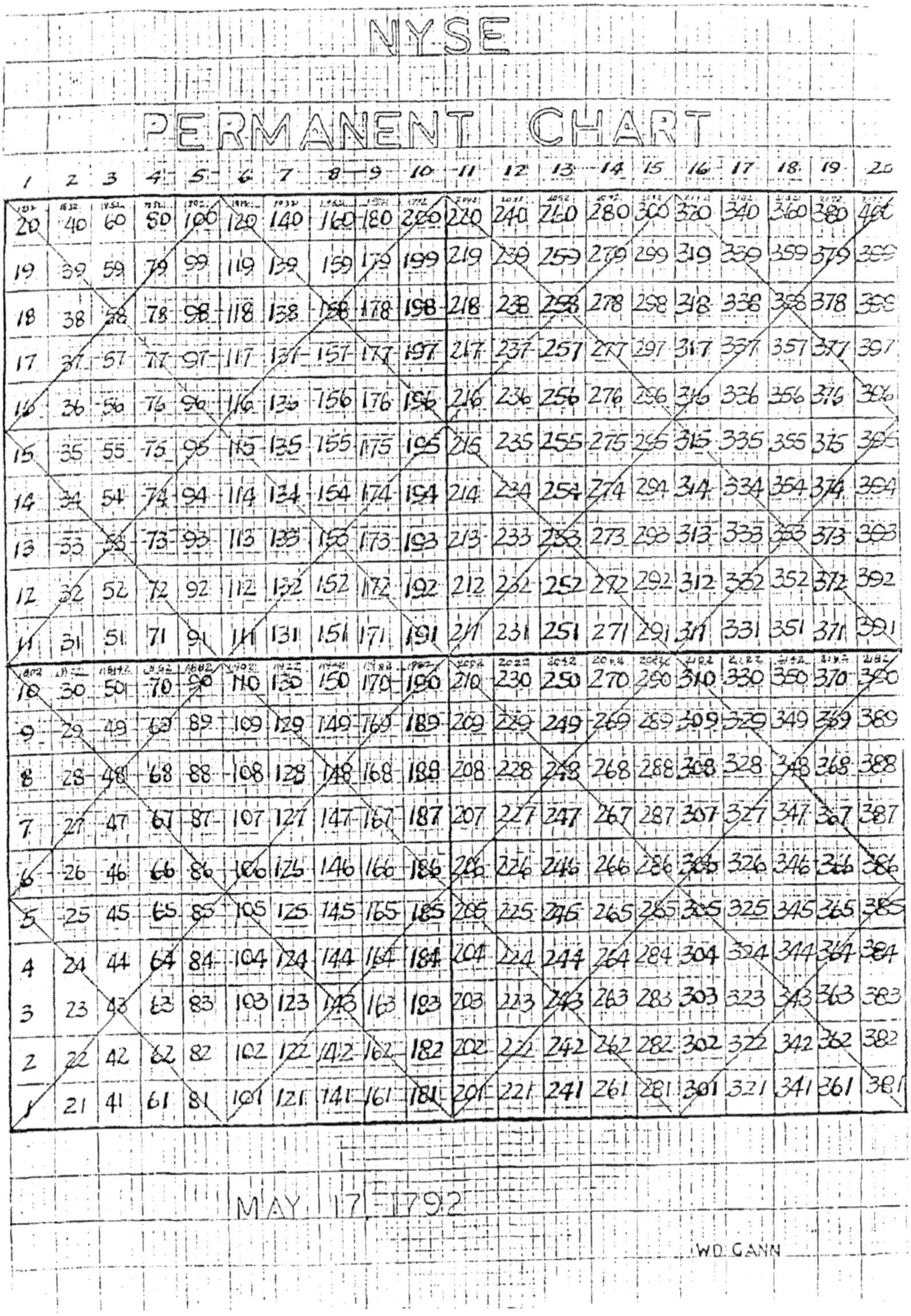

图7-1 组约证券交易所永固正方图

Chapter 8

顶部与底部形态识别与股票趋势判定法则

在投机或投资中取得成功的必备条件

知识

想要在投机或其他任何一个行业上取得成功，知识是首当其冲的最重要的条件之一。消息灵通人士，或者熟悉自己行业的人，都是会成功的人。所以，我们要把努力获取知识做为一条法则定下来，这一条做到了，就肯定会为你带来投机或其他行业上的成功。

耐心

在你获取了知识以后，如果你还没认识到在交易中耐心的重要性，你还要学会如何去培养耐心。你必须要学会等到确定的趋势变化信号出现之后，才能进行买入或者卖出的操作。你不应该去主观猜测，也不要受自身的期盼或恐惧的情绪支配，就去赌一把。你必须要具备一定的行动力，在正确的时间能够迅速出击，而这样的操作是在你已经掌握了有关知识，并且知道什么时候是出手的良机的前提下做出的。

胆量

你必须要有胆量出手。当你已经掌握了相关知识以后，胆量和勇气自然也就来了，这是因为你对这些经过验证的操作法则有信心，对自己的能力也充满了信心。所以，一旦你获取了知识，它就会给你力量，你就有胆量在真正的机会来临时，抓住时机，放手一搏。

钻研

一个人如果不刻苦，没有好好钻研相关资料，不提前有所付出的话，他就永远也不会成功。如果你花了很多时间进行研究，回顾了道琼斯工业平均指数从1892年到目前为止的交易记录，你就会认定，这些操作法则都是行之有效的，只要你跟着市场大趋势的方向来操作，你就能够赚得到钱。

识别走势中的各种形态

对于我们每个人来说，在我们学到的东西里，有5%到8%都来自我们的亲眼所见。俗话说，“一张图可以胜过万语千言。”这就是为什么识别走势中的各种形态，或者说在不同时段的各种形态是这样的有价值。未来的情形不过就是历史的重演罢了。那些在不同时间，出现在顶部、底部，或者中间点位的同一种形态，都在提示我们，市场的趋势将会如何变化。所以，当你看到，市场第二次或第三次走出了同样的技术图形，或者形态的时候，你就知道，它意味着什么，也就能够判断出趋势的走向了。

你不必要一开始就接受我所说的，因为那些操作法则在以往的历史交易中很有用，就确信它们会在今后的交易中也能行之有效，但你无论如何也应该通过以往的交易记录，来验证一下这些法则是否真的可用，接下来，你就会有信心去按照它们来操作，并能把钱赚到手了。

所需的资金

不管你考虑用什么方法在股市中进行交易，首先想到的一点是交易所需的资金是多少，这笔钱是你可以拿来交易的，记住永远不要亏掉你的本金，经过5年、10年或者15年的时间，你就能赚到大钱了。因为一个可以让你盈利，永远也不会亏掉本金的交易方法，就是那种每个交易者都应遵循的方法，它会把你带上成功之路。

一般来说，我总会建议，要是每次交易100股，至少要有3000美元的本金才行，而且每次在交易100股时，止损单的点位与交易价之间不要超过3个点。运用我说的方法，你用这些钱可以进行10次交易，市场要想吃掉你的全部本金，不得不连续10次都让你赔钱，而这是办不到的。无论你的本金有多少，在操作时都要按照我说的方法来做：把你的本金分成10等份，在任何一次交易时，你投入的钱都不要超过本金10%，这就是你的交易风险上限。一旦你连续3次都赔了钱，那么就要减少每次的交易量，而且只用剩下来本金的10%去交易。如果你能按照这个方法来操作，你就确定无疑会成功。

当股价在每股15～30美元附近时，你可以从1500美元的本金开始起步，对于第一次交易时机，你应该选择在可将止损单的点位设在与交易价不超过2个点的时候，其实你还可以努力把这个间距缩小到只有1个点的时候，才开始交易。换句话说，当你手头有1500美元本金的时候，你要盘算着至少能交易7～10次，市场如果想要把你的本金全部吞掉，就不得不连续7～10次都让你亏钱。而有了我的这个交易方法，只要你能按照该法则来操作，并在出现明确的趋势变盘信号时顺势而为，这种情况是不可能发生的。

如果你交易的是高价股，这种交易方法就最能够让你大赚特赚，交易那些股价超过100美元的股票，你应该有4000美元的本金，并且要坚持严格按照所有的相关法则来操作。

如果你想要在开始交易股票时，每次的交易量少一些，你可以先拿300美元的本金，每次交易10股，在首次交易时，止损单的价位与交易价之间不要超过3个点。如果可能的话，在首次交易中，止损单的价位与交易价之间最好不超过1个点或2个点。在任何一次交易中，你都不要冒着亏掉1/10以上本金的风险。

要用到的各种走势图

不管你是个大忙人，还是专业人士，都应有一套道琼斯30种工业股平均指数和15种公用事业股平均指数的周高低点图，还应该有不同板块中5～10只活跃的龙头股的周高低点图。另外，还要有一些股价格在10美元或20美元以下的股票的月高低点图，当图中显示这些股票的趋势要发生变化时，要对这些低价股进行重点关注。因为股价突破了前期的顶部点位，交投很活跃，就表明这里是个买入它们的好时机。

大级别趋势和小级别趋势

只要你跟随市场的大级别趋势去操作，就能赚到大头，尽管我们也曾说，你永远也不要逆势交易，而在你追随大级别趋势时，肯定会错过许多中等级别的波动，它们也会让你获得很好的盈利，你必须这样来执行你的交易法则：当你处在逆势操作的时候，要等到根据某一条法则的内容，该股在底部或顶部发出明确的买入或者卖出信号时，你才可以按照信号来交易，并将止损单的价位设在交易价附近。

市场中总会有两种趋势：大级别趋势和小级别趋势。小级别趋势可以看作是在短时间内对大级别趋势的反转。当大级别趋势处于下行时，在按照交易法则提示出的反弹顶部进行卖空，比在回调的低点做多买入要安全得多。在一个牛市或者上涨的行情中，等待小级别的回调出现，根据交易法则的提示，在底部信号出现的时候进行买入，要比在反弹的高位卖空安全得多。只有你可以坚持等到明确的趋势变化信号出现之后，再去买入或者卖出，你就能够挣到大钱。

趋势线的指导

绿色趋势线（译者注：此处的趋势线请参照趋势转向图）

这里讲的趋势线为绿色时，表明股价处在上行的趋势，它对小级别趋势和大级别趋势都适用。

当股票或者平均指数每周的顶部和底部都在抬高时，我们采用绿色趋势线来表示上涨的行情。从周线级别的行情看，只要第一次出现本周的底部和顶部比上一周都要高，竖直向上划一条趋势线，该线应为绿色，趋势线的上端定在本周的高点价位。接下来，只要股票或平均指数每周都继续抬高它的顶部和底部，趋势线就一直向上划，并以每周的高点价位为上端。

红色趋势线

从周线级别的行情看，市场第一次出现本周的底部比上一周的底部有所下移时，这条趋势线就要改为向下划了，颜色也要变成红色，先从原来的绿色趋势线上端向右横着划一根连接线，然后以这个连接线的另一端为起点，竖直向下划一条红色趋势线，趋势线的下端定在本周的底部价位。只要股票或者平均指数每周的底部都在不断下移，趋势线就一直向下划。无论是对于大级别的趋势，还是小级别的趋势，这条红色趋势线都表明行情已经掉头向下，你要遵循红色趋势线来进行操作，直至它发生反转为止。接下来，当市场第一次出现本周的底部和顶部都比上周有所抬高时，趋势线的颜色就又要变回绿色了。

当趋势线由红转绿时，做多买入

当趋势线由绿转红时，做空卖出

为了研究的需要，我们选用的是道琼斯20种铁路股平均指数的周高低点图（1896～1914年7月），因为在这段时间里，铁路股是市场的龙头，与工业股相比，它们的波动速度更快，幅度也更宽，所以趋势的指向作用更明显，交易它们也能获得更多的盈利。

你应该按照红绿趋势线的法则来操作，并运用下列法则来确定买入点：

3个买入价位

1. 在前期底部或者前期顶部的价位买入。

当股价下跌到一个前期底部或者一个前期顶部的价位时，这里就会是一个买点，买入时要设置止损单。实际上，除非你能盘算出在哪里设置止损单，否则，你就不应该买入，对于一般股票，止损单的价位与交易价之间应相距1～3个点的止损位置，而对于高价股来说，止损单的价位与交易价之间永远也不要超过5个点。

请记住，当一只股票第1次、第2次或第3次回调到前期顶部的价位时，买入都是安全的，但是，当它第4次下跌到同一价位附近时，买入就会很危险，因为它几乎总是会继续下行。

当股价下跌到前期顶部或者前期底部的价位下方1～3个点时，你可以买入。不过，如果股价刚好在前期顶部或者前期底部的价位附近企稳了，没有下跌到该价位下方1～3个点的位置，就说明这是一只很强势的股票。能把股价稳定在比这些前期顶部或顶部的价位稍高的位置上，就是一种更为强势的表现。

对于那些股价超过100美元的股票，当它们突破了前期顶部的价位之后，它们可以回调到这个价位下方5个点的位置，但是不能再多了，如果市场当时走得真的很强，股价就不应该回调到顶部价位下方5个点的位置，除非有非常特殊的情况，比如市场处在宽幅震荡的行情，而且交投非常活跃。

2. 更安全的买入价位。

当股价突破了前期的顶部价位，或者突破了之前好几周的顶部价位，你就可以买入了。在趋势转向图中，绿色趋势线的出现就表明，在小级别或者是大级别的趋势上，股价已经反身向上。

3. 最安全的买入价位。

当股价突破了上一周的顶部价位，而且它的上涨幅度超过了从顶部一路下跌以来的最大幅度的反弹，你可以在出现次级回调时买入。

当股票从极低价出现的反弹，其幅度第一次超过了上一波熊市行情中最大幅度的反弹时，你就可以买入了。

当这次反弹持续的时间超过了见到极低点之前的最后一次反弹，就是买入的时机。如果最后一次反弹的持续时间是3周或4周，而这次从底部的上涨行情超过了之前的3周或者4周时，就可认定趋势已经反身向上，在股价出现次级回调的时候，就是更安全的买入价位。有关验证这条法则的例子，请见下文。

3个卖出价位

当我们提到卖出价位时，指的既可以是卖出多头仓位，也可以是做空卖出。

1.在前期顶部或者前期底部的价位卖出。

当一只股票第1次、第2次或第3次反弹到前期顶部或者前期底部的价位时，这里就是一个重要的卖点，无论卖出多头仓位，还是做空卖出都可以。但是，当股价第4次上涨到同一价位附近时，卖出就是有风险的，因为它几乎总是会继续上行。当你做空卖出时，止损单的价位要设在前期顶部或前期底部价位上方1个点、2个点或者3个点的位置。

对于那些股价超过100美元的股票，股价可以走到前期顶部或底部的价位上方5个点的位置，而并不改变大级别的趋势。但是这种情况很少发生，因为有一项对前期顶部和底部的研究可以证明这一点。一般来说，如果当时市场疲弱，大级别的趋势还是向下的，股价就不会超过前期顶部或前期底部价位上方2个点的位置。如果股价能站到前期顶部或前期底部价位上方3个点的位置，就说明市场处在强势中，股价还有可能继续走高。如果股价跌到了这些前期顶部或前期底部价位的下方，就显示市场非常之弱。

2.更安全的卖出价位。

当股价跌破了上一周的底部价位，或者跌破了之前好几周的底部价位，你就可以卖出了。在趋势转向图中，红色趋势线的出现就是卖出信号。

3.最安全的卖出价位。

当股价跌破了之前好几周的底部价位，或者跌破了最后一次回调的底部价位，趋势已经掉头向下时，你可以在股价次级反弹时卖出。这样的次级反弹几乎总是会在熊市第一阶段行情中的第一次急速下跌后出现。

当股价出现的下跌，其幅度第一次超过了上一波牛市行情中最大幅度的回调，或者是见到最后一个顶部之前的最后一次回调时，你就可以卖出了。

当这次下跌持续的时间，第一次超过了上一波牛市行情中见到最后一个顶部之前的最后一次反弹，就是卖出的时机。举个例子，如果一只股票已经涨了几个月或者一年，甚至更长时间，其间幅度最大的一次回调持续了4周，这在牛市行情中一般都会出现的回调，而接下来，在见到顶部之后，如果第一次出现了超过了4周的下跌，无论是对于小级别趋势还是大级别趋势，这就是趋势变化的信号。在股价出现任何一次反弹的时候，就是更安全的卖出价位，因为你是在明确的趋势变化信号出现后，进行顺势交易。

各种底部和顶部的形态

通过研究股票以往走势中在底部和顶部出现过的形态，当未来的行情中，类似的形态再次出现的时候，你就能够判断，股价接下来会怎么走，正如当你看见天空乌云密布的时候，就知道暴风雨就要来了。

当股票完成了在底部的建仓，或者在顶部的派发之后，会出现一个行情的起爆点。如果你可以在这个起爆点进行买入或卖出，钱就会赚得非常快。

我们还要研究成交量，空间与价格的波动，和上一波行情所用的时间段，这也是最重要的时间段。类似的波动会在每年的同一个月份重复出现。在下文的关于“成交量”的那一章，会给出更多的相关法则和信息。

接下来，要研究的不同底部形态包括：尖底、双底、三重底、平底和不断抬高的底部等。

“V”形底或尖底

这个形态可以是一波很急的快速下跌之后，跟着有一波快速上涨行情的情况下形成的，或者甚至可以是在股价缓慢下跌之后，从底部出现一波快速反弹，在股价上涨到（比上一个高点）更高的价位前，都没有过一个次级回调，这也是一种尖底。

例如，1910年7月26日，道琼斯20种铁路股平均指数急速下跌到105¾点，随后，又快速反弹到114¾点，指数在上涨9个点的过程中，没有出现过一次回调，接下来，指数也没有回到上一个底部的价位，去构筑双底。

“U”形底或平底

这个“U”形底是在股价窄幅震荡了3到10周，或者更长时间，并在同一价位附近多次见到底部之后，当股价突破了“U”形的顶部点位时，一个“U”形底或平底就形成了，这是一个起爆点，也是一个安全的买点。

例如，1898年3月12到4月30日，道琼斯20种铁路股平均指数在56～60点之间震荡整理，在此期间，指数共有4次触及到底部点位。这就是一个平底，当指数突破了60点时，就表明后市还可看高一线。

“W”形底或双底

当股票出现下跌，并见底之后，接下来，有一波2～3周，或者更长时间的反弹；

随后，再次出现下跌，并在与上一个底部相同的价位附近第二次见底，接着，再有一波上涨，并突破了上一次反弹的顶部价位，这样就形成了“W”形底或者双底。当股价突破了“W”形中间的顶部价位，买入就是安全的，这里也是一个起爆点。

例如，1899年12月23日，指数的低点为72½点。1900年6月23日，指数的低点是73点。

“WV”形底或者三重底

三重底是指在双底形成之后，股价在更高的价位见到第3个底部，或者也可以是在同一价位附近形成的3个底部。当一个“W”形底和一个 “V”形底已经形成，股价突破了“W”形的第2个顶部价位，买入就是安全的。

例如，1899年12月23日，平均指数的第1个底部在72½点；

1900年6月23日，指数的第2个底部为73点；

1900年9月29日，指数的第3个底部是73¼点。

在平均指数上涨到78点的上方之后，在73点附近形成了一个“WV”形底，而之前的高点78点就成为后市上涨行情的起爆点，接下来，平均指数有一波猛涨，在28周内一共上涨了44个点。

“WW”形底或四重底

从这个形态中，可以看出第1个、第2个、第3个和第4个底。起爆点就是最安全的买点，或者说，当股价突破了第2个“W”形的高点价位，就是最安全的买点。

例如，从1903年8月8日的低点90¾点，反弹到1903年8月22日的高点98¾点；

从1903年10月17日的低点89⅜点，反弹到1904年1月23日的高点99⅝点；

从1904年3月19日低点91¼点，反弹到1904年4月16日的高点97¾点；

1904年5月21日，指数的低点为93½点。

当平均指数突破了第2个“W”的顶部点位97¾点之后，接下来又突破了第1个“W”的顶部99⅝点。这里就是行情的起爆点，随后股价一路上涨了27个点，再也没有回调到99点。

顶部形态

你应该研究的顶部形态包括：尖顶、平顶、双顶、三重顶和不断下移的顶部等。

单个的“A”形顶或尖顶

平均指数或个股在经过一波长时间的上涨之后，或者是在一轮牛市行情的尾声，经常会构筑一个单个的尖顶，比如，股价会连着上涨17～26周，或者更长的时间，而在上涨的过程中，只会有一些持续10天到2周不等的小幅回调，接下来，股价会直线迅速下跌。在下跌后出现的反弹，或者说是次级反弹的高点价位卖出是安全的，而更安全的卖点是在股价跌破了第一波急跌的底部价位，或者说是“A”形的右半边低点价位的时候。

例如，道琼斯20种铁路股平均指数从1902年5月24日到9月13日，用了16周的时间，把指数从117½点，上涨到了129¼点。随后，指数急速下跌至10月18日，期间的反弹也是到123¼点就上不去了。当指数跌破了118¼点时，就是市场转弱的信号，表明熊市行情还将延续。

“∩”形顶或平顶

当股价在同一价位附近形成多个顶部，而回调后的底部也接近同一价位，也就是说，股价在高位形成了窄幅盘整的走势，这个形态就是“∩”形顶或平顶。当股价跌破了之前好几周的底部价位时，这里就可以安全地卖空了。

例如，1911年5月13日到7月29日，铁路股的平均指数在一个只有2½个点的区间内盘整了八周，形成了一个平顶。当平均指数跌破了121点，它也就是处在了这个盘整区间的下方，这里是一个安全的卖空点位。

“M”形顶或双顶

在一波可观的上涨之后，当股票或者平均指数见到了顶部；随后，有一波3到7周，或更长时间的回调，接下来，再次出现反弹，并在与上一个顶部相同的价位附近见底，这样就形成“M”形顶或者双顶。接着，当股价或指数又出现下跌，并跌破了上一次回调的低点价位，这里就是一个安全的做空价位。

例如，1906年9月15日，指数的高点是137¾点。11月17日，指数的低点为131½点。12月15日，指数的高点又到了137½点，接下来，指数出现了一波快速下跌，并跌破了低点131½点，一轮熊市行情随之展开。

“MA”形顶或三重顶

当股票或平均指数在同一价位附近见到了3个顶部，或者第2个和第3个顶部比第1个顶部略低，三重顶就形成了。如果形成三重顶之前，股价或指数经过了一波长时间的上涨行情，那么三重顶就是会出现大幅下跌的信号。三个顶部之间的间距越长，这个信号的看跌作用就越强。当股价或指数跌破了上一个底部的价位，或者说是“M”形的底部价位时，在这里做空是安全的，而更安全的卖点是股价或指数跌破了“A”形的底部价位的时候，这里是一个行情的爆发点。

例如，第1个顶部：1906年1月19日，指数的高点是138⅜点，这里处在牛市的尾声，1906年5月5日，指数急速下跌到120¼点。

第2个顶部：1906年9月22日，指数的高点在137¼点，比1906年1月的顶部价位略低，1906年11月，指数出现了6个点的回调。

第3个顶部：1906年12月15日，指数的高点为137½点，又一次在同一价位附近见顶，这是后市会大幅下跌的信号。随后，1907年出现了恐慌性行情，平均指数在11个月里跌去了57个点。

“MM”形顶或四重顶

当股票或平均指数在同一价位附近见到4个顶部，就形成了四重顶，后面的顶部比前面的顶部稍微低一些也可以算。当股价或指数跌破了第2个“M”形的底部价位，或者是最后一次回调的低点价位时，就是最安全的卖空价位。

从这个形态中，可以看出第1个、第2个、第3个和第4个底。起爆点就是最安全的买点，或者说当股价突破了第2个“W”形的高点价位，就是最安全的买点。

例如，第1个顶部：1911年7月22日，指数的高点是124点。

第2个顶部：1912年8月17日，高点又出现在124点，1912年9月14日，指数回调到了120½点。

第3个顶部：1912年10月5日，指数的高点为124⅜点，1912年11月2日，指数回调到了119⅝点。

第4个顶部：1912年11月9日，最后一次反弹的高点是122¾点。

当平均指数跌破了最后一次回调的低点119⅝点，一波大跌行情随之展开，而119⅝点就成了行情的起爆点。

牛市与熊市行情的各个阶段

无论对于股票，还是对于平均指数，一轮牛市或熊市行情都可分为3到4个阶段。

牛市行情

第1阶段：在上一轮行情见到最后一个底部之后，股价或指数出现的第一波上涨，随后会有次级回调。

第2阶段：这波上涨的顶部价位有所抬高，不仅在前几周的高点价位上方，也比第一波上涨的顶部价位要高些，接下来又是一波回调。

第3阶段：股价或指数在这一波上涨中创出了新高。在大多数情况下，这就意味着本轮牛市行情进入了尾声，但是在你做出判断之前，要关注是否出现了明确的变盘信号，能够预示出大级别趋势将要发生改变。

第4阶段：第4阶段的行情经常会匆匆结束，对于第4波的上涨，或者说是飞快的上涨行情，最重要的是关注牛市行情是否走完，大趋势是否发生变化。

那些小级别的牛市行情，运行时间短，一般为1年或更短，而且只运行两个阶段，行情就结束了，尤其当第1阶段的那波上涨是从一个尖底涨上来的，这种可能性就更高。所以，在第2波上涨之后，你就要关注市场的动向，要看它是否见顶，是否有预示着趋势会发生变化的信号。

熊市行情

熊市行情的走势恰好与牛市行情相反：

第1阶段：第1波急速的猛烈下跌，改变了大级别趋势的走向，随后是一波次级反弹，在反弹的高点价位卖空还是比较安全的。这也标志着本阶段行情的结束。

第2阶段：第2波下跌的低点价位出现下移，随后有一波温和的回调。

第3阶段：第3波下跌的低点价位会继续下移，这里可能是本轮熊市行情的尾声。

第4阶段：对于第4波下跌，你要密切关注的是它何时见底。在判断一个底部是否是最后一个底部时，要动用所有相关法则。你要关注这一波行情在前期顶部和前期底部价位附近的走势，看是否有明确的信号可以表明，行情的大级别趋势即将发生改变。

那些小级别的熊市行情，运行时间短，一般为1年或更短，而且只运行两个阶段行情就结束了，尤其当第1阶段的那波下跌是从一个尖顶跌下来，这种可能性就更高。所以，在第2波下跌之后，你就要关注市场的动向，要看它是否见底，是否给出了预示着趋势会发生变化的信号。

在一些极端情况下，比如1929年的行情和1929～1932年的熊市行情，其中包括了多达7个阶段的涨跌，但这些都是不寻常的，也是不常见的，要很多年才会见到一次。

回顾一下我们列举的所有牛市和熊市行情，你就会看到这几个阶段，或者几波行情是如何走完的。

如何判断大级别的改变

空间波动法则

按照空间波动来判断趋势是否变化的法则：当一波下跌行情的跌幅超过了前一波行情中最深一次下跌1个点，或者更多个点时，就是一个趋势发生变化的信号。

在一轮牛市中行情已经走完了3个阶段，或更多阶段的时候，你要回看一下它的走势，找到在任何一个阶段中最大幅度的回调行情，看它的跌幅是否为10个点、15个点、20个点、30个点，还是更多个点。假设平均指数已经上涨了很长时间，其间最大的回调幅度是10个点，而且，行情已经到走到了第3阶段或者第4阶段。在这个情况下，当平均指数或股价第一次出现超过10个点的回调，或者说跌幅超过之前最大的一次回调时，就是大级别已经改变，或者很快就要改变的一个信号。这并不意味着，在这个明确的反转信号发出后，指数不会再有反弹，通常情况下，在给出第一个表明大级别发生变化的信号后，牛市的行情中还会有次级反弹出现，这是因为在顶部的派发过程还需要一定的时间。所以，你不要只是因为看到了一个大级别已经改变的明确信号，就匆匆忙忙地得出结论，认为你在这个时候就可以放心做空了，再也不会有反弹出现了。尽管你可以在指数见到新低，或者说前期底部价位被跌破时做空，但是如果可能的话，要坚持在反弹见顶后，再去做空。判断这些需要你把所有法则都用上。

行情持续的时间

这是告诉你大级别何时会发生改变的另一个方法。它的法则是， 当一轮行情只运行了3个阶段或者4个阶段的时候，如果有一波回调行情持续的时间超过了之前回调中持续时间最长的一次，你就可以认定大级别已经发生了改变。

查看一下过去的走势情况，找到从任何一个小级别顶部开始的回调，或者是牛市行情的上一个阶段中的回调最多持续了多长时间。如果你发现，最长的回调时间大约是4周，那么当市场第一次出现连续5周或更长时间的下跌时，就是大级别已经改变的信号，在随后的次级反弹的顶部，可以进行卖空操作。

在熊市中也会用到同样的法则。当空间波动，或者说是股价和平均指数在熊市中这次的反弹幅度，超过了这轮行情前期的最大反弹幅度，就说明趋势在发生变化。如果这次的反弹在持续时间上超过了这轮熊市行情前期最久的一次反弹，接下来，大级别趋势也会改变，一轮牛市行情启动在即。

从所谓空间波动的角度看，如果这样在牛市的深度回调，或者熊市的深幅反弹，是发生在第2阶段行情以后，即使可以看作是一种反转，它们也比不上出现在第3阶段，或第4阶段之后，对于趋势变化的指示作用来得重要。

所有这些法则的例子，可以参照从1892～1939年的每轮牛市和熊市行情，这样你就可以知道，如何运用这些法则来预判未来市场中的行情。

持续几周的窄幅整理行情

当股票或者平均指数在很窄的区间内整理了2～6周或者10～13周时，接下来，它或者突破前几周的顶部，或者要跌破前几周的底部，无论如何，趋势都已经发生了变化，你就应该顺势操作。窄幅整理的时间越长，当股价或指数突破了这个盘整区间的顶部或者底部以后，后市的上涨或下跌的幅度就越大。

例如：1897年1月16日到3月20日，铁路股平均指数在两个点的区间内盘整，随后，指数跌破了低点52点，并继续下行。1897年4月10到5月22日，指数在两个点的区间内整理了6周，接下来，指数突破了顶部51点，一轮牛市就此展开。

单边吸筹或者派发行情

在牛市行情已经上涨到第3阶段或第4阶段之后，接下来，会出现一波急速的下跌，也会有反弹，当股票处在单边派发的行情时，股价经常会在一个区间内震荡很长时间。这个区间的顶部可能会比极高点稍低几个点。从形态识别角度看，也要重点关注这个派发区域内高点与低点的波动区间。这个单边派发区间的顶部价位，是个安全的做空点位，而当股价跌破了这个区间的低点，做空就更安全了，因为这里就是后市下跌行情的起爆点。

在熊市行情的尾声，经过一波急速的上涨，随后会出现一个次级回调，接下来就是长时间的单边吸筹行情，在此期间，股价会多次上涨到波动区间的顶部价位，也会再回到波动区间的底部价位。当股价到了区间底部时，这里可以买入，不过，更安全的买点，是在该区间的顶部价位被突破的时候，因为这里是个后市上涨行情的起爆点，它是股价会快速上涨的信号。

这些单边吸筹和派发的例子，也会在下文列出的牛熊行情记录中出现。

牛市或熊市行情的最后阶段

在牛市行情的最后阶段，股价处在快速上涨当中，并且随着股价的不断攀升，回调的幅度也越来越小，直到最后这一阶段的行情走完为止。接下来，会出现一波快速的急跌，趋势继而反转。

在熊市的最后阶段，当所有的前期底部和阻力位都被跌破以后，随着股价的不断走低，反弹的幅度越来越小。所以，交易者在股价见到最后一个底部之前，是没什么机会在反弹的顶部做空的，只有在股价见到最后一个底部之后，当第一次出现幅度很大的反弹时买入。

这就是为什么，在牛市或者熊市行情的最后阶段，你要是逆势操作的话，总归是不划算的。

底部区域

不论是对于大级别趋势，还是小级别趋势，在上几周线的底部价位没有被跌破之前，或者是上几周的顶部价位没有被突破之前，永远不要认为趋势已经发生了反转或改变。至于具体到股价或指数应该跌到底部下方多少点，才能认定趋势的变化，这就要根据指数点位和股票价位的高低来各自区别对待了。在股价形成了双底或三重底时，我们考虑的是跌破底部价位1～3个点之间这个范围，才会引发趋势的变化。也就是说，在市场很强的时候，股价只跌到底部价位下方1个点，就开始反弹了。在极端的例子里，股价也不能跌到比底部价位下方2个点更低的位置。作为一条法则，当股价跌到底部价位下方整整3个点的时候，就预示着后市还将继续走低，并且其间不会出现任何重要的反弹。

顶部区域

对于顶部区域，也是一样的。在股价形成双顶时，我们考虑的是股价突破顶部价位大约3个点，才会引发趋势的变化。顶部区域本身可以有1～3个点的波动区间，我们仍然会认为它们是双顶或三重顶。股价上涨到前期顶部价位上方1～2个点，并不总是意味着大级别趋势已经发生改变，或者说股价会立刻拉升，但是当股价上涨到前期顶部价位上方3个点的时候，就基本上是一个后市看涨的明确信号，而且在上涨过程中，也不会有什么回调。在牛市和熊市行情的末期，经常会有一些伪反转的行情出现，来得快，去得也快。

在股价突破前期顶部价位后，若要上行趋势不改，回调的限度是多少？

为了保持住上行的趋势，在股票或者平均指数已经突破了前期顶部的价位之后，接下来会有一波回调，当股票或指数处在强势时，股价或指数会在前期顶部价位附近止跌企稳，有时会跌到前期顶部价位下方1～2个点的位置，但是超过3个点的情况很少发生。不管股价有多高，如果它下跌到前期顶部价位下方5个点以下的位置，就表明趋势已经反转，短期看股价不会再走高，而是要在一段时间内走低。在牛市行情中，股价有时也下跌到了前期顶部价位下方5个点的位置，但上行趋势依然不改，这就要取决于行情处于哪一个阶段当中。在最后一个阶段出现的变盘信号是最重要的信号。

在熊市中，股价跌破前期底部价位后，若要趋势不改，反弹的限度是多少？

在熊市中，这个法则就要反过来用了。当股票跌破了前期底部的价位后，这里就可以做空了，因为从前的底部现在变成了顶部。接下来，股价在反弹时，若要下跌趋势不改，就不应该上涨到前期底部价位上方1～2个点的位置，而对平均指数来说，不应上涨到前期顶部价位上方3个点的位置。所以，即使股价处在比较高的点位，如果它能上涨到前期底部价位上方5个点或更高的点位，那么股价会继续走高，它在短期内不会再随同大级别趋势下行了。

在5~7个点，或者10~12个点的波动区间内来回快速震荡

不管市场是处在交易非常活跃的时候，还是处在运行缓慢的区间震荡行情中，对我们来说，所有那些交易信号总归是在很活跃的市场中才会更加准确，也更有价值。

当股票或者平均指数已经上涨了一段时间，并且运行完了行情的第3阶段或第4阶段之后，如果在10～12个点的区间内来回几次进行上下波动，也就是在这个区间多次见到底部和顶部，这就是吸筹或者派发的信号。当这样的区间底部被跌破时，就是后市看空的信号。当这样的区间顶部被突破时，就是后市看多的信号。对这些单边吸筹和单边派发的区间，要加以注意。

在一波上涨行情中，可能会有几次10～12个点的回调。接下来，股价会有一次20～24个点的上涨。在这次上涨见顶之后，如果从任何一个顶部开始的回调幅度超过了20个点，这次下跌一般会运行30～40个点。对于那些处在非常高价位的股票或者平均指数，你可以去翻看一下它们的走势，就能向自己证明这个法则的价值所在。

市场何时走势最强，何时又最弱

当股票或平均指数经历了一波漫长的下跌行情，其间反弹的幅度都很小的情况下，如果底部点位开始不断抬高，就说明股票或平均指数进入了走势最强的阶段，特别是在底部点位抬高之前，出现过一次快速的直线下跌的时候，后市的强势特征就尤为明显。在出现了第2个或第3个逐渐抬高的底部之后，接下来，如果股票或平均指数可以突破前期反弹的顶部点位，那就说明它已经处在走势最强的阶段了。不断抬高的底部总是一个强势的特征，而上涨行情通常从第3个或第4个逐渐抬高的底部起步，也就是说，有一波大涨行情会持续很长时间，在上涨的过程中，只会出现小幅的回调。当你参与到这样的行情中，那么你赚钱就能赚得最快。

在熊市行情中，要把上述法则反过来就可以了。当股票或平均指数的顶部点位不断下移时，就是它进入了走势最弱的时候。当出现了第3个或第4个逐渐下移的顶部，就是最安全的卖出点位。在此之后，如果股票或平均指数跌破了上一波行情中最后一个底部或前期底部点位，表明它处在走势最弱的阶段，大级别趋势已经向下，后市的下跌会加速。

如何判断小级别趋势的变化

小级别上涨行情

当平均指数或股票在一波上涨之后，有2周或更长时间在接近同一价位附近见到高点，特别是出现了在接近顶部的非常窄的波动区间内来回震荡的走势，接下来，平均指数或股票跌破了前2周，或之前更长时间的底部点位，表明小级别趋势掉头向下，在另一个明确的趋势变化的信号出现之前，你都要顺势操作。

小级别回调行情

当平均指数或股票经过了几周或几个月的回调之后，有2周，或更长时间在接近同一价位附近见底，平均指数或股票在这2周，或更长时间呈现的是窄幅震荡的走势，接下来，平均指数或股票突破了之前2周或3周的顶部点位，表明小级别趋势至少已经暂时发生了变化，你应该顺势而为。

低迷的市场行情

低迷的市场行情指的就是平均指数或股票在任何点位进行的窄幅震荡行情，显示它是在位某种变化做准备，当行情出现了向上或者向下的突破时，就是在与这样低迷的窄幅震荡行情说再见，你接下来就要跟随新的趋势来操作。

小级别波段行情持续的时间

牛市中有关次级回调持续时间的法则

在上涨的市场或大牛市行情中，当有信号表明指数或股价要有一波次级回调之后，指数或股价将回调3～4周，但是一般来说，在第4周就会出现反弹，而且收盘价要高出上一周的收盘价。在有些时候，只会出现一波为期2周的快速直线回调，随后行情就重新回到上涨的主趋势之中。但是，如果在一波3～4周的下跌过后，指数或股价出现的是次级反弹，接下来，指数或股价跌破了之前第3周或者第4周下跌的底部点位，那么就表明，后市趋势变化的级别会加大，并有可能是主趋势要发生变化。

在某些极端的行情中，在牛市出现了次级反弹之后，指数或股票的下跌时间会长达6～7周，在个别时候，下跌持续的时间还会更长，在下跌过后，指数或股票才会重新回归主趋势。

熊市中有关次级反弹持续时间的法则

在熊市中，就要把上述法则反过来用。在熊市行情中，次级反弹会持续2～4周的时间。如果反弹进入到了第5周，它很可能再接再厉，持续到第6周或者第7周，这时你就要关注趋势是否会发生重要的变化。

在熊市行情中，指数或股票在经过一波3～4周的反弹和次级回调之后，如果在接下来的上涨中突破了之前第3周或第4周反弹的顶部点位，就表明趋势正在发生变化，至少也是暂时性的改变，尽管还处在熊市中，指数或股票后市也可看高一线。

如何运用开盘价和收盘价来判定趋势变化的第一个信号

标有开盘价和收盘价的周高低点图是可以用来判定股票或平均指数的趋势的最好用的图之一。这就是为什么我们会用道琼斯30种工业股平均指数的周高低点图的原因，所有的趋势信号都是从这个图中得来的。

每周或每天的收盘价都是最重要的，因为不论股价在一周，或一天当中涨到多高，或者升到多低的点位，只有收盘价才能精确地反映出在一周或一天结束的时候，账面上盈亏的点数到底是多少。

在股票或者平均指数已经上涨了相当长的一段时间，并且已经到了一个前期顶部点位，或一波牛市行情的某个阶段之后，就预示着趋势可能会发生变化，所以，在交易非常活跃的市场中，关注周一早盘的开盘价是非常重要的。如果在这一周，平均指数或者股票不能站上周一早盘开盘价的上方1个点的位置，出现了下跌，而且周六的收盘价收在了这一周的底部点位，或接近底部点位的位置，这在周高低点图上，就是可以判定趋势变化的第一个信号。但是也不要忘了把其他的法则都用上，要等待在时间或空间上都出现了应有的跌幅，或者说，要等到股价跌破前几周的底部价位的时候，因为那才是判定趋势已经发生变化的明确信号。

在一波下跌的底部，或是在交易非常活跃的市场中，股票或指数刚经历了一次快速的直线下跌之后，就要把这条法则反过来用。同样是关注周一早盘的开盘价。如果在这一周，股票在一周的正当中或后半段出现了迅速的下跌，在见底之后，股价发生了反转并迅速反弹，而且周六的收盘处在或接近周一早盘的开盘价，或者超出了这个开盘价，这就是一个预示着趋势正在发生反转的特别强烈的信号，股价暂时在未来的一段时间内会走高。另外，你还要用上所有其他的法则，比如看股价是否突破了前几周的顶部点位，在空间波动的点位上是否构成了反转，以及在时间周期上是否到了发生反转的时点等，只有把这些都确定了之后，才能说趋势是否发生了明确的变化。

周六的收盘价也非常重要，当该收盘价跌破了前期底部或是前几周的底部点位，就是市场走弱的信号，当该收盘价突破了前期顶部或前几周的顶部点位，就是市场走强的信号。

当股票上涨到新高区域，或是跌到新低区域时的操作法则

当股票上涨到前所未有的高位或者下跌到前所未有的低位时，我们就说它们处在新高或者新低区域，当股票见到新高或者新低时，你必须要按照一定的法则来操作。

首先，你要用上所有其他的法则，要等到出现明确的主趋势发生变化的信号之后，再进行买入或卖出。

当股票或平均指数上涨到新高区域时，就表明接下来，股票或平均指数还会上涨7个点、10个点、15个点、20到24个点，或者更多个点，特别是当行情正处在一波牛市行情的第1或第2阶段的时候。如果新高区域出现在一波牛市行情的第3或第4阶段，那么在见到最后的顶部，趋势改变方向之前，股票或平均指数在新高区域的涨幅不会像在第1或第2阶段时那么大。

当股票或平均指数在新高区域内已经上涨了7个点、10个点、15个点，或者在极个别的行情里上涨了20~24个点时，你就要关注市场的运行情况，因为这里股价或指数很可能会遇到阻力位，从而见到顶部。一般情况下，股票或平均指数在新高区域的涨幅都在这个范围内，当然具体会在哪里受阻回落，还要看交易的活跃程度和股价本身所处的价位高低。只要你按照趋势变化的信号和有关法则来操作，你就能判断出，股票或平均指数第一次进入新高区域之后的上涨行情是否已经结束，趋势是否已经发生了变化。

在熊市行情中，把上述法则中的上涨改成下跌就可以了。

当股价在50~125美元之间时，在进入区域后的上涨，一般会很贴近7个点、10个点、15个点、20个点和24个点这样的幅度来运行。当股价超过了125美元，接下来又超过了200美元时，上涨的波动幅度会加大，波动区间也会宽得多。当股价到了300美元以上时，情况更是如此，波动的区间会更大，上涨的速度会更快，具体的顶部点位在哪里，要取决于这波牛市行情已经运行了多久，它已经经历了几个阶段，还有就是股价从上一波行情的最后一个底部开始上涨，到现在为止的涨幅有多少。

何时使用日高低点图

当市场交易非常活跃，呈现出宽幅震荡的行情，特别是在牛市的最后阶段，或者在熊市的最后一波快速下跌之中，你都要有一份平均指数或个股的日高低点图，还要在图上标注趋势线，日高低点图的使用法则与周高低点图相同，因为日高低点图可以在小级别趋势第一次发生变化时给出信号，这个信号在晚些时候，会在周高低点图上被确认，并演变为大级别趋势，或主趋势的改变。更全面的内容会在下面“阻力位”一章中讲到。

我要再一次提醒你，不要总想走在市场前头。不要去猜趋势是否正发生变化，这样只会让你犯错。你要等到明确的趋势变化的信号出现后，再去操作。当市场出现了我们法则中所说的明确信号之后，你据此形成了对行情的预判，你的操作才会是正确的。

道琼斯20种铁路股平均指数
在顶部和底部的各种形态
（1896~1914）

1896年8月8日	道指在这里形成的是尖底，或单个的“V”形底，底部为42点。
1897年1月16日至1月23日与3月20日，	形成了“M”形的双顶。
1897年4月	这里是一个尖底，指数在1个点的区间内，单边窄幅整理了4周。
1897年9月	这里是一个尖顶，或“A”形顶，处在42点与92点之间的1/2点位。
1897年11月	这里是一个尖底，或“V”形底。
1898年2月	这里是一个平顶，指数在1个点的区间内，横盘了2周。
1898年3月5日至4月23日，	这里是一个平底，指数在同一点位附近形成了三重底。
1898年8月	这里是一个尖顶。
1898年10月1日至11月5日，	这里是一个平底，指数在1个点的区间内整理了6周。
1899年4月1日至29日，	这里是一个平顶，指数在2个点的区间内横盘了5周。
1899年6月3日	这里是一个尖底。
1899年7月29日至9月9日，	这里是一个平顶，指数在2个点的区间内横盘了7周。这是4月后第1次出现顶部点位有所下移的情况。
1899年11月	这里是一个尖顶，指数在2个点的区间内横盘了4周。这是第2次出现顶部点位有所下移的情况。
1899年12月23日	这里是一个尖底。
1900年4月7日	这里是一个尖顶，也是第4次出现顶部点位有所下移的情况。
1900年6月23日	这里是一个尖底，也是第1次出现底部点位有所抬高的情况，与1899年12月底部一起形成了双底。
1900年8月18日	这里是一个中间位置或者说是腰部位置的平顶。
1900年9月29日	这里是一个尖底，也是第3次出现底部点位有所抬高的情况，与前面的两个底部一起形成了三重底，对指数有很强的支撑，是个很好的买入点位。
1901年5月4日	这里是一个尖顶。
1901年5月9日	这里是一个尖底，出现了恐慌性的下跌。
1901年6月15日	这里是一个尖顶，指数进行了2周窄幅震荡，与前期顶部一起形成了双顶。
1901年9月10日至9月14日与10月12日，	形成的都是尖底，而且是三重底，第2个和第3个底部的点位比第1个底部要高，这里对指数的支撑力度很强。
1902年9月13日	这里是一个尖顶，随后指数有一波急速下跌。
1902年11月15日与12月13日，	形成的是两个尖底，也可看作双底。
1903年1月10日	这里是一个尖顶，指数在2个点的区间内横盘了5周。
1903年7月11日	这里是一个尖底，随后有一波2周的回调。
1903年8月22日	这里是一个尖顶，指数在2个点的区间内横盘了3周。

1903年9月19日至11月14日，	形成的是三重底，而且第3个底部点位较之前更高些。
1904年1月23日	这里是一个尖顶，或“A”形顶。
1904年2月27日至3月19日，	这里是一个平底，指数在2个点的区间内整理了3周。
1904年12月3日	这里是一个尖顶，随后指数出现了3周的回调。
1905年3月18日与4月15日，	形成的是两个平顶，也可看作双顶。
1905年5月27日	这里是一个尖底。
1905年9月至11月	形成的是平顶，随后指数只下跌了4个点。
1906年1月19日	这里是最后一个尖顶，随后指数有一波急速下跌。
1906年5月5日	这里是一个尖底，随后出现了急速的反弹。
1906年6月16日	这里是一个尖顶，随后指数有一波急速下跌。
1906年7月7日	这里是一个尖底，随后出现了急速的反弹。
1906年9月18日至10月13日，	形成的是平顶，指数在2个点的区间内横盘了7周，刚好在1月顶部点位的下方。
1906年11月17日至12月22日，	形成的是平顶，指数在3个点的区间内横盘了4周。这也是第3次出现顶部点位有所下移的情况，指数从第3个顶部开始出现了一波恐慌性下跌。
1907年3月14日至25日，	这里是一个尖底。
1907年4月6日至5月11日，	形成的是两个尖顶，也可看作双顶。
1907年6月8日	这里是一个平底，指数在2个点的区间内，整理了4周。
1907年7月6日至27日，	形成的是平顶，指数在3个点的区间内，横盘了4周。
1907年11月23日	这里是一个尖底，随后出现了急速的反弹。
1908年1月18日	这里是一个尖顶，随后指数有一波急速下跌。
1908年2月15日至3月7日，	形成的是平底，指数在1½点的区间内，整理了3周。
1908年5月23日	这里是一个尖顶。
1908年6月27日	这里是一个尖底。
1908年9月12日	这里是一个尖顶。
1908年9月22日	这里是一个尖底，随后，出现了一波急速的迅猛反弹。
1909年1月2日	这里是一个尖顶。
1909年2月27日	这里是一个尖底。
1909年8月14日	这里是一个尖顶，随后，指数有一波急速回调。
1909年9月11日	这里是一个尖底。
1909年9月18日至10月9日，	形成的是平顶，指数在2个点的区间内横盘了4周。这是第1次出现顶部点位下移的情况。
1910年7月26日	这里是一个尖底，也是熊市行情的尾声，随后，出现了迅速的反弹。
1910年10月22日	这里是一个尖顶。
1910年12月10日	这里是一个尖底。
1911年2月4日至18日，	形成的是平顶，指数在 2个点区间内横盘了3周。

1911年3月11日与4月22日，	形成的是双底。
1911年6月10日至7月29日，	形成的是平顶，指数在2个点的区间内横盘了7周。
1911年9月30日	这里是一个平底，指数在2个点的区间内整理了4周。
1912年8月17日至10月3日，	形成的是双顶，指数在窄幅区间内横盘，这是从1911年7月22日以来的第3个顶部。随后，指数展开了漫长的下跌行情。
1913年6月14日	这里是一个尖底。
1913年11月15日至12月20日，	形成的是两个平底，也可看作双底。
1914年1月24日至2月7日，	形成了两个平顶，也可看作双顶，指数在窄幅区间内横盘。
1914年4月25日	这里是一个尖底，随后，出现了一波缓慢的反弹。
1914年5月23日至7月11日，	形成的是平顶，指数在2个点的区间内横盘了9周。随后，指数有一波恐慌性下跌。

道琼斯30种工业股平均指数

牛市与熊市之间的拐点日期

起始日期	结束日期	持续时间（周）	涨跌
1897年6月5日	1897年9月4日	12	16
1897年10月2日	1898年3月26日	10	14
1898年5月7日	1898年8月28日	12	15
1898年12月3日	1899年4月29日	9	20
1899年12月9日	1899年12月23日	3	15
1900年10月20日	1901年4月20日	10	18
1901年7月13日	1901年10月14日	15	14
1903年3月28日	1903年10月17日	29	25
1904年7月9日	1905年4月15日	40	33
1905年6月24日	1906年1月19日	30	28
1906年2月17日	1906年5月5日	8	14
1906年7月28日	1906年10月13日	11	8
1907年2月9日	1907年3月25日	7	16
1907年7月6日	1907年11月15日	19	25
1908年2月29日	1908年8月14日	23	25
1909年4月3日	1909年10月2日	25	16
1910年1月3日	1910年2月12日	6	13
1910年4月30日	1910年7月26日	13	16
1910年10月1日	1910年10月29日	4	6
1911年8月5日	1911年9月30日	8	12

起始日期	结束日期	持续时间（周）	涨跌
1911年11月11日	1912年9月7日	46	15
1912年12月7日	1913年3月22日	15	12
1913年4月26日	1913年6月14日	7	9
1913年7月19日	1913年9月13日	8	8
1913年10月4日	1913年12月20日	11	6
1913年12月27日	1914年3月24日	12	5
1914年7月25日	1914年12月24日	21	27
1915年3月20日	1915年5月1日	6	13
1915年7月24日	1915年12月30日	32	28
1916年1月22日	1916年4月29日	14	10
1916年8月12日	1916年11月14日	14	13
1916年12月9日	1917年2月3日	8	12
1917年6月16日	1917年12月22日	26	30
1918年1月5日	1918年10月19日	41	14
1919年2月22日	1919年7月19日	21	30
1919年8月2日	1919年8月23日	3	10
1919年8月30日	1919年11月8日	10	18
1919年11月15日	1920年2月28日	17	23
1920年3月6日	1920年4月10日	5	10
1920年4月24日	1920年5月29日	5	14
1920年7月24日	1920年12月25日	23	23
1921年5月21日	1921年8月24日	15	13
1921年9月10日	1922年10月28日	59	13
1923年3月24日	1923年8月4日	19	16
1923年11月10日	1924年2月9日	13	10
1924年3月23日	1924年5月24日	10	9
1924年6月14日	1924年8月23日	18	14
1924年11月8日	1925年3月14日	18	16
1925年5月9日	1926年2月27日	41	36
1926年3月1日	1926年4月17日	9	19
1926年6月5日	1926年8月21日	11	18
1926年9月12日	1926年10月16日	5	12
1927年4月16日	1927年9月24日	22	31
1927年9月30日	1927年10月15日	2	14

起始日期	结束日期	持续时间（周）	涨跌
1928年3月17日	1928年5月12日	8	14
1928年8月18日	1928年10月8日	15	68
1928年10月8日	1928年10月22日	2	24
1928年10月22日	1929年2月9日	16	40
1929年3月22日	1929年3月30日	1	4
1929年4月30日	1929年5月11日	2	8
1929年5月18日	1929年6月8日	3	9
1929年7月6日	1929年9月3日	8	38
1929年9月7日	1929年11月13日	9	160
1929年11月16日	1929年12月14日	4	46
1930年1月25日	1930年4月17日	13	38
1930年4月19日	1930年7月5日	11	64
1930年9月20日	1930年11月15日	8	62
1930年11月29日	1930年12月20日	3	27
1931年2月7日	1931年2月24日	3	20
1931年3月7日	1931年6月2日	12	64
1931年6月9日	1931年7月27日	2	27
1931年7月2日	1931年8月8日	5	20
1931年8月31日	1931年10月3日	5	45
1931年10月10日	1931年11月9日	4	24
1931年11月16日	1932年1月9日	8	42
1932年3月19日	1932年7月8日	17	38
1932年7月16日	1932年9月8日	8	31
1932年9月7日	1932年10月30日	7	16
1933年2月4日	1933年2月27日	3	8
1933年4月8日	1933年7月17日	17	44
1933年7月18日	1933年7月21日	1	18
1933年9月23日	1933年10月21日	4	15
1933年11月18日	1934年2月5日	12	15
1934年5月5日	1934年7月26日	12	17
1934年11月24日	1935年2月23日	14	8
1935年4月13日	1936年4月6日	52	54
1936年4月10日	1936年4月30日	4	15
1936年5月30日	1936年11月21日	25	32
1936年11月28日	1936年12月26日	4	4
1937年1月16日	1937年3月8日	8	8

起始日期	结束日期	持续时间（周）	涨跌
1937年3月27日	1937年6月17日	14	22
1937年7月3日	1937年8月14日	6	20
1937年8月21日	1937年10月19日	9	65
1937年10月19日	1937年10月29日	1	18
1937年11月23日	1938年1月15日	7	15
1938年3月10日	1938年3月31日	3	28
1938年6月25日	1938年7月25日	4	24
1938年9月17日	1938年9月26日	1	10
1938年9月28日	1938年11月10日	7	25
1939年1月14日	1939年1月28日	2	14
1939年3月18日	1939年4月11日	3	25
1939年4月12日	1939年6月9日	8	15
1939年6月10日	1939年6月30日	3	7
1939年6月30日	1939年7月25日	3	12

各种走势持续的时间段

道琼斯20种铁路股平均指数

举例说明在牛市中，拐点出现后的上涨行情：

1898年11月至1899年4月，　在拐点出现后的21周内，指数上涨了38个点。

1902年3月至1902年9月，　在拐点出现后的21周内，指数上涨了15个点。

1904年7月9日至1905年3月，　在拐点出现后的36周内，指数上涨了29个点。

1905年6月24日至1906年1月19日，　在拐点出现后的27周内，指数上涨了19个点。

1908年3月7日至1908年9月12日，　在拐点出现后的26周内，指数上涨了20个点。

1909年3月20日至1909年8月14日，　在拐点出现后的21周内，指数上涨了16½个点。

举例说明在熊市中，拐点出现后的下跌行情：

1903年2月21日至1903年10月13日，　在拐点出现后的33周内，指数下跌了30个点。

1906年12月22日至1907年3月25日，　在拐点出现后的15周内，指数下跌了36个点。

1907年8月10日至1907年11月21日，　在拐点出现后的15周内，指数下跌了24个点。

1910年1月15日至1910年7月26日，　在拐点出现后的27周内，指数下跌了22个点。

1911年8月5日至1911年9月30日，　在拐点出现后的8周内，指数下跌了12个点

1912年12月7日至1913年6月14日，　在拐点出现后的27周内，指数下跌了17个点。

1914年7月18日至1914年12月23日，　在拐点出现后的22周内，指数下跌了11个点。

Chapter 9

阻力位

如果我们不希望在投机之中陷入失败，就必须要去追根溯源。世间存在的万物都有着它们精确和完美的比例关系。自然界中没有什么偶然的事，因为最高级别的数学原则存在于万物的基石当中。法拉第曾说过：宇宙之中，除了力的数学点位以外，皆不值一提。

每只股票的见顶或者见底的价位，其实都是与它前期的某个高点或低点价位，存在着一些精确的数学比例关系。

股价在极高点和极低点之间的波动，不论它是重大级别的波动，还是次要级别的波动，都是非常重要的。无论之前是上涨还是下跌的行情，我们通过在这个波动区间中找到正确的分割比例位，就都可以判断出，在接下来的转向行情中，股价在什么点位会受阻，或者在哪里会获得支撑。你要结合那些趋势线，密切关注这些阻力位，还要将止损单的点位设定得与交易价格稍近一些，这样你在交易中就能获得更多的盈利。阻力位可以告诉你，为什么平均指数和个股在那些前期顶部或底部的位置会得到支持，或者遭遇卖压。

波动区间

1/8点位

从任何一轮重要的波动行情中，取其极低点和极高点，用高点价位减去低点价位，就会得到这样一个波动区间；接下来，把这个波动区间除以8，就能得到其1/8等分位，这些就是股价的阻力位，也可以称之为买卖点。当股价在这些价位附近驻足不前时，会在接近这些价位的位置，或者刚好在这些价位上构筑底部或者顶部，在趋势线上会有拐头的迹象，这里就是买点或者卖点了。有时，平均指数或个股会在这些重要的阻力位附近横盘3～7天，这也是它们见底或见顶的过程，另外一些时候，它们在重要的阻力位附近可能会盘整好几个星期。

1/3和2/3点位

在对波动区间进行8等分，得到1/8等分位之后，下一件重点的事就是将该波动区间3等分，这样就得到它的1/3和2/3点位。1/3和2/3点位的力度是很大的，特别是当它们正好落在前期行情的其他阻力位附近，或者它们所在的波动区间源自一波时间跨度很长的行情时，这两个价位的效果尤其明显。

大顶的最高价位

在推导阻力位方面，重要性仅次于上述波动区间的是该股在大顶所达到的最高价位和每个低一些的顶部的价位。

将最高点的价位除以8，就得到了8等分后的1/8点位。同样，将这些价位3等分，就可以得到1/3和2/3点位。

这些阻力位也很重要，因为当股价跌破了极高价与极低价这个波动区间的一半之后，经常都会跌到最高价位的1/2位置，这个阻力位法则也同样适用于其他的分割位。

而当股价上涨时，我们经常会看到它能够突破最高价位的1/2点位置，然后在极高价与极低价这个波动区间的1/2点位，遇到了上涨的阻力位。

留意那些重要的股价波动区间中的阻力位

首先，最重要的股价波动区间，是指该股上市以来出现的极低点和极高点这个波动区间中的阻力位。

其次，要留意的重要阻力位，是指从该股上市以来大顶的最高价位推导出的阻力位或等分位。

接下来，要关注每个运行了一年或更长时间的行情，取这轮行情的极高点和极低点，再将这个波动区间进行8等分，就得到了股价的阻力点。

另外，还可以考虑该股第三高或者第四高的顶部，把这些价位直接除以8，也能得到股价的阻力位。

次级回调的底部和次级反弹的顶部

在熊市行情中，当市场已经见到最后一个底部，并出现了第一次反弹之后，接下来，会紧跟着有一波次级回调，在比最后的那个底部略高一些的点位上见到低点。而第一次反弹的高点与次级回调的低点这个波动区间的1/2点位，是一个非常重要的阻力位，这个点位有着很强的支撑力度。

例如：道琼斯30种工业平均指数——1932年的熊市。

1932年7月8日，指数见到的最后一个底部是40½点；

1932年9月8日，指数第一次反弹的高点是81½点；

1933年2月27日，次级回调的低点是49½点；

第一次反弹的高点与次级回调的低点这个波动区间的1/2点位是65½点。

在牛市行情中，当市场已经见到最后一个顶部，并出现了第一次下跌之后，接下来，会紧跟着有一波次级反弹，在比最后的那个顶部略低一些的点位上见到高点，这个高点对于计算出阻力位，也是很重要的。第一次下跌的低点与次级反弹的高点之间的1/2点位，就是一个强度很大的阻力位。

例如：1937年3月8日，指数见到的最后一个顶部是195½点；

1937年6月17日，指数第一次下跌的低点是163点；

1937年8月14日，次级反弹的高点是190½点；

第一次下跌的低点与次级反弹的高点之间的1/2点位为176¾点。

我们也可以算出1933年2月27日次级回调的低点49½点，与1937年8月14日次级反弹的高点190½点之间的1/2点位，得到的是120点。这个阻力位也很重要。1939年4月11日，指数在120点见底，随后又重拾升势。在这个点位附近，指数后来又见到了很多其他的底部和顶部。

阻力位的先后次序

当一只股票上涨时，股价首先突破的是波动区间的1/4点位，下一个最重要的关注点就是1/2点位，也是波动区间的重心，或者说是波动幅度的平均值。

接下来，在股价突破了1/2点位后，就要看它上面的5/8点位。而在1/2点位上方，最强的阻力位是在随后出现的3/4点位。

如果价格波动区间非常宽的话，那么下面要关注的阻力位就是7/8点位。一轮上涨行情经常会在这个点位见顶。

不过，在关注这些阻力位是否起作用的同时，你还要始终留意周高低点图中的趋势线，并结合有关底部和顶部各种形态的法则来综合判断。如果该股在这些阻力位附近见顶或者见底，那么，这些点位就是安全的卖点或者买点。

平均价或者1/2点位

你要一直记着，50%的回调或者1/2阻力位，无论是对于极低点和极高点这个波动区间，还是对于股价的极高点，或者是对于任何一轮特定的行情来说，都是下跌行情中最重要的支撑位，或者是上涨行情中遭遇卖压的阻力位。这是一个平衡点，因为它将波动区间分成了两个相等的部分。

要算出这个点位，先把这轮行情的极低点的价位加上极高点的价位，然后把它们的和除以2就行了。

当股价上涨到这个1/2点位时，你就应该卖出了；而当股价下跌到1/2点位时，你就应该买入了。在交易的同时都要设置止损单，至于止损价位与交易价相距1个点，2个点，还是3个点，就要看当时的股价是不是已经涨得很高，或者跌得很低。

对于一轮行情来说，价格的波动幅度越宽，时间周期的跨度越长，当股价运行到这个1/2点位时，它的重要性也就越强。

哪怕你只按这么一条法则去进行交易，你都能赚大钱。你可以对任何一只股票或者指数的历史行情进行仔细研究与回顾，结果都会毫无疑问地向你证明，这个法则是行之有效的，只要你按照这个法则去操作，就肯定能盈利。

在一波大级别行情中，买卖点要放在最重要的1/2点位，做多买入时，止损单的价位设定在1/2点位下方的1到3个点，做空卖出时，止损单的价位设在1/2点位上方的1到3个点。我们这里说的大级别行情，它的波动幅度要在25到100个点或者更多，而1/2点位就是这波行情的极低点和极高点之间的中点。在小级别行情中，它的1/2点位是指该行情中的顶部和底部之间的中点。回调的幅度往往是上一波行情的一半，或者说走到1/2点位就打住了。

如果行情波动区间的1/2点位与5/8点位之间的幅度达到5到10个点，或者更多，当股价突破了1/2点位，它接下来就会冲击5/8点位，并会在此遇阻出现回调，或者说是下跌。5/8点位是一个非常重要的点位，股价在这个点位很可能会见顶，或者出现回调。当股价从5/8点位又回到1/2点位时，这里经常又会是一个买点。

当股价下跌时，这个法则也同样适用。如果行情波动区间的1/2点位和3/8点位之间的幅度在5到10个点，或者更多，当股价格跌破了该波动区间的1/2点位时，它还会继续下跌，并在3/8点位见底，随后再反弹到1/2点位，或者更高的点位。

当股票处在窄幅震荡的行情时，股价经常会在波动区间的5/8点位（1/2点位上方）与3/8点位（1/2点位下方）之间来回波动，并且会常在1/2点位、5/8点位或3/8点位附近见底或见顶，股价的震荡范围占整个波动区间的1/4。有关这些阻力点位的实例，可参考1896年到1914年道琼斯20只铁路股平均指数与1903年到1939年道琼斯30只工业股平均指数的走势。

当股价上涨到1/2点位之后，出现了几个点的回调，可最后还是突破了这个点位，那么，你就可以拭目以待，看下一个前期顶部的阻力如何，至于下一个阻力位的具体位置，你可以在你的阻力点位卡中查到。

这个法则同样也适用于下跌行情，当股价下跌到1/2点位，在这个点位获得了几次支撑，可最后还是跌破了1/2点位。接下来，就要看下一个前期底部的阻力如何，至于下一个阻力位的具体位置，在你的阻力点位卡中可以查到。

当股价下跌时，如果能在波动区间的1/2点位上方1个点，或更多个点的位置守住，就表明这里的支撑力是最强的，也显示有不少买单，或者说是护盘单，都设在这个重要的阻力位上方。

当价格在上涨时，如果差1个点，或者更多个点，始终未能达到波动区间的1/2点位，这是一个弱势的表现。接下来，它会出现下跌，并跌破趋势线，或者说跌破其他的阻力位。

在主要的1/2点位被突破后的下一个阻力位

在主要的1/2点位被突破后，下一个要留意的阻力位是一些前期行情的波动区间的1/2点位。而我说的主要的1/2点位是指，该股自上市以来的极高价与极低价这个波动区间的1/2点位。

当股价突破了最主要的波动区间的1/2点位后，还有另外一个非常重要的阻力位需要关注，它就是股价在大顶时的最高价位的1/2点位。这里的1/2点位，比那些波动幅度比较小的行情中的1/2点位，具有更强的支撑力，原因就在于它是将该股在大顶时的最高价的二分之一，在该点位没被突破1个点、2个点或3个点之前，这里都还是很好的买点或卖点，至于具体的止损价位如何设定，要看这只股票是属于高价股、中价股、还是低价股。

价位接近的阻力位

当两个不同波动区间或者是最高价位的1/2点位，或者是其他等分位的两个阻力位，刚好接近同一价位的时候，你应该将这两个阻力位的价位相加，然后再除以2，得出这两个阻力点的1/2点位，因为它经常成为一波下跌中的支撑点，或者是一波反弹中的卖点。

如何查找阻力位

当你在某个价位附近找到了一个重要的阻力位，或者说是阻力最强的1/2点位，你就要留心看一下，在这个价位附近是否还有其他等分的阻力位，不论它是1/8点位、1/4点位、3/8点位、5/8点位还是2/3点位，都算在内。你可能会在同一价位附近找到3个或4个阻力位。你找到的类似阻力位越多，表明当股价运行到这个价位时，遇到的阻力就会越大。你可以取这些阻力位中价位最高的和最低的，把它们相加，然后除以2，就得到了这些阻力位的平均价位。

当股价在到达这些阻力位时，要注意看该股的交易活跃程度。如果它上涨或者下跌的速度非常快，同时伴有很大的成交量，那你就不要认为它会在这些阻力位附近止步不前，除非它在这些阻力位附近会徘徊1天或2天；接下来，你就可以进行卖出或者买入的操作了，在交易时都设定止损单。另外，你还要注意的是，市场是否处在从底部开始的第3阶段或第4阶段上涨行情之中，或者处在从顶部开始的第3阶段或第4阶段下跌行情之中。

普通波动和极限波动

在一般的市场条件下，道琼斯30种工业股平均指数的反弹和回调的幅度为10到12个点，当振幅超出这个数字时，反弹和回调的幅度可以达到20到24个点，接下来就是30到40个点。而当指数在主要的顶部和主要的底部之间产生极限波动行情时，你可以不把这个区间8等分，得到1/8等分位，取而代之的是，你可以对这个区间进行16等分和32等分，这样你得到的等分位就会比1/8等分位之间的距离更紧密。例如，从1896年8月8日到1929年9月3日，指数从低点28½点，上涨到高点386点，而到了1932年7月8日，指数又从386高点一路下跌到低点40½点。经由16等分和32等分而得出的这些阻力位，会在将来成为其他一些小级别行情的顶部和底部。

你要是运用所有相关的法则，就可以推导出，以后行情中的重要顶部和底部都会出自于最重要的等分位，比如1/3点位、2/3点位、1/4点位、3/8点位、1/2点位、5/8点位和3/4点位。

你不应忽略掉这样一个事实，当市场在底部时，它需要时间来为上涨做好准备，同样，当市场在顶部时，也需要时间进行筹码的派发。市场在见到底部或顶部之前的行情走得越久，接下来，它就需要更长的时间来完成吸筹或者派发的这个过程。

当股价跌到了前期顶部的下方

当股价重新回到前期行情中的顶部下方时，这些前期底部和前期顶部之间的阻力位就会成为重要的支撑位和阻力位。

例如：平均指数在1929年见到高点之后，又跌回到119⅝点的下方，这个点位曾是1919年的顶部，接下来，在1931年10月，指数下跌到85½点，这也是1923年10月27日的低点。1931年11月9日，指数反弹到119⅝点，它是1919年的前期顶部。在之后的行情中，只要平均指数还处在120点的下方运行，你就要关注那些前期的阻力位，它们所在的波动区间是从低点28½点、低点38½点、低点42点和低点52点，一直到高点119⅝点。而当平均指数上涨到120点的上方以后，你要关注的阻力位就是那些价位更高的顶部。这其中重要的是从195½点到197点之间的阻力位。

牛市或熊市的最后阶段会出现的后劲不足

当一波牛市，或者说上涨行情接近尾声时，上涨的后劲经常会变小，这就表明，平均指数或者股票遇到的抛压更重了。

例如：假设一只股票处在上涨的过程中，突破了一个前期的顶部，然后又上涨了20个点以后，回调了10个点。接下来，股价突破了上一个顶部，然后上涨了15个点，紧跟着回调了5到7½个点。再往后，股价又突破了上一个顶部，但是突破后只上涨10个点，就回调了5个，或者更多，这是一个弱势的表现，或者说股价正在接近顶部，因为每次的波动中，上涨的后劲明显不足，涨升的幅度越来越小。在交易非常活跃的市场，当快速的上涨或下跌的同时伴随着很大的成交量时，最后这个阶段的行情也可能冲劲更足，涨升的幅度也更大。把这条法则倒过来，就可以用在下跌的行情中。

如果一只股票出现了好几次下跌10个点、15个点或20个点的行情，而下跌的幅度一次次在收窄，或者说，当股价跌破前期底部以后，每次下跌的跌幅一次次在减小，这表明，卖盘在减少，同时也预示着趋势的变化近在眼前了。但是，在那些恐慌性快速下跌的市场中，最后一跌也可能会很惨烈，跌幅巨大，而且即便有反弹，幅度也非常之小。这就是最后一波的清盘行情。

在牛市或熊市行情的最后阶段，只用短线区间或者小级别行情的1/2点位就可以了。最重要的是关注那些可能会持续数周，或者数月的最后一波行情中的阻力位，尤其是1/2点位。当股价超过其1/2点位整整3个点时，趋势通常会发生反转。

空动

因为每种机器都有空动的情况发生，所以，由于冲力的作用，股票市场的运行中也有所谓的空动，它会使得股价在略高于阻力位，或者略低于的阻力位的价位上停下来。而平均的空动点在$1\frac{7}{8}$个点。

当股票交易非常活跃的时候，上涨或者下跌的速度都很快，同时伴随着很大的成交量，它的股价经常会到波动区间的1/2点位，或其他强阻力位上方的$1\frac{7}{8}$个点才止步，它不会超出这些阻力位3个点。这个法则同样也适用于下跌行情。股价常会跌到一个重要的阻力点下方$1\frac{7}{8}$个点的价位，但不会整整跌破该阻力位3个点。

这个法则也适用于任何物体的重心作用力。如果我们能给地球打一个洞，然后丢下去一个球，冲力将会让这个球的位置超过它的重心应处的位置，但是当它的速度慢下来以后，它最终还是会恰恰停在它的重心应处的位置。这与股价要在这些重要的中心位置附近来回波动是一个道理。

无论是股票还是平均指数，都要研究它们的顶部与底部之间的阻力位，结果一定会证明给你看，市场的变盘是如何精确地发生在这些重要的点位附近！

道琼斯30种工业股平均指数的顶部和底部与阻力位的对照

从计算得出的阻力位，你会看出，为什么底部和顶部会出现在这些阻力位附近。同样，你可以使用阻力点位卡来判断将来的行情会在哪里见到底部和顶部。

1896年8月8日：　低点是28½点，这是在上一次高点78¾点的3/8点位附近。

1896年11月12日：　高点是45点，这是在78¾与28½点之间的1/2点位附近。

1898年3月19日：　低点是42点，这是在94½与28½点之间的1/4点位附近。

1898年8月7日：　高点是61点，这是在94½与28½点之间的1/2点位附近。

1898年10月22日：　低点是51⅝点，这是在78¾与28½点之间的1/2点位附近。

1900年9月29日：　低点是53点，这是在77⅝与28½点之间的1/2点位附近。
低点42点与78⅝点之间的1/2点位是60¼点。
低点53点与78¼点之间的1/2点位是65⅝点。
低点53点与78¼点之间的5/8点位是68⅜点。

1902年4月和9月至1904年2月：　顶部在68½到67¾点，这是53与78¼点之间的5/8点位附近。

1904年：　指数跌破了65⅝点，这是53与78¼点之间的1/2点位。

1903年11月9日：　低点是42⅛点，曾是1898年3月的底部，这是在28½与78¾点之间1/4点位附近，接下来，指数突破了53⅝点，这是28½与78¾点之间的1/2点位。一波大牛市行情随之到来。

1906年1月19日：　高点是103点，随后出现了一波快速下跌行情。

1906年5月5日：　低点是86½点，这是38½点与103点之间的3/4点位附近。

1906年7月14日：　低点是85½点，这是28½点与103点之间的3/4点位附近。

1906年8月13日：　高点在96点。

1907年1月12日：　高点是96¾点，这是53点与103点之间的7/8点位附近，也是76¼点与103点之间的3/4点位附近。随后，指数跌破了85点，并下探到78点，这是53点与103点之间的1/2点位。一波熊市行情随后展开。

1907年11月23日：　低点是53点（与1900年的低点相同），这是在28½点与103点之间的1/3点位附近，也是在38½点与103点之间的1/4点位附近。（注：103点的1/2点位是51½点。指数能在这个1/2点位上方支撑住，表明这里的支撑力度很强，而前期的底部53点是一个买点。）

1908年1月18日： 高点是66¾点，这是103点与53点之间的5/8点位附近。

1908年9月22日： 低点是77¼点，这是103点与53点之间的1/2点位附近。

1909年10月2日： 高点在100½点。

（注：在3个底部中，96点是在53点与103点之间的7/8点位附近，94½点是在53点与100½点之间的7/8点位附近，随后指数相继跌破了96点和96½点，并开始快速下跌。）

1910年7月26日： 低点是73⅝点，这是42点与103点之间的1/2点位附近。

1911年6月24日： 高点是87点，这是73⅝点与100½点之间的1/2点位附近。

1911年9月25日： 低点是73点，这是42点与103点之间的1/2点位附近，因为这个底部与1910年7月26日的底部相同，形成了双底，所以是一个买点。

1912年10月10日： 高点是94点，这是73⅝点与100½点之间的3/4点位附近。

低点是88点，这是53与100½点之间的3/4点位附近。

低点是87点，这是73⅝点与100½点之间的1/2点位附近。

指数在88点和87点一带几次见底，随后还是跌破了这个点位。

1913年6月14日： 低点是72⅛点，这是53点与103点之间的3/8点位附近，也是42点与103点之间的1/2点位附近。指数第3次在这个点位见底，因此，它是一个买点。

1913年9月至1914年3月： 高点是83⅜点，这是72⅛点与94⅛点之间的1/2点位附近，也是73点到100½点之间的3/8点位附近。

1914年7月： 指数下跌到71¼点，这个低点是在三个早期底部下方，它是在42点与103点之间的1/2点位下方，也是53点与103点之间的3/8点位附近，这是一个后市看跌的明确信号。

1914年12月24日： 低点在53⅛点，这是指数第3次在这个点位见底。

1900年的低点在53点，

1907年的低点在53点，

1914年的低点在53⅛点。

这个低点在51½点的上方获得支撑，而51½点是103点的1/2点位，同时也位于28½点与103点之间的1/3点位附近，和38½点与103点之间的1/4点位附近。这就使得这个点位具有了很好的支撑作用，成为恐慌性下跌行情中的一个买点。这轮战争牛市行情从此展开。

1915年5月：高点在71¾点，这个点位刚好在53点与103点之间的3/8点位的下方，同时，也在三个早期底部的下方。

1915年6月：低点在60½点，这是一个次级回调的低点。60½点是在38½点与103点之间的1/3点位附近。另一个低点是62⅜点，这是在53⅛点与71¾点之间的1/2点位附近。

1916年1月：高点在99点。

1916年4月：低点是85点，这是在53点与103点之间的5/8点位附近。

1916年11月21日：高点在110⅛点，随后指数有一波快速回调。

1917年2月2日：低点是87点，这是在53⅛点与110⅛点之间的5/8点位附近。

1917年6月9日：高点是99点，这是在28½点与110⅛点之间的7/8点位附近，也是在85点与110点之间的1/2点位附近。接下来，指数跌破了所有重要的1/2点位，其中包括81½点，这是在53点与110⅛点之间的1/2点位附近。

1917年12月19日：低点是66点，这是在42点与110⅛点之间的1/3点位附近，也是在38½点与110⅛点之间的3/8点位附近。

1918年10月19日：高点是89点，这是在28½点与110⅛点之间的3/4点位附近，也是在53点与110⅛点之间的5/8点位附近。

1919年2月8日：低点是79⅛点，这是在53点与110⅛点之间的1/2点位附近，同时也是在28½点与110⅛点之间的5/8点位附近，接下来，一波大牛市行情开始展开。

1919年11月3日：指数创下了119⅝点的新高，随后，出现了一波急速的下跌行情。

1920年2月25日：低点是90点，这是在28½点与110⅛点之间的3/4点位附近，也是在42点与119⅝点之间的5/8点位附近，同时还在28½点与119⅝点之间的2/3点位附近。

1920年4月8日：高点是105点，这是在79⅛点与119⅝点之间的5/8点位附近，也是在66点与119⅝点之间的3/4点位附近，同时还在90点与119⅝点之间的1/2点位附近。随后，指数下跌到99点，这是在79⅛点与119⅝点之间的1/2点位附近。

1921年8月24日：低点在64点，这个点位只比1917年的底部低了两个点。

低点是64点，这是在38½点与119⅝点之间的1/3点位附近。

低点是62⅝点，这是在22½点与119⅝点之间的3/8点位附近。

它是这波行情的最后一个低点，接下来，有史以来最大的一波牛市拉开了序幕。

要注意的是，当平均指数突破80点时，它已经位于42点与119⅝点之间的1/2点位上方，也是在38½点与119⅝点之间的1/2点位的上方。

另外要注意的是，因为91⅞点是在119⅝点与64点之间的1/2点位附近，当指数突破92点之后，在上涨到105⅝点之前，就再也没有一次回调触及到过91点。

1923年3月20日： 高点是105⅝点，这是在64点与119⅝点之间的3/4点位附近。

1923年10月27日： 低点是85¾点，这是在64点与119⅝点之间的3/8点位附近，也是在28½点与119⅝点之间的5/8点位附近，同时还在53点与119⅝点之间的1/2点位附近。由此可见，这里是一个很强的支持位。

1924年5月20日： 最后一个低点是88⅜点，在28½点与119⅝点之间的2/3点位附近。

1924年12月： 指数突破了1919年的早期顶部119⅝点。一波大牛市行情随之而来。

当你看到，1906年平均指数在103点见顶，1916年又创出了新高110⅛点，之后在1919年再次创出了历史新高119⅝点，而在1921年指数下跌到了64点，在119⅝点的1/2点位上方4个点处获得了支撑。这就是发出了一个强烈的信号，表明后市的上升空间已经打开，因为这些顶部之间的时间跨度如此之长。从1906年1月到1924年12月，指数最后突破119⅝点时，已经过去了将近19年。你可以估算出，指数首先将在这个最高价的基础上翻倍，也就是能上涨到240点。当240点也被突破之后，你可以估算出，指数可能涨到119⅝点的3倍，剑指360点。

1929年9月2日： 高点在386点。

如果你选取从极低点28½点到119⅝点这个区间，其波动幅度是91⅛个点，把这个波幅乘以4，我们会得到364½点，这有可能就是顶部的价位。当平均指数创出新高之后，你要追随趋势进行交易，并且运用所有法则，直到大级别趋势发生改变为止，这才是正确的操盘手法。

1926年7月： 高点在162¼点。

1926年4月： 低点在135⅛点，刚好在115点与162¼点之间1/2点位下方。低点是150⅝点，这是在162¼点与135⅛点之间的1/2点位。当平均指数第二次突破这个点位时，就直奔新高而去。

1927年10月：　高点在199⅞点。

1927年10月：　低点是179点，这是在最后一个低点165¾点与199⅞点之间的1/2点位附近。

低点是189⅜点，这是在119⅞点与179点之间的1/2点位附近。当指数突破了这个价位之后，就再也没有回到过190½点的下方。

1928年12月：　高点在299点。

1928年12月12日：　低点在254½点，这个价位接近250点，而250点是在200⅞点与299点之间的1/2点位附近。指数在上一波行情的波动区间的1/2点位上方获得支撑，表明后市可看高一线。

1929年1月：　高点在324½点。

1929年3月30日：　低点在281½点。

低点是279点，这是在234点与374½点之间的1/2点位附近。它是这波行情的最后一个低点，能够在上述区间的1/2点位的上方稳住指数，说明这个阻力位的力度很强。

1929年5月：　高点在331点，这是指数见顶之前的最后一处回调。

5月底：　低点是290点，因为281½点与331点之间的3/4点位是287½点，指数在这个点位之上见底，显示出很强的支撑作用。接下来，指数突破了306点，它是在281½点与331点之间的1/2点位附近。接着又突破了310½点，这是331点到290点之间的1/2点位，它表明后市仍可看好。

1929年9月3日：　高点在386点，这是此轮行情的最后一个顶部。

在此之后，趋势拐头向下，我们算出了从1896年到当前，各个底部与顶部之间的阻力位，这些点位就是下跌行情中需要关注的阻力位。首先选取的是上一波行情中281½点与386点之间的1/2点位，即333¾点，这个阻力位在第一波下跌中就被跌破了，低点下探到了321点，这是在255点与386点之间的1/2点位附近。

1929年10月：　最后一波反弹的高点是358点，因为353½点是386点与321点之间的1/2点位，而这个高点没能比353½点高出5个点，接下来，指数出现了大幅破位下跌。

1929年10月29日：　低点是213点，这是在38½点与386点之间的1/2点位附近。

1929年10月31日：　高点是273½点，这是在42点与386点之间的2/3点位附近，也是53点与386点之间的2/3点位附近，刚好在64点与386点之间的2/3点位的下方。

1929年11月13日：　低点在195½点。它在这波恐慌性下跌行情中，是一个非常重要的底部，通过计算我们可以知道，这个点位的支撑力度很强，指数应该可以在这个价位附近止跌。
225点是64点与386点之间的1/2点位，
219½点是53点与386点之间的1/2点位，
214点是42点与386点之间的1/2点位，
207¼点是28½点与386点之间的1/2点位，

当这些阻力位相继都被跌破后，根据我们的法则，下一个重要的阻力位就要看极高点的1/2点位，也就是指数达到过的最高点位386点的1/2点位，即193点。因为指数在这个强有力的阻力位上方2½点获得了支撑，表明大盘将展开一波大幅反弹行情。

1930年4月17日：　高点是296⅜点，这是在28½点与386点之间的3/4点位附近，比291点只高出了5个点，而291点是在386点与195⅜点之间的1/2点位附近。当平均指数下跌到290点的下方以后，它就再也没有反弹到291点。245¾点是在195⅜点与296⅜点之间的1/2点位附近，指数跌破了这个阻力位，就不会再回到250点了。

1930年6至8月：　底部都在208点到214点附近，这是在28½点与386点之间的1/2点位附近，也是42点与386点之间的1/2点位附近。

1930年9月10日：　最后的一个高点是在247点，这是在195⅜点与296⅜点之间的1/2点位附近。在接下来的大跌行情中，指数跌破了所有那些主要的1/2点位。1930年10月，当平均指数跌破了193点，也就是386点的1/2点位时，指数就再也没有站上过198½点。

1930年12月17日：　低点是155½点，这是在38½点与386点之间的1/3点位附近，也是在42点与386点之间的1/3点位附近。

1931年1月：　高点是175½点，这是在53点与386点之间的3/8点位附近，也是在64点与386点之间的1/3点位附近。

1931年1月24日：　低点是160点，这是在85¾点与386点之间的1/4点位附近。
低点是165½点，这是在155½点与175½点之间的1/2点位。当指数突破了这个阻力位之后，一直到见到下一个顶部之前，指数都不会再次回调到163点。

1931年2月24日：　高点是197¼点，刚好站在193点的上方，而193点是386点的1/2点位，但是它比1929年11月的低点和1930年11月的最后一个顶部都要低，使得它成为一个安全的卖空点位。下一个要关注的重要阻力位是176⅞点，因为它是在155½点与197¼点之间的1/2点位附近。

1931年3月14日：　低点是175¾点，这是在155½点与197¼点之间的1/2点位附近。

1931年3月20日：　高点在189点，它是297点的5/8点位，也在85¾点与386点之间的1/3点位附近，同时也在64点与386点之间的3/8点位附近。

3月的下半个月，指数跌破了176点，在155½点与197¼点之间的1/2点位附近。随后，指数出现了一波恐慌性下跌。接下来，指数跌破了161点，在85¾点与386点之间的1/4点位附近，最后，指数在跌破了低点155½点之后，开始了一波快速杀跌。

1931年6月2日：　低点是120点，这是在85¾点与386点之间的1/4点位附近，也是在157½点的3/4点位附近，指数回到了1919年的早期顶部，这是个有强支撑的阻力位，表明反弹在即。

1931年6月27日：　高点是157½点，这是在42点与386点之间的1/3点位附近，刚好在197¼点与120点之间的1/2点位的下方，这里也是指数在1930年12月的低点，发出的是很明确的卖出信号。

1931年10月5日：　低点在85½点，与1923年10月27日的低点相同，而85点是386点与42点之间的1/8点位。

1931年11月9日：　高点在119⅝点，刚好在157¼点与85½点之间的1/2点位的下方，也在28½点与386点之间的1/4点位附近，同时还在85¾点与386点之间的1/8点位附近。随后，指数出现了一波急速的下跌。

1932年1月7日：　低点是70点，在28½点与386点之间的1/8点位附近。

1932年3月8日：　高点是89½点，在119⅝点与70点之间的3/8点位附近，而79¾点是70点与89½点之间的1/2点位，当指数跌到79点的下方，下跌速度开始加快。

1932年7月8日：　低点在40½点，这是此轮行情的最后一个低点，也标志着这波大熊市的结束，指数下跌到了1898年的低点。

1932年9月8日：　高点在81½点，这是在119⅝点与40½点之间的1/2点位附近，刚好在386点与40½点之间的3/8点位的下方，同时也在157½点与40½点之间的1/3点位附近。

61点是40½点与81½点之间的1/2点位。

1933年2月27日：　低点是49½点，在40½点与81½点之间的3/4点位附近。

1933年3月18日：　高点是64½点，在49½点与81½点之间的1/2点位附近。

1933年4月1日：　最后一个低点是在54¾点，相比49½点与64½点之间的1/2点位，即57点，这个低点没有跌到57点下方3个点的位置。随后，指数出现了一波快速上涨行情，突破了49½点与81½点之间的1/2点位，也突破了40½点与81½点之间的1/2点位。

1933年7月17日：　高点在110½点，这是296¾点的3/8点位附近，刚好在146½点与40½点之间的5/8点位附近。

为什么道琼斯30种工业股平均指数会在1933年和1934年分别在110½点与111½点见顶？

这是因为指数在1929年的最高点位是386点，而386点的1/3点位大约在128⅝点，1/4点位是在96½点。而在1/3点位与1/4点位之间的1/2点位是112½点附近，这就是为什么指数要经过那么长的时间，那么多次的见顶，才能最终突破这个阻力位的原因之一。

指数为什么在1933年10月见到低点82½点呢？

1932年9月，指数曾在81点见顶。从低点49½点到111½点，这个区间的1/2点位是80½点。从拐点55½点到111½点，这个区间的1/2点位是83½点。而平均指数可以站在低点49½到111½点的这个区间的1/2点位之上，这个走势本身就是一个强势的信号，说明这里的支撑力度良好。从111½点到82½点之间的1/2点位是97点。

1935年3月：　平均指数从95½点起步，这个点位也没有到这个1/2点位，即97点下方的3个点。1939年3月31日，指数下跌到97½点，而这也是在1937年指数的最高点位195½点的1/2点位附近。

1933年10月21日：	低点是82½点，这是在49½点与110½点之间的1/2点位的上方，也是在386点与40½点之间的1/8点位附近，同时还在54¾点与110½点之间的1/2点位附近。指数在这些重要的1/2点位的上方止跌，显示这里的支撑力度很强。
1934年2月5日：	高点在111½点， 低点是82½点，它与111½点之间的1/2点位是97点。
1934年3月31日：	低点在97点，随后，指数反弹到107点。
1934年7月26日：	低点是84½点，在157½点与40½点之间的3/8点位附近。111½点与84½点之间的1/2点位是98点。
1935年2月18日：	高点在108½点。
1935年3月18日：	低点是95½点，刚好在87½点与111½点之间的1/2点位的下方，也是在195½点的1/2点位附近，同时还在386点的1/4点位附近。108点与95½点之间的1/2点位是101¾点。 指数在突破了这个小级别行情的1/2点位之后，又接连突破了从110½点到111½点之间的这些前期顶部。随后，一波大牛市接踵而至。
1936年4月6日：	高点是163¼点，这是在28½点与386点之间的3/8点位附近，也是在386点与49½点之间的3/8点位附近。
1936年4月30日：	低点是141½点，这是在40½点与157½点之间的7/8点位附近，刚好在125¾点与163¼点之间的1/2点位下方3个点。
1937年3月10日：	高点在195½点，这与1929年11月13日的低点和1930年10月的最后一个高点在同一点位。刚好在1931年2月高点的下方。因为没有站到193点上方3个点的点位，而193点是386点的1/2点位，明确显示这里可以做空。
1937年6月17日：	低点是163点，这是28½点与386点之间的3/8点位附近，也是141¼点与195½点之间的1/2点位附近。
1937年8月14日：	高点在190½点，比386点的1/2点位低了2½个点，顶部点位下移，是一个弱势的信号。179¼点是163点与195点之间的1/2点位附近，176¾点是163点到190½点之间的1/2点位。当这些区间的1/2点位接连被跌破后，一波恐慌性的下跌行情随之展开。
1937年10月19日：	低点是115½点，这是195½点与40½点之间的1/2点位附近。

1937年10月29日：高点是141½点，这是195½点与40½点之间的2/3点位附近，也是在386点的3/8点位下方。

1937年11月23日：低点是112½点，这是在196¾点的3/8点位附近。

1938年1月15日：高点是134½点，这是在40½点与296¾点之间的3/8点位附近，也是95½点与195½点之间的3/8点位附近。

1938年3月31日：低点在97½点。

97½点是本轮恐慌性下跌的最后一个底部，它是195½点的1/2点位附近，也是40½点与195½点之间的3/8点位附近，同时还在296¾点的1/3点位附近，也在386点的1/4点位附近。这些都表明，该点位是一个安全的买点。

1938年4月18日：高点是121½点，刚好在40½点与195½点之间1/2点位上方，也是在157½点与140½点之间的2/3点位附近，同时还是在195½点的5/8点位附近。

1938年5月27日：低点是106½点，刚好在40½点与296¾点之间的1/4点位的上方，也是在195½点与97½点之间的1/3点位附近。109¼点是在97½点与121½点之间的1/2点位附近。当指数突破了110点时，预示后市会有强势上攻的行情。随后指数开始了一波快速上涨。

1938年7月25日：高点是146¼点，这是在195½点与97½点之间的1/2点位附近。

1938年9月26日：低点是128点，在386点的1/3点位附近，也是在195½点与97½点之间的1/3点位附近，同时还在106½点与146¼点之间的1/2点位附近。这些都表明该点位是一个强支撑位，也是一个买点。

1938年11月10日：高点在158¾点。当平均指数突破了146½点后，因为146½点是97½点与195½点之间的1/2点位，那么下一个要关注的就是这个区间的5/8点位，即158¾点。158¾点不但是97½点与195½点之间的5/8点位附近，还是40½点与386点之间的1/3点位附近，同时也在195½点与40½点之间的3/4点位附近。这些都确认这个点位是个做空的卖点。

1939年11月28日：　低点是145点，这是195½点与97½点之间的1/2点位附近，也是195½点的3/4点位附近，同时还在128点与158¾点之间的1/2点位附近，也在97½点与158¾点之间的3/8点位附近，也是在40½点与195½点之间的5/8点位附近。

1939年3月10日：　高点是152½点，这是97½点与158¾点之间的7/8点位附近。

最后一个低点是148¼点，这是136⅛点与158¾点之间的1/2点位附近，144¼点是136⅛点与152½点之间的1/3点位附近。

当指数跌破136⅛点与158¾点之间的1/2点位后，开始快速下跌。

1939年4月11日：　低点是120点，这是在97½点与158¾点之间的3/8点位附近，也是在158¾点的3/4点位附近。

值得注意的是，118点是在40¼点与195½点之间的1/2点位附近。这个1/2点位的力度是最强的，平均指数在这个点位上方2个点处止跌了，而且，118¼点也是在28½点与386点之间的1/4点位附近。

1939年5月10日：　高点是134⅝点，这是在158¾点与120点之间的3/8点位附近，也是在195½点与97½点之间的3/8点位附近。

1939年5月17日：　低点是128⅜点，这是在97½点与158¾点之间的1/2点位附近。

1939年6月9日：　高点是140¾点，这是在120点与158¾点之间的1/2点位附近。

1939年6月30日：　低点是129点，这是在97½点与158¾点之间的1/2点位附近，也是在386点的1/3点位附近。

这里是一个很强的支撑位，也是一个买点。随后，市场出现了一波反弹，并突破了139⅜点，是120点与158¾点之间的1/2点位。7月25日，指数上涨到145¾点，刚好在97½点与195½点之间的1/2点位下方，也是在120点与158¾点之间的2/3点位附近。

道琼斯20种铁路股平均指数

1896年8月8日：为什么在42点见到低点？因为46点是最后一个高点92点的1/2点位，49½点是极高点99点的1/2点位。

1897年4月：回调的低点是48¼点，这是在54¼点与42点之间的1/2点位附近。

1897年9月：高点是67½点，这是在42点与92点之间的1/2点位附近。

1897年11月：低点是57½点，这是在48¼点与67¼点之间的1/2点位附近。

1898年4月：低点是58¾点，这是在42点与67¼点之间的1/2点位附近。

1898年8月：高点是70¼点，这是在42点与99点之间的1/2点位附近。

1898年10月：低点是65¾点，这是在42点与92点之间的1/2点位附近。

当平均指数突破了70½点，因为它是42点与99点之间的1/2点位，接下来指数一路上涨，1906年1月19日在138¾点见顶，其间再也没有跌破过70½点。

1899年4月：高点是87点，这是在99点的7/8点位附近，也是在42点与99点之间的2/3点位附近。

1899年6月：低点是77¼点，这是在66点与87点之间的1/2点位附近。

1899年12月：低点是72½点，刚好在42点与99点之间的1/2点位的上方，也是在56点与87点之间的1/2点位的上方。

值得注意的是，有三个底部都接近这个价位水平。

6月：低点在73点。

10月：低点在73¾点。

请注意，79¾点是87点与72½点之间的1/2点位，80½点是62与99之间的1/2点位。

1899年11月：当平均指数在42点与99点之间的1/2点位（即70½点）的上方构筑了三重底之后，指数突破了80½点，行情在此起爆，随后，指数又突破了前期的顶部99点，接下来继续快速拉升，1901年5月，上涨到了117¾点，最后在1902年9月30日见到129¼点的高点。

1901年5月9日：　低点是103¼点，这是在42点与117¾点之间的1/8点位附近，也是在56点与117¾点之间的1/4点位附近，同时还在72½点与117¾点之间的1/3点位附近。

请注意，106½点是72½点与117¾点之间的1/4点位。在出现双顶以后，指数在次级回调时分别在105点、105¼点和106¼点见到了3个底部，随后，指数从106¼点起步，开始上涨并创出新高。

1902年9月10日：　高点在129¼点。

1902年12月：　低点是113¼点，刚好在56点与129¼点之间的3/4点位的上方。

1903年1月：　高点是121¼点，这是在110¼点与129¼点之间的1/2点位附近。

请注意，101¼点是在72½点与129½点之间的1/2点位附近，指数跌破这个点位之后，反弹到了这个点位上方2个点的位置，接下来，再次跌破该点位，其后继续下跌。

1903年10月：　低点是89⅜点，这是在48¼点与129¼点之间的1/2点位附近。

1904年1月：　高点是99¾点，这是在129¼点与89⅜点之间的1/4点位附近，刚好在72½点与129¼点之间的1/2点位的下方。

1904年8月：　指数突破早期顶部，并突破了129¼点与89⅜点之间的1/4点位，迎来了爆发性行情，指数快速上涨并创出新高。接下来，指数突破了129¼点与89⅜点之间的1/2点位。

1905年3月和4月：　指数在127点形成双顶。

1905年7月：　低点是114½点，这是在89⅜点与129¼点之间的3/4点位附近，随后指数突破了121点，刚好在114½点与127点之间的1/2点位的上方，1906年1月19日，指数上涨到了138⅜点。

1906年5月：　低点是120½点（这是此轮行情中第一次快速回调），这是在89⅜点与129¼点之间的3/4点位附近，最后的低点是114½点，与138⅜点之间的1/2点位126½点附近，而138⅜点与120¼点之间的1/2点位在129点附近。

第一次反弹在131点见顶，接下来的第二次回调在121¾点见底，然后指数突破了129点，最终上涨到了137¾点，形成了三重顶。

当指数跌破120¼点与138⅜点之间的1/2点位时，表明趋势已下行。在指数又跌破了98⅜点与138⅜点之间的1/2点位时，显示市场走势更为疲弱。

1907年3月14日：低点是98⅜点，在138⅜点与72½点之间的3/8点位附近，也是在56点与138⅜点之间的1/2点位附近。

1907年5月：高点是110⅜点，在98⅜点与138⅜点之间的1/4点位，也是在56点与138⅜点之间的2/3点位附近。

请注意，98⅜点与110⅜点之间的1/2点位是104点附近。当指数跌破这个点位时，就会继续下跌，直奔新低。

1907年11月23日：低点是81⅜点，这是在48¼点与138⅜点之间的3/8点位附近。

1908年1月：高点是95¾点，这是在81⅜点与110⅜点之间的1/2点位附近。

随后，指数有一波次级回调，低点是86¼点，刚好在81⅜点与95¾点之间的1/2点位下方。接下来，指数突破了95¾点，这是在138⅜点与81⅜点之间的1/4点位附近。

1908年9月：高点是110¼点，这是在138⅜点与81⅜点之间的1/2点位附近。

1908年9月22日：回调的低点是103⅜点，这是在98点与110⅜点之间的1/2点位附近。

1909年1月：高点是120¾点，这是在138⅜点与81⅜点之间的2/3点位附近。

1909年3月：低点是113¾点，刚好在103⅜点与120¾点之间的1/2点位的上方。

1909年8月14日：高点在134¼点。

请注意，131点是138⅜点与81⅜点之间的1/8点位，在最后一波上涨中，指数从113¾点，上涨到了134¼点，它们之间的1/2点位是124点。

当平均指数跌破了这一阻力带后，在下跌到105⅝点之前，再也没站到125¾点的上方。1910年7月26日，低点是105⅝点，刚好在8⅜点与134¼点之间的1/8点位的下方。

1910年10月：　　高点是118⅜点，105⅝点与118⅜点之间的1/2点位是112点左右。

1910年12月：　　低点在111½点，表明在上述的1/2点位有良好支撑力度。

1911年7月：　　高点是124点，这是在105⅝点与134¼点之间的2/3点位附近。同时，81⅜点与134⅜点之间的3/4点位是121点，105⅝点与134¼点之间的1/2点位是120点。当这个阻力带被跌破之后，指数出现了急速的下跌。

1911年9月25日：　　低点是109¾点，在105⅝点与124点之间的3/8点位附近。

请注意，117点是在124点与109¾点之间的1/2点位附近。平均指数上涨到了119点，随后回调到115点，接下来就突破了上述区间的1/2点位，即117点，后市继续走高。

1912年10月：　　高点是124⅝点，这是在105⅝点与134¼点之间的2/3点位附近。

请注意，117点是在109¾点与124⅝点之间的1/2点位附近。当平均指数跌破了这个阻力位时，再也没有反弹到118点的上方。

1913年6月：　　低点是100½点，这是在81⅜点与134¼点之间的3/8点位附近。

1913年9月和1914年1月：　　高点同为109¼点，这是在105⅝点与124⅝点之间的3/8点位附近，刚好在124⅝点与100½点之间的1/2点位下方。

随后，指数跌破了105点，在100½点与109¼点之间的1/2点位附近。接下来，指数继续下跌，其间只有过几次幅度非常小的反弹。

1914年7月30日：　　低点在89½点。

请注意，从1896年的低点42点到1906年1月19日的高点138⅜点，这个波段的1/2点位是90⅛点左右。1914年7月30日，平均指数的收盘价在这个1/2点位的下方，而这个1/2点位是极低点与极高点之间的1/2点位，力度最强的，这样的恐慌性下跌表明后市还将继续下行。

1914年12月，当交易所开门交易之后，20种铁路股平均指数下跌到了87½点。

Chapter 10

时间周期预测与市场交易

在预判未来市场将如何波动时，时间是最重要因素。通过研究平均指数或个股以往的行情记录，你就能够证明给自己看，历史的确是会重演的。通过了解过去的行情，你就可以知晓未来的走势。

古时候，猎人们有一个诀窍，当他们搜寻一只动物的洞穴时，总是会跟着这个动物的脚印往回找，他们认为，这一定是通向它的窝的最短的路。而对你来说，在学习如何判断市场未来波动的过程中，最快的方法就是研究它的过去。

“已有的事，后必再有。已行的事，后必再行。日光之下，并无新事”《传道书（1:9）》

在时间和价格之间肯定存在着某种联系。在前面的章节中，你已经学过了有关各种顶部和底部的形态，也知道了在那些早期的顶部和底部附近会形成阻力位。现在要研究的是时间段和时间周期，你要学习的是为什么顶部和底部会在某些时点形成，阻力位又为什么在某些时点有很强的支撑力度，可以让那些底部或顶部价位在阻力位附近获得支撑或者受到压制。

主要的时间周期

万事万物的波动都是有周期可循的，这是作用力和反作用力的自然法则作用的结果。通过对以前的股市行情进行研究，我已经发现，什么样的时间周期会在未来的行情中重复出现。

凡事总会有主要和次要之分，有一些更重要，有一些比较次要，有一些起积极作用，有一些起消极作用，时间周期也不例外。为了要准确预测未来的市场，你就必须要知道哪些是主要的时间周期。当主要的时间周期快走完的时候，市场的波动速度加快，股价会出现极大的波动，你最赚钱的时候这就到了。

对于这些主要周期和次要周期，我已经对过去的市场行情进行了各种验证和比较，为的就是要确定它们的起始位置，以此判断出在未来的哪一年，哪个时间周期将会再次出现。经过了多年的研究和实战检验之后，我已经发现，下列时间周期在实际应用中是最可靠的。

10年为一个时间周期

对于预测市场来说，10年左右的循环周期是一个重要的时间周期。每10年，市场就会不约而同地发生同样性质的波动，而这样的波动往往会产生出极高点或极低点。尽管在极端的市场中，有时股市会在走到大约10年半到11年之间出现这样的大顶或大底，不过一般来说，股市会在走到非常接近整10年的时候出现重要的顶部或底部。

10年的时间周期也就等于是120个月为一个循环。就如同对股价的底部和顶部之间的区间进行等分，来确定阻力位一样，我们对这个周期内的120个月也进行各种比例的等分。这一时间周期的一半就是五年，或是60个月。而它的1/4就是两年半，也就是30个月。这个时间周期的1/8是15个月，1/16就是7个半月。它的1/3为40个月，2/3就是80个月。所有这些时间段都是要重点加以关注的，看一看走完这些时段的前后时点上是否会发生趋势的变化。

7年为一个时间周期

这个时间周期共有84个月。 从任何一个重要的顶部或底部开始算起，你都要关注在7年后，或者是42个月之后，即该时间周期走到一半的时候，是否会有变盘的情况发生。 在一个重要的顶部或底部出现后的第42个月到第44个月，你会找到很多顶部或底部扎堆出现的现象。21个月是84个月的1/4，也是一个重要的时间周期。 你会发现很多底部和顶部之间刚好相距了21到23个月。有时，股价见底或见顶的时间与前一个顶部或底部相距10到11个月。原因在于，这样的时段刚好是7年这个时间周期的1/8。

5年为一个时间周期

这个时间周期也很重要，因为它是10年时间周期的一半，同时也是市场可以走出的完整的时间周期中最短的一个。

次要的时间周期

次要的时间周期包括3年时间周期和2年时间周期。最短的时间周期为1年，市场经常在走到该周期的第10或第11个月时，发生趋势的变化。

判定未来市场的时间周期的法则

当股市的波动处在10年这一时间周期时，它会走出两个5年的时间周期，一个为5年的上行周期，另一个为5年的下行周期。我们在计数所有的时间周期时，不论是主要的还是次要的时间周期，你都要以股价或指数的极高点或极低点为起点。

法则1：一轮牛市行情通常会运行5年：2年上涨，1年下跌，随后再上行2年，这样就完成了一个5年的循环。为期5年的牛市行情将在这个周期的第59个月或第60个月结束。你始终都要关注在第59个月是否会发生变盘。

法则2：一轮熊市的时间周期经常也会走5年：前2年下跌，接下来1年为上行，随后又是2年下行，这样就走完了5年震荡向下的行情。

法则3：无论是牛市，还是在熊市，市场很少会出现连续3年到3年半以上保持上行或是下行的走势，而其间连一次3到6个月，或者1年的反向行情都没有的情况，除非市场正处在主要时间周期的尾声，就像1869年和1929年那样。很多行情是在一轮时间周期走到第23个月时见顶或见底的，往往都没有走满两年就结束了。你要注意看股票的周高低点图和月高低点图，判断这波行情是否会在走到第23个月、第24个月、第27个月，或第30个月时见顶或见底，而对于极端的行情，有可能会等到第34个月到第35个月，或者是第41个月到第42个月才见到极高点或极低点。

法则4：以见到任何一个顶部的时间为起点，往后再加上10年的话，你就会得出下一个10年的时间周期中，市场在何时见顶，而且在股价的平均振幅上，与上一个10年的周期也会大体相同。

法则5：以见到任何一个底部的时间为起点，往后再加上10年的话，你就会得出下一个10年的时间周期中，市场在何时见底，行情会重演之前见底的那一年的走势，而且在股价的平均振幅上，与上一个10年的周期也会大体相同。

法则6：一波熊市行情经常会走出7年的时间周期，或者说从见到任何一个完整周期的底部的时间为起点，先运行3年，然后再运行4年，才能走完这个周期。从任何一个完整的周期见底的时间为起点，先加上3年的话，就得出下一个底部出现的时间，接下来，再加上4年，可以得出这个7年的时间周期的底部在何时出现。例如：从1914年见底的时间为起点，加上3年就得出了1917年的某个时点，这是一轮恐慌性下跌的底部；接下来，再加上4年，就指向了1921年，这一年见到的是另一波经济萧条期的底部。

法则7：以任何一个主要周期或是次要周期中，见到最后一个顶部的时间为起点，加上3年就得出下一个顶部出现的时间，再加上3年，你就会推算出第三个顶部何时出现。如果以第三个顶部出现的时间为起点，又加上4年的话，你就会得到这个10年的时间周期中，最后一个顶部出现的时间。有时，在一个常见的时间周期快要走完的时候，见到的任何一个顶部都可能会是趋势的拐点，所以，你应该在行情走到第17个月、第34个月和第42个月的时候，就开始关注趋势是否会出现反转。

法则8：以见到任何一个顶部的时间为起点，加上5年的话，你就可以得出在下一个5年的时间周期中，何时见到下一个底部。为了得出在接下来的5年时间周期中，见到顶部的时间，你以任何一个底部见底的时间为起点，加上5年就可以了。例如：1917年见到了一波大熊市行情的底部，加上5年的话就是1922年，这一年见到的会是小级别牛市行情的顶部。为什么我说它是“小级别牛市行情的顶部”呢？因为大级别的牛市行情要到1929年才结束。

1919年指数出现过顶部，以这个顶部的时间为起点，加上5年就得出了1924年，一个5年的熊市时间周期在这一年见底。参照法则1和法则2，你就知道，一轮牛市或熊市的行情维持同一个方向的走势很少能超过2到3年。从1919年开始的熊市行情，先是在1920年和1921年下行了2年；所以，我们就可以预期市场在1922年会有1年的反弹行情；接下来，指数在1923年和1924年又有2年下跌的行情，这样就走完了一个5年的熊市周期。

当我们回顾1913年和1914年的行情时，你就会看出1923年和1924年一定会是熊市的行情，因为指数从1913年到1914年的底部开始，要走完一个10年的时间周期。接下来要注意的是，熊市行情在1917年见到了底部，以这个见底的时间为起点，加上7年就指向了1924年，这一年会见到一个7年的熊市周期的底部。如果继续往后推算，以1924年见底的时间为起点，再加上5年，就得到了1929年，这一年会见到一个时间周期的顶部。

预测月线级别的行情走势

预测每月的行情走势，与预测每年的行情走势时，使用的法则一样：

以见到一个重要的底部时间为起点，先加上3个月，再加上4个月，这样就是一个7个月的周期，你可以得到将来见到小级别行情底部的时间，也可大致判断出回调的幅度是多少点。

在一轮股价或指数大幅拉升的行情中，回调的时间一般都不会超过2个月，股价或指数第3个月就会重又上涨，这与按年来计的时间周期的法则相同，即先下行2年，第3年为上行。

在极端的市场中，回调有时只会维持2周或3周的时间，接下来就会重拾升势。在这种情况下，股市可能会连续上涨12个月，其间在月高低点图上，后面一个月一直都不会跌破前一个月的底部点位。

在牛市行情中，也可能会发生一些小级别上的趋势反转，指数会下跌3到4个月；接下来，市场还是会拐头向上，重新按照主趋势的方向走。

在熊市中，小级别的趋势反转也会让市场走出3到4个月的上涨行情，接下来，市场还是会掉头向下，继续按照主趋势的走向运行。不过，一般来说，指数在熊市的反弹从来也不会超过2个月，在第3个月就会跌破前期低点，返回到下行的主趋势中去。

预测周线级别的行情走势

接下来，周线级别的行情可以给出的也是一个重要的小级别的趋势变化，不过，它也有可能会演变为大级别的趋势变化。

在牛市行情中，股价经常将会向下运行2至3周，有时可能是4周，随后，趋势发生反转，重新回到主趋势中去。一般来说，趋势会在第3周的中间几天反身向上，而且在第3周的最后一个交易日，收盘会收在更高的价位，股票只与主趋势反向运行3周。在有些情况下，趋势会等到第4周才会发生变化，在趋势反转之后，股价会在第4周的最后一个交易日，收盘会收在更高的价位。在熊市中，把这条法则反过来用就可以了。

在运行快速，并伴有巨大成交量的市场中，一波行情经常会持续运行6～7周，才会出现小级别的趋势反转，在有些年份，比如1929年，这些快速运行的波段会长达13～15周或者说要占一年中1/4的时间。这就是指数在向大底或大顶冲刺的阶段。

因为一周有7天，7乘以7倍等于49天，或者说是7周，走完这个周期就经常会成为一个重要的拐点。所以，你应该关注在第49至第52天附近，股价是否会见顶或见底，虽然，有时趋势的变化会在第42至第45天之间就开始了，因为45天相当于是一年的1/8。同样，你也要关注在第90至第98天，股价是否会见到顶部或底部。

市场下跌了7周之后，可能会再有2周或3周的下跌，随后指数才会反身向上，这也符合我们在预测月线级别行情时用到的，指数在第3个月发生反转的法则。

始终要关注股票的年度趋势，要考虑它这一年处在牛市还是熊市行情之中。如果这一年是牛市行情，在月高低点图上就会是一直向上的走势，股票会有多次回调2至3周，随后休整3或4周，接下来，就会向新高区域进发，上涨的行情会持续6至7周，或者更长时间。

当股票见顶，并出现了2～3周的回调后，可能会反弹2～3周，但是却没有突破第一个顶部的价位，接下来，就会进行几周的区间整理行情，既不突破这个区间的最高价位，也不跌破这个区间的最低价位。在这种情况下，你可以在股价接近该区间的低点价位时买入，也可以在股价接近该区间的高点价位时卖出，同时，止损单的价位要设在与交易价相距1～3个点的位置上。不过，更好的交易计划应该是等到该股发出了明确的趋势信号之后，再去买入或卖出，也就是说，当股价突破了该区间的最高点位时买入，当股价跌破了该区间的最低点位时卖出。

预测日线级别的行情走势

日线级别的行情可以给出小级别趋势变化的第一个信号，尽管以日来计的周期在以周和月来计的周期中，只占比较小的一部分，但是适用的法则是一样的。

在快速波动的市场中一般只会出现2天与主趋势反向的行情，在第3天，原先的上涨或者下跌行情就会重现，与大趋势的方向保持一致。

有时行情也可能发生日线级别的反转，但只会运行7至10天，随后就会返回到原来的主趋势中。

一个月之中，趋势的自然变化会发生在下列日期附近：

6日～7日	14日～15日	23日～24日
9日～10日	19日～20日	29日～31日

这些小级别的行情变盘日期与个股的见到顶部和底部的时间也是相关的。

从上一个的顶部或底部算起的第30天，是非常重要的可能发生趋势变化的日子，你要特别关注。接下来，从顶部或底部算起的第60天，第90天和第120天，也要加以关注。而从重要的顶部或底部算起的第180天，也就是6个月的时间周期结束点，也是很重要的，有时会出现更大级别的行情的波动。另外从重要顶部或底部算起的第270天和第330天附近，你也该去关注，这里可能会发生重大的小级别趋势变化，也常会出现大级别的趋势变化。

1月2日～7日以及15日～21日

每年都要关注这些时段，并记录下这些时段中的高点和低点的价位，当这些高点价位被突破时，就可认定趋势为上行，当这些低点价位被跌破时，就可认定趋势为下行。

有很多次，股票在1月初见到的低点价位，直到7月或8月都不会被跌破，有时，在接下来的一整年都不会被跌破。同样的法则也适用于熊市行情，或者是主趋势向下的行情。股票在1月初见到的高点，经常会成为一整年的高点价位，或者是到了7月或8月才被突破。

例如：1930年1月2日，美国钢铁在166美元见到低点，这是1921年的低点到1929年的高点之间的中间价位，1930年1月7日，美钢再次跌到167¼美元。当这个价位被跌破时，就表明它后市还有一定的下跌空间。

7月3日～7日以及20日～27日

7月与1月一样，都是大部分股票派发股息的月份，投资者经常会在这个月初买入股票。你要关注7月的这些时间段，看股票是否会在这些时段内见顶或见底，并发生趋势的变化。你往回去看一下过去那些年，股票在7月的走势图，就会发现很多的趋势变化都是发生在7月，而从1月的顶部或底部算起，到了7月差不多是第180天附近。

例如：1932年7月8日，见到低点；1933年7月17日，见到高点；1934年7月26日，见到低点。

如何在一年中划分出不同的时间段

将一年2等分，就得到半年，或者说6个月，相当于26周。

把一年4等分，可以得到3个月的时间段，也就是90天，相当于一年的1/4，或者是13周。

将一年3等分，得到的是4个月的时间段，相当于一年的1/3，或者是17⅓周。

把一年8等分，得出的时间段是1½个月，或者说45天，也相当于6½周，这就显示出为什么第7周总是那么重要。

将一年16等分，得出的时间段是22½天，大约为3周，这就解释了为什么市场的行情一般会上涨或下跌3周，随后发生反转。当任何一只股票连续4周的收盘价不断抬高时，就预示着后市它会继续走高，这可以作为一条法则来用。对于趋势变化和快速上涨或下跌的行情来说，第5周也非常重要。在主要时间周期就要走完时，第5天、第5周、第5个月，或者第5年都是上升期，它总是标志着快速上涨或下跌行情的出现。

在预测时应该牢记的要点

时间是所有因素中最重要的一个，在行情没有走完足够长的时间周期之前，是不会出现任何大幅度的上涨或下跌行情。时间因素要比空间与成交量这两个因素都重要。不论是上涨还是下跌的行情，当时间周期走完了，空间波动才会开始，成交量也才会放大。在任何一次大幅度上涨或下跌行情的尾声，无论是月线级别、周线级别还是日线级别的行情，都必须给其充足的时间来进行吸筹或派发。

在没有查看顶部到底部的各个阻力位之前，在没有考虑市场所处的位置和个股的时间周期之前，一定不要做出大级别趋势已经改变的结论。

在判断是否会出现反转行情之前，一定要考虑主要时间周期的时限，也就是看它是否已经走完。对于从主要顶部和底部发出的时间周期方面的信号，也一定不能忽视。

日高低点图会给出第一个短期的趋势变化信号，这样的行情可能运行7～10天。接下来，周高低点图会显示出重要的趋势变化信号，而月高低点图给出的趋势变化信号最强。请记住，按照一年中的时间周期来说，在行情发生反转之前，周线级别的行情会运行3～7周，月线级别的行情会运行2～3个月，或者更长时间。

年度底部和顶部：了解一只股票在每一年的顶部价位是否在不断抬高，或者底部价位是否在不断下移，这是很重要的。例如，如果一只股票在过去的5年当中，每一年的底部价位都在不断抬高，接下来，如果这一年的底部价位比上一年的底部价位有所下移，这就是行情要发生反转的信号，可能标志着开启了一波很长的下跌周期。在熊市行情中，如果股票之前好几年都出现底部价位下移的情况，可有一年情况改变了，也可以用同样的法则来判断行情的反转。

当股票上涨见到了极高点，或者下跌见到了极低点之后，市场第一次的反转幅度超过了之前波动幅度的1/4到1/2的情况下，你可以认为趋势已经发生了改变，至少也是暂时性的改变。

关注股价的空间波动也很重要。当时间周期在一个方向或另一个方向上快走完时，如果股价的波动区间比上一波行情中极低点与极高点之间波幅的1/4，1/3或1/2还要大，就显示行情发生了反转，表明它的主趋势已经改变。

研究我传授给你的所有教程和法则，一定要反复阅读，因为每读一遍，你都会对它们有更清晰的认识。研究这些走势图，在实战中演练这些法则，也可以用过去的行情来验证这些法则。这样的话，你就将取得进步，也会发现和体会到我的预测方法的价值所在。

个股各不同

你不能依靠道琼斯30种工业平均指数来预测所有股票的趋势。尽管大多数交易活跃的龙头股会与道指的趋势一致，但是个股见顶或见底的时间，不会总是与道指见顶或见顶的时间相同。不过，大多数股票见顶或见底的时间，会与道指见到极低点或极高点的时间非常接近。

道指会给出一个大致的趋势，但是有些股票会与这个趋势背道而驰。对于个股，你要坚持绘制它的周高低点图，如果交易非常活跃的话，还要有一张它的日高低点图，这样你才能判断出个股的趋势，并看出它是否在跟着道指的趋势走。

在判断个股的趋势时，也要考虑它从底部或顶部走出的时间周期所在的位置。每只股票从它的基准位，或是底部和顶部，会走出1年、2年、3年、5年、7年和10年的时间周期。它不会顾及其他股票的行情，即便是与它在同一板块的股票，也是如此。所以，你要对每只个股都进行单独的研究，运用所有的法则来判断它未来的走向，这在任何时候都是很重要的。

各个时间周期的对照
（1896~1939）

回顾道琼斯工业指数在这些年的行情：

1896年：道指在8月8日见到了极低点。

1897年：道指在1897年4月见到的是次级低点。我们发现，在从1896年8月见到低点算起的第11至13个月，指数出现了一波快速上涨。

1898年：道指在8月有一波快速上涨，这是从1897年底部算起的第16个月，也是从1896年底部算起的第24个月。指数在9月出现了一波快速下跌，这是从1897年底部算起的第17个月，也是从1896年底部算起的第25个月。

1899年：这一年是牛市行情。在从1896年底部算起的第29至32个月，或者说，在从1897年底部算起的第21至24个月，道指有一波快速上涨。而在从1896年底部算起的第40个月，也就是从1897年底部算起的第32个月，指数出现了一波快速下跌。

1900年：在从1897年底部算起的第42至44个月，也就是从1896年底部算起的第50至52个月，道指有一波快速上涨。

1901年：在从1897年底部算起的第49个月，也就是从1896年底部算起的第57个月，道指出现了一波快速下跌。指数在6月见到高点。

1903年：这一年是熊市行情。在从1901年顶部算起的第22～28个月，道指有一波快速下跌，这也是从1897年的底部算起的第72～78个月，或者说从1896年的底部算起的第80～86个月。1903年10月和11月，指数见到低点。

1904年：在从1903年的底部算起的第12～14个月，道指出现了一波快速上涨。

1905年：在从1903年底部算起的第16～18个月，道指有一波快速上涨，在从1903年底部算起的第19个月，指数出现了一波快速下跌，而在从1903年底部算起的第25～27个月，指数又有一波快速上涨。

1906年：这波行情在1月见顶。在从1903年底部算起的第30个月，道指出现了一波快速下跌。

1907年：在从1906年顶部算起的第14个月和第19～22个月，道指分别有一波快速下跌。指数在1907年11月见到极低点，这是从1896年底部算起的第135个月，从1897年底部算起的第127个月，也是从1906年顶部算起的第22个月。

1909年：道指在10月见到顶部，这是从1906年的顶部算起的第45个月，从1907年的底部算起的第23个月，也是从1896年的底部算起的第158个月。

1914年：7月，道指出现了一波快速下跌，这是从1909年的顶部算起的第57个月，从1912年的顶部算起的第21个月。指数在12月见到了这波行情的极低点，这是从1906年顶部算起的第107个月，从1912年的顶部算起的第26个月，从1896年底部算起的第220个月，从1907年的底部算起来，也有84个月或7年了，还是从1903年底部算起的第134个月。

1915年：这一年，欧洲在打第一次世界大战。3月和4月，道指有一波快速上涨，这是从1914年底部算起的第3和4个月。5月，指数出现了一波猛烈的急速下跌，这是从1907年11月底部算起的第90个月，也是从1896年底部算起的第225个月。

1916年：4月，道指出现了一波急剧下跌，这是从1914年底部算起的第16个月，从1906年顶部算起的第123个月，也是从1896年底部算起的第236个月。9月，指数有一波快速上涨，这是从1914年底部算起的第21个月，也是从1896年底部算起的第240个月，标志着两个10年时间周期的结束，预示着趋势会发生重大的变化。11月，指数见到了一波快速上涨的顶部，它是道指截止到当时的历史最高点位，从时间周期上看，这是从1914年底部算起的第23个月，也是从1896年底部算起的第243个月。12月，指数出现了一波急速下跌，这是从1914年底部算起的第24个月。

1917年：8月至12月，道指出现了一波快速下跌，这是从1916年11月顶部算起的第9至13个月，从1914年底部算起的第32～36个月，从1907年底部算起的第117～121个月，也是从1896年底部算起的第252～256个月。

1919年：2月，道指开始了一波快速上涨，这波行情一直持续到了7月，这个时段是从1916年顶部算起的第27～32个月，从1914年底部算起的第50～55个月。1919年2月是从1907年底部算起的第135个月，也是从1896年底部算起的第270个月。10月和11月初，指数见到了最后一个顶部，这是从1916年顶部算起的第36个月。11月，指数出现了一波恐慌性下跌，这是从1917年底部算起的第23个月，从1914底部算起的第59个月（为期5年时间周期的尾声），也是从1896年底部算起的第279个月。

1920年：11月和12月，道指有一波快速下跌，这是从1919年顶部算起的第12至13个月，从1917年底部算起的第35～36个月，从1914年底部算起的第72个月，从1907年底部算起的第157个月，也是从1896年底部算起的第291～292个月。

1921年：8月，道指见到了这波熊市行情的底部，这是从1919年的顶部算起的第21个月，从1914年的底部算起的第80个月，从1907年的底部算起的第165个月，也是从1896年的底部算起的第300个月。

1924年：5月，道指见到了本轮行情的最后一个底部，这是从1919年的顶部算起的第54个月，从1921年的底部算起的第33个月，从1914年的底部算起的第113个月，从1896年的底部算起的第333个月。随后，指数开始快速上涨，拉开了历史上最大的一波牛市行情，一直到1929年才结束。

1926年：3月，道指出现了一波大幅下跌，有些股票下跌了100个点。这是从1924年5月的底部算起的第23个月，从1923年的底部算起的第29个月，从1921年的底部算起的第55个月，从1914年的底部算起的第135个月，从1896年的底部算起的第355个月。8月，股市涨到了有史以来的最高点位，道指上涨到了166点。这是从1924年5月的底部算起的第27个月，从1923年10月的底部算起的第34个月，从1921年的底部算起的第60个月，从1907年的底部算起的第225个月，从1896年的底部算起的第360个月，或者说是有30年了。接下来，指数有一波在20个点的下跌，在10月见底。

1928年和1929年：这两年都是道指历史上运行速度最快的年份之一。

1929年：5月～9月，这期间也是道指的运行速度最快的时段之一，涨幅接近100个点。9月，指数见到了最后的顶部，分别是：

从1919年的顶部算起的第118个月，　　从1923年10月的底部算起的第71个月，

从1909年的顶部算起的第240个月，　　从1921年的底部算起的第97个月，

从1926年3月的底部算起的第42个月，　　从1914年的底部算起的第177个月，

从1924年5月的底部算起的第64个月，　　从1907年的底部算起的第262个月。

1930年：4月，道指见到了一波大幅下跌之前的最后一个顶部。这是从1926年3月底部算起的第49个月，从1924年底部算起的第71个月，也是从1923年底部算起的第78个月。5月，指数出现了一波猛烈的急跌。这是从1907年底部算起的第270个月。随后，指数有一波快速下跌，直到1931年才见底。

1931年：9月，道指出现了一波幅度为46个点的下跌。这是从1929年的顶部算起的第24个月，从1923年的底部算起的第95个月，从1924年的底部算起的第86个月，从

1921年的底部算起的第121个月，或是第2个10年的时间周期的起点，从1914年的底部算起的第201个月。

1932年：7月8日，道指见到了这波熊市行情的极低点。这是从1921年的底部算起的第131个月，从1923年的底部算起的第105个月，从1924年的底部算起的第96个月，从1930年4月的顶部算起的第27个月，也是从1929年的顶部算起的第34个月。8月和9月，指数有一波快速上涨。这是从1929年的顶部算起的第35～36个月，从1930年4月的顶部算起的第28～29个月，也是从1921年的底部算起的第132～133个月。

1933年：4月至7月，道指出现了一波快速上涨。这是从1929年的顶部算起的第43至46个月。你始终都要关注，在第45个月和45的倍数的月份附近是否会变盘。这也是从1930年的顶部算起的第36～39个月，从1932年的底部算起的第9～12个月。10月，指数见到了回调的低点，这是从1930年4月的顶部算起的第42个月，从1929年的顶部算起的第49个月，也是从1932年的底部算起的第15个月。

1934年：2月，道指见到了高点。这是从1930年的高点算起的第46个月，从1929年的高点算起的第53个月，从1933年的底部算起的第12个月，从1932年的底部算起的第19个月，而在所有这些时间周期之中，最重要的是，这是从1926年8月开启的新一轮10年的时间周期中的第90个月。指数从这个顶部开始，有一波急速下跌。7月，指数见到了又一波大牛市行情之前的最后一个低点。这是从1929年的顶部算起的第58个月，从1930年的顶部算起的第51个月，也是从1932年的底部算起的第24个月。正如前面所讲的，这时，指数进入了这个10年的时间周期中的第9年，这就预示着在接下来的1935年，将会有一波大牛市行情。

1935年：道指在3月18日见底之后，在1935年和1936年都走出了上涨的行情，这与1915年和1916年的走势一样，也与1925年和1935年的走势相同，道指走出了10年的时间周期。

1936年：4月6日，道指在163点见顶。1926年2月11日，指数的高点在162⅜点。道指在10年之后，几乎在相同的价位上见顶。1936年4月30日，指数的低点在141½点，1926年3月30日，指数的低点在135¼点，4月16日，指数的低点在136½点，可以看出，这一年的底部价位和见底时间都与10年前很接近。

1937年：3月8日，道指在195½点见到最后一个高点，从1929年9月的高点算起，这个月是第90个月，或者说7½年。从1930年4月17日的高点算起，刚好是7年。从1932年7月8日的低点算起，这个月是第56个月。在上一轮的10年的时间周期中，1917年3月20日，指数见顶。道指在这一年接下来的日子里，指数再也没有过超出这个高点1个点的点位。

1937年6月17日，道指在163点见底。1927年6月27日，指数的低点在165¾点，也就是说，10年之后，指数又回到了几乎相同的价位上。

1937年8月14日，道指在190¼点见顶。1917年8月6日，指数见到了大跌前的最后一个高点。1927年8月2日，指数的高点是在185½点，随后，道指就有一波回调。

1937年10月19日，道指在115½点见底。1917年10月15日，指数也见到了低点。1927年10月29日，指数见到了回调的底部。

1937年11月23日，道指的低点112½是该年度的底部。1917年11月8日，指数见到了底部。1907年11月15日，这是一波恐慌性下跌后的低点。

这样一来，1937年就走出了1907年之后的第3个10年的时间周期，也是1917年之后的第2个10年的时间周期。

1938年：3月31日，在一波恐慌性下跌之后，道指在97½点见底。应注意的是，1908年2月10日，指数见到过底部；1918年4月11日，指数也见到过低点；1928年2月20日，指数见到了当时那波行情的最后一个低点；1933年2月27日，指数在49½点见底，这也就是在61个月之前；1933年3月21日，指数在55点见到了最后一个低点，也就是在5年前发生的；1935年3月18日，指数在95½点见底，也就是发生在3年前；1936年4月30日，指数在141½点见底，也就是2年前发生的。1935年10月3日，指数在127点见底，这是发生在30个月或2½年之前的。往回翻看以前的行情记录，你会发现，1908年、1918年和1928年这些年份都走出了完整10年的时间周期，行情也都是上涨的，而且行情都是从2月或3月的低点开始启动。

1938年7月25日，道指在146¼点见顶，8月6日，指数在146½点见顶。1908年8月10日，指数见到过高点。1918年10月18日，指数见顶，11月9日，指数也见到过顶部。1928年8月7日，指数见顶，11月28日，指数也见到过高点。

1938年9月26日至28日，道指在128点见底。应注意的是，1908年9月22日，指数见到过当时行情的最后的一个低点。

1938年11月10日，道指在158¾点见顶。可与之相对比的行情有：

1923年10月27日，指数见底，这是在15年前；

1931年10月5日，指数见底，这是在7年前；

1933年10月21日，指数见底，这是在5年前；

1935年11月20日，指数见底，这是在3年前；

1936年11月18日，指数见顶，这是在2年前；

1937年11月23日，指数见底，这是在1年前。

1939年：1月3日至4日，道指在155½点见顶。1909年1月3日至4日，指数也见到个过高点。1919年1月4日，指数见顶。1929年1月2日，指数见到了高点，随后有一波回调。

1939年4月11日，道指在120点见底。1909年2月23日，指数也见到过低点。1919年2月8日，指数见底。1929年3月30日，指数见到了当时那波行情的最后的一个低点。在所有这些年份当中，指数在见顶低点后都有一波上涨或牛市行情。

1939年5月10日，道指在134⅝点见顶；5月17日，指数在128⅜点见底，这也是这波行情的最后一个低点；6月9日，指数在140¾点见顶；6月30日，指数在128⅞点见到了最后一个底部，7月25日，指数在145¾点见顶。

为了判断1939年接下来的日子里行情如何走，我们将做如下对照。

1909年，指数在10月2日和11月19日见顶。

1919年，指数在8月14日和11月3日见顶。

1929年，指数在9月3日见到极高点，这是在10年前。

1932年，指数在9月8日见顶，这是在7年前；

另外，指数在11月12日见到了1932年的第2个高点。

1934年，指数在10月11日和17日，以及12月5日分别见到了高点，这是在5年前。

1936年，指数在11月18日见顶，这是在3年前。

1937年，指数在8月14日见到了最后一个高点，这是在2年前。

1938年，指数在7月25日和8月6日见顶；11月10日，指数在158¾点见到了年度高点，这是在1年前。

在1939年接下来的日子里，要关注上述时期，看是否会发生重要的趋势变化，指数是否会见到顶部或底部。10年的时间周期会在9月3日走完；从1932年的顶部算起的话，9月8日刚好完成一个7年的时间周期。所以，按照过去的时间周期来看，道指应该在9月3日或8日之后开始上涨，要关注指数是否会在10月或11月见顶。

在我写这个教程时，1939年8月3日，道琼斯30种工业平均指数再次上涨到97½点到195½点的中间点附近，当它可以涨到这个中间点的上方，并且在收盘时也能保持住，就表明指数在此获得了支撑，后市可再看高一线。

1940年：第一个10年的时间周期从1930年算起。1930年4月17日，指数见顶。

1920年4月8日，指数见顶。1910年4月16日，指数见到最后一个高点。

1935年3月18日，指数见底。1933年2月27日，指数见底；7月17日，指数见顶。

1937年3月8日，指数见顶。1938年3月31日，指数见底。

1939年4月11日，指数见底。

要重点关注1940年的3月和4月，看趋势是否会发生变化，如果当时的行情是上涨，就应该会见顶，趋势应掉头向下，走出与1910年、1920年和1930年相似的行情。

你首先要考虑指数的阻力位，也要看在那些重要的时间周期快走完时，指数在周高低点图中的位置，这些都很重要，接下来，你将能判别出趋势第1次的小级别变化，而这个小的变化以后可能会演变成主要趋势的改变。

当你考察个股时，也可以用同样的方法来推导出它们的时间周期。你要查看那些出现了极高点和极低点的月份，也要关注那些从每一个底部上来，开始出现快速上涨的月份，和那些从每一个顶部下来，开始出现快速下跌的月份。通过坚持记录这些从重要顶部和底部开始的时间周期，你就会知道，这些重要周期在什么时间会走完，趋势何时可能会发生改变。另外，你也要关注，在3月到4月、6月到7月、9月到10月和11月到12月附近，趋势是否会发生季节性的变化。

所有这些都能帮你挑选即将出现最大幅度的上涨，或者最大幅度下跌的个股。你在学习和研究上下得功夫越多，以后获得的盈利就会越多。

指数或股票的趋势经常在节假日前后发生变化

如果往回去看很多年以来的走势图，你会发现，指数或股票的趋势经常刚好在节假日到来之前，或之后发生变化。对于你关注变盘来说，下列日期很重要。

1月2日至4日，1月7日或者每年年初的第1周。

2月12日和22日。

3月或4月：复活节前后。

5月30日。

7月4日。

9月：劳动节和犹太人假日。

10月12日。

11月2日至8日：选举日前后。

11月26日至30日：感恩节前后

12月21日至27日：圣诞节假期的那一周

如何交易

在你完全掌握了这些教程的内容之后，就可以确信你在每次交易之前对未来趋势的判断都是正确的。永远都不要去瞎猜。你只能根据数字信号是否出现来交易。

在开始交易前必须知道的东西

你必须要确切地知道如何去运用所有的法则。你必须知道在什么价位上设止损单，还必须会查出这一年处在哪个时间周期中，也就是说，要判定出这一年应该是牛市行情还是熊市行情，主趋势应该是向上还是向下。

在交易之前，无论要买入还是要卖出股票，你都要考虑每只个股的股价在月高低点图中的位置，其次要考虑的是它在周高低点图中的位置，接下来也要考虑它在日高低点图中的位置。 如果所有这些图都确认，它的趋势是向上的，那么，这里无疑就是一个买入点位，当然前提是你已经找好了设止损单的价位。从另一个方向的走势来说，如果有时间周期显示出这一年应为熊市行情，而且从月高低点图、周高低点图和日高低点图，都可以看出趋势是向下的，那么，这就是一个做空的时机了，但你还必须找到那个最重要的点位，也就是止损单的价位，止损点位与交易价之间不要超过3个点，如果可能的话，还可以再近点。

在进行交易之前要查看的东西

在买卖股票之前，以下这几点都是你必须要考虑的最重要因素：

1. 指数所在的时间周期，这一年是牛市行情还是熊市行情，市场的主趋势是向上还是向下。

2. 个股所处的时间周期，看它的股价在这一年是上涨，还是下跌。

3. 看个股在月高低点图中的位置，要看股价从各个前期顶部和底部算起，该股都走过了多长的时间段。

4. 看个股在周高低点图中的位置，要看股价从各个前期顶部和底部算起，该股都走过了多长的时间段。

5. 你也要关注阻力位，看股价是否已经接近某个高点或某个区间的1/2价位，或是任何其他的支撑位或阻力位。

6. 要研究该股在底部和顶部的所有形态，如果它已经在同一价位附近横盘了几天、几周或几个月，你就要判断，它是否准备要突破前期顶部点位，或者要跌破前期底部点位。

7. 你还要查看它的成交量。要看该股在过去的几天或几周里，成交量是否已经出现放大，或者是已经在萎缩。

8. 运用空间波动法则，查看该股从前期的顶部或底部的波动幅度有多大，找出在过去的几周或几个月里，股价出现的最大涨幅或者跌幅有多少点。例如：如果你看到一只股票有过好几次回调5个点的记录，那么，当你发现股价从上一次的顶部跌下来3个点，而在它的月高低点图、周高低点图和日高低点图上，该股均为上升的趋势，股价已经接近支撑位了，这时你就应该买入，并把止损单的价位设在成交价下方2到3个点的位置。接下来，如果这次股价的跌幅超过了5个点，因为那是该股之前回调的最大幅度，就说明该股的趋势会发生变化，你就应该做空。

9. 你必须在看到明确的信号之后，才可以进行交易，这是你永远都不要忽略的事情。

10. 你自始至终都要把止损单的点位设定好，以此来控制风险，这是重中之重。

先在纸上谈兵

当你确信自己都已经掌握了所有的法则，确切地知道如何去判断股票的趋势，并知道何时可以开始交易之后，接下来，为了能让你自己有双重的把握，并建立起自信心，你应该先在纸上进行交易的演练，直到你彻底搞明白到底应该怎么用这些法则，应该何时去用为止。如果你在纸上交易时出了错，那么，你在实际交易时也同样会犯错，这就说明你还没有做好开始实际交易的准备。当你感觉自己已经能够运用好所有法则，而且只会在出现明确的信号时才进行操作，此时你应该是有能力开始交易了。如果你还确定不了股票的趋势，或者对买入和卖出的价位没有把握，或者决定不了止损单的价位应该设在哪里，你就要等到该股发出明确的信号之后再出手。只要耐心等待机会，你就总能够赚到钱。那种靠半蒙半猜入场交易，后来割肉离场的做法是徒劳无功的。

何时进行平仓

当你开始实际交易之后，只要是进了场，就要按照法则来操作，等见到明确信号之后，再去平仓，或者获利了结。运用这些法则，你会知道什么时候应该卖出或买入，或者是应该持仓不动，同时将止损单的价位随着股价的上涨而向上调整，就这样一直等到止损单成交为止。这个成功之道就是始终跟随趋势，顺势而为，直到趋势改变方向之后，才出局或平仓。

何时要在场外等待而不去操作

其实，与知道何时进场一样重要的就是，要知道什么时候不要进场。当你发现一只股票已经窄幅震荡了一段时间，比如说，总是在5个点或3个点的区间内来回波动，它既不跌破之前的底部价位，也不突破之前的顶部价位，这时就不是交易它的时候。这只股票可能会窄幅整理几周、几个月，甚至几年，直到它的股价突破了一个前期顶部的价位，或是跌破了一个前期底部的价位以后，才会预示着该股会出现一波大幅度的行情，或者说它的趋势会发生改变。还有一种情况是，股票在经过长时间的下跌后，几乎总是会有一段窄幅向下的走势，股价会在一个很窄的区间内来回波动一段时间。如果股票总是处在这种不活跃的交易状态，就说明，入场开始交易它的时机就还没到。

遵循所有的法则

请记住，你要遵循所有的法则，对各种走势图要反复查看，要研究预测所需的各个主要的和次要的时间周期，还要密切关注各个阻力位，研究股票和指数在底部或顶部的不同形态，和在底部和顶部之间的走势。如果你忽视了其中一个要点，就有可能造成你判断的错误。整体永远不能超越所有的组成部分之和，而所有的组成部分构成了一个整体。如果你遗漏了这些法则中的一条，你拥有的就不是一套完整的预测方法，或者说是全套的趋势信号。

你能否成功地运用这些方法，要靠你自身的努力，你要学习和钻研这些法则的用法，不要掺杂任何与数学信号相悖的小道消息、外部消息，或是猜想。不管做什么事，没有人能够不付出艰苦努力就成功。我已经做了我该做的那部分，下面就看你的了。

如何预测未来趋势

在下面这些表格和交易记录里，你可以看出在以往的时间周期中，指数从顶部到底部，从一个大底到另一个大底，以及从一个大顶到另一个大顶之间分别要经过多长的时间段，通过对这些周期的研究，你就能提前一年，或者更长时间，预测出指数未来的走势。接下来，再结合周高低点图和其他所有的法则，你就能知道市场的大级别趋势何时会发生改变。

当指数见底或见顶的时间是在任何一个公历年的年初，你都应该回顾一下过去3年、5年、7年和10年这些时间周期中指数的走势，看看指数是否正在重复历史的走势，与其中哪一个周期的走势最为接近。

12种、20种和30种工业平均指数

牛市行情中，从一个大顶到另一个大顶的时间周期

起始日期	结束日期	时间周期	高点
1892年3月4日和4月18日			94.50点
1892年3月4日	1895年9月4日	42个月	84.50点
1895年9月4日	1899年4月25日	43个月零21天	77.28点
1893年9月4日	1899年9月5日	48个月	77.61点
1899年9月5日	1901年6月17日	21个月零12天	78.26点
1901年6月17日	1906年1月19日	53个月	103点
1906年1月19日	1907年1月7日	11个月零19天	96.37点
1909年10月2日			100.5点
1906年1月19日	1909年11月19日	46个月	100.53点
1909年10月2日	1912年9月30日	36个月	94.15点
1912年9月30日	1916年11月21日	49个月零22天	110.15点
1916年11月21日	1919年11月3日	35个月零14天	119.62点
1919年11月3日	1923年3月20日	40个月零17天	105.38点
1923年3月20日	1929年9月3日	77个月零14天	386.10点
1929年9月3日	1933年7月17日	46个月零14天	110.50点
1929年9月3日	1934年2月5日	53个月零2天	111.50点
1934年2月5日	1937年3月8日	37个月零3天	195.50点
1933年7月17日	1937年3月8日	43个月零19天	
1937年3月8日	1938年11月10日	20个月零2天	158.75点

研究每个重要的顶部与下一个顶部之间的时间周期，是很重要的工作。

从1892年到1898年，指数的顶部之间的时间周期统计如下：时间周期为53个月的有2次，时间周期为42～49个月的有7次，时间周期为35～40个月有4次，另外有2次的时间周期是20～21个月，有1次的时间周期是11个月零19天。

其中，当时历史上最长的一波牛市行情历时77个月，是从1923年3月20日一直持续到1929年9月3日才结束。这是一波非常罕见的极端行情，但是你知道有过这样一个时间周期是很有用的，因为你将来很可能在预测行情时会用到它。

综上所述，你会发现，在牛市行情中，大多数顶部之间的时间周期在3到4年，或者是35～49个月之间，只有2次超过了53个月的极端行情，还有2次是维持了20～21个月，而少于1年的时间周期也只有1次。

熊市行情中，从一个大底到另一个大底的时间周期

起始日期	结束日期	时间周期	低点
1893年7月26日			62½点
1893年7月26日	1896年8月8日	34个月零13天	28½点
1896年8月8日	1900年6月23日	46个月零15天	53点
1896年8月8日	1900年9月23日	49个月零15天	53点
1900年6月23日	1903年11月9日	40个月零17天	42⅛点
1900年9月23日	1903年11月9日	37个月零16天	
1903年11月9日	1907年11月15日	48个月零6天	53点
1907年11月15日	1910年7月26日	32个月零11天	73⅝点
1910年7月26日	1911年9月25日	46个月零10天	73⅝点
1910年7月26日	1914年12月24日	39个月	53⅛点
1911年9月25日	1914年12月24日	48个月零28天	
1914年12月24日	1917年12月19日	36个月	66点
1917年12月19日	1921年8月24日	44个月零5天	64点
1921年8月24日	1923年10月27日	26个月零2天	85¾点
1921年8月24日	1924年5月20日	33个月	88⅜点
1923年10月27日	1932年7月8日	104个月零11天	40½点
1924年5月20日	1932年7月8日	97个月零18天	
1932年7月8日	1933年10月21日	15个月零13天	82½点
1932年7月8日	1934年7月26日	24个月零18天	85点
1932年7月8日	1938年3月31日	68个月零23天	97½点

在行情波动中，指数下跌的时间总是比上涨的时间要短一些。为了预测下一个底部将会何时出现，好好研究以往那些大底之间的时间周期，是很重要的。

在上面这表格中，只有1次时间周期是49个月零15天，有6次是44～48个月的时间周期，时间周期为40个月的有1次，有6次是32～39个月的周期，时间周期为26个月的有1次，时间周期为24个月的有1次，时间周期为15个月的也是1次。这样看来，你就知道指数每隔3到4年见到底部的可能性，会比其他时间周期的机会更多一些。

其中最长的一波熊市行情历时共计104个月零11天，它从1923年10月27日一直持续到1932年7月8日。比它稍短一点的周期也历经了97个月零18天，从1924年5月20日，延续到1932年7月8日。这些极端行情发生的概率很低，但是除非你能够既了解最短的周期有多短，又能了解最长的周期有多长，你才能对未来的行情做出准确预测。

道琼斯20种铁路股平均指数

在熊市行情中，从一个大底到另一个大底的时间周期

起始日期	结束日期	时间周期	低点
1890年12月			76½点
1890年12月	1893年7月26日	34个月	62点
1893年7月26日	1896年8月8日	35个月零18天	42点
1896年8月8日	1900年6月23日	46个月零15天	73点
1900年6月23日	1903年10月27日	40个月零4天	89⅜点
1903年10月27日	1907年11月23日	48个月零27天	81⅜点
1907年11月23日	1910年7月26日	32个月零3天	105⅝点
1910年7月26日	1911年9月30日	14个月零4天	109⅝点
1911年9月30日	1914年12月24日	38个月零24天	87½点
1914年12月24日	1917年12月19日	36个月	70¾点

指数在两个大底之间经历的最长时间周期是48个月零27天，以下依次为46个月零15天，40个月零4天，以及38个月零24天。而时间周期在32～36个月之间的有4次，最短的1次间隔为14个月。这样，你就再一次看到，这些重要的底部常会出现在3年至4年时间周期的尾声。

在牛市行情中，从一个大顶到另一个大顶的时间周期

起始日期	结束日期	时间周期	高点
1886年12月			94.5点
1886年12月	1890年5月	41个月	99点
1890年5月	1891年4月	11个月	89点
1890年5月	1892年3月	22个月	94点
1892年3月	1895年9月4日	41个月	92.5点
1895年9月4日	1899年4月25日	43个月零21天	87点
1899年4月25日	1902年9月9日	40个月零15天	129.36点
1902年9月9日	1906年1月19日	40个月零10天	138.29点
1906年1月19日	1906年9月17日	9个月	137.4点
1902年9月9日	1906年12月11日	51个月	137.56点
1906年1月19日	1909年8月14日	42个月零26天	134.46点
1909年8月14日	1912年8月14日	36个月	124.16点
1912年8月14日	1912年10月5日	37个月零21天	124.35点
1912年10月5日	1916年10月4日	48个月	112.28点
1916年10月4日	1918年11月9日	25个月零5天	92.91点
1916年10月4日	1919年5月26日	31个月零2天	91.13点

在上表中，指数大顶之间的时间周期为51个月的有1次，时间周期为48个月的有1次，有6次时间周期在40～43个月，有2次时间周期在36～37个月，时间周期为31个月的有1次，时间周期为22～25个月的有2次，时间周期为11个月和9个月的各有1次。这再一次证实，大多数大级别的顶部每3～3½年左右会出现一次，而比较极端的顶部会每4年出现一次。有些顶部是每2年左右出现一次，只有2次的时间周期不到1年，这又一次确认了10年的时间周期的有效性。

道琼斯30种工业平均指数

从一个大顶或小顶到另一个大顶或小顶的时间周期

起始日期	结束日期	时间周期	顶部的级别
1892年4月18日	1895年9月4日	40个月零17天	
1895年9月4日	1896年4月22日	7个月零17天	
1896年4月22日	1899年9月5日	40个月零14天	
1899年9月5日	1901年6月17日	21个月零12天	
1901年6月17日	1906年1月19日	55个月	
1906年1月19日	1907年1月7日	11个月零19天	小顶
1906年1月19日	1909年10月2日	44个月零12天	
1906年1月19日	1909年11月19日	46个月	
1906年1月19日	1909年12月22日	47个月零3天	
1909年10月2日	1912年9月30日	36个月	
1912年9月30日	1915年12月27日	38个月零27天	
1909年11月19日	1916年11月21日	84个月零2天	
1916年11月21日	1917年6月9日	6个月零15天	最后一个顶部
1917年6月9日	1919年7月14日	25个月零5天	小顶
1916年11月21日	1919年11月3日	35个月零13天	
1919年11月3日	1920年4月8日	5个月零5天	第二个顶部
1919年11月3日	1922年10月14日	35个月零11天	小顶
1919年11月3日	1923年3月20日	40个月零17天	
1922年10月14日	1923年3月20日	5个月零6天	
1923年3月20日	1924年2月6日	10个月零17天	小顶
1922年10月14日	1924年2月6日	15个月零23天	
1924年2月6日	1925年11月6日	21个月	
1925年2月6日	1926年2月11日	12个月零5天	
1923年3月20日	1926年2月11日	34个月零22天	
1923年3月20日	1926年8月14日	40个月零24天	
1919年11月3日	1926年8月14日	81个月零11天	
1920年4月8日	1926年8月14日	76个月零6天	
1926年8月14日	1927年10月3日	13个月零19天	小顶

起始日期	结束日期	时间周期	顶部的级别
1925年11月6日	1927年10月3日	22个月零27天	
1923年3月20日	1928年5月14日	62个月	
1926年2月11日	1928年5月14日	27个月零3天	
1926年8月14日	1928年11月28日	27个月零14天	小顶
1926年8月14日	1929年2月5日	29个月零22天	
1926年2月11日	1929年2月5日	36个月	
1928年5月14日	1929年5月4日	12个月	
1926年2月11日	1929年5月4日	39个月	
1919年11月3日	1929年9月3日	118个月	最后一个顶部
1922年10月14日	1929年9月3日	82个月零20天	
1923年3月20日	1929年9月3日	77个月零14天	
1926年2月11日	1929年9月3日	36个月零24天	
1928年11月28日	1929年9月3日	9个月零6天	
1929年2月5日	1929年9月3日	6个月零29天	
1929年5月4日	1929年9月3日	4个月	
1929年8月3日	1929年9月3日	1个月	
1929年9月3日	1930年4月17日	7个月零14天	次级顶部
1930年4月17日	1930年9月10日	4个月零24天	反弹的顶部
1929年9月3日	1931年2月24日	29个月零21天	
1930年4月17日	1931年2月24日	10个月零7天	
1930年9月10日	1931年2月24日	5个月零14天	
1929年9月3日	1931年6月27日	21个月零24天	
1930年4月17日	1931年6月27日	14个月零10天	
1931年2月23日	1931年6月27日	4个月零3天	
1929年9月3日	1931年11月9日	26个月零6天	小顶
1930年4月17日	1931年11月9日	18个月零23天	
1931年2月24日	1931年11月9日	8个月零16天	
1931年6月27日	1931年11月9日	4个月零13天	
1929年9月3日	1932年3月8日	30个月	
1930年4月17日	1932年3月8日	22个月零20天	
1931年2月24日	1932年2月19日	24个月	
1931年11月9日	1932年3月8日	4个月	
1929年9月3日	1932年9月8日	36个月零5天	
1930年4月17日	1932年9月8日	28个月零22天	
1930年9月10日	1932年9月8日	24个月	
1931年2月24日	1932年9月8日	18个月零15天	
1931年6月27日	1932年9月8日	14个月零12天	
1931年11月9日	1932年9月8日	10个月	
1932年3月8日	1932年9月8日	6个月	
1932年9月8日	1933年7月17日	10个月零9天	
1932年9月8日	1933年9月18日	12个月零10天	顶部价位下移

起始日期	结束日期	时间周期	顶部的级别
1933年7月17日	1933年9月18日	2个月	
1932年9月8日	1934年2月5日	17个月	
1933年7月17日	1934年2月5日	6个月零19天	
1933年9月18日	1934年2月15日	5个月	
1933年7月17日	1935年2月18日	19个月零1天	
1934年2月5日	1935年2月18日	12个月零13天	
1935年2月18日	1936年4月6日	13个月零19天	小顶
1929年9月3日	1937年3月8日	90个月零5天	
1930年4月17日	1937年3月8日	82个月零19天	
1930年9月10日	1937年3月8日	78个月	
1931年2月24日	1937年3月8日	72个月零12天	
1932年9月8日	1937年3月8日	54个月	
1933年7月17日	1937年3月8日	43个月零19天	
1934年2月5日	1937年3月8日	37个月零3天	
1936年4月6日	1937年3月8日	11个月	
1933年7月17日	1937年8月14日	49个月	次级顶部
1934年2月15日	1937年8月14日	42个月	
1937年3月8日	1937年10月29日	7个月零21天	
1937年8月14日	1937年10月29日	2个月零15天	
1937年3月8日	1938年1月15日	10个月零7天	小顶
1937年8月14日	1938年1月15日	5个月零1天	
1937年3月8日	1938年7月25日	16个月零17天	
1937年8月14日	1938年7月25日	11个月零11天	
1937年3月8日	1938年11月10日	20个月零2天	

道琼斯30种工业平均指数

在牛市行情中从大底到大顶的时间周期，与熊市行情中从大顶到大底的时间周期

起始日期	高点/低点	结束日期	高点/低点	时间周期
1893年7月26日	低点62½点	1895年9月4日	高点82½点	25个月零9天
1895年9月4日	高点82½点	1896年8月8日	低点28½点	11个月零4天
1896年8月8日	低点28½点	1899年4月25日	高点77.28点	32个月零17天
1896年8月8日	低点28½点	1899年9月5日	高点77.61点	36个月零20天
1899年4月25日	高点77.28点	1900年6月23日	低点53.63点	14个月
1899年9月5日	高点77.61点	1900年9月24日	低点52.96点	12个月零19天
1900年6月23日	低点53.63点	1901年6月17日	高点78.26点	12个月
1900年9月24日	低点52.96点	1901年6月17日	高点78.26点	8个月零24天
1901年6月17日	高点78.26点	1903年11月9日	低点42.15点	28个月零23天
1903年11月9日	低点42.15点	1906年1月19日	高点103点	26个月零10天

起始日期	高点/低点	结束日期	高点/低点	时间周期
1906年1月19日	高点103点	1907年11月15日	低点53点	21个月零27天
1907年11月15日	低点53点	1909年10月2日	高点100.5点	22个月零17天
1907年11月15日	低点53点	1909年11月19日	高点100.53点	24个月零4天
1909年11月19日	高点100.53点	1910年7月26日	低点73⅝点	8个月零7天
1909年11月19日	高点100.53点	1911年9月25日	低点73点	22个月零6天
1909年10月2日	高点100.50点	1911年9月25日	低点73点	23个月零23天
1910年7月26日	低点73⅝点	1912年9月30日	高点94⅛点	26个月零4天
1912年9月30日	高点94⅛点	1914年12月24日	低点53⅛点	26个月零24天
1914年12月24日	低点53⅛点	1916年11月21日	高点110⅛点	23个月
1916年11月21日	高点110⅛点	1917年12月19日	低点66点	13个月
1917年12月19日	低点66点	1919年11月3日	高点119⅝点	22个月零14天
1919年11月3日	高点119⅝点	1921年8月24日	低点64点	21个月零21天
1921年8月24日	低点64点	1923年3月20日	高点105⅜点	18个月零24天
1923年3月20日	高点105⅜点	1923年10月27日	低点85¾美	7个月零3天
1923年3月20日	高点105⅜点	1924年5月20日	低点88⅜点	14个月
1923年10月27日	低点85¾点	1929年9月3日	高点386.10点	70个月零7天
1924年5月20日	低点88⅜点	1929年9月3日	高点386.10点	63个月零14天
1929年9月3日	高点386.10点	1932年7月8日	低点40½点	34个月零5天
1932年7月8日	低点40½点	1937年3月8日	高点195½点	56个月
1937年3月7日	高点195½点	1938年3月31日	低点97½点	12个月零23天

从1892年到1939年的牛市行情中，从底部到顶部的时间周期

在这轮行情中，底部到顶部的时间周期为56个月的有1次，时间周期为36个月的有1次，时间周期为32个月的有1次，时间周期为24～28个月的有4次，时间周期为21～23个月的有3次，时间周期为18个月的有1次，时间周期为8～12个月的有2次。从1923年10月27日到1929年9月3日，是持续时间最长的一波行情，时间周期为70个月零7天。其次是从1924年5月20日这个最后的底部，到1929年9月3日的这波行情，时间周期为63个月零14天。

从上文可以看出，截止到1929年的见到极高点的上涨行情中，只是另外有过一次的时间周期在4年以上。更多的时间周期都是在2年到2年零4个月之间，只有2次的时间周期不到1年，时间周期为1½年的有1次。这就再一次证实，在10年的时间周期里，指数会走出1年、2年、3年、4年和5年等多个时间周期。

在熊市行情中，从顶部到底部的时间周期

相对于牛市行情来说，熊市行情总能在短得多的时间段内运行完与牛市中同样多，或者更多的点位。这就像任何其他的事物走下坡路一样，重力会帮助它加快速度，向下的过程中获得动能的速度总要比向上的过程中更快。

在所有的熊市行情中，最大的一波是从1929年9月3日到1932年7月8日，时间周期为34个月零5天，跌幅为345½点，在历史上居首位。接下来，有2次的时间周期在26个月和28个月，有4次的时间周期在21～23个月，有6次的时间周期在11～14个月，有3次的时间周期在7～8个月。这样一来，你就看到，最大的熊市行情不到3年就运行完了，运行时间在2年多的也只有2次，有4次的运行时间比2年略短一点，有6次的运行时间在11～14个月，也就是差不多一年的时间，有3次小级别的行情的时间周期为7～8个月。

当市场开始向下运行，进入熊市行情之后，这些会帮你估算出这波行情能够走多久，通过其他顶部和底部，以及各时间周期的研究，你就可以知道这波行情何时会走完。在判断一波熊市行情已经见到最后一个底部之前，你要用上所有的法则，并且要等待出现了明确趋势反身向上的信号后，再做出变盘的判断。

在牛市和熊市行情中，道琼斯30种工业平均指数

从顶部到底部的时间周期与底部到顶部的时间周期

日期	高点/低点	涨跌幅	时间周期
1892年3月4日和4月18日	高点94½点		
1893年7月26日	低点62½点	32个点	16个月零22天
1895年9月4日	高点82½点	20个点	23个月零9天
1896年8月8日	低点28½点	54个点	11个月零4天
1897年9月10日	高点55⅞点	27⅜个点	13个月零2天
1898年3月23日	低点42点	17⅞个点	6个月零15天
1899年9月5日	高点77⅝点	35⅞个点	17个月零11天
1900年9月24日	低点53点	24⅝个点	12个月零19天
1901年6月17日	高点78¼点	25¼个点	8个月零24天
1903年11月9日	低点42⅛点	36⅛个点	28个月零23天
1906年1月19日	高点103点	61个点	26个月零22天
1907年11月15日	低点53点	50个点	21个月零27天
1909年11月19日	高点100½点	47½个点	24个月零4天

日期	高点/低点	涨跌幅	时间周期
1910年7月26日	低点73⅝点	26⅞个点	8个月零7天
1911年6月19日	高点87点	13⅜个点	10个月零24天
1911年9月25日	低点73点	14个点	3个月零6天
1912年9月30日	高点94⅛点	21⅛个点	12个月零5天
1913年6月11日	低点72⅛点	22个点	8个月零12天
1914年3月30日	高点83½点	11⅜个点	9个月零9天
1914年12月24日	低点53⅛点	30⅜个点	9个月零2天
1912年9月30日至	高点94⅛点		
1914年12月24日	低点53⅛点	41个点	26个月零25天
1916年11月21日	高点110⅛点	67个点	23个月
1917年12月19日	低点66点	44⅛个点	12个月零28天
1919年11月3日	高点119⅝点	53⅝个点	22个月零14天
1921年8月24日	低点64点	55⅝个点	21个月零21天
1923年3月20日	高点105⅜点	41⅜个点	30个月零24天
1923年10月27日	低点85¾点	19⅝个点	7个月零3天
1924年2月6日	高点101¼点	15½个点	3个月零10天
1924年5月20日	低点88⅜点	12⅞个点	3个月零14天
1929年2月5日	高点322点	233⅝个点	56个月零15天
1929年2月16日	低点295⅞点	26⅛个点	11天
1929年3月1日	高点321⅛点	25¼个点	13天
1929年3月26日	低点296½点	24⅛个点	25天
1929年5月4日	高点327点	30½个点	39天
1929年5月27日	低点290点	37个点	23天
1929年9月3日	高点386点	96个点	69天
1929年10月29日	低点230点	156个点	56天
1929年10月31日	高点273½点	43½个点	2天
1929年11月13日	低点195⅜点	78⅛个点	13天
1924年5月20日至	低点88⅜点		
1929年9月3日	高点386点	297⅝个点	63个月零13天
1929年9月3日至	高点386点		
1929年11月13日	低点195⅜点	190⅝个点	71天
1930年4月17日	高点296½点	101⅜个点	5个月零4天
1930年12月29日	低点158½点	138个点	8个月零12天
1931年2月24日	高点196¾点	38¼个点	57天
1931年6月2日	低点120点	76¾个点	98天
1931年6月27日	高点157½点	37½个点	25天
1931年10月5日	低点85½点	72个点	100天
1931年11月9日	高点119½点	34个点	35天
1932年1月5日	低点70点	49½个点	57天
1932年3月8日	高点89½点	19½个点	63天
1932年7月8日	低点40½点	49个点	122天

日期	高点/低点	涨跌幅	时间周期
1929年9月3日至	高点386点		
1932年7月8日	低点40½点	345½个点	34个月零5天
1932年9月8日	高点81½点	41个点	62天
1933年2月27日	低点49½点	32个点	5个月零19天
1933年7月17日	高点110½点	61个点	4个月零20天
1933年10月21日	低点82½点	28个点	3个月零4天
1934年2月5日	高点111½点	29个点	3个月零15天
1934年7月26日	低点85点	26½个点	5个月零21天
1936年4月6日	高点163点	77个点	20个月零11天
1936年4月30日	低点141½点	21½个点	24天
1937年3月8日	高点195½点	54个点	10个月零8天
1932年7月8日至	低点40½点		
1937年3月8日	高点195½点	155个点	56个月
1934年7月26日至	低点85点		
1937年3月8日	高点195½点	110½个点	31个月零10天
1937年6月17日	低点163点	32½个点	71天
1937年8月14日	高点190½点	27½个点	58天
1938年3月31日	低点97½点	98个点	12个月零23天
1938年11月10日	高点158¾点	61¼个点	7个月零10天
1939年4月11日	低点120.07点	38⅝个点	5个月零1天
1937年8月14日至	高点190½点		
1938年5月27日	低点106½点	84个点	8个月零13天
1937年8月14日至	高点190½点		
1939年4月11日	低点120.07点	70⅜个点	20个月
1939年5月10日	低点134.66点	14.59个点	29天
1939年5月17日	低点128.35点	6.31个点	7天
1939年6月9日	高点140.75点	12.40个点	23天
1939年6月30日	低点128.90点	11.85个点	21天

从1892年到1939年的次要时间周期

在以上表格中，列出了那些不到一年的大级别波动行情和小级别波动行情的涨跌幅和时间周期。有7次小级别的波动行情持续了8到9个月，有6次小级别的波动行情持续了4到6个月，有2次的波动行情持续了7个月，有5次的波动行情持续了3个月。这就表明，你要关注行情在第3个月左右是否会发生趋势的变化，接下来，就要看运行到第4到6个月时的情况如何，有些趋势的变化是在第7个月发生，而在第8到9个月，趋势发生变化的次数更多。一旦行情走出了拐点，很多快速上涨或下跌行情都会在第8到9个月见顶或见底。

17~36天的小级别行情

这些行情会持续2周以上，在第5周周末时见到顶部或底部。从1896～1939年，或者在42年10个月零24日的这些日子里，平均有204次的行情持续的时间在18到36天，这其中既包括上涨的行情，也有下跌的行情。这就是说，在每2½个月内，就会有一次18到36天的回调或反弹。所以，按照这个平均值来说，当市场已经上涨了3到4个月，而其间只回调了10到15天时，你就可以预计，市场会出现一波反向行情，可能运行36天或更长时间。

对于1929年、1930年、1931年和1939年这样市场交易非常活跃的年份，我们已经列出了7天或更长时间的小级别行情及其上涨或下跌的幅度，这些可以帮助你判断，在交易活跃的市场中，一波行情在这些较短的时间段内，能够走多远。

道琼斯30种工业平均指数

大级别和小级别底部之间的时间周期

起始日期	结束日期和底部级别	时间周期
1896年8月8日	低点28½点	
1896年8月8日	1898年3月25日	19个月零17天
1896年8月8日	1899年12月18日	40个月零10天
1898年3月25日	1899年12月18日	20个月零23天
1896年8月8日	1900年6月23日	46个月零15天
1896年8月8日	1900年9月24日	49个月零16天
1899年12月18日	1900年6月23日	6个月零5天
1899年12月18日	1901年12月12日	24个月
1896年8月8日	1901年12月12日	64个月零4天
1898年3月25日	1901年12月12日	44个月零17天
1901年12月12日	1902年12月15日	12个月
1896年8月8日	1903年11月9日	87个月零1天
1898年3月25日	1903年11月9日	67个月零14天
1900年9月24日	1903年11月9日	37个月零16天
1903年11月9日	1904年3月12日	4个月零3天
1903年11月9日	1904年5月18日	18个月零9天
1904年5月18日	1905年5月22日	12个月零4天
1903年11月9日	1905年5月22日	18个月零13天
1903年11月9日	1906年5月3日	30个月
1903年11月9日	1906年7月13日	32个月零4天

起始日期	结束日期和底部级别	时间周期
1903年11月9日	1907年3月14日和25日	40个月零5天
1904年5月18日	1907年3月14日	34个月
1903年11月9日	1907年11月15日最后一个低点	48个月零6天
1904年5月18日	1907年11月15日	42个月
1896年8月8日	1907年11月15日	135个月零7天
1898年3月25日	1907年11月15日	115个月零21天
1907年11月15日	1908年9月22日，回调的底部	10个月零7天
1907年11月15日	1909年2月23日	15个月零8天
1908年9月22日	1909年2月23日	5个月
1909年2月23日	1910年2月8日	11个月零16天
1908年9月22日	1910年2月8日	16个月零7天
1907年11月15日	1910年2月8日	26个月零24天
1910年2月8日	1910年7月26日	5个月零18天
1907年11月15日	1910年7月26日	32个月零11天
1907年11月15日	1911年9月25日	46个月零10天
1908年9月22日	1911年9月25日	36个月零3天
1910年7月26日	1911年9月25日	14个月
1911年9月25日	1913年6月11日	20个月零15天
1910年7月26日	1913年6月11日	34个月零15天
1907年11月15日	1914年12月24日	85个月零9天
1910年7月26日	1914年12月24日	53个月
1913年6月11日	1914年12月24日	18个月零13天
1903年11月9日	1914年12月24日	133个月零15天
1904年5月18日	1914年12月24日	127个月零6天
1914年12月24日	1916年4月22日	16个月
1914年12月24日	1916年7月13日	18个月零19天
1914年12月24日	1917年2月2日	25个月零9天
1914年12月24日	1917年5月9日	28个月零15天
1916年4月22日	1917年12月19日，下跌的低点	20个月
1914年12月24日	1917年12月19日	36个月
1907年11月15日	1917年12月19日	121个月零4天
1903年11月9日	1917年12月19日	168个月零10天
1917年12月19日	1918年11月25日	11个月零6天
1914年12月24日	1918年11月25日	47个月
1918年12月8日，与11月25日的底部点位相同		
1917年7月2日	1919年2月8日	19个月零6天
1915年2月24日	1919年2月8日	48个月
1917年12月19日	1919年8月20日，小级别底部	20个月零1天
1914年12月24日	1919年8月20日	56个月
1914年7月30日	1919年8月20日	59个月零10天
1914年12月24日	1919年11月29日和12月22日	60个月

起始日期	结束日期和底部级别	时间周期
1917年12月19日	1919年11月29日	24个月零3天
1918年11月25日	1919年11月29日	12个月
1914年12月24日	1920年2月11日和25日	61个月零18天
1917年12月19日	1920年2月11日	26个月
1914年12月24日	1920年12月21日，大幅下跌的低点	60个月
1917年12月19日	1920年12月21日	36个月零2天
1918年11月25日	1920年12月21日	25个月
1914年12月24日	1921年8月24日	80个月
1917年12月19日	1921年8月24日	44个月零5天
1907年11月15日	1921年8月24日	165个月零9天
1910年7月26日	1921年8月24日	134个月零2天
1911年9月25日	1921年8月24日	119个月零1天
1921年8月24日	1922年11月27日，次级回调	15个月零3天
1921年8月24日	1923年10月27日，最后一个低点	26个月零3天
1917年12月19日	1923年10月27日	70个月零8天
1922年11月27日	1923年10月27日	11个月
1921年8月24日	1924年5月20日	33个月
1922年11月27日	1924年5月20日	18个月
1921年8月24日	1924年10月14日	25个月零18天
1923年10月27日	1924年10月14日	11个月零17天
1914年12月24日	1924年10月14日	118个月
1917年12月19日	1924年10月14日	81个月零20天
1921年8月24日	1925年3月30日	43个月零6天
1923年10月14日	1925年3月30日	17个月零3天
1924年5月20日	1925年3月30日	10个月零10天
1921年8月24日	1925年11月24日	51个月
1923年10月27日	1925年11月24日	25个月
1925年3月30日	1926年3月30日	12个月
1924年5月20日	1926年3月30日	22个月零10天
1923年10月27日	1926年3月30日	29个月零3天
1924年5月20日	1926年5月19日	24个月
1923年10月27日	1926年10月19日	36个月
1921年8月24日	1926年10月19日	62个月
1916年4月22日	1926年10月19日	126个月
1926年3月30日	1927年1月25日	10个月
1925年3月30日	1927年1月25日	22个月
1923年10月27日	1927年1月25日	39个月
1924年10月14日	1927年1月25日	27个月零11天
1917年2月2日	1927年1月25日	119个月零28天
1917年12月19日	1927年1月25日	110个月零6天
1926年10月19日	1927年10月22日和29日	12个月零10天

起始日期	结束日期和底部级别	时间周期
1924年10月14日	1927年10月22日	36个月零8天
1923年10月27日	1927年10月22日	48个月
1926年10月19日	1928年2月20日	16个月
1923年10月27日	1928年2月20日	51个月零24天
1923年10月27日	1928年6月18日	55个月零22天
1923年10月27日	1928年12月8日	61个月零11天
1921年8月24日	1928年2月20日	78个月
1921年8月24日	1928年6月18日	82个月
1921年8月24日	1928年12月8日	87个月
1921年8月24日	1929年2月16日	90个月
1921年8月24日	1929年3月26日	91个月
1921年8月24日	1929年5月27日	93个月
1921年8月24日	1929年7月29日	95个月
1921年8月24日	1929年8月9日	95个月零16天
1921年8月24日	1929年10月29日	98个月零5天
1921年8月24日	1929年11月13日	98个月零20天
1921年8月24日	1929年12月20日	99个月零26天
1923年10月27日	1929年10月29日	72个月零2天
1923年10月27日	1929年11月13日	72个月零17天
1924年10月14日	1929年10月29日	60个月零15天
1924年10月14日	1929年11月13日	61个月
1926年10月19日	1929年10月29日	36个月零10天
1929年10月29日	1930年6月24日	8个月
1929年11月13日	1930年6月24日	7个月零11天
1925年11月24日	1930年12月17日	61个月零23天
1920年12月21日	1930年12月17日	120个月
1919年12月22日	1930年12月17日	132个月零3天
1917年12月19日	1930年12月17日	156个月零2天
1914年12月24日	1930年12月17日	192个月零7天
1929年11月13日	1930年12月17日	13个月零4天
1929年11月13日	1931年4月29日	17个月零16天
1929年11月13日	1931年6月2日	18个月零20天
1929年11月13日	1931年8月6日和10日	20个月零24天
1929年11月13日	1931年10月5日	22个月零22天
1921年8月24日	1931年8月6日	119个月零13天
1921年8月24日	1932年7月8日	130个月零14天
1917年12月19日	1932年7月8日	174个月零19天
1914年12月24日	1932年7月8日	210个月零14天
1907年11月15日	1932年7月8日	247个月零23天
1903年11月9日	1932年7月8日	344个月
1897年4月19日	1932年7月8日	422个月零19天

起始日期	结束日期和底部级别	时间周期
1896年8月8日	1932年7月8日	431个月
1930年12月17日	1932年12月23日	24个月
1929年12月20日	1932年12月23日	36个月
1925年11月24日	1932年12月23日	85个月
1922年11月27日	1932年12月23日	120个月零26天
1932年7月8日	1933年2月27日	7个月零19天
1930年12月17日	1933年2月27日	26个月零10天
1929年11月13日	1933年2月27日	39个月零14天
1923年10月27日	1933年2月27日	112个月
1921年8月24日	1933年2月27日	137个月零3天
1932年7月8日	1933年7月21日	12个月零13天
1929年11月13日	1933年7月21日	44个月零7天
1923年7月31日	1933年7月21日	120个月
1932年7月8日	1933年10月21日	15个月零13天
1930年12月17日	1933年10月21日	34个月零4天
1929年11月13日	1933年10月21日	47个月零8天
1923年10月27日	1933年10月21日	120个月
1933年2月27日	1933年7月21日	4个月零24天
1933年2月27日	1933年10月21日	7个月零24天
1933年7月21日	1933年10月21日	3个月
1932年7月8日	1934年7月26日	24个月零18天
1932年7月8日	1934年9月17日	26个月零9天
1933年2月27日	1934年7月26日	17个月
1933年7月21日	1934年7月26日	12个月零5天
1933年10月21日	1934年7月26日	9个月零5天
1934年3月27日	1935年3月18日	12个月
1933年10月21日	1935年3月18日	17个月
1933年3月21日	1935年3月18日	24个月
1933年2月27日	1935年3月18日	24个月零19天
1932年7月8日	1935年3月18日	32个月零10天
1925年3月30日	1935年3月18日	120个月
1935年3月18日	1936年4月30日	13个月零12天
1934年3月27日	1936年4月30日	25个月
1933年3月21日	1936年4月30日	37个月
1933年2月27日	1936年4月30日	38个月
1935年12月19日	1936年12月21日	12个月
1934年12月19日	1936年12月21日	24个月
1933年12月19日	1936年12月21日	36个月
1933年2月27日	1937年6月17日	51个月零21天
1932年7月8日	1937年6月17日	59个月零9天
1933年10月21日	1937年10月19日	48个月
1935年3月18日	1937年11月23日	32个月零5天
1934年7月26日	1937年11月23日	39个月零28天

起始日期	结束日期和底部级别	时间周期
1933年10月21日	1937年11月23日	49个月
1933年2月27日	1937年11月23日	56个月零27天
1917年12月19日	1937年11月23日	239个月零4天
1937年11月23日	1938年3月31日	4个月零8天
1936年4月30日	1938年3月31日	23个月
1935年3月18日	1938年3月31日	36个月零13天
1934年3月27日	1938年3月31日	48个月零4天
1933年2月27日	1938年3月31日	61个月零4天
1932年7月8日	1938年3月31日	68个月零23天
1928年6月18日	1938年3月31日	117个月零13天
1928年2月20日	1938年3月31日	121个月零11天
1927年3月22日	1938年3月31日	132个月零9天
1921年8月24日	1938年3月31日	199个月零7天
1917年12月19日	1938年3月31日	243个月零12天
1937年6月17日	1938年5月27日	11个月零10天
1936年4月30日	1938年5月27日	24个月零27天
1934年5月14日	1938年5月27日	48个月零13天
1933年5月22日	1938年5月27日	60个月
1931年6月2日	1938年5月27日	84个月
1929年5月27日	1938年5月27日	108个月
1928年6月18日	1938年5月27日	119个月零9天
1938年3月31日	1938年9月26日	5个月零26天
1936年9月25日	1938年9月26日	24个月
1934年9月17日	1938年9月26日	48个月零9天
1933年10月21日	1938年9月26日	59个月零25天
1931年10月5日	1938年9月26日	84个月
1929年9月29日	1938年9月26日	108个月
1928年9月27日	1938年9月26日	120个月
1938年9月26日	1938年11月26日	60天
1938年5月27日	1938年11月26日	6个月
1938年3月31日	1938年11月26日	7个月零26天
1937年11月23日	1938年11月26日	12个月
1929年11月13日	1938年11月26日	108个月零13天
1938年3月31日	1939年4月11日	12个月零11天
1937年11月23日	1939年4月11日	16个月零19天
1936年4月30日	1939年4月11日	35个月零12天
1935年3月18日	1939年4月11日	48个月零24天
1934年7月26日	1939年4月11日	56个月零16天
1933年10月21日	1939年4月11日	65个月零22天
1933年2月27日	1939年4月11日	73个月零15天
1932年7月8日	1939年4月11日	81个月零3天
1929年3月26日	1939年4月11日	120个月零16天

Chapter 11

牛市与熊市行情回顾

道琼斯30种工业平均指数的各种顶部和底部形态与买卖点（1909~1939）

第2波熊市

第2波熊市从1901年6月23日开始启动，一直到1903年11月9日，平均指数见到最后一个低点才宣告结束。在此之后，大盘走出了一波蓄势整理的行情，并持续到1904年7月3日为止。

1903年：第2波熊市的尾声

7月：道琼斯平均指数（“道指”）相继跌破了53点和51点，而且在这些前期支撑位上没有出现反弹，或是止跌企稳的迹象，这就表明市场极为疲弱，后市还会继续下行。在前期的底部点位被跌破之后，下一个需要关注的点位是42点，它曾是1898年3月25日的底部点位，这次要看它是否对股指有支撑作用，市场是否会在此见底。

10月15日：道指在42¼点见底，说明这个早期低点还是有些支撑力度的。随后的两周，股指出现反弹，并在45½点见顶；接下来，又有一波持续到11月9日的下跌，这波为期两周的下跌行情在42⅛点见底，这样就与之前的低点一起构成了双底的形态，这次的低点刚好站在1898年3月低点42点的上方。这是很好的做多买入股票的时机，止损单要设在与买入价比较近的点位上。随后，道指迎来了一波反弹，并突破了45½点，比过去3周的顶部点位都要高，它是表明市场的小级别趋势已经反身向上的第一个信号，同时也宣告了熊市行情的结束。

你现在应该再去回顾一下这第2波的熊市行情，它从1901年6月的高点78¼点起步，到1903年11月9日的42⅛点见底的全过程。

从顶部的78¼点，到底部的42⅛点，这波行情总共的下跌幅度是36⅛个点。而在这波熊市行情期间，最大的反弹幅度是8个点，即从59⅝点到67⅞点的反弹。所以，当道指的上涨幅度为9个点，或者说比熊市中最大的反弹幅度还多出了1个点时，它就是一个比较明确的变盘信号，表明市场已经从熊转牛，这里是比较安全的做多买入点位。

第3波牛市

1904年：牛市启动前的吸筹蓄势行情

1月27日：道指在50½点见顶，从低点42⅛点算起，上涨幅度为8⅜个点，还没有达到能够确认牛市一触即发的9个点的信号要求。

2月6日：在这一周，道指跌破了前两周的底部点位，表明有一波回调出现。因为道指还没有触及到前期底部，即51½点到53点附近，显示卖压尚未释放完全。

次级回调见底后，就是安全的买入点位：

3月12日：道指在46½点见到低点，从顶部下跌了4个点，这个跌幅相当于从42⅛点到50½点涨幅的一半。这一波从顶部的回调持续了6周，并且在1½个点的区间内支撑了8周；接下来，道指突破了前3周的顶部点位，表明后市还会继续上行。

4月7日：道指在49⅞点见顶，但是没有达到上次50½点顶部点位，这个信号说明道指还没有做好上行的准备。随后，有一波缓慢的下跌，持续了6周。

5月18日：这一波下跌在47½点见底，在6周的时间里，跌幅只有2⅜个点，显示卖盘非常少，而且成交量也很低。市场在底部显得很低迷。接下来，道指就展开了一波缓慢的上涨，它用了7周的时间，终于突破了50½点这个前期的顶部点位。

这里是最安全的买入点位：

7月16日：道指突破了51点，并上涨到52½点见顶，从底部算起，涨幅超过了10个点，它还比上一轮熊市中最大的反弹幅度，即8个点，还要高。从1903年11月9日到1904年7月9日，道指是在8个点的区间内来回震荡，而且大部分时间是在4个点的区间内整理，这就是8个月的单边吸筹期，它在为接下来的牛市做准备。

研究道指低点上方4个点进行单边吸筹的行情，是要让你知道，当你再次看到这样的走势时，应该知道它意味着什么。1904年7月之后，道指上涨到53点，这里是一个前期底部的点位，随后，道指回调了一周，也只是回调了1个点，接下来就重拾升势。11月，道指突破了68点这个前期顶部点位，其间没有出现回调，而是一路拉升，表明牛市的强势特征明显。下一个要关注的点位是78点到78¾点附近，它们也是前期顶部的点位。

1905年

3月13日：道指在78¼点见顶。

3月22日：道指回调到76½点。随后，一举突破了前期的一连串顶部点位，在3

月结束前，道指上涨到了80点。下一个要关注的是84½点，这个前期顶部的点位是在1895年9月4日见到的。

4月14日：道指在83¾点见顶，刚好在前期顶部84½点的下方。道指在高点附近只有2½个点的区间内横盘了3周，接下来，就跌破了前3周的底部点位，表明一个小级别的下跌趋势已然开始，应该清掉多头仓位。

5月22日：道指在78点未能止住跌势，因为这里是前期的顶部点位，所以跌破78点就表明道指还会继续下行。当天，道指在71⅜点见底。在7月和8月，最后一个早期顶部的点位是在72¾点。

6月3日：在这一周，道指突破了上一周的顶部点位，表明后市可看高一线。在道指见到71⅜点的低点之后，接下来的4周，每周的底部都在不断抬高。

6月17日和24日：在这两周里，道指的高点是75¼点，接下来的一周，道指又突破了之前一周的顶部点位，显示道指还有上涨空间。

11月：道指上涨到了84⅛点这个前期顶部点位。随后道指回调到81点。接下来，道指重拾升势，并突破了84½点这个前期顶部点位。下一个要关注的前期顶部点位是94½点，这是在1892年3月和4月见到。

12月：道指上涨到96点，随后，回调到了94点，并在此点位附近横盘3周。道指能在94点见到回调的低点，它没有跌破94点，本身就说明道指处在很强的上升趋势当中，后市的上涨空间已经打开。在这个点位没有发生趋势的变化，周低点也没有被跌破。参照“当股价上涨到新高点位”的有关法则来操作。

1906年

1月19日：道指在103点见顶，这里接近牛市的尾声，这个高点比前期顶部高出了8½个点。当道指或股价达到100至105点时，几乎总会遭遇沉重的卖盘，但是当道指站上100点之后，你也要等待变盘信号的出现，也就是看哪一周的低点跌破了上一周，或者前几周的底部点位。

1月27日：在这一周，道指在1个点区间内窄幅震荡，道指略低于103点。

2月3日：在这一周，道指跌破了前两周的底部点位，重新跌到了100点之下，在98½点见底，这表明小级别趋势已经掉头向下。这里出现了一周的反弹，在100½点见顶，涨幅为2个点。道指在接下来的一周里跌破了98点，这就是一个更明确的信号，预示道指还将继续下行，做空的时候到了。

回顾1903年11月到1906年1月的牛市行情：

最大的回调发生在1905年4月到1905年5月，道指从83¾点下跌71⅜点，跌幅为12⅜

个点。在此期间，最小的回调幅度是4个点。所以，你必须要关注是否出现了跌幅超过12⅜个点的下跌，因为那是反映大级别趋势发生变化的明确信号。

第3波熊市

道指在顶部点位的下方进行单边派发：

3月10日：道指跌到了92⅞点，跌幅为10个点，并且跌破了前4周的底部点位94点，预示着道指还会下行，这是一个卖出信号。

随后，道指出现了一周的反弹行情，在96¾点见顶。接下来的一周，道指回调到了93点。再往后的一周，道指反弹到了96¾点，在这里构筑了双顶。2月中下旬，以17日和24日为最后一个交易日的两周里，道指的顶部点位在97¼点。所以，本月这两个在96¾点的顶部就给出了很好的卖出信号。

道指随之开始下跌，并跌破了93点的底部点位。

5月3日：道指在86½点见底，从103点算起，共下跌了16½个点，跌幅超过了上一波牛市中最大的回调幅度，即12⅜个点，表明大级别趋势已经掉头向下，熊市行情会就此展开。1893年4月7日，道指的前期顶部点位是86¾点，1905年4月，道指又在83¾点见顶，这都表明在这个点位附近会有反弹出现。你可以参照以下法则：当道指第一次出现一波急速的下跌后，接下来就会有一波次级反弹，反弹的高点是一个安全的卖出点位。这波反弹持续了5周。

6月4日：反弹在95¼点见顶，比上一个顶部的点位96¾点要低，这是弱势的表现。上一周，道指在1个点的区间内横盘，在接下来的一周，就跌破了前3周的底部点位，预示着小级别趋势再一次掉头向下，这是一个卖出的信号。

7月13日：道指在85¼见底，这个点位在前期顶部83¾点的上方，但是又在1906年5月3日的低点下方1个点，表明这里还是有一定支撑力度，后市会有一波反弹。

7月7日和14日：在这两周内，道指分别在87⅞点和87¾点见到高点。

7月21日：道指突破了88点，也就是站到了前两周的顶部点位上方，显示出小级别趋势转而向上，这是一个买入的信号。在接下来的一周，道指有一波快速的上涨。

10月9日：反弹在96¾点见顶，这是在同一点位附近出现的第3个顶部。这一周，道指的波动区间还不到1个点，这是清空多头仓位，并开始做空卖出的信号，这个点位是安全的卖出点位。在接下来的一周，道指跌破了前3周的底部点位，这里也是一个安全的做空点位。

11月17日：道指在92⅜点见底。

12月15日：随后出现的反弹在95¾点见顶。接下来，道指回调了两周，并在93点见底。其后又反弹了两周。

1907年

1月7日：反弹在96⅜点见顶，这是第4次在同一点位附近见顶，但是这次的点位比第一次和第二次的顶部点位要低，这是一个安全的做空点位，止损单的点位要与卖出价近一些。

1月12日：在这一周，道指的波动区间只有3/4个点，这种持续一周的窄幅震荡行情与1905年10月的走势相同。

1月19日：在这一周，道指跌破了前3周的底部点位，随后又跌破了93点这个小级别回调的底部点位。

2月2日：道指在90½点见底。接下来反弹了两周，在93¼点见顶，这里是前期底部的点位。这次最后反弹的高点与该底部点位相差不过5/8个点。此时交易低迷，道指在小幅反弹的顶部进行窄幅整理，这就是弱势的信号。

3月9日：这一周道指跌破了86⅜点和85¼点两个低点，这是个极低的信号，随后快速下跌。

3月14日：股市经历了被称为“无声的恐慌”的暴跌。即便是联合太平洋（Union Pacific）和雷丁（Reading）这样交易活跃的股票也不能幸免，道指在一天内就跌去了20个点。按照我们的法则，在这个道指恐慌性下跌的时候，就应该进行空头回补，并且做多买入。

3月14日：道指的低点在76¼点，刚好在前期顶部点位78点的下方。随后，有一波反弹在82点见顶。次级反弹的高点是最安全的卖出点位。

3月25日：道指在经过恐慌性下跌之后，有过一波次级回调，回调见到后又继续下跌，并在75⅜点见底，这个底部点位比3月14日的底部点位略低，彼此相差不到1个点，这里就形成了双底，可以进行买入，同时设置止损单。虽然大级别的趋势还是向下，但是道指从顶部103点算下来，已经跌去了28个点，从1907年1月的高点算起，也下跌了21个点，无论如何也该又一波反弹了。

5月3日：反弹在85点见顶，上涨幅度不到10个点。你应该注意到，从1906年7月到1907年1月那波反弹，它的上涨幅度是11点，这样一来，10个到11个点的涨幅就是判断趋势是否变化的关注点。而道指在84¾点到85点之间的顶部点位已经横盘了3周，接下来的一周就跌破了前3周的低点，这表明趋势已经掉头向下，应该开始做空了。道指继续下行，而反弹的幅度都很小，连超过3个点的反弹也没有。

8月：道指跌破了75点，这是1907年3月的底部点位，在这个月里，道指又跌破了71点，这曾是1905年5月的底部点位，显示出道指走得非常弱。

这里可以参照一条法则：在熊市的最后阶段，指数的反弹幅度会越来越小，因为市场在不断走弱。在1905年5月的底部点位被跌破后，哪个点位是我们预测的阻力位，会给道指一些支撑，或者说，道指的底在哪里？

行情回顾：1898年10月，道指的低点在51½点，1900年6月，道指的低点是53½点，1900年9月，道指的低点为53点。1903年7月，道指的大级别趋势反身向上之后，最后一个低点是在52¼点，1904年5月，道指的最后一个底部在47⅜点，所以接下来，首要的关注点位就是53½～51½点附近。

11月15日：道指这波恐慌性下跌的底部为53点，这里是一个买点。在见底前的一周，道指快速下跌了4个点。在见底后的一周里，道指在两个点的区间内盘整。接下来的一周，道指有一波快速上涨，突破了前一周顶部点位55点，表明道指的小级别趋势反身向上，买入是安全的。从这个月的图形上来看，呈现出的是一个急速下跌后的单底，这是熊市已经结束的标志。

回顾第3波熊市的行情：这波行情有4个阶段，或者说道指有4波下行。在熊市行情中，最大的一次反弹上涨了11个点。所以，必须要有一次涨幅为12个点，或者更多个点的反弹，才能确立大级别趋势已拐头向上。

第4波牛市

12月7日：这一周的高点是61¾点。经过3周的反弹，道指上涨了8¾个点，但是这个涨幅还不足以确立大级别趋势已经拐头向上的判断，因为道指在一波反弹中，必须上涨12个点，才能确认这样的判断。

12月17日：回调的低点在56⅞点，道指在两周的回调里下跌了5个点。当次级回调的底部点位有所抬高时，你可以在这个点位进行买入。

12月26日：在这一周，道指在上周的波动区间内进行窄幅震荡。

1908年

1月4日：这一周，道指突破了60点，高过了前3周的顶部点位，这里就是个更加安全的买点，因为趋势已经在上行了。随后，道指又突破了62点，突破了上次反弹的高点，这是一个后市看涨的明确信号。

1月18日：这一周，道指的高点在65⅞点，低点为64¼点，波动幅度只有1⅝个点，道指这一周都在顶部点位附近做窄幅整理。在接下来的一周，道指跌破了前一周的底部点位，表明回调会进一步加深。

2月8日：回调在58⅞点见底，从顶部65¼点算起，下跌了7个点，而这个低点比1907年12月的低点高出了2个点，这是出现底部点位抬高走势的第一周。

2月15日：这里是第2周出现底部点位抬高的走势，也是一个更安全的买入点位，因为这是道指从恐慌性下跌的底部以来，走出的第2个比前一周有所抬高的底部。在这一周，道指的波动区间是3/4个点，在接下来的一周，波动区间是1½个点，道指突破了前一周的顶部点位。

3月7日：道指突破了62点，这是1907年12月的顶部点位，也是1908年1月和2月中的3周顶部点位。

5月21日：在这一周，道指突破了65⅞点，它是1908年1月的前期顶部点位，这一突破传递出了后市看涨的明确信号，一波牛市行情随之展开。这里是一个安全的买点，如果你已经在较低的点位买进了，可以在这个点位加仓。当次级反弹的顶部被突破之后，市场波动开始加快。

下一个要关注的点位是75～76点附近，这是1907年3月的前期底部点位，要看道指在这里是否会出现回调。道指径直突破了这一带点位，并且一波回调也没有，这就显示出上涨趋势很强。下一个要关注的点位是1907年5月的顶部点位85点。

8月10日：道指在85⅜点见顶。这一周的上涨速度非常快，见到85⅜点的高点后，只是回调到了80⅝点，随后又反弹到84½点，在这个略有下移的顶部点位附近横盘了两周，可以看出，在前期顶部的下方，卖压还很重。

9月19日：在这一周，道指跌破了前4周的底部点位，表明小级别的趋势已转为下行，道指会继续走低。

9月22日：道指在77⅛点见底，从顶部算下来，跌去了8¼个点。上一次从1908年1月到2月的回调，跌幅为7个点，所以这次的回调低点可以是一个买入点位，刚好在1907年3月的前期底部点位的上方。这时与见到次级反弹的顶部84½点的时间，仅相距3周。

10月3日：在这一周，道指突破了前一周的顶部点位，所以这里也就是一个更安全的买入点。道指继续上涨，并突破了前期顶部点位85½点，显示道指还有上涨动能。

11月13日：道指在88⅜点见顶，这是牛市行情的第3阶段，或者说是第3波上涨。在顶部点位附近，市场交易有些低迷，这一周道指的波动区间只有1⅜个点。

接下来的一周，道指跌破了前一周的底部点位，这是见顶的信号，后市道指会出现回调。道指在86⅛点到87½点的区间横盘了4周。再往后的一周，道指跌破了4周的底部点位，表明后市道指还将走低。

12月26日：在这一周，道指在83⅜点见底，刚好在前期顶部点位85点的下方。随后有一波反弹，高点是87点，道指在87点见顶，前后有两周的时间，但这个点位比前期顶部点位要低，道指接下来又回调到了84⅛点。

1909年

2月20日：在这一周，道指在86¾点见顶，这是第2次出现顶部下移的情况。随后，道指开始下跌，并跌破了过去7周的底部点位。

2月23日：道指最后一个低点是80点，从1908年11月的顶部点位88⅜点算起，道指下跌了8⅜个点，跌幅与从1908年8月到9月的那次回调相同，所以，这里就成为了一个买入点位。这次是牛市中的第4波回调，但是它的低点比1908年9月22日的底部点位有所抬高，表明大级别趋势仍为上行。随后有一波反弹，在83¼点见顶，接下来，道指又回调到81½点。再往后，道指突破了83½点，这里是一个更安全的买入点位。

5月：道指突破了1908年8月的顶部点位88⅜点，没有回调出现，这是一个确定无疑看涨后市的信号。下一个要关注的点位是1906年和1907年的前期顶部点位，也就是96¾点到97½点之间的点位。

7月：道指一路上涨，突破了上次提到的所有顶部点位，连一次回调都没有。

8月14日：在这一周，道指在99⅛点见顶，随后，回调了3周，低点是96点。道指在前期顶部点位的上方止跌，显示出市场的强势。

10月2日：道指的高点在100½点，比1906年的顶部点位103点要低，这里是最后阶段的顶部。

10月23日：回调在95⅞点见底，与9月最后一个底部的点位相同，也处在前期顶部的点位附近。

11月4日：道指在100½点见顶，与前期高点一起形成了双顶。在接下来的一周，道指回调到了98½点。

11月19日：随后有一波反弹，道指在11月19日见到顶部100½点，这是同一点位出现的第3个顶部，也是最后一个顶部。它标志着牛市的终结。

行情回顾：从1907年11月15日到1909年11月19日，道指从低点53点，上涨到了高点100½点，上涨幅度为47½个点。在此期间，最大一次回调的跌幅为8½个点。最后一次回调的跌幅是4¾个点。所以，当道指的回调幅度在5个点以上时，就是趋势将要发生改变的第一个信号。而当回调的幅度超过9个点的时候，就是大级别趋势已经掉头向下的信号。

第4波熊市

12月2日：回调在96⅝点见底，刚好在前期底部点位的上方，这也是道指第3次回到这个点位。随后有一波反弹。

12月11日：道指在99点见顶，这是第4次出现顶部点位有所下移的情况，它是一个卖出的信号。道指在不到1个点的波动区间内横盘了3周。随后就跌破了前4周的底部点位。

1910年

1月15日：在这一周，道指跌破了96点。这是第4次回到这个点位，显示出道指还将继续走低。接下来，道指的反弹幅度都没有超过4个点，持续时间也只有10天到两周，这个信号显示出了熊市行情的极度疲软。

7月26日：道指在73⅝点见底，在上一周有过一次急速下跌，不过，收盘点位还算好，收在了低点上方，低点也没有跌到1908年9月的最后一个低点77点下方5个点的位置，而它也在1907年3月的低点75⅜点下方不到2个点的位置。这是一个恐慌性下跌的底部，在下面的章节中我们会讲到，为什么这里会是一个安全的买入点位的有关法则。熊市的第1阶段行情就此结束了。

8月6日：在这一周，道指的波动区间在76到78点之间，接下来的一周，道指突破了前两周的顶部点位78点，表明趋势发生了改变，这里是一个更安全的买入点位。下边要用到的是空间波动法则。最大一次反弹，或者说次级反弹的幅度是4¾个点，1910年6月的次级反弹幅度是4¼个点。所以，要想确认趋势发生了变化，道指必须从73⅝点的低点上涨5个点，或者说，道指必须突破79点才行。

8月13日：在这一周，道指突破了79点。在8月17日，道指在81½点见顶，这个点位比前期底部点位低，但是比前3周的顶部点位要高。

9月6日：随后有一波次级回调，在78⅜点见底，只下跌了3⅛个点，因为市场低迷，呈现窄幅整理行情，4周的底部都在同一点位附近，所以这个点位有一定的支撑力度，这里也是一个安全的买入点位。

10月1日：道指突破了前5周的顶部点位，随后又突破了82点，站在了前期顶部的上方，显示上升趋势强劲。

10月18日：在86点见到高点。而6月的两个前期顶部分别就在86⅜点和86¼点。

10月29日：在这一周，道指跌破了前一周的底部点位。随后，反弹了一周，在85¾点见顶。接下来，又跌破了前3周的底部点位。接着，道指窄幅震荡了两周。

12月6日：道指出现快速下跌，在79⅝点见底，刚好比次级回调的底部78⅜点到78⅝要高些，底部点位有所抬高，说明这里有支撑，是一个买入点位。这次的跌幅为5⅜点。随后，道指反弹到82点见顶，接下来又回调到80½点，这次比上一次的底部也有所抬高。接着，道指又突破了82点，表明后市还可看高一线。

1911年

2月4日：高点在86点，这与1910年10月18日的顶部在同一点位，形成了双顶，这里就是一个卖出点位。随后，道指进行了3周的窄幅整理。

3月4日：下跌在81⅞点见底。随后，道指反弹了两周，在84点见顶。

4月22日：接下来，道指在81¼点见底，在同一点位附近形成了两个底部。道指在1910年12月的低点上方1个多点的位置止跌，显示出这里有一定的支撑，道指还没准备好要下跌。

6月19日：高点在87点，比前期顶部高出了5/8个点到1个点。市场变得非常低迷，并呈现了窄幅整理的行情，道指在86⅝与85⅝点之间横盘了6周，波动区间只有1个点，因为在同一点位附近已经出现了3个顶部，所以我们就要关注道指是否会变盘，等待一个明确的趋势变化信号。

8月5日：在这一周，当道指下跌到85点见底时，跌破的是9周的底部，这是一个卖出信号，表明单边派发行情已经完成，道指要重回跌势了。在熊市第1阶段过后，要关注是否有单边派发行情。道指在80点到87点之间进行盘整，这个波动区间有6到7个点，它们是道指从1910年12月到1911年7月的运行范围。

接下来，道指出现了一波急速的暴跌，成交量也有所放大。

9月25日：熊市行情在73点见底。这是一次恐慌性下跌的底部，与1910年7月26日的低点73½点形成了双底。这里是个买入点位。随后，有一波快速反弹。

第5波牛市

10月：道指突破了前两周的顶部点位，这是趋势转为上行的第2个信号。

10月14日：高点在78点，处在1910年前期底部的下方，这里是一个卖出点位，随后会有一波回调。因为道指在见顶前只反弹了两周，所以说，它还没有做好进一步上涨的准备，只能是先回调再说。

10月27日：经过两周的次级回调，道指在74⅞点见底，底部点位在抬高，说明这里是更安全的买入点位。

11月11日：在这一周，道指突破了前4周的顶部点位，在78½点见顶，可以看出，大级别趋势是向上的，这里是安全的买入点位。随后，道指的回调幅度非常小，道指继续走高。

1912年

3月22日：道指突破了87点这个前期顶部点位。这是第4次触及相同的点位（参见相关法则），而且，在前期顶部点位也没有出现回调，表明上升趋势很强。道指继续上涨，其间只有小幅的回调。

9月30日：道指在94⅛点见顶，这次是在1909年的前期底部96点的下方，没能达到这些前期底部的点位，就是个弱势的表现。它宣告了牛市的结束。道指有3周都是在94点见顶，并在1个点的波动区间内进行盘整。

10月19日：在这一周，道指跌破了前3周的底部点位，显示小级别趋势已经掉头向下。

行情回顾：从1911年9月到1912年9月，道指从低点73点，上涨到了高点94⅛点，涨幅为23⅛个点，其间最大的一次回调跌去了3¾个点。所以，必须要看到超过4个点的回调，才能表明道指还会有更大规模的下跌。

第5波熊市

伍德罗·威尔逊当选总统，他是民主党推举的候选人。

11月16日：道指下跌到89½点见底，跌去了4⅝个点，预示着道指会走低的第2个信号，所以，在任何一次反弹的顶部点位做空，都是不错的想法。随后，道指反弹了两周，在91¼点见顶。

12月7日：在这一周，道指跌破了89点，接下来，就是一波速度更快的下跌。

12月11日：道指在85¼点见底，刚好在4个前期顶部点位的下方，这里会有一波反弹。随后，道指缓慢地上涨了3周。

1913年

1月19日：道指在88½点见顶，涨幅只有3¼个点，这是一次很弱的次级反弹。在接下来的一周，道指跌破了85点，预示着熊市的开始，道指一路走低，其间只有几次很弱的反弹。

6月11日：道指在72⅛点见底，这是道指在该点位附近的第3个底部，只处在1911年10月的底部下方1个点，这里是一个买入点位，同时把止损单的点位设得成交价近一些。

道指在从94点到72⅛点的下跌中（跌幅为21⅞个点），其间出现过的最大一次反弹的涨幅为3¼个点。所以，如果从72⅛点向上有一波反弹，涨幅可以达到4个点，或者更多个点的话，就可以说趋势在反身向上。

6月21日：反弹在75¾点见顶。道指在75¾点到74⅜点的窄幅区间内横盘了3周，但是没有出现底部下移的情况。

7月9日：在这一周，道指突破了76点，突破了前5周的顶部点位，上涨幅度也超过了4个点，这是趋势发生变化的第2个信号。

9月12日：道指在83½点见顶。你应注意到的是，在1913年2月，有两周的顶部分别为83¾点和83½点，它们是最后一波反弹的顶部，随后道指就开始了大幅下跌的行情。而道指此刻在这里是先窄幅震荡了两周，接下来就跌破了前3周的底部点位，显示小级别趋势已经掉头向下了。

12月15日：道指在75¼点见底，重新回到了1913年7月最后一个低点的点位，站在了之前5周顶部点位的上方，这里有一定的支撑力度，后市会有一波反弹。道指有6周都是在76点到75¼点之间见底，说明这里是一个买入点位。

12月27日：道指在78点见顶，突破前7周的顶部点位，表明这里是一个更安全的买入点位。

1914年

2月3日：道指在83⅛点见顶，这是在该点位附近见到的第2个顶部。道指在5/8个点的区间内横盘了3周，随后跌破了前3周的底部点位，显示道指后市会走低。

3月6日：回调在81⅛点见底，道指的波动区间非常小，市场低迷。

3月20日：道指在83½点见顶，这是在同一点位附近的第3个顶部。市场依然低迷，道指在1½个点的波动区间内窄幅整理了3周。随后，道指跌破了前7周的底部点位，这是一个后市看跌的明确信号。

4月25日：道指在77点见底，刚好在1913年11月和12月的前期顶部点位的上方。随后，道指有一波缓慢的反弹。

6月10日：道指在81⅞点见顶，刚好在前期底部点位的下方。

6月25日：回调在79¼点见底，道指缓慢运行，呈窄幅整理的走势。

7月8日：道指在81¾点见顶，这是最后一个高点，也是第4次出现顶部点位有所下移的情况，无疑是一个卖出信号，做空的时机来了。

7月28日：道指跌破了78点的底部点位，这是个看空后市的明确信号。市场在下跌的时候，成交量非常大，从欧洲传来的战争消息引发了沉重的抛盘。

7月30日：道指跌破75点，它是1913年12月的底部点位，在同一天，道指还跌破了在73½点、73点和72⅛点形成的三重底，这是道指第4次回到这个三重底的点位附近，道指的收盘价在72点的下方，这是下跌空间已经打开的明确信号。

7月31日：证券交易所因战争而关门歇业。

12月18日：交易所终于开门营业了，道指的开盘点位在54⅜点。

1907年，道指在53点见底，1898年和1900年，道指的低点也是53点，所以在这些前期底部点位附近，道指接下来应该止跌企稳，这里是一个买入点位。

12月24日：道指在53⅛点见底，熊市宣告结束。

行情回顾：从1912年9月30日到1914年12月24日，道指从高点94⅛点，下跌到了低点53⅛点，下跌幅度为41个点，其间最大一次反弹是道指从72⅛点，上涨到83⅜点，涨幅为11¼个点。所以，当道指能够向上突破64½点时，就说明上升趋势很强。

第6波牛市

1915年

1月23日：道指在58½点见顶，只反弹了5⅜个点，还不足以表现出道指马上就要发动大幅上涨的行情了。恐慌性下跌以后出现的次级反弹，是一个更安全的买入点位。

2月24日：道指在54¼点见底，这个底部比上一个底部点位高出了1个点，这里是很好的买入点位。

3月27日：在这一周，道指突破了58½点，它是第一次反弹的顶部点位，这是表明大级别趋势反身向上的第2个信号，牛市行情已经呼之欲出了。这里是最安全的买入点位。

4月10日：道指突破了64½点，这是大级别趋势转为上行和道指后市看涨的第3个明确信号。这是个加仓的买入点位。

4月30日：道指快速上涨，在71¾见到高点，处在71½～73½点间的4个前期底部点位的下方，这里是一个卖出点位。

5月：道指在70～71¾点之间横盘了一周，处在之前两周的顶部点位上方。出于人们对德国U型潜艇的恐惧，接下来，道指出现了快速地破位下跌。

5月14日：道指在60⅜点见底，不过，这次只下跌了两周，也没有跌到前期顶部58½点的位置，显示出这里还是有一定的支撑。这是牛市行情中的一次自然回调。因为此次跌幅为11个点，所以这里是个安全的买入点位。随后，道指重拾升势。前期有个两周的顶部点位在65½点，当这个点位被突破后，道指上涨的速度就更快了。

6月22日：道指在71⅞点见顶，这次与4月的顶部在同一点位，但还是在前期底部点位的下方。在这里遇到阻力位，遭遇一些卖压是再正常不过的了。接下来，道指回调了两周，在67⅞点见底，只下跌了4个点。

7月24日：在这一周，道指放大量突破了72点，成交非常活跃。这里是加仓买入的点位。道指继续上涨，其间只有3到5个点的回调。

9月20日：道指突破了81¾～83½点附近的前期顶部点位，而且没有出现回调，这就证明上升趋势很强。下一个要关注的前期顶部点位是在91～94点之间。

10月2日：道指在92点见顶。

10月6日：道指有一波小幅回调，在88¼点见底。随后，道指径直突破了94点，这是1912年9月的顶部点位。下一个要关注的顶部点位是100½点，这是1909年的高点。

12月27日：道指在99⅛点见顶，刚好在1909年的顶部点位的下方，因为道指上涨了47个点，其间只出现过一次11个点的回调，所以这里是一个卖出点位。

道指的上涨速度放慢，在4周里只涨了1个点，显示出这里的卖压很重。

1916年

1月8日：道指跌破了前3周的底部点位，表明小级别趋势已经掉头向上了。

1月31日：道指在90⅝点见底，下跌幅度未达到11个点以上，在波动幅度上没有超过最大一次调整的幅度。

2月11日：反弹在96⅛点见顶，这个顶部点位有所下移，是一个卖出点位。

3月2日：道指在90⅛点见底，这次与1月31日的底部点位相同。道指要是会继续下跌的话，先要破掉这个点位才行。随后，道指有一波反弹。

3月16日：道指在96点见顶，这次又比2月11日的顶部点位略低，是一个卖出点位。

4月22日：道指在85点见底，刚好在前期顶部点位的上方。这是一波恐慌性的快速下跌，从4月初的最后一个顶部94½点开始，这次下的只维持了3周，所以说这里是一个买入点位。接下来，出现一波迅速反弹。

6月12日：道指在93⅝点见顶，在前期底部点位和4月顶部点位的下方，这里是个卖出点位。

7月1日：在这一周，道指在87⅝点见底，随后反弹了一周。

7月13日：道指在86½点见底，这次比4月底部点位有所抬高，也在一些前期顶部点位的上方，这里是一个买入点位。接下来，道指有一波反弹，在89¾点见顶。接着，又回调到了88点。道指在88点的底部点位附近整理了3周，可以看出道指获得了很好的支撑。随后，道指突破了前期顶部90½点，后市看涨。

9月21日：道指突破了前期顶部96点，又径直突破了1915年的顶部99⅛点和1909年的顶部100½点，并一举突破了1906年的高点103点，这是很强的多头信号，后市的上涨空间已经打开。

10月5日：道指在104⅛点见顶，这个新高比1906年的顶部高出了1⅛个点，可以继续看多后市。

10月14日：道指出现回调，在1915年12月的前期顶部99点见底。因为这次回调的幅度只有5个点，而从1914年的低点算起，最大的回调分别有11个点和15个点的波动区间，所以这里是一个买入点位。道指用两周就突破了104点的顶部点位，只回调了5个点，显示上升趋势的力度很强。

你现在必须按照有关法则来判断，道指在新高区域能走多远。法则告诉我们，7个点、10个点、15个点、20个点或者24个点都是要关注的点位，但是法则也告诉我们，最安全的做法是等到出现小级别趋势改变的信号再入场，也就是说当道指跌破了前一周的底部点位，是最安全的买入点位。

11月21日：道指在110⅛点见顶。比1906年前期顶部点位高出了7⅛个点，也比1909年的前期顶部点位高了10个点。道指在110⅛点见到了两周的顶部，这也是最后的一个顶部。

12月2日：接下来，道指跌破了前两周的底部点位，小级别趋势开始掉头向下，牛市即将结束。

行情回顾：在第6波牛市的尾声，道指掀起了在当时看来是最大一次上涨行情，道指在23个月里，上涨了57个点，其间最大的一次回调下跌了14个点，最后一次回调的跌幅是7个点。所以说，当出现跌幅为7个点，或更多个点的下跌时，就是道指会走低的第一个信号。当道指跌破了88点这个最后一次回调的底部点位，那就是熊市行情来临的一个明确信号。

第6波熊市

在12月，道指大幅破位下跌，成交量也很大，当道指跌破99点时，这里就是一个安全的做空点位了。

12月21日：道指在90⅛点见底，在4周时间内下跌了20个点，并处在前期顶部点位附近，这里是一个买入点位，后市肯定会有一波反弹。随后，道指出现了一波急速地拉升。

1917年

趋势掉头向下之后的次级反弹

1月3日：道指在99⅛点见顶，这个点位在一些前期底部下方，同时也在一些早期顶部的点位附近，这里是一个卖出点位。因为这波反弹的幅度为9个点，它还是趋势掉头向下后的第一个次级反弹，所以在这里做空是安全的。

趋势掉头向下以后，出现了单边派发的行情，道指在97⅞～95点之间窄幅横盘了3周。

2月2日：因为人们对德国U型潜艇的恐惧，害怕美国也参加到第一次世界大战，道指有一波快速的破位下跌，在87点见底，从顶部110点算下来，道指跌去了23个点，从最后一个顶部算起，也下跌了12个点。你要关注85点，因为它是1916年4月的低点，还有86½点，它是1916年7月的低点，也是最后一波上涨的起点，所以在87～85点之间，会有一定的支撑，或者说这里是买入点位，特别是这次属于恐慌性下跌，道指在两天内就破位下跌了10到25个点。要记住我们的交易法则，永远在恐慌性下跌的底部买进，后市会有一波快速反弹。在接下来的反弹行情中，只出现过4到5个点的回调。

3月20日：道指在98¼点见顶，刚好在前期底部和顶部点位的下方，这里是一个卖出点位。

5月9日：道指在89⅛点见底，这次与1916年12月的底部点位相同，后市反弹可期。

6月9日：道指在99点见顶，这是在该点位见到的第3个顶部，这里是安全的做空点位。市场在这次反弹后，交易变得低迷，出现了3周窄幅整理的行情。接下来，道指跌破了3周的底部，开始走低。

7月19日：道指在90½点见底，这里是前期底部的点位。随后有一波小幅反弹。

8月6日：这是最后一次反弹，道指在93⅞点见顶。接下来，走出了4周的窄幅整理行情。随后，就跌破了5周的低点。

9月12日：道指相继跌破了87点和85点这两个前期底部点位，表明市场非常之弱，后市下跌空间已经打开。反弹的力度很小，只有3到5个点的涨幅。接下来，就出现了一波恐慌性下跌。

11月8日：道指在68⅝点见底。我们注意到，1915年7月最后一个底部点位是67⅞点。随后，道指有一波反弹。

11月23日：道指在74¼点见顶，两周内反弹了5⅝个点。接下来是为期4周的急速下跌，下跌在一个疲软又充满了恐慌的市场中结束。

12月19日：下跌在66点见底，这个点位刚好在11月低点下方2½个点，同时在1915年7月最后一个低点下方1⅞个点，这样一来，66点就成了一个买入点位。第6波熊市就此结束。

行情回顾：在第6波熊市中，最大一次反弹发生在道指从1916年11月的高点，到1917年12月见底之间，反弹的幅度是12个点。最近一次的反弹是5⅝个点，所以第一个预示后市走强的信号就是出现6个点，或更多个点的反弹，如果反弹的幅度超过了12个点，就可以确立大级别趋势已经发生改变。

第7波牛市

12月29日：道指开始上涨，突破了前一周的顶部点位，这就给出了小级别趋势发生变化的第一次信号。上涨速度很快，在第一周就触及到了72½点。虽然72点附近是很多前期顶部和前期底部的聚集区，不过，在接下来的一周，道指一路走高，突破了这些前期阻力位，显示出很强的冲劲。

1918年

1月2日：道指上涨到76⅝点见顶，从底部算起，上涨了10个点。这里处在1913年12月的前期底部下方，同时也处在上波行情最后一次下跌前的最后一次反弹顶部上方。随后，道指出现了两周的回调。

1月15日：道指下跌到73⅜点见底，这是次级回调的低点，道指在前期顶部72点上方就止跌企稳了，表现出很强的上升势头。事实上，经过3周的快速反弹，道指的涨幅超过了10个点，在这种情况下，回调只持续了两周，跌幅也只有3个点，显示出这里的支撑力度很好，次级回调的低点就是一个安全的买入点位。

随后，道指重拾升势，并突破了78点，从底部点位算起，上涨了12个点，这个涨幅已经超出了上一波熊市中最大一次反弹的涨幅，给出了大级别趋势已经反身向上的明确信号。同时，道指也突破了上一个高点，这也是一个大级别趋势已经上行的信号。

2月19日：道指上涨到82点见顶。正如你在图中看到的那样，道指已经到了前期顶部和前期底部聚集的点位，这里自然而然就会出现回调。在道指见顶的这一周，道指的波动区间是在82点到80½点之间，也就是1½个点的空间。接下来的一周，道指跌破了前一周底部点位，这是小级别趋势发生变化的第一个信号，预示着回调就要来了。

4月11日：道指下跌到75½点见底，这次的回调幅度为6½个点，属于牛市行情中比较一般的回调程度。你应注意的是，之前有3周的底部点位在76点，所以这里顺理成章就会有支撑，应是一个买入点位。市场在这些底部点位附近整理了4周，显示了很好的支撑力度。

5月15日：道指在上涨中，不但突破了前3周的顶部点位，还突破了前期顶部82点，最后在84点见顶，不过再一次处在前期底部点位的下方，所以这里会出现次级回调。

6月1日：道指回调到78点见底，下跌了6个点。随后，道指在此点位附近进行了数周的窄幅整理。

9月3日：道指上涨到83⅞点见顶，刚好在前期顶部点位的下方。随后，有一波温和的回调。

9月11日：道指下跌到80½点见底，在6月1日最后一个底部点位的上方就止跌企稳了。因为这次回调的幅度只有6个点，比上次7个点回调要小，所以说大级别趋势还是向上，这里也是安全的买入点位。

10月18日：道指重拾升势，突破了前期顶部点位84点，并在89点见顶。你应注意到，前期底部点位是在87点到90点附近。在随后一周，道指呈窄幅整理行情。在接下来的一周，道指跌破了前两周的底部点位，在84点见底，跌去了5个点，这是小级别趋势转为下行的第一个信号。随后有一波次级反弹。

11月9日：道指在88点见顶，在前期顶部下方 1 个点。因为在小级别趋势改变之后的这次反弹没有触及到前期顶部点位，所以说这个次级反弹的顶部就是卖空的点位。

11月25日：道指跌破了第一次回调的底部点位84点，就表明道指还会继续走低，最后，道指在79⅞点见底。随后，道指反弹了两周，在84½点见顶，这是第3次出现顶部点位下移的情况，它又刚好在一个前期底部点位的下方，这里就是一个卖出点位。

1919年

2月8日：道指逐步走低，向下进入了区间大约为2个点的窄幅震荡行情，道指在79⅛点见底。应注意的是，有前期顶部就在这个点位附近，而且上一次上涨行情启动的那一周底部点位就是在77½点附近。所以，这个底部比之前的那个底部点位要高，只比1918年11月的底部点位低了3/8个点，这是一个道指获得支撑的信号。道指在81¾点到79⅛点之间整理了4周。

2月22日：道指突破了前4周的顶部点位82点，这是道指会走高的信号，这里是一个安全的买入点位。

3月：道指触及到了前期顶部点位89点，只回调了2个多点，显示向上的势头很强。

4月：道指突破了前期顶部点位89点，一路上涨，其间只有几次幅度很小的回调。

7月14日：道指在112¼点见顶，创下了新高，比1916年11月的前期顶部高出了2个点，这是道指后市看涨的信号。

7月19日：在这一周，道指的波动区间在110¼～112¼点之间，这是它在一波大涨见顶后，在非常窄的区间内横盘。接下来的一周，道指跌回110点的下方，同时也跌破了前两周的底部点位，这是小级别趋势掉头向下的信号，后市会有一波回调。事实上，道指从79⅛点上涨到112¼点的过程中，连一次5个点的回调都没有出现过，道指在此先缓一缓，回调一下也是应该的。

8月20日：随后，道指出现了一波4个多星期的快速急跌，并在98½点见底，道指跌到了早期的顶部点位，而且刚好在100点的下方，这里自然而然就是一个支撑位。不过，回调只持续了4周，接下来，道指重拾升势，表明牛市行情依旧，道指还会继续走高。这次回调就提供了安全买入的机会，当道指突破了上一周下跌时的高点100¾点时，就是一个安全的买入点位。

10月：道指一路走高，其间的回调都没超过3到4个点，在10月，道指突破了前期高点112点。

11月3日：道指上涨到119⅝点见顶，这是本轮行情的最后一个高点。它在1916年前期高点的上方9½个点，也在1919年7月14日高点的上方7个点。你要记住，我们有一条法则说的是，当道指进入新高区域后，还能继续上涨7到10个点时，就会出现回调。

走势对比：1916年，当道指突破了前期高点103点之后，一直上涨到110点见顶，或者说，在新高区域又涨了7个点。1919年，在牛市行情结束，也就是趋势掉头向下之前，道指在新高区域上涨了9½个点。在1919年的最后一波行情中，最后60天的成交量非常大。每个人都在看多，一个劲地买入股票，大伙都在谈论着当时历史上的最大爆发性行情，道指之高也是前所未见，但牛市行情还是有结束的一天，顶部也终会见到。随后，道指就出现了直线下跌，让那些靠保证金来过度交易的人们输了个精光，也让那些单凭对股价上涨的期盼，却不看清现实，不顺势交易的人也赔了个干净。

行情回顾：在从1917年12月到1919年11月3日的第7波牛市中，道指从低点66点开始，一路攀升到119⅝点见顶，其间最大的一次回调是从89点跌到79⅛点，或者说跌幅为9⅞个点。在牛市行情快结束时，道指从112¼点跌到98½点，这是最后一次回调，跌幅为11¾个点。所以，你要关注是否有超过12个点的下跌，因为它是可以确立熊市行情开始的一个明确信号，另外，如果道指跌破最后一个底部点位98½点，或者说，跌破最后一个顶部之后第一次急跌的底部点位，也可以确认熊市的到来。

第7波熊市

11月：前3周的低点是在114⅞～115½点之间。

12月13日：随后，出现一波急速的暴跌，道指跌破了11月那3周的底部点位，这表明小级别趋势已经发生了明确变化，开始转为下行。

12月22日：道指在103½点见底，从高点算起，跌去了16个点，超过了上一波牛市行情中11¾个点的最大回调幅度。这是趋势已经拐头向下的明确信号，道指将会继续走低，但是市场还没出现次级反弹，一般这样的反弹都是在第一次急跌后出现的。道指在104～103½点之间筑底，并在这个点位附近整理了5周。因为这个底部点位比前期顶部103点要高，这里自然是一个支撑位。事实上，道指可以在这个点位附近横盘5周，就说明这里的支撑力度良好，在这里可以进行空头回补，并做多买入，等到次级反弹出现后，在高点卖出获利。

1920年

1月3日：次级反弹出现了，道指在109⅞点见顶，这次反弹的幅度为6个多点，但处在1916年的前期顶部点位下方，所以这里是一个卖出点位。在这次反弹过程中，卖压很重，道指没能在顶部点位站住脚。随后的一周，道指的波动区间是108¾点到106½点之间。在接下来的一周，道指跌破了前一周的底部点位，同时也跌破了前5周的底部点位103½点。次级反弹的底部已经被跌破，这是大级别趋势已经拐头向下的明确信号。下跌还在继续，道指在102点见底，随后又反弹到104½点，刚好在前期底部点位的下方，道指在这里窄幅盘整了一周，交易低迷。

2月7日：沉重的抛盘顷刻砸向市场，道指出现了一次急速的暴跌，跌破了1919年8月最后一个底部的点位98½点，这也再一次确认，大级别趋势已然下行，熊市行情近在眼前。这波下跌的速度快，幅度大，其间只有几次非常小的反弹，事实上这就是一次恐慌性下跌。

2月25日：道指在90点见底，这里是1918年10月的前期顶部点位，也是1920年2月的底部点位，肯定有一定的支撑力度，是一个买入点位。在这个点位附近，出现过两个单周的底部，一个是2月14日为最后一个交易日的那一周，它的底部点位是90½点，另一个就是上周的底部点位90点，所以，道指可以在这里企稳，这里也就是一个买入点位。

3月6日：道指突破了前一周的顶部点位，这是小级别趋势反身向上的第3个信号。在熊市行情中，最大的一次反弹是6个点。所以，当道指的涨幅超过6个点时，就表明反弹还会继续。

3月13日：道指突破了98点，也没有在前期底部99点附近停步。

4月8日：道指上涨到105⅝点见顶，刚好在一连串前期底部下方2个点，表明大级别趋势还是向下的，道指先是下跌了30个点，后来又上涨了15个点，这里应该是一个安全的卖出点位。经过两周在顶部点位附近的横盘，道指开始破位下跌。

4月24日：道指跌回了过去5周的底部点位下方，显示大级别趋势再一次掉头向下。随后，出现了一波急跌，其间只有幅度非常小的几次反弹。

5月19日：道指在87⅜点见底，刚好在2月底部点位的下方2⅝个点，道指跌到了一连串前期顶部和底部的点位，理应会出现一次温和的反弹。道指在这里盘整了两周，形成的两个低点都刚好在88点的下方。接下来，道指有一波反弹。

7月8日：道指在94½点见顶，反弹了7个点，这在疲弱的熊市行情中，算是一次相当可观的反弹了。上一周，道指的波动区间是94½点到93点，波幅只有1½个点，这里是一个卖出点位。随后的一周，道指又跌破了这一周的低点，而且还跌破了前3周的底部点位，表明大级别趋势将继续下行。所有的支撑点位都告跌破。

8月10日：道指在83¼点见底。随后又反弹到89⅞点，这是另一个上涨幅度不到7个点的反弹，其实与上一次反弹差不多，这里又可以是一个卖空点位。道指继续下跌，其间只有2到3个点的反弹。

11月19日：道指在73⅛点见底。

12月4日：反弹在77⅝点见顶，道指的上涨幅度为4½个点。你要记住，有一条法则说的是，在熊市行情中，随着道指的不断走低，反弹的幅度越来越小，因为市场一直在走弱，这里是一个更安全的卖空点位。

12月21日：道指在66¾点见底，这里是一个买入点位。道指的低点已经接近了1917的前期低点66点，要关注这个点位的支撑力度，后市是否会有反弹。记住要按照法则中说的那样去操作，在前期底部的点位买入，并设置止损单来做保护。

在过去的3周，道指从77½点下跌到了66¾点。而在下跌的最后1周，道指是从69⅝点下跌到了66¾点。

在接下来的一周，道指突破了前一周的顶部点位，上涨到71⅞点见顶，显示小级别趋势发生了变化，但是要有一次7个点，或更多个点的反弹，才能超过过去这两次反弹，以确定道指还会继续走高。这在道指上涨到75点附近时，才得到了确认。

1921年

1月5日：道指上涨到76½点见顶，刚好在前期底部下方，这里应该出现一次回调。

1月11日：道指回调到72⅜点见底，能在1920年11月底部点位上方1个点处止跌企稳，就说明这里有支撑，后市反弹可期，是个买入点位，止损单的点位要设在前期底部的下方。随后，道指重拾升势，突破了前期小级别顶部的点位。

2月16日：道指在77¼点见顶，在前期底部点位的下方，预示会出现一次小级别的回调。

3月11日：道指在72¼点见底，因为道指跌到了前期底部和前期顶部的点位，所以这里自然会是支撑位。随后，道指开始缓慢上涨。

5月5日：道指在80点见顶，在这波上涨中，市场非常低迷，呈窄幅向上走势。要注意到的是，80点是在1918年9月和1919年2月出现的一连串前期底部点位的下方，这里自然就成了一个卖出点位，你应该进行做空交易，特别是市场变得低迷，振幅又很窄的时候，更要如此。道指上涨了13¼个点，这在熊市中，是一个很普通的反弹幅度。

5月14日：道指跌破了前几周的底部点位，显示小级别趋势再次拐头向下。道指从这个点位开始继续下跌，其间只有几次幅度非常小的反弹。

6月20日：道指在64⅞点见底，这次是在1917年12月的底部点位下方1个点，也是在1920年12月的底部点位下方2个点，这是一个应当关注的点位，看这里是否有支撑，是否会成为一个阻力位。随后，道指是有一波反弹，不过这次反弹的速度很慢，力度也不强。

8月2日：道指在70点见顶，用了5周的时间，反弹了5个点，这实在不足以证明大级别趋势已经发生了改变。在接下来的一周，道指跌破了过去5周的底部点位。

8月24日：道指在64点见底，处在1917年12月的底部点位下方2个点的位置，重新又跌回了1915年5月那波上涨开始之前那一周的底部点位，不过，道指还没有跌到

1917的底部点位下方3个点的位置，而熊市行情也是在那个底部结束的，正因为如此，这里应该有一定的支撑，是一个买入点位。因为成交量非常低，就表明清盘已经快接近尾声了。但是最安全，也是最佳的买入信号，应该是要等到道指突破前几周的顶部点位，这样才能表现出道指要反弹了。

行情回顾：从1919年11月3日到1921年8月24日的第7波熊市，道指从顶部119⅝点，下跌到底部64点，其间的最大一次反弹的幅度有15个点，1921年5月最后一次反弹的涨幅是13个点。所以，想要预判道指是否会有更大的上涨空间，大级别趋势是否变化，你要关注的第一个信号就是当道指的上涨幅度超过13到15个点的时候。

第8波牛市

9月3日：道指突破了66点，是前两周的顶部点位，所以这里就成了一个更安全的买入点位。

9月10日：道指突破了70点，是最后一次反弹的顶部点位，这就再次确认了后市看涨的判断，出现回调时，就会有更安全的买入点位。道指在71⅝点见顶。这里曾是前期底部和前期顶部的点位，会成为道指的阻力位，接下来会有回调，但是回调的幅度非常小。

10月17日：道指在69½点见底。道指在71⅝点到69½点之间窄幅整理了6周，表明在前期顶部70点上方或者附近，都是不错的买入点位。当道指4周后第二次在69½点见底时，这里是一个安全的买入点位。

10月29日：当道指突破了72点，就可以看出大级别趋势已经掉头向上，这里是最安全，也是最佳的买入点位。该点位的突破，不但确认了大级别趋势的上行，也表明吸筹阶段已经完成，清盘的举动也完结了。

12月15日：道指突破了80点，是1921年5月最后一个顶部的点位，这再一次确认了牛市的来临，预示着道指的上升空间已经打开。道指继续上涨，其间的回调幅度都非常小。

1922年

9月11日：道指在102点见顶，这也是1920年4月的顶部点位。道指从这里回调了两周，在96¼点见底，道指可以在前3周的底部上方止跌企稳，表明此处有一定支撑，这里是一个买入点位，后市看涨。最后一波上涨行情随后展开。

10月14日：道指在103½点见顶。应注意的是，1920年4月最后一个顶部的点位是

105½点。所以，道指到达这个点位附近时，就可能会出现一次回调，特别是因为道指从64点上涨到103½点，其间没有出现过任何一次重要的回调。道指见顶后，市场先是在顶部点位附近窄幅震荡了两周，第三周就跌破了前两周的底部点位，表明这个顶部是个临时性的高点，后市会有一波回调。道指在经过一周的温和反弹后，继续下跌的走势，并跌破了前期底部96点。

11月27日：道指在92点见底，从顶部算起，跌去了11½个点，这是牛市行情中一次很自然的回调。因为在92点附近聚集了一些前期顶部和前期底部点位，这里会有一定的支撑，也是一个买入点位，特别在道指从顶部已经回调了7周的情况下，因为在牛市行情中，如果下跌的时间超过4周时，它的回调时间会延长到7周左右。不过，最安全的买入点位还是在道指突破96点的时候，在1922年12月9日为最后一个交易日的这一周，道指突破了前3周的顶部点位，即96点。接下来，道指继续上涨，其间只有几次幅度非常小的回调。

1923年

3月20日：道指在105⅜点见顶，是1920年4月的前期顶部点位，这里是一个卖出点位。市场给出了明确的信号，在这个点位附近的抛压很重，因为道指连续3周的高点都在同一点位附近，两周的低点在103⅞点附近。

3月25日：道指跌破了前两周的底部点位，预示着道指会有更大幅度的回调，在这里应该清空多头仓位，开始做空。

行情回顾：从1921年8月24日到1923年3月的第8波牛市中，道指从底部64点上涨到105⅜点见顶，其间的最大一次回调有11½个点的跌幅。所以，当道指从高点下跌12个点，或者更多个点时，就表明大级别趋势要掉头向下了。另外，9 7点附近是最后的4周底部点位，跌破97点就是大级别趋势已经开始下行的第一个明确信号，也是牛市行情到此已经结束的第一个明确信号。

第8波熊市

5月21日：道指在93点见底，比1922年12月的底部点位高出1个点，当时道指从那个底部起步，展开过那波牛市行情中的最后一次上涨。

5月29日：反弹到97⅝点见顶，处在前期底部价位的下方。这里是一个卖出点位。道指继续下跌，并跌破了1922年12月的底部92点，这是预示熊市来临和道指后市走低的另一个明确信号。在此，趋势也保持下行。

7月12日：道指在87⅝点见底，是前期顶部和前期底部的点位，随后应该会有一波反弹。

7月20日：道指在91¾点见顶，刚好在之前两个底部点位的下方，这里是一个卖出点位。市场在这个点位附近横盘了两周，随后就出现了下跌。

7月31日：道指在87点见底，刚好在比7月12日的底部点位的下方，道指在这里止跌企稳，表明后市将会有一波反弹，特别是当市场非常低迷，呈现出窄幅震荡的行情之时。当道指突破了前一周的顶部88½点时，显示它接下来还会有一定的反弹空间。

8月29日：道指在93¾点见顶，处在前期底部点位的下方，又刚好比上一次的反弹顶部价位要高。道指在1½个点的区间横盘了两周。这里是一个卖出点位。

9月15日：道指下跌的速度很快，一下跌破了前4周的底部价位，表明小级别趋势已经再一次掉头向下。

10月27日：道指在85¾点见底，刚好在7月30日的底部点位下方1个点，道指已跌到了上一波行情前期底部和前期顶部的点位附近。市场非常低迷，道指在进行窄幅整理，但因为成交量极小，说明至少暂时看，清盘的举动已经走到了尽头，市场正在筑底，这里应该买入抢反弹，特别是因为这里形成了一个真正意义上的双底。

行情回顾：第8波熊市从1923年3月20日到1923年10月27日，道指从顶部105⅜点下跌到85¾点见底，其中最大一次反弹是从87点上涨到93点，反弹幅度为6½个点。所以，当道指上涨的幅度超过6½个点时，就预示着大级别趋势已经反身向上，它是牛市行情即将就此展开的信号。

第9波牛市，也是最大的一波牛市行情

这波最大的牛市行情，其实是1921年8月开始的那波牛市行情的延续，因为道指从1923年的顶部点位回调了20个点，这可以看作是一次自然性回调，道指在这里休整一下，或者说是为即将到来的大牛市进行吸筹的时段。

11月3日：当道指在11月3日为最后一个交易日的这一周突破了前3周的顶部点位，88½点附近是最安全的买入点位。道指继续上扬，又突破了93点到93½点之间的顶部点位，这就表明大级别趋势已经拐头向上。当道指突破94点时，这里还是一个更安全的买入点位，如果你已经在低位买入了一些，在这里可以按照金字塔交易法来加仓。

1924年

2月6日：道指在101⅜点见顶，道指位于从105½点下跌后的4周底部点位的下方，

这里显然是一个卖出点位，后市会有一波回调。以2月9日为最后一个交易日的这一周，顶部区域非常窄，只有大约1个点。随后，道指出现了一波急跌，跌破了前3周的底部点位，这表明小级别趋势再一次掉头向下。2月下旬，道指在95⅜点见底。

3月：次级反弹到98¾点见顶。这是一次力度很弱的反弹，花了3周道指才上涨了2个多点。这里是一个安全的卖出点位。不过，当道指跌破96点，处在前3周的底部点位下方时，就是更安全的卖出点位。道指继续下跌，其间只有几次非常小的反弹。

5月20日：道指在88⅜点见底，比1923年11月的底部高出2½个点，比1923年7月的底部高出1½个点，道指也就形成了三重底，这里是一个安全的买入点位，特别是此时市场的成交量非常小，并在数周内都呈现窄幅整理的走势，显示抛盘已尽，没有足够的卖盘让道指跌破前期底部点位。但是按照我们的法则，要等到道指突破了前几周的顶部点位，给出市场转强的明确信号之后，才是更安全的买入点位。道指在88⅜点到90½点之间盘整了3周。随后，道指突破了前3周的顶部点位。

7月14日：在这一周，道指突破了92⅜点，这处在其他一些前期顶部的点位，表明上行趋势已经确立，这里是一个安全的买入点位，因为道指在90点到86点之间已经完成了吸筹的过程。

8月20日：道指在105½点见顶，与1923年3月和1920年4月的顶部点位相同。这是道指在该点位附近的第3个顶部，这里自然就成了一个卖出点位，后市至少会有一波临时性的回调。在第2周，道指跌破了前一周底部点位，在102⅞点见底。

9月6日：在这一周，道指出现了反弹。

9月24日：道指在104⅝点见顶，差1个点没有触及到前期顶部点位，而且，反弹也只有两周，这些都表明市场很疲弱。另外，顶部点位也有所下移，这里是一个卖出点位。

10月14日：道指在99⅛点见底，这是大涨之前道指的最后一个低点，是一个买入点位。道指跌到了前期底部和前期顶部的点位附近，这里自然会是一个阻力位，道指用了7周左右的时间，回调了6个点。在牛市中，当回调的时间超过3周时，7周是很正常的回调时间，6个点的回调幅度对于这个价位的股票来说，也是一般性的回调幅度。

11月3日：要找一个安全的买入点位，就要等到能够确认市场完成筑底的时候，也就是要看到道指快速突破前两周的底部点位，在11月3日为最后一个交易日的这一周，道指的确给出了这样的信号，预示着道指还会继续走高。道指上涨的速度很快，突破了105点的三重顶价位，这是道指第4次来到这个点位附近，是一个牛市来临的明确信号，道指还会继续攀升。下一个要关注的点位是1919年11月的顶部点位119⅝点，这是当时的历史高点。道指径直突破了这个前期顶部$119\frac{5}{8}$点，其间一次回调也没有，这说明市场走得非常强，道指的上升空间已经打开。

1925年

1月22日：道指创出了$123\frac{5}{8}$点的新高，道指从1924年5月的底部88点多，一路涨上来，其间连5个点的回调都没有出现过。

2月16日：道指回调到118点见底，刚好在前期顶部点位的下方。随后，道指重拾升势。

3月6日：道指在$125\frac{5}{8}$点见顶。

3月30日：道指在115点见底，回调的幅度为10个点，处在前期顶部$119\frac{5}{8}$点下方$4\frac{5}{8}$个点的位置。按照我们的法则，如果想让大级别趋势保持向上的话，在前期顶部价位下方的回调，其跌幅永远也不能超过5个点。这个回调的时间为24天，大约3周多，这属于牛市行情中的一次正常回调，你可以把这里看作一个买入点位，或者你也可以等道指突破了前几周的顶部点位，或是等道指再一次突破前期顶部120点时，再去买进。道指上涨迅速，并突破了3月6日的高点$125\frac{5}{8}$点，随后仍是一路上行，其间只有几次小幅的回调。

11月6日：道指在159点见顶。市场在这个点位附近交易非常活跃，道指波动的速度也很快。

11月10日：道指回调到151点见底。

11月13日：道指在$157\frac{3}{4}$点见顶。因为顶部点位有所下移，这里是一个卖出点位。

11月24日：道指在$148\frac{1}{4}$点见底，回调时间不到3周，回调的幅度为11个点，这是牛市中的一次自然回调，是一个买入点位。

1926年

2月11日：道指又创新高，在$162\frac{3}{8}$点见顶。道指在这个价位附近整理了好几周。道指没能涨到11月6日的顶部价位上方5个点，就可以看出，这里有人在派发，道指见顶后，会有一波回调。这是一个卖出点位。特别当道指只要跌破了前一周的底部点位，就应马上卖出。随后，市场出现快速下跌。

3月30日：道指回调到$135\frac{1}{4}$点见底，这波上涨从115点起步，算起来刚好一年了，这次从顶部的回调，下跌幅度为27个点，是这波牛市行情中最大的一次回调。这次回调只持续了6周多，在大牛市行情中还属正常回调。

4月6日：反弹到$142\frac{3}{8}$点见顶。

4月16日：回调到136¼点见底，这次的底部点位有所抬高，是一个买入点位。

4月25日：反弹到144⅞点见顶。

5月19日：回调到137⅛点见底，在3月30日到5月19日之间，形成了第3个点位有所抬高的底部，表明在此点位附近的支撑力度良好。第3个有所抬高的底部点位，是安全的买入点位。不过，想要更安全的买入点位，可以等到道指突破了4月24日的顶部点位再入场，那是大级别趋势反身向上的明确信号。市场迅速拉升，道指突破了前几周的所有顶部点位。

8月9日：道指在166⅛点见顶。

8月11日：道指在161⅝点见底。

8月14日：道指在166⅝点见顶，与前一顶部共同形成了双顶。这里是一个卖出点位。

8月25日：回调到160½点见底。

9月7日：道指在166点见顶，它是在这个点位附近的第3个顶部，比前两个顶部的点位略低，这是一个卖出信号，特别是在道指从8月9日以来，向上突破没有一点进展的情况下，更是如此。所以，当道指跌破了8月26日的底部点位，就表明小级别趋势发生了明确的改变。接下来，道指出现快速下跌。

10月19日：道指在145⅝点见底，尽管跌去了20多点，但比起从2月11日到3月30日的那次回调，还算是跌得少的，这次回调的时间也是6周，这在牛市行情中属于一般性的回调。道指在上周底部价位附近止跌企稳，这里是一个买入点位。你要关注大级别趋势是否会重拾升势。

12月18日：道指在161点见顶，这里是在前期顶部和前期底部的点位附近，应该会出现回调，是一个卖出点位。

1927年

1月25日：道指在152¾点见底，与11月19日底部点位相同，形成了双底，这里是个买入点位，交易的同时要设止损单，特别是在道指的上升过程中，前一周或前几周的顶部价位被突破时，买入时更要设止损单。

2月28日：道指在161⅞点见顶。

3月7日：道指在158⅝点见底。

3月17日：道指在161¾点见顶，这是第3次在该点位附近见顶，这里是一个卖出点位。

3月22日：道指在158½点见底，与3月7日的底部一起形成了双底，这里是一个买入点位。道指第2次回到同一点位，同时，并没有跌破上周的底部点位，显示大级别趋势仍然是向上的。要想找一个安全的买入点位，就要等到道指突破了162点，也就是突破了前3个顶部点位的时候。在3月底，道指开始快速上行。

4月22日：在167⅞点见顶，高于所有前期顶部，这是一个后市看涨的信号。

4月28日：道指在163½点见底，跌到了前期顶部点位附近，这里自然就是一个买入点位。道指重拾升势，成交量放大，市场交易非常活跃。

5月31日：道指在172⅞点见顶。

6月3日：回调到169⅝点见底。

6月6日：道指在171⅛点见顶，顶部点位略有下移。

6月14日：道指在167⅝点见底。

6月16日：道指在170¼点见顶，这是第3个比之前顶部点位略低的顶部，预示着回调就要来临。这里是一个卖出点位。

6月27日：道指在165¾点见底，从5月31日的高点算起，道指跌去了7个点，这次回调持续了4周，回调的底部点位刚好在4月22日的顶部点位下方，不过，仍在4月30日的底部点位上方，这是一个买入的信号。

7月9日：按照我们的法则，想找到更安全的买入时机，就要等到趋势反身向上的信号出现后再进行买进，在这一周，这样的信号出现了，那就是道指突破了前3周的顶部点位。随后，道指一路上涨，一举突破了所有顶部点位。

8月2日：这一周道指在185½点见顶，在182⅝点见底，这一周的收盘收在了底部点位，实际上，与前一周底部点位相同。这里是一个卖出点位，因为当道指见到新高后，收盘却收在了底部点位，就预示着接下来会有一波回调。为了安全起见，你应该清空多头仓位，离场观望。

8月12日：道指在177⅛点见底，这次道指回调了8个点，只是一次正常的回调。经过一周的回调，道指并没有跌到前期顶部的点位。接下来的一周，道指突破了前一周的顶部点位。这里是一个买入点位。道指上涨到了8月2日的顶部点位，而且收盘也强势报收在了顶部点位，这是当时的历史最高收盘价，预示着股价会继续走高。随后的一周，市场上涨到了新高区域。

9月7日：道指在197¾点见顶。要记住这条法则：当道指到达100点、200点或300点等所有这整数位时，要关注卖出信号的出现。这里是一个卖出点位。

9月12日：回调到194点见底。

10月3日：道指在199⅞点见到极高点，刚好在200点的下方，这是一个更安全的卖出点位。回顾道指的走势，你会发现在194点附近有过3个底部，实际上，有4周的底部都在194点附近，所以你要关注在这个点位附近，趋势是否发生变化。道指从165点上涨到了200点附近，如果你在预示着趋势会有变化的200点附近没有清仓的话，那么接下来，当道指跌破了前3周的底部点位时，你就应该卖空多头仓位了，因为这是一个回调的预警信号。

10月18日：在这一周，周初开盘时，道指还在高位，随后道指就跌破了194点，在190点见底，表明道指还会继续走低。接下来，就出现了一波快速下跌。

10月29日：道指在179½点见底，从顶部算起，跌幅有20个点，不过还没有1926年2月11日到3月30日那次下跌幅度大，那一次回调，道指跌去了27个点。这又是一次为期3周的回调，是牛市行情中的一次正常回调，这里也是一个买入点位，但是更安全的买入点位要等到道指突破了前几周的顶部点位之后，才会入场。

这一周，道指在高点185¼点到低点181点之间进行窄幅震荡。接下来的一周，道指的底部点位上移到181½点，也突破了185½点的顶部点位。道指的上涨还在继续。

11月30日：道指在198⅞点见顶，刚好在前期顶部点位的下方，也还是在200点的下方，这里是一个卖出点位。

12月8日：道指在193½点见底，回调了5个点，没有跌到前一周底部点位下方1个点的位置，这里是一个买入点位。

1928年

1月3日：道指在203⅜点见顶，突破了200点，预示着后市的上涨空间已经打开。

1月18日：道指在194½点见底，回调幅度为9个点，这只是一次为期15天的正常回调，道指在12月8日底部点位的上方止跌企稳，这里是一个买入点位。

1月23日：上涨到201点见顶。

2月3日：道指在196⅜点见底，这是第2次出现底部点位有所抬高的走势，这里是一个买入点位，交易的同时要设止损单来保障资金安全。

2月9日：道指在199⅜点见顶。

2月20日：道指在191⅜点见到最后一个低点，跌破了12月8日底部点位下方2个点的位置。因为道指目前还处在高位区域，这样的下跌还不足以构成道指后市会走低的信号。要表明趋势发生了明确的变化，道指至少应该跌到前期低点下方3个点的位置才行。道指保持了3周的窄幅整理。第2周，极低点是191⅜点，高点为194¼点，一周的收盘收在了顶部点位，这就是一个后市看涨的信号。你可以在此买入，同时把止损单设在前期底部点位的下方。道指重拾升势，不但冲过了200点，还突破了1月3日的前期顶部203⅜点，这预示道指会继续走高的明确信号。

5月14日：道指在220⅞点见顶。在这一周，周初开盘，高开在顶部点位，不过道指在周末收盘时，收在了底部点位附近，收盘价处在前一周底部价位下方。这是后市会有回调的第一个信号。

5月22日：下跌到211¾点见底。

5月25日：上涨到217¾点见顶，这次的顶部点位有所下移。

5月28日：下跌到214点见底，道指在第一次回调的底部点位上方止跌企稳。

6月2日：道指在220¾点见顶，与5月14日的顶部一起形成了双顶。这里是一个卖出点位。上周六道指收盘，收在顶部点位，但是周一上午开盘时，开盘价比上周的收盘价低了2个点左右，这就表明在顶部的卖压沉重。这是在该点位附近的第3个顶部，道指已经连续3周遭到了抛售，所以这里会有一波回调，但是当道指跌破前一周的底部214点时，预示着小级别趋势将发生明确改变的信号才算真的来了。

6月12日：道指在202⅝点见底，处在1月3日的前期顶部点位下方，不过，仍然还在200点之上。这里是一个买入点位。当道指突破像200点这样高的整数位之后，差不多总会出现这种的走势。道指会一直保持这个点位上方运行，直到这波牛市行情结束为止。

6月23日：这一周是窄幅震荡的走势，高点在204¼点，低点为202点，比6月12日的底部点位略低。经过3周的急速下跌，从这样在底部区域进行窄幅震荡的行情可以看出，抛盘基本上没有了，这里又到了买入股票的时机。因为在一个真正的牛市行情中，道指从顶部回调大约4个点，对于一次正常的回调已经够了，不要指望它还能回调更多。在接下来的一周，当道指突破了205点，站到了上一周的顶部点位的上方，就是一个安全的买入点位。随后，道指重拾升势。

7月5日：道指在214½点见顶。

7月16日：道指在205⅛点见底，这次回调为期两周，回调的底部点位比上次有所抬高，还是在200点的上方早早地就止跌企稳了。这里是一个买入点位。道指重拾升势后，道指突破了前期顶部215点。

8月：随后，道指突破了221点，进入到了新高区域，在这里你就可以很有把握地再次买进。

9月27日： 道指在236⅞点见底，这是一次5个点的回调，对于目前的点位来说，这样的回调幅度非常小，表明后市还可看高一线。

10月5日：道指在243点见顶。

10月8日：道指在236¾点见底，底部点位较上周有所抬高。随后，道指在10月下旬突破了9月7日的顶部点位，在接下来的快速上涨过程中，道指回调的幅度非常小，平均只有3～5个点左右。这是道指后市会继续走高的信号。

11月28日：道指在295⅝点见顶，刚好在300点的下方，在300点这样的整数位被突破前，要关注这里是否会出现一波回调。这是一个卖出点位。随后，道指有一波快速急跌。

12月8日：道指在255⅛点见底，下跌了40½个点，这是牛市行情启动以来最大的一次回调，不过只持续了10天。接下来的一周，高点在272点，低点为264点，比上一周的底部点位有所抬高，这是一个明确的买入信号。随后的一周，道指突破了前一周的顶部272点，并快速上涨。

1929年

1月2日：道指在307点见顶。

1月8日：道指在297点见底，这是一次10个点的回调。

1月11日：道指在301⅝点见顶。

1月15日：道指在297⅝点见底，能够在1月8日底部上方止跌企稳，就是强势的表现，考虑道指没有跌到去年12月29日为最后一个交易日的这一周的顶部点位下方，可以看出这里的买盘还是很多，也预示着道指会进一步上涨。这里是一个买入点位。随后道指出现了一波上涨。

2月5日：道指在324½点见顶。这里是一个卖出点位。周一上午的开盘价与上周六的收盘价没什么变化。道指从319½点上涨到了322点，随后快速下跌，接下来，道指跌破了前一周的低点312点。

2月16日：道指在295点见底，从322点算起，跌去了27个点，与1月15日的底部一起形成了双底，这里是一个买入点位。

3月1日：道指在324点见顶，与2月5日的顶部一起形成了双顶，这里是一个卖出点位。随后道指有一波快速的反弹。

3月6日：道指在305⅛点见底。

3月16日：道指在320点见顶，这是第3个点位有所下移的顶部，后市会有一次回调，这里是一个卖出点位。接下来，道指出现了一波下跌，并跌破了303到306点附近前3周的底部。

3月30日：道指在281½点见底，从2月5日的高点324½点算起，道指跌去了43个点。如果严格按照空间波动法则来操作的话，这里是一个买入点位，因为这波行情从1921年8月启动以来，道指之前的最大一次回调发生在1928年11月28日到12月28日之间，道指从高点299点下跌到低点255点，跌幅是44个点，回调时间为10天。我还有一条法则说的是，当道指处在极高或极低的点位时，出现回调或者反弹，其幅度可以在

40个点左右。你可以在出现这次幅度极大的下跌后买入，因为它确实是一次速度很快的恐慌性破位下跌；也可以等到道指突破了前一周的顶部点位，趋势反身向上以后，再行买入。道指在294点到308点之间整理了两周，随后突破了前一周的顶部308点，显示趋势已经又一次反身向上，这里是一个更安全的买入点位。

5月11日：道指在331点见顶，刚好在2月5日和3月1日顶部点位上方6½点附近的位置。不过这次反弹没有后劲，随后的一周，道指在324½点见顶，这与前期的顶部在同一点位。这里是一个卖出点位。当道指跌回到前一周底部下方的点位，表明回调的深度还要加剧。

5月27日：道指在290点见底，从高点331点算起，跌去了41个点，这次比前两周的回调幅度要小，前两周分别回调了43和44个点。应注意的是，292点附近是好几个前期底部点位聚集的位置，这里有一定支撑就是合情合理的了，而且这次下跌只有16天，还不到3周，在牛市行情中，这个点位自然就会对道指有支撑，这里是一个买入点位。不过，你也可以等道指突破前一周的顶部306点以后，出现回调时，在这个价位附近买入。接下来，道指在回调到302点见底后，重拾升势，市场快速上行，突破了前期顶部331点，并在上涨中创出了新高。

7月8日：道指在350¼点见顶。前两周的底部点位是在332点和331点。

7月11日：道指在343点见底。

7月12日：道指在349¾点见顶，顶部点位比上次略有下移。这里是一个卖出点位。

7月15日：道指在340点见底。

7月23日：道指在349½点见顶，前3周的顶部点位就在这个点位附近。这里是一个卖出点位。随后，道指有一波回调。

7月29日：道指在336⅜点见底，这个点位成为了前两周的低点，而4周来的底部点位就在不到3个点的区间内，显示这里的支撑力度良好，是一个买入点位。随后，道指重拾升势。

8月3日：道指在358⅜点创了新高。

8月7日：道指在338½点见底，回调了20个点。

8月8日：道指在352点见顶，这次的顶部点位有所下移。

8月9日：道指在336⅛点见底，回调的幅度为16个点，但不足以证明大级别趋势发生了任何的变化。前两周的底部在这个点位附近，这里是个买入点位。随后，道指就重拾升势了。

9月3日：道指创出了386⅛点的历史高点，在最后一波上涨行情中，25天就涨了50

个点，从1929年3月30底部算起，上涨了105个点。从5月27日低点290点算起，涨幅为96个点。这里是一个卖出点位。

9月7日：这一周道指的波动区间是从386⅛点到367⅜点之间，顶部点位比上周有所抬高，之后又跌破了前一周的底部点位。这就是我们所说的信号顶，或者说最后一个顶部，即在创新高后的同一周，道指跌破了前一周的底部点位，收盘点位也比前一周的收盘点位低。

行情回顾：从1921年8月24日到1929年9月3日的这波牛市行情中，道指从极低点64点上涨到极高点386⅛点，其间最大一次回调的幅度是44个点，见到最后一个顶部之前的最后一次回调的幅度是41个点，而最后一次小幅回调的幅度是16个点。所以，回调的幅度超过16个点，就是趋势发生改变的第一个信号。如果道指跌破了336½点附近的4周底部点位，就是大级别趋势已经改变的第2个明确信号。当道指又回到这个点位时，跌幅就已经超过了44个点，这也就给出了大级别趋势已经拐头向下的第3个明确信号，一波真正的熊市行情正在启动。

第9波熊市

10月4日：道指在320½点见底，在见顶后的一个月里，道指就跌去了66个点。随后，有一波力度不小的快速次级反弹，持续了一周的时间。

10月10日：道指在358¾点见顶。这里是一个卖出点位。

10月19日：在这一周，道指下跌到321点见底，这次与10月4日的底部点位相同。接下来的一周，道指在333点见顶。随后，道指跌破了前期底部320½点，一波宽幅的破位下跌就此开始。

10月29日：道指探到212⅜点见底，成交量超过了1600万股，这是纽约证券交易所历史上最大的单日交易量。这里是恐慌性下跌的低点，后市会有一波反弹，这里是一个买入点位。随后，道指出现了一次迅速的上涨。

10月31日：道指在273½点见顶。在这波反弹过程中，遭遇到了沉重的卖盘，在道指反弹了60个点以后，这里是一个卖出点位。接下来，道指再次开始下跌。

11月6日：道指在232⅛点见底。

11月7日：经过一次力度不大的反弹，道指239⅛点见顶。

11月13日：随后道指出现了一波直线下跌，在1929年11月13日见到了最后一个低点195⅜点，道指下跌了70天，跌幅为190个点。往回翻看那些过去的走势图时，你会发现，在前期的一段时间里，有些顶部和底部就是在194点到200点之间，这就是为什么在这里会有一定支撑作用与道指会在这里见底的原因。在这波下跌中，成交量出现了萎缩，显示出之前的清盘已经接近尾声，股价在这里获得了支撑。在这样一个恐慌性下跌的底部，是你可以买入的点位。

对于这样快速波动的市场行情，你要坚持绘制日高低点图来捕捉市场信号，当第一次看到前几天的顶部被突破时，你就得到了第一个买入的信号。但如果换作是我的话，我会考虑等到道指出现反弹，再一次回到212点上方时，这个点位是10月29日的底部点位，这样的突破预示着反弹还会进一步深入，这里是一个安全的买入点位。在这个时候，道指无论是涨还是跌，波动的速度都非常快。

11月21日：道指在250点见顶。

11月26日：道指在235½点见底，这是一波次级回调，它的底部就是一个买入点位。

12月4日：道指在254⅝点见顶，顶部点位有所抬高，表明道指后市还有上涨空间。

12月5日：道指在251½点见底。随后重拾升势。

12月7日：道指在263½点见顶，没能达到最后一个顶部273点的位置。这是一次4周的反弹，道指所在的高位已经足够引发一波回调。随后，道指出现了一波快速下跌。这个顶部点位比前期顶部点位要低，这里是一个卖出点位。

12月21日：道指在227¼点见底。

12月26日：道指在246⅜点见顶。这是道指从恐慌性下跌底部出现的第一波上攻之后的又一次反弹，这次的上涨幅度已经超出了第一次猛涨幅度的50%。这里是一个买入点位，同时止损单的价位不要远离交易价。

1930年

1月4日：更安全的买入点位应该是在道指突破了前一周的顶部点位之后，而就在这一周，道指突破了246点，预示着道指会继续走高。随后的4周，底部在242点到244点之间，有3周的顶部点位在252点到253½点之间。事实上，指数在这个底部点位附近横盘了4周，也没有跌破这个底部，显示出了良好的支撑力度，同时也告诉我们这里是一个买入点位。当然，在指数突破了4周的顶部254点以后，那里也是一个更安全的买入点位。道指继续拉升，并突破了267½点的前期顶部点位。

2月13日：道指在275点见顶，处在前期底部和前期顶部价位的下方。这里是一个卖出点位。应注意的是，1929年10月31日最后一次反弹的高点是273½点。道指在274点到276点的顶部点位附近盘整了4周，预示着后市会有一波回调。

3月1日：两周的回调过后，道指在这一周下跌到260点见底。在前期顶部点位上方止跌企稳，说明这里有一定的支撑，是一个买入点位。随后，道指重拾升势，反弹到了前期顶部275点上方。接下来又回调到268¾点的底部点位，道指在这个点位附近横盘了3周，并没有跌破这个底部，表明后市看涨。接着，道指继续上行。

4月17日：道指在297¼点见顶，这里是一个卖出点位，因为它是次级反弹的顶部点位。为什么道指会在这点位上止步不前了呢？往回看道指的走势图，你会发现，292点到298点之间出现过一连串的底部。从极低点算起，道指的涨幅已经超过了100个点，到了应该关注趋势是否发生变化的点位了，这里可以清掉多头仓位，开始卖出做空。有3周的高点都在这个点位附近，分别是在296¼点，297¼点和295点。道指已经上涨了7周，其间没有出现过跌破前一周底部点位的情况，所以标志着小级别趋势会发生改变的第一个信号，就是道指跌破前几周的底部点位。

4月26日：在这一周，道指跌破了前3周的底部点位，显示小级别趋势已经掉头向下，这里是个安全的卖出点位，应该清掉多头仓位，开始做空卖出。之前最大的一次回调幅度为40⅝个点。而在最后一波上涨了37个点的行情之前，最后一次回调的幅度是15个点。所以，当道指的回调幅度第一次超过了15个点，就是趋势已经反身向下的第2个信号。

5月3日：这一周，道指跌破了282点，下跌的幅度超过了15个点，也是在这一周之内，道指下跌到了最后的一个底部260点下方。

5月10日：在这一周，道指跌到249½点见底。应注意的是，前期有4周的顶部在252点到253点附近，表明这里有一定的支撑，后市会出现一波次级反弹。你要记住，按照我们的法则，当股价或指数第一次出现了3周，或更长时间的急速下跌之后，总会有一波次级反弹。这次道指的第一波下跌已经持续了3周，跌去了47个点，所以，接下来的反弹也是又快又猛。

5月17日：在这一周，道指上涨到277点见顶。随后的一周，道指回调到261点见底，接下来，经过一周的反弹，又在276¾点见顶，这样就与上一个顶部一起形成了双顶。这里是一个卖出点位。还应注意的是，274点到275点附近也是一连串的前期顶部的点位，这里就更是要做空的点位了。不过，安全的卖出点位应该是在269点附近，也就是在道指在顶部盘整3周之后，跌破了前一周的低点269点时做空卖出。当道指跌破了之前一周的底部261点时，这又是一个明确的弱势信号，表明指数还会走低。

6月14日：道指在这一周跌破了前4周的底部244¾点。

6月24日：道指在207点见底。这里是4周急跌的尾声。尽管大级别趋势已是明确向下了，还是到该反弹的时候了。

7月5日：道指突破了前一周的顶部点位，上涨到229点见顶，这表明后市还会有反弹出现。随后，指数回调了1周。

7月12日：在这一周，道指下跌到215点见底，略高于前一周的底部点位，这也是在1929年10月29日底部点位的上方，道指能够在这里止跌企稳，说明这个点位暂时来说还有一定的支撑作用，是一个买入点位。

7月31日：道指重拾升势，突破了之前两周的顶部229点，在7月31日上涨到243点见顶。这里是一个卖出点位。之前有4周的底部在241点到243点附近，指数到了这里就会遇到阻力。原因在于，道指在1930年1月有4周在243点到245点附近见底，如果你去查看当时的走势图就可以看出，这里是一个阻力位。随后，道指有一波为期两周的快速回调。

8月16日：在这一周，道指下跌到214½点见底，与7月的低点一起形成了双底。这是第3个点位较之前有所抬高的底部。这里是一个买入点位，要把止损单的价位设得与交易价接近些，特别是在回调只维持了两周的情况下，更要注意这一点。随后，道指又展开了一波上涨行情。

9月10日：道指在247¼点见顶，这是最后一波上涨中最后一个高点。这里是一个卖出点位。应注意的是，这个顶部点位处在1930年5月的底部250点下方，这次反弹没能达到5月那波下跌后的低点250点。从走势图中可以清楚地看出，之前有4周的顶部点位在241点到243点附近，在之后的反弹中，244½点到247¼点是两周的顶部点位，市场在这个点位附近遭遇了很重的卖盘。

9月20日：在这一周，当道指跌破了前3周的底部价位，就是发出了小级别趋势已经掉头向下的第一个明确信号，这里又是一个安全的做空点位了。下跌过程中成交量放大，随后下跌的速度也加快了。

10月4日：道指在这一周跌破了上波行情中的最后一个底部207点。

10月11日：道指在这一周跌破了1929年11月13日的底部195⅜点，预示着道指将会出现大幅的下跌。

11月15日：道指在168⅜点见底。应注意的是，在1926年7月和8月，有一连串几个前期顶部的点位都在166点附近，在这样9周的急速猛烈下跌之后，道指自然就会出现一波反弹。这里是一个买入点位。

11月29日：经过了10天的反弹，道指这两周在191¼点见顶，处在前期底部点位的下方，这里是一个卖出点位。道指没有能够触及到1929年11月的底部195⅜点，这就是一个弱势的表现。如果查看道指过去的走势图你会发现，1928年3月，有3周的底部点位在191点到192点附近，而且在1927年11月30日为最后一个交易日的那一周，道指最后一次反弹的顶部是199点。所以，道指没有能够达到这个高点，就表明后市看跌。

12月3日：在这一周，当道指跌破了3周的底部点位，就发出了第一个趋势变化的信号。道指出现了迅速的下跌，最后以一波恐慌性下跌收尾。

12月17日：道指在154½点见到了极低点。如果你去参照一下1927年1月的行情，你会发现，当时有两周的底部在154¼点，并且最后一个低点是在152¾点。在这个区域，出现过一连串的顶部和底部，这里自然也就有一定的支撑力度，后市反弹可期。随后，道指迅速反弹到170点见顶，接下来，又回调到158½点见底，因为之前有两周的底部在这个点位附近，这里就是更安全的买入点位。

1931年

1月9日：道指在175½点见顶，这里是一个卖出点位。这次反弹持续了3周，但是道指没能在这个顶部点位附近站稳脚跟。随后就出现了为期两周的次级回调。

1月19日：道指在160½点见底。这里是一个安全的买入点位，止损单的价位设在底部158½点下方2个点的位置。随后有一波反弹。前期有3周顶部点位在172点到172¾点附近。当这些顶部点位被突破的时候，就会出现一个更安全的买入点位。

2月14日：在这一周，道指不但突破了上面所说的那些顶部点位，还突破了前期顶部175½点。这里是一个买入点位。随后，市场开始急速上攻。

2月24日：道指在196⅞点见顶，这是1929年11月13日的前期底部点位，也是1930年11月1日最后一个高点的点位，前期底部点位变成了现在的顶部点位，这里自然就是一个卖出点位。道指从1930年12月17日的低点154½点，到这个高点196⅞点，最大的一次回调幅度是15个点，所以当道指从这个顶部算起，出现了15个点以上的回调，就是指数会继续走低的明确信号。当道指跌破了以2月28为最后一个交易日的这一周的低点187¼点，就是发出了小级别趋势再一次拐头向下的第一个信号。

3月7日：在这一周，道指跌破了180点。

3月13日：道指下跌到175⅞点见底，这是1931年1月9日的前期顶部点位，后市反弹可期。接下来有一波反弹，不过只维持了一周，也就是说，在3月21日为最后一个交易日的这一周，道指上涨到189¼点见顶，这里是一个卖出点位。在接下来的一周，大级别趋势掉头向下，道指跌破了前期底部175点，这是大级别趋势再次下行的明确信号。下一个要关注的点位是1930年12月的底部154½点。因为卖压非常沉重，道指在这个点位没有稍作停留，或是出现反弹，而是直接就跌破了这个低点。

4月29日：道指下跌到141¾点见底。

5月9日：道指反弹到156⅛点见顶，刚好在前期底部154½点的上方，这里是一个卖出点位。这次为期一周的反弹过后，趋势还是保持下行。

6月2日：道指在120点见底，这是一次恐慌性下跌的底部，指数跌回了1919年的早期顶部点位，这里也就是顺理成章的买入点位，特别是在经过了这样一次猛烈的直线下跌之后，指数反弹的可能性更大。接下来，道指急速反弹到139½点见顶，随后又回调到128点附近筑底，并且有两周的底部都在这个点位附近，表明这里的支撑力度良好，次级回调的低点就是一个买入点位。

6月27日：在这一周，道指突破了之前两周的顶部140点，并迅速上涨到157⅞点见顶，刚好在最后一个顶部156⅛点的上方，也在1930年12月的前期底部154½点附近，这里自然就是一个卖出点位。其实，反弹只持续了3周。在接下来的两周，顶部点位在不断下移。

7月11日：道指在这一周跌破了上一周的底部点位，显示趋势再一次掉头向下。这个点位又可以做空股票了。

8月6日：道指下跌到132½点见底，并将3周的底部都保持在这个点位附近。反弹在即。

8月15日：道指反弹到146½点见顶，这是第3次出现顶部点位下移的情况。在随后的两周，道指在148点到136点的区间内来回震荡。

9月5日：在这一周，急速下跌开始了，道指跌破了132点，这是之前4周的底部点位，表明打开了指数的下跌空间。下跌的走势越来越糟，而成交量也很大。道指一举跌破了前期底部120点，其间没有任何的反弹，这也是指数下跌空间被打开的一个信号。

10月5日：道指在85½点见底。应该注意的是，上一波牛市行情就是从1923年10月27日最后一个低点85¾点开始启动。所以85½点，或是88⅜点到85点之间的任何点位，都自然会是一个买入点位，后市反弹可期，特别是在一波恐慌性下跌之后，尤为如此。随后，指数有一波快速的直线反弹，其间只出现了小幅回调。

10月24日：道指上涨到100½点见顶。

10月29日：接下来，有一波次级回调，道指在98¼点见底，刚好在100点的下方，这里是一个支撑点位，因为一些前期顶部和底部点位就在它附近。随后，道指重拾升势，并突破了108点到110点附近的4周顶部点位。

11月9日：道指在119½点见顶，处在1931年6月2日的底部点位下方，也在1919年11月的前期顶部点位下方，这里自然就是一个卖出点位，也就是要清空多头仓位，并开始做空了。而如果想买入的话，就要等到这些前期底部和前期顶部的点位被突破以后再说。道指从10月的低点85½点到这个顶部点位，其间最大一次反弹的幅度是11个点，所以，当指数从这个高点下跌11个点时，就是后市看空的信号，而当指数跌破前一周的底部点位时，就表明趋势已再一次拐头向下。

11月21日：道指出现了迅速下跌，跌幅超过了12个点，在这一周，指数还跌破了前4周的底部点位，这是大级别趋势已经下行的明确信号。

12月12日：在这一周，道指跌破了前期底部85½点，这又是一个大级别趋势已拐头向下的信号，同时也预示着熊市行情还会延续，其间指数的反弹幅度会非常小。

1932年

1月5日：道指在70½点见底。1921年10月17日的最后一个低点是在70点，而另外两个前期底部分别是在66点和64点。在前两周，指数就是从72点的底部开始反弹。所以，这次的底部点位只是在前两周底部下方2个点，表明这里还是有一定的支撑力度，是一个买入点位。随后，道指出现了一波急速反弹。

1月14日：道指在89½点见顶，刚好在前期底部85½点的上方，市场在这个点位附近遭遇了卖压。

2月10日：道指下跌到71点见底，比前期底部点位只高出了1个点，并在这个点位附近形成了3重底。这里是一个买入点位，交易的同时要下止损单。接下来，道指有一波反弹。

3月8日：道指在89½点见顶，与1月14日的顶部一起形成了双顶，这是指数第3次上涨到这个点位附近，但却没有能够突破这个点位。市场中交易变得非常低迷，呈窄幅震荡走势，显示出在反弹的顶部并没有什么买盘参与，对于股票，还是要进行做空操作。

3月19日：在这一周，当道指跌破了前一周底部点位，并跌破了在81点到83½点之间的3个底部点位时，就是发出了第一个趋势拐头向下的明确信号。道指继续一路下行。

4月7日：在这一周，道指跌破了70点，指数在这个点位附近出现过3个底部，跌破了这个点位，表明市场处在非常疲软的状态，大级别趋势依旧是下行的。请记住，我们有一条法则说的是：股价跌得越低，反弹的幅度就会越小，直到最后的清仓阶段到来为止，或者说直到见到最后一个底部为止。道指继续下跌，并跌破了1921年和1917年指数在66点到64点之间的早期底部点位。在这里没有看到支撑的迹象，表明最后的恐慌性下跌阶段已经到了，在清盘的举动没有终结之前，股价是不会出现反弹的。当指数跌破了前期底部64点，下一个要关注的点位是1914年的低点53点，这个点位在过去好几年中都是一个支撑点位。

5月4日：道指下跌到52½点见底，在前期底部点位获得了支撑。随后，道指出现了一波迅速的反弹。

5月7日：道指在60点见顶，这次指数只反弹了3天，在顶部点位也没能站稳。道指继续下跌，并相继跌破了前期底部52点和51½点。下一个要关注的点位是1898年3月25日的早期低点42点，下一个更低的底部点位是1897年4月19日的低点38½点。另外，1903年11月9日的最后一个低点是在42⅛点。所以，在42点附近，道指早期出现过三重底，你当然就要关注，道指这次在42点到38½点之间是否会见底。我们有一条法则说的是，哪个点位附近出现过一连串的早期底部，哪里就会有支撑。

6月2日：道指在43½点见底。

6月4日：道指有一波迅速反弹，在51½点见顶，这是道指从89½点下跌以来，第一次上涨幅度达到8个点之多的反弹。这个反弹的顶部没有能支撑住。

6月9日：道指又跌回到44½点。

6月16日：道指反弹到51点见顶，没能触及前期顶部的点位，表明市场中的清盘行为还在继续，股票反弹上来，就有人卖出。道指继续下跌，并跌破了前期低点43½点。

7月8日：道指在40½点见底，指数在前期支撑点位42点下方1½个点的位置获得支撑，自此就结束了这波大熊市行情。

在过去的34个月里，道琼斯30种工业指数跌去了345½个点，抹平了30多年以来指数的涨幅。这就证明了，当人们失去信心的时候，会发生什么事情，当指数处在顶部时，每个人都是重仓，并且在股票下跌过程中还是继续买进，最后，大家又不得不在低位卖出。如同股价上涨到极高点，见到的大顶是靠不住的那样，股价转向来到极低点，这样的大底也不会长久。当公众还在因为期盼股价上涨而买入股票，因为害怕它会继续下跌而卖出股票时，正是那些有知识，又有时间的人赚钱的时候，他们知道在什么时候去把握股票在极低点和极高点出现的行情。

在6月11日所在的这一周，道指在不到1个点的区间内窄幅盘整，在接下来的一周，道指反弹了11个点，这是趋势从3月9日低点89½点下行以来，第一次出现突破前一周顶部点位的走势，所以，它是市场在接近底部的第一个信号。随后，道指从最后一个高点51½点，连续下跌了3周。股票在这样一个早期恐慌性下跌的底部价位，连盲人都知道股价够低了，可以买入了，但是指数已经跌了那么久了，人们都丧失了信心，都被一种恐惧的情绪所控制。所以，你或许就要等到表明趋势已经反身向上的明确信号出现，在非常接近底部的点位买入股票。

行情回顾：在这波熊市行情的最后一次下跌，或者说是最后一个阶段的行情中，道指从1931年11月9日的高点119½点，下跌到1932年7月8日的低点40½点，其间最大的一次反弹是从70点上涨到89½点，涨幅为19个点。涨幅仅次于这次的反弹，上涨了8个点。所以，当道指出现8个点以上的涨幅时，就是后市看涨的第一个信号。而如果涨幅超过了19个点，表明道指还有进一步上涨的空间。

第10波牛市

7月：道指有两周的顶部点位在44¾点到44½点之间。

7月16日：在这一周，道指突破了45点，站到了两周的顶部点位上方，这表明小级别趋势已经反身向上，这里是安全的买入股票的点位。

7月30日：道指在这一周突破了53点，站到了9周顶部点位的上方，突破了之前反弹的顶部点位，指数的涨幅超过了10个点，这是大级别趋势已经反身向上的信号。道指在52点时，是个安全的买入点位，后市指数看涨。道指在经历过那样的直线下跌，沉重的清盘打压，洗出了大家手里的筹码之后，出现迅速上涨也是情理之中的事。

9月8日：道指上涨到81½点见顶。从7月8日的低点算起，指数上涨了9周，每周的底部点位和顶部点位都较前一周有所抬高。道指从前期底部开始上涨，涨幅为41个点，或者说指数从低点算起上涨了100%，但是道指必须突破89点，才能给出一个牛市行情真的来了的明确信号，预示指数后市会继续走高。在第一波急速上涨之后，总会出现一波次级回调，而到目前为止，这样的次级回调还没有出现。所以，当道指跌破了前一周的底部点位时，就是给你的第一个卖出信号，特别是在一波连续上涨了9周的行情之后，更要关注这个信号。

9月17日：当道指在这一周跌破了前期的底部点位，急速下跌到64½点见底，就给出了趋势转向的信号，指数在10天内，跌去了17个点。因为这个底部点位刚好在前几周顶部点位的上方，同时也在1921年的早期底部64点的上方，指数在这里会有一次反弹。随后一周，道指反弹到76点见顶，接下来的一周，道指在75½点见顶。指数没有能够突破前期的底部77点，表明这里的卖盘很重，预示着指数将会走低。随后，道指就出现了下跌，并跌破了前几周的底部点位。

10月15日：在这一周，道指下跌到57点见底，随后反弹了一周，道指在66点见顶，刚好在前期底部点位的上方。接下来有一波次级回调，道指在57½点见底，与上一个底部57点一起形成了双底，这里是一个买入点位。随后，经过一周的反弹，指数在68¾点见顶，突破了前4周的顶部点位，但是这波反弹在第2周没能延续，可以看出卖盘还是很重。

11月26日：道指在这一周跌破了前期双底的点位。

12月3日：在这一周，道指下跌到55¼点见底。此时，指数从窄幅下行的走势，转化为缓慢的区间盘整行情。接下来，有一次为期两周的反弹。

12月15日： 道指反弹到62¾点见顶，接下来又回调了1周，在56点见底，这样一来，一连串的5个底部都在57½点到55¼点之间，看上去对指数的支撑力度应该不错。随后，道指出现了一波反弹。

1933年

1月14日：道指在65½点见顶，指数再一次突破了前几周的顶部，但是没能继续上行，较之前期一些顶部，这次的顶部点位还是有所下移。接下来，道指在68点见到了最后一个高点，这里是一个卖出点位。指数进行了两周窄幅整理之后，就跌破了前两周的底部点位，显示指数还会继续走低，随后道指跌破了前期底部55¼点。

2月27日：道指下跌到49½点见底，当时美国各地的银行都在竞相倒闭。这里是一个买入点位，买就要买在次级回调的低点。

3月4日：罗斯福宣誓就任美国总统，暂时关闭了所有银行，证券交易所也闭市了。当时，各方面的消息是糟糕得不能再遭了，但是股票已经见到了最后的底部，又一波大牛市即将展开。这样一来，你会发现，股市在1929年处在顶部的时候，到处都是利好消息，每个人都充满了希望，可接下来，银行纷纷倒闭，看上去好像世界末日就要来了，而股票就在这个时候见底，启动了一波牛市行情。于是我们说，当人们沮丧到极点时，牛市就来了，当人们狂喜不已时，牛市就走了。道指在49½点能够止跌企稳，刚好在前期底部51点的下方，但是比前期恐慌性下跌的底部点位高出了8个点。指数从81½点下跌到49½点，跌幅为32个点，特别是已经连续7周出现跌破前一周底部点位的情况，趋势变化近在眼前。在证券交易所重新开市之后，道指的开盘价就突破了57点，这是之前两周的顶部点位。

3月16日：道指上涨到64½点见顶，处在1月14日的顶部点位下方1个点的位置，这里是一个卖出点位。

4月1日：经过两周的回调后，道指这一周在54¾点见底。这是在第一次急速反弹之后出现的次级回调。指数从顶部81½点下跌到49½点，其间的最大回调幅度是11个点，所以当道指上涨到64½点时，指数的涨幅为15个点，这是趋势已经发生改变的明确信号，你应该在次级回调的底部点位买入。道指在54¾点见底之后，当指数突破了前一周的顶部58点，就是发出了第一个信号，当指数突破了两周的顶部61点时，这里又是一个安全的买入点位。接下来，道指相继突破了前期顶部65点和66点，这些都是安全的买入点位。当道指突破了69点，这里也是一个安全的买入点位，因为指数在本来可能出现回调的这些前期顶部点位上没有徘徊不前。吸筹的过程已经如此之长，那些要清盘的也都抛干净了手里的筹码，市场上的浮筹非常少了，所以指数才能上涨得很迅速。

5月6日：道指在这一周达到了1932年9月8日的前期顶部点位，只回调到76点就见底了，有3个前期顶部都在这个点位附近，这里是一个安全的买入点位。随后，道指突破了81点，明确发出了牛市来临的信号，表明指数还会继续走高。道指在上涨过程中，回调的幅度非常小，一举突破了1932年年初的前期顶部89点，上涨得很迅速。

6月13日：道指在97½点见顶。

6月16日：道指在86½点见底，指数在3天内下跌了11个点。随后，道指重拾升势。

7月17日：道指在110½点见顶。你应注意到的是，指数以前在108点、110½点到112曾出现过一连几个顶部，所以这里是一个卖出点位。指数在4个半月里，上涨了60个点。从1933年3月到7月的上涨过程中，与历史上同样短的时段的成交量相比，这4个月的成交量是最高的。公众们已经重拾了信心，开始买入股票，他们盼着市场会演绎出另一个1929年的行情，并相信他们的愿望一定会成真。每个人都在过度地进行交易。只需要一些不利的消息就会引发人们的恐慌，从而带来指数的急速下跌。当时E·A·克劳福博士重仓买入了各种谷物和股票，期货价格和股价的下跌就是他破产的导火索。

道指在见到110½点这个顶部之前，有两周的顶部都在107½点附近，底部在101½点附近。这样看来，指数只涨到了前面这两个顶部点位上方3个点的位置，就开始下跌了，表明市场在顶部点位的卖盘很重。但是当指数的回调幅度超过10个点时，就出现了第一个明确的信号，这样在回调幅度上就超过了指数在3月时的那波最大的次级回调中，当时指数从64½点下跌到了54¾点。6月，指数也有过在3天内下跌11个点的回调，所以现在还不忙着给市场下结论，当指数下跌到99点时，跌幅为10个点，大级别趋势是向下的，而且此时指数已经跌破了之前两周的底部。每天的成交量都在700万到1000万股，人们甚至都不管股价有多低，就是一门心思地抛售，指数迅速下跌。

7月21日：道指下跌到84¼点见底，指数在4天内就跌去了26¼个点，把很多人都强行洗出了局，但考虑到道指没有跌回早期顶部81½点，表明这里是个支撑位，后市会有一波反弹，是个买入点位。道指迅速反弹到97点见顶，随后，有一波次级回调，指数在87¾点见底，接下来，道指开始缓慢上涨。

9月18日：道指在107½点见顶，这次的顶部点位较之前有所下移，这里是一个卖出点位。指数之前有3周的顶部都在105¾点附近，在106½点附近也有过一个顶部，这些都表明道指进入到了前期顶部下方，遭遇了沉重的卖盘。在上涨过程中，最大一次回调的幅度是9个点，所以当指数回调了9个点，或者跌破了前几周底部点位的时候，就预示着道指后市还会继续走低。

9月23日：在这一周，道指跌破了前几周的底部点位，下跌到95½点见底。

10月7日：道指在这一周下跌到91½点见底。这里出现了一周的反弹，道指在100¾点见顶，处在前期一连串底部点位的下方。100点永远都是一个卖出点位。道指从这里开始了一波直线下跌。

10月21日：道指在82½点见底，在4周多的时间里，跌去了25个点，指数没有跌到7月21日底部点位下方2个点的位置，也没有跌到前期低点81½点，都表明这里的支撑力度良好，是一个买入点位。

10月25日：道指上涨到95¾点见顶，这是一次快速的直线反弹。

10月31日：经过一波次级回调，道指在86½点见底。在次级回调的低点买入，是最安全的买入点位，止损单设在这个底部点位的下方。随后，道指重拾升势，不断走高，而其间的回调幅度都非常小。

12月11日：道指在104½点见顶，这是第3次出现顶部点位下移的情况，这里是一个卖出点位，表明市场在这个点位附近仍旧遇到了阻力。接下来，道指回调了两周。

12月20日：道指在93½点见底。你应注意到的是，1933年10月有一连串几个顶部都在这个点位附近。指数将4周的底部都保持在93½点到96½点之间，表明这里的支撑力度良好，特别是在道指反弹到101¾点，又返回到96点的情况下。这里是安全的买入点位，交易的同时要设止损单来加以保护。道指又重拾升势，市场开始向上运行。

1934年

2月5日：道指在111½点见顶，刚好在1933年7月17日的前期顶部上方1个点的位置，这里是一个卖出点位。成交量非常大，这时的市场太疲软了，无法突破112½点的顶部点位。随后，道指有一波迅速的直线下跌。

2月10日： 道指在103点见底，从顶部算起，指数下跌了8½个点，这是市场遭遇到沉重卖压的明确信号。指数在从82½点上涨到111½点的过程中，最大一次回调的幅度是11个点。这第一次的快速下跌，只回调了8½个点，还不足以给出后市指数走低的明确信号。随后，出现了一波反弹。

2月15日：道指在109½点见顶，差2个点没有触及到前期顶部的点位，显示这里有很重的卖盘。

3月3日：在这一周，当道指跌破了前3周的底部点位时，这又是一个后市看跌的明确信号。随后，道指继续下行。

3月27日：道指在97点见底，跌幅为14½个点，根据我们的空间波动法则，趋势将出现反转。而同时有3个底部都在96点附近，这里是一个买入点位。指数在这些底部点位上方止跌企稳，表明后市会有反弹。接下来，道指迎来了一波反弹。

4月11日：道指在107点见顶，这里是一个卖出点位。指数有两周都是在这个点位附近见顶，有3周的底部点位在102½点附近，这也再一次显示出这里的卖压沉重。

5月5日：在这一周，道指跌破了之前3周的底部点位，表明大级别趋势已经再次拐头向下。随后，道指继续下跌。

5月14日：道指在89点见底。随后又反弹到96点，这里是一个卖出点位。接下来，指数回调到90点见底，并且有5周的底部都在这个点位附近，这里是一个买入点位。

6月19日：道指在101点见顶，没有能够触及到上一波上涨的底部102点，这里是一个卖出点位。这只是一次3周的反弹，在反弹见顶后就遭遇了很重的卖盘。随后，道指回调到94½点见底，跌破了前几周的底部点位，也处在一些前期顶部点位的下方。

7月14日：在这一周，道指又有一波力度较弱的反弹，指数在99½点见顶，顶部点位较之前有所下移。这里的抛盘沉重，接下来道指就出现了猛烈的直线下跌。

7月26日：道指在84½点见底。市场处在这个底部的时候，每天的成交量都在300万股，这是数月以来的最大单日成交量，可以看出清盘的压力非常大，指数在这里会见到最后一个底部。这个点位刚好与1933年7月的底部点位相同，同时也是在1933年10月21日的底部点位的上方，显示这里的支撑力度良好。而且道指并没有跌回到1932年9月8日的前期顶部81½点，这个顶部点位被突破之后，它就会变成一个底部，这里是一个买入点位。随后，道指有一波迅速的反弹。

8月25日：道指在96点见顶，这里是一个卖出点位。随后指数出现一波次级回调。

9月17日：道指在85¾点见底，底部点位有所抬高。实际上，指数已经有两周的底部都在这个点位附近，这里是一个安全的买入点位。道指在同一点位附近出现了三重底，而且第3个底部比前面的底部要高一些，说明这里的支撑力度良好，你应该在这里买入股票。

10月17日：道指在96点见顶，重又回到与8月25日的顶部相同的点位，这里是一个卖出点位。指数有4个周的顶部都在这个点位附近。

11月10日：在这一周，道指回调到92点见底，这是上一波下跌行情中最后一个底部的点位。你往回翻看道指的走势图，就会发现有一连串、好几个底部和顶部都在这个点位附近。说明这波1到2周的回调能在这里见底，是合情合理的，这里是一个支撑位。随后，指数有一波快速的反弹。

12月24日：道指在这一周突破了96点，这是指数之前6周的顶部点位，表明道指后市还会继续走高。12月5日，道指的高点在104½点，12月20日，道指回调到99点见底，重又回到了前期的支撑位。

1935年

1月7日：道指在107点见顶，这次与1934年3月的顶部点位相同，是一个卖出点位。

1月15日：道指在99点见底，重又回到了12月20日的底部点位，这里是一个买入点位。

1月21日：道指在103点见顶。

2月6日：道指在99½点见底，这是第3次出现底部点位有所抬高的走势。

2月18日：道指在108½点见顶，比1934年4月的前期顶部高出了1个点，刚好是在前期顶部的上方，这里是一个卖出点位。在这个前期顶部的点位，卖盘越来越多，随后指数就开始了一波下跌。

3月18日：道指在95½点见底，这个点位与几个前期顶部的点位相同，而道指以前也突破过这些前期顶部，这里自然就有一定的支撑，是一个买入点位。因为指数在这波下跌之前就已经突破了在104点到106点一连串顶部点位，也就意味着已给出了趋势向上的信号，而且这波回调也只有一个月，所以在下跌中的卖盘很少，但是要等指数突破前几周的顶部点位之后，才是安全的买入点位，因为这才是市场给出的明确的趋势向上的信号。

4月6日：在这一周，道指在上涨时突破了前3周的顶部点位，表明大级别趋势再次反身向上。

4月27日：道指在这一周的上涨中，先是突破了108点，接着又突破了前期顶部111½点，最后在112½点见顶。在随后的一周，道指回调到107¾点见底，刚好是前期顶部点位。在道指创出新高之后，这里是一个安全的买入点位，后市道指还会继续走高。

5月24日：道指在117½点见顶。指数有3周的顶部都在这个点位附近，刚好在前期底部119⅝点和1931年11月9日前期顶部点位的下方，这里是一个卖出点位。市场在这些前期顶部点位遭遇一些卖压是很正常的事。随后，指数有一波温和的回调。

6月1日：道指在108½点见底，刚好回到了前期顶部的点位，而且指数并没有跌回5月上旬的底部点位，这里是安全的买入点位。这次回调也就真的只有一周，随后，道指很快就重拾升势。

6月15日：在这一周，道指先是突破了3周的顶部117½点，接着又突破了前期底部和前期顶部点位120点，指数只是在121½点附近稍作停留，回调了大约4个点。随后，道指继续走高，其间的回调幅度都非常小。

8月14日：道指在129½点见顶。

8月20日：道指在125点见底，这次回调过后，指数在前期顶部和前期底部点位上方获得了很好的支撑。

9月18日：道指在135½点见顶。上一波行情中的一些前期底部和前期顶部就在这个点位附近，这里自然会相应地出现一次温和的回调，是一个卖出点位。

10月3日：道指在127点见底，这是一次为期两周的回调。指数有3周的底部都在128点到127点附近，既然道指在上一个底部125点的上方2个点就止跌企稳了，那么这里就是一个买入点位。随后，指数重拾升势，并突破了前期顶部135½点，显示指数还有上升空间。

11月20日：道指在149½点见顶。在上一次的行情中，有两个早期顶部在147点到148点附近，这里就是一个阻力位，后市指数会有一波回调。这里是一个卖出点位。

12月19日：道指在138¼点见底，这里是一个买入点位，随后道指出现了反弹。

1936年

1月10日：道指在148½点见顶，顶部点位较上次略有下移，这里是一个卖出点位。

1月21日：道指在142½点见底，底部点位较上一个底部有所抬高，这里是一个买入点位。从指数在1934年7月26日在84½点见底的时间算起，最大一次回调的幅度是12个点。指数一路上涨以来，出现了好几次跌幅为10个点的回调。从1935年11月20日到1935年12月19日的回调，跌幅为11¼个点，这是一次正常的回调。所有信号都显示，市场仍然处在牛市行情中，大级别趋势也还是向上，直到指数跌破了一些前期底部点位，或是回调的幅度超过了12个点之后，这一切才会改变。

2月：道指突破了高点149½点，并继续上行。

3月6日：道指在159½点见顶。你应注意到，1931年6月和7月的前期顶部在157½点，所以这个点位应该会有一波回调，这里是一个卖出点位。另外，154½点是一个前期底部的点位。

3月13日：道指在149点见底，这又是一次跌幅为10½点的回调，同样幅度的回调一直以来都在发生。这次的回调只持续了1周，这里是一个买入点位。随后，指数继续上涨，并见到了这波行情中的一个新高点位。

4月6日：道指在163点见顶，这一周的低点是在159½点，指数这一周都在顶部区域进行窄幅波动，这里是一个卖出点位。在上一周，指数的高点是在161¾点，这也说明道指的波动区间非常小。在接下来的一周，道指跌破了前一周的底部点位，表明小级别趋势发生了改变。随后，指数有一波急速下跌。

4月30日：道指在141½点见底，这次的下跌幅度为21½个点，是指数从低点84½点以来出现的最大一次回调。这次回调持续了3周多，是牛市行情中的一次正常回调。这里是一个买入点位。1935年12月19日的最后一个低点是138¼点，道指从那里展开了上涨行情，并创出了新高，所以这是一个重要的点位。如果熊市行情开启的话，这个点位就应该被破掉，如果想让大级别趋势拐头向下，道指就应该出现超过3周的连续下跌。不过，指数并没有继续下跌，而是立刻开始上涨了。

5月23日：在这一周，有两个顶部都在152½点附近，并出现了第3个点位有所抬高的底部。

5月30日：道指在这一周上涨到153½点见顶。随后又回调到148½点见底，指数能够在前期顶部的上方止跌企稳，表明走势很强。在回调的低点买入，是一个很好的买入点位。接下来，道指继续上行。

6月27日：道指在161点见顶。

7月11日：在这一周，道指回调到154点见底，这是1931年6月的早期底部点位。指数并没有在第2周或是第3周继续下跌，就是强势的表现。

7月18日：道指在上涨中创出了新高，表明后市可看多。

8月10日：道指在170½点见顶，这里是一个卖出点位。

8月21日：道指在161点见底，在11天的回调中，跌幅为9个点。这里是一个买入点位。

9月8日：道指上涨到新高171点见顶，这里是一个卖出点位。随后出现了一波回调。

9月23日：道指在165点见底，指数在前几周最后一个顶部点位上方止跌企稳，这里是一个买入点位。因为这次只回调了9个点，也是市场走强的表现，表明指数未来还会上涨。随后，道指重拾升势。

10月19日：道指在179点见顶。

10月26日：道指在173点见底，这次的回调又是只有一周。接下来，道指继续上涨，再创新高。

11月18日：道指在187点见顶，这里是一个卖出点位。

12月21日：道指在175点见底，回调幅度为12个点，这里是一个买入点位。随后，指数重拾升势。

1937年

1月22日：道指在187点见顶，与上一个顶部一起形成了双顶，这里是一个卖出点位。

1月27日：道指在182½点见底，回调幅度为5个点，这里是一个买入点位。

2月11日：道指在191点见到新高，这是后市看涨的信号。

2月24日：道指在185点见底，回调幅度为6个点。支撑点位比上次有所抬高。

3月8日：道指在195½点见顶，宣告了牛市的结束。为什么这里就应该是顶部呢？往回去查1929年11月13日的底部点位你会发现，当时的底部是在195½点。再往回查1931年2月24日最后一个高点的点位你会发现，当时的顶部是在197¼点。其中特别是从1931年的顶部点位，我们可以看出大级别趋势再次掉头向下，指数会持续走低，在前期底部和前期顶部的点位附近，就理应是一个卖出点位。但是，为了要确认这个点位不会被突破，你必须等指数跌破前一周的底部点位，和空间波动法则中所说的调整幅度被超过以后才能确定。

行情回顾：从1934年7月26日到1937年3月8日，道指从低点84½点上涨到高点195½点，其间最大的一次回调幅度是21½个点，就是在1936年4月，指数从163点下跌到了141½点。所以，当指数的回调幅度超过21½个点时，就表明熊市行情已经开始，大级别趋势已然掉头向下。1936年12月的最后一次回调中，道指下跌到175点见底，跌幅为12个点，所以，如果指数出现了超过12个点的回调，就是大级别趋势已经拐头的第一个信号。1937年2月，道指有3周的底部点位在185点到186点之间，如果指数跌破了该底部点位，就表示大级别趋势第一次发生了改变。

第10波熊市

第一波下跌是一次猛烈的直线下跌。

3月27日：在这一周，道指下跌到183½点见底，跌破了前4周的底部点位，同时也处在3月6日最后一次回调的低点下方，这波回调的跌幅是12个点。道指还在继续下跌。当道指跌破183点时，就是更安全的卖空点位。

4月9日：道指在175点见底。应注意的是，1936年12月的最后一个底部就是在175点，所以这个点位理应是一个支撑位，也是一个买入点位，后市反弹可期。指数有两周的底部都在176点。

4月22日：道指反弹到185点见顶，处在前期底部点位的下方，这里是一个卖出点位。随后，指数出现了直线下跌，并且跌破了前期底部点位和支撑点位175点。

4月28日：道指在169点见底。

5月7日：道指在176½点见顶，这次反弹让指数又回到了前期底部点位的下方，这里自然就是一个卖出点位。

5月18日：道指在166点见底。你应注意到的是，一些前期底部点位是在165点附近，而也有一些前期顶部点位是在170点附近，这个点位应该会有一波反弹。这里是一个买入点位。

5月24日：道指在176点见顶，重新回到了早期底部和前期顶部点位，道指没有能突破这个点位，这里就是一个卖出点位。接下来，道指跌破了前期底部点位，随后就出现了直线下跌。

6月17日：道指在163点见底。你应注意到，163¾点曾经是一个前期底部的点位，1936年4月6日，指数在163点见顶，这里也就成了一个支撑位，也是一个买入点位。另外，1936年8月21的最后一个低点是在161点，所以这个点位会有反弹出现。从大级别趋势掉头向下开始算起，指数到目前为止还没有出现过一次真正意义上的次级反弹，你应该要关注市场是否给出了小级别趋势发生改变的明确反弹，如果看到了这样的信号，就应该买入去抢反弹。道指反弹到172点见顶，随后又回调到166点见底。这个回调的底部是一个买入点位，交易时要设止损单，止损价位要设在前期底部点位的下方。接下来，指数重拾升势，并突破了前几周的顶部点位，之后又突破了前期顶部176点，表明后市还可看高一线。指数这次的上涨速度缓慢，在成交量上，比1937年3月见顶时的成交量低很多。

8月14日：道指在190½点见顶，这个点位与之前的大级别行情的顶部点位相比，还是有所下移的，这里是一个卖出点位。指数有两周的底部在185½点到190½点附近，从上涨开始以来，每周的底部点位都在不断抬高。

8月21日：在这一周，当道指跌破了之前两周的底部点位后，趋势再一次掉头向下，你应该开始卖空。指数从163点上涨到190½点，其间最大的回调幅度是5个点。所以，当指数的回调幅度超过5个点时，也就超越了运行波动上的平衡，这是后市走低的明确信号。这波下跌的速度很快，当指数跌到一连串前期顶部和前期底部所在的176点时，并没有徘徊不前，或者说并没有任何指数获得支撑的迹象。下跌还在继续，指数跌到了前期底部163点，这里也没有出现反弹，或者是止跌的表现。接下来，指数又跌破了前期低点160点，随后仍旧继续下行。

9月24日：道指在147点见底，这又跌到了前期顶部的点位，同时也是几个前期底部的点位，这里是一个买入点位。

9月30日：道指在156½点见顶，这次的反弹幅度为9½个点。这个点位处在上一波行情的前期底部和前期顶部的下方，这里是一个卖出点位。

10月19日：随后出现了一波恐慌性下跌，道指在115½点见底。这时的成交量是多个月来最大的。你应注意到的是阻力位的点位，1935年6月的阻力位是在117点，1931年的前期顶部和前期底部点位是在119½点，所以这里就是一个支撑位，后市指数会出现反弹，特别是要买在一波恐慌性下跌的底部，这里是一个买入点位。随后，道指就开始急速上涨。

10月29日：道指在141½点见顶，处在一连串几个前期底部的下方，也是在1936年4月30日的前期底部的下方，这里就是一个卖出点位，后市会出现回调。随后，指数就有一波急速的回调。

11月23日：道指在112½点见底，刚好在前期底部点位的下方3个点，也是在1933年和1934年的早期顶部点位附近，后市反弹可期。

12月8日：道指在131点见顶，这里是一个卖出点位。

12月13日：道指在121½点见底，这是一波次级回调。曾经有过两个前期底部就在这个点位附近，这里是一个买入点位。

12月21日：道指在131点见顶，与12月8日顶部点位相同。这里是一个卖出点位。

12月29日：道指在118点见底，这比前期的底部点位略高，对指数有一定的支撑作用，这里是一个买入点位。

1938年

1月15日：道指在134½点见顶。虽然突破了前两周的顶部点位，却没能继续上涨，有两周的顶部都在这个点位附近，这里是一个卖出点位。在随后的一周，指数跌破了前一周的底部点位，预示指数会出现回调。

2月4日：道指在117½点见底，这与1937年12月29日的底部在同一价位附近，形成了双底，另外，指数也在1937年10月19日的底部点位上方获得了支撑，这里是个买入点位，交易的同时要下止损单，止损单的价位要与交易价接近一些。

2月23日：道指在133点见顶，比1月15日的顶部点位略低，显示出在前期底部和前期顶部的点位附近，指数遭遇了沉重的卖盘，这里是一个卖出点位。

3月12日：在这一周，道指跌回到之前两周的底部127½点的下方，这是小级别趋势再次掉头向下的信号。随后，指数有一波急跌。在118点附近的双底也被跌破，表明市场极度疲弱，指数在这个底部点位没有出现任何反弹。之前上涨行情中的最后一个低点112½点同样被跌破了，而且指数在前期顶部110点和108点附近都没有什么反弹，或者获得支撑的继续，显示市场走得太弱了。此时的卖盘很重，每个人都看跌后市，丧失了对未来行情的期盼。反弹幅度都非常小，一般只有4到5个点。要记住我们有一条法则说的是，在熊市的最后阶段股价跌得越低，反弹的幅度就越小。

3月31日：道指在97½点见底，这里是恐慌性下跌的终点，也是熊市行情结束的地方。道指为什么能在这个点位止跌并获得支撑呢？往回看一下道指的走势图，你会发现，1935年3月18日的低点是在95½点，一波真正意义上的牛市行情从这个点位开始起步；在1934年11月，有一连几个顶部都在96点附近，这样看来，97½点到95½点就是一个力度很强的支撑点位，恐慌性下跌的底部就是一个买入点位。但是，你还应该按照我们的交易法则，去关注那些能反映趋势已经反身向上的明确信号。

行情回顾：从1937年3月8日到1938年3月31日，道指从高点195½点下跌到低点97½点，在这波熊市行情中，最大一次反弹是指数从163点上涨到190½点，涨幅为27½个点，其次是指数从112½点上涨到134½点，涨幅为22个点。指数的最后一次反弹是从117½点上涨到到133点，涨幅为15个点。最后一次小幅反弹是从1938年3月12日的低点121½点，上涨到3月16日的高点127½点，涨幅为6个点。所以，如果道指出现6个点以上的涨幅，就是小级别趋势发生改变的第一个信号。如果涨幅超过了15个点，就表明上行趋势再度展开。

第11波小级别牛市

4月2日：道指开始反弹，这是后市看涨的第1个信号。

4月9日：道指突破了前一周的顶部108½点，这是后市看涨的第2个信号。

4月18日：道指在121½点见顶，上涨了23½个点，它比上一波熊市行情中，指数从112½点到134½点的那次反弹的幅度要大。这是指数后市看涨的第3个信号。要注意的是，前期有一连几个底部都在121点附近，这里就成了一个卖出点位，后市会有回调出现。当我们往回看道指以前的走势就会发现，过去有好几个底部和顶部都是在119点到120点之间，这里始终都是很重要的点位，也表明一波次级回调在即，因为指数在见到最后一个底部之后的第一次急速反弹过后，总会出现一波次级反弹。

5月27日：道指缓慢下行，在106½点见底，比3月31日的底部点位高出了9个点。

在这个点位，市场非常低迷，呈现窄幅震荡行情，表明这里没什么卖压，次级回调的底部就是一个买入点位。从顶部120点算起，这是一次3周的回调。你应该关注何时出现反映小级别趋势再次反身向上的第一个信号。道指分别在114点和112½点见到了顶部。

6月11日：道指在这一周突破了112½点，在116点见顶。随后的一周，指数回调到112½点见底，回调过程中的成交量非常少，这是一个明确的买入信号。

6月25日：在这一周，道指突破了上一个顶部116点，又一举突破了在120点到121点的前期顶部点位。上涨过程中的买盘很多，市场迅速上攻。在133点到134½点的前期顶部点位，指数也没有出现回调。每一周的底部点位都在不断抬高。

7月25日：道指在146¼点见顶，处在前期底部点位的下方。你应注意的是，1937年10月的两周底部点位。指数有3周的顶部点位都在146点附近，这里是一个卖出点位。

7月28日：道指回调到139点见底。

8月6日：道指反弹到146½点见顶，这是指数在这个点位的第2个顶部，或者说与7月25日的顶部一起形成了双顶，这里是一个卖出点位。随后，指数出现了一波急速下跌。

8月12日：道指在135½点见底。

8月24日：道指在145点见顶，较之前的顶部点位有所下移，在这个点位你应该卖出多头仓位，并开始做空，因为指数下跌到135½点时，就已经跌破了前3周的底部点位。随后，道指回调到136½点见底，又反弹到143½点见顶，这次比之前的顶部点位要低，明确地发出了卖出的安全信号，后市看跌。

9月14日：道指在130¼点见底，又跌回了前期底部的点位，但是指数跌破了前一周的底部点位，预示着指数后市会走低。

9月21日：道指在140½点见顶，再一次出现了顶部点位下移的情况，这里是一个卖出点位。当希特勒已经准备好占领捷克斯洛伐克时，市场上谣传说，如果希特勒不一意孤行的话，就不会有战事，但是他的确按他的想法去做了，各种关于战争的消息，引发指数出现了迅速的直线下跌。

9月26日：道指在127½点见底。

9月27日：道指反弹到132½点，涨幅为5个点。

9月28日：道指在127⅞点见底，这次比9月26日的底部点位略高，这里是一个买入点位。市场在这个阻力位，对股价的支撑力度很大，所有迹象都表明市场正在筑底。同盟国此时向希特勒妥协，避免了一场战争。你应注意到，128点在指数的历史走势中，曾经是一连好几个前期顶部和前期底部的点位，这里自然就是一个支撑点位。下面我们还要举出更多的理由，来解说为什么这里是确定无疑的买入点位。接下来，你应关注能反映趋势反身向上的第一个信号。在上次的下跌过程中，最后一次反弹的幅度是5个点，而最大一次反弹的幅度是10个点。所以，当指数上涨了6个点时，就表明后市看涨，而当涨幅达到了10个点时，就表明后市还有上涨的空间。指数的确就是这样迅速上涨的。如果你在道指上升了5个点和10个点的时候就买入了股票，一定已经赚了很多钱。指数还在继续上涨，并一举突破了前期顶部146点，显示向上的趋势走得很强。当道指突破了146点之后，你如果加仓买入股票的话，还是能获得丰厚的盈利。回调的幅度都很小，也没有出现跌破前一周底部点位的现象。

11月10日：道指在158¾点见顶，这里是一个卖出点位。应注意的是，1937年9月最后一波反弹的顶部在157½点，表明在这个点位附近股票会遭遇卖压。但你必须根据交易法则来确定，趋势何时会发生改变。

行情回顾：从1938年3月31日到1938年11月10日，道指从低点97½点上涨到高点158¾点，在上涨过程中。有过15个点的回调，其间最大一次回调的幅度是19个点，最小一次回调是从10月14日到18日的那次，指数从153½点下跌到148½点，跌幅为5个点，而最后一次回调是指数从155½点下跌到150½点的那次，回调了5个点。所以，当市场下跌了5个点或更多时，就表明指数后市会走低。如果道指跌破了150½点，也是后市看空的信号。如果道指跌破了148½点，也就跌破了一连串前面几周的底部点位，这是大级别趋势已经掉头向下的信号。

第11波小级别熊市

接下来，道指有一波迅速的下跌。

11月28日：道指在145点见底。因为它处在前期一连串位于146点到145点的几个顶部下方，这里自然会是一个支撑位和买入点位，后市反弹可期。指数在第一次直线下跌之后，总会有一波次级反弹，而目前那波次级反弹还没有出现。所以，你可以在145点买入，来抢这波反弹。

1939年

1月4日：道指在155½点见顶，这次的顶部点位较上次有所下移。事实上，指数这两周的顶部都是在155½点附近，刚好在1938年11月底部点位下方3个点，说明这波次级反弹遭遇了沉重的卖盘。你应该在这里清空多头仓位，并开始卖出做空。

1月14日：在这一周，当道指跌破了前3周的底部点位，就是小级别趋势再次掉头向下的第一个信号，预示着道指将继续走低。随后，道指持续下行。

1月26日：道指在136⅛点见底。应注意的是，1938年7月，道指有3周的底部在这一点位附近，另外，这里也曾是1937年10月和12月的顶部点位，所以后市会从这里启动一波反弹。随后，道指出现了迅速的反弹，市场不断走高。

3月10日：道指在152½点见顶，这是第3次出现顶部点位有所下移的情况，处在上一轮波动的拐点，这里是一个卖出点位。这一周的低点是148½点。在接下来的一周，当道指跌破了148½点时，就第一次确认了小级别趋势再次掉头向下的走势。你应卖出多头仓位，并开始做空。道指下跌的速度很快，跌破了所有的支撑点位。

3月31日：在这一周，道指跌破了前期底部136点，可以看出市场处在非常疲软的状态，随后，道指仍继续下跌。在1938年9月的前期底部128点，这个重要的阻力位也没有表现出任何的支撑作用，道指在这里也没出现一次反弹，显示市场已进入弱势，而且大级别趋势也是向下的。

4月11日：道指在120⅛点见底，这里是一个买入点位。处在前期顶部和前期底部的点位附近，自然就是一个支撑位。应注意到的是，道指之前下跌到120点见底后，就出现了最后一次反弹，这里就顺理成章地对指数有一定的支撑作用。

行情回顾：从1938年11月10日的到1939年4月11日，道指从高点158¾点下跌到低点120⅛点，其间最大一次反弹的涨幅是16个点，最小一次反弹也上涨了10½个点。所以，当道指从120⅛点算起上涨了11个点时，就表明小级别趋势已经反身向上了。当涨幅超过16个点时，则显示大级别趋势也再一次恢复上行。道指从1939年3月10日最后一个高点152½点下跌到低点120⅛点，其间最大一次反弹的涨幅是5个点，所以，当道指出现了超过5个点的上涨，就是指数已经见底的第一个信号，这至少告诉我们，小级别趋势已经反身向上了。

第12波小级别牛市

随后，道指出现了一波迅速的反弹行情。

4月13日：道指在129¼点见顶，上涨了9个点。考虑到1938年9月的前期底部在128点，这里是一个卖出点位。所以，道指从这个点位会展开一个次级回调，是再正常不过的事了。

4月14日：道指在124½点见底，这次的底部点位较上次有所抬高，是一个买入点位。接下来，道指有一波反弹。

4月15日：道指在130½点见顶，比前期顶部点位高出了1¼个点，这里是一个卖出点位。

4月19日：次级回调到124¾点见底，这次比上次的底部点位略高，是一个买入点位。

4月22日：道指在130点见顶，这次与4月15日的顶部点位相同，是一个卖出点位。

4月26日：道指在126½点见底，这是第3次出现底部点位有所抬高的情况，这里是一个买入点位。

4月28日：道指在131½点见顶，这里是一个卖出点位。

5月1日：道指在127½点见底，这是第4次出现底部点位有所抬高的情况，这里是一个买入点位。

5月10日：道指在134½点见顶，处在前期底部点位的下方，这里是一个卖出点位。随后，指数出现了一波回调。

5月17日：道指在128½点见底，这是第5次出现底部点位有所抬高的情况，在前期顶部和前期底部128点附近，对指数有一定的支撑作用，这里是一个买入点位。在见到这最后一个底部之后，道指开始上涨，并突破了前期顶部点位。接下来，道指继续上行。

6月9日：道指在140¾点见顶，再一次回到了前期底部和前期顶部点位附近，上涨遇阻，这里是一个卖出点位。这次上涨从4月的极低点120⅛点算起，涨幅已经超过了20个点，这就表明，在一波次级回调过后，道指还将继续走高。

6月16日：道指在134点见底，又回到了前期一个顶部的点位，这里是个买入点位。

6月21日：道指在138½点见顶，这次的顶部点位较上次有所下移，显示出遭遇了沉重的卖压，是一个卖出点位。随后，道指开始下跌，并跌破了134点这个支撑点位。

6月30日：道指在128⅞点见底，指数在1939年4月和5月一连串的支撑点位上方获得了支撑。这里是次级回调的低点，是一个买入点位。接下来，道指开始缓慢上行，并突破了前一周的顶部点位。

7月13日：道指突破了138点，这是6月21日的顶部点位，该突破预示着道指还将继续走高。

7月17日：道指突破了140¾点，这是6月9日的高点。

7月25日：道指在145¾点见顶，处在1938年7月和8月的前期顶部点位附近，这也是1939年3月21日最后一次反弹的顶部点位，所以，在这里至少会出现一波回调。这里是一个卖出点位。

8月1日：道指在142½点见底。

8月3日：道指在145¾点见顶，这次与7月25日的顶部点位相同，形成了双顶，这里是一个卖出点位。

如果你能够仔细地反复去看道指的走势图，研究道指在阻力位附近出现的所有重要的波动情况，你就可以掌握如何在未来的市场行情中，成功地运用这些法则来进行操作。你做的研究越多，将来获得的成功也就越大。

道琼斯30种工业平均指数

在以下表格中，列出了牛市行情中的各次回调和熊市行情中的各次下跌，或是与大级别趋势相反的走势。表中注明了每波牛市行情中的逆势回调，或是每波熊市行情中的逆势反弹的序号和持续的时间（以周为单位）。反复查看这些表格就会发现，在42年多的时间里，只有6次逆势的回调或反弹能够持续11到14周。一般来说，这样逆势的回调或反弹会持续2到5周，有一些可以持续6到8周。这就为你预判未来的行情提供了指南，让你在市场重新回归大级别趋势之前，就能估算出逆势的回调或反弹将会运行几周。

年份	回调/反弹序号	持续时长（周）
第1波牛市在1896年8月8日见底		
1896年	1	2
	2	5
1897年	3	13
	4	7
1898年	5	11
	6	8
1899年	7	1
	8	5
第1波牛市行情结束		
第1波熊市		
1900年	1	1
	2	3
	3	4
	4	2
第1波熊市行情结束		
第2波牛市		
1900年	1	1
	2	6
	3	2
1901年	4	3
	5	1
第2波牛市行情结束		
第2波熊市		
1901年	1	1
	2	3
	3	1
	4	5
1902年	5	8
	6	3
	7	2
	8	4
	9	4
	10	1
	11	1
1903年	12	3
	13	4
	14	1

年份	回调/反弹序号	持续时长（周）
第2波熊市		
	15	1
	16	1
1903年11月9日第2波熊市行情结束		
第3波牛市		
1904年	1	1
	2	6
	3	6
	4	1
	5	1
1905年	6	6
第3波牛市行情结束		
第3波熊市		
1907年	1	2
	2	5
	3	9
	4	4
1907年	5	2
	6	2
	7	2
	8	2
	9	2
第3波熊市行情结束		
第4波牛市		
1907年	1	2
1908年	2	4
	3	2
	4	5
	5	6
	6	6
	7	2
1909年	8	2
	9	3
	10	4
	11	3
第4波牛市行情结束		

年份	回调/反弹序号	持续时长（周）
	第4波熊市	
1910年	1	3
	2	3
	3	2
	4	2
	5	2
	7月26日第4波熊市行情结束	
	第5波牛市	
1910年	1	4
	2	7
	3	4
1911年	4	3
	5	14
	6	2
	7	2
1912年	8	2
	9	2
	10	2
	11	2
	12	2
	第5波牛市行情结束	
	第5波熊市	
1912年	1	2
	2	3
	3	2
1913年	4	1
	5	2
	6	13
1914年	7	6
	8	2
	9	4
	10	2
	第5波熊市行情结束	
	第6波牛市	
1915年	1	4
	2	2
	3	12
	4	1
	5	1

年份	回调/反弹序号	持续时长（周）
	第6波牛市	
	6	3
1916年	7	5
	8	3
	9	6
	10	4
	11	1
	第6波牛市行情结束	
	第6波熊市	
1916年	1	2
1917年	2	7
	3	4
	4	3
	5	2
	第6波熊市行情结束	
	第7波牛市	
1918年	1	7
	2	2
	3	2
	4	2
	5	1
	6	2
	7	3
	8	2
1919年	9	5
1919年	10	2
	11	5
	12	1
	第7波牛市行情结束	
	第7波熊市	
1919年	1	2
1920年	2	6
	3	2
	4	2
	5	5
	6	3
	7	2
1921年	8	4

年份	回调/反弹序号	持续时长（周）
	第7波熊市	
	9	2
	10	2
	11	4
	12	6
	第7波熊市行情结束	
	第8波牛市	
1921年	1	2
	2	2
1922年	3	3
	4	2
	5	2
	6	2
	7	7
1923年	8	2
	第8波牛市行情结束	
	第8波熊市	
1923年	1	1
	2	2
	3	2
	4	5
	5	1
	第8波熊市行情结束	
	第9波牛市	
1924年	1	1
	2	2
	3	6
	4	2
	5	2
	6	3
1924年10月18日		
1925年	7	4
	8	4
	9	1
	10	1
	11	2
	12	3

年份	回调/反弹序号	持续时长（周）
	第9波牛市	
	13	2
	14	7
	15	3
	16	1
	17	6
	18	6
1927年	19	1
	20	1
	21	4
	22	1
	23	3
	24	2
1928年	25	4
	26	2
	27	3
	28	2
	29	2
	30	2
	31	1
1929年	32	2
	33	4
	34	3
	35	2
	第9波牛市行情结束	
	第9波熊市	
1929年	1	1
	2	2
	第9波熊市结束	
	第10波小级别牛市	
1929年	1	2
1930年	2	2
	小级别牛市结束	
	第10波熊市	
1930年	1	2
	2	3
	3	4与低点相距11周
	4	1

年份	回调/反弹序号	持续时长（周）	年份	回调/反弹序号	持续时长（周）
	第10波熊市			第10波熊市	
	5	2		12	1
	6	3		13	5
1931年	7	5与低点相距10周		14	2
	8	1		15	1
	9	1		16	2
	10	3		17	1
	11	1		1932年7月8日第10波熊市行情结束	

在牛市行情，或是吸筹的阶段，指数在第一波为期9周的急速上涨中，没有出现过一次回调，随后，指数下跌了25周，这是牛市中的回调。其间最大一次反弹持续了6周，最后一次下跌持续了7周，指数在1933年2月27日见底。

1933年，市场重回牛市行情

回调的序号	持续时长（周）
1	2
2	1
3	1

指数从7月17日到21日，跌去了26个点。接下来，一波具备交易性的市场行情，或者说是单边吸筹的行情持续了91周，直到1935年3月30日见顶为止。道指经过了这波上涨，既没有站上1933年7月17日的高点上方2个点的位置，也没有跌到1933年7月21日的低点下方2个点的位置。指数在27个点的区间内进行盘整。指数盘整了这么长时间，预示着当其突破1935年3月的前期顶部112点时，后市的上涨空间就完全打开了。1937年3月10日，道指最后在195½点见顶。

道指从1933年7月21日到1935年3月30号的走势如下：

反弹1周，回调1周，

上涨了7周，指数在1933年9月见顶，这样总共算是9周的反弹。

下跌了4周，1933年10月21日在82½点见底。这是一个回调的极低点，与1933年7月21日相距13周。接下来的一波反弹持续了14周，1934年2月5日在111½点见顶，随后指数下跌到1934年7月26日见底。最后一个低点是在84½点，与1934年2月5日相距24周，其间都没有超过4周的反弹，指数从这个低点开始上涨，重拾升势。从1934年2月5日到1934年7月26日，出现了牛市行情中的回调。

年份	回调/反弹序号	持续时长（周）
	第11波牛市	
1934年	1	4
	2	2
	3	2
1935年	4	3
	5	4
	1935年3月18日见到最后一个低点	
	6	1
	7	2
	8	2
	9	4
1936年	10	1
	11	1
	12	1
	13	3
	14	1
	15	1
	16	2
	17	1
	18	1
	19	5
1937年	20	1
	21	2
	1937年3月10日第10波牛市结束	

年份	回调/反弹序号	持续时长（周）
	第11波熊市	
1937年	1	2
	2	1
	3	2
	4	8（反弹到8月14日）
	5	1
	6	2
1938年	7	2
	8	2
	1938年3月31日第10波熊市结束	
	第12波牛市	
1938年	1	2
	2	2
	3	1（8月的回调）
	4	4（这4周的回调，或者说，与前期顶部相距8周）
	1938年11月10日第12波牛市结束	
	第12波小级别熊市	
1938年	1	4
	2	6

道琼斯20种铁路股平均指数

年份	回调/反弹序号	持续时长（周）
	第1波牛市	
1897年	1	5
	2	8
1898年	3	8
	5	6
	6	8
1899年	7	8
	第1波牛市结束	

年份	回调/反弹序号	持续时长（周）
	第1波熊市	
1899年	1	13
	2	4
1900年	3	15
	第1波熊市结束	
	第2波牛市	
1900年	1	5

年份	回调/反弹序号	持续时长（周）
	第2波牛市	
1901年	2	1
1901年	3	8
	4	2
	5	3
	6	2
	7	3
	第2波牛市结束	
	第2波熊市	
1902年	1	4
	2	3
	3	2
	4	2
	第2波熊市结束	
	第3波牛市	
1903年	1	2
1904年	2	7
	3	5
	4	2
1905年	5	6
	6	2
	7	3
	第3波牛市结束	
	第3波熊市	
1906年	1	3
	2	6
	3	9
	5	1
	6	2
	7	5
	8	4
	第3波熊市结束	
	第4波牛市	
1908年	1	4
	2	5

年份	回调/反弹序号	持续时长（周）
	第4波牛市	
	3	2
	4	8
1909年	5	2
	第4波牛市结束	
	第4波熊市	
1909年	1	2
	2	4
1910年	3	4
	4	2
	5	2
	6	2
	7	1
	第4波熊市结束	
	第5波牛市	
1910年	1	3
	2	7
1911年	3	3
	4	3
	5	10
1912年	6	10
	7	10
	第5波牛市结束	
	第5波熊市	
1912年	1	4
	2	1
	3	3
1913年	4	3
	5	2
	6	13
	7	6
	8	2
	9	4
	10	2
	1914年12月24日第5波熊市结束	

Chapter 12

成交量

在考虑了个股在顶部和底部的形态、时间周期和阻力位这三个重要因素之后，下面需要考虑的第四个因素，就是该股在顶部和底部的成交量，其重要性仅次于上述那三个因素。

成交量是股市背后真正的驱动力，从成交量上你就可以判断出股票的买方和卖方之间力道的此消彼长。只要有大手笔的买单或卖单，无论来自职业交易者、大众投资者，还是其他的买方或卖方，这些大单都会被记录在报价带上，你能看到它们具体的交易量。

所以，你要认真研究股票的成交量，它将让你非常精准地对趋势的变化进行判断，特别是当你结合其顶部和底部的形态、时间周期和阻力位等所有相关法则一起使用时，效果尤其明显。

通过成交量判断股价是否见顶或见底的法则

法则一：个股在任何一波漫长的牛市行情末期，或是快速上涨即将结束时，成交量一般会有大幅地增长，它标志着这波行情的终结，至少也是暂时告一段落。接下来，在沉重的抛盘打压之下，股价会有一波急速下跌，随后将出现的是次级反弹，而反弹过程中，成交量也会降下来，这就说明该股已经见到了此轮行情的最后一个顶部，以后的主趋势将是拐头向下了。

法则二：如果该股第二次见到比前期高点更低的顶部之后，走势低迷，在一段时间内呈现单边窄幅波动的行情，如果接下来的成交量发生突破，那就是股价还会进一步下跌的信号。

法则三：当一只股票经历了长达几周、几个月或者几年的下跌之后，如果股价已经触底，那么成交量就应该出现萎缩，股价的波动幅度也应收窄。这就是一个明确的信号，它告诉我们抛盘已经逐渐衰竭，该股已经准备好要进行趋势的改变了。

法则四：股价在经过第一波急速的拉升之后（当市场从熊市转为牛市的时候），

会有一波次级回调，并见底的过程，这就跟它在第一波急跌后，会有一波次级反弹是一样的道理。如果股价回调时是缩量的，而当股价又反身向上的时候，成交量在不断放大，这就说明股价还有更大的上涨空间。

这些法则不仅适用于研判个股的走势，同样也可以用来判断大盘的方向，依据纽约证券交易所每天、每周或每月的总成交量，就可以预测出大盘是否见顶或者见底。

结论：一般来说，当成交量放大时，股价接近顶部，而成交量萎缩时，股价就要见底了。当然也有例外情况发生，比如在1929年10月和11月的行情。在大盘下跌速度非常快的情况下，见底时成交量会很大，会形成一个尖底，随后将有一波迅速的反弹。这就像第四条法则中讲的，在第一波快速反弹后，总会有一次缩量的次级下跌，这是规律。

纽约证券交易所每月成交量记录
(1930~1935)

为了能够更好地理解成交量的重要性，仔细研究纽约证券交易所的总成交量记录十分必要。

1930年

6月：指数不断下行，成交量在8000万股。

7月和8月：市场出现小幅反弹，两个月的总成交量只有8000万股。

9月：指数在月初略有上涨，随后就开始了一波下跌行情，并创出了新低，成交量为5000万股。

10月：大盘破位下跌，再创新低。此时的指数已经跌破了1929年11月的低点，成交量增加到7000万股。

12月：道指这个月的新低比1929年11月的底部还低了46个点。该月的成交量是6000万股。

1931年

1月：这个月大盘开始反弹，该月的成交量为4200万股。

2月：市场见到了反弹的高点，成交量达到6400万股。在反弹过程中，成交量逐渐放大，表明指数上涨遇到了阻力。值得注意的是，这个高点刚好位于1929年11月的底部区域下方，当指数又回升到这个价位时，因为它是前期恐怖性下跌中形成的大底，所以遭到了沉重的抛盘打压。

3月：本月大盘又开始下跌，成交量也是6400万股，而且在指数下行的时候，还出现了放量。

4月：成交量为5400万股。

5月：成交量在4700万股。

6月：该月大盘有一波急跌，总成交量为5900万股，指数在120点又见新低，这个点位曾经是1919年的顶部，也是1925年5月下跌行情中的最后一个底部。随后的一波快速反弹持续到了6月底至7月初，指数回升到了157.5点，但还是没能突破1931年5月的高点。

7月：成交量萎缩到了3300万股，大盘窄幅下行。

8月：成交量仅为2400万股，大盘仍处在窄幅振荡之中，交投清谈，指数没有出现什么上涨的动作。

9月：市场交易开始活跃，成交量达到了5100万股，而在成交量放大的同时，指数却在这个月下跌了45个点，表明大盘非常疲弱，并预示着指数将继续下行。

10月：大盘又是一轮急速下跌，指数探至85点，成交量为4800万股。

11月： 接下来的反弹在11月9日见顶，指数上涨到了119.5点，重新回到了1919年的早期顶部点位，这也是1925年最后一个低点的点位，同时还是上一波反弹的顶部。因为指数没有能冲破这些前期的底部，同时也未能突破上一次反弹的顶部，这些都说明大盘尚未走强，趋势仍然是向下的。该月的成交量是3700万股，量能在反弹过程中出现萎缩。

12月：指数下跌到了这波行情的新低72点，成交量为5000万股，这是自1931年9月以来最大的单月成交量，表明抛压依然没有减轻的迹象。

1932年

1月：指数在70点见底，成交量为4400万股。

2月：指数反弹到了89¾点，成交量在3100万股。

3月：指数这个月的高点与2月的高点差不多一样，成交量为3300万股，随后，指数无力继续反弹，开始了窄幅向下的走势。

4月：道琼斯30种工业指数跌破了70点，该点位曾是1月的低点，指数在55点见底，成交量为3000万股。

5月：指数跌破了53点，这个点位可是很早以前在1907年和1914年的恐慌性下跌中形成的大底，说明股指还有下跌空间，当月指数的低点是45点，成交量是2300万股。

6月：指数在这个月又创了新低，而极高点和极低点之间的波动区间就在10个点左右，成交量仍为2300万股。

7月：1932年7月8日，道指创下了历史极低位40½点，成交量非常之低，指数和个股都在相当窄的幅度内进行整理，显示出熊市已经进入最后一幕。指数在7月下旬突破了6月份的高点，显示出趋势有拐头向上的迹象。该月的成交量还是2300万股，指数在约为13个点的区间内波动。

从1929年的大顶算起，道指在7月见底时，已经跌去了345个点。从5月到7月，这三个月的成交量加在一起也只有6900万股，这是自1923年以来的地量，你可以对比一下，在1929年9月见到大顶时，当月的成交量超过了1亿股，10月的成交量更是达到了1.41亿股。这就表明，在如此疯狂的暴跌过后，抛盘已然衰竭，趋势正在发生改变。市场真的是被卖盘都打傻了，呈现出一种停滞的状态。作为交易者，或者称为投资者，都在清空手中所有的仓位，因为他们害怕股市会走得更糟。现在又要老调重弹了：牛市从否极中来，因乐极而终。所有的市场讯号都再明白不过了，成交量的萎缩和窄幅振荡整理都告诉我们，熊市已然结束，变盘是板上钉钉的事。

从1932年7月的下半个月开始，大盘启动了一波反弹。

8月：指数在这个月有一波急速拉升的反弹行情，成交量在8300万股，这个月的成交量比前三个月成交量的总和还要多，这是那些卖空的人在进行空头回补，也有些精明的投资者在做多买入。

9月：指数见到反弹的高点，成交量达6700万股，从7月8日的底部算起，指数上涨了40个点。这次一直持续到9月的反弹是带量的反弹，随后市场就开始出现派发，趋势又掉头向下了（要注意的是，从7月8日到9月见顶这段时间里，市场的总成交量达到了1.68亿股）。指数在反弹的第三个月没能继续创出新高。从1930年4月到1932年7月，指数和大多数个股都没有出现过超过两个月以上的反弹。所以说，要想确立趋势的反转，明确后市是否会有一波长期的牛市行情，指数和个股连续反弹的时间就必须要达到整三个月，或更长时间才行。

10月：9月见顶后，股指开始缓慢走低，同时成交量也出现萎缩，10月的成交量是2900万股。

11月：成交量为2300万股。

12月：成交量还是2300万股。

1933年

1月：成交量为1900万股。

2月：整个国家都被一种恐慌的气氛笼罩着，各州的银行竞相倒闭，惊慌失措的人们在不计成本地抛售手里的股票和债券。此时，企业也纷纷破产，罗斯福总统在3月1日宣誓就职后，立刻采取行动，让全美所有银行都暂停营业。标志着这波次级下跌的结束，市场开始走出一波建设性的恢复期行情。

道琼斯工业平均指数在2月在50点见底，比1932年7月的底部高出了9个点。成交量也只有1900万股，这是股市十多年以来单月成交的地量水平，也是自1929年9月以来最低的单月成交量，应该是很明确的见底信号。

3月：反弹开始，价升量增。成交量为2000万股。

4月：美国放弃了金本位制度，提振了股市和期货市场，引发这两个市场出现急速上涨。纽约证券交易所这个月迎来了5300万股的成交量。

5月：大盘继续上涨，成交量也达到了1.04亿股。

6月：成交量放大到1.25亿股。

7月：该月的成交量是1.2亿股。

从1933年3月的低点到7月的高点，纽约证券交易所的总成交量达到了4.22亿股，平均指数在7月见顶时的点位，比1933年2月的底部要高出60个点。很少有人会对成交量做记录，更别提去细致地研究它了，当然一般人也就不会明白4.22亿股这样巨大的成交量意味着什么。这可是纽约证券交易所有史以来任何一波牛市行情中最大的成交量。比1929年最后一波反弹时的成交量还要大（从1929年5月的最后一个高点到同年9月，平均指数上涨了96个点，在这几个月中，纽约证券交易所的总成交量是3.5亿股）。这段时间可以说是历史上最疯狂的一次抢购浪潮。期货价格也是蹦着高似的往上涨。人们都在闭着眼睛，不看价格地买股票。你只要去想一想，1933年5月至7月这三个月高达3.5亿股的成交量，就已经赶上了1929年5月至9月的成交量，便可窥知一斑了。这些成交量的讯息也明白地告诉我们，通货膨胀的大浪来袭。期货价格和指数都已经涨得太快，造成那些后来跟进买入的人盈利空间就很小了，从7月18日到21日，指数在这四天内跳空下跌了25个点，探到了85点。在同一时间段，棉花和小麦的期货价格也在抛盘不断打压下遭遇重挫。E·A·克劳夫特（Crawford）博士就是在这个时候做期货破产的，据说当时期货的成交也创下了历史天量。

8月和9月：经过7月的急跌后，市场在8月和9月出现了反弹，指数与7月顶部仅相差了两个点，形成了双顶，第二次反弹时，成交量有所减少。8月的成交量是4200万股，9月的成交量为4300万股。这两个月的成交量只有1933年7月成交量的大约2/3而已。

10月：道琼斯30种工业指数下跌到了82½点，这是后市大牛行情开始前的最后一个低点。成交量减少到3900万股，市场变得非常低迷，股指呈窄幅振荡走势。从10月的低点起步，指数开始缓慢上行。

11月：成交量是3300万股。

12月：成交量为3500万股。

1934年

1月：该月的成交量达5400万股。

2月：本月的高点只比1月份的顶部略微高些，成交量是5700万股。指数没能站到1933年7月顶部以上1个点的位置，在此构筑了双顶。1月和2月的成交量共计1.11亿股，指数第三次回到了相同的点位，这是见顶的信号。而个股见顶的迹象尤为明显，2月出现的放量滞涨，就说明顶部快撑不住了。从2月的下半个月开始，趋势就掉头向下走了。

3月：成交量为3000万股。

4月：指数略有反弹，成交量在2900万股。

5月：股指走低，成交量是2500万股。

6月：指数小幅反弹，成交量这个月减到了1600万股。

7月：道指在7月26日见底，当日的成交量接近300万股，指数下跌到了85点，这个点位比1933年10月的底部略高。

该月的成交量只有2100万股，个股呈现窄幅振荡行情，表示底部处于构筑当中，这是在为下一波牛市行情打基础。事实上，根据我的交易法则，从大盘任何一个重要的高点或低点算起，一定要留意它在一年、两年或是三年后有无趋势变化，由于大盘在1933年7月见到了一个极高点，因此你就应该留心在1934年7月是否会出现变盘信号。

8月：平均指数反弹了11个点，成交量在1600万股。

9月：指数出现了回调，并在距7月的底部不到1个点的点位上见底。成交量缩到了1200万股，这是多年以来单月成交的地量，是一个明确的见底信号。

10月：股指有一波反弹，成交量略有增加，达到1500万股。

11月：成交量放大到2100万股。

12月：指数走高，成交量为2300万股。

1935年

1月：市场交投日渐活跃，成交量在1900万股。

2月：本轮反弹见顶，成交量只有1400万股，说明买气不足，无法带动指数上行。

3月：指数出现大幅下跌，这是股市下一波会创新高的上涨行情之前最后一次下跌，成交量为1600万股。

4月：交易日趋活跃，指数开始上扬，成交量在2200万股，表明牛市行情已经展开。

5月：道琼斯30种工业平均指数突破了1933年的高点和1934年2月顶部，成交量3000万股。个股普遍表现出价增量升的局面，很多股票还创出了新高。

6月：指数突破了120点，这个点位比早期牛市行情中在1931年11月9日见到的最后一个顶部还高，它明确表明市场的上升空间已经打开，该月的成交量为2200万股。

7月：指数和很多个股都创了新高，成交量达2900万股。

8月：更多的个股创出新高，指数同样出彩，成交量放大到4300万股，这是自1934年1月和2月以来最高的单月成交量。

9月：大盘继续上行，成交量为3500万股。

10月：道琼斯30种工业平均指数上涨到142点，该月的总成交量为4600万股。以10月26日为最后一天的那一周，纽交所的成交量为1400万股，这是自1934年9月以来最大的单周成交量，这个信号就在提示你，在经历过大幅上涨之后，大盘是否会见顶。

11月：以11月2日为最后一天的那一周，成交量为1100万股，以11月9日为最后一个交易日的那一周，有5个交易日，总成交量为1200万股。在11月8日，单日成交了335万股，这是自1934年7月26日见底以来的最大单日成交量。

1934年7月至1935年11月

从1934年7月26日的低点到1935年11月8日的高点，大盘总共成交了3.83亿股。而从1934年7月到1935年11月8日，道琼斯工业指数上涨了61个点。值得注意的是，指数从1933年3月的低点到1933年7月的顶部，涨幅为60个点，所以说，当指数在1935年11月的涨幅达到了61个点时，这个涨幅与1933年那一波牛市行情的涨幅差不多，应该开始留意是否会出现变盘了，这次变盘至少也是一个短线级别的趋势改变。

你还应该注意到，从1934年7月到1935年11月的这波行情，15个月的总成交量，比起从1933年3月到1933年7月这5个月的总成交量来说，成交量还少了3900万股，这就表明《证券管理法》的实施，在很大程度上削减了市场的成交量。

12月：该月的成交量为5746.2万股，出现了10个点的回调，这在牛市中属于正常的回调。

天量之后见天价

回顾过去的交易量记录你会发现，最大的成交量经常会出现在见到最后的顶部之前；而当见到真正的高点时，成交量往往会低于前面几个月、几周或是几天的成交量。这是因为大众在市场非常活跃的时候，常常是倾其所有来买入，仓位都很重，而当市场接近顶部时，他们的买入需求已经被满足了，所以他们的买入量自然也就少了。例如：

1936年

1月：成交量达到6750万股，这是自1934年7月见底以来的最大单月成交量。

2月：成交量是6088.4万股。

3月：成交量为5100万股。

4月：指数在6日见到反弹后的高点，随后就出现了一波急速下跌，在4月30日见底时，道琼斯30种工业平均指数跌去了21个点。该月的成交量为3961万股，这次回调的成交量比过去许多个月的成交量都低。你可以看到，在4月见到高点回调之前，最大的单月成交量出现在1月，广大投资者在1月的上涨行情中，都把仓位给加满了。

1937年

1月：成交量为5867.1万股，这是自1936年1月以来最大的单月成交量。这个信号在提示我们，要留意近期可能会出现趋势的变化。

2月：成交量在5024.8万股。

3月：道琼斯平均指数在3月8日见到了最后的高点195½点。该月的成交量为5034.6万股，临近3月底时，平均指数回调了15个点。这就再一次证明，广大投资者在1月时的仓位已满，因为2月份的成交量就已经减少了，而当指数在3月见顶时，公众已无力再大量买入。

1934年7月至1937年3月

从1934年7月26日到1936年10月31日，总成交量为8亿6698.8万股，道琼斯平均指数上涨了94个点。平均算下来，每上涨1个点，相对应的成交量为8.886万股。从1936年10月31日到1937年3月8日，当股指见到最后的高点时，总成交量为2亿5839.2万股，这波行情上涨了17个点，平均每上涨1个点，相对应的成交量为15.1197万股，在比较中可以看出，这波行情与1936年10月31日之前的那波行情相比，每上涨1个点所对应的成交量几乎是先前那波行情的两倍。这种放量滞涨的情况，表明市场即将见顶。从1934年7月26日到1937年3月8日，整个这一轮牛市行情的总成交量为11亿2538万股，大概占纽交所全体上市公司所有股票数量的1/3。

1937年

在1937年3月见到高点之后，市场呈现出价跌量减的状况。

5月：成交量为1856.2万股。

6月：成交量是1654.7万股。6月17日见到低点时，平均指数跌去了32个点。这种缩量显示是时候来一波次级反弹了。

7月：成交量达到2072.1万股。

8月：这波次级反弹高点为190½点。道琼斯平均指数上涨了27½个点，成交量为1721.2万股。在这波次级反弹中，高点与早期顶部相距5个点之内，而成交量不到1937年3月见到第一个顶部时成交量的1/3，这表明市场买气在降低，发出了明确的可以开始做空的信号。

9月：随后，股指出现了一次急速下跌。成交量为3385.4万股，几乎是8月成交量的两倍。

10月：市场发生了恐慌性下跌，成交量是5125万股。

11月：股指进一步下探，但是该月的成交量也降下来了，只有2125万股。

1938年

1月：有一波反弹在1月见顶后，指数重新回到下跌趋势。该月的成交量为2415.1万股。在反弹过程中，成交量跟不上，显示没有足够的买盘来推动趋势拐头向上。

2月：成交量在1452.2万股。

3月：该月的成交量是2399.5万股。考虑到在此期间，股指下跌超过了25个点，成交量还显不足。指数在3月21日见到最后一个低点。

1937年3月至1938年3月

从1937年3月10日到1938年3月31日，股指跌去了98个点，总成交量为3亿4619.2万股，或者说每下跌1个点，对应的成交量是3.5325万股，这说明经过上一轮牛市行情之后，在这波下跌过程中成交量相对来讲又少了很多，这是证券交易法则出台导致市场不振的又一力证。

1938年

4月：该月的成交量为1711.9万股。在此期间，平均指数反弹了20个点。

5月： 成交量为1400万股，在这波次级回调中，成交量可以说是非常低。当平均指数在106½点附近见底时，市场变得很低迷，呈现出了窄幅整理的行情。在这波次级回调中出现的信号，表明市场正在构筑底部，反弹在即，而它与1937年8月时出现的信号属于同一类，当时市场经过了一波次级反弹，正在筑顶，接下来股指就会遭遇大幅的下跌。

6月：成交量放大到2466.8万股。

7月：成交量进一步大幅增加，达到了3888万股。

8月：该月的成交量为2078.8万股。市场在7月和8月见顶，随后出现了回调。

9月：成交量为2387.6万股。股指见到了回调的低点。在9月的回调中，成交量出现放大，显示这里是个不错的买点。

10月：买盘非常多，该月的成交量增幅巨大，成交量达到了4155.8万股。

11月：成交量为2792.2万股，11月10日见到了本轮行情的最后一个高点。道琼斯30种工业指数在158¾点见顶。在成交量很大的情况下，11月的高点只与比10月的高点超出了很小的点位。11月的前10天，总成交量为1180万股，显示股票遭遇了比较重的抛盘，筹码在高位开始派发。

1938年3月至1938年11月

从1938年3月31日到11月10日，股指总共上涨了61¼个点。总成交量为1亿9268.5万股，每上涨一个点，相对应的成交量为3.208万股，这比1937年和1938年初时，每下跌一个点所对应的成交量要低一些。

12月：成交量为2749.2万股，略低于1938年11月的成交量。

1939年

1月：该月的成交量是2518.2万股，刚好比1938年1月的总成交量要高一些。

2月：市场走出了窄幅下跌的行情，成交量非常低，只有1387.3万股。

3月：成交量是2456万股。在3月10日之后，大盘有过一次急速的下跌。

4月：成交量为2024.6万股。股指在4月11日见底。

1938年11月至1939年4月

从1938年11月10日到1939年4月11日，道琼斯30种工业指数下跌了38⅝个点，总成交量为1亿1523.2万股。每下跌1个点，所对应的成交量为3.0324万股，这比1938年11月10日结束的那波上涨行情中，每上涨1个点所对应的成交量相比略有降低，但是那波行情的上涨幅度远远大于本次行情的下跌幅度。

5月：股指在该月出现反弹，但是成交量很低，只有1293.5万股。

6月：市场在9日见到反弹的顶部，随后就下跌了20个点，并在6月30日见到回调的低点。该月的成交量是1196.3万股。这个次级回调是缩量的，应该看作是个买入股票的信号。

7月：大盘价升量增。该月的成交量达1806.7万股。

1939年4月至7月

从1939年4月11日到7月31日，平均指数上涨了25¾个点，总成交量为5521.1万股。每上涨1个点，所对应的成交量为2.1234万股，这表明市场交投清淡，拿1938年11月10日到1939年4月11日的那波下跌行情来说，上涨1个点所对应的成交量比当初下跌1个点所对应的交易量少得多。

如果你继续研究纽交所的股票交易成交量，关注道琼斯工业平均指数在顶部和底部的形态，留意其在阻力位附近的表现，你就能更加精确地判断出，市场是否将要见顶或见底。

周成交量的研究

克莱斯勒汽车（1928~1935）

在研究每只个股时，你都要注意它在成交量上是否出现放大或缩小，也要留意它在什么价位从窄幅向下进入到了缩量缓慢盘整的阶段，接下来还要看在放量急速上涨之后，在什么价位有见顶的可能。只有这样，你才能判定出何时可以见到顶部或底部。下面以克莱斯勒汽车这只股票来举例说明。

1928年

1928年2月11日，克莱斯勒的股价在54½美元见底，6月2日在88½美元见顶。随后，该股一直下跌到6月23日，并在63⅝美元见到低点，股价在3周的时间里下跌了25个点，这个期间的成交量为101.2万股。

接下来，该股走出了长达15周之久的最后一波大幅上攻行情。股价从底部63⅝美元上涨到了140½美元，在10月6日见顶，15周的涨幅是87个点，在此期间，每周的股价从未跌破过前一周的低点，总成交量为974.18万股。在最后两周的快速拉升中，成交量达276.8万股。

在纽交所上市的克莱斯勒公司，股本总数是448.4万股。这样你就可以看出，在那次最后一波大幅上涨中，相当于它全部股票换手了两次还多，在最后两周，超过一半的流通股都参与了交易。这样大的成交量表明该股在第二波上涨过程中就要见顶了。在10月6日为最后一天的那一周，总成交量为174.15万股。这是克莱斯勒汽车历史上最大的单周成交量，几乎相当于流通股总数的一半。

在接下来的一周，该股的股价开始走低。在股价下跌到5美元之前，再也没能反弹到这个顶部的价位。如果你在研究它的成交量就会发现，这个顶部明显就是最后一个顶部，特别是在该股给出所有其他的趋势将会转为下行的信号之后，你更可以确定股价已见顶。

1929年至1932年

克莱斯勒的股价在1928年10月见到高点之后，出现了一波恐慌性的下跌，一直持续到1929年11月16日所在的那一周，而这个时间也是道指的熊市第一波段结束的时间。该股在此期间的成交量为2253.3万股，或者说比该股流通股总数的5½倍还多一些。

随后的一波反弹从1929年11月16日所在的那一周，一直延续到1930年4月，股价在43美元见顶，在这波一共上涨了17个点的反弹行情中，总成交量为391.6万股。这个成交量几乎等于该股流通股的总数。

从1930年4月的高点起，该股一路下跌，直到1932年6月4日为最后一天的那一周才见底，低点为5美元，这期间的总成交量为1481.4422万股。

从1928年10月6日为最后一天的那一周，该股见到高点140½美元开始算起，到1932年6月它的股价在5美元见底为止，总共的成交量达到了4126.3622万股。这样的话，在整个这轮大行情中，该股的换手率接近1000%。

1929年至1935年股价从88美元下跌到5美元期间的成交量 VS. 股价从5美元上涨到88美元期间的成交量

你很有必要去回顾一下，克莱斯勒的股价从1929年5月11日为最后一天那一周的高点88美元，一气下跌到1932年6月4日为最后一天那一周的低点5美元，这期间的总成交量是多少。这样做的重要性就在于，我们想要把这个时段的总成交量与另一个时间段的总成交量做对比，另一个样本就是该股从1932年6月4日为最后一天的那一周的低点5美元，到1935年10月再次站上88¾美元期间的总成交量。

在1929年5月11日为最后一天的那一周，克莱斯勒的股价跌破了88美元，接下来，一直到在1932年6月见到低点5美元之前，该股的股价再也没能高过这个点位。这波下跌时段的总成交量为2515.4622万股。

从1932年6月4日为最后一天的那一周，该股见到极低点5美元之后，直到它的股价在1935年10月再次上涨到88¾美元，我们发现，这段时间的总成交量是3062.82万股，比1929年5月到1932年6月那波下跌段的总成交量多出了550万股，而这两个时段的股价波动幅度却一样。

我们知道，在正常情况下，股票上涨时段的成交量总是会比下跌时段的成交量要大，因为在上涨过程中，会有更多的洗盘和联营集合体（POOL）的操控出现。在波动幅度一样的情况下，克莱斯勒在这次上涨中的成交量，只比下跌中的成交量多出了500万股。这个事实两次提示我们，证券交易委员会的所作所为已经让市场在上涨中的成交量削减了不少。特别是当我们注意到，从1932年6月4日为最后一天的那一周，到1933年3月见到低点的这段时间，开始时该股不断吸筹，股价从5美元上涨到22美元，接下来，股价又在1933年6月回落到7¾美元，这个时段的总成交量为510.5万股。如果把这一时段的成交量从1932年6月到1935年10月这个时期的总成交量中扣除，那么在上涨阶段的成交量就会减小到2500万股，也就是说，它几乎等于该股从88美元跌到5美元的这个下跌阶段的成交量。

1933年至1935年

从1933年3月4日为最后一天的那一周，到1934年2月24日为最后一天的那一周，克莱斯勒的股价从低点的7¾美元到高点的60⅜美元，上涨了52⅝个点。总成交量为

1521.98万股，这相当于是它的流通股总数的3倍还多。你不但要研究这波大牛市行情的第一阶段，也要研究其后的派发波段，还可以举一反三，把同样的法则用在任何其他股票身上，去判断它们的趋势是否会发生改变。

派发行情的价格区间

在1934年1月6日为最后一天的那一周，克莱斯勒在59½美元见到高点，随后，股价回调到50美元，接下来的反弹行情在2月3日为最后一天的那一周出现，高点为59⅜美元，再后来，该股在1934年2月24日为最后一天的那一周见顶，这次的高点是60⅜美元。从2月3日为最后一天的那周算起，已经过去了三周，但是股价却一直没有出现比2月3日为最后一天的那一周的高点高出1个点，或者比1月的第一个高点59½美元高出1个点的情况出现，这就说明派发实际上已经开始了，该股票在这里遭遇到很重的抛盘。派发的价格区间在50到60⅜美元之间，也就是说，这个区间的波动幅度为10⅜个点。在这个价格区间内，总成交量为277.93万股，相当于是该股流通股总数一半还多，这就预示着，在经过了52个点的上涨波段后，该股已经见顶，随后至少会有一波急速的行情出现。

窄幅派发行情

研究一下窄幅派发还是很有意思的。当股票在小级别趋势发生改变，产生次级下跌之后，会有反弹出现，如果接下来的那些反弹都不能重新回到前期高点，这个时候就经常会带来窄幅派发行情，我们称之为窄幅波动。人们一般会在股价回调时买入股票，因为他们认为这时的股价很便宜，但是他们不知道，此时的股票已经为大级别趋势向下拐头做好了准备。例如：

从1934年3月3日为最后一天的那一周，到1934年4月28日为最后一天的那一周，克莱斯勒的股价变动区间为49¼美元到56美元，总成交量为122.58万股。把这次派发与顶部派发的成交量相加，得到的总成交量为400.21万股，或者说在这10个点的区间内，该股的所有流通股都参与其中。这样看来，在股价上涨超过50个点的情况下，如果在10个点的区间内，所有流通股都被换手了一次，这当然就会是一个趋势变化的信号。

还有一个周期方面的问题也很有意思。当这只股票在51周内上涨了52⅝个点，其实已经临近了我们讲过的一年时间周期的尾声。我有一条法则，讲的就是始终要关注趋势是否会在年末发生变化。

在这波窄幅派发之后，克莱斯勒的股价出现下跌的走势。

熊市行情——1934年2月至8月

从1934年2月24日为最后一天的那一周，到1934年8月11日为最后一天的那一周，股价从高点60⅜美元，下跌到低点29¼美元，跌幅为31⅛个点，总成交量是303.39万股，在这波下跌中接近3/4的股票都经过了换手。与上涨时很大的成交量相比，这波次级下跌的成交量偏小，显示出抛压在减弱，股价很快就会见底，后市至少会有一波反弹出现。在研究这个底部和每周的成交量时，你也应注意到，低点29¼美元实际上就是高点60⅜美元的一半。

牛市行情——1934年8月至1935年11月

从1934年8月11日为最后一天的那一周到1935年2月的反弹过程中，股价从低点29¼美元，上涨到高点42½美元，成交量为219.55万股，比上一波下跌时有所减少。随后，该股的趋势又掉头向下，股价在1935年3月16日为最后一天的那一周见底，低点为31美元，这个底部比1934年8月的低点有所抬高。跌势从42½美元起步，在3周内就下跌了11/½个点，成交量却只有28.66万股，特别是在下跌的第4周并没有再创出新低，这些都表明该股已经是最后一跌了，它正在为重拾升势做准备。

见到次级底部之后的空翻多行情

从1935年3月16日为最后一天的那一周，到1935年10月25日为最后一天的那一周，股价从低点31美元上涨到高点88¾美元，总涨幅为57¾个点，这个期间的成交量为509.1万股，大约比流通股总数多出了75万股。从1934年8月的低点29¼美元，到1935年10月的高点88¾美元，总涨幅是59½个点，总成交量为728.75万股，这几乎可看作是全体流通股换手了两次。

从1933年3月的低点7¾美元，到1935年10月的高点88¾美元，这是最为重要的上一波多头行情，股价上涨了81个点，总成交量为2552.32万股，差不多是流通股总数的6倍。

该股在1935年3月即将见底时，每周的成交量大约为7.5万股，最低曾经到过每周4.6万股，而在4月27日为最后一天的那一周，成交量为23.5万股。自此，股价一路走高。接下来，在8月31日为最后一天的那一周，成交量在22.9万股，从那以后截止到10月19日为最后一天的那一周，每周的成交量分别为23.3万股、25.4万股、14.9万股、22.3万股、20.9万股和26万股。在10月26日为最后一天的那一周，克莱斯勒的股价涨到了88¾美元，该周的成交量为25.6万股。这样你就能看出，当股价从最后一次回调后的低点69美元，急速拉升到88¾美元的过程中，成交量是如何迅速放大的。

在判断股价是否到了极高点或极低点的时候，你会发现，研究每只个股，特别是那些交易活跃的领头股的成交量是很有帮助的，还要按照相关法则来操作。

政府颁布的那些法规的矛头不但指向专业经纪人和集合基金运营者，还指向了纽约证券交易所的会员，他们自己账户上的成交量为此差不多减掉了50%。当政府让华尔街生意清淡时，也就伤害了整个国家的经济。

因为这些所谓改革与法规正在危害这个市场，并且对所有人都无益，所以废止这些法规的日子终会来临。当这些限制性条款被取消后，市场每涨跌一个点，都会产生更大的成交量，我们将会迎来一个更为正常的市场。

一旦我们可以再次拥有一个自由的市场，每个人都被允许在市场中进行交易，包括那些现在把钱放在其他地方的人，这样的话，经济会有一个更好的局面，呈现出一番欣欣向荣的景象。让我们一起来祈祷，这些所谓改革与法规被废止的那一天很快到来，因为这对于所有相关人士来说，都是他们应该得到的最好的结果。

Chapter 13

市场预测工具：价格、时间和趋势主测仪

我们之所以要在透明塑料上绘制这张正方图，就是当你把它们覆盖在日高低点图、周高低点图和月高低点图之上时，根据股价与不同角度的趋势线的汇合情况，对该股在时间和价格上的位置可以一目了然。这样的设计就是要让测算变得又快又准又容易，不但节约时间，也避免出错。

因为一年有12个月，所以12的平方在时间周期的测算上一直都很重要。以144格为边长的正方图是最重要的正方图，在测算时间和价格时，比任何其他边长的正方图都更有效。因为在这个图中，包含了从1到144所有数字的平方。不管是从时间还是价格的测算出发，这个图都可以分成9等份。因为9是最大的个位数，在日高低点图中，9个格可以相当于9天，当然也可以是更长时间周期中的9周或9个月，而从价格上来说，9个格可以是谷物价格中的9美分，也可以是股价中的9个点，或者是棉花价格中的90个点。

在以144格为边长的正方图中，每一列都是144个格。可以看作是谷物价格中的144美元，也可以是股价中的144个点，或者按照每个边长为1/8英寸的方格等同于10个点的比例来算的话，相当于棉花价格的1440个点。

以144格为边长的正方图，尺寸为324平方英寸，每平方英寸包含64个格，这样可以得出，整个正方图总共有20736个格。这个数字可以是20736个星期，或是20736个月，这些都是大的循环周期，所以在这些长周期中，可以按一定比例推算出一些小的时段，用来测算时间和价格的阻力位。

144×144正方图中的大循环周期

在这个正方图中，整个对应的时间段是20736天，也可以是20736个星期，或是20736个月。这个大循环周期的1/2是10368天，1/4是5184天，1/8是2592天，1/16是

1296日，1/32是648天，1/64是324个日历日或者交易日。1/128是162天，1/256是81天，或者说是9的平方。

以周来计的时间周期

如果按周来算的话，这个大循环周期有2962周零2天，1/2是1481周零1天。1/4是740周，1/8是370周零2天，1/16是185周零1天，1/32是92周零4天，而1/64是46周零2天。

以月来计的时间周期

如果按月来算的话，这个大循环周期为681个月零23天。1/2是28年9个月零23天，1/4是14年5个月零8天，1/8是7年零2½个月，1/16是43个月零8天。当股票或指数从任何一个主要的高点或低点开始，走完了这些按周或按月来计的时间周期时，就要加以关注，并判断未来的趋势将会怎样变化。

关键数字

3、5、7、9和12都是很关键的数字。数字9及其倍数尤为重要，因为从1加到9，这9个数字的和是45。下一个也很重要的数字是7，在《圣经》中被提到的次数，比其他任何数字都要多。1周有7天，也就是7个日历日，每周有5个交易日，而它们的倍数也应该在日高低点图、周高点图图和月高低点图上不断延伸开去。拿7来说，第1个7×7的正方图右上角最后一个格，也是它的平方，就是49，这在时间周期上是一个非常重要的数字。这样依次下来，第2个7×7的正方图最后一个格落在98，第3个7×7的正方图最后落在147，第4个7×7的正方图最后落在196，而196同时也是14的平方。接下来的这个关键数字是5，它是1和9之间起到平衡作用的数字。对于5来说，第一个5×5正方图的最后落点是25，第2个5×5正方图的最后落点是50，50与49只多出了1个格，而49又是7的第1个正方图的最后落点，这就让49到50成为关注趋势变化的关键时点。第3个5×5正方图的最后落点是75，第4个5×5正方图的最后落点是100，而100也是10的平方，这也就让100成为可能发生趋势变化的重要时点。

数字3在《圣经》中被提及的次数仅次于7，也是个重要的数字，因为3×3等于9，也就是3的平方，是第一个平方数比它自己大得多的奇数。3能够以任何可能的方式来用，3×7等于21，3×5等于15，3×9等于27，3×12等于36，而36是6的平方，所以36就是一个非常重要的数字。数字12也是《圣经》里多次谈到的数字，也是很重要的数字。耶稣挑选了12个信徒。一年有12个月，黄道带上有12个星座。在144×144的正方图中，12和它的倍数都很重要，包括：12、24、36、48、60、72、84、96、108、120、132和144。这些数字对于判定日线级别、周线级别和月线级别的时间和价格阻力位都至关重要。

对于数字9，7×9等于63，因为8的平方是64，所以63也就变得重要起来，63到64这个区间也成为关注趋势是否发生改变的非常重要的时段。7×12等于84，84这个数字也非常重要，而接下来的就是90，10×9等于90，而一个圆周的1/4是90度，90对于时间周期和趋势变化来说，也是一个非常重要的数字。下一个重要的数字是108，9×12等于108，它是144的3/4。

360度的圆周与144的正方图之间相互关联的重要性一定不能忽视，因为圆周的不同等分比之后各段圆弧的度数与将144进行等分之后的数值是相互对应的。144的2½倍等于360，144的1¼倍等于180，即一个圆周的1/2；144的5/8等于90。144的1/16等于9，144的1/8等于18，144的3/8等于27，144的1/4等于36，144的5/16等于45，它们对于时间周期和价格阻力位来说，始终都是非常重要的。48是144的1/3，54是144的3/8，63是144的7/16，72是144的1/2，81是9的平方，也是144的9/16，144的5/8是90，144的11/l6是99，144的3/4是108，144的13/16是117，144的7/8是126，而144的15/16是135。这些在12正方图中都是最重要的点位，在主测仪上，当以天来计，以周来计或者以月来计的时间周期走到这些点位时，要密切关注趋势是否会发生改变。请记住，你始终都要关注在日高低点图上出现的第一个趋势变化的指标，同时，也要看指数或股价在周高低点图，或是以周来计的时间周期中的位置，它也是很重要的。而月高低点图对于主趋势的改变来说，是最重要的技术图形。

3和5的重要性

无论是在日高低点图，周高低点图还是在月高低点图上，价格和时间的运行中都有3个要点，那就是价格、时间和成交量。而移动平均趋势线的斜率，或者是趋势，显现出时间是以一个平缓的趋势线，而且还是斜率很陡的趋势线之下，影响和驱动价格或快或慢地上涨或者下跌。我们有时也说，有4个因素在影响着股市，即价格、时间、成交量和速度。时间是最重要的因素，当时间周期走完时，成交量开始放大，市场的运行速度就会加快，而移动平均趋势线的斜率，或者是趋势也会更快地向上或向下运行。

在日高低点图、周高低点图和月高低点图上，还要考虑其他3个要点，那就是：最高价、最低价，最高和最低价幅度的1/2。

时间和价格的5个要素

这5个要素分别是高点、低点、高点与低点之间的1/2价位、开盘价和收盘价。收盘价对于趋势有很好的指示作用，特别是当市场交易非常活跃的时候。如果收盘价收在高点与低点之间的1/2价位之上，或者接近高点的价位，那么市场的趋势就是向上的。如果收盘价收在高点与低点间的1/2价位之下，或者接近低点的价位，卖盘就比买盘要大，那么趋势就是向下的，至少也会有暂时性的下跌。在进行趋势的判定时，要结合时间和趋势主测仪，把关于最主要的时间因素和移动平均趋势线的所有法则都用上。

时间和价格的最强的阻力位

在使用144×144正方图，也就是我们说的主测仪时，最强的阻力位分别是在1/4、1/3、2/3、3/8、1/2、5/8、3/4、7/8位和144，即一个完整的正方。

大多数移动平均趋势线互相交叉的那些点位，都是价格和时间的最强的阻力位。

互成三角形的点位

这些互成三角形的点位，也就是绿色的移动平均趋势线交叉的点位，都是最重要的阻力位。它们是72、144、36、48、96和108，当然，144是处在这个正方图的顶部和底部。

144×144正方图中的正方形

对于时间和价格阻力位，这些在趋势线交叉点上形成的正方形，有着重大的意义。这些点位有36、45、54、63、72、90、108和144，144是在正方图的顶端。当价格处在36这个点位，时间周期也处在第36天、第36周或36个月时，时间和价格就形成了正方，此时要重点关注趋势是否会发生变化。有了144的正方图，你能可以得到从1到144的任何一个数字的正方图。假设你想要的是72的正方形，在时间轴上移到72的位置，如果价格也向上涨到了72，那么价格和时间就达成了平衡，或者说走出了正方，这个价位也是在45度角的移动平均趋势线上，在价格、时间和趋势主测仪上位于中间价位。

关注可能会发生趋势变化的点位

大多数趋势变化，会在时间周期走到144正方图的中间点和某个正方形的尾声，或者运行到144正方图中1/3、2/3、1/4和3/4等阻力位时出现。你必须要始终关注见到最高点和次高点与次低点的时间，还有见到最低点和第二次与第三次见到更高底部价位的时间，看价格何时与它们达成正方，你也要关注与某个价格区间达成正方所需要的时间，要关注那些在144正方图中，价格与时间达成正方的点位。

例如：小麦的历史最低价是28美分/蒲式耳，这是在1852年3月见到的，所以从那以后，每28个月就可以与最低价达成正方。1917年5月11日，小麦见到了历史最高价，当时的5月期货合约是325美分，所以要想与最高价达成正方，需要325个月。5月合约的最低价曾经到过44美分，与最低价达成正方，在时间上需要44个月。而44美分与325美分之间的价格区间为281美分，要与这个区间达成正方，就需要281个月、281周或者281天。当你在用主图时，会看到两个144的正方形可以达到288，所以你要关注在281和288之间，或者在第2个144的正方形快要走完的时候，是否会出现趋势的变化。极低点44的7倍等于308，而44的6½倍等于286，这是第2个144正方形结束点位之内两个点的位置，所以就让286成为一个关系到趋势变化的重要关注时点。要与5月小麦合约的最高价325达成正方，需要在走完两个144的正方形之后，还要再走完37个方格，所以当你在144的正方图中看到，时间周期到了36天、36周或36个月时，就会在此遇到阻力。因为当时间周期走到36时，你会看到从72发出的一条向下的45度移动平均趋势线（内接正方形的一个边），与价格轴上从36向右划的一条横线在36形成交叉。用这样的方法，你就可以在这个主方图上看出那些与最高价、最低价和上涨或下跌的价格区间成正方相应的时间周期节点。对于任何期货品种、股票平均指数，或是个股，都可以用同样的方式估算出与某个高点价位、低点价位或者一个价格区间达成平衡的其他所有时间周期。

你要反复去翻看这些以往的走势图，把主测仪放在这些图的上面，算出历史走势中的时间周期和阻力位，这样你才算是会正确使用时间、价格和趋势主测仪。通过这样的练习，你就会知道究竟如何去用它，也能证明给你自己看，这个主测仪的确有很大的价值。

按小时来计的时间周期

当市场交易非常活跃，股价的波动区间很大的时候，绘制小时高低点图就与绘制日高低点图同等重要，小时高低点图可以给出趋势变化的第一个信号。

因为一天有24小时，所以要走完144个小时需要6天的时间，而要走完整个144的正方图，就要用864天。

现在，除了节假日之外，所有的交易所每周交易5天，大多数都是每天交易5个小时，这样一来，按每周5天和每天5小时来算，要走完144个小时就需要28天零4小时。

按年来计的大周期

要走完144的正方图，就相当于是要走完20736天，它需要56年9个月零23天，这是一个非常重要的时间周期。重要性仅次于它的时间周期是这个时间周期的1/2，即28年5个月零8天，还有这个时间周期的1/4，即14年2个月零19天。14年的时间周期总是很重要的，因为它是相当于是2个7年的时间周期。14年相当于168个月，而169个月是13的平方，这让它成为重要的变盘点，也是时间上的重要阻力位。

大周期的1/8是7年1个月零10天，这个时间周期也很重要。它的1/16是42个月零20天，它的1/32是21个月零10天，它也是非常重要的，因为它与22½个月接近，而360度圆周1/16是22½度。

绿色的移动平均趋势线

这些绿色的2×1的移动平均趋势线，每个1个时间周期内会向上运行2个小方格，或者2个点。在45度角的趋势线下方的另一条1×2的移动平均趋势线，每2个时间周期内会向上运行1个小方格，对谷物来说，是每天、每周、每个月上涨1美分/蒲式耳。那些从顶部发出的移动平均趋势线，或以每个时间周期的下降2个小方格，或者2个点的速度向下运行，或以每1/2个时间周期的下降1/2个小方格、1/2个点或者1/2美分的速度向下运行。绿色的趋势线与红色的趋势线之间的距离，可以用来判断价格还能上涨到多高的点位，或者下跌到多低的点位。

当价格进入到内接正方形里时，对于趋势的变化来说是很重要的，从时间周期上的阻力位与它进入正方形时所处的位置，可以看出股价是要上涨还是下跌。当价格跌破了正方形内部45度角的移动平均趋势线，就表明它已处在弱势之中，这与它从高点或地点算起的时间周期也是成比例的。

何时开启一个新的正方图

在日高低点图、周高低点图，或者月高低点图的时间周期已经运行到144时，你就可以开启一个新的正方图。但是为了得到下一个正方形所到的位置，你只要把主测仪移到144点上去，把它放在走势图上，就可以知道下一个正方形会走到哪里。

最强和最弱的点位

在144 × 144正方图中，最多的趋势线的交叉点，或者说趋势线形成十字交叉的位置，就是阻力最大的点位，例如，25与2 × 1的趋势线交叉的位置。

研究行情过去的走势并反复演练，你很快就能学会如何用主测仪来迅速判定趋势。

如何使用144×144的正方主测仪

要遵循在本预测教程中给出的所有关于移动平均趋势线的法则。

在日高低点图、周高低点图，或者月高低点图上，将这个主测仪放在底部或者“0”点上；或者把主测仪的底部放在走势图的高点价位，或是低点价位上，或者是某个波动区间上，这样就可以看出，时间与价格在什么位置达到平衡。

当你在计算极高点的中间点位，或者某个区间的中间点位的时候，把主测仪的顶部或者底部放在这个中间点位上，你就能得到下一次时间与价格达成正方的正确位置，和它的趋势走向。不过，如果你把主测仪放在中心点。或者价格的中间价位72上，你会得到下一次达成正方时，在时间上的正确位置，你会看到价格与时间在144 × 144正方主测仪和从中间点位72开始的内接正方形时，是如何达成平衡的。

日历日和交易日

对于任何一种走势图，我们每移动一个格子，就代表着走过了一个时间单位。所以，要走完144的正方图，就需要144个交易日，或者144个日历日才能完成。当价格走完了一个正方形，进入到另一个正方形时，趋势通常都会发生改变，在这张主图上的时间周期和移动平均趋势线会告诉你，趋势将会朝着哪个方向变化。

闰 年

在计算时间周期时，为了得到确切的天数和周数，闰年的因素必须考虑进去，每逢闰年都要再额外加上一天。从1864年开始，闰年的年份具体如下：1868年、1872年、1876年、1880年、1884年、1888年、1892年、1896年、1904年、1908年、1912年、1916年、1920年、1924年、1928年、1932年、1936年、1940年、1944年、1948年和1952年。

如何得到144×144正方主测仪中各阻力位的正确位置

为了得到144×144正方主测仪中各阻力位的正确位置，把主测仪放在日高低点图、周高低点图，或者月高低点图的极低点价位、极高点价位，0点或者是某个区间的1/2点位，或是高点价位的1/2点位。你也可以把主测仪的顶部放在走势图的高点价位上。这样的话，那些正确的时间上的阻力位和股价与移动平均趋势线的相对位置，都可以一目了然。

把主测仪放在1月上，你就能知道12年内时间周期的情况，要想知道每个月内时间周期的情况，可以把主测仪放在周高低点图上。

你应该掌握从重要的高点和低点算出来的所有按天来计、按周来计和按月来计的时间周期的数据，以便你在主测仪上很快就能查到它们。

有了用这种方法得到的截至到目前为止的所有时间周期，就算不看日高低点图、周高低点图，或者月高低点图，也能知道它们在主测仪上的位置，辨别出趋势变化的信号。你还要掌握从每个重要顶部与底部算起的按月来计的时间周期。

有了144×144的正方主测仪，你的工作量会减轻，但是必须不断练习，学会如何得出主测仪上的所有时间周期，并不断研究主测仪，学会如何用它来得出准确的顶部和底部的价位。努力工作和练习将会带给你预测上的精确度和利润。我已经做了我的那部分工作。现在就要靠你自己去努力工作了，如果能做到，成功就十拿九稳了。

如何把144×144的正方主测仪叠放在走势图上

为了能在日高低点图、周高低点图，或者月高低点图等走势图上得到你想要的正确的价位，你必须摆对主测仪在走势图上的位置。主测仪的顶部有“江恩价格与时间图”的字样一定要把这个主测仪放在走势图的底部，除非你把主测仪放在72，或者被标记为底部“0”点的位置，然后将它上移到更高的价位。

将主测仪叠放在任何其他走势图上的“0”点，或者低点上，日期要与见到任何一个高点或低点的日期对齐。还可以把主测仪放在72，即144的1/2点位上，或者任何一个价格区间的1/2点位或高点价位的1/2点位上。

始终都应把主测仪放在所有前期高点和低点价位上，这样就可以预测趋势在哪里会发生变化，也能得到价格上的阻力位。永远不要忽视极高点和极低点价位。还有任何期货和股票的极高点到极低点的1/2点位和历史最高价位的1/2点位也都非常重要。

时间周期和价格阻力位

对于时间周期和价格阻力位来说，360度的圆周是最重要的。首先，我们将圆周2等分，得到的半圆为180度，而180无论是对于以天来计、以周来计，或以月计的时间周期，还是对于价格都最重要。接下来，我们将圆周3等分，就得到120、240和360这三个可以构成圆的内接三角形的点位。下面，我们也可将圆周进行4等分，得到了90、180、270和360这四个点位，它们之间可以连成圆的内接正方形，也都是最重要的点位。

将圆周8等分，可以得到8段45度的圆弧，这些等分位包括45、90、135、180、225、270、315和360。重要性仅次于8等分的是将圆周进行16等分，得到的每段圆弧为22½度。我们将圆周进行32等分，得到各个等分位和时间周期是在11¼度和它的倍数。将圆周进行64等分，得到的等分位是在5⅝度和它的倍数。

在下表中，列出了一个圆周被64等分后的等分位，每一段都是5⅝度，在第一列中，向下排到了16，得到的是90，相当于一个圆周的1/4，而16也是64的1/4。这种的排列，你要是横着看的话，右面那个数是左面那个数的倍数，而夹在加粗黑线之间的数字是最重要的数字。

圆周64等分的等分位列表

1. 5⅝	17. 95⅝	33. 185⅝	49. 275⅝
2. 11¼	18. 101¼	34. 191¼	50. 281¼
3. 16⅞	19. 106⅞	35. 196⅞	51. 286⅞
4. 22½	20. 112½	36. 202½	52. 292½
5. 28⅛	21. 118⅛	37. 208⅛	53. 298⅛
6. 33¾	22. 123¾	38. 213¾	54. 303¾
7. 39⅜	23. 129⅜	39. 219⅜	55. 309⅜
8. 45	24. 135	40. 225	56. 315
9. 50⅝	25. 140⅝	41. 230⅝	57. 320⅝
10. 56¼	26. 146¼	42. 236¼	58. 326¼
11. 61⅞	27. 151⅞	43. 241⅞	59. 331⅞
12. 67½	28. 157½	44. 247½	60. 337½
13. 73⅛	29. 163⅛	45. 253⅛	61. 343⅛
14. 78¾	30. 168¾	46. 258¾	62. 348¾
15. 84⅜	31. 174⅜	47. 264⅜	63. 354⅜
16. 90	32. 180	48. 270	64. 360

从1到19的平方是重要的关注点位，因为它们是圆周中重要的角度，所以对于时间和价格的阻力位来说很重要。这些分别是：1、4、9、16、25、36、49、64、81、100、121、144、169、196、225、256、289、324和361，它是19的平方。

将圆周6等分，我们会得到两个不包括在这个列表中的价格阻力位与时间周期，它们是60和300。

因为一年有12个月，所以将圆周12等分也非常重要，得出的时间周期也是很精确的。下列这些圆周上的等分位没有出现在上面的列表中：30度、150度、210度和330度。

将圆周 24等分得出15度的经度线，在时间上相当于15天。因为一天有24个小时，地球绕轴自转一周是24个小时，所以这些时间周期就很重要。下列这些是没有列在其他表格中度数：15度、75度、105度、165度、195度、285度和345度。

在上面的圆周64等分的等分位列表中，从左向右横看，第2列总是与第1列之间相距90度。例如，第1个等分位是在5⅝度和下一列中的第17个等分位是95⅝度，或者说多出来90度。与之相对的第33个等分位是在185⅝度，也就是95⅝度加上90，下一列中的第49个等分位是在275⅝度，或者说是185⅝度加上90度得到的。

夹在黑线中的第8行的第一个数是45度，下一个是135度、225度和315度，这四个等分位之间都间隔90度。

在第1列的底部，第16等分位是90度，右边依次为180度、270度和360度。这些数字与第8行的那组数字一一对应的话，彼此之间相距45度，它们是最重要的时间和价格上的阻力位。

为了让你认识到在圆周上这些角度的价值和重要性，你可以取一些高点和低点价位，以及一些时间周期。特别是按周来计和按月来计的时间周期，反复查看它们的位置，你会看到这些见到高点和低点的价位与时间周期的节点与这些重要的角度是多么的吻合。

你还必须始终记住的是，要计算价格从极低点或者小级别低点上涨了多少个点或者多少美分，或者从极高点或者小级别高点下跌了多少个点或者多少美分。另外，你还要计算价格从主要的中间点位，或者次要的中间点位，或者从重心点位上涨或下跌了多少美分。你会发现，这些重要的中间点位与圆周上的自然阻力位非常接近。

例如：5月大豆的极高点是436¾美分，极低点在67美分，这个区间的中间点位是251⅞美分。查看一下圆周64等分的等分位列表你会发现，64个等分位中的第45个等分位是在253⅛度，它与大豆上述价格区间的中间点位非常接近。下一个点位是218⅜美分，它是436¾的1/2，而64个等分位中的第39个等分位是在219⅜度，它与这个自然阻力位也非常接近。现货大豆的极低点是44美分，44和436¾之间的中间价位是在240⅜。一个圆周的2/3是240度，这也是内接三角形与圆周的交点，而64个等分位中的第43个等分位是在241⅞。44美分是它的极低点，只比45这个重要的阻力位低了1个点。5月合约的最低价位是在67美分，只比67½的少1/2点，而67½是64个等分位中的第12个等分位，或者说是90的3/4，67½也是45到90之间的中间点位，这就是为什么5月大豆有5年的低点都出现在67到69美分之间，它预示着后市会出现大幅上涨的行情，因为5月大豆在三个不同的年份中，底部都在67到69美分之间，就形成了三重底。

下一步要考虑的时间周期起点是1932年12月28日， 5月大豆在这个时间见到低点，从那个低点算起，1947年12月28日是第15年，或者说是第180个月，360度圆周的1/2是180度，这里就构成了一个非常重要的时间周期。1948年1月15日，5月大豆见到了极高点，这是在它走完整整15年时间周期之后的第18天。可以用同样的方法去查看所有其他的时间周期，你会发现，它们与360度圆周上的64个等分位都非常接近。

Chapter 14

以周来计的时间周期的主测算表

在主测算表上，显示的是以周来计的时间周期，一周7天，而一年总共有52周，这样就代表了364个日历日，所以在每年结束的时候，实际的日子里就会多出来1天，在7年之后，就会多出来7天，这样的话，在重要的高点和低点出现的前一周，时间周期就已经走完了。而你应该在每次遇到闰年的时候，也加上一天。为了要配合主测算表的使用，假设你想要知道15年之中的时间周期，你就用365×15，再加上这15年里闰年出现的次数，接下来，把这个总天数除以7，得到的就是以周来计的时间周期。

在52的正方图中，总共有2704个小方格，我们可以用它来测算周、天、月、年，或者小时。在采用以天来计的时间周期时，当然它就需要2704天才能走完这个52的正方图。这就相当于386周零2天，或者大约是7年零5个月，它与7½年，也就是90个月这个重要的时间周期非常接近。

如果我们把天改成小时，那么要走完2704个小方格，达成时间上的平衡，用2704除以24，算出来的结果是需要112⅔天，而24小时是地球完成自转一圈的所用的时间。

在52的正方图中，每个以周来计的时间周期都是由7天组成的，这个正方图是测算价格和时间最重要的主图之一。除了3之外，7这个数字在《圣经》里被提到的次数，是其他任何一个数字的很多倍。上面这些数字在趋势变化和时间周期上的用处都非常重要。

在计算时间周期的起点时，你要从实际出现重要高点和低点那些天开始算起，而不是从每个月的第一天，或者每年的第一天开始算起。

主测算表的宽度为104周，也就是等于2年。在主测算表的底部，从左到右的时间周期可以数到104，也就是走完了2年，也可以数到208，这就是走完了4年。从主测算表的顶部也可以去数以周来计的时间周期，向左数到312，就是走完了6年，数到416，就是走完8年，而数到520，就是完成了一个10年的时间周期。

在一年中划分出来的以周来计时间周期

在一年中，可以进行如下的划分，得到以周来计的时间周期：

一年的1/8，相当于6½周；

一年的1/4，相当于13周；

一年的1/3，相当于17周；

一年的3/8，相当于19½周；

一年的1/2，相当于26周，是最重要的时间周期和阻力位；

一年的5/8，相当于32½周；

一年的2/3，相当于35周；

一年的3/4，相当于39周，对于趋势的改变，非常重要；

一年的7/8，相当于45½周；

1年相当于52周。

在正方图中，从每个时间周期发出的各条移动趋势平均线相互交叉，让人看到在什么点位上可以达到时间与价格的平衡，显示出了价格的阻力位和时间周期的节点，也就是可能会发生趋势变化的点位。

时间和价格的第3维和第4维

我们都知道三维，那就是长度、宽度和高度，但是在市场行情运行中，还有第4维，或者说第4要素。我们可以用主测算表，或52的正方图来来证明，在7天为一周的7周或更长时间的时间周期中存在着第4维的元素，而且价格当中也有着同样的元素。7×52等于364，或者说是7年。

圆周、三角形和正方形

360度的圆周和9个个位数是所有数学运算的基础。在圆周内，可以有内接正方形和内接三角形，但在就如同有外接正方形和外接圆周一样，也会再有内接圆周和内接正方形，这也就证明，在市场行情运行中，还存在着第4维。

价　格

在价格中，下列点位应该是最重要的关注点：

1. 最低价；

2. 最高价；

3. 极高点和极低点之间的1/2点位、或称中间点或平均价，正如主测算表上所示，绘制从1/2点位或重心出发的45度角的移动平均趋势线，我们就得到了最重要的价格阻力位，这也就是我们说的第4维；

4. 成交量，这是推动股价上涨或者下跌的力量，但要记住的是，时间是最基本的元素，当时间周期走完时，成交量就开始驱动市场上涨或者下跌。

时　间

时间被划分为几个阶段，或者几个时间周期，这样我们就可以据此判断趋势何时变化。

1. 以天来计的时间周期；

2. 以周来计的时间周期；

3. 以月来计的时间周期；

4. 以年来计的时间周期。

在这其中，以年来计和以周来计的时间周期是最重要的趋势指标，要重点关注这些周期走完时，趋势是否会发生变化。

每天都可再细分成小时、分钟和秒。一天又可分为四个部分：日出、中午、日落和午夜。在这几个部分里，最重要的就是中午，当时的太阳是在地球的正上方，也就是呈90度角的位置，而在午夜的时候，太阳所处的位置与正午时刚好相对，或者说是互成180度角的位置，此时与日落时太阳的位置，互成90度角。

因为我们在主测算表中的时间周期是按周来计的，每周是7天，所以7天的1/2，也就是3½天就成为要重点关注的趋势变化的时点。始终要对从任何一个重要的高点或低点算起的第3天和第4天进行关注，看趋势是否会有小级别的变化，这些变化也许以后就有可能演化为大级别的趋势变化。

7天的时间周期：从任何一个重要的高点或低点算起的第7个日历日，都是很重要的。14天也算是最重要的时间周期，21天，或者说3周，这个时间周期的重要性仅次于前面两个。回调经常会运行2周，有时也会持续3周，随后，就会重新回到原来的主趋势中去。在熊市中，反弹经常会运行14天，有时是21天，随后，向下的跌势或者说主趋势，就又卷土重来了。

7天的倍数：7的平方，也就是49天，也是非常重要的趋势变化的关注点。你可以在第42天之后就开始关注趋势是否会发生变化，但是趋势变化的第一个信号可能要到第45天或者第46天才出现，因为45天到46天这个时间段是一年的1/8，或者说是365天的1/8。一年的1/16是23天。所以，46天和23天这两个时间周期都是关注趋势变化的重要时点。

接下来，比较重要的时间周期是63天到65天，因为7×9等于63，8的平方是64。81天，或者说9的平方，也是十分重要的变盘点。90到91天相当于一年的1/4，而且7×13等于91。这也是非常重要的关注趋势是否发生变化的时点。当然，下一个重点要关注的时间周期是182天，也就是一年的1/2。

以年来计的时间周期

在以后的章节，我们会讲到把一年按照4个季节来分时间段，即春天、夏天、秋天和冬天，季节转换的时候，就要重点关注趋势是否会发生变化。不过，这里说的时间周期，都是从出现重要的高点和低点的实际日期开始算的。

重要的以年来计的时间周期有1年、2年、3年、5年、7年、9年、10年、12年、14年、15年、18年、20年、21年、22½年、24年、25年、27年、28年、30年、40年、45年、49年、56年、60年、84年和90年，而90年是个大时间周期。我们将这些周期二等分，得到这些时间周期的1/2，同样也是最重要的时间周期，而这些时间周期的1/8、1/3和2/3点位，也是关注趋势是否会发生变化的重要等分位。例如：

90年的大时间周期，相当于1080个月；

它的1/2等于45年，相当于540个月；

它的1/4等于22½年，相当于270个月；

它的1/8等于11¼年，相当于135个月；

它的1/16等于5⅝年，相当于67½月。

30年，或者其他任何以年来计的时间周期，都可以按照这样的方法进行等分。

7年的倍数：7年，或者说84个月，的倍数都是关注趋势是否变化的重要时点。这些时间周期包括7年、14年、21年、28年、35年、42年和49年，其中49年是最重要的，因为它是7的平方。接下来要关注的是56和63，因为7×9等于63，所以它们也很重要。而81是9的平方，所以它也非常重要。

这些7的倍数也可以看作是价格上的阻力位。例如：98，2×49等于98。126，2×63等于126。162，2×81等于162，等等。

以年来计的时间周期的1/3和1/4点位：当从重要一个低点算起的一年的1/3点位，与从另一个重要的顶部或者底部算起的一年的1/4或1/2点位在同时出现时，这对于趋势变化来说意义重大。一年的1/2这个时间周期始终都是最重要的，它就像最高价的1/2点位和某个区间的1/2价位是最重要的阻力位，是一样的道理。你要把主测算表放在周高低点图上，通过不断的实践、研究和比较，你就可以看出所有这些价格的阻力位和时间周期都是如何在主测算表中现身的。

时间、价格、成交量、速度、斜率或趋势

当一个时间周期走完时，成交量会放大，市场上行或者下行的速度都会开始加快。

走势的斜率或趋势，主要由45度角的移动平均趋势线来决定，这条趋势线是最重要的，但是其他角度的移动平均趋势线也能决定趋势的走向。斜率或者趋势是第4维的，市场运行速度是慢还是快，可以从它所处的移动平均趋势线上看出来，这条趋势线可能非常陡，处在45度角的趋势线上方，或者这条线可能很平缓，处在45度角的趋势线下方，造成市场运行速度更加迟缓，不过接下来，指数可能重新站上重要的移动平均趋势线，增大趋势线的斜率，让指数可以更加快速地上涨。

所有这些在主测算表，或者说是52的正方图上都可以看到。

时间和价格形成正方或者达成平衡的三种类型

1. 以周来计的时间周期与最低价达成平衡，或者与最高价达成平衡。

2. 以周来计的时间周期与极高点和极低点之间的整个价格区间达成平衡。

3. 在主测算表上，也就是52的正方图上，价格与以周来计的时间周期达到平衡，这也是第4维。

价格的比例尺

价格涨涨跌跌，当达到104、208、312、416和520时，就与时间周期达成了平衡。对谷物来说，这个比例尺是4美分/蒲式耳。对股票来说，股价的比例尺是每股1.00美元。价格段的划分，与时间周期的划分一样，也可以有它的1/8和1/3等分位。

在图中，棉花、咖啡、可可和鸡蛋的价格比例尺为，每个1/8英寸高的小方格相当于10个点。所以，对于棉花或其他以100个点对应着1美分的期货品种来说，52在价格上表示520个点，或0.52美分，104表示的是1040个点，或1.04美分。

鸡蛋的周高低点图，交易鸡蛋时，价格的最小波动单位是5个点。我们在日高低点图上，用的比例尺是每个1/8英寸高的小方格代表10个点。经验证明，在周高低点图上，用每个1/8英寸高的小方格代表25个点的比例尺，效果是最好的。所以，在主测算表上，对鸡蛋来说，52个小方格代表的是1300个点，或13美分，104代表的就是2600个点，156代表的是3900个点，208代表的是5200个点，或52美分/打，等等。在一年的时间周期中，得到的价格区间是13美分，它的1/2是6½美分，1/4是325个点，1/8是162.5个点。如果你想知道在26美分上方的阻力位都有哪些，你就给26美分加上6½美分，得到的是32½美分，接下来以此类推即可。

所有这些都可以在后面附上的价格阻力位一览表中看到，这个表的时间跨度可以长达40年。你要做的是要横着去看那行标有“1/2”的时间周期，这样就可以得到每一年里的确切日期。当你在这个表中，可以知道从一个重要的高点或者低点算起的第182天，或者是一年的1/2，在什么日子出现，用同样的方法，你也能在52的正方图中找到价格的阻力位在哪里。

如何使用主测算表

主测算表上的一列可以表示1个月，或者1年，但是主测算表是为周高低点图而设计的，为的就是要判断趋势的重要变化。

如何在周高低点图上使用主测算表

把主测算表的底部，或者“0”点与下面的周高低点图上任何价格下方的“0”

点，或低点价格对齐，接下来，你就可以看到趋势线的交叉点在哪里，价格的阻力位也就一目了然。

把主测算表上标有“顶部”的那一行与下面的周高低点图上见到重要高点价位的确切日子对齐，接下来，你就能看到股价从顶部下来的过程中，有哪些重要的趋势线的交叉点，构成了价格的阻力位。

内接正方形或者1/2点位

将主测算表叠放在周高低点图的最高价的1/2点位上，或者一个价格区间的1/2点位上。把主测算表上标有1/2，或者26周的那一行，与周高低点图上同样的一行对齐。把主测算表上标有26周的这一行，放在周高低点图上的1/2点位，无论当前的价格是强势还是弱势，都可以看出它的阻力位在哪里。

45度角的移动平均趋势线构成的内接正方形

45度角的移动平均趋势线构成的内接正方形，有两条是从26发出的分别向上和向下的趋势线，26是52的1/2，这个正方形的两个边在26形成交叉。从“0”发出的向上的45度角的趋势线与52的正方图在52和104形成交叉，从顶部或者高点价位发出的向下的45度角的趋势线与上面说的那条趋势线在26形成交叉，它的终点在“0”点。所有这些从任何一个重要的高点和低点发出的45度角的趋势线都在1/4、1/2和3/4等点位形成交叉，就像你在图中看到的，这些交叉点在时间和价格上都达成了平衡。

最重要的时间周期

最重要的时间周期是从重要的见到高点和低点的日期算起，第1年、第2年和第3年，或者更长时间的周年纪念日。重要性仅次于它的时间周期是一年的1/2；重要性排在第三位的时间周期是一年的3/4，或者39周；重要性排第四的时间周期是一年1/3，也就是17周，或者是一年的2/3，也就是35周，它们对于趋势变化来说，也是非常重要的时间周期。

当你在演算以周来计的时间周期时，必须考虑那些以年来计的时间周期的重要性。比如，3年的时间周期，5年的时间周期，7年的时间周期，10年的时间周期，15

年的时间周期，也就是30年时间周期的1/2，和20年的时间周期，也就是60年时间周期的1/3，以及30年的时间周期，或者说是一个完整的360个月的时间周期。从一个重要的顶部和底部算起，它走过的时间周期越长，得出的结果的误差就会越大，因为在一个完整的时间周期结束前，每年的天数都比按周来计的时间周期至少要多上1天，在闰年还要再额外加上一天。

在价格和时间周期一览表中，显示的是按照一年52周，或者364个日历日算出来的确切时间点。考虑到闰年的次数，和以每年多加一天这样的速度所增加的日子，你就知道应该减掉多长时间，也就能够对一个完整的时间周期做出调整。

带有季节性的时间周期

在估算带有季节性的时间周期时，我们不是从1月1日开始算起的，而是从春季开始的日期也就是3月21日为起点。在表中，标注着1/8和1/3等点位的就是这些带有季节性的时间周期。具体如下：

5月5日，结束了一年的1/8的时间周期，也就是从3月21日算起的第6½周；

6月20日，结束了一年的1/4的时间周期，也就是从3月21日算起的第13周；

7月23日，结束了一年的1/3的时间周期，也就是从3月21日算起的第17周；

8月5日，结束了一年的3/8的时间周期，也就是从3月21算起的第19½周；

9月22日，结束了一年的1/2的时间周期，也就是从3月21算起的第26周；

11月8日，结束了一年的5/8的时间周期，也就是从3月21日算起的第32½周；

11月22日，结束了一年的2/3的时间周期，也就是从3月21日算起的第35周；

12月21日，结束了一年的3/4的时间周期，也就是从3月21日算起的第39周；

第二年2月4日，结束了一年的7/8的时间周期，也就是从3月21日算起的第45½周；

第二年3月20日，结束了一年的时间周期，也就是从3月21日算起的第52周。

以季节的中间点为节点的时间周期

四个季节的中间点分别为5月5日、8月5日、1月8日和2月4日。有些重要的趋势变化会在这些季节的中间点附近的日子发生，当然，所有上述的时间周期都应该予以关注，看在这些时间节点附近是否会出现重要的趋势变化。

在时间周期和重要高点和低点价格一览表上，最上面一行是从1到38这些数字。重要的时间周期的节点都列出了确切的日期，比如，你想要查看第7年行情的一些数据，那么你就找到标记为“7”的那一列，接下来，你可以看到这一列中的1/2点位。你会发现，7½年是390周，以此类推，在同一行上的任何价格都会成为重要的阻力位。

通过对主测算表进行研究、实践和体验，你会认识到，这些7的倍数的时间周期和价格阻力位是多么有价值!

Chapter 15

各种江恩主图

这些主图都是固定不变的，它们可以代表价格、时间或者成交量上的自然阻力位和固定不变的阻力位。这些点位都是不会改变的，你应当仔细研究每张主图上的这些点位，并学会如何去运用它们。

主图之12×12的正方图

图15-1，这张主图是12的正方图，或者称为12×12的正方图，第1个正方图在144结束，第2个12的正方图在288结束，第三个12的正方图在432结束，第4个正方图在576结束。这些已经涵盖了你想要的大部分数字，当然你也可以按照你的需要，划出更多这样的正方图。

这张图可以用在任何一个方面，如时间、空间、价格或者成交量，它可以表示涨跌的点数，也可以表示时间周期中的天数、周数、月份数和年份数。

在第1个正方图中，数字是从1到144，我已经在上面画出了比较细的阻力线，让你可以看出大正方形的中心和每个小正方形中最强的阻力位。这些小正方形的中心，会是阻力最强的小级别的顶部和底部价位，它们是14、17、20、23、50、53、56、59、86、89、92、95、122、125、128和131。

大正方形的主要中心点位也是阻力位最强的地方。这些数字是66、67、78和79。股价上涨或者下跌到这些点位时，将会遇到很大的阻力。下一个强阻力位是45度角的趋势线上，在这条线上的数字阻力作用也是最强的，它们是14、27、40、53、66、79、92、105、118、131和144。另一条从12发出的，与它互为对角线45度角的趋势线阻力也是一样的强，这条线上的数字有12、23、34、45、56、67、78、89、100、111、122和133。

把大正方形4等分后，每个小正方形中45度角的趋势线经过的数字，它们的强度仅次于上面那些重要的阻力位。这些数字是7、20、33、46、59、72、61、50、39、

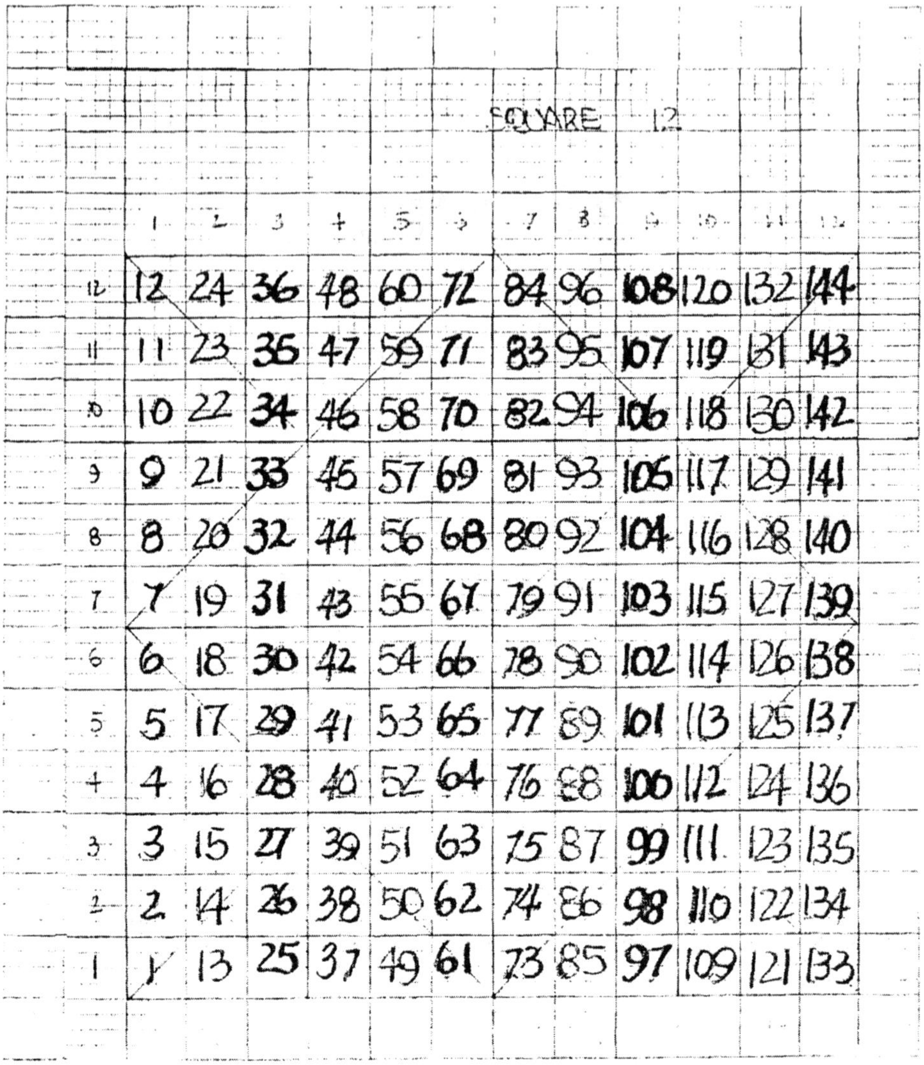

图15–1　主图之12的正方图

28、17和6；在大正方形的右半边，在经过了中间点位之后，同样也可以得到这样一组数字，它们是73、86、99、112、125、138、139、128、117、106、95和84。

在正方图顶部和底部的数字，都是非常重要的顶部或底部价位，因为它们的位置相对，到中间点的距离相同。第1个正方图中，底部的数字是1、13、25、37、49、61、73、85、97、109、121和133。顶部的数字是12、24、36、48、60、72、84、96、108、120、132和144。它们对于测算时间周期的天数、周数、月份数和年份数都非常重要。

在大正方形的中心，有两条相对的从东到西的阻力线，阻力也很强，因为它们是在正方图的中间价位。任何一只股票的股价上涨或者下跌到这些价位时，都会遇到一些阻力，有可能会见到顶部或底部。这两条线上的数字是6、7、18、19、30、31、42、42、54、55、66、67、78、79、90、91、102、103、114、115、126、127、138和139。

请记住，当任何东西从起点开始，在正方图中走过了3列时，就到达自身位置的平方，这里会是第一个强阻力位。而当它从起点开始，在正方图中走过了6列时，就到了与之相对的位置，或者相当于它自身位置的中间点位，这里会遇到更强的阻力。如果它在正方图中做过了9列或者9个区段，它就到了这个正方图的3/4点位，这里是又一个位置的平方。第8列和第9列是阻力最强的，也就是最难通过的数字，因为这里是“死亡”带。下一个阻力更强的是第12列或第12区段，这一列是在144结束的。任何东西到达这个区段都会遇到最强大的阻力，但是一旦它可以走出这个正方图，进入到第2个正方图中超过3个点，即147的位置，就预示着它后面的上升空间已经打开。但是，在到达这个位置之后，它不应回落到第1个正方图里的141点，或者说在第1个正方图中回落3个点。

当股价进入到第2个12的正方图时，它的波动速度会加快，而当从任何一个高点或低点算起的时间周期，或者说是月份数运行到第2个正方图时，都是个行情要加速上涨或者加速下跌的信号。

同样的法则也可以用在第3个、第4个、第5个和第6个正方图上。在第3个和4个12的正方图里，你会发现，如果按月来算时间周期的话，大多数牛市或熊市行情会在这些月份见到大顶或大底。所有其他关于空间波动、趋势线和时间周期的法则，都可以与12的正方图结合在一起使用。

9的正方图

在12的正方图中，我们已经解释过了，图中的数字可以代表时间周期中的天数、周数、月份数和年份数，你也知道了12的正方图，或者圆周的平方图不仅可以测算时间周期，还可以用于测算价格波动中的阻力位。

9的正方图非常重要，见图15-2，因为这9个数字用在给所有事情的再次确认中。如果我们不开始重复，并且用上0的话，我们就不能超越9这个数字。如果我们将360度的圆周9等分，每一份都是40度，它可以表示40个月、40天、40周或者40年，这表明为什么行情经常是会在圆周的9等分位所对应的时间周期上出现顶部或底部顶底。这也是为什么以色列的孩子曾在荒野上游荡了40年。

如果我们把20年的时间周期，或者说240个月的时间周期9等分，得到的是26⅔

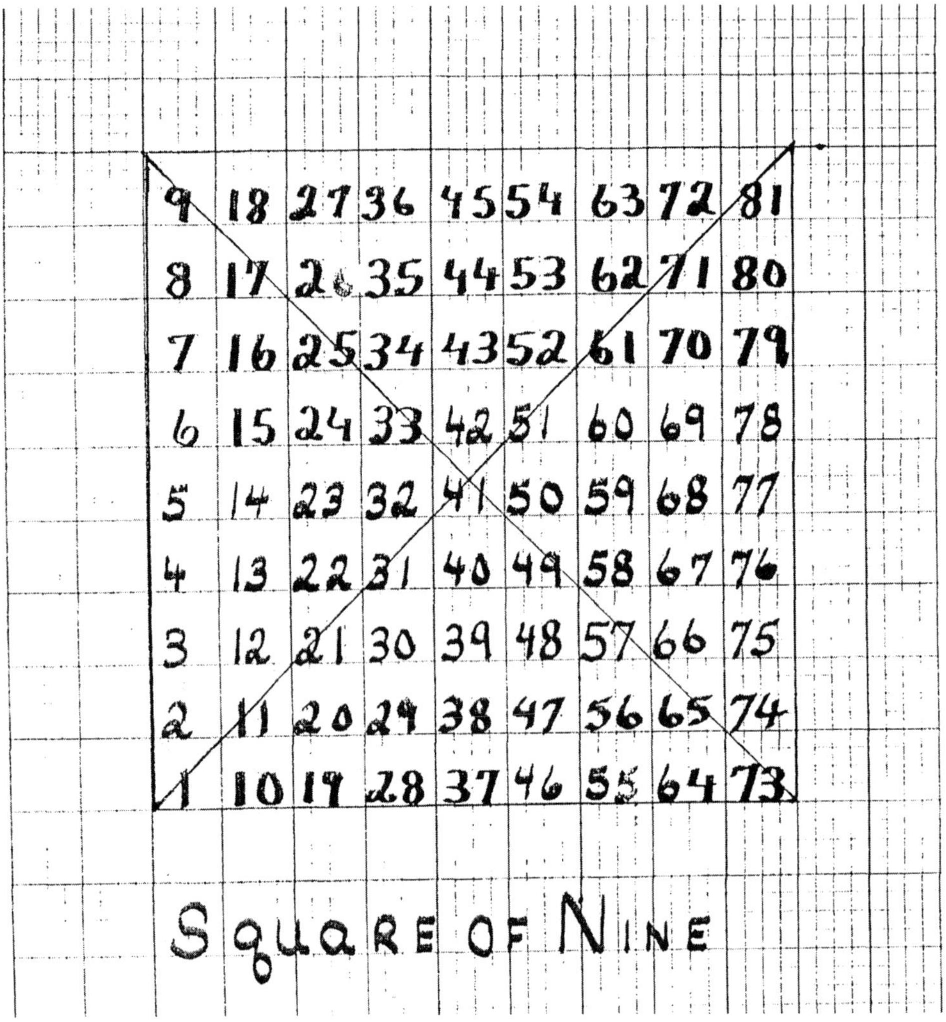

图15-2 9的正方图

月，使得26⅔度成为一个重要的阻力位，可以是26⅔个月，或是26⅔天和26⅔周。9的9倍等于81，9的第1个正方图就在这里结束。要注意那些趋势线，看它们在主要中心点位是如何运行的。9的第2个正方图在162结束。要注意它是如何与主要中心点位处在相对位置上的。9的第三个正方图在243结束，可以相当于243个月，或者20年的时间周期走完后，再加3个月，这就可以解释为什么有时在变盘发生前，时间周期会就走完了，这里就告诉我们时间周期会多出3个月，或更长时间。9的第4个正方图在324结束。应注意到45度的趋势线经过325，表明这里会发生时间周期上的改变。要走完360度，对于9的正方图来说，就要求完成4个9的正方图，再加上36。应注意到361是19的平方，这样就可以证明，9的正方图在验证那些重要的阻力位和它们之间的差异上，有着很大的价值。

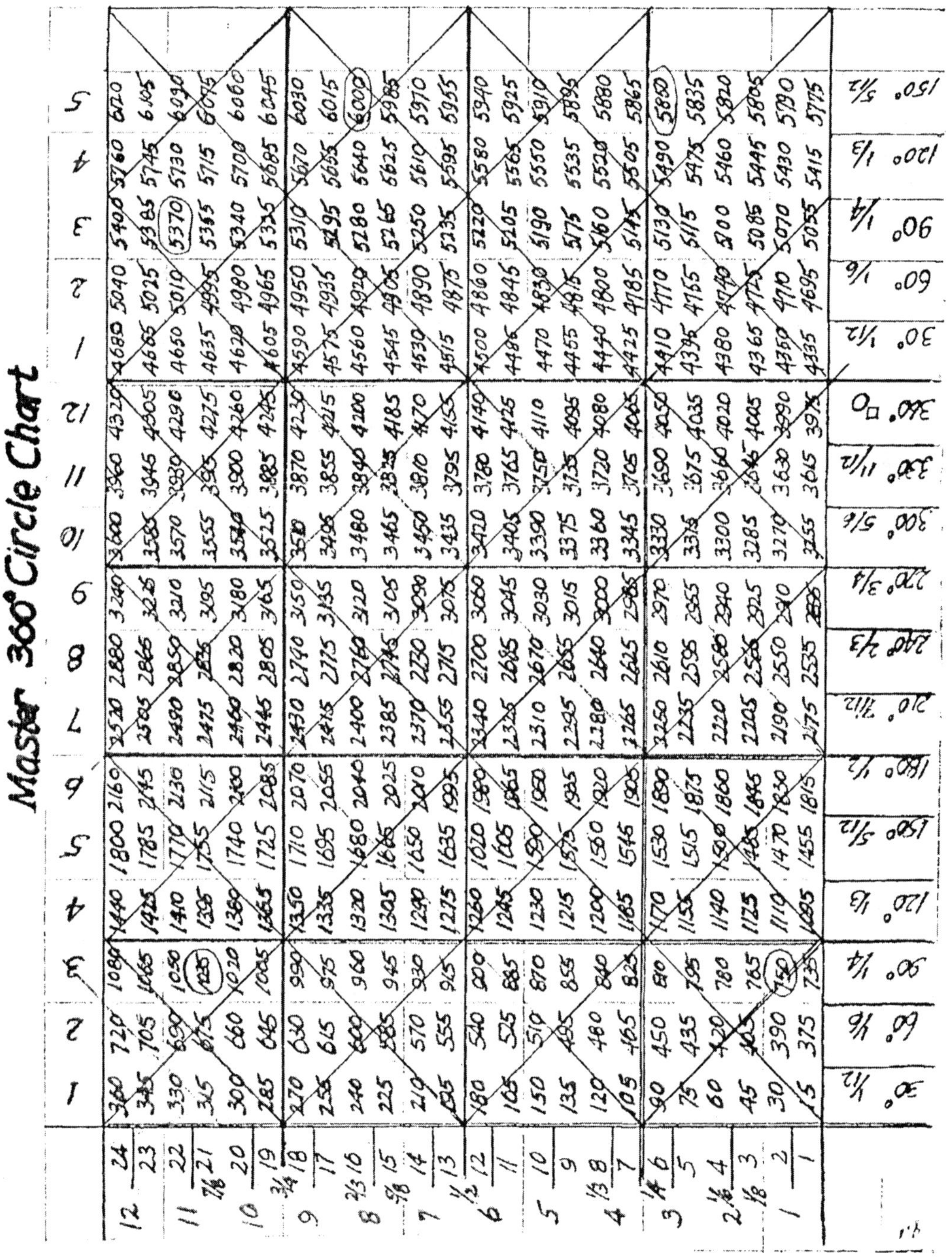

图15-3 主图之360度圆周图

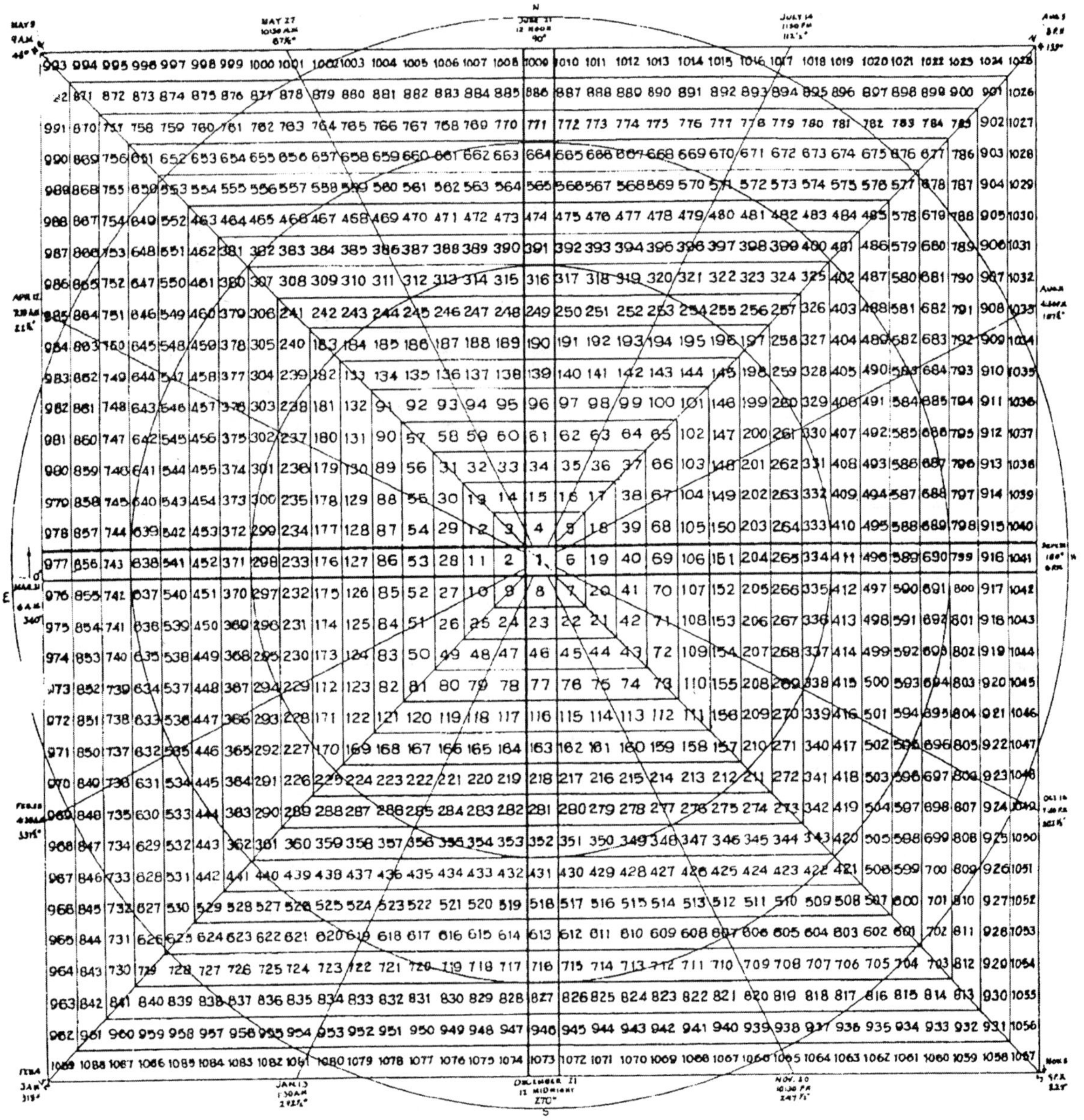

图15-4　奇数平方图与360度圆周图

奇数平方图是从中心1开始计数，应注意的是7、21、43、73、111、157、211、273和343是如何落在45度角的线上的。还要注意，从另一个方向上来看，3、13、31、57、91、133、183、241和307也落在了45度角的线上。请记住，从中心出发，你可以有四种方式沿着45度线、180度线，或者90度线走，在一个平面上，它们测算出的距离是一样的。应注意的是，8、23、46、77、116、163、218、281和352是在从主要中心发出的90度线上。而4、15、34、61、96、139、190、249和316在从主要中心发出的另一条垂直线上，所有这些点位都是力度很大的阻力位，用来测算重要的时间周期和阻力位。

深入研究9的正方图，把它与12的正方图和360度的圆周图结合在一起使用（见图15-3，15-4）。

6个9的正方图

你将会收到6个固定不变的图，在图15-5中，每个图中有81个数字。在第1个9的正方图中，数字是从1运行到81。每件东西都有一个底部、一个顶部和四边，这样构成一个正方体，或立方体。第1个运行到81的正方图就是那个底部、基点、地面或者起点。第2个、第3个、第4个和第5个正方图就是那四个边，它们每个正方图中也同样有81个数字。第6个9的正方图是就是那个顶部，意味着它是再加倍，就像《圣经》中说的，一个东西通过加倍的方式来复制它自己。9的9倍等于81，81的6倍等于486，我们也可以用81的9倍，等于729。

5是最重要的个位数，因为它是平衡点或者主要中心。在它的两边各有4个数字。要注意，在9的正方图上，5作为平衡点或者中心数字，是如何展示其作用的。

我们在奇数平方图上，从中心1开始，以正方的形式一圈圈向外走，直到我们见到360这个数字，相当于走完了一个圆周。应注意的是19的正方图是在361结束。因为361是19的平方，以1为起点的话，经过360达到终点。361是个过渡数字，是下一个时间周期的开始。如果我们把第一个方格空出来，或者标记为“0”，那么这个周期就会在360结束。数学中的所有东西都必须要去证明。你可以从中心开始，并得出这个结果，或者你也可以从外圈开始，推导出中心的数字。从左边开始，向右边回到中心，或者向外圈或外围的正方走。

要注意19的正方图或者圆周的正方图（图15-6），我们以1为起点，向上排列到19，接着继续下一列，直到排完19列，这就是19×19的正方图。要注意的是圆周上的位置是如何在这个图上得以证明的。圆周的一半是180度。注意的是在大正方形的中

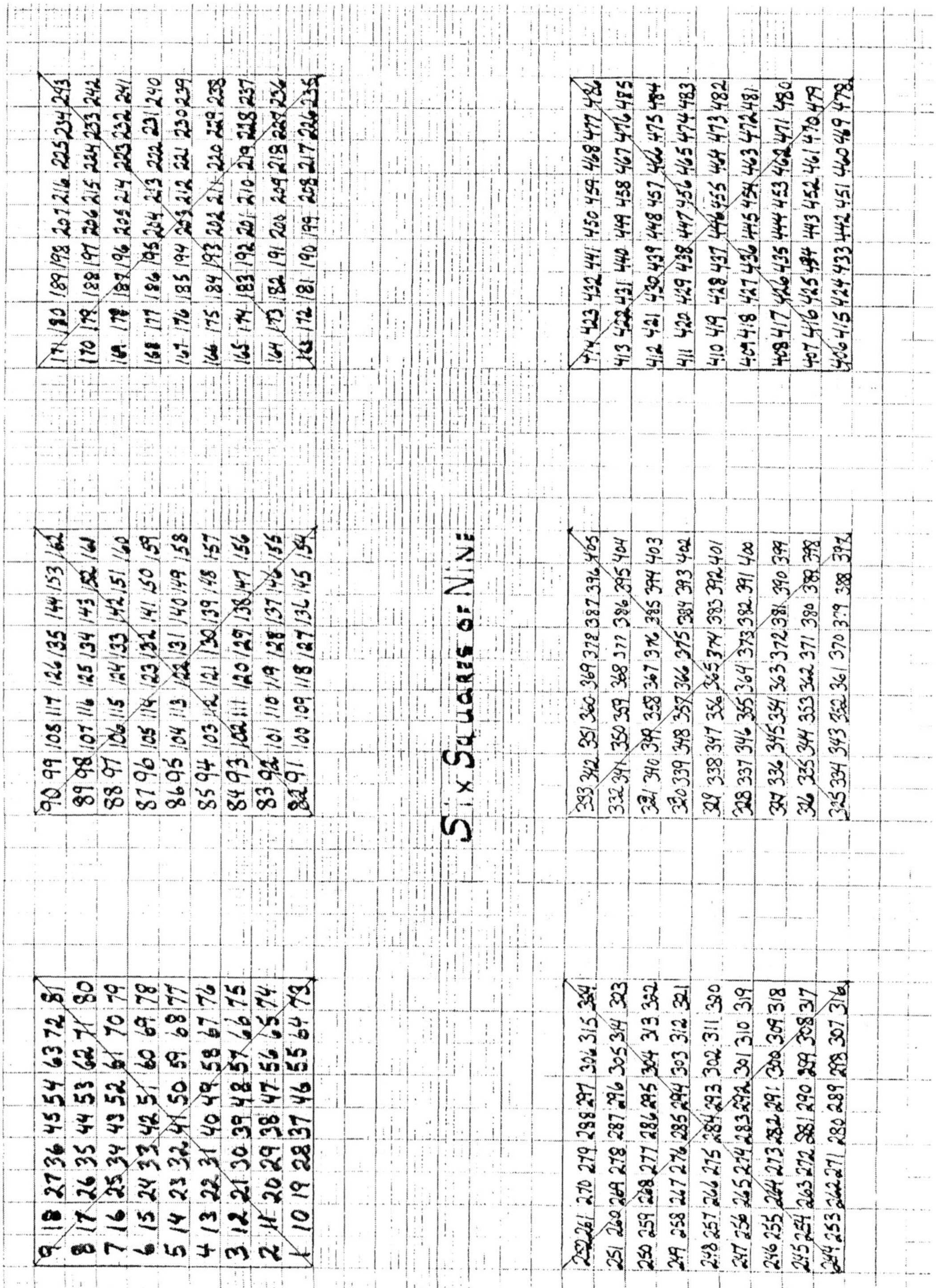

图15-5 6个9的正方图

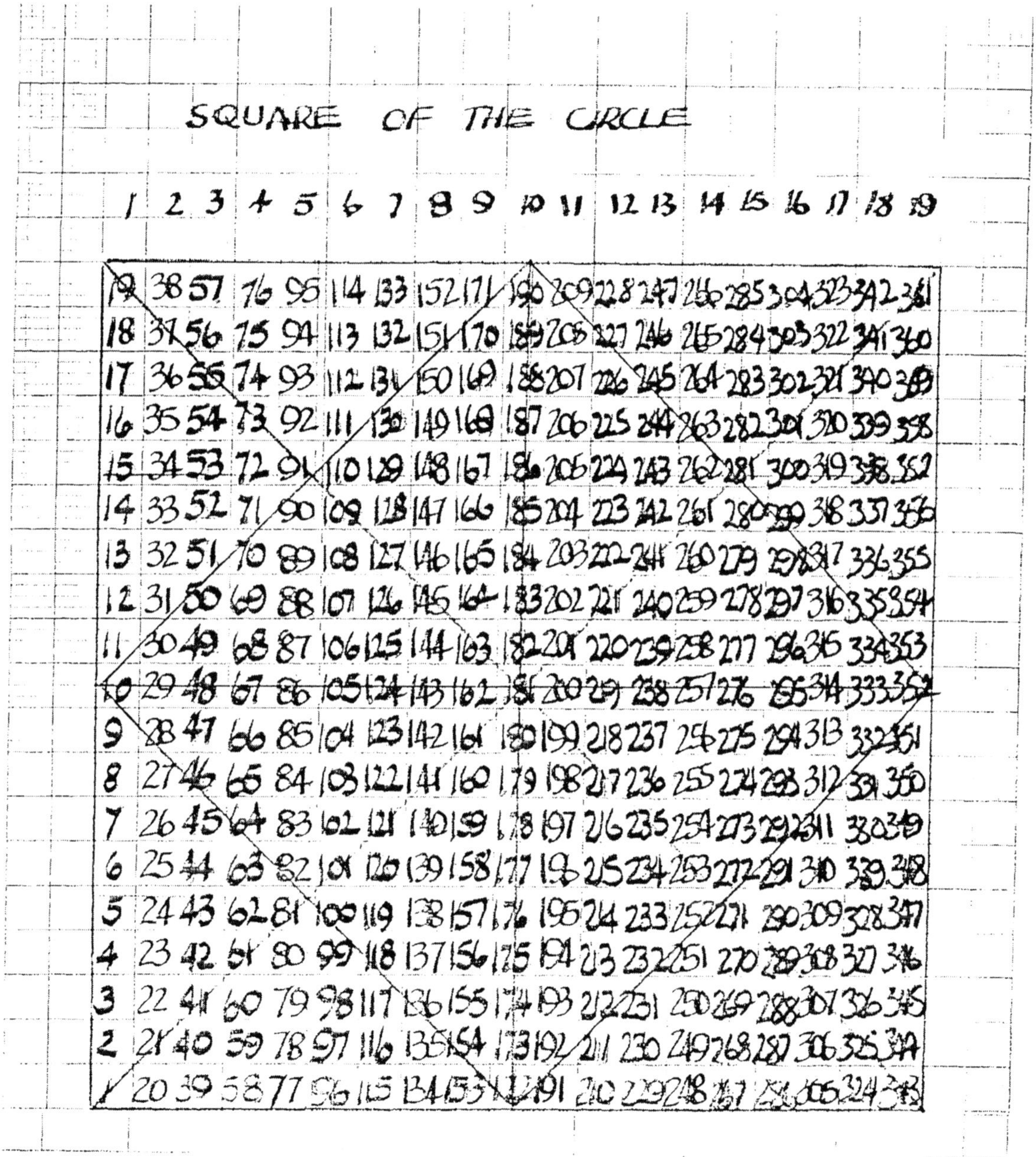
SQUARE OF THE CIRCLE
1 2 3 4 5 6 7 8 9 10 11 12 13 14 15 16 17 18 19
19 38 57 76 95 114 133 152 171 190 209 228 247 266 285 304 323 342 361
18 37 56 75 94 113 132 151 170 189 208 227 246 265 284 303 322 341 360
17 36 55 74 93 112 131 150 169 188 207 226 245 264 283 302 321 340 359
16 35 54 73 92 111 130 149 168 187 206 225 244 263 282 301 320 339 358
15 34 53 72 91 110 129 148 167 186 205 224 243 262 281 300 319 338 357
14 33 52 71 90 109 128 147 166 185 204 223 242 261 280 299 318 337 356
13 32 51 70 89 108 127 146 165 184 203 222 241 260 279 298 317 336 355
12 31 50 69 88 107 126 145 164 183 202 221 240 259 278 297 316 335 354
11 30 49 68 87 106 125 144 163 182 201 220 239 258 277 296 315 334 353
10 29 48 67 86 105 124 143 162 181 200 219 238 257 276 295 314 333 352
9 28 47 66 85 104 123 142 161 180 199 218 237 256 275 294 313 332 351
8 27 46 65 84 103 122 141 160 179 198 217 236 255 274 293 312 331 350
7 26 45 64 83 102 121 140 159 178 197 216 235 254 273 292 311 330 349
6 25 44 63 82 101 120 139 158 177 196 215 234 253 272 291 310 329 348
5 24 43 62 81 100 119 138 157 176 195 214 233 252 271 290 309 328 347
4 23 42 61 80 99 118 137 156 175 194 213 232 251 270 289 308 327 346
3 22 41 60 79 98 117 136 155 174 193 212 231 250 269 288 307 326 345
2 21 40 59 78 97 116 135 154 173 192 211 230 249 268 287 306 325 344
1 20 39 58 77 96 115 134 153 172 191 210 229 248 267 286 305 324 343

图15-6　圆周的正方图

心，从东、西、南、北四个方向发出的45度角的线都在此汇集，在这个重心点位是，数字181出现了，表明经过这个点时，我们是在穿过赤道或重心，并开启了圆周的另一半。

我们有天文学和数学方面的论据，可以证明为什么这些平面几何上的角在应用时很有效。当你取得了进步，证明你是可教之人，我会把主要数字（Master Number）和主要语录（Master Word）的相关资料给你。

主图之360度圆周图

图15-7，这个圆周图从“0”开始，绕着圈到“360”。我们首先将圆周2等分，得到的半圆是180度，再把180除以2，得到的是90度，然后把90除以2，得到的是45度，再把45除以2，得到的是22½度，接着把22½除以2，得到的是11.25度，最后把11¼除以2，得到的是5⅝度，所有这些都构成了圆周上重要的阻力位。

我只画出了那些从3¾度到360度的所有重要的阻力位。那些用红笔画出的阻力位，是因为它们都是重要的直角。

在把圆周 2等分之后，下一个重要的等分就是3等分。在3等分之后，我们得到的是120度、240度和360度，这就形成了重要的内接三角形与圆周的交点。接下来，我们把120度2等分，得到的是60度、150度、210度、300度和330度。我们把60度2等分，得到的是30度和圆周上按此间隔出现的阻力位。我们把30度2等分，得到的是15度和在圆周上按此间隔出现的阻力位，把15度2等分，得到的是7½度和在圆周上按此间隔出现的阻力位。

一天有24小时，把一天看作一个圆周的话，每小时就相当于是15度。再把15度2等分，就得到48个7½度的小圆弧，它对于测算时间周期的天数、周数和月份数都很重要。

仔细研究360度圆周图，你会发现，为什么这些时间周期会重复出现。当任何东西向上转到180度的位置时，它就开始向下转到与之相反的位置上，当每次转动的角度达到180度时，就与圆周另一边的角度处在相反的位置上，这就是为什么顶部和底部每次都从这些角度中产生。例如，一次顶部出现在90度，或第90个月，那么在与之相距90度，或90个月后，又会出现一个顶部。之所以会出现类似的顶部，引发股价的快速波动，急涨急跌，是因为这个角度太陡了，价格在开始反向运行之前，不能长时间地维持在那里。

要注意每14年到15年，也就是180个月，或者说当到达180度角的时候，或者到达这样直上直下的角度时，都会见到大顶或大底。当价格接近这个角度时，它们的运行

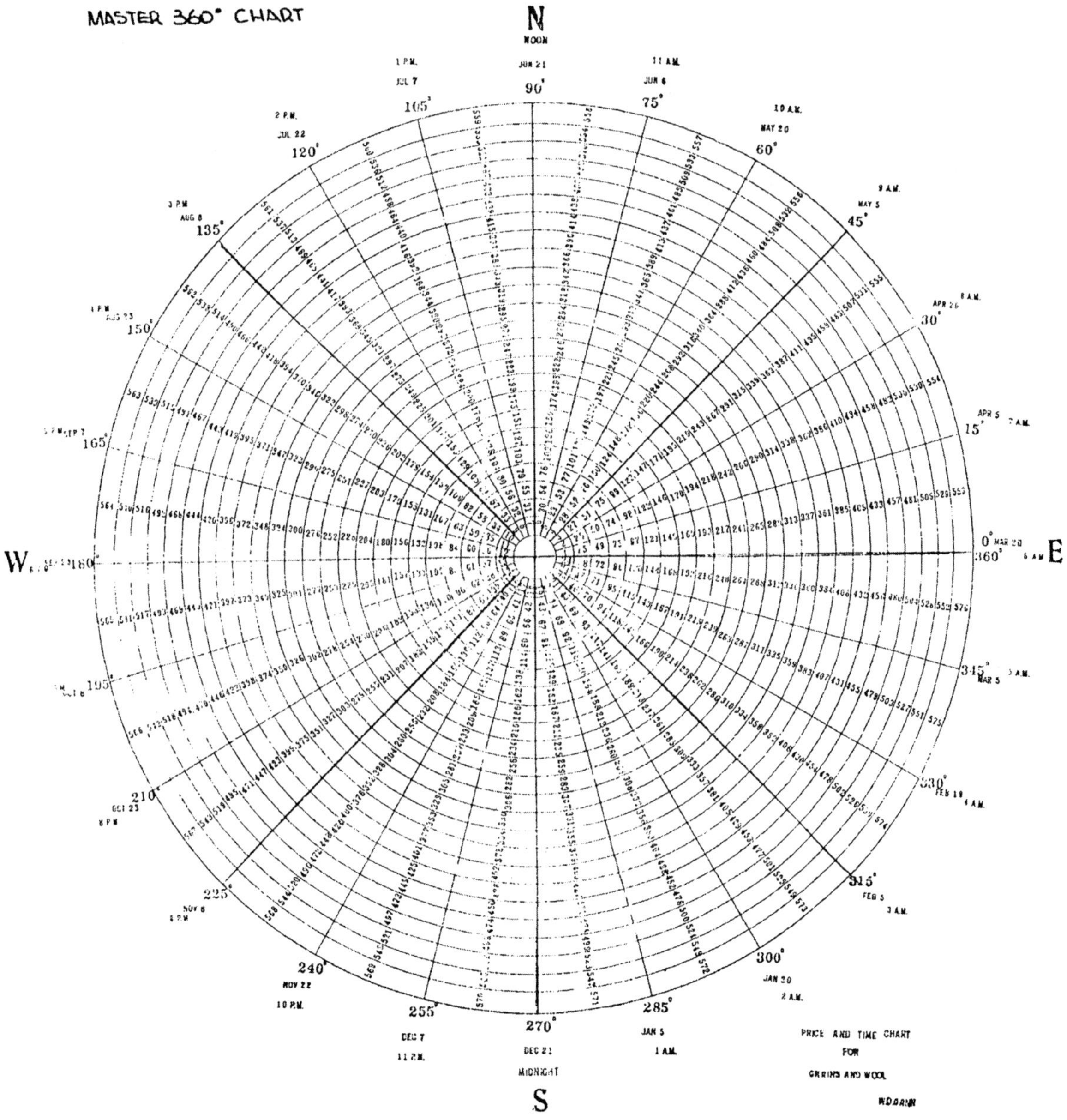

图15-7　主图之360度圆周图

速度是那样迅速，涨跌之间的转换也是那样得快。当价格遇到45度角、135度角、225度角和315度角时，情况也是一样。要注意的是，这如何证实了在主要的行情中，顶部和底部的出现是有规律的，它们之间相隔的月份是相等的。要注意的阻力位依次为22½度角、30度角、45度角、60度角和67½度角，虽然60度角和67½度角非常接近，但是它们都是非常重要的阻力位。还要注意112½度角与120度角，这两个很接近的阻力位也都很强，预示着会出现重要的顶部或底部。你也要注意150度角和157½度角，这两个彼此接近的阻力位也是都很强的，也预示着重要的顶部和底部有可能在这里出现，其他的阻力位就按这样依次类推下去。

当把圆周2等分和3等分之后，再次不断等分时，我们就得到360度圆周上的这些重要的阻力位，它们可以用来测算时间、空间与成交量：

5⅝、7½、11¼、15、16⅞、22½、27⅞、30、33¾、37½、39⅜、45、50⅝、56¼、60、61⅞、67½、73⅛、75、78¾、82½、84⅜、90、95⅝、101¼、105、106⅞、112½、118⅛、120、123¾、129⅜、135、140⅝、146¼、150、152⅞、157½、163⅛、168¾、174⅜、180、185⅝、191¼、196⅞、202½、208⅛、210、213¾、219⅜、225、230⅝、236¼、240、241⅞、247½、253⅛、258¾、264⅜、270、275⅝、281¼、286⅞、292½、298⅛、300、303¾、309⅜、315、320⅝、326¼、330、331⅞、337½、343⅛、348¾、354⅜和360，即走完了这个圆周。

上述这些点位对阻力位进行等分后得到的，分别是它们的1/2、1/3、1/4、1/8、1/16、1/32和1/64。

将这些点位与12的正方图、9的正方图、六边形图和360度圆周图等主图比较，你会看到，它们是如何都确认处这些重要的阻力位和时间周期的。

数字7在判断见大顶和大底时，测算按周来计、按天来计、按月来计和按年来计的时间周期中，起到的作用是如此之重要，以致我们必须要把圆周7等分，得到重要的阻力位，或者说是圆周上1/7点位，它们都是不可或缺的阻力位。

在360度圆周上，第一个1/7点位是在$51\frac{3}{7}$度，第二个7等分位是在$102\frac{6}{7}$度，第三个是在$154\frac{2}{7}$度，第四个是在$205\frac{5}{7}$度，第五个是在$257\frac{1}{7}$度，第六个是在$308\frac{4}{7}$度，第七个就走完了这个圆周，等于是在360度上，这些等分位都可以转化为天数、周数、月份数或者年份数。如果把这些点位再进行2等分，你也会得到其他一些重要的阻力位，它们也会与其他图中的别的阻力位互相确认和彼此对应。

一年的1/7，或者一个圆周的1/7，表明了为什么那么多快速运行的行情会在第49天或52天见顶或见底，还有为什么第七周、第七个月和第七年对于股价见顶和见底来说，都是如此重要的原因。

$51\frac{13}{7}$的$1\frac{1}{2}$倍等于$77\frac{1}{8}$，这就表明，为什么这个点位附近的阻力位那么强，还有为什么第77天、第77周或第77个月对于股价见顶和见底来说，是这样的重要的原因。

360度圆周图被平方

在90×90的正方图中，有8100个小方格或小空间。所以在360的正方图中，应该有129600个小方格。

这表明为什么一只股票在同一区域内上下来回波动那么多次，因为它是在走完正方图中，那么多数量的格子，或者说震荡的次数要达到相应的格子的数量。例如：

90的平方的1/8等于$1012\frac{1}{2}$

90的平方的1/4等于2025

90的平方的1/2等于4050

90的平方的3/4等于6075

90的平方的1/3等于2700

90的平方的2/3等于5400

在360的正方图中，对应的是360×360，等于129600个小方格。

360的平方的1/4等于32400

360的平方的1/3等于43260

360的平方的1/2等于64800

360的平方的2/3等于86400

360的平方的3/4等于97200

360的平方的7/8等于113400

这些点位对于测算时间、价格和成交量来说，都是一样重要。

假如你想知道走完90的正方图所需要的天数，一年有365天，20年就是7300天，算上闰年的话，会比7300天多一些。所以，每次行情大约需要22年2个月零10天，才能走完90的正方图。

螺旋图

螺旋图（图15-8）是以零为起点，开始一圈又一圈旋转的图，它可以代表的是任何股票、期货和指数等的正确位置、时间和空间。该图恰恰准确地显示出，数字是如何随着螺旋式运行不断变大，为什么年头越长的股票运行速度越快，还有当价格达

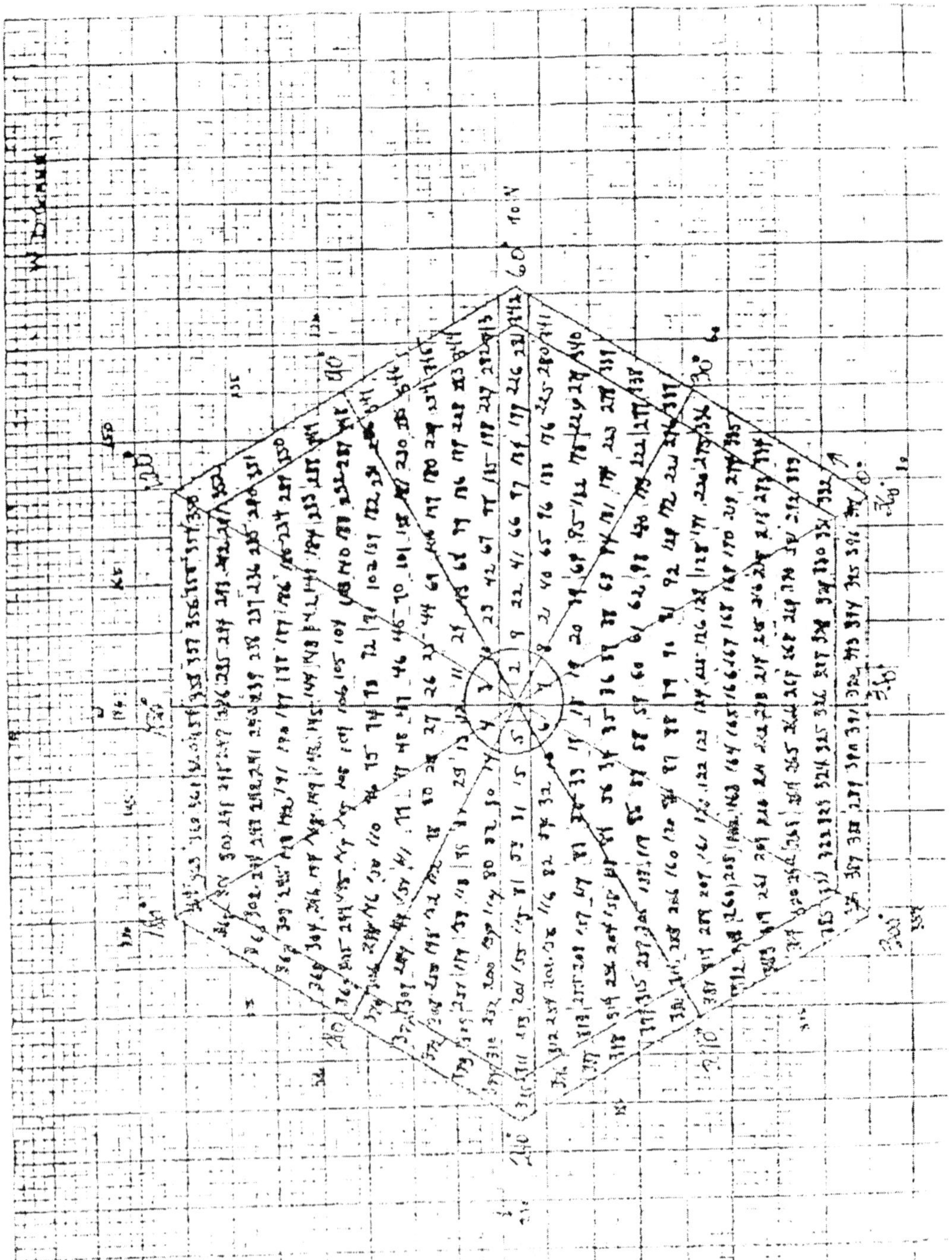

图15-8 六边形图（螺旋图）

到的位置越高，波动速度也会比之前快得多。在中心，起点或零点，它要求45度线来表示每个时间单位内运行1个点。当股价围绕中心运行了7圈，那么它要想触及到45度角的线，就需再运行7个点。当股价围绕中心运行了12圈，想要触及到45度角的线，就需再运行10个点。这也是在告诉你，股票可以在同一方向上运行10个月，都不会触及到任何阻力位，也就不会引发任何大幅的反向波动。在这张图上，我们只画出了45度、60度、90度、120度、135度、180度、225度、240度、270度、300度、315度和360度这些阻力位。圆周上还标记了2等分、4等分和8等分以及3等分的等分位，这些都是必不可少的重要阻力位，我们把它们标出来，以便于你可以清楚地看到空间和时间是如何在这些点位附近产生快速波动。

纽约证券交易所的永固正方图

图15-9，也就是20的正方图，在20×20的正方图中，总共有400个方格，它可以用来测算天数、周数、月份或者年份数，并可以根据图中各个年份与重要阻力位之间的相对位置，来判断出市场何时见到顶部或底部。

例如：纽约证券交易所成立于1792年5月17日，所以，我们以1792年5月17日为“0”点，当交易所运营满1年时，1793年就落在了“1”上。1812年会出现在20上，1832年就落在40上，而1852年就会是在60上，1872年是在80上，1892年是在100上，1912年是在120上，1932年是在140上。你应注意的是，139这个格子，或者说1931年所在的格子处在第7列，表明1931年是熊市行情的尾声，同时会开启一波牛市行情。但是在第139年的尾声，接近这个阻力位时，我们必须关注行情是否会在1931年5月至6月左右出现。

你会注意到，在正方图中间的水平方向，有一排数字把正方图分成了两等份，它们是10、30、50、70、90和110等，1802年落在了10上，1822年在30上，1842年在50上，1862年在70上。应注意到的是，1861年是内战爆发的年份，它落在了69这个格子里，处在45度角的线上。接下来，要注意的是1882年，内战在5月结束，1882年落在90上，相当于是90度角，也在正方图的1/2等分位上，180度的水平线从这里横穿过去。

另外，1902年落在110上，也是在正方图的1/2等分位上，而1903年和1904年正好都是在45度角的线上。还应注意到的是1920年和1921年都在45度角的线上，1921年落在129这个格子上。而1922年是牛市行情的第一年，它落在130上，这也是正方图的1/2点位。

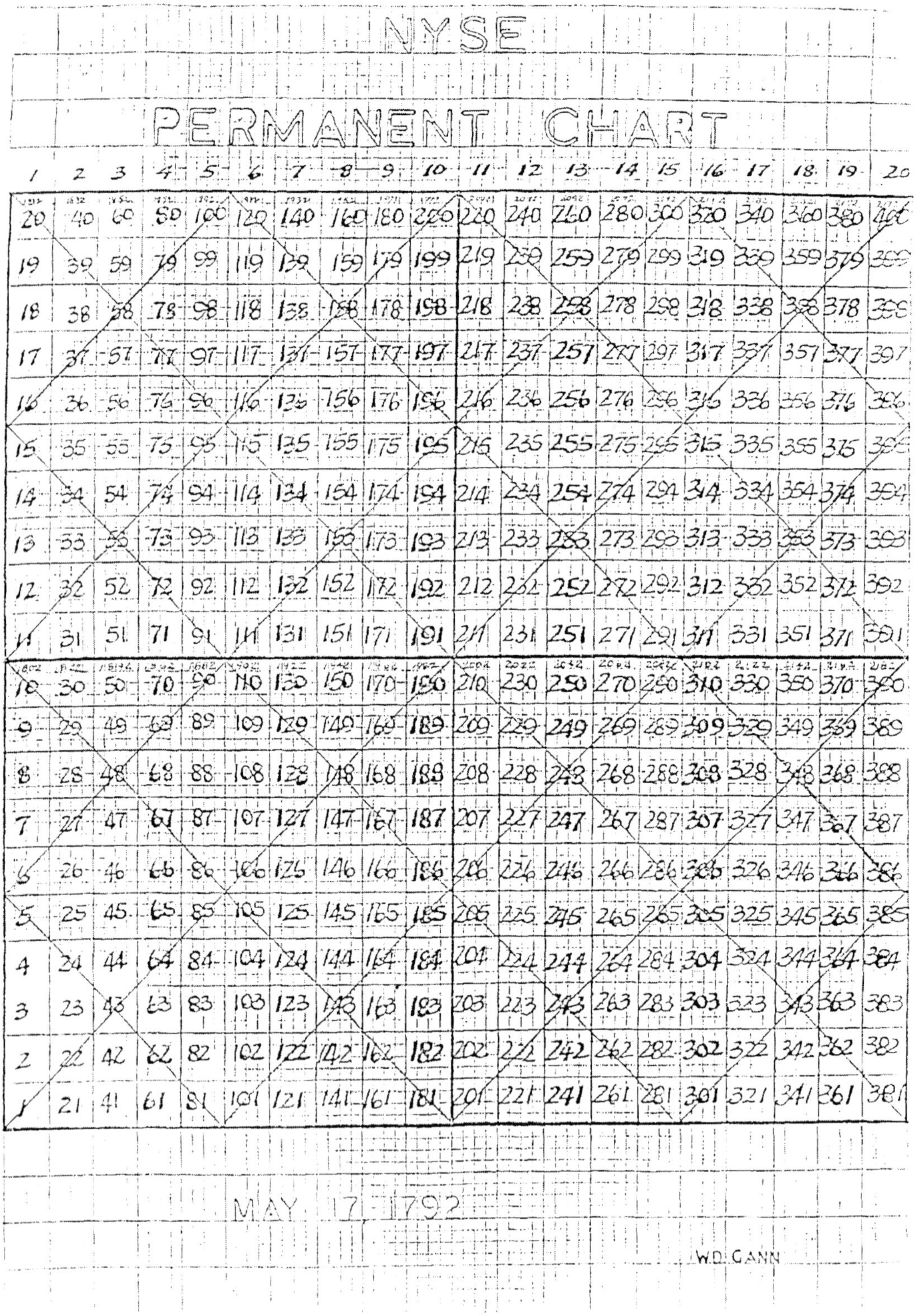

图15-9　纽约证券交易所的永固正方图

你应注意到，1929年落在第137个格子里，相当于第137个月，刚好是45度角的线上，而1930年是在138上，它处在第4个小正方形的1/2点位，这是个很强的阻力位，表明会出现一波急速而剧烈的下跌行情。另外，138是12的正方图中的1/2点位。

1933年落在第8列开头的141上，处在20×20的正方图4等份后的第2个小正方形的中心，或称中间点位。

1934年和1935年，分别落在了142和143上，时间上都是以5月为结束点。而1935年则落在了45度角的线上，这里可以算是第8列的大中心区，也是第2小正方形的中间点上，就快达到整个正方图的1/2位置，表明这里会出现下跌，而对于1936年的上涨行情来说，这里是一个底部。1937年落在145上，在这一列中，它处在向上的1/4的位置上。

如果你研究这些时间周期的周数、月份数和年份数，并把它们用在重要的阻力位和趋势线上，你会看到，在过去的行情中，它们是如何来判定那些重要的顶部和底部的。

美国钢铁公司的名称图（永固正方图）

美国钢铁公司(United States Steel)的名称中有17个字母。所以，我们要根据它的名字，做一个美国钢铁的17×17的正方图，289是17的平方。所以17这个点位是非常重要的，其实它是美国钢铁有史以来最低价的2½倍。

下面这些价位都很重要：34、51、68、85、102、119、136、153、170、187、204、221、238、255和272，因为它们在美国钢铁公司的名称图上，打到了重要的阻力位。

比如，美钢的基数或者低点价位是9美元，它是美钢的股价中最小的数，那么其波动幅度会根据它的名字来定，所有这些会导致有时与其他股票的波动略微不同步，这是因为每一只股票的股价都会按照自己的基数、起点、低点价位和名称来走。

美钢的走势与其名称图和自然阻力位有很紧密的关系，因为该股最低的股价是9美元，所以一路以来，它的波幅都刚好是在9个点，股价在261美元见顶，从它的起点，或者最低价位算起，经过了28次波幅为9个点的行情。

研究所有这些不同的图表，会有助于你对阻力位的理解。

美国的永固正方图

对于美国的永固图，我们采用的是7的正方图，因为美国（America）这个名字中包含7个字母，它的平方是49，这是一个非常重要又带有宿命感的数字。

我们把美国永固图的起点定在1492年10月12日，接着就可以做7的正方图了，并把年份标记在图中的方格里。你将注意到，它是如何预示哪些年美国会出现市场恐慌，哪些年会出现经济繁荣。

你也可以采用21×21的正方图，因为21是美国全称（United States of America）的字母数。当然，图中那些阻力位和重要点位与用美国(America)这个名字时得出的结果是一致的，因为7的3倍等于21。不过，如果你采用的是21×21的正方图时，你将得到更强的阻力位和更重要的点位，因为这个正方图在441结束，而220½是441的1/2。

你对这些永固图研究得越多，就越能体会到它们的巨大价值。你也会看到，数字的确可以决定未来的一切，这些平面几何的角和数学点位可以测算出所有的阻力位、时间、价格、空间或者成交量。

六边形图

因为每件东西都是围着圆周运行的，没有什么东西是在做直线运动。这个图就是向你展示，当股票处在非常低或非常高的价位时，那些阻力线是如何影响价格的，还有为什么价格越高，它运行得就越快，因为股价运行到外围的时候，各条45度角的线之间的距离已经如此之远，没有什么可以让价格停滞不前，自然它的上下波动速度就会很快。六边形图表参见图15-10，图15-11。

我们以中心为“1”的圆开始，这个中心圆中只有1这个数字，但它同样是360度的。然后，我们在第一个圆周的外围划出一个个圆周。第2个圆周内有6个数字，在7结束，比第一个圆周多出了6，使得第7个月、第7年、第7周和第7天都成为非常重要的时点，第7天是举行宗教仪式的日子，是人们的休息日。第3个圆周在19结束。第4个圆周在37结束，比上一个圆周多出了18。第5个圆周在61结束，比上一个圆周多出了24。第6个圆周在91结束，比上一个圆周多出了30，第7个圆周在127结束，比上一个圆周多出了36。应注意到的是，从第一圆周开始，每向外转一圈就多出了6。换句话说，当向外转了6圈时，就可以多出来36。要注意的是，这时我们走完了第1个六边

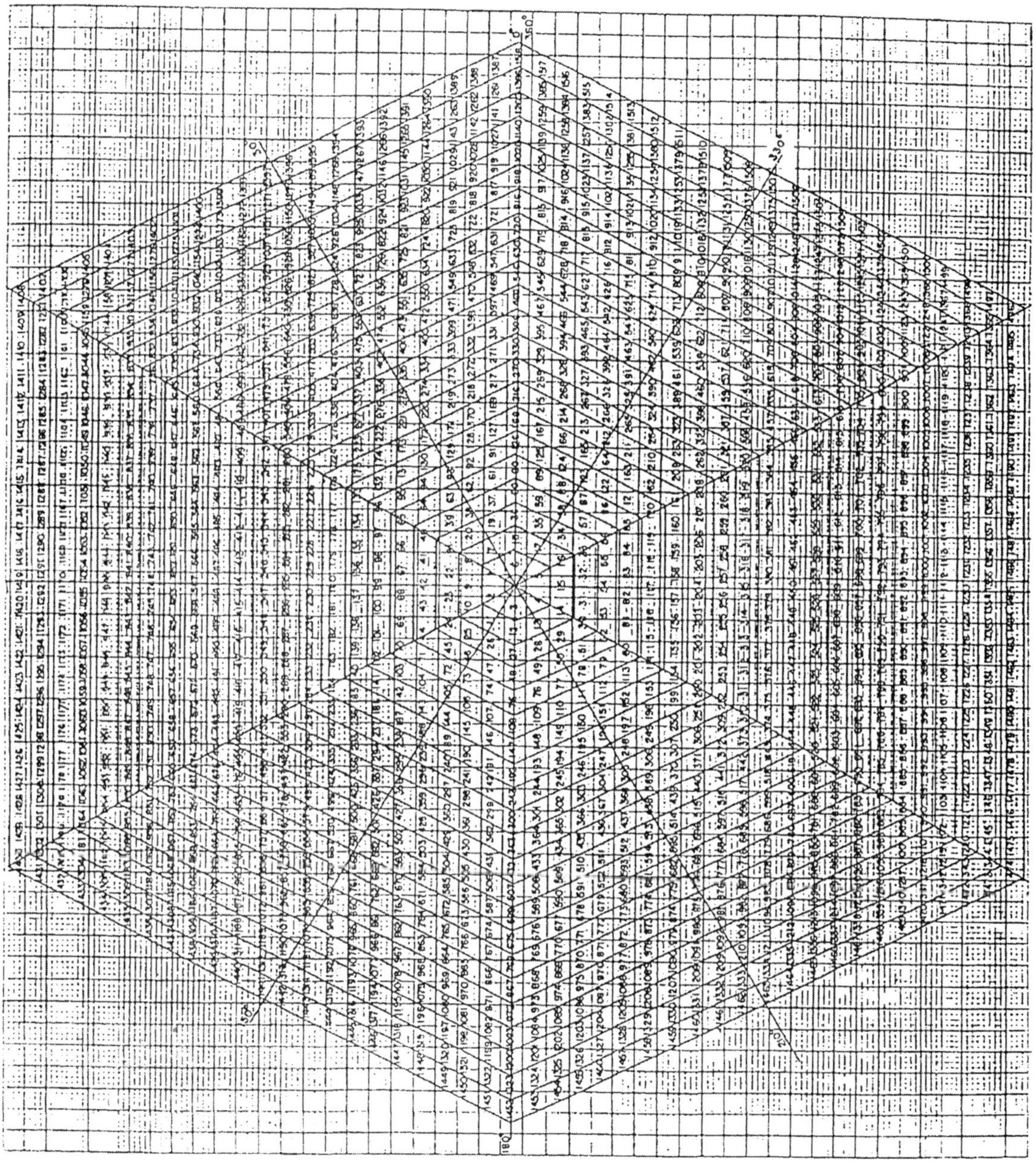

图15-10　六边形图

图15-11　六边形图

形，相当于是127个月，这就是为什么有些行情要运行10年零7个月，或者要持续到达成六边形，或者要走到上一次重要的45度角的线为止。

第8个圆周在169结束，比上一个圆周多出了42，有不止一个理由可以证明，这里是一个非常重要的阻力位和时间周期。169个月等于14年零1个月，或者两次7年的时间周期。你在翻阅这些图时就会发现，重要的顶部和底部常在这个阻力位上出现。

第9个圆周在217结束，比上一个圆周多出了48。第10个圆周在271结束，比上一个圆周多出了54。注意271是在从中心圆算起的第9个圆周上，270度是第3个90度，或者说，一个圆周的3/4是270度，这是一个非常强的阻力位。所有这些都可以用12的正方图、周期的季节性变化和9的正方图来确认，也可以用六边形图来确认，这就表明无论你采用多少种方法，或者从什么方向去估算，数学论证总是很精确的。

第11个圆周在331结束，比上一个圆周多出了60。第12个圆周在397结束，它完成了这个六边形，从起点算起，绕了11圈，比上一个圆周多出了66。66个月，或者说5年零6个月，往往标志着股票的大级别行情要见顶或见底。注意股价经常在第60个月见顶或者见底，随后有一波回调或者反弹，接下来，在第66个月见到第2个顶部或者第2个底部。要注意在12的正方图中的数字66。要注意在9的正方图中的66，在六边形图中，66落在了180度线上，所有这些都确认了这里是很强的阻力位。

我们有了66这个阻力位，还有67½度和68度这两个阻力位，这也确认了这里对于顶部和底部的出现，或者股价上行或下行的空间来说，这里具备两个强阻力位的叠加效应。

还要注意在六边形图中的360这个数字，它走完了一个360度的圆周。从我们的起点算起，360出现在六边形的150度线上，但是从中心来测算，它相当于90度线或者180度线上，使它成了一个很强的阻力位，很难突破过去，这里会是一个行情的终结，同时也是另外一个行情的开始。

在以“1”为中心的六边形中，注意同在一条阻力线上的7、19、37、61、91、127、169、217、271、331和397，它们都是测算时间周期的重要点位。从“1”开始，在另一条阻力线上，有2、9、22、41、66、97、134、177、226、281和342，它们都90度的线上，或者从六边形上来说，是在60度线和240度线上。

反复查看这个六边形图和它的重要阻力位，你会发现，为什么价格在这几天、这几周、这几个月或者这几年，股价会遇到阻力，还有为什么股票在这些时间和价格的重要阻力点位上，止步不前，并在这里见到顶部或底部。

当任何股票突破到了120度角，特别是突破了127度角，或者说突破了127美元，它就走出了过第1个六边形，随后，波动速度会加快，急涨急跌。请注意，当股价接近中心的时候，它从6美元运行到7美元，触及到了180度线或者90度线，但是当价格突破了162美元后，它可以在触及到另一个强阻力位之前，到达169美元。这就是为什么当股价越高，它的波动速度越快，因为它已经从中心点离开有一段时间了。

请记住任何物体都在寻找它的重心，而重要的顶部和底部的形成就是取决于它们的中心点，和从中心点、基准点或起点算起的时间周期，或者任一顶部和底部。那些垂直或水平方向上的阻力位，可能会与运行周期的天数、周数、月份数或年份数相同。这样的话，当一只股票上涨到22½美元时，就会触及到22½度的阻力位。而如果该股在时间周期上走完了22½天、22½周或22½个月，也会触及到22½度的阻力位。股价涨得越高，触及的阻力位也就越高，遇到的阻力也会越大。在下跌过程中，把这条法则反过来用就可以了。

行情波动的形成与构造其他任何事物都是一样的。就像是盖房子，首先要打好地基，接着就是砌完四堵墙，最后就不用说了，一定要搭房顶。因为行情中的时间与空间因素，立方体或六边形恰恰证明了这个法则是有效的。盖这个房子的时候，是按照正方形或六边形来盖。有四面墙或者四个边，有底部和顶部，所以它是一个立方体。

在股市中走出的30年的时间周期，它的第1个60度，或者说5年，就是从立方体的底部开始的。它的第2个60度，运行到120，完成了第1条边，或者说走完了10年的时间周期。它的第3个60度，或者说第2条边，走到了180度，或者说在第15年结束。这是一个非常重要的位置，因为我们这个房子已经盖了一半，这时会遇到强阻力位。它的第四个60度，是在第20年或者第240个月结束的，这完成了第3条边。现在我们的房子已经盖了2/3，这里是一个非常强的阻力位，它完成的是20年的时间周期。它的第5个60度，运行到了300度，完成了25年，或者说300个月的时间周期，它是第1个5年的时间周期的重演，完成了房子的第四条边，这里是一个非常重要的阻力位。第6个60度，走完了360度的圆周，完成了30年的时间周期。从时间因素上看，在45度的线上每个月运行1度，它已经见顶了。这样就是一个完整的立方体了，我们要重新开始步入新的时间周期了。

把它与六边形图结合起来研究，将会对你有所帮助。参见书中所附其他图表。

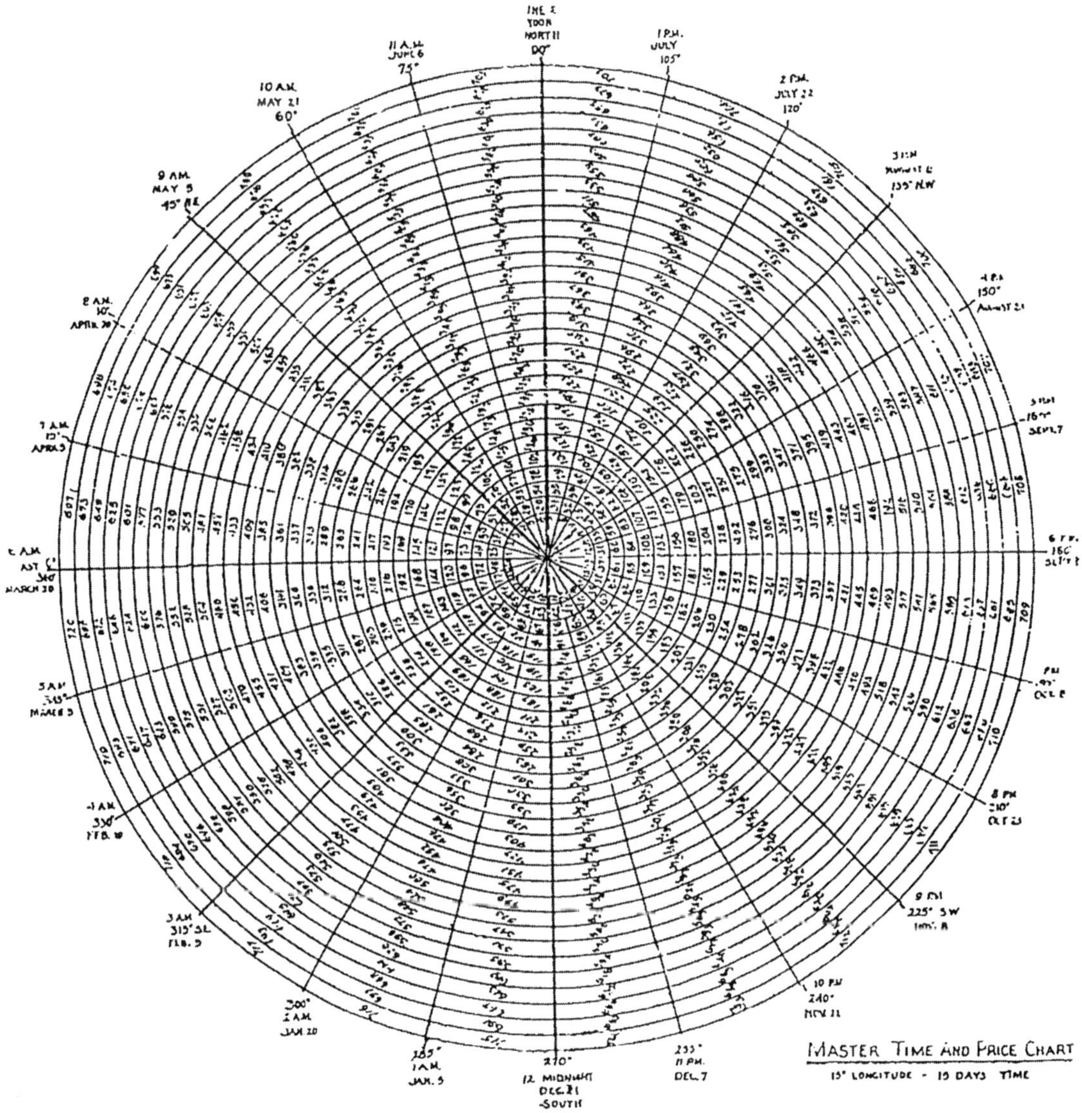

图15-12　时间与价格主图

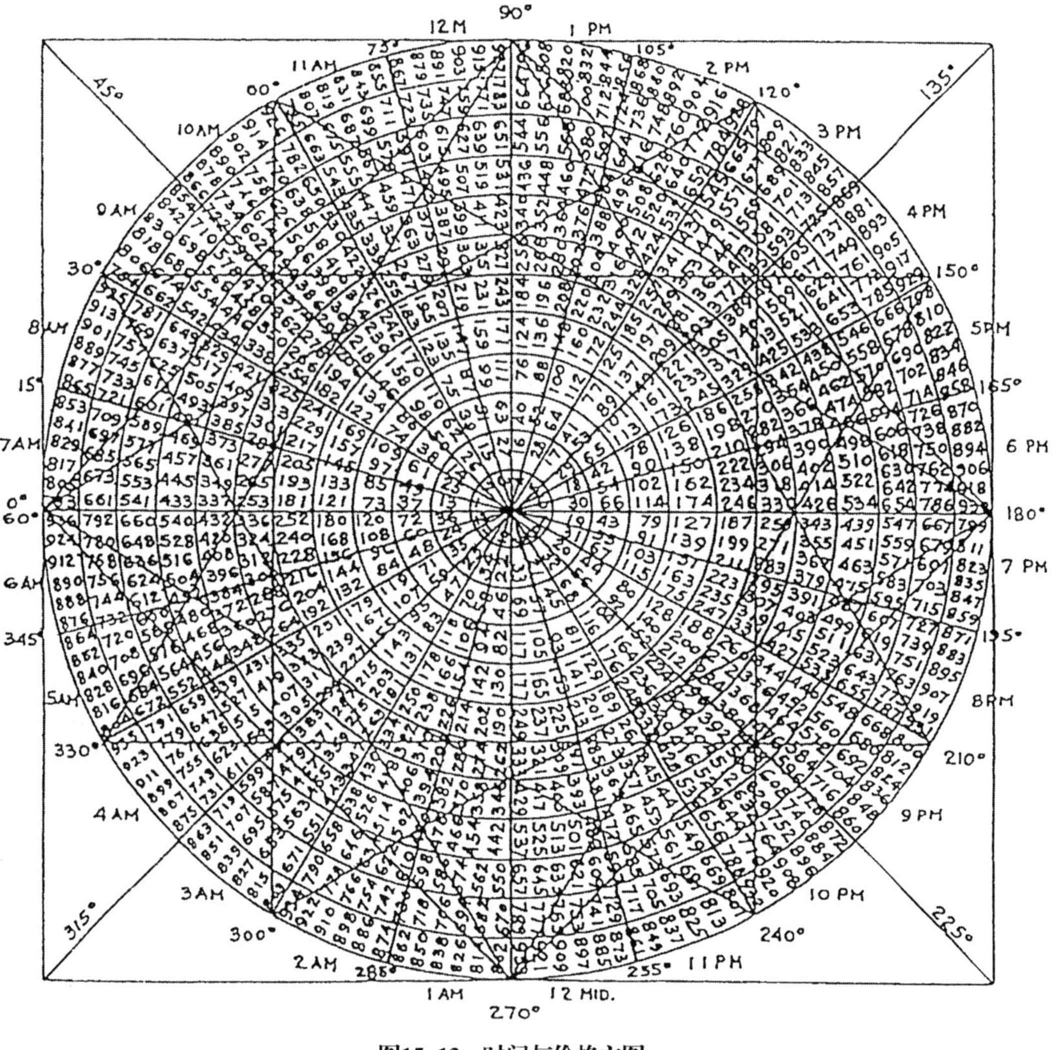

图15-13 时间与价格主图

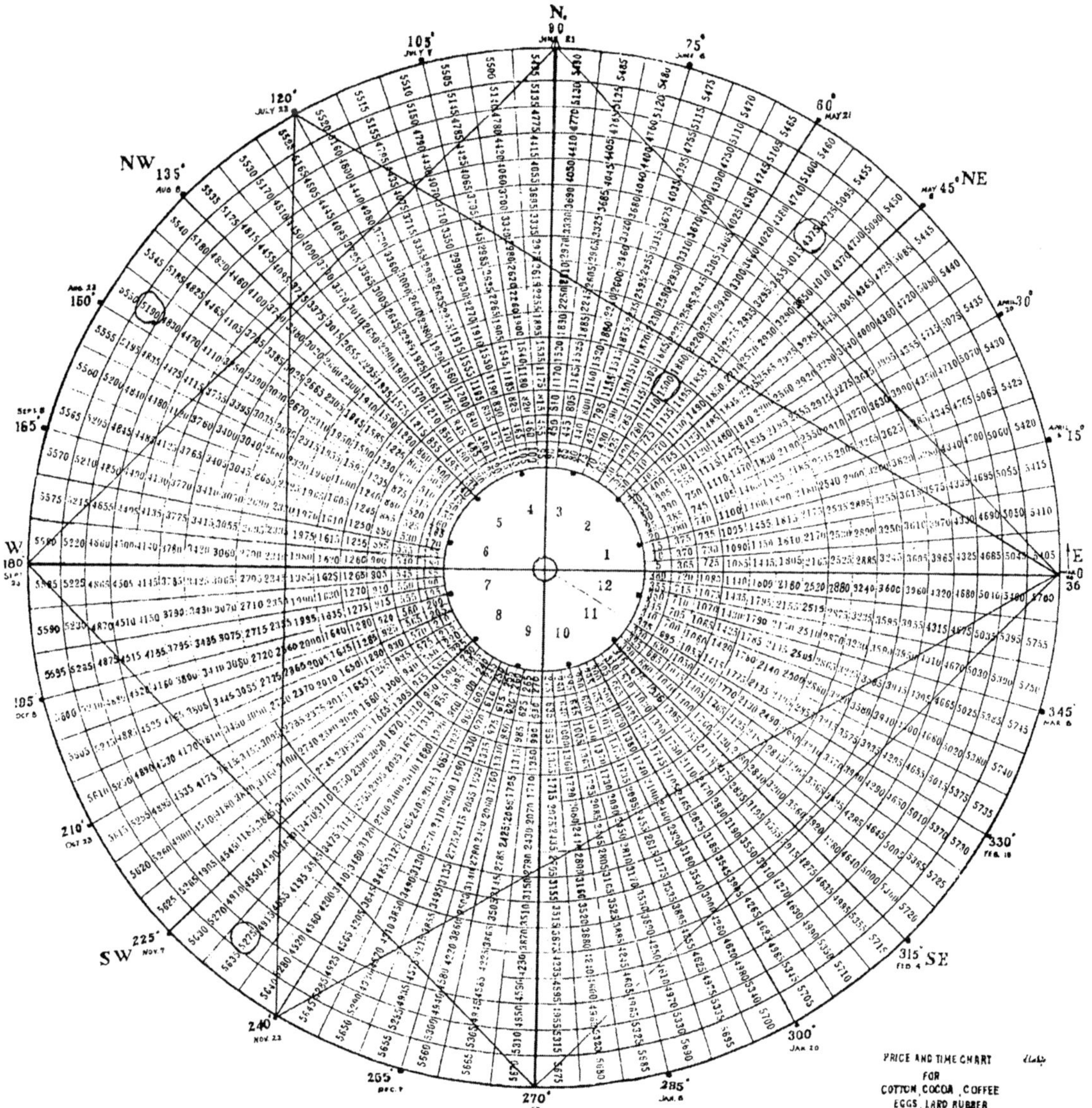

图15-14 棉花、可可、咖啡、鸡蛋、猪油和橡胶的时间与价格主图

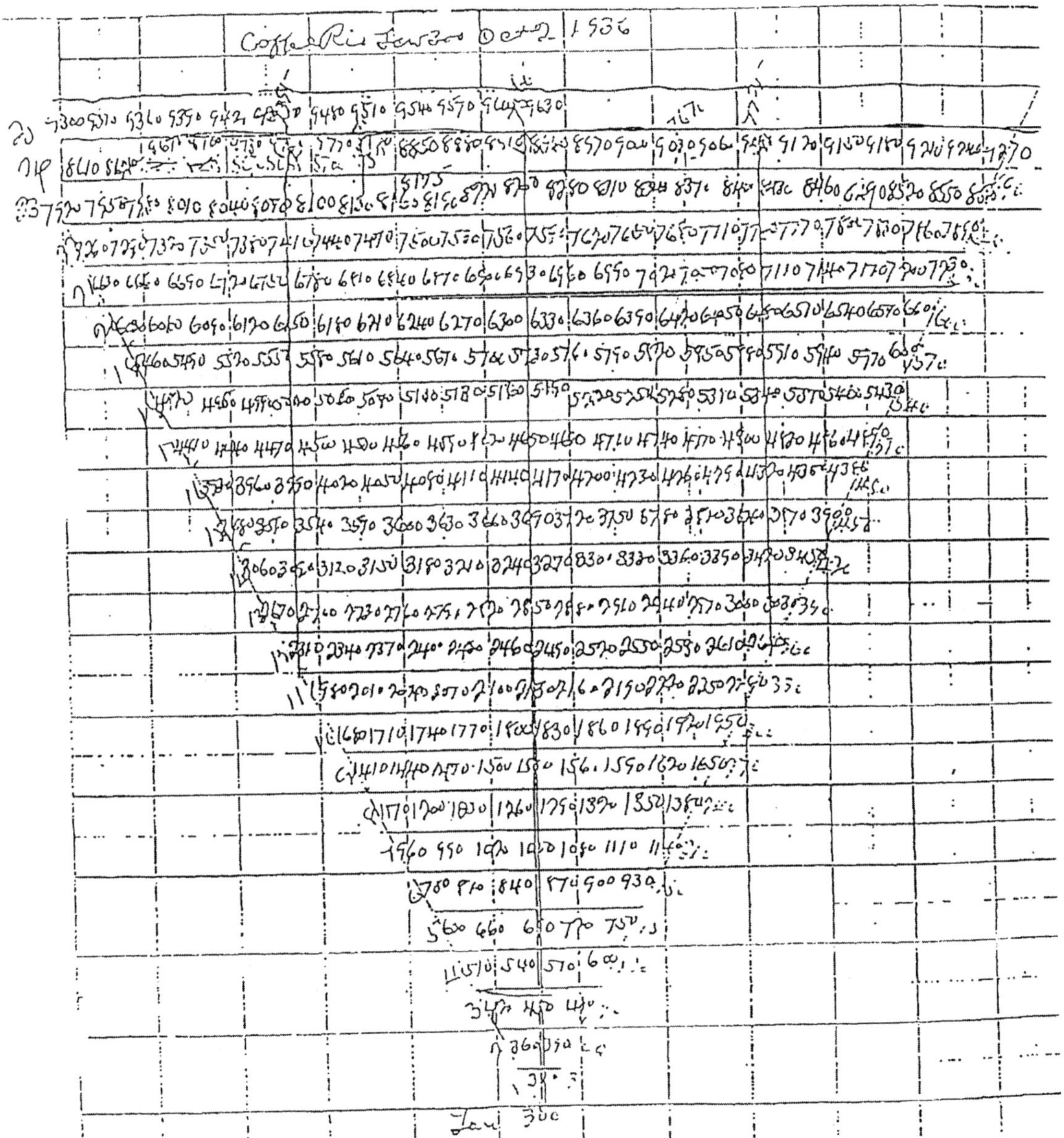

图15-15 咖啡时间与价格主图

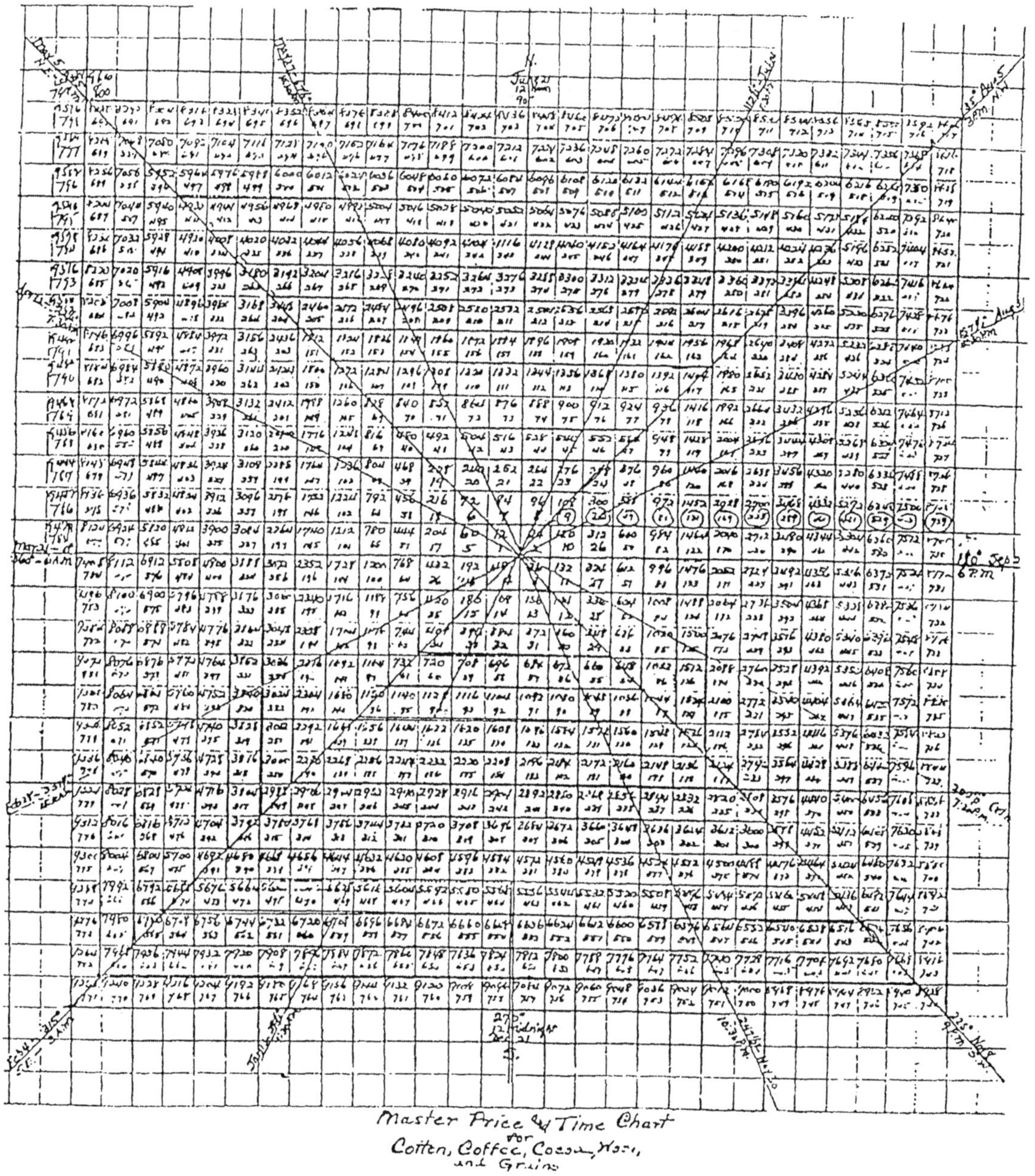

图15-16 棉花、咖啡、可可和谷物的时间与价格主图

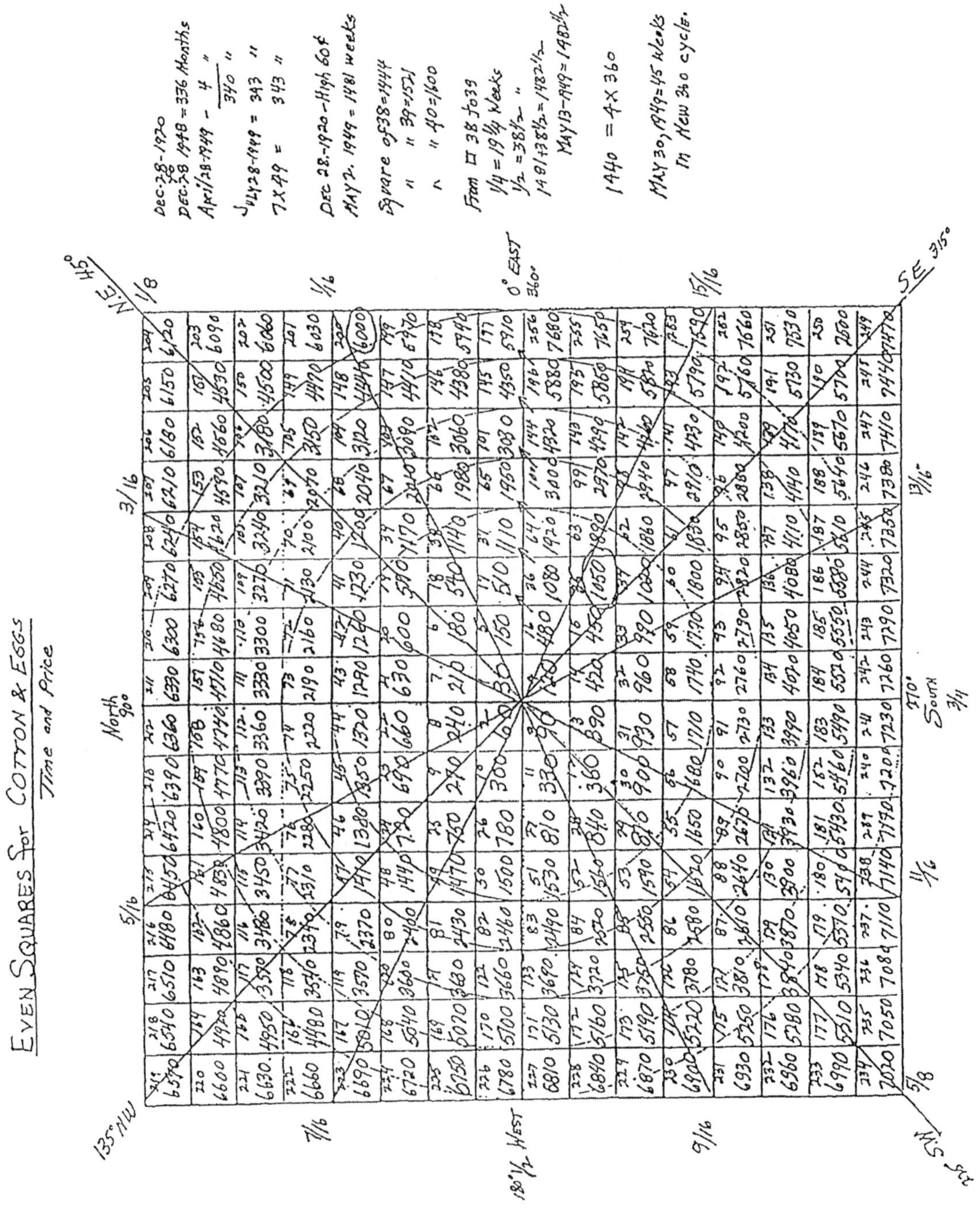

图15-17　棉花和鸡蛋的偶数平方图

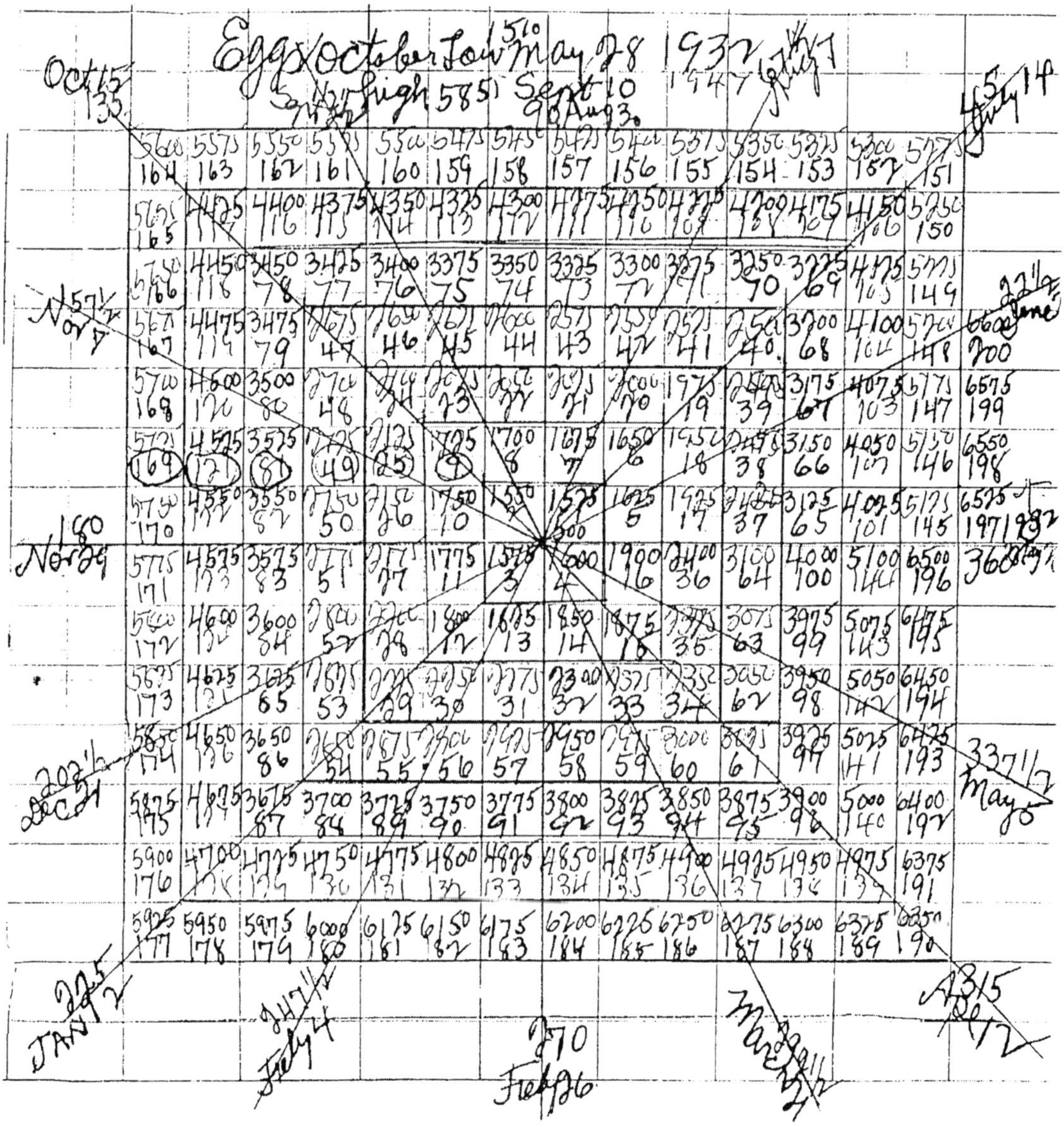

图15–18　鸡蛋的偶数平方图

Chapter 16

奥本汽车

在奥本汽车的日高低点图中，绘制了所有重要的自然阻力线，这些阻力线的角度是通过对360度的圆周进行不同比例的等分之后得到的。我们在这个例子中，只使用从顶部和底部发出的45度角的移动平均趋势线、90度角的垂直线和180度角的水平线。每只股票都可以按照价格和时间，达成自己的正方，当股价向上或者向下脱离了这个正方的时候，它还会继续朝着同样的方向运行，直到落在另一条重要的45度角的移动平均趋势线上，或者遇到了时间或价格上的阻力位为止。我们用到的自然阻力线的角度包括11¼度、22½度、33¾度、45度、56¼度、60度、67½度、78¾度和90度等。接下来，我们还要绘制从任何一个重要的顶部或底部发出45度角的移动平均趋势线的对角线，这些对角线在时间上的起始位置是从这个顶部或底部算起的一段时间之后。

两条移动平均趋势线的十字交叉，对于趋势的变化来说是非常重要的，关于这一点，我们将在奥本汽车这个例子里向你展示出来。

1930年4月1日，奥本汽车在263¾美元见到极高点，随后在4月10日见到第2个高点，4月16日它在262¾美元见到第3个高点，这也是最后一个高点。我们从4月1日的顶部出发，绘制一条45度角的移动平均趋势线，再从4月16日的最后一个顶部出发，绘制另一条45度角的移动平均趋势线；接下来，在顶部一线向右数出一定的天数，从那里绘制一条45度角的移动平均趋势线，使之与从顶部发出的45度角的移动平均趋势线形成十字交叉。

例如：4月15日，从4月1日顶部发出的45度角的移动平均趋势线与从见顶后的第11¼天的顶部一线发出的45度角的移动平均趋势线形成交叉，而交叉点刚好就是奥本见底的价位。换句话说，4月15日，奥本在两条45度角的移动平均趋势线上见底，随后反弹到4月16日，接下来，股价跌破了45度角的移动平均趋势线，它的趋势也开始掉头向下。

我们要注意的是23度，或者23天，因为这就达到了22½度的阻力位，奥本在见顶后的第22天见底，只反弹了1天，随后就跌破了从见顶后第33¾天顶部一线发出的45度角的移动平均趋势线；接下来，又跌破了更加重要的从见顶后第45天顶部一线发出的45度角的移动平均趋势线，显示股价见顶以后走得越来越弱了。在见顶后的第27天，奥本的股价在180美元见底。因为360度圆周的一半是180度，所以180始终都是重要的阻力位。奥本反弹到了201美元，它的下一个重要阻力位是202½美元，也就是相当于给180度加上22½度。奥本见顶时，股价刚好在45度角的移动平均趋势线下方，随后，股价就跌破了从见顶后第56¼天顶部一线发出的45度角的移动平均趋势线。

5月20日，奥本的股价下跌到150美元，这里又是一个重要的自然阻力位，因为一个圆周的5/12是150度。这个见底的时间是在见顶后的第40个交易日。随后，股价出现了反弹，在见顶后的第45个交易日，奥本在172美元见顶，这个时间点对于趋势的变化非常重要。接下来，它的股价跌破了从底部150美元发出的45度角的移动平均趋势线，之后继续下行，又跌破了从见顶后的第78¾天的顶部一线发出的45度的移动平均趋势线，接着又跌破了从见顶后的第90天的顶部一线发出的45度角的移动平均趋势线。90这个阻力位的强度是45的两倍，所以，它对于趋势变化非常重要。

6月23日，这是季节性趋势变化的重要日期。奥本下跌到91美元，在90美元这个阻力位的上方1个点止跌企稳了，而90美元始终都是见顶或见底的重要价位。见顶的这一天是第67天，而67½度也是一个强阻力位。

7月17日，奥本在第86天反弹到了141美元，但是没能触及从见顶后的第101¼天顶部一线发出的45度角移动平均趋势线，随后，它跌破了从见顶后的第112½天顶部一线发出的45度角移动平均趋势线，接下来，又跌破了从底部91美元发出的45度角移动平均趋势线，表明股价处在弱势之中，后市还会继续走低。应注意到的是，从91美元发出的45度角移动平均趋势线，是所有平行的移动平均趋势线之中最低的一条，也就是说，与从4月1日和4月16日的顶部发出的45度角移动平均趋势线相比，这条趋势线的位置最低。这条趋势线与从4月1日顶部发出的45度的趋势线之间的宽度是53个点，与从4月16日顶部发出的45度角的趋势线之间的宽度是59个点。底部价位落在从见顶后的第120天的顶部一线发出的45度角的移动平均趋势线上，120之所以重要，是因为一个圆周的1/3是120度。

8月12日，奥本的股价下跌到102美元，这个价位刚好在101¼这个自然阻力位上方，这个底部是在见顶后的第108天见到，股价刚好处在从见顶后的第135天的顶部一线发出的45度角的移动平均趋势线上方。

9月8日，奥本反弹到135美元，打到了从4月1日顶部发出的45度角的移动平均趋势线。135是一个自然阻力位，因为一个圆周的3/8是135度，所以这个阻力位也非常强。当一只股票第一次反弹到了从顶部发出的45度角的移动平均趋势线的时候，这里始终都是一个做空卖出的点位，同时把止损单设在趋势线上方3个点的位置，来保护资金的安全。这个价位是一个安全的做空点位，因为股价在135美元，相当于两条趋势线十字交叉的位置。接下来，奥本的股价跌破了从底部102美元发出的45度角的移动平均趋势线，也跌破了从见顶后的第135天的顶部一线发出的45度角的移动平均趋势线。随后，股价相继跌破了多条移动平均趋势线，在见到最后的底部之前，达成的都是走势更弱的正方。

1930年11月5日，其股价下跌到60⅜美元。60总是很重要的阻力位，因为一个圆周的1/6是60度。从4月1日的顶部算起，见底的日子是在见顶后的第177个交易日。应该注意到的是，奥本在第180个交易日见到的顶部价位较之前有所抬高，使得趋势第一次反身向上。之前见到的底部价位，落在从见顶后的第190天的顶部一线发出的45度角的移动平均趋势线上。

11月17日，奥本突破了从1930年4月1日顶部发出的45度角的移动平均趋势线，这是4月30日之后的第一次。此时的股价达到了77美元，趋势在这里反身向上，该股进入到非常强的走势中，这是因为它突破45度角的趋势线时，股价处在这样低的价位上。

要注意的是，11月20日，股价在82½美元见顶，刚好处在从4月16日顶部发出的45度角的移动平均趋势线的下方。接下来有一波下跌，1930年11月28日，股价在72½美元见底。

11月29日，奥本第一次突破了从4月16日顶部发出的45度角的移动平均趋势线，表明走势更强了，主趋势已经转为上行，因为股价已经突破了这些平行的移动平均趋势线中最外侧的一条。这次的底部价位在78¾美元附近，这里是一个自然阻力位。从股价突破了最外侧的那条45度角的移动平均趋势线之后，一直到1931年4月14日上涨到295½美元，在这期间奥本的股价再也没跌破过这个底部价位。

在该股收复，或者站上了从1930年4月16日顶部发出的45度角的移动平均趋势线之后，它就开始站上了一条又一条45度角的移动平均趋势线，在从60⅜美元发出的45度角的移动平均趋势线的左侧，带出了多条与之平行，而位置更高的移动平均趋势线，正好是把该股从263¾美元下跌到60⅜美元的那个过程给反过来了。

1930年12月18日，奥本的股价上涨到119¾美元，这几乎是60⅜美元的2倍，它也接近了120这个自然阻力位，因为一个圆周的1/3是120度。这个顶部出现在见底后的第36个交易日。

12月23日，股价下跌到了91½美元，12月27日，股价在92美元见到了第2个底部，站在了90这个阻力位的上方。应注意到的是，90美元是60⅜美元到119¾美元之间的1/2

点位，这就表明奥本处在强势之中。见到最后一个底部92美元是在第43个交易日，股价处在从见底后的第33¾天的底部一线发出的45度角的移动平均趋势线的上方。

1931年1月5日，奥本反弹到116美元，这一天是从1930年4月见顶部后算起的第225个交易日。225始终是一个强阻力位，因为一个圆周的5/8是225度。随后，股价出现下跌，跌破了从底部60⅜美元发出的45度角的移动平均趋势线。

1月14日和17日，奥本的股价下跌到101¼美元，这里是一个自然阻力位。应注意到的是股价落在了101¼度角的自然阻力线上，而且见底的时间是在第60个交易日，我们的法则告诉过你，60对于趋势的变化来说非常重要。因为一个圆周的1/6是60度。接下来，它的趋势反身向上，股价继续进入到与移动平均趋势线之间的相对强势位置。

1931年1月22日，奥本突破了从第60个交易日的底部发出的45度角的移动平均趋势线，这条趋势线是绿颜色的。1月26日，股价突破了，或者说重新站上了从底部60⅜美元发出的45度角的移动平均趋势线。128美元的股价落在从见底后的第67½天的底部一线发出的45度角的移动平均趋势线上。当股价可以重新站上从底部发出的45度角的趋势线，就表明它的走势非常强。从这个时候一直到1931年4月14日奥本在295½美元见顶之前，股价再也没有跌破过从60⅜美元发出的45度角的移动平均趋势线。奥本在突破了从60⅜美元发出的45度角的移动平均趋势线之后的上涨过程中，继续显示出强势，因为股价已经走到了从底部发出的45度角的移动平均趋势线的左侧，那些与之平行的移动平均趋势线中位置更高的趋势线上。

1931年2月9日，奥本突破了从1930年12月18日顶部119¾美元发出的45度角的移动平均趋势线。这又是一个表明其走势非常强的信号。

2月26日，奥本的股价在217美元见顶，这一天是见底后的第92个交易日，或者说只比90天多出了2天，而90对于趋势变化来说始终是很重要的。要注意213¾是一个自然阻力位。接下来，它的股价跌破了这个自然阻力位，也跌破了从见底后的第120天的底部一线发出的45度角的移动平均趋势线，这条趋势线也是绿色的，这就显示出它的走势越来越弱了，后市看跌。你可以看到，在上涨过程中，奥本的股价在第45天，第90天和其他重要的日期出现了变化，这与下跌途中的这些时点上的表现是一样的。

3月7日，奥本下跌到175美元，刚好在180美元下方5个点的价位，而圆周的一半是180度。这个价位落在从顶部119¾美元发出的45度角的移动平均趋势线和从1930年11月22日的第一个顶部82½美元发出的45度角的移动平均趋势线之间1/2位置上的一条45度角的移动平均趋势线上。奥本的股价在第100个交易日见到顶部，在第101个交易日，股价突破了从见底后的第120天的底部一线发出的45度角的绿色的移动平均趋势线。随后两天的顶部价位都在从顶部217美元发出的45度角的移动平均趋势线上，接下来，股价突破了从顶部217美元发出的45度角的移动平均趋势线，而且再也没跌回来过。不断出现了多条与从底部60⅜美元发出的45度角移动平均趋势线平行，而且是位置更高的移动平均趋势线。

4月14日，奥本的股价达到了极高点295½美元。这是个季节性变盘的日子，因为上一个高点出现在1930年4月16日，之后股价就展开了一轮大跌。注意到的是从1931年1月14日和19日的底部101¼美元和103½美元发出的45度角的移动平均趋势线是位置最低的趋势线，它与从顶部发出的45度角的移动平均趋势线之间的宽度也在59个点。4月14日，这是见底后的第180天，移动平均趋势线在290美元形成交叉。这是两条移动平均趋势线之间的十字交叉：一条是从263¾美元到91美元的波幅同宽的移动平均趋势线，另一条是从极低点101¼美元到295½美元之间的移动平均趋势线。在同一天，奥本突破了这些移动平均趋势线的交叉点290美元之后，出现了下跌，最后的收盘价位是287美元，股价处在这些趋势线的下方，表明其走势已经转弱。它的股价只有一天收盘收在了两条波幅同宽的移动平均趋势线的上方，随后就开始下跌，接下来，股价跌破了那些平行的移动平均趋势线，一路下去越走越弱。

要重点关注292½美元这个重要的阻力位，因为它是270美元加上22½的结果，而一个圆周的2/3是270度，奥本没能突破这条阻力位上方3个点的价位。另一件要考虑的事情是，从60⅜美元到295½美元，股价已经上涨了235⅛个点，这接近一个圆周的2/3，也是另一个强阻力位。应该查看一下你的阻力位卡，你会看到其他重要的点位也在这个价位附近。例如，奥本的极高点是514美元，上一波行情的低点在60⅜美元，这样它们之间的中间点位就在287⅛美元。奥本的历史极低点在31¾美元，与极高点之间的中间点位是272⅞美元。那么，当股价跌破了第一个中间点位287⅛美元时，就表明它的走势已经从强转弱。而接下来，当跌破了股价最大波动区间的中间点位272⅞美元，就表明走势比之前更弱了。下一个重要点位是257美元，也就是奥本的历史最高价514美元的1/2。所以，当奥本的股价跌到257美元下方时，就处在一个非常弱的走势中，预示着股价还会再出现急速下跌的行情。

4月20日，奥本的股价跌到180美元，在自然阻力位上获得了支持，因为一个圆周的一半是180度。从1930年4月的高点算起，这一天是第315个交易日，从见到低点60⅜美元的那一天算起，这一天是第136个交易日，或者说第166个日历日。165是很重要的阻力位，因为它是在150和180这两个阻力位之间的1/2点位。在从见到低点101¼美元的1931年1月14日算起的第45个交易日，股价见底，并落在了这条在平行趋势线中位置最低的45度角的移动平均趋势线上。

从60⅜美元到295½美元的这个区间，其中间价位是177¾美元，奥本的股价在这个中间价位的上方止跌企稳，表明处在强势，后市反弹在即。那时，178½美元是在从1931年1月19日低点103½美元发出的45度角的移动平均趋势线上，这条趋势线是从低点发出的最后一条趋势线，也是位置最低的趋势线，所以它的支撑力度最强，股价从这里一定会展开反弹，这里可以做多买入股票，同时将止损单的价位设在交易价下方3个点的位置。

4月24日，股价反弹到219美元，打到了从3月7日的底部175美元发出的45度角的移动平均趋势线，随后，股价跌破了213¾美元这个价格上的阻力位，又跌破了从见底后的第146¼天的底部一线发出的45度角的移动平均趋势线。

1931年4月30日，奥本的股价下跌到187美元，落在了从底部103½美元发出的45度角的移动平均趋势线上。随后有一波急速反弹，5月1日，股价上涨到227½美元，刚好在从见底后第157½天底部一线发出的绿色45度角的移动平均趋势线下方。这是一个趋势线的交叉点，也在从顶部119¾美元发出的45度角的移动平均趋势线上。股价225美元是一个强阻力位，因为一个圆周的5/8是225度，奥本的股价没能上涨到这个阻力位上方3个点的价位。同一天下午，股价出现了大幅下跌，下探到184美元，处在从1931年1月19日底部103½美元发出的45度角的移动平均趋势线下方3个点的位置，刚好在从1930年11月5日见底后的第135个交易日和第146个交易日发出的绿色45度角的移动平均趋势线上方，这一天是从底部算起的第179个日历日，这是个见底或趋势变化的强烈信号。奥本很快就重新站上了这条位置最低的45度角的趋势线，接下来，股价突破了从60⅜美元发出的45度角的移动平均趋势线。

5月5日，股价上涨到225½美元，同样触及到了自然阻力位上的225。股价打到了从低点183美元和5月1日的顶部发出的45度角的移动平均趋势线，但还处在从见底后的第157½天的底部一线发出的45度角的移动平均趋势线下方，这是一个强阻力位。

5月6日，奥本的股价跌到203美元，落在了从见底后的第146¼天的底部一线发出的绿色的45度角的移动平均趋势线上，这里刚好是在202½度的自然阻力位的上方，股价在这个价位上获得了有力的支撑，随后就出现了反弹，突破了从60⅜美元发出的45度角的移动平均趋势线，从而使股价再次进入到非常强的走势之中。

1931年5月9日，股价上涨到252美元，刚好在从3月30日的低点219美元发出的45度角的移动平均趋势线下方，从1931年4月14日的顶部算起，这一天是第22天。要注意的是，257美元是奥本的历史最高价514美元的1/2点位。5月9日，是从1930年4月1日算起的第330个交易日，这是个很重要的日期，也是从见到60⅜美元算起的第103个交易日，或者说第185个日历日。5月9日，奥本的股价跌破了从见底后的第168¾天的底部一线发出的45度角的移动平均趋势线，股价跌到了237美元，落在从1931年1月18日的顶部119¾美元发出的45度角的移动平均趋势线上。

在我写这篇文章的1931年5月9日，奥本虽然处在与移动平均趋势线之间的强势位置，但在出现反弹时，就要做空卖出它，同时将止损单的价位设在260美元，也就是在514美元的1/2点位上方3个点的价位。该股处在与移动平均趋势线之间相对强势的位置，你必须要关注从顶部295½美元发出的45度角的移动平均趋势线，和从见底后的第180天的底部一线发出的绿色的45度角的移动平均趋势线。只要奥本的股价能保持在从60⅜美元发出的45度角的移动平均趋势线的上方，后市的反弹就仍然可期。但是，当它的股价跌破了从60⅜美元发出的45度角的移动平均趋势线，和从1931年1月14日和19日的底部101¼美元到101½美元发出的位置最低的45度角的移动平均趋势线时，预示着股价会有一波大跌。

如果奥本的股价能够突破260美元，那么它的下一个阻力位将在273美元附近，再下一个阻力位是287美元，如果一举突破了前期顶部295½美元，或者突破了300美元，那么今后的上升空间就完全打开了。你始终要关注从上一个重要底部算起的1/4和1/2点位。就奥本目前股价的位置来看，你要关注的点位在180美元到252美元之间，也包括237¾美元，它是295½美元到180美元之间的1/2点位。5月9日，股价的收盘价就在这个点位附近，接近240美元这个重要的阻力位，因为一个圆周的2/3是240度。如果奥本的股价跌破234美元，或者跌破了这个1/2点位下方3个点的价位，表明股价还会继续走低。

Chapter 17

时间周期

在这里，我们不是根据按照公历一年中的各个月份来划分时间周期的，而是按季节把一年分为4季、或者再分出每个季节的1/2，或者分成一年的1/3与2/3。一年或者任何一个12个月的时间周期，都可以分为16等份，每一个时间周期大约是23天，这就可以解释，为什么股市中的一波行情经常会持续3周到1个月的现象。

在牛市中，当趋势是向上走的，那么回调就会持续3到4周，接下来，市场会重新回到上升的主趋势中去。在熊市中，或是下跌的行情中，反弹或上涨会持续3到4周，接下来，就会继续回到原先的下跌趋势。

具有季节性的时间周期

这些季节性的时间周期可以从任何一个给定的季节开始算起，但是根据我的经验证明，从每年春天的3月21日开始走出的时间周期，实用的效果最好。这些周期的具体情况如下：

3月21日至5月5日	=1年的1/8或1个季节的1/2
3月21日至6月20日	=1年的1/4
3月21日至7月23日	=1年1/3
3月21日至8月8日	=1年的3/8
3月21日至9月23日	=1年的1/2
3月21日至11月8日	=1年的5/8
3月21日至11月22日	=1年的2/3
3月21日至12月21日	=1年的3/4
3月21日至次年2月4日	=1年的7/8
3月21日至次年3月20日	=走完四季的1年

通过查看极高点和极低点出现的日期，还有那些见到小级别的顶部和底部的日期，你可以看出，这些顶部和底部是有多经常出现在这些季节发生转换的日期附近。（请参照下面的1889年至1951年道琼斯30种工业股平均指数的高点和低点之间各个时间周期出现频率的一览表。）

为了知道从指数的任何一个高点或低点到下一个高点或低点之间究竟要经过多长的时间周期，你首先要在前期高点或低点日期的基础上，向后加上长度为一年的1/8的时间段，也就是6½周。接下来，在前期高点或低点的日期的基础上，向后加上13周，或者说是长度为一年的1/4的时间段，正如你在下面的各时间段出现频率一览表中所见到的，这样的时间段的添加会一直递增到周年纪念日。在这张一览表中，选取了指数所有重要的高点和低点，记录的是在各月见到这些高点和低点的次数。在表中，标有6½周的那一行，都是从前期任何一个高点或低点的日期算起，经过了6½周，或长度为一年的1/8的时间段，指数在各月又一次见到高点或低点的次数。

通过翻看以往的指数高点和低点的记录，你会发现，见到高点或低点的日期出现在一个前期高点或低点之前或者之后的45到50天之间的比例最大。所以，对于趋势变化来说，长度为一年的1/8的时间段，即6½周，和长度为一年的7/8的时间段，即45½周，都需要重点关注。

假如你想要看一看从1951年开始，见到的高点或低点与前一个高点或低点之间的时间周期都有多长，对于1月来说，你应该会注意到，在下边这个表中，列出了过去62年指数在1月总共见到的高点和低点共有82次，与这些高点和低点相对应的时间段如下：

一年的1/8：7次	一年的5/8：10次
一年的1/4：4次	一年的2/3：9次
一年的1/2：10次	一年的3/4：9次
一年的3/8：8次	一年的7/8：6次
一年的1/2：11次	周年纪念日：8次
	合计82次

所有其他月份的合计次数都在下面的一览表中。

1951年2月13日，指数的第1个高点在257点。5月4日，第2个高点在264½点。1951年9月14日，指数见到了第3个高点。

查看在周年纪念日出现高点或低点的次数时，你会发现，这种情况在9月出现过10次，在长度为一年的1/8到7/8的不同时间周期之后出现高点或低点的次数一共是73次，这样一来，在9月出现高点或低点的次数合计83次。其中，在长度为一年的1/4的时间周期之后出现高点或低点的次数有11次，而在前一个高点或低点的半年之后见顶或见底的有8次，9月的这些高点或低点都是从前期高点或低点开始，经过某个带有季节性的时间周期之后见到的，这让9月对于趋势的变化来说变得非常重要。而在前期高点或低点的日期来看，9月4日、30日、12日、3日、10日、8日、13日和14日，都会是很重要的变盘日。考虑到1939年9月13日的高点，是指数下跌到1942年4月28日的低点92.69

点之前的最后一个高点，所以说， 9月13日就成为指数非常重要的见顶日。分别从1948年6月14日、1949年6月14日和1950年6月12日算起，往后加上长度为一年的1/4的时间周期，就让9月12至14日成为很重要的变盘日，指数有可能在这几天见到极高点。

假如指数在1951年9月14日见到高点，想要判断下一个重要的底部将在何时出现，那么你就要看下面的一览表中12月的那一列，你会发现，在长度为一年的1/4的时间周期之后出现高点或低点的次数有11次，在长度为一年的5/8的时间周期之后出现高点或低点的次数有11次。而从1951年9月14日算起，往后加上在长度为一年的1/4的时间周期，就到了1951年12月14日。从1951年5月4日见到高点算起，往后加上在长度为一年的5/8的时间周期，就得出了12月20日，这样，12月就最有可能出现一次急速的暴跌，形成9月之后指数见到低点的时段。

12月成为重要的低点区间，也是因为1914年证券交易所因为战争而停业，重新开市之后，指数在1914年12月24日见到低点，而正是因为处在战争时期（现在，我们也是在战争时期），12月很可能出现大跌。另外，1941年12月7日，是我国与日本开战的日子。所以，所有这些信号都指向，在1951年12月会出现一次急速的下跌。

在下面的一览表中，显示了每个月出现低点的次数，你会发现，在过去的62年中，12月曾经出现过30次低点，指数在12月承受了最多次数的打击。

道琼斯30种工业股平均指数的高点和低点在各个月份出现次数一览表

（1889~1951）

（参照各时间周期出现频率的一览表）

下面的一览表中，统计了过去每个月出现高点和低点的次数，其中包括极高点和次级高点，以及极低点和次级低点。

月份	出现高点次数	出现低点次数	月份	出现高点次数	出现低点次数
1月	23	18	7月	10	16
2月	17	18	8月	12	18
3月	16	17	9月	18	18
4月	14	15	10月	14	16
5月	15	22	11月	15	17
6月	11	24	12月	4	30

在下表中，我们可以看到，指数在每个月出现高点和低点的次数，而时间周期是6½周和13周，就表示从前期高点或低点算起，到该月见到高点或低点之间的时间周期

为6½周和13周，以下类推。同时，这个一览表还给出了在每个月见到高点和低点的合计次数。

各时间周期出现频率一览表

时间周期（按周计）	各月出现高点和低点的次数											
	1月	2月	3月	4月	5月	6月	7月	8月	9月	10月	11月	12月
6½	7	9	8	7	7	8	10	10	7	8	4	10
13	4	10	8	8	11	9	7	8	11	11	3	11
17	10	4	14	6	7	11	8	8	9	8	11	3
19½	8	4	9	7	12	7	10	8	9	10	9	8
26	11	3	10	4	12	6	8	11	8	8	8	9
32½	10	6	9	8	4	11	9	8	7	8	7	11
35	9	9	11	3	10	4	12	6	8	11	8	7
39	9	8	9	11	4	9	4	12	6	8	11	8
45½	6	7	9	10	9	8	8	4	9	8	11	8
52	8	8	7	8	8	8	14	3	10	4	12	7
总计	82	68	94	72	84	81	90	78	84	84	84	82

价格区间：平均指数或者个股在当前的价格波动区间，与指数或股价曾经到过的极高点或极低点一样，也是非常重要的考虑因素。

1951年5月4日，指数在264½点见到高点。因为指数在1944年4月28日见到了最后一个极低点，你就会在4月28日前后关注指数是否会见顶。指数在1946年5月29日见到过高点。如果去看以往在5月出现高点和低点的日期，你会发现指数的高点或低点有32次是出现在5月1日到10日之间，这就是一个强烈的信号，提示顶部会在5月10日之前出现。而在5月1日到5日之间，指数的高点或低点出现了14次。

如果我们选择长度为一年的1/16的时间周期，或者说大约是23天的周期。从1946年5月29日见到高点算起，向前倒退23天，我们就得到了5月6日这个重要的时间点。从1951年5月4日的高点到6月29日见底，指数下跌了23½点。从5月4日算起，向后加上长度为一年的1/4的时间周期，就得出了8月4日，指数在8月上涨到了新高价位，表明9月是下一个要重点关注的月份，要看趋势是否发生变化，指数是否会见到最后的顶部。如果从5月4日算起，向后加上26周或半年，就得出11月4日这个日期，它与带有季节性时间周期的节点很接近，指数在11月5日又开始了一波下跌。

如果你肯花时间去研究这些一览表，演算各个时间周期，你很快就会认识到它们的价值，只要你能运用上所有的法则和那些阻力位，你就能十分精确地预判出趋势的变化。

Chapter 18

时间与价格阻力位

周高低点图

从趋势指标的可靠性来看，周高低点图是我们所用的最可靠的技术图形之一。周高低点图中显示出的价格与时间的阻力位非常有价值，它们可以让你提前判断，股价会在什么价位见到高点或低点，也能提前知道这些极高点或者极低点将会在何时出现，即见顶或见底的日期。

这些周高低点图涵盖了7天，或者说1个日历周的行情。不过，你不应该从1月1日，或是任何一个月的第1天，开始去数这些时间周期的天数。你应该从任何一个极高点，或是极低点出现的确切日期，开始计数这些时间周期的天数。你也可以取那些小级别的高点，或是小级别的低点的见顶或是见底的日期为起点，开始计数时间周期的天数，就得到了价格上的阻力位后，从而可以预判趋势在哪里会改变。

带有自然季节规律的时间周期

这些时间周期不是从日历年的第一天开始算起，而是以春季的开端3月21日为起点。一年可以分为8等份，也可以分成3等份，这样的分法就可以多得到了2个时间周期。这些时间周期的具体情况如下。

3月21日至5月5日，相当于1年的1/8，或46天

3月21日至6月20日，相当于1年的1/4，或91天

3月21日至7月23日，相当于1年的1/3，或121天

3月21日至8月5日，相当于1年的3/8，或136天

3月21日至9月22日，相当于1年的1/2，或182天

3月21日至11月8日，相当于1年的5/8，或227天

3月21日至11月22日，相当于1年的2/3，或242天

3月21日至12月21日，相当于1年的3/4，或273天

3月21日至次年2月4日，相当于1年的7/8，或319天

3月21日至次年3月20日，相当于1年，或365个日历天

要关注所有这些时间周期的起始点，其重要性在于，它们很可能是发生趋势变化的变盘点。其中，最重要的是1/2阻力位和每个季节的结束时点；重要性仅次于它们的是1/4和3/4、1/3和2/3等其他阻力位。

四个季节的中间点

四个季节的中间点分别是5月5日、8月5日、11月8日和2月4日。通过查看以往的股价记录，你就会发现，股价的高点和低点经常出现在与这些时点对应的时间周期中出现。

时间周期与相应的价格阻力位一览表

这张时间周期与相应的价格阻力位一览表，可以涵盖未来40年的行情。你也可以用它验证过去40年的走势。

这个一览表能够测算的价格与时间的阻力位范围，从6½一直可以到2080。一年的时间周期，或者说是52周，位于这个表的最下面一行，对于一年中的各个时间周期，既可以是带有自然季节规律的时间周期，也可以把一年的各等分时间段的起点放在任何一个高点，或者低点出现的日期上。

以下就是这张价格阻力位和时间周期的一览表。

等分位	时间周期	价格阻力位
1年的1/8	46天　6½周	6½美元
1年的1/4	91天　13周	13美元
1年的1/3	121天　17周	17美元
1年的3/8	136天　19½周	19½美元
1年的1/2	182天　26周	26美元
1年的5/8	227天　32½周	32½美元
1年的2/3	242天　35周	35美元
1年的3/4	273天　39周	39美元
1年的7/8	319天　45½周	45½美元
1年	365天　52周	52美元

从上表可以看出，1年可以划分为10个时间周期，从6½周到52周不等，价格也同

样被分成了10个价格区间。这张表只要保持时间与价格的等分比例不变，就可以照这个样子一直延续下去，到未来40年，或者更长时间都可以。

价格阻力位

在计算价格的阻力位时，采用的方法与从高点和低点的出现时间算起，来确定各个时间周期的方法一样。不管什么时候，总要算出来股价从低点涨上来了多少，或者价格从高点跌去了多少。这种方法能够让你判断出所有重要的价格阻力位在哪里。

例如：假设低点是50美元，当前价是102美元，这就是说，价格从低点上涨了52个点，在时间上相当于52周或1年，因为这是一个时间与价格的平衡点，所以这个价格就变得很重要，一定要关注在这里是否会发生趋势的变化。

假如高点曾经到过182美元，而当你看这只股票或谷物的价格时，它的价格是在130美元，在时间上可能是一年的1/2阻力位，或者是2½年，价格从高点跌去了52个点，相当于1年的52周。这也是在价格和时间上达到了平衡，这里也是很可能发生变盘的价位，应该重点关注。

假设价格在1/4阻力位上见顶或者见底，下一个高点或者低点就可能会落在该1/4点位的1/2阻力位上，这个点位也是要加以关注的重要变盘点。

假设从低点算起，在时间上到了1/4或3/4阻力位，而从高点算起，时间落在了1/3或2/3阻力位上，那么就要关注这里是否会发生趋势的改变，特别是当价格也走到了1/2或3/4阻力位之时。

预示趋势变化的信号

1. **时间和价格的平衡：**假设你想知道价格在5年内的走势，在阻力位一览表中，从那一列以周为单位的时间周期的最下面，你可以找到260，这就是260周。假如价格是260美元，表明时间和价格达到了一个平衡点，预示着这里会发生趋势的变化，你需要对这个点位重点关注。

假如在第262周结束时，价格达到了234美元，股价下跌了26美元，这里是1/2阻力位，在时间上它相当于4½年。这个点位在变盘上的重要性，仅次于上面的260美元。

2. **周年纪念日：**从极高点与极低点的日期算起的周年纪念日，也是很重要的时点，要始终保持对这些时点的关注，看它是否会发生趋势的变化。

3. **时间上的分段**：接下来，各个时间周期的1/4、1/3、1/2、2/3和3/4等阻力位，也是重要的可能发生变盘的时点。

4. **价格阻力位**：对于变盘来说，1/4、1/3、1/2、2/3和3/4这些阻力位也同样重要，尤其是某个时间周期走完时，刚好价格也处在这些阻力位上时，此时变盘的可能性更高。

5. **周线图中的底部和顶部**：当你在看周线图时，每当一周的底部被跌破，或者一周的高点被突破了，这里就是很重要的变盘点，你要关注是否趋势会发生变化。无论是突破了高点，还是跌破了低点，出现这个情况的时点，与高点或者低点之间的时间周期越长，就说明它对于变盘的重要性越大。

6. **双顶（底）与三重顶（底）**：当双顶（底）与三重顶（底）出现在重要的时间周期，同时价位也处在重要的价格阻力位时，它们就非常有可能成为重要的变盘点位，而且可以预见的是，从这个时点启动的行情将能够持续相当长的时间。

7. **趋势转向图中的底部和顶部**：股价跌破了趋势转向图中的底部，或是突破了趋势转向图中的顶部，都会被视为非常重要的趋势变化的信号。

趋势转向图：在绘制趋势转向图时，如果是上涨的行情，就沿着方格边线向上划一根竖线，线的顶端就是这周的高点，如果第一次出现了跌破上一周低点的情况，这根线就要转向了，这时需要先在这根线的顶端向右横着划一个短的连接线（占一个方格），然后以该连接线的另一头为起点，沿着方格线向下划一条竖线，线的下端要求是在这一周低点的位置。当这一周的底部接下来又被跌破时，继续把这条竖线向下延长，直到新的低点为止，只要股价的顶部和底部都在不断下移，这条竖线就一直往下划。当第一次出现这一周股价的底部和顶部比上一周股价的底部和顶部都有所抬高时，这根线就又要转向了。这次，需要先在这条线的底端向右横着划一个短的连接线（占一个方格），然后以该连接线的另一头为起点，沿着方格边线向上划一条竖线，线的上端要求是在这一周高点的位置，以后如果每周都是持续上涨的行情，这条竖线就一直向上延伸，直到趋势发生了反转为止。

大多数重要的趋势变化会发生在：

1. 从前期高点和低点的日期算起的周年纪念日。

2. 重要性仅次于周年纪念日的是1年中的1/2阻力位，或是从任何一个高点或低点算起的第182天附近。

3. 重要性次之的是1年的1/4和3/4阻力位，或是13周和39周的时间周期。

4. 接下来是1年的1/3和2/3阻力位，或是17周和35周的时间周期。

5. 下面一个是1年的3/8和7/8阻力位，或是19½周和45½周的时间周期。

回顾过去几年，从高点与低点算起，经过了以上各个时间周期之后，那些股票或期货所处的价位，并把它们与价格和时间阻力位一览表相对照，看看它们的吻合度有多高，你可以向你自己证明，这些阻力位法则是多么行之有效。它会告诉你，这些时间周期的一览表与价格阻力位的价值所在。

Chapter 19

如何在看涨和看跌期权交易中获利

每一个想要在股市交易中成为赢家的人，都应该去学习他所能学到的关于股市和操盘方法的所有东西，这样才能取得最大的成功。他应该学会如何冒着尽可能最小的风险，去试图实现尽可能最大的利润。一个人研究和学到的东西越多，他获得的成功也就会越大。我们在此引用一些《圣经》上的箴言，箴言1:5："使智慧人听见，增长学问。"箴言2:11："你的远见要卫护你，悟性要保护你。"箴言3:9："教导智慧人，他就越发有智慧。指示义人，他就增长学问。"从这本所谓"羔羊的书"（即《圣经》）中不难引申出，对市场的恐惧是寻求知识的开始。

很多人还没有意识到，在没做好准备，没有掌握相关知识时就入市交易是多么危险，此时亏钱比赚钱要来得容易。不过，当你对投机有了很好地理解，并能在投机中运用正确的法则，那么在股市中投机或投资的风险不会比任何其他行业高，而且相对于风险而言，股市中能赚到的利润要比其他任何行业都大。

什么是股票的看涨期权和看跌期权

看涨期权和看跌期权就是为保住你的利润而提供的一份保险，它让你可以在交易股票时，把风险限定在一定的范围内。看涨期权（CALL）是你与卖方之间的一张合约，它规定了卖方同意将股票以一个固定的股价卖给你，并且会在30天内交割。你有权要求在30天内的任何时间进行交割。你的损失仅限于你为此支付的权利金，买看涨期权就像是买保险一样。

例如：假设一个人有一套房子要卖，他同意把房子以5000美元卖给你，在60天后以这个价格把房子交付给你。你支付给他100美元，这样你就有了购买或拒绝购买这套房子的优先权。如果在30天或60天时，你能把这套房子卖掉，还能有500美元或者1000美元的利润，那么你就可以去行使这个期权，先花5000美元买下这套房子，然后再把房子卖出去，这样你就能赚到钱了。但是如果期权到期时，你还不能以超出原来的价格卖出房子，那么你亏掉的就是那100美元，而且也没必要去把房子买过来。

这同样适用于买入股票的看涨期权。例如：当克莱斯勒的股价在105美元附近时，你买入它的有效期为30天，行权价为110美元的看涨期权，为此你要支付142.50美元，其中包括了联邦税。假设在30天的看涨期权到期之前，克莱斯勒的股价上涨到115美元，这会给你带来500美元的利润，你可以在克莱斯勒的股价涨到115美元之后的任何时候卖掉它，并要求期权的卖方在110美元的价格上交付股票。但是如果在你买入期权后的10天内，克莱斯勒的股价就到了115美元，而你相信它的趋势是继续向上，股价还会继续走高，那么你可以按兵不动，不去行使你的期权或卖出股票。如果就赶在30天的期限快到时，克莱斯勒股价涨到了120美元，你就能以120美元卖出100股克莱斯勒的股票，同时要求在110美元行使你的看涨期权，不计佣金和买入看涨期权支付的费用，你的毛利为1000美元。另一方面，在买入行权价为110美元的看涨期权之后，如果克莱斯勒的股价一直没有突破110美元，且在30天的期限结束之前，克莱斯勒的股价还不到110美元，你当然就没赚到钱了，亏掉的就是你为买入看涨期权而支付的费用。

看跌期权（PUT）是一种权利，或者你与卖给你看跌期权的人之间的合约，在买入看跌期权之后，你要在30天内的任何时间，以固定的股价把股票支付给他。买入看跌期权的费用是每100股137.50美元。我们举个例子：克莱斯勒的股价在105美元时，你相信它的股价会下跌，于是买入了有效期为30天，行权价为100美元的看跌期权，为此你支付了137.50美元。这就意味着，当克莱斯勒的股价跌破100美元时，你就在那个价格做空了100股，因为看跌期权的卖方在30天之内的任何时间，都必须要以100美元的价格从你这里买入100股的克莱斯勒的股票。我们假设克莱斯勒的股票会跌破100美元，并且会跌到95美元。当它的股价到了95美元时，你可以买入100股，随后一直持有到30天的期权有效期结束的时候。到了那个时候，如果克莱斯勒的股价上涨到105美元，就给了你10个点的利润，你可以把股票卖掉。在期权快要到期时，如果克莱斯勒的股价仍然在100美元的上方，你已经从做多买入股票中赚到钱了，这是要与看跌期权做对冲，而对于看跌期权，就看着让它过期好了，你亏掉的只不过是为买入看跌期权而支付的权利金。但是从另一方面来说，如果你不去做看跌期权对冲的交易，股价出现了下跌，在30天的有效期快要结束时，股价下跌到了90美元附近，那么你就买入100股克莱斯勒的股票，你的经纪人会把这100股交付给你看跌期权的卖方，不计权利金和佣金，这笔交易会带给你1000美元的利润。

看涨期权和看跌期权都是非常安全的交易，因为每一笔看涨期权或看跌期权的交易都是通过可靠的期权经纪人进行，每笔交易都经过了纽约证券交易所会员的背书。

你完全可以信任这些会员，他们会把卖出期权时同意交付给你的股票交付给你，或者会接收他们在买入期权时同意买入的任何股票。

为了说得再明白一些，当你买入了一只股票的看涨期权，你就是在做多这只股票，如果股价上涨后的价格超过了你买入它的价格，除了你的风险被限制在一定范围内之外，其他就跟你当初真的买了这只股票是一样的。那么，当你买入了一只股票的看跌期权，就意味着在你买入看跌期权时的该股的股价上做空这只股票，但是你不必把钱投到到保证金中去，或者承受除了为看跌期权支付权利金之外的任何损失。而当股价下跌到你买入看跌期权时的股价下方时，你就能像在做空卖出这只股票一样赚到钱了。

套利期权或跨式期权交易

当你买入了同一只股票的看涨期权和看跌期权，我们就称之为套利期权（SPREAD）。例如：假设克莱斯勒目前的股价在100美元，你不确定股价是会上涨还是下跌，但你又想从即将开始的这波行情之中获利，那么我们说，你可以在它的股价到了96美元时买入一份看跌期权，在股价到了104美元时买入一份看涨期权。让我们假设股价开始回调，下跌到了95美元，随后稍作停顿，看上去像是在筑底，那么你就买入100股克莱斯勒的股票，此时如果股价继续下跌，你也不会有什么损失。因为股价在96美元时，你已经买入了一份看跌期权。让我们假设你对股票走向的判断是正确的，股价开始上涨。在30天的有效期结束前，克莱斯勒的股价继续上行，涨到了110美元，这样你在股价为104美元时买入的看涨期权就有了6个点的利润。你还持有做多买入的股票，是来对冲股价在96美元时买入的看跌期权。现在你可以卖出200股的多头仓位，并要求股价在104美元时买入的100股看涨期权行权，你的股票和看涨期权都让你赚到了钱，这时就让看跌期权过期好了，因为它已经没有什么价值了。

当你从同一人那里买入看涨期权和看跌期权时，套利的行权价经常可以定在与市价非常接近的价位上。对于一些股票，你经常可以按照市价进行套利交易，为此你要支付额外的权利金。一般来说，除非是去交易那些交投非常活跃的股票，否则做套利交易就是不划算的。因为在30天之内，股价波动幅度很大的股票才能给你机会在这一月内，既可以对冲看跌期权，又可以对冲看涨期权。如果股价的波动幅度在任何一个方向上达到了10个点，或者15个点，至少你在做套利交易时，保证是可以赚到些钱的。不过，除非行情看上去即将变得非常活跃，而且要交易的股票还是高价股，否则我们不建议你去花这么多钱做套利交易。

期权经纪人给出了如下这些定义：看跌期权是一份买卖双方协商之后达成的合同，它规定期权的收受人可以在约定的日期或该日期之前，按照某个价位把定量的证券卖给期权的出具人。看涨期权正好与之相反。套利期权是指一份看跌期权与一份看涨期权的组合。权利金（PREMIUM）是指为看涨期权、看跌期权或套利期权支付的费用。出具人（MAKER）是指出具或出售看涨期权、看跌期权或套利期权的人。背书人（ENDORSER）指的是为看涨期权、看跌期权或套利期权的合同提供担保的纽约证券交易所的会员公司，背书的方式就像是背书支票一样。这些带有保险特征的权利，被认为是有价值的。

看涨和看跌期权如何销售

看涨和看跌期权是由场内和场外的交易者和大型经营机构卖出，他们卖出的是已经买入或卖出股票的看涨和看跌期权，但是看涨和看跌期权的交易始终都会有纽约证券交易所的会员来背书。一般来说，一份看涨期权的费用是142.50美元，行权价格不按市场价走，而是按照股票交易的活跃程度和股价的情况来定。看跌期权与看涨期权相反，行权价格会比交易当天的股票市价要低很多个点，具体也要看股票股价的高低和市场的活跃度来定。不过在通常情况下，那些以卖出看涨和看跌期权为业的交易者，经常卖出以市价为行权价格的看涨和看跌期权，为的就是要加收额外的权利金。例如，道格拉斯飞机的股价目前可能是在56美元，那么你要支付300美元的权利金给卖方，就可以买入一份有效期为30天，行权价为56美元的看涨期权或看跌期权。这样一来，当股价从你买入看涨期权或看跌期权时的价格，上涨或下跌了3个点，你就可以把付给卖方的300美元给赚回来，或者说，你在期权上的利润可以抵掉你支付的权利金了。接下来，当股价朝着对你有利的方向再上涨或下跌3个点时，不管你买入的是看跌期权还是看涨期权，你都能拿到纯利了，而且利润已经高于你为行权价格所支付的权利金。

一般来说，我比较赞成买入那些把风险限定在一定范围内的看涨和看跌期权，也就是每100股费用为142.50美元的看涨期权，或是每100股费用为137.50美元的看跌期权，看涨和看跌期权的行权价应该与股票当时的市价有一定的距离。

为什么会有人卖出看涨和看跌期权

有人可能会问：如果买入看涨和看跌期权，可以有机会以有限的风险来博取大笔的利润，那么为什么交易者和富有的投机者还要卖出它们呢？

经常会有这样的情况，那些在场外的交易者想要在股价下跌了4或5个点之后买入股票，所以他就会卖给你一份看跌期权，行权价定在当前股价下方3或5个点的价位，你要支付给他137.50美元的权利金。接下来，如果股票跌到他愿意买入的价位，即便跌得更低，你把股票交付给他，他都会很满意在那个价位买入。另一方面，这些大户经常是已经买入了很多行业的股票，并且有了账面上的利润，所以如果股价又上涨了5或10个点，他们愿意把手中的股票全部卖出，或者卖出其中的一部分，所以对于他们持有的全部或部分股票，如果可以达到高于市价5或10个点的价位，他们当然也就愿意把这些股票的看涨期权卖给你，让你能在支付了权利金之后还能赚到钱。另一个卖出期权的原因是他们知道如何保护自己。如果股价走得非常强，你就能从他们卖给你的看涨期权中获利，或者说从他们交付的这些股票中获利，但是他们可以买入更多的股票。另一方面，假设他们卖给你看跌期权之后，股价开始快速下跌，而且看上去还会继续走低，这时你买入的看跌期权就能让你赚到钱了，他们也可以用做空卖出股票来对冲看跌期权，支付保证金，持有这些股票的空头仓位，直到你把股票交付给他们。这是完全合法的生意，就如同保险行业一样，对买方与卖方都非常公平。

看涨和看跌期权的有效期

一般来说，你可以买入有效期为7天、14天和30天的看涨和看跌期权，有时也可以买入有效期为60或90天的期权，但是大部分以卖出看涨和看跌期权为业的交易者不会卖有效期超过30天的期权。不过，你可以跟你的经纪人或期权经纪人咨询，就会得到买入有效期为30天、60天或者90天的看涨和看跌期权的报价；如果这个价格看上去还不错的话，你可以买入相应的看涨和看跌期权。

我的建议是，买入有效期为30天的看涨和看跌期权，比买入有效期为7天或14天的期权更赚钱。因为除非市场的行情极度活跃，否则这些有效期比较短的期权，给不了你足够大的股价波动区间，你也就没有获利的机会了。但是买入有效期为7天或者14天的期权，它的权利金比买入有效期为30天的期权要低。一般来说，买入有效期为7天的期权的权利金是62.50美元，有效期为两周的期权的权利金是87.50美元。

如何购买看涨和看跌期权

如果你不住在纽约市，可以通过你当地的经纪人下单，他会为你买入由纽约证券交易所背书的看涨和看跌期权，并在纽约市的经纪人那里或你所在州首府的相应交易机构中，把这些期权记在你的名下。接下来，当你想要做对冲看涨或看跌期权的交易，或者要买入或者卖出股票，要让看涨或看涨期权行权时，这个经纪人都会帮你来处理这些交易。当你买入或者卖出股票时，你找的经纪人一定要是纽约证券交易所的会员。

每份看涨和看跌期权交易的单位交易量是100股，但有时你也能买入零星股票的期权，或者50股一份的期权。但是，当你买入看涨或看跌期权时，一定要确认它们是由纽约证券交易所背书的。经常会有一些野鸡交易所会卖给你10股、25股或者其他股数的股票的期权，但是他们背后并没有证券交易公司做后盾，如果你买入这样的期权，有了利润之后，能不能拿得回来是没有任何保障的。

期权交易经纪人

在纽约市，有很多期权交易经纪人，你可以从他们那里买入和卖出看涨和看跌期权，同时把佣金支付给他们，他们交易的期权都是经由纽约证券交易所背书，他们可以把有关票据寄给你或者你的经纪人。任何一位可靠的经纪人都能经得起调查，为了保护你自己的利益，你要确认那些卖给你看涨和看跌期权的期权交易经纪人是否可靠，买入期权的经纪人是否可靠，为看涨和看跌期权担保的公司是不是纽约证券交易所的会员。

直接从期权交易经纪人手里买入看涨和看跌期权的好处

当你想要直接下单买入看涨和看跌期权时，你可以将支票或者汇票直接寄给在纽约的期权交易经纪人，他会按照你的下单要求，为你的账户买入看涨和看跌期权，然后把有关票据直接寄给你，或者按你的要求，把它们交付给你的银行或者经纪人。

比起通过经纪人的私人电报来下单，直接给期权交易经纪人下单的好处在于，你通过邮政电报或者西联汇款，经常可以享受更快捷的服务，因为所有通过经纪人的私人电报传递的电报中，所有那些下单买入和卖出股票的电报要优先于所有与场外交易有关的电报。这样自然就会耽搁你的关于买入看涨和看跌期权的下单请求，如果行情很活跃的话，可能就会导致你少赚1个点，或者更多个点，而如果你通过西联汇款或者邮政电报，直接给期权交易经纪人下单，那么你的下单请求会更快地得到执行。假设你决定买一份克莱斯勒的看跌期权，你认为克莱斯勒的股价就要见顶了，想要赶快进场买入，如果你给期权交易经纪人下单，电文可以这样写：“在尽可能接近市价的价格，买入一份30天到期的100股克莱斯勒的看跌期权。”在收到这个下单请求之后，期权交易经纪人会立即在对你最有利的价格上，买入一份克莱斯勒的看跌期权，并把他的买入价位发电报告诉你。

当然，在发出下单请求之前，先要把钱打到期权交易经纪人的账户上，因为经纪人不拿到钱，他是不会填单的。无论如何，你要将上述消息电报告知他。不过，你也可以在发电报的同时把137.50美元汇给他。另外，如果你想买入一份克莱斯勒的看涨期权，你的电报可以这样写：“在尽可能接近市价的价格，买入一份30天到期的100股克莱斯勒的看涨期权。”经纪人会按照你的要求，买入一份看涨期权。如果你还没有把钱打给经纪人，那么你就要为这份看涨期权汇给他142.50美元。

如果你并不急于入场，你可以发个电报给期权交易经纪人，让他把克莱斯勒、通用汽车、美国钢铁或者其他任何股票的有效期为30天的看涨或看跌期权的报价发给你，随后他会发电报告诉你，他能够在什么价位买入，这个价格每小时或每分钟都会变。收到他的电报之后，如果你认为这个价格已经与市价足够接近，在这里买入的话，你在30天内能挣到钱，那么接下来你就可以发电报下单了。

看涨和看跌期权对于买方的好处

买入看涨和看跌期权最大好处在于，它的风险始终都限制在了一定的范围内。另一个好处是，它节省了你支付利息的钱。比如，如果你买入一份看涨期权，股价朝着对你有利的方向波动，也就是上涨了，那么在30天内，一直到你要求行权为止，你不需要支付任何的利息，股票已经到交付了你的账户中。

自从证券交易委员会把买入股票的保证金要求提高之后，现在买股票时，保证金要达到55%，这就让买入看涨和看跌期权具有了很大的优势。例如：假设你想要买入100股，股价为100美元的股票，你就不得不支付5500美元的保证金，如果在你买入股票后，你预计它的涨幅会超过5个点，那么除了要存入5500美元来买股票，在持有股票的过程中，你还要支付利息，而如果你买入的是有效期为30天期权，我们说股价到时也涨5个点的话，你的费用就是142.50美元。接下来，如果股价在30天之内，上涨到了能让得到1000美元的利润的点位，那么，你利润率就接近100%了。从另一方面来说，如果你支付5500美元买入的股票也上涨了，你也有了1000美元的利润，但是你资金的净回报率不到20%。同样在这个时候，如果你也是在存入保证金后，买入了100股的股票，它可能会下跌10个点或者20个点，那么你的亏损就会是10个点或者20个点，具体还要看你是继续持有，还是用止损单来把风险限定在一定的范围内。

如何用看涨和看跌期权来代替止损单

买入看涨和看跌期权的另一个好处是，它可以保护你已经买入的股票，或者保护你已经做空卖出的股票。当行情波动剧烈，交易非常活跃时，还有一些无法预料事件的发生，都会让开盘价跳空高开或低开好几个点，这样的情况过去出现过很多次，将来还会再次发生，你要采取措施保护资金避免亏损。你可以始终采用止损单，但是如果股票跳空低开在你的止损单的价位下方3个点、4个点或者5个点的点位，那么你的股票就会按市价被卖出。从另一个例子来看，如果你已经在100美元买入了100股克莱斯勒的股票，随后股价出现了下跌，某一天晚上收盘时，股价收在了97美元，你当初止损单的点位设在95美元，而在晚间出现了一些无法预料的事件，第二天早上，这只股票的开盘价在90美元，那么你的止损单就会成交，但是会按90美元的市价卖出，这样一来，你的亏损就比原先设止损单时预料的亏损多了5个点。如果你当初不去设止损单，而是当克莱斯勒的股价在100美元左右时，买入行权价为95美元的看跌期权，那么当股价开盘低开在90美元，随后又继续下跌到80美元的时候，你的股票会在95美元得到保护，或者说你可以按照看跌期权中规定的行权价95 美元交付股票，这样的话，隔夜的下跌就不会给你造成什么损失，看跌期权保护你免受这些无法预料的事件的侵害。

熊市中，这条法则可以反过来用。假设你在100美元做空卖出克莱斯勒的股票，同时将止损单的价位设在105美元。如果发生了无法预料的事，让克莱斯勒的开盘价就到了110美元，那么止损单将会在比你预期的点位高出5个点的位置上被执行，这样你的亏损就比原来估算的要多出500美元，或者5个点。而从另一方面来说，如果你当初买入克莱斯勒的看涨期权来保护这笔做空的交易，某天早上，克莱斯勒的开盘价比你的止损单的点位高出5个点，也就是110美元的时候，看涨期权就能起到保护你的资金的作用。因为你买了看涨期权，就是有了一份合约，可以按照行权价来买入股票，你可以通过看涨期权的行权来对冲你的做空交易。

这样，当你在做多买入或者做空卖出时，当你认为一只股票会在上涨或下跌行情中出现加速，你想要从中捞一笔的时候，你可以把看涨和看跌期权作为一种保险或者保护，这与你用它们来限制入场和离场的风险是一样的，可以把亏损限定在你为看涨或看跌期权支付的保证金上。

买入看涨和看跌期权的时机

当股票交易非常活跃时，或是处在即将开始活跃之前，都是买入看涨期权和看涨期权的时机。你可以去读我的三本书《股票行情的真谛（*Truth of the Stock Tape*）》、《江恩华尔街选股术（*Wall Street Stock Selector*）》和《江恩股票走势探测（*New Stock Trend Detector*）》，研究和运用这些书中的法则，这样就能判断出买入看涨和看跌期权的时机，和买入哪些股票的看涨和看跌期权。

下面我会给出一些法则，它们会帮你确定买入看涨和看跌期权的时机：

法则1：当股价出现双底或三重底的时候，买入看涨期权；或者在股价的双底或三重底的附近做多买入股票，同时买入看跌期权，它可以在这个前期底部价位被跌破的时候保护你的资金。我的意思是说，如果股价已经在低位获得了支持，随后出现上涨，而接下来，在几个月后又回调到相同的低点价位，并在此筑底，这样就形成了双底。那么如果第三次出现上涨之后又回调到同一价位的走势，这就形成了三重底。

股价在顶部时，反过来用这条法则就可以了。当股价双顶部或者三重顶时，买入看跌期权；或者在顶部价位做空卖出股票，同时买入看涨期权，它可以起到保护资金的作用，以防股价突破前期顶部价位。

当股票上下来回波动的速度很快，而且交易很活跃时，买入期权总会是不赔也不赚的。当股价在底部或顶部附近整理时，你要等几周或者几个月，给它时间去完成吸筹或者派发，因为在出现过很多个点的反向行情之前，吸筹或者派发是一定要有的。在股票的走势图中，研究它过去的走势，就可以很容易看到这一点。

法则2：当股价的前期顶部价位被突破时，买入看涨期权。在我的书中多次提到过，如果一只股票在顶部价位附近横盘了好几周、好几个月，或者好几年，一直处在窄幅震荡的行情，随后，股价跌破了前期顶部价位，这当然就显示出它的活跃度提高了。这就到了买入看涨期权的时机，在下文中我会给出有关的例证。

当一只股票在底部价位附近整理了很长时间，之后跌破了第一个支撑位，就把这条法则反过来用。应该买入看跌期权，或者做空卖出股票，同时买入看涨期权，用以起到保护资金的作用。

法则3：如果一只股票上涨后见到的顶部，与它在很多个月之前，或者很多年前见到的顶部价位相同，但是没能形成突破，随后股价有一波回调，接下来又出现反弹，而见顶的价位较之前有所下移，这就算是第3个顶部，股价还是没能突破之前的顶部价位，这里可以做空卖出股票，同时买入对资金有保护作用的看涨期权，以防股价万一走高。这里也适合买入有效期为30天的看跌期权，因为如果这个顶部是本轮行情的最后一个顶部，那么该股就会展开一波长期的下跌行情，这样的话，你买入看跌期权会赚钱，同时在支付保证金之后，做空卖出这只股票，也能赚到钱。

对于那些经过了长期下跌的股票，反过来用这条法则就可以了。如果一只股票的第2个或者第3个底部的价位较之前的底部都有所抬高，而这些底部之间又相隔好几周或者好几个月，接下来，在上涨过程中交易开始活跃起来，这就是买入看涨期权的时机了，当然你也可以做多买入股票，同时买入看跌期权，为资金保驾护航。

法则4：当一只股票在同一价位附近整理了好几个月，一直都没有跌破它的第一个支撑位，那么当该股出现交易活跃的迹象时，就可以做多买入股票，同时买入看跌期权；或者说，只要股价开始表现出积极上涨的迹象时，就可以买入看涨期权。

当一只股票在顶部价位附近横盘了好几个月，都没能突破第一个顶部价位时，把这条法则反过来用。当股价在下跌中开始表现得很积极时，就可以买入看跌期权；或者，做空卖出股票，同时买入看涨期权。

法则5：当一只股票突破了它横盘了好几周或好几个月的一个前期顶部价位之后，又在这个顶部价位的上方上涨了几个点，随后出现了回调，又回到了这个前期顶部价位，你就可以做多买入股票，同时买入看跌期权；或者，你也可以买入看涨期权。

在熊市行情中，把这条法则反过来用就可以了。当股价跌破了一个前期底部价位之后，又在它的下方继续下跌了几个点，随后出现反弹，股价又回到了这个前期底部价位，你就可以做空卖出股票，同时买入看涨期权做对冲；或者，你也可以买入看跌期权。

法则6：在牛市中，当趋势处在上行时，要等到出现5个点、10个点或者12个点的回调之后，再买入看涨期权；或者做多买入股票，同时买入看跌期权，以起到保护资金的作用。

在熊市中，要等到出现5个点、7个点、10个点或者12个点的反弹之后，再买入看跌期权；或者做空卖出股票，同时买入看涨期权，用以保护这笔做空的交易。

法则7：当一只股票回调的幅度达到了上一波牛市行情涨幅的40%到50%时，买入看涨期权；或者做多买入股票，同时买入看跌期权作为保护。

在熊市中，把这条法则反过来用：当一只股票的反弹幅度达到了上一波下跌行情跌幅的40%到50%时，买入看跌期权；或者，在反弹见顶时，做空卖出股票，同时买入看涨期权来保护这笔做空交易。比如，假设一只股票从100美元上涨到120美元，那么它要是再下跌到110美元，跌幅就是上一次涨幅的1/2或者50%了。当股价反弹了

40%到50%，如果所有迹象都指示这是一个熊市行情，主趋势还是向下的，那么你就应该买入看跌期权。例如：1937年3月6日至11日，美国钢铁在126½美元见顶。在经过了一波超过50个点的上涨之后，预计股价会出现大幅回调，这是买入看跌期权的时机。3月22日，美国钢铁跌到了112½美元，从顶部算起，跌去了14个点。那么50%的反弹就是7个点，或者说股价上涨到119½美元，就是你可以买入看跌期权的价位。3月31日，美国钢铁上涨到了123½美元，涨幅已经超过了50%，这给了你一个很好的机会去买入有效期为30天的看跌期权，这笔期权交易干得不错，美国钢铁在30天内下跌了24个点。

何时在同一只股票上多次买入看涨和看跌期权

假设一只股票突然出现上涨的行情，股价快速向上运行，并显示出上升的趋势，你在第1个月就已经买入了看涨期权，而且还赚到了钱。在下一个月，当股价突破了前期顶部价位或者阻力位时，趋势仍然是向上的，你可以接着买入它的看涨期权，为了保住在前两次买入看涨期权中得到的利润，你可以买入一份看跌期权，行权价设在市价的下方，对于之前的股票你可以一直持有。当股价在2个月或3个月内，出现了50或60个点的单向行情时，很多交易者都会这样来操作。他们每个月会继续买入看涨期权，并继续持有股票，接下来他们会买入看跌期权来取代止损单，用以保住利润，这样就能以非常小的风险来博取大笔的利润。

如何对冲看涨和看跌期权

假设你买入通用汽车的看涨期权，行权价为50美元，而当你买入通用汽车的看涨期权时，它的股价是47美元。你已经买入了有效期为30天，行权价为50美元的看涨期权。当通用汽车的股价上涨到50美元时，在个价位上横盘了好几天，看上去不像要突破的样子，此时你就可以做空卖出50股的通用汽车，接下来不管通用汽车的股价朝哪个方向走，是上涨还是下跌，你都能赚到钱。如果股价上涨到55美元，那么你的看涨期权就有5个点的利润，而在50美元做空卖出的股票会有5个点的亏损，但是这些亏损也能弥补，因为你在行权时，可以交付100股。当你在50美元做空卖出通用汽车之后，如果你的判断正确，通用汽车下跌到了45美元或者40美元，那么当你的看涨期权到期时，它已经没有什么价值了，但是你做空卖出的股票已经下跌了5个点或者更多，这样你在空头回补时，就会有利润了。

对冲看跌期权的案例：假设道格拉斯飞机的股价在50美元附近时，你买入了有效期为30天，行权价为46美元的100股的看跌期权。道格拉斯的股价下跌到46美元或者45美元时，在这个价位附近整理了好几天，看上去是在筑底，不会再往下跌了，但是你也没有把握，在剩下的期权的有效期之内，股价会朝着哪个方向走，所以你就在46美元做多买入了50股来对冲你的看跌期权。如果你做多买入的股票上涨了5个点，那么在股票这边就可以赚到钱，不会因为买入了看跌期权就亏钱。那么如果股价下跌了5个点，在看跌期权方面会有5个点的利润，你可以交付100股来对冲掉做多买入股票的亏损，除了佣金和你买入看跌期权时交的权利金之外，你就没有别的损失了。

很多眼光敏锐的买入看涨和看跌期权的交易者，是靠对冲看涨和看跌期权赚钱的。在看涨或看跌期权到期时，期权交易并没有给他们带来利润，他们能赚钱就是因为他们抓住了行情中的小波段来进行交易。在期权的一个月有效期内，你经常可以做多买入好几次股票，去对冲看跌期权，或者做空卖出好几次股票，去对冲看涨期权，在任何可以拿到2个到5个点，或者更多个点的时候，就去抢帽子，有时也有可能获得10个点的利润，就这样一路下来，而到了看跌期权到期的时候，你从期权上可能不会得到利润。

有些交易者会用下面的方法买入看涨和看跌期权：假设他们已经在股价为100美元时，已经买入了看涨期权，随后，股价上涨到110美元。接下来，他们会在更高价位上，买入有效期在30天以上的看涨期权。当第一个看涨期权到期时，他们已经赚到了钱，不过在要求行权并拿到股票后，并没有把股票卖出去，之后他们会买入一份看跌期权来保住他们的利润。接下来，就继续买入看涨期权和看跌期权，采用金字塔交易法一路跟进，他们会等到他们认为主趋势发生改变之后，才会卖出他们手中的股票。

在股价下跌的行情中，把这样的交易方法反过来用。买入看跌期权，并做空卖出股票，在股价的下跌过程中，继续买入更多份的看跌期权，并保持做空该股，之后还要买入一份看涨期权，来保住那些空头仓位的利润，跟随主趋势操作好几个月的时间，或者，只要趋势仍为下行，就继续顺势交易。

买入哪些股票的看涨和看跌期权

股票处在较高价位时的运行速度总是比它在低位时更快，所以一般来说，当股价在75到150美元之间时，买入看涨和看跌期权是最赚钱的，但是对于那些股价在5到10美元之间的股票，有时你买入它们的看涨期权，风险的占比会很大。

下一个股价区间是20美元到36美元之间。当股价在这个区间内，你经常会在市价，或者在市价上下1个点或2个点的范围内，买入看涨或看跌期权。在股价突破了36美元到40美元之后，它们的运行速度会加快。当股价上涨到60美元到75美元，这时你买入期权的赚头会比买入较低价格的股票要大。

同样道理，当你买入股价在100美元，或者更高价位的股票时，你买入看跌期权或看涨期权，也能赚到更多的钱。因为它们的股价从100美元下跌到50到40美元附近的过程中，下跌的速度会更快，而接下来，在大多数情况下，它们的跌速会放缓。所以，你买入的看跌期权或看涨期权所对应的股票价格越低，你赚钱的机会就会越少。在下文中，我会举一些例子，你会看出，只要你能观察和研究各种走势图，当那些低价股走出了蓄势带时，经常就会有让你赚大钱的机会。同样，当股票的成交都堆积在高点价位附近，很长时间处在窄幅震荡的走势中，当股价破位下跌出这个区间之后，你就可以通过买入看跌期权赚钱了，因为一波大跌行情已经准备好要启动了。

看涨和看跌期权的交易实例

克莱斯勒汽车

1932年：7月30日，在周高低点图上，应注意到的是，克莱斯勒在5美元见底之后，已经窄幅震荡了8周。当股价突破了8美元时，就超出了前几周的顶部价位，表明后市看涨。这时，你可能会在股价达到10美元左右时，买入克莱斯勒的看涨期权。在30天内，股价上涨到16美元，而且在6周内股价涨到了21¾美元，这样一来，你可能会得到10到12个点的利润。做成这笔交易，你只要观察走势图，看到长时间的成交都堆积在很窄的区间内，接下来，你不要去期望什么，只需等待这只股票通过它的走势自己向你发出信号，也就是等股价突破了前几周的顶部价位再去买入看涨期权。

1933年：4月25日，克莱斯勒的股价再次突破了前8周的顶部价位。这时，你可能已经在股价达到15美元左右时，买入了有效期为30天的看涨期权。它的股价上涨到21½美元，趋势并没有掉头向下，股价还在继续上涨，一直到在39½美元见顶为止，这样你可能就能拿到大约24个点的利润。在股价上涨到让你账上有10个点或者更多利润的价位时，你可能会买入看跌期权来保住你的利润，或者在较低价位买入的看涨期权行权之后，你可以做多买入股票，一路跟进，同时要设置止损单。

1934年：2月3日至3月1日，克莱斯勒在60美元附近见顶，表明股价在这里遇到了很大的阻力。在3月1日前后，你可能在股价到了55美元时，已经买入了看跌期权。它的股价开始下行，在30天内就下跌到了49美元。随后，股价又反弹到56美元，在股价反弹之前，你可能已经在55美元附近买入了它的看涨期权，来保护你的做空交易，接下来，你可以继续做空。5月19日，股价下跌到36½美元，随后反弹到44美元，接下来，股价继续下跌。8月7日，股价跌到了29¼美元，这就又给了你一次机会，可以凭借买入看跌期权赚到20到25个点的利润，如果你先买入了一份看跌期权，接着又买入了一份看涨期权，在股价下跌时，可以保住你的利润，而这样做亏钱的风险就不会超过280美元。

1935年：3月12日，克莱斯勒的股价在31美元见底。1934年8月的底部价位是29¼美元，与1934年9月的底部29⅜美元一起形成了双底。这次股价下跌到了31美元，这是第3个底部，在价位上较之前有所抬高，这里是一个可以做多买入股票的点位，同时把止损单设在29¼美元的下方，或者也可以买入看涨期权，因为这里出现了双底和三重底。在这个时间前后，当股价在34美元或者35美元时，你可能已经买入了一份看涨期权，因为该股的窄幅震荡行情已经持续了很长时间。股价在4周内上涨到了37美元，之后，它的趋势继续上行，直到5月25日在49½美元见顶，这次这个机会至少可以让你赚到10个点的纯利。随后，股价回调到41½美元，这里是前期的顶部价位，又是一个买入看涨期权的点位，或者也可以买入看跌期权，同时做多买入来与之对冲。

1935年7月和8月，克莱斯勒的股价突破了1934年的前期顶部60美元，并在这个价位附近横盘了4周，但都没有跌回到57美元的下方，按照我书中的法则，这里是一个买入点位，同时将止损单的点位设在57美元。股价能够突破1934年的顶部价位，就表明后市还有上升空间。在经过了4周的窄幅整理的行情之后，在9月10日前后，你可能在它的股价为65美元时，已经买入了一份看涨期权。股价在30天内，上涨到74½美元，它的主趋势是向上的。你可能可以买入了另一份看涨期权，也买入了一份看跌期权，在你的第一个期权到期行权时，你拿到股票后，就一直持有它们。

1935年11月，克莱斯勒的股价上涨到90美元，在股价突破了60美元之后，再也没有出现过5个点的回调。这就又给了你另一个机会，冒着亏掉最初那142.50美元的风险，赚到25个点到30个点的纯利。在你已经获利的情况下，随着股价的上涨，你可能已经买入了更多份看涨期权，并开始按照金字塔交易法来操作期权，也就能赚到比别的操作方法多得多的利润。

如果一只股票在见顶或见底之后，在顶部或底部价位整理了几个月，都没有突破或是跌破它的第一个支撑位，你就一定要对它加以关注。接下来，当它的股价波动开始活跃起来，也就是股价跌到了新低价位，或者上涨到新高价位的时候，就是买入看跌期权，或者是买入看涨期权的时机了。

1936年：2月3日，克莱斯勒的股价下跌了10个点左右，在91½美元见底，随后有一波上涨，4月13日，股价上涨到103⅞美元。接下来，股价又出现了下跌，4月30日，股价跌到了91⅝美元，随后，股价在这个区间内进行整理，一直持续到6月5日股价再次跌回到91⅝美元。从2月到6月初，有接近5个月的时间，股价在进行窄幅整理的时候，一直没有跌破91½美元这个低点价位，它在这个价位附近筑底了这么多个月，表明不管是向上还是向下，反正一波大行情就要来了。6月初，你可能在它的股价到了97美元附近时，买入了有效期为30天的看涨期权，如果你要等到股价突破了前几周的顶部价位98美元之后才买看涨期权的话，你可以在股价到了100至101美元附近时，也就是7月初的时候，买入一份有效期为30天的看涨期权。股价在30天内，上涨到了116美元，这样你就可以有12到16个点的利润。该股一路上涨到7月27日，股价在124⅞美元见顶，从6月5日的低点算起，股价上涨了32个点，其间连5个点的回调都没有出现过。当股价接近低点价位的时候，如果你已经做多买入了股票，或者买入了看涨期权，你的期权可能已经行权了。接下来，买入一份看跌期权，来保护你的做多交易，在上涨的过程中，一路用它来保驾护航，或者你也可以设置止损单，也是在上涨中，一路都要有止损单。在第2个月，你可能会买入另一份看涨期权。这波行情肯定会给一个机会，让你凭借看涨期权，可以赚到25个点，或者更多个点的利润。

股价在不到两个月的时间内，急速上涨了32个点之后，你自然会预计后市将有一波回调。一般来说，在这样的快速波动行情之后，回调的幅度会是之前涨幅的一半，或者50%。当克莱斯勒的股价到了124美元附近时，你可能已经买入了一份看跌期权，行权价为119美元到117美元。8月21日，克莱斯勒的股价下跌到108⅝美元，跌去了16个点，这个机会让你无论如何都可以从你的看跌期权中赚到6 个点到7个点的利润。接下来，股价在108⅝美元和117美元之间整理了5周，随后开始上涨。当它开始上涨时，你可能又买入了一份看涨期权。股价在30天内，上涨了18个点，一直涨到130½美元，这又是一个很好的从看涨期权中赚钱的机会。

1936年11月12日，克莱斯勒在138¾美元见到了这波行情的高点。这里是一个重要的点位，因为该股在1928年10月6日的顶部价位是140½美元。你可以在这个价位附近卖出多头仓位，开始做空卖出，同时将止损单的点位设在140½美元的上方。这里也是可以买入看跌期权，或者看涨期权的价位。你可以买入看涨期权，并做空卖出该股；或者，你也可以买入看跌期权，如果你预计股价不会创出新高。当它的股价到了130美元或者更高的价位时，你可能已经买入了一份看跌期权。在30天内，克莱斯勒的股价下跌到121美元。随后继续下跌，1937年1月4日，股价下探到110¾美元，从高点算起，跌幅为28个点。在这波下跌中，你当然有机会凭借看跌期权赚到15或20个点的利润，或者在你买入第一份看跌期权之后，股价还在下跌之中，你可能已经买入了一份看涨期权来保护做空的交易，在股票下跌的过程中，你会一直用它来保驾护航。

1937年：1月4日附近应该是买入看涨期权，或者看跌期权的时机，因为股价已经跌到接近1936年8月21日的底部价位108⅝美元。在这个价位，你可以买入一份看跌期权，并做多买入股票，盘算着股价在出现一次像样的反弹之前，不会跌破前期的底部价位；当股价到了110¾美元或这个点位附近的任何价位时，你可以买入有效期为30天，行权价可能定在117美元的看涨期权。在30天的有效期结束之前，克莱斯勒的股价上涨到124美元，2月11日，股价涨到了135¼美元，你就有可能赚到了15个点的利润。这里又是一个买入看涨期权并做空卖出股票的点位，做空是因为你盘算股价突破不了138¾美元的前期顶部价位；或者，当你看到股价在高位横盘，却不能向上突破之后，你可以买入一份看跌期权。克莱斯勒的股价先是跌到了124美元，随后，3月3日又反弹到了134⅞美元。这是在这个价位附近出现的第3个顶部，135¼美元这个顶部价位比138¾美元要低，而134⅞美元这个顶部价位比其他顶部稍微低一些。这里就是做空卖出股票的好时机，同时将止损单的价位设在前期顶部价位的上方，这里也是一个买入看跌期权的好时机，因为这些前期顶部价位之间如此接近。它的股价在30天内下跌到120美元，接下来你可以买入另外一份有效期为30天的看跌期权。5月13日，股价下跌到106½美元，从顶部算起，跌去了29个点，这就给了你一个机会，可以从看跌期权中赚取20个点或更多的利润。随后有一波反弹，5月24日，克莱斯勒的股价反弹到115美元，这次反弹的涨幅为8½个点，在弱势行情中算是一次相当不错的反弹了。5月24日，当克莱斯勒的股价在114⅝美元附近时，一份有效期为30天，行权价为110美元的看跌期权的报价是137.50美元。

美国钢铁

我们以美国钢铁为例，告诉你在什么点位买入看涨和看跌期权是有利可图：

1932年：从5月7日到6月28日，美国钢铁的高点和低点分别是31½美元和21¼美元。当美钢的股价下跌到22美元左右时，你可以买入看涨期权，因为在1927年的底部价位是21⅞美元。在股价到了25美元或者更低的点位时，你可能已经买入了看涨期权；或者你可能买入的是看跌期权，同时做多买入股票来对冲它。另外一种交易方法是，等到美钢的股价突破了顶部价位32美元，才买入看涨期权，因为这时的股价已经突破了之前7周或者8周的顶部价位。在30天内，美钢的股价上涨到44美元，在9月6日之前，它的股价涨到了52½美元，这就让看涨期权有可能拿到25个点到30个点的利润。

1933年：7月18日，美钢的股价上涨到67½美元，随后，股价在7月21日之前下跌到49美元，3天之内下跌了18½个点。那时买入有效期为7天或者2周的看跌期权应该还是不错的。不过，当股价处在高点价位附近时，如果你已经买入了有效期为30天的看跌期权，你也能赚到钱，因为它的股价在8月16日再次下跌到49美元，而且，一直到股价在1933年10月21日下跌到34¾美元之前，再也没有反弹到过48美元的上方。

1935年：1月8日，美钢的股价在40美元见顶。3月18日，它的股价跌到了27½美元。这里可以买入看涨期权或者看跌期权，因为它与1934年9月17日的低点29¼美元一起形成了双底。你可能已经做多买入了股票，同时买入看跌期权，作为一种保护资金的手段；或者你可能已经买入看涨期权，或者你是等到美钢的股价突破了1月的高点40美元之后，才买入看涨期权。在它的股价突破了40美元之后，一直到1936年4月9日上涨到72美元之前，就再也没有回到过40美元这个价位。这样，你可以看到，如果你早就做多买入了股票，同时买入了看跌期权；或者你当初买入的是看涨期权，一旦看涨期权有了利润，你可以会用提高止损单的价位来一路跟进，或者你也可以买入看跌期权来跟进，让它保住你的账面利润，以期获得大笔的利润。

1936年：4月，当美钢的股价在66美元左右时，你可能已经买入了有效期为30天的看跌期权。它的股价在30天内下跌到了54¼美元，这就给了你一个在30天里赚取10个到12个点利润的机会。

1936年10月3日至1937年1月9日，美钢的股价一直在72到80美元这个区间内横盘震荡，或者说有4个月的时间就在8个点的区间里打转。当美钢像这样窄幅震荡向下了好几个月的情况下，表明它准备要向上或向下掀起一波大行情。

11月23日，美钢的股价下跌到72美元，这个价位也是1936年4月9日的前期顶部，这里就成了一个买入点位，可以买入看跌期权并做多买入股票；或者可以买入看涨期权，但是买入看涨期权的更好的时机是在1937年1月7日，它的股价突破了高点80美元的时候，这里的把握性是最大的。那时你可能已经买入有效期为30天，行权价为85美元的看涨期权。1月12日，美钢在79美元见到了最后一个低点，在30天内，或者说在2月11日，美钢的股价涨到了109½美元，这样可能就给了你24个点的利润。该股的趋势仍然是向上的，你可以买入看跌期权，把行权价定在当前顶部下方5个点的价位上，用来保住你的账面利润，同时一直持有多头仓位的股票。你也可以再买入有效期为30天的看涨期权。

1937年：3月11日，美钢的股价上涨到126½美元，在60天内上涨了57½个点。这样，它长期在8个点的区间内震荡的低迷行情结束后，你有机会通过买入看涨期权，在60天内赚取超过50个点的利润。接下来，在经过这波迅速的上涨之后，你应该会买入它的看跌期权。3月22日，美钢的股价下跌到112½美元，跌去了14½个点。随后有一波反弹，3月31日，美钢在123½美元见顶，这个价位比第一个顶部要低一些。因为这里已经接近了前期顶部价位，所以应该是做空卖出股票，并买入看涨期权的时机；或者你应该买入看跌期权。当美钢的股价到了117美元附近时，你可能就已经买入了它的看跌期权。30天后，美钢的股价下跌到99美元。那么，如果你现在还用看跌期权来做空美钢的话，你可以买入看涨期权来保住你的利润，或者用设置止损单，来起到同样的作用。5月18日，美钢的股价下跌到91⅝美元，在48天里，跌去了32个点。这就表明，当长期的低迷行情结束后，随之而来的交易活跃期是一个大好时机，你可以通过买入看涨和看跌期权，以小额风险来博取大笔的利润。

买入低价股的看涨和看跌期权的法则

许多低价股都会维持很多年窄幅整理的行情，不会给你任何可以通过买入看涨和看跌期权来赚钱的机会。所以，如果不等到低价股的行情发出明确的信号，就去太频繁地买入看涨和看跌期权，你就会把买入看涨和看跌期权时支付的权利金都赔掉。

在买入低价股的看涨和看跌期权，你必须要有一个判断买入时机的法则，因为有时在这些低价股中确实会有赚钱的大好机会。如果你去研究和观察这些股票，看行情什么时候从低点价位开始有启动的迹象，你就能抓住这些机会。你还是不得不等待这些股票在低位窄幅震荡好几年，接下来，当股价突破了前期的顶部价位，开始活跃起来的时候，就是你该买入看涨期权的时机了。例如：

约翰斯–曼威尔

1929年：2月，约翰斯-曼威尔的股价上涨到242美元见顶。我们去谈在1929年这些股票处在高位时，只要每隔20个点、30个点或者50个点，就买入一次看跌期权；或者做多买入股票，同时买入看跌期权来保护多头仓位，就能赚到多少钱，其实是没什么用处的。这种机会就明摆在那里。但是我想要保守一些，要向你指出的是，如何在正常的行情中，通过买入看涨和看跌期权来赚到钱。

1932年：在4月、5月、6月和7月的这些天，约翰斯-曼威尔每个月的低点都在10美元，高点是16美元。在大盘筑底完成之后，它也开始从1932年7月中旬附近向上攀升。当然，该股的股价在10美元附近停留了好几个月之后，你可能已经买入了看跌期权，行权价就在低点下方1个点的位置，而且你做多买入了股票，但最安全也是最好的时机在8月，股价突破了16美元的时候；接下来，你可以买入看涨期权，行权价为

19美元或者20美元。此时的股价已经突破了前4个月股价的波动区间，显示它还有上升空间。在30天内，股价上涨到29美元，在9月初，股价涨到了33美元。这当然就是一只低价股在给出上涨的信号之后，带给你的机会，让你可以通过买入看涨期权赚取10到12个点的利润。

1933年：3月，约翰斯-曼威尔的股价下跌到13美元，比1932的前期底部价位高出了3个点，这里你可以做多买入股票，同时将止损单的点位设在10美元的下方的位置；或者，你也可以做多买入股票，同时买入看跌期权；或者你也可以买入看涨期权。

5月，它的股价突破了33美元，这是它在1932年9月的顶部价位，表明行情的活跃度提高了，后市的上升空间已经打开。当股价突破了33美元之后，你可能就已经买入了它的看涨期权，这会在30天内，至少带给你15个点的利润。7月，约翰斯-曼威尔的股价上涨到60美元。

1935年：7月，约翰斯-曼威尔的股价达到了57美元，突破了之前好几个顶部价位，这是买入看涨期权的时机。1935年8月，它的股价突破了67美元，这是它在1934年2月的顶部价位，这里又是一个买入看涨期权的时机，因为这样的突破是一个趋势向上的明确信号。在它1936年2月上涨到129美元之前，它的股价就再也没有出现过10个点以上的回调。在股价上涨的过程中，你可以买入看涨期权，一路跟进，或者买入看跌期权，来保住买入看涨期权所获得的利润，这样你就可以赚大钱了。

波音飞机

1934年9月至1935年7月，这只股票的股价波动区间在11¼美元到6¼美元，或者说波动区间有5个点。从1935年3月到1935年6月，股价在6¼美元到8¼美元之间运行，波动区间只有2个点。1935年7月，股价上涨到9美元，突破了前3个月的顶部价位，这里可以买入看涨期权。不过，如果你可以等到它在8月突破了12美元，也就是突破了所有高点价位时买入看涨期权，你就能赚到大笔的利润。因为在1936年1月上涨到26½美元之前，它的股价就再也没有跌破过12美元。应注意的是，当这只股票的股价达到高位之后，向上运行的速度比之前加快了多少。我告诉过你，当一只股票的股价在36到40美元上方时，股价的波动速度会比之前快得多。1937年3月，波音的股价飞涨到49½美元，在13天里上涨了13个点。

道格拉斯飞机

1935年：3月，低点在17½美元。10月和11月的高点是35美元。12月，低点在34美元。接下来，就在同一个月，它的股价突破了前期高点价位，并上涨到了59美元，使得这个月股价的波动区间达到了25个点，这是它的股价突破36美元之后的第一个月。当然，在这里买入有效期为30天的看涨期权，你就能赚到大钱。

1936年：1月，道格拉斯在50½美元见底，随后在同一个月，股价上涨到75½美元，使得它在30天内的波动区间达到了25个点，这就再一次证明，当股价超过50美元之后，股价的运行速度会比之前快得多，股价运行到的价位越高，你赚钱的机会也就越大。1936年11月，股价的高点是77美元，12月，高点是77¾美元。

1937年：1月，高点是77美元。该股有3个月的顶部都在同一价位附近。这里是一个做空卖出股票，同时买入看涨期权的时机，因为道格拉斯在1936年10月的高点是82美元。这里也是一个买入看跌期权的时机，因为股价比前期高点价位低了5个点，你可能已经买入看跌期权了，或者，你也有可能等到股价跌破了它在1936年12月的低点68美元时，再去买入有效期为30天的看跌期权。随后，股价下跌的速度很快，当你在看跌期权上已经有账面利润的时候，可以买入看涨期权，在下跌的过程中一直用它来保住你的利润。

1937年5月，道格拉斯的股价下跌到47½美元，从1月的高点算起跌去了30个点，这就提供了一个可以在下跌过程中采用金字塔交易法的好机会，你可以做空卖出股票；或者，一旦你的看跌期权有了利润之后，你就继续做空，同时可以用看涨期权来保护你的资金。你的利润与风险之间的百分比将会是非常悬殊的。

以上这些例子，让你看到了买入看涨和看跌期权的好处，也知道了要在股票交易活跃的关键时刻，把握买入看涨和看跌期权的机会。无论在任何行业中，除非你可以持之以恒地进行钻研，把越来越多的专业知识学到手，否则就不要指望能取得很大的成功！在这个世界上，就利润与风险之比，和利润与资金之间的回报来说，没有比投机更好的行业了，只要你坚持绘制多只股票的月高点图和周高低点图，不断研究它们，并使用看涨期权和看跌期权这样的手段，就能实现低风险和高收益。你还要遵循我的《股票行情的真谛》、《江恩华尔街选股术》和《江恩股票走势探测》这三本书所写的那些法则，你就能学会如何从看涨和看跌期权交易中获利。

对行情研究得越多，对看涨和看跌期权研究得越透彻，在学会了如何去操作它们之后，你将来就会看到，它们给你带来的好处也越多。

如何卖出看涨和看跌期权

很多人都知道如何买入看涨和看跌期权，但是很少有人知道如何卖出看涨和看跌期权，或者说，很少有人知道他们自己也可以卖出看涨和看跌期权，并从中得到权利金。

当你卖出一只股票的看跌期权或者看涨期权的时候，你只不过是站在了与买入它的看跌期权或者看涨期权时相反的位置上，对于期权卖方的来说，他们会有比买方更多的好处，特别是在行情的某些时期里，尤其明显。

假如你想要买入美国钢铁这只股票，你很自然地就想要入场交易，并买在尽可能最低价位，但是你不能确定底部的确切点位。我们假设，美国钢铁现在的股价是66美元，你觉得如果它的股价下跌到62美元附近，你就会愿意去买了。首先，你在经纪人那里开通你的账户，并按照对保证金比例的要求存入足够的钱，要达到买入美钢股票所需的保证金。你给你的经纪人发出下单请求，让他卖出一份有效期为30天，100股美钢股票的看跌期权，行权价总是要低于当时的市价，具体幅度从2～3个点，一直到10～15个点不等。我们假设经纪人卖出的这份美钢的看跌期权，有效期为30天，行权价为62美元，他把收到的112.5美元记入了你的账户的贷方，这是看跌期权的买方支付给你的权利金。接下来，我们假设在30天的期权有效期到期前，美钢的股价没有下跌到62美元。这样一来，你就赚到了这笔看跌期权的权利金112.5美元。

接下来，如果你仍然愿意买入美钢的股票，你可以让经纪人再卖出一份有效期为30天，100股美钢股票的看跌期权，行权价可以是经纪人所能拿到的市价下方的任何点位。在这样的情况下，我们假设美钢的市价在63美元附近，经纪人卖出的看跌期权的行权价在59美元，而你的账户的贷方就再记入了112.5美元。假设美钢的股价下跌到58美元，它在30天的有效期结束时，收盘价就在58美元，那么从你这里买入100股美钢股票的看跌期权的那个人，将会在59美元行权，把100股的美钢股票交付给你或者你的经纪人，也就是说你在59美元买入了这100股美钢的股票，而在你的账户的贷方，你有了225美元，这是你卖出两份看跌期权收到的权利金。

随后，我们假设的是，你想要从美钢这只股票上赚取4个点或5个点的利润，你给经纪人发出下单请求，让他卖出一份有效期为30天的看涨期权。我们假设，他卖出的这份看涨期权的行权价是64美元，那么，你就又一次收到了112.5美元的权利金。如果在30天的有效期结束时，美钢的股价没有上涨到64美元，那么看涨期权的买方就不会行权，而在你的账户里，还有100股美钢的股票，在你的账户的贷方，目前有337.5美元，这是你卖出看涨和看跌期权所收到的权利金。

我们假设在30天的有效期结束时，美钢的股价在63美元。你指示你的经纪人卖出有效期为30天的看涨期权，经纪人卖出的看涨期权的行权价为67美元，他同时代收了112.5美元的权利金。在30天的有效期结束时，或者说当看涨期权到期的时候，美钢的股价达到了69美元，看涨期权的买方要求行权，那么，你的经纪人就以67美元的行权价交付给买方100股美钢的股票。而对于你来说，你把在59美元买入的股票，在67美元卖出，这样不计佣金和利息的话，你就有了8个点，或者说800美元的利润。另外，你还收到了卖出看涨和看跌期权的权利金450美元，这部分钱可以说是你的额外利润，因为如果你当初只是买入或者卖出股票，而没有卖出看涨或者看跌期权的话，你所冒的风险比这要大。

用卖出看涨期权来做空

假设你认为股价已经高到足以做空卖出的地步了，但是你又不能确认，股价会在什么时候见顶，也不知道见顶的价位会是多少。当美钢的股价在75美元附近时，你决定做空它，那么你就下单给你的经纪人，让他卖出有效期为30天，100股美钢股票的看涨期权。他卖出的看涨期权的行权价为80美元，这就意味着在30天有效期结束时，如果美钢的股价突破了80美元，那么买入看涨期权的人就会来行权，或者说以80美元的股价从你手里买入100股美钢的股票，那么你就会从80美元来做空美钢的股票了，在你的账户的贷方，存入了卖出看涨期权的权利金112.5美元。

在看涨期权被行权之前，你可能可以卖出2次、3次、5次或者更多次的看涨期权，并把权利金都收入囊中。假设你卖出的美钢看涨期权在80美元被行权了，你开始在80美元做空美钢，你决定要卖出美钢的看跌期权。而你的看跌期权在75美元被行权了，这样就给了你5个点的利润，而且你因为卖出这份有效期为30天的看跌期权，又拿到了112.5美元的权利金。我们假设，在30天的有效期结束之前，美钢的股价在74美元，买入看跌期权的人把100股美钢的股票交付给了你的经纪人，记在了你的账户上。这就是说，你已经以75美元的股价买入了100股，来回补你的空头仓位，不计佣金和税金的话，你的利润为5个点，或者说500美元的利润，同时你已经收到了卖出看涨和看跌期权的权利金225美元，这是你在没有冒什么风险的情况下拿到的额外收入。

如何在卖出看涨或看跌期权时保护你自己

无论你是否想入场交易，你都可以卖出看涨或看跌期权，你可以在看涨或看跌期权到期前，用买入或者卖出股票的方式来保护你自己。比如：

假设你卖出的美钢的看涨期权的行权价为80美元，而你还没有多头仓位，或者已经买入了美钢的股票。当股价上涨到78美元或者79美元时，因为行情看上去走的很强，你决定不去做空美钢。为了保护你自己的利益，在美钢的股价到了79美元时，你做多买入了100股，接下来，我们假设在30天的有效期结束之前，美钢的收盘价为87美元，看涨期权的买方要求你交付股票，那么你就以80美元的股价把股票交付或者卖给他。因为你是在79美元买入的，所以你还是有1个点的利润，另外，你还收到了看涨期权的买方支付的112.50美元的权利金。

假设你卖出的美钢的有效期为30天的看跌期权，它的行权价为72美元。随后，行情开始走软，股价快速下跌。当股价到了74美元时，你认定股价看上去后市还要跌得更低，那么为了保护你自己的利益，在美钢的股价为74美元时，你做空卖出了100股。接下来，我们假设股价继续下跌，期权到期日的收盘价在69美元，看跌期权的买方会以72美元的价格把股票卖给你，或者说交付给你，这样你就算离场了，而你已经有了2个点的利润和112.50美元的权利金在手。

当你在做多一只股票，或者已经买入了这只股票时，卖出有效期为30天的看涨期权，几乎总是会对你有利，直到看涨期权被行权为止，因为如果你判断错了走向，行情朝着不利于你的方向发展时，你可以拿到卖出看涨期权的权利金，好歹也能帮你填补一下在股票上的亏空。

当你在做空一只股票时，在大多数情况下，卖出有效期为30天的看跌期权，总会是划算的，起码你能收到一笔权利金，因为如果股价下跌，却没有到达看跌期权的行权价，这是常有的事，那么你就不但得到了权利金，还可以继续做空你的股票，在接下来的30天，你还可以再卖出一份看跌期权，就又挣到了一笔112.50美元的权利金。

我知道有很多交易者，当他们做多买入一只股票的时候，每30天都会卖出一次看涨期权，有时，在看涨期权的买方有机会行权之前，他们持有股票的时间已经达到了6个月或者12个月。在整个过程中，他们每30天靠着卖出看涨期权获得的利润，每个月都在1个点以上。

买入看跌期权的同时，卖出看涨期权

我们假设，当美钢的股价在60美元时，你做多买入了它的股票，你想要保护你的利益，把亏损限定在一定范围内。接下来，你会买入一份有效期为30天看跌期权，行权价设在57美元，也就是你买入股票价格下方3个点的位置，同时你也卖出一份行权价为65美元的看涨股价。这样你卖出看涨期权得到的权利金，与买入看跌期权支付的权利金之间的费用差价就很小了。如果有一些无法预料的事件发生，或是出现了一些不利的消息，导致美钢的股价下跌，并在30天的有效期结束时，它的收盘价到了50美元，那么你就相当于可以在股价为57美元时，得以离场，因为你买入的看跌期权是在

57美元时行权。这是为什么我们会说，看涨或看跌期权一方面可以让你赚钱，另一方面也可以用来保护你的资金安全。

要卖出看涨和看跌期权的准备工作

在安排卖出看涨和看跌期权的有关事宜时，你可以与你的经纪人取得联系。任何一家经纪公司，只要它是纽约证券交易所的会员，就可以为看涨和看跌期权的交易提供担保。当然也有很多公司没有这项业务，但是你的经纪人应该可以向你推荐一家乐于为你卖出的看涨和看跌期权交易背书的公司。如果你的经纪人在这件事情上不能帮到你，你可以与期权交易者协会的任何一家会员取得联系。

为了要卖出看涨或看跌期权，通常要求你在至少要存入相当于股票价值30%的资金，或者，如果你卖出的是看涨期权的话，你的账户里就要放入相应的股票，这样，不管是看涨期权行权，还是看跌期权行权，经纪人的利益总是被保护的。

看涨和看跌期权的有效期不但有30天的，还有60天或90天的，在有些情况下，有效期还可以更长，特别是在行情低迷，市场交易不活跃的时候。另外，除了125美元或者112.5美元这样常规的报价，看涨和看跌期权的权利金经常会出现250美元、300美元、400美元或者500美元等市场价，换句话说，权利金可以不单是按照股价涨跌来算，你还可以拿到额外的与涨跌幅对等的钱。

你的经纪人或者期权交易者协会的会员将会提供给你有关的报价和进行期权交易的相关细节。

如果你阅读了《如何在看涨和看跌期权交易中获利》和补充资料，好好运用那些交易活跃的股票的走势图，你可以保护你的利益，并能从买入和卖出看涨和看跌期权中获利。